제3판

초등학급경영의 이론과 실제

박남기·임수진·주현준·박병진·유길한
박종필·김민조·서자영·박상완·오범호·전제상

교육과학사

제3판 서문

전국 교대의 학급경영 관련 강의를 담당한 교수들이 모여 이 책을 출판한 지 벌써 17년의 세월이 흘렀다. 그 사이에 학급경영 환경도 크게 바뀌었다. 학급경영 성패를 좌우하는 교사 신뢰 및 교사 권위가 크게 낮아졌다. 아동학대금지법(2014년 제정) 등장에 따라 통상적으로 사용하던 꾸지람 등의 훈육 기법 사용마저 불가능해졌다. 아동학대로 신고받는 교사가 늘어나고, 급기야 서이초 사건까지 터져 초등교사들이 겪는 고충이 얼마나 큰지 세상에 드러나고 있다. 학생과 학부모의 학급 담임을 향한 요구는 커지고 있고, 여기에 더해 늘봄학교까지 초등학교 울타리 안으로 들어옴에 따라 초등교육의 기능이 돌봄으로까지 확산되는 경향이 나타나고 있다. 디지털 기기 및 AI의 급속한 발달 또한 학급경영에 커다란 영향을 미치고 있다.

시대 흐름과 학급환경이 바뀐다고 해서 학급을 경영하는 데 보탬이 되는 기본 이론 자체가 크게 바뀌지는 않는다. 이 책의 큰 구조가 크게 바뀌지 않은 이유이기도 하다. 하지만 시대 흐름을 반영하여 각 장의 내용은 대폭 보완하였다. 「제1장 학급경영 이론(박남기 · 임수진)」에서는 최근 사례를 바탕으로 초등교사 학급경영 역량의 중요성을 상세히 소개하였다. 「제2장 교원복무 및 교권보호(주현준)」에서는 최근 이슈가 되고 있는 학생의 인권과 교사의 교육권, 학교안전사고, 학교폭력 등을 관련 법령과 판례 및 현장 사례를 바탕으로 새롭게 제시함으로써 법에 근거한 학급경영이 가능하도록 하였다.

「제3장 디지털 생성 AI 시대 학급경영(박남기 · 임수진)」은 제2판의 스마트학급경영을 대체하여 새롭게 들어간 장이다. 이 장은 4차 산업혁명 시대의 초등교육의 모습, 학급경영자가 갖춰야 할 디지털 · AI 관련 역량, 그리고 학급경영 제반 영역에 AI를 활용할 수 있는 방법 등을 새롭게 제시하고 있다. 이 장에 대한 학습을 통해 예비교사는 AI 시대에 적합한 교사로서 학급경영자로서의 역할을 수행하는 데 필요한 역량을 갖추게 될 것이다. 「제4장 학급경영 목표 및 계획 수립(박남기 · 임수진)」에서는 학년 교육과정 운영 계획을 토대로 실제 활용 가능한 아이디어를 제공하고, 〈학년 교육과정 운영 계획〉의 구조와 작성 절차 및 교육과정 운영 계획 예시도 제공하였다.

「제5장 학급조직(박병진)」에서는 학급의 특성, 학급의 하위 조직, 학급 내 역할 분담과 실제에 대해 상세히 소개하였다. 「제6장 교실환경(유길한)」에서는 교실환경 경영 실제 사례를 관련 사이트를 통해 소개하고, 교실이 미래형 학습공간이 될 수 있도록 하는 데 필요한 아이디어와 자료를 제공하였다. 아울러 교실환경의 물리적·심리적 필요성에 따라 자료를 수정하고, 개선된 대안을 제시했다. 「제7장 규칙과 행동수칙(박종필)」에서는 규칙과 행동수칙의 제정, 설명, 가르치기, 지속적인 유지를 위한 방안을 실제 예를 들어 쉽게 설명하였다. 「제8장 행동경영(김민조)」에서는 우리나라의 초등학교 교실에서 나타나는 문제행동의 유형을 다섯 가지로 분류하고 구체적인 예를 소개하였다. 아동학대 등의 문제를 극복하며 행동경영을 할 수 있는 역량을 기르는 데 초점을 두었다.

「제9장 수업경영(서자영)」에서는 단위 수업경영에 대한 구체적인 방법을 제시하고, 최근 강조되는 상생 주체 수업에 필요한 수업 중 놀이경영, 하브루타, 거꾸로 교실, 프로젝트 학습, 배움의 공동체에 대해 소개하였다. 「제10장 교사와 학부모 관계(박상완)」에서는 최근의 사례를 중심으로 학부모의 학교 참여에 영향을 미치는 요인과 장애요인을 소개하여 학부모 경영 역량을 기르도록 하였다. 「제11장 학급 사무경영(오범호)」에서는 학교 현장에서 공문을 작성하고 처리하기 위한 업무포털의 업무관리 시스템, 에듀파인, 나이스를 그림 자료와 함께 소개하여 예비교사의 이해를 돕고자 했다.

「제12장 시기별 학급경영(서자영)」에서는 1년 학급경영 중에서 중요한 시기인 3월 초, 1학기말, 방학, 2학기 초, 학년말 등에 활용할 프로그램과 아이디어를 제공했다. 이어 아침부터 저녁까지 반복적으로 이뤄지는 시간별 학급경영을 분리하여 제시했다. 마지막으로 각종 행사활동 등에 활용할 수 있는 계기수업 아이디어도 제시하였다. 「제13장 학급경영 평가(전제상)」에서는 교원능력개발평가가 없어진 시대적 흐름을 반영하여 교사의 자기평가 준거를 추가 제시함으로써 교사 스스로 학급경영 실태를 분석하고 자기반성적 자료로 활용할 수 있게 하였다.

예비교사는 학생수 급감에 따른 소규모 학급 증가를 반영하는 소규모 학급경영, 이주 배경 부모를 가진 학생의 급격한 증가를 반영한 다문화 학급경영, 그리고 특수통합교육 대상 학생의 증가를 반영한 특수통합 학급경영 역량도 갖춰야 한다. 하지만 이 책에서 이러한 내용까지 별도로 상세히 다룰 수는 없어서 연관된 부분에 간략하게 녹여내었다. 향후 이 각각은 별도의 책으로 출판될 필요가 있을 것이다.

이 책은 교대 학급경영 담당 교수들의 공동 저술이라는 특성을 살려, 개정판을 낼 때 새로 참여하는 저자가 과거 저자의 글을 이어받아 개정하는 형식을 취했다. 물론 원저자의 공을 인정하도록 각 장에서 이를 밝혔다. 이렇게 함으로써 학문적 연속성이 보장되고, 과거의 경험과 지식을 바탕으로 새로운 흐름을 반영할 수 있게 하였다.

세상이 급변하고, 이에 따라 학급경영에 필요한 이론과 실천적 지식 또한 급변하고 있다. 이러한 변화를 감안할 때 8년 만에 출판되는 개정 3판은 조금 늦은 감이 있다. 이번 개정을 계기로 4판부터는 적어도 5년 단위로 개정판이 나오도록 공동저자들이 힘을 모을 것을 약속하는 바이다.

각 장의 저자들은 예비교사의 학급경영역량 제고에 보탬이 될 수 있도록 자신의 이름을 걸고 최선을 다해 장별 내용을 구성하고 보완하였다. 특히 이 책이 나오기까지 전 과정을 주도하며 헌신해주신 광주교대 임수진 교수의 노고에 깊이 감사드린다. 그리고 초판 원고 기본틀부터 시작하여 제3판의 개정에까지 적극 참여한 광주교대 박남기 교수의 리더십에도 감사를 드린다. 이 책을 바탕으로 예비 초등교사들이 학급경영에 자신감을 가진 전문 학급경영자로 거듭나기를 기대한다.

2025년 1월

저자일동

개정판 서문

초등학교 교사들이 갖추어야 할 역량의 하나로 '학급경영 역량'이 갈수록 강조되고 있다. 그러나 과거 교육대학교 교직과목이던 '학교와 학급경영'과목 명칭이 중등교원양성 프로그램의 명칭인 '교육행정 및 교육경영'으로 바뀌면서 학급경영이라는 과목 명칭은 사라지고 말았다. 초등학교 교사들만이 아니라 중등학교 교사들에게도 학급경영 역량이 중요함에도 불구하고 과목 명칭에서 사라짐으로써 잠시 학급경영 강의가 소홀히 되는 경향이 나타났다. 학급경영이라는 명칭이 사라지면서 대신 '교직실무'라는 애매한 교직과목이 신설되었다. 일부 대학에서는 이 과목에서 학급경영 내용을 다루기도 한다. 교사들이 반드시 학급경영 역량을 갖추어야 함을 고려할 때 조만간 학급경영이 교직과목에 다시 포함되게 될 것이다.

현재로서는 법규에 들어있는 '교직실무'라는 과목명을 바꿀 수는 없기 때문에 광주교대에서는 2학점으로 운영되던 '교육행정 및 교육경영' 과목을 3학점의 '교육행정 및 교직실무'로 바꾸기로 했다. 이 과목을 통해 교사들의 학급경영 역량을 보다 충실하게 길러주기로 했다. 그리고 3학년때 실시되는 1주간의 '교직실무 실습'을 2주간의 '학급경영 및 교직실무 실습'으로 바꾸어 2학년 때 배운 학급경영 역량을 실습해 볼 수 있는 기회를 주기로 하였다.

이 책은 초판 이후 바뀐 내용만 보완하는 수준에서 벗어나 전체적으로 새로 집필하는 방식을 취하였고, 이에 맞추어 집필진도 상당 수 바꾸었다. 과거와 달리 국내외에서 박사학위를 취득한 현직 교사와 교장선생님도 집필진으로 참여하여 현장성을 높였다. 내용과 관련된 가장 큰 변화는 학급경영 관련 법규 이해(2장), 스마트 학급경영(3장)이 추가된 것이다. 그리고 각 장마다 최근 우리나라에서 수행된 연구 결과를 많이 반영하고 연구물을 소개함으로써 관련 연구 수행에도 보탬이 되게 하였다. 또한 교사의 교육철학을 반영하여 학급경영을 할 수 있는 역량을 기르는 데 도움이 될 수 있게 배려하였다. 그리고 책에 포함된 이론과 실제 사례들을 그림과 표로 정리함으로써 쉽게 이해할 수 있도록 배려하였다. 아울러 초등교사로 발령받은 후 활용할 수 있도록 관련 사이트와 자료 출처도 제공하였다.

각 장별 수정 보완 사항은 장별로 설명하는 대신 한 눈에 볼 수 있도록 표로 제시하였다.

장별 수정 보완 사항

장	수정 보완 사항
1장 학급경영 이론	• 초판에서는 학급경영의 개념을 수업경영적 관점, 행동경영적 관점, 학습 환경 조성 및 지원 관점의 세 가지로만 제시하였는데 개정판에서는 이들을 통합한 통합적 관점을 추가적으로 제시하고 상세히 소개함.
2장 학급경영 법규의 이해	• 제2장은 신설된 장으로 학급 담임이 알아야 할 최소한의 법규를 정리하고 분석하여 제시함. • 최근 이슈가 되고 있는 '학생의 인권 보호', 교사의 교육권과 교육활동 보호를 위한 '교원의 지위향상 및 교육활동 보호를 위한 특별법', '학교안전사고 예방 및 보상에 관한 법률', '학교폭력 예방 및 대책에 관한 법률', 최근 김영란법으로 더 유명한 '부정청탁 및 금품 등 수수의 금지에 관한 법률' 등의 법령 해석과 판례를 이해하기 쉽게 소개함.
3장 스마트 학급경영	• 제3장은 신설된 장으로 요새 화두가 되고 있는 제4차 산업혁명기를 맞아 예비교사에 필요한 추가적인 학급경영 역량에 초점을 맞춤 • 시·공간적으로 경계가 사라져버린 사회에서 필요한 스마트 학급경영의 개념을 탐색하고 관련 실천사례를 소개함으로써 스마트 학급경영자로서의 역할을 갖추는데 도움이 되게 함.
4장 학급경영 목표 및 계획 수립	• 학급경영 계획서 예시 부분에서는 학년 교육과정 운영 계획을 토대로 실제 활용 가능한 아이디어를 제공하고 그 예시를 추가로 제시함. • 2015 개정 교육과정이 적용되어 운영되고 있는 〈학년 교육과정 운영 계획〉의 구조와 작성 절차를 소개하고, 한 초등학교 2학년의 교육과정 운영 계획 예시도 제공함.
5장 학급조직	• 학급조직을 하나의 사회조직으로 바라보는 Getzels와 Thelen의 관점에 의해 학급집단의 개념과 집단 형성과정을 설명함. • 교사의 역할을 문화적인 관점에서 새롭게 정의함 • 학급의 특성, 학급의 하위 조직, 학급 내 역할 분담과 실제에 대해 사례를 통해 상세히 소개함
6장 교실환경	• 교실환경 경영 실제 사례를 관련 사이트를 통해 소개함. • 교실이 미래형 학습공간이 될 수 있도록 하는 데 필요한 아이디어와 자료를 제공함.
7장 규칙과 행동수칙	• 규칙과 행동수칙의 제정, 설명, 가르치기, 지속적인 유지를 위한 방안을 실제 예를 들어 쉽게 설명함.

장	수정 보완 사항
8장 행동경영	• 우리나라의 초등학교 교실에서 나타나는 문제행동을 생활질서와 규칙을 지키지 않는 행동, 공격적 행동, 수업 방해 행동, 교사 권위에 도전하는 행동, 비도덕적 행동의 다섯 가지로 분류하고 구체적인 예를 소개함.
9장 수업경영	• 좋은 수업을 위한 교사와 학생의 준비사항, 과제관리 및 지도안 작성 방법, 좋은 수업에 도움을 받을 수 있는 사이트를 소개함. • 단위 수업경영에 대한 구체적인 방법을 제시하고, 최근 강조되는 상생 주체 수업에 필요한 수업 중 놀이경영, 하브루타, 거꾸로 교실, 프로젝트 학습, 배움의 공동체에 대해 소개함.
10장 교사와 학부모 관계	• 최근의 사례를 중심으로 학부모의 학교 참여에 영향을 미치는 요인과 장애요인을 소개함. • 과거와 현재 학부모의 학교 참여에 대한 관점의 변화를 논의하면서 교사와 학부모간 협력적 관계를 정립하기 위한 방안을 제시함.
11장 학급 사무경영	• 학교 현장에서 공문을 작성하고 처리하기 위한 업무포털의 업무관리 시스템, 에듀파인, 나이스를 그림 자료와 함께 소개하여 이해를 도움
12장 시기별 학급경영	• 3월 초의 학급경영의 중요성을 강조하고, 이를 위한 3월 초 황금의 2주일 프로그램을 소개함. • 기존의 시기별 학급경영에서 학기중 학급경영이 추가되어 학부모와의 관계를 위한 학급경영, 학생들에게 지속적으로 관심을 가져야 할 부분에 대해 논의하였음. • 시간별 학급경영에서도 최근 다양하게 운영되고 있는 부분을 사례 중심으로 소개함.
13장 학급경영 평가	• 교사의 자기평가 준거를 추가 제시하여 교사 스스로 학급경영 실태를 분석하고 자기반성적 자료로 활용할 수 있게 함.

이번 집필 작업과정에 서자영 박사가 많은 수고를 하였다. 집필의 기본 방향을 논의하는 과정에 도움을 준 구영철 박사와 임수진 박사에게도 고마움을 전한다. 그리고 바쁜 중에도 각 장을 맡아 새롭게 집필해주신 집필진께도 감사를 드린다. 우리의 노력이 예비교사들의 학급경영 역량, 나아가 대한민국 교사들의 교육 역량을 기르는 데 보탬이 되리라 확신하며 개정판을 세상과 나눈다.

2017년 8월 무등산 자락에서

저자 일동

초판 서문

나는 교대의 '학교와 학급경영' 강좌 첫 시간을 다음과 같은 이야기로 시작한다.

> "신규교사가 가장 어려움을 겪는 것이 바로 학급경영이다. 교대에서 배우는 140여 학점 중에서 이 강좌가 차지하는 것은 겨우 2학점에 불과하다. 하지만 미래교사 여러분이 성공적인 학급담임으로서 학생들을 제대로 교육시킬 수 있을 것인가 여부를 결정하는 데 있어서 이 강좌는 나머지 전체 강좌와 거의 동등한 비중을 갖는다."

1990년대까지 우리나라 교원양성기관인 교대와 사대에서 학급경영 강의는 학교현장에서의 중요성에도 불구하고 의미있게 다루어지지 못했다. 이는 미국의 교원양성 교육과정의 영향을 받은 결과이기도 하다. 미국의 경우 학급경영이 다른 교육학 강좌에서 몇 시간 정도 간단히 다루어지거나 선택과목으로 개설되는 것이 일반적이다. 게다가 학급경영 강좌에서 어떤 내용을 다루어야 할 것인가에 대한 합의도 이루어져 있지 않다. 미국의 교대나 사대에서 학급경영이 소홀히 다루어진 이유는 두 가지로 분석된다(Evertson & Weinstein, 2006: 4). 하나는 교원교육기관 교수들이 학급경영이라는 것을 선배 교사로부터 후배교사에게로 전수되는 「기법 가방」과 같은 것이라고 볼 뿐 전문교사가 반드시 갖추어야 할 연구에 의거한 원칙, 개념, 기술로 간주하지 않고 있기 때문이다. 또 다른 하나는 학급경영의 내용이 교수들이 전공하는 교과 내용 지식, 심리학적 기초, 교수법, 교육학 분과학문분야의 어느 하나에도 속하는 것이 아니어서 연구 대상으로 삼지 않고 있다.

우리나라 초등학교에서는 미국을 포함한 다른 나라와 달리 한 교사가 대부분의 과목을 가르치고 있으며, 과목별로 교실을 이동하는 외국의 경우와 달리 학생들이 특별실로 이동하는 경우를 제외하고는 한 교실에 앉아서 하루 종일 수업을 듣는다. 그러다보니 담임교사는 잠시도 쉴 시간이 없이 자기반 아이들을 대상으로 한 다양한 학급경영 활동을 해야 한다. 또한 OECD 국가와 그 파트너 국가까지 포함하여 교사 1인당 학생수가 가장 많은 나라가 우리나라(우리나라: 32.6명, OECD 평균: 21.5명)이며, 담임교사가 부담임, 보조교사, 혹은 행정직원의 도움 없이 거의 혼자서 학급경영과 관련된 제반 업무를 수행해야 하기 때문에 업무량이 다른 나라에 비해 과도하다. 동일한 교실 공간에서 담임 중심 교육이 이루어지고 있고, 교사의 업무가 상대적으로 과중한 상황에서는 교사의 학급경영 능력이 초등학교교육의 성패를 좌우하게 된다(박남기, 2007).

이러한 중요성에 대한 인식을 바탕으로 교육부가 추진한 「교대발전을 위한 교사교육 프로그램 개발 사업」 연구의 일환으로 2004년에 '학급경영 프로그램 개발 연구(연구책임: 경북대학교 신상명 교수)'를 실시하게 되었다. 이 연구의 모니터링위원겸 집필자로 참여하면서 10여 년간 축적해온 강의 자료집인 「21세기 학급경영 이론과 실제」 라는 책 파일을 연구진에게 제공하고 그 책을 활용하여 연구를 진행할 수 있도록 허용하였다. 그 결과 제공한 자료집의 구성과 내용을 활용하여 발전시킨 연구물이 나왔다.

2005년도에는 전국교대의 학급경영강의 담당 교수가 참여하여 제1차 연구 결과를 직접 적용하면서 내용을 수정·보완하는 학급경영 프로그램 적용 연구(연구책임자: 진주교대 유길한 교수)를 실시하였다. 제1차와 제2차의 연구를 거치면서 학급경영 강좌의 중요성과 학급경영 강의 내용에 대해 전국교대 교수들이 인식을 공유하게 되었다. 이 책은 2차 연구에 참여한 교수와 참여하지 못했던 학급경영 담당 교수들이 함께 힘을 모아 제2차 연구 결과물을 활용하여 다시 수정한 것이다.

이 책은 학급경영의 의미를 넓게 보고 접근하고자 한다. 초등학교 담임교사에 주어진 업무는 크게 구분하면 학급경영 업무와 학교경영(지원) 업무로 나눌 수 있다. 학급경영 업무는 일반적으로 수업지도와 생활지도 그리고 그 외의 활동으로 나누는 것이 보통이다. 그 중에서 수업활동 자체를 학급경영활동으로 볼 것인가에 대해서는 의견이 나뉘지만 수업활동은 학급이라는 조직을 통해 교육목표를 달성하기 위해 교사가 수행하는 핵심 활동의 하나로서 학급경영활동으로 보는 것이 타당하다.

책의 각 장은 학급경영의 개념과 원리를 포함하여 학급을 바라보는 다양한 관점을 다루는 학급경영일반론(제1장)을 시작으로 교사가 학급이라는 조직을 경영하기 위하여 수행하는 일련의 핵심 활동을 중심으로 구성하였다. 제1장에서는 교사가 자신이 경영할 학급이 어떠한 특성을 가진 조직체인지를 이해하도록 학급과 학급 행동의 특성을 고찰하고, 교사가 수행할 학급경영 과업을 살펴본다. 그리고 다양한 학급경영 접근법을 소개한다.

학급경영의 출발은 학급경영 목표와 경영 목표를 달성하기 위한 계획 수립(제2장)이다. 연간 학급경영 활동은 수립된 계획에 의해 이루어지게 된다. 제2장에서는 먼저 학급경영 계획의 의미를 살펴보고, 학교 현장에서 학급경영 계획으로 사용되고 있는 교육과정 운영 계획과 학급경영 계획과의 관계를 밝힌다. 이어서 학급경영 계획의 가장 핵심 작업인 학급경영 목표의 구조와 목표 설정 방법을 탐색한다.

학급 구성원과 함께 학급경영 목표를 달성하기 위해서는 구성원을 조직화 하는 학급 조직 활동(제3장)이 필요하다. 이 장에서는 학급조직에 대한 특성 및 현황에 대한 이해와 학급 조직 방법의 습득을 통하여 학급경영 주관자로서의 조직 능력을 구비토록 하는 것이다. 이를 위하여 학급조직의 이론적 기초를 다룬 후, 학급조직의 법제적 근거와 현황을 언급하였다. 이를 바탕으로 학급조직의 실제인 모둠의 편성과 학급 내 역할분담 조직에 대하여 다루었다.

그 다음으로 필요한 것은 주어진 공간 활용에 관한 교실환경 경영(제4장)이다. 여기에서는 안락하고, 안전하며, 학습의 효과를 고려한 교실환경을 제시하고, 교사가 초등학교 교실환경을 이해하고 문제점을 개선할 수 있는 마인드를 가지도록 이끄는 것을 목표로 한다. 이러한 조건이 갖추어지면 그 안에서 구성원들이 함께 생활하기 위한 기본 규칙을 마련하는 활동이 필요하다. 제5장에서 다루는 것이 바로 이러한 규칙과 수칙 경영이다. 이 장에서는 학급경영에서 규칙과 행동수칙이 필요한 이유, 규칙과 행동수칙의 차이점과 공통점, 규칙과 행동수칙을 제정하고 학생들에게 이를 가르치는 방법, 규칙과 행동수칙 경영에 대한 교사활동의 평가에 대해 다룬다.

여기까지 이루어지면 구성원들이 주어진 공간에서 공유하는 목적을 가지고 함께 생활할 수 있는 기초가 만들어지게 된다. 이러한 기초 위에서 학생들이 바람직한 행동을 하며 교육목적 달성을 하도록 이끄는 행동경영(제6장), 기본학습훈련을 포함하여 과제지도 등 수업을 통하여 학급 경영목표를 달성하기 위한 수업경영 활동(제7장)이 이루어지게 된다. 학급경영에서 다루는 행동경영은 심리학적 배경을 가지고 지도되는 생활지도와는 차원을 달리한다. 생활지도의 관점에서뿐만 아니라 다양한 관점에서 학생들을 지도하는 행동경영적 관점에서 접근하게 될 것이다. 그리고 이 장에서는 문제행동 지도를 함께 담아 교사들이 날마다 학급에서 접하는 문제행동을 경영하는 데 활용할 수 있게 한다. 제7장 수업경영은 각과 교육학에서 다루는 교과 내용 지도 혹은 교육과정학적 접근에 의거한 수업기술과는 별도로 학급경영 목표를 염두에 두고 수업활동을 통하여 원하는 목표로 학생들을 이끌어 나가기 위한 제반 활동 지도에 관한 내용을 다룬다.

교사가 학급경영을 성공적으로 하기 위하여 해야 하는 중요한 활동 중의 하나는 외부인, 그 중 특히 학부모와의 관계 정립(제8장)이다. 학급 구성원이 아닌 외부인 중 교육 조직 내의 인사로는 동료 교사와 상급자, 그리고 교육청 관계자가 있고, 교육 조직이 아닌 외부 인사로는 학부모와 지역사회 인사가 있다. 이들과의 관계정립의 성패가 학급경영 결과에 커다란 영향을 미친다. 이 장에서는 학부모와의 관계정립 부분에 초점을 맞추어 다룬다. 예비교사들이 교사와 학부모 관계의 중요성과 그 의의, 교사와 학부모 관계의 일반적 성격과 학생의 성장과 발달을 지원할 수 있는 교사와 학부모 관계를 이해하며, 학부모의 특성, 교사와 학부모 관계에 영향을 미치는 다양한 요인, 학부모와의 긍정적인 교육적 관계 정립을 위한 다양한 기법 등을 배울 수 있도록 한다.

이상의 이러한 제반 활동 과정 중에 그리고 그 결과로 필요한 것이 학급사무경영(제9장)이다. 이는 하나의 조직을 경영하기 위한 기초 활동이다. 교사는 학급을 경영하는 과정에서 발생·작성·처리하는 각종 문서와 전자정보들을 관리하는 활동을 한다. 이 장은 학급 사무 경영의 개념과 원리를 설명하고, 그 특징과 관련 법규들을 살펴봄으로써 효과적인 사무 관리를 위한 기초 지식을 제공하고, 각종 문서의 처리 절차와 주요 학급 문서의 실제 작성 요령 등의 대강을 제시함으로써 효과적인 사무 경영을 위한 능력을 함양하는 데 도움을 주고자한다.

학급경영의 영역을 교사가 하는 활동에 비추어 이상과 같이 나눌 경우 일부 빠지는 부분이 있다. 이 책에서는 이러한 부분을 시기별 학급경영(제10장)으로 나누어 제시한다. 시기별 학급경영은 학기초, 방학, 학년말처럼 각각 시기의 특성에 초점을 맞추어 그 시기에 해야 할 활동과 각종 기념일을 포함한 경영 활동을 의미한다. 특별활동 구분 방식에 따르면 적응활동과 행사활동이 여기에 포함되는 활동이다. 이 장에서는 시기별 학급경영의 계획수립 절차, 활동방침, 운영범위, 운영의 실제 및 평가 등에 대하여 고찰함으로써 특정 시기별로 학급을 체계적으로 경영하는 데 도움을 주고자한다. 학급경영의 마지막 영역은 학급경영 평가(제11장)이다. 이는 학급경영의 목표 달성도를 높이기 위해 매우 중요한 활동이다. 이 장에서는 학급경영 평가의 필요성과 개념 체계, 학급경영 평가의 관점과 준거, 학급경영 평가의 과정, 학급경영 평가의 예시를 살펴본다.

이 책은 일차적으로 전국 교대에서 행하는 교원양성교육에 활용할 목적으로 집필되었는데 전국교대 교수들이 초등학급경영에 필요한 교육의 방향과 내용에 대해 합의를 이루어냈다는 점에서 의의가 크다. 이 책이 출판됨으로 인해 전국교대가 어느 정도 표준화된 교육과정을 가지고 초등교사라는 전문직업인을 배출하게 되었다. 이 책은 학급경영자가 갖추어야 할 지적 기반을 제공함과 함께 학급을 경영할 때 사용할 수 있는 기법과 자료들도 함께 제공하고 있어서 현직 초등교원이 활용하는 데에도 손색이 없을 것이다. 이 책은 학급경영을 연구 대상으로 하는 연구자를 위한 책이 아니라 학급경영을 할 학급경영자를 길러낼 목적으로 쓰였다. 따라서 대학원 수준에서 사용될 보다 심도 깊은 이론적 접근을 한 교재는 다른 기회로 미룬다. 이 책을 토대로 향후 초등학급경영 관련 연구가 활성화되기를 기대한다.

이 책은 최종판이 아니라 매년 강의에 활용하면서 수정·보완할 초판의 성격을 가짐을 밝힌다. 이 책을 가지고 학급경영 강의에 임하는 전국 교대 교수와 학생들이 강의 내용과 학급경영 자료를 공유함으로써 우리나라 초등교원 양성교육이 한 단계 업그레이드 될 수 있기를 바라는 바이다.

마지막으로 이 책의 기초가 되었던 「학급경영 프로그램 개발 연구」와 「학급경영 프로그램 적용 연구」를 수행했던 연구진과 그 연구를 지원해 준 「교육인적자원부 교대발전을 위한 교사교육 프로그램 개발 기획단」, 그리고 연구 결과가 책으로 출판될 수 있도록 도와주신 교육과학사에 전체 집필자를 대표하여 감사의 마음을 전한다.

2008년 2월

저자대표 박남기

차 례

1 학급경영 이론[1)]

박남기 · 임수진(광주교육대학교)

학습목표

- 학급경영의 중요성과 의의를 알 수 있다.
- 학급경영의 개념을 네 가지 관점에서 이해하고 학급 집단의 행동 특성을 이해할 수 있다.
- 사회체제 모형으로 학급경영 활동 과정과 과업을 이해할 수 있다.
- 학급경영의 세 가지 접근 방법과 네 가지 교사 권한을 이해할 수 있다.
- 학급경영 환경의 근래 변화를 이해하고, 실천 원칙을 확립할 수 있다.

학습 준비 활동

- 자신이 과거에 만났던 교사가 어떤 학급경영 전략을 활용했는지 생각해 본다.
- 초임교사들이 처음으로 학급경영을 시행할 때 느끼는 어려움은 무엇이고 이를 극복하기 위한 준비사항들은 무엇인지 사례를 수집한다.

관련 사례 및 토의 주제

- 급변하는 학급경영 환경에는 어떤 것이 있고 이러한 변화에 대응할 수 있는 전략과 방안에는 어떤 것들이 있는지 생각해 보자.
- “학급경영은 교사의 자기 경영이다.”는 명제의 의미를 토의하여 보자.

---

1) 본 장은 박남기 · 임수진 외(2017), 박남기 외(2008), 박남기(2004), 박남기(2008)의 원고를 토대로 수정, 보완하여 작성한 것임을 밝혀두는 바이다.

1. 학급경영의 중요성

우리나라 초등학생들은 아침에 학교에 등교하면 '교실'이라는 공간 속에서 상당한 시간을 보낸다. 그곳에서 학습을 비롯하여 규칙이나 협동심 등을 몸에 익히고 배우며 사회성을 익히고, 인격을 연마하는 토대를 쌓아간다. 여기에서 말하는 한정된 공간인 '학급'이란 무엇인가? 국립국어원의 표준국어대사전에 따르면 학급이란, 한 교실에서 공부하는 학생의 단위 집단을 뜻한다.[2] 따라서 학급이란 일정한 교육목적을 달성하기 위한 학습집단인 동시에 생활집단이며, 학교교육조직의 기초단위라 할 수 있다.

학급이 학습집단이자 생활집단이라 함은 학급 안의 교육활동은 양면성이 있음을 의미한다. 그 하나는 교과학습에 의한 지식, 기능, 태도 등의 습득이고, 다른 하나는 학급 및 학교라는 공동사회에 있어서 사회생활을 실천함으로써 사회성을 체득하게 되는 것을 말한다(남한식, 1991, 479). 교과학습에 관한 목적을 달성하기 위한 여러 가지 활동에는 직접적인 교수학습활동, 그 활동의 효과를 실현하기 위한 여러 가지 조건정비와 지원관리 활동이 있다. 예를 들면 학급경영 계획 수립 및 평가, 교실환경의 정비, 행동수칙 및 절차 수립, 학급경영 평가 관리 등을 들 수 있다. 후자인 사회성 체득 지도를 위한 활동에는 학급의 자치활동조직, 역할분담활동조직, 행동경영 및 생활지도, 학부모와의 관계 정립, 지역사회와의 연대, 학교행사 참여 등이 있다.

1) 학급경영의 의의

위에서 언급한 다양한 학급경영 활동이 학생들에게 미치는 영향은 아주 중요

2) 같은 학년 학생으로 편성되는 단식 학급이 보통이지만, 소규모 학교나 특별한 사정이 있는 경우는 두 학년 이상에 걸치는 복식 학급을 편성하는 경우도 있다.

하다. 교육의 질적 향상에 대한 관심이 높아질수록 학급경영은 강조된다. 다음에서 학급경영의 중요성 및 학급경영의 의의를 살펴보자.

첫째, 학급은 실제로 교육이 이루어지는 실천의 장이다. 학생들이 성장·발달하고, 직접적이고 구체적으로 사회성 및 인격을 형성해 가는 곳이 바로 학급이다. 실제로 교육의 목적이 실천적으로 실행에 옮겨지는 장소가 학급인 것이다. 그 학급의 학생은 교육과 수업을 통해 세상의 이치를 깨닫고 인간의 가치를 경험한다. 따라서 학급에서 교육이 어떻게 이루어지느냐에 따라 교육의 성패가 좌우된다.

둘째, 학급은 학생들이 매일 생활을 통해 사회가치나 규범을 내면화하는 사회화의 장소이다. 학급 안에서 상호 간 교류나 친교를 통해 여러 가지 경험과 성장을 거듭한다. 그런 가운데 학급 고유의 풍토나 문화가 형성된다. 학급의 문화에는 다양한 계층의 문화가 들어 있고, 그 나름대로 사회의 가치나 규범이 스며들어 있다. 학급 교실 내의 경험은 학생들의 하루의 삶 자체이자, 그들의 삶의 질을 결정한다. 이러한 매일의 학급생활 경험이 누적되어 학생들의 인격과 삶의 질을 결정하게 되므로 학급에서 경험은 중요하게 다루어져야 한다.

셋째, 학급경영 방식은 학생의 잠재적 능력과 인격형성에 지대한 영향을 미친다. 교사가 어떤 경영관을 갖느냐에 따라 학급의 모습은 달라진다. 즉 민주적 방식·독재적 방식·권위적 방식·방임적 방식에 따라 학생들은 각기 다른 반응을 보이게 되는 것이다. 학급경영과 수업은 실제로 명확하게 분리하기는 어렵지만, 여러 연구들에서 수업보다 교사의 학급경영 방식이 학생의 학업성취와 사회성 발달에 크게 영향을 미친다는 점을 밝히고 있다. 교사의 학급경영 방식이 학생의 교육적 성과에 영향을 미친다는 점에서 학급경영의 의의가 크다.

2) 학급경영 학습의 중요성

교사로서 학급을 경영하는 일은 매우 중요하다. 학급경영은 교육의 과정, 또는 학교 효과성에서 매우 중요한 변인이 된다. 그리고 초임 교사들은 학급경영에 상당한 곤란을 겪는다. 이와 같은 이유에서 학급경영을 학습할 필요가 있다.

많은 연구에 의하면, 학습에 가장 큰 영향을 미치는 요인은 학급경영이다. Wang, Haertel & Walberg(2003: 7)는 자신들이 1993~94년에 수행한 연구에서 학급경영이 학생의 학습에 매우 중요한 변인이 됨을 밝힌 바 있다.

서울 초등학교 교사들을 대상으로 한 2024년 '서울 초등학교 교사의 학교 업무 관련 직무 스트레스 및 소진 측정과 개선 체계 연구' 결과에 따르면, 업무 관련 스트레스 조사에서는 효과적인 학급경영 학습의 필요성이 시급함을 알 수 있다. 심각한 문제행동을 보이는 학생들(5점 중 4.43점)과 수업을 방해하는 학생 동기 부여 부족(5점 중 4.24점), 학부모의 요구(3.50), 학부모와의 관계로 인한 업무 수행의 어려움(3.47)으로 인해 스트레스 수준이 최고조에 달하는 상황에서 학급경영은 교육적 기술 그 이상이라는 것이 명확해졌다.

〈표 1-1〉 교사 일반직무스트레스 문항별 기술통계결과

문항내용	평균	표준편차
내가 시킨 일을 학생들이 하지 않을 때 참을 수 없어 화가 난다.	3.29	0.91
학습에 대한 학생들의 동기 결여는 수업에 방해가 된다.	4.24	0.70
문제행동이 심한 학생으,로 인해 스트레스를 받는다.	4.43	0.75
행정관리자와의 관계에서 업무수행 상 어려움이 있다.	2.87	1.06
행정관리자는 내가 응할 수 없는 요구를 한다.	2.52	1.07
행정관리자는 내가 하는 일을 탐탁지 않게 생각하는 것 같다.	2.20	1.03
동료고사들은 나의 직무 수행이 원활하지 않다고 여기는 것 같다.	1.81	0.81
함께 근무하는 동료교사들로부터 지지를 거의 받지 못하고 있다.	1.63	0.77
할 일은 많은 데 시간이 부족하다.	3.84	1.03
업무를 완수하기 위해 일거리를 집에 가져갈 때가 있다.	3.54	1.19
과업을 완수하기 위해 시간을 할애하는데 어려움이 따른다.	3.51	1.08

문항내용	평균	표준 편차
학부모는 내가 응할 수 없는 요구를 한다.	3.50	1.07
학부모와의 관계로 인해 업무수행 상 어려움이 있다.	3.47	1.14
내가 행한 교육활동이 법적으로 보호 받을 수 없음에 대한 스트레스가 있다.	4.58	0.69

출처: 탁지영(2024.7.18.) 서울에서 초등교사 직무 스트레스 가장 높은 곳은? 경향신문(https://www.khan.co.kr/article/202407181630001)

이처럼 초등교사에게 학급경영 능력은 매우 중요한 자질 요건이 된다. 국내에서 이루어진 연구에서도 이와 같은 주장이 제기된 바 있으며, 많은 국가에서 교사에게 필요한 자질로 학급경영 능력을 명시화하고 있다.

교사 자격에 관한 국내외 동향을 포괄적으로 검토하고 우리나라의 교사 자격기준 안을 제시한 황규호(2003)는 교사에게 필요한 중요한 자질로 학급경영을 들고 있다. 또, 정일환 등(2006)은 농어촌 소규모 학교에서 근무할 교사에게 필요한 자질로 "학습 분위기를 조성시킬 수 있는 통제 능력과 태도", "학생의 성장 및 발달에 대한 지식" 등을 매우 중요하게 들고 있다.

이와 같은 동향은 외국에서도 관찰된다. 호주, 뉴질랜드, 영국 등은 최근에 새로운 교원 자격 기준을 제정한 바 있는데, 이들 국가에서도 학급경영 능력을 초임 교사의 능력으로 매우 중시하고 있다. 호주의 경우, "교원은 학급경영 기능의 활용을 통하여 안전하고 도전적인 학습환경을 창조, 유지하여야 한다."는 내용을 교사 자격 기준에 포함하고 있다. 뉴질랜드는 학생 행동의 긍정적 관리 능력과 안전한 물리적, 정서적 환경 구축 등을 교사 자격 기준으로 들고 있다. 이와 마찬가지로, 영국은 다음 내용을 교사 자격 기준에 포함하고 있다.

[참고자료] 영국의 교사 자격 기준 - 학급경영 관련 기준 -

- 교사는 교수·학습을 중심으로 학생에게 높은 기대를 가지고 성공적인 관계를 형성한다. 교사는 아동들의 다양성을 존중하며, 그들이 안정되고, 신뢰감을 느

길 수 있는 학습환경을 조성한다.

- 교사는 교수 · 학습 시간을 효과적으로 조직하고 관리한다.
- 교사는 물리적 교수 공간, 도구, 자료, 교육 자료를 안정적이고 효과적으로 조직하고 관리한다.
- 교사는 학생들의 행동을 건설적으로 경영하고, 자기 통제와 독립을 촉진하기 위하여 학생 행동에 대한 높은 기준을 설정하고 학급 내의 훈육에 관한 명백한 기준을 확립한다.
- 교사는 전형화된 관점에 도전하고, 적합한 방침과 절차에 의거하여 폭력에 도전하는 등 학급에서 발생하는 기회 균등의 쟁점을 인식하고, 이에 효과적으로 대응한다.

2. 학급경영의 개념

1) 학급의 개념

학급은 무엇에 비유할 수 있을까? 아마도 가정, 정원, 축구팀 등의 비유가 가능할 것이다. 어떤 비유나 교사(부모, 정원사, 감독)와 학생(자녀, 꽃과 나무, 선수)이라는 구성원을 포함하고 있으며, 목적을 달성하기 위하여 구성원들이 유기적으로 협력한다는 내용을 포함하고 있다. 이것은 학급의 주요한 특징을 구성한다.

학급은 여러 가지 의미를 지닌다. 대표적으로, 다음 네 가지 관점에서 생각할 수 있다.

첫째, 학급은 교사와 학생의 공동생활의 장이다. 교사와 학생은 학급에서 장시간 공동의 생활을 영위한다. 이와 같은 점은 중등학교에 비하여 초등학교에서 두드러진다.

둘째, 학급은 수업이 이루어지는 장이다. 학교는 교육 활동을 수행하는 곳이며,

수업 활동은 학급에서 이루어진다.

셋째, 학급은 생활지도의 장이다. 많은 교사들은 학급에서 학생들과 장시간 생활하기 때문에 학생을 파악하게 되고, 자연스럽게 생활지도를 수행한다.

넷째, 학급은 학교의 하위 체제이다. 학급은 '교사가 이끄는 공화국'이라고도 할 수 있지만, 학교의 한 부분을 구성하기도 한다. 학급경영은 학교의 방침 하에서 이루어진다.

2) 학급 집단의 특성

집단 또는 조직으로서의 학급은 달성하고자 하는 목적, 그 목적을 달성하기 위하여 결합한 구성원, 구성원이 형성하는 구조, 구성원들의 행위를 규정하는 규범, 구성원들의 협동적 행위를 이끌어가는 지도성, 다른 집단과의 관계 등의 측면에서 특성을 살펴볼 수 있다.

첫째, 학급에는 다양한 목적이 존재한다. 학급 구성원들은 개별적으로 자신의 목적을 가질 수 있고, 명시적인 목적 외에도 비공식적인 목적이 존재한다. 그러나 학급의 목적이라고 할 때에는 학급 구성원 공동의 명시적인 목적을 의미한다. 모든 학급에서 학습은 공통적으로 강조되는 목적이다. 그러나 초등학교에서는 학습만큼 기본 생활 습관 형성이라는 목적이 강조된다. 학급 구성원들이 학급의 목적을 명확히 인식하고 합의하는 경우, 학급활동은 일관성 있게 이루어질 수 있다. 반면, 학급목적에 대한 인식에 차이가 있는 경우, 구성원 사이에 갈등이 유발될 수 있다.

둘째, 학급 구성원은 자의가 아니라 타의에 의해 만들어진다(문낙진, 1993, 352-353). 교사를 제외한 학급 구성원들은 연령과 거주 지역이라는 점에서 대부분의 경우, 동질성을 갖는다. 반면, 가정 배경은 구성원 간의 이질성을 유발한다. 학생들의 동질성과 이질성은 학급경영의 조건과 방향을 설정하는 요인이 된다. 구성원의 동질성이 강하면 다양성을 경험할 수 있는 기회를 제공하는 일이, 이질성이 강하면 통합을 추구할 수 있는 계기를 마련하는 일이 교사의 학급경영상의 과제로 부여된다.

셋째, 학급 구성원은 역할과 지위에 따른 구조를 형성한다. 교사와 학생은 명확한 역할의 차이를 갖는다. 학생들 사이에는 반장, 부반장, 부장 등의 역할 체계가 형성된다. 학급의 목적과 구조가 원만하게 조응할 때, 학급조직의 효과성이 배가 된다. 반면, 학급목적과 구조 간에 어그러짐이 발생할 때, 구성원은 자신의 역할과 지위에서 혼란을 경험하게 된다. 이러한 공식적인 구조 외에 비공식적인 인간 관계 구조가 형성되기도 하며, 비공식적 구조 역시 학급조직의 효과성에 있어 중요하다. 학급 내 친밀한 교우 관계도, '왕따'도 비공식적 구조에서 비롯되는 현상이다.

넷째, 학급에는 학급 구성원들에 의하여 승인된 행위의 규칙, 즉 규범이 존재한다. 규범은 학급 구성원들의 공통된 기대이며, 개개인의 행동을 유도한다(권기욱, 1993, 8-9). 규범이 구성원의 발달상황과 조직의 목표에 부합하는 경우, 학급의 효과성을 증진하는 데 기여할 수 있지만, 그 반대의 경우도 성립할 수 있다. 규범에는 교사와 학생 간에 명시적으로 형성된 규범과 학생들 간에 비공식적으로 형성된 규범이 있다. 비공식적 규범이 학급에 미치는 영향이 지대한 만큼, 교사는 학급경영 과정에서 비공식적 규범에 충분히 민감하게 체감하며 올바른 학급문화 형성에 지도적인 역할을 수행해야 한다.

다섯째, 학급 내에서 교사와 학생은 명확한 지위상 차이를 가지며, 교사는 지도성을 행사하여 학생들의 집단 활동을 유도한다. 교사는 학급경영의 과정에서 다양한 양상으로 지도성을 행사할 수 있어야 하며, 이는 학급 효과성에 직결된다. 예를 들어, 학급의 공동 목적과 규범이 명확하게 설정되지 않은 학기초와 학급 구성원 간 관계가 원숙기에 접어든 학기말에 보여야 할 교사의 지도성 형태는 다른 것이 되어야 한다.

여섯째, 학급은 동학년의 일부로서, 나아가 학교와 사회의 일부로서 존재하며,

다른 집단과 관계를 맺는다. 학생들은 다른 집단의 존재를 알고, 그 집단의 활동에 참여함으로써 전체 체제와 하위 체제들의 유기적 관련성을 경험하게 된다. 집단 간 동질성은 학급조직의 효과성을 높일 수 있는 반면, 집단 간 차이는 구성원들에게 혼란을 유발할 수 있다. 예를 들어, 규칙이 학급마다 다른 경우, 학생들은 어떤 규칙을 따라야 할 것인지를 혼란스러워 할 수 있다.

3) 학급 집단의 행동 특성

학급에서는 갖가지 일이 쉴 새 없이 일어난다. 수많은 일들은 일관성을 갖추기보다는 모순되는 경우가 잦다. 학생들은 협력하도록 가르침을 받으면서도 동료들과 경쟁하기도 하고, 독립적인 존재로서 책임 있게 행동하라는 요구와 교사의 말에 따라야 한다는 요구를 동시에 받는다(Weinstein & Mignano, 2003, 3). 학급에서 일어나는 갖가지 행동에는 일반화할 수 있는 특징이 있다. 이를 학급 집단의 행동 특성이라고 할 수 있는 바, 이미 발견된 학급 행동의 여섯 가지 특성을 설명하고자 한다(Doyle, 1986, 394-395).

- 다원성(multidimensionality): 한 가지의 활동을 하기 위한 장소와 달리, 학급에서는 여러 가지 활동이 일어난다. 학생들은 공부를 할 뿐만 아니라, 친구를 사귀며, 급우의 생일을 축하해준다. 교사는 가르치는 일을 할 뿐만 아니라, 학생들 간의 갈등을 중재하고, 학교 행사를 기획하거나 지도한다. 학급은 다양한 구성원이 다양한 목적을 추구하기 위하여 모인 공간이기 때문에, 학급에서 다양한 일이 일어난다. 학급 환경은 이런 모든 활동을 수용할 수 있도록 조건을 갖추어야 하며, 교사는 다양한 일을 조정하고 통제할 수 있는 능력을 갖추어야 한다.
- 동시성(simultaneity): 학급에서는 많은 일들이 동시에 일어난다. 학생들은 손으로는 무엇인가를 쓰면서, 친구와는 발 장난을 하고, 교사와 토론할 수

있다. 교실 안에서 이루어지는 학생의 행동은 마치 세 개의 링을 동시에 돌리는 곡예사의 행동과 같다. 한편, 교사 역시 학생들의 동시성에 대응할 수 있는 능력을 갖추어야 한다. 교사는 수업 내용을 설명하며, 다음 질문을 누구에게 할 것인가를 생각하고, 졸고 있는 학생이나 집중하지 못하는 학생에 대해서도 적절히 지도할 수 있어야 한다. 흔히 "유능한 교사는 뒤통수에도 눈이 있다."는 말을 하는데, 이는 교사의 동시성 대응 능력을 의미하는 것이다.

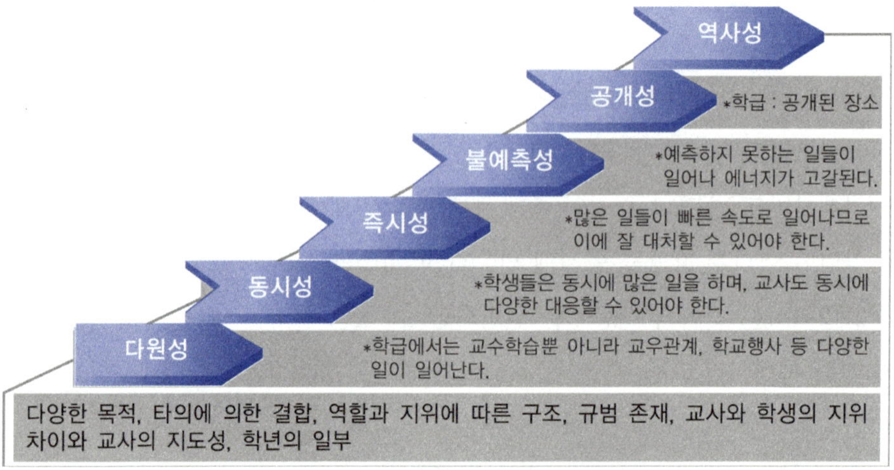

[그림 1-1] 학급 집단의 행동 특성

- 즉시성(immediacy): 학급에서는 많은 일들이 빠른 속도로 일어난다. 학급에서 일어나는 많은 일에는 예고가 없다. 많은 일들이 동시에, 순식간에 발생하면 교사는 엄청나게 당황스러워진다. 학급경영에서 발휘되는 교사의 전문성은 이와 같은 경험을 통해 획득한 상황 대처의 노하우를 의미한다.
- 불예측성(unpredictability): 학급에서 이루어지는 일들은 종종 예측하지 못한 방향으로 전개된다. 한 학생의 특이한 행동이 다른 학생들에게 순식간에 영향을 미치기도 하고, 하나의 행동에 다른 행동들이 꼬리에 꼬리를 물고 일어나기도 한다. 불예측성 때문에 교사의 일상은 단조롭지 않다. 그러나 바로

이 특성 때문에 교사의 에너지가 쉽게 고갈된다.

- 공개성(lack of privacy): 학급은 공개된 장소이다. 교사의 행동은 모든 학생들에 의하여 관찰된다. 교사는 육십 여 개에 달하는 눈동자가 자신을 바라볼 때, 무대 위에 선 배우나 어항 속의 물고기 같다는 느낌을 가지게 된다(Lortie, 1975). 교사들의 학급경영 행위는 학생들에 의하여 관찰되며, 학생들은 교사의 능력과 자세를 금방 알아차린다. 학생들의 행동 역시 다른 학생들에 의하여 관찰된다. 교사와 학생이 사적인 관계를 형성하기는 어렵다.
- 역사성(history): 학급에서 구성원의 삶은 대체로 일 년 동안 영위된다. 순식간에, 동시에 일어나는 많은 일들이 서로에게 공개되고 누적되면서, 학급 구성원들은 하나의 역사를 갖게 된다. 학생들은 교사의 행동을 기억하고 있으며, 교사 또한 학생의 과거 행동을 기억한다. 과거의 기억은 현재의 행동에 영향을 주며, 현재의 행동은 미래의 방향을 결정한다. 교사는 미래의 활동을 짐작할 수 있는 좋은 역사를 남기도록 노력하여야 한다.

4) 학급경영의 개념과 범위[3)]

학급담임이 하는 일의 핵심은 학급경영이다. 학급경영자로서의 학급담임의 역할을 이해하기 위해서는 먼저 학급경영의 개념과 범위를 밝힐 필요가 있다. 박남기(2008)는 우리나라와 미국의 학급경영 단행본을 분석한 후 그 초점에 따라 학급경영의 개념을 (1) 수업경영적 관점, (2) 행동경영적 관점, (3) 학습환경 조성 및 지원활동 관점, (4) 통합적 관점으로 구분하고 있다. 제시된 네 가지 관점은 완전히 상호 배타적인 것이 아니라 상호 중첩되는 부분을 가지고 있다.

3) 본 장은 박남기(2008)를 토대로 재정리하였음을 밝힌다.

(1) 수업경영적 관점

수업경영적 관점은 학급경영과 수업경영을 거의 동일한 개념으로 사용하는 경우(Burden, 2000; Manning & Bucher; Rudolph, 2006; Rinne, 1997; Willson, 2004)와 수업경영이 학급경영의 핵심(Kyle & Rogine, 2004; Larrivee, 1999; Lemlch, 1999)이라고 보는 관점으로 다시 나뉜다. 전자에 비해 후자는 수업경영과 함께 수업경영과 관련된 교사의 다른 활동도 학급경영 활동으로 봄으로써 학급경영 활동의 범위를 더 넓게 인식하고 있다.

우리나라에는 수업경영적 관점이나 다음에 설명할 행동경영적 관점을 취하는 학자는 없다. 그 이유는 담임교사의 역할에 대한 인식 차이에서 온다. 우리나라, 특히 초등학교 학급담임의 경우, 자기가 담당한 학급의 교육목적 달성과 관련된 제반 업무를 혼자서 처리해야 하는 상황이고, 학급담임에게 학급경영자로서의 통합적 역할이 기대되고 있다. 미국 교사들(초등교사 포함)은 과목 전담 교사로서의 역할을 주로 수행하고 있고, 초등학교 담임교사의 경우에도 특정 과목을 가르치는 과목 담당교사로서의 역할이 강조되고 있어서 이러한 관점이 가능하다. 또한 미국의 경우는 상담 전담 교사가 있어서 문제행동지도의 상당 부분을 담당하고 있고, 학급에도 보조교사가 있어서 관련 업무를 처리하며, 사무관리 등의 업무로부터는 상당히 자유롭기 때문에 교사의 역할이 교육과정 운영자로서의 역할에 초점이 맞추어져 있다. 행동경영에 초점을 맞추는 경우에도 주로 수업활동과의 관련 속에서 다루어지고 있는 이유는 이 때문이다. 이와 함께 지금까지 미국 학계에서 학급경영을 독립된 연구 영역으로 간주하지 않았으며, 교원준비 교육과정에서 학급경영 강좌의 내용에 대한 합의가 이루어지지 않은 결과이기도 하다 (Everston & Weinstein, 2006, 4).

(2) 행동경영적 관점

행동경영적 관점은 교실 내에서의 학생 행동을 통제하고, 궁극적으로는 학생들이 스스로 바람직한 행동을 하도록 이끄는 활동이 학급경영의 핵심이라고 보는 관점이다. 가령 Levin과 Nolan(2007, 9)은 「학급경영 원리」에서 교사의 역할은 학생을 교육시키는 것인데, 이를 방해하는 행동이 발생할 경우 이를 잘 통제하여 학습에 투자되는 시간을 극대화하는 것이 학급경영 핵심이라고 정의하고 있다. 그들이 학급경영 이론이라고 제시하고 있는 세 가지 관점(학생 주도, 상호 협력, 교사 주도)도 주로 학생 행동경영에 관한 것이어서 학급경영의 핵심은 행동경영으로 간주하고 있음을 알 수 있다. McCaslin과 Good(1992, 8)에 따르면, 학급경영은 학생들이 복종하도록 하는 것 이상이 되어야 한다고 주장하면서 학급경영은 학생들이 자신을 이해하고, 자신을 평가하며, 자기 통제력을 갖도록 유도하는 수단이 되어야 한다고 하였다.

Martin과 Sugarman(1993)은 그의 책에서 행동경영을 위한 의사소통 접근, 민주적 접근, 집단 관리 접근, 행동수정, 사회학습과 인지적 접근, 학교차원 접근 등을 소개하고 있고, Landau(2004)는 행동경영에 초점을 맞추면서 다문화 사회 고려, 규칙과 수칙, 학부모와의 관계, 대체교사 문제까지를 함께 다루고 있다. Bull과 Solity(1987), Henley(2006), Freiber(1999) 등도 학급경영이라는 제목하에 행동경영에만 초점을 맞추고 있다.

〈표 1-2〉 학급경영 초점에 따른 학급경영 개념 구분

관점 구분	연구의 초점
수업경영적 관점	• 수업 성공 방안 • 학습 성과 올리기 위한 전략
행동경영적 관점	• 학생 통제 • 학생 자율력 향상

관점 구분	연구의 초점
학습환경 조성 및 지원 관점	• 긍정적인 학급 분위기와 학습환경을 만들고 유지하는 데에 초점 • 학급경영은 효과적인 학습을 위한 필요조건 • 교수활동 자체는 제외
통합적 관점	• 교수학습 목적을 달성하기 위해 교사가 하는 제반 업무와 활동 • 교수활동 자체도 포함되는 것으로 간주

출처: 박남기(2008, 5).

(3) 학습환경 조성 및 지원 관점

학습환경 조성 및 지원 관점에서는 학급경영이란 "효과적인 교수학습이 가능하도록 긍정적인 학급 분위기를 만드는 학급담임의 제반 활동을 의미한다(Martin, Sugarman & McNamara, 2000, 9)."고 규정한다. 우리나라에서는 김영돈(1957), 윤형모(1965), 문낙진(1993), 박남기 외(2006) 등이 학습환경 조성 및 지원적 관점을 취하고 있다. 이 관점은 실제 상황에서는 학급경영 활동과 교수활동이 밀접하게 관련되어 있는데, 학급경영이란 교사활동 중에서 교수활동을 위한 지원 활동이라고 보고 있다. "학급경영의 핵심은 긍정적 환경을 만들고 유지하며, 학생들과 관계를 맺고, 관련된 업무를 수행하기 위한 특별한 전략을 의미한다."고 보는 Smith(2004, 7)의 관점을 그 예로 들 수 있다. 1979년 미국 전국교육학회(National Society for the Study of Education)가 발간한 '학급경영'을 주제로 한 저널에 따르면 학급경영은 "교수학습이 가능한 환경을 만들고 경영하기 위해 필요한 활동과 절차"를 포괄하는 개념이다. 이 정의는 교사의 핵심 역할이 통제에서 경영(시간, 공간, 자료, 보조인력, 그리고 학생 경영)으로 바뀌게 되었음을 보여준다(Duke, 1982, 7).

수업활동과 학급경영 활동의 관계를 필요충분조건의 관계로 설명하는 Medland와 Vitale(1984)의 관점은 학습환경 조성 및 지원 관점을 명확히 보여준다. 그들은 학습자료가 가장 효과적인 상황에서 제공되도록 하기 위해 교사가 수행하는 제반 활동을 포괄하여 학급경영이라 한다. 따라서 학급경영은 첫째, 학생의 사회적 행동이 교실 상황에 적합하도록 이끌어야 하고, 둘째, 학생의 학업성취도를 높이기 위해 동기를 부여해야 한다. 따라서 학급경영은 효과적인 학습을 위한 필요조건이다. 이에 비해 수업경영(instructional management)은 수업자료를 구조화하고 제시하는 과정에 관한 것으로 자료 제공 순서, 자료 제공 및 검토 빈도 결정과 관련된 활동이다. 학급경영과 수업경영은 학습을 위한 필요충분조건인 것이다(Medland & Vitale, 1984, 1).

(4) 통합적 관점

통합적 관점은 교수학습 목적을 달성하기 위해 교사가 하는 제반 업무와 활동을 학급경영으로 보는 관점이다. 통합적 관점은 수업경영 활동까지를 학급경영 활동으로 간주하는 점에서 학습환경 조성 및 지원 관점과 차이를 보인다. 통합적 관점은 수업경영적 관점, 행동경영적 관점, 그리고 조성적 관점에서 언급하는 활동을 모두 포괄하는 관점이다. 우리나라에서는 정식영(1964), 학교와 학급경영편집위원회(1988), 김종철 · 진동섭 · 허병기(1991), 조성일 · 김영출(1997), 박병량(2003) 등이 이 관점을 취하고 있다.

"긍정적 의미에서 학급경영은 '학생들이 바른 행동을 하도록 하는 것' 이상이다. 학급경영은 본질적으로 가르치고 배우는 목적을 달성할 수 있도록 하기 위해 교사가 학급업무를 추진하고, 안전을 확보하며, 모든 일이 순조롭게 진행되도록 하는 것이다(Digiulio, 1995, 11)."라는 주장을 통해 통합적 관점이 취하는 학급경영의 개념과 범위를 유추해볼 수 있다. Digiulio(1995, 13)는 한 발 더 나아가 회사경영과 학급경영을 비교하면서 교사를 자신이 맡은 부서의 모든 것을 책임지는 회사의 중간경영자로 비유하고 있다. 학급경영은 "학급 안에서 뿐만 아니라 학급 밖에서 교사가 책임져야 할 모든 활동 영역을 포괄하는 개념이다."라고 주장하는 Hoppenstedt(1991, 10)도 이 범주에 속한다.

5) 학급경영의 원리

학급경영은 기업이나 회사와 같이 생산성이나 효율성만을 추구하는 곳만은 아니다. 학급은 여타 사회조직과는 다른 독특한 특성을 지니고 있기 때문이다. 학급경영은 미성년인 학생들을 대상으로 하는 인간형성을 위한 교육활동이다. 교사는 이런 인간형성의 준거에 따라 학급을 이끌어 가야 한다. 이런 미성년인 학생들을 이끌어가야 하기 때문에 학급만의 독특한 학급경영의 원리가 필요하다. 학급경영의 원리는 학급을 어떠한 원칙이나 방침에 입각하여 어떠한 방향으로 합리적으로 운영할 것인가에 관련된 문제이다. 학급경영의 일반적 원리로 박병량(1997)은 교육적 학급경영, 학생이해의 학급경영, 민주적 학급경영, 효율적 학급경영 등 네 가지로, 신철순(1996)은 타당성의 원리, 개별화의 원리, 자율화의 원리, 사회화의 원리, 통합화의 원리, 전문성의 원리, 협동성의 원리 등 일곱 가지로, 남한식(1991)은 자주성과 창의성의 원리, 정의성과 협동성의 원리, 규율성과 질서성의 원리 등 여섯 가지로, 김영돈(1980) · 김창걸(1989)은 자유의 원리, 협동의 원리, 노작의 원리, 창조의 원리, 흥미의 원리, 요구의 원리, 접근의 원리, 발전의 원리 등 여덟 가지로 각각 제시하였다.

본 절에서는 학급경영의 원리를 교육적 원리, 창의성 원리, 전문성 원리, 협동성 원리, 개별화 원리, 통합성 원리, 민주성 원리 등을 중심으로 살펴보고자 한다.

(1) 교육적 원리

교육적 원리란 모든 학급경영 활동은 교육의 본질과 목적에 부합되도록 운영해 나가야 함을 의미한다. 교육은 인간성향의 가변성을 믿고 개인의 잠재성을 개발시키는 것을 목적으로 한다. 따라서 학급경영은 인간의 변화 가능성을 전제로 학생 개인의 흥미 · 적성 · 창의력 등을 최대한 개발하여 자아실현의 단계로 이르도록 도와주는 활동이어야 한다.

교사의 활동은 학생들의 행동을 바람직한 방향으로 강화하는 데 초점이 맞추어져야 하긴 하지만, 이런 목적하에 비인간적·비교육적 방법이나 수단을 사용해서 학급경영을 행해서는 안 된다. 매사에 학생들을 인간적 대우와 교육적 관심 및 배려를 통해 긍정적 자아를 형성하도록 해야 한다는 사실을 기억하자.

(2) 창의성 원리

교육은 문화가치의 인식이며 새로운 문화창조과정이라 볼 수 있다. 획일적이고 기계적인 통제위주의 경영방식에서 창의성은 발휘될 수 없으며 자주적이고, 노작적인 활동을 통해 실현될 수 있다. 학교경영의 문제점을 해결하기 위해서는 학급 나름대로의 창의성을 갖는 교사의 의지가 필요하다. 학급경영의 창의성은 교사나 학생들의 왕성한 사고력에서 기대할 수 있기 때문에 학생들의 생활주변이나 학습활동 과정 속에서 자료의 수집이나 분석, 통합, 정리, 활용하는 방법을 지도하고, 그러한 실제 생활을 마련해 주어야 한다. 또한 교무회의나 학년운영의 문제점을 분석하고 새로운 경영방식을 교사 자신의 학급에 적용해 보려는 교사의 노력도 요구된다. 언제나 관찰하고, 자기 연수나 노력을 통해 병행하면서 학생들에게 보다 다양하고 실천적 경험을 제공하는 가운데 창의적 학급경영이 실현될 수 있다.

(3) 전문성 원리

학급경영은 일반조직이나 학교조직과 다른 독자적 전문성을 갖는다. 학교경영은 학급경영에 필요한 인적·재정적·물적 자원을 확보 배정하여 학급이 운영되게 하는 것이지만, 학생들의 개별적 생활지도와 각 교과의 수업 전개는 대체로 학급에서 진행된다. 수업이나 학생 상담 활동만큼은 학교경영자보다 더욱 전문적인 소양을 가져야 한다. 학급경영을 단지 학교장의 명을 받아 학생들을 교육하고 관리한다는 피동적 의식에서 벗어나야 한다. 역으로 담임교사의 전문적 소양을 학교경영자들에게 조언하고, 도움을 주는 적극적 학급경영관이 요구된다. 교실에서 교육의 성패는 그 학교의 교육을 좌우한다는 것이 학급경영의 전문성의 원리이다.

(4) 협동성 원리

협동성 원리란 학급 집단의 안전과 이익을 위하여 학급 안의 모든 활동들이 협동적으로 행해질 수 있도록 생활 환경적 조건을 마련해 주고 지도하는 것을 말한다. 인간에게 있어서 가장 중요한 것은 자기 자신이지만, 혼자서 모든 것을 해 나가며 살아갈 수 없다는 사실을 학생들에게 인식시킨다. 그리고 더불어 사는 사고와 습관을 갖도록 해야 한다. 두 사람이 한 짝을 이루고, 짝이 소집단을 이루며, 소집단 활동이 모인 학급활동이 학생 개개인이 활동할 때보다 훨씬 효율성이 커진다는 사실을 학생들에게 강조한다. 또한 교사 자신도 자신의 학급을 경영할 때 학년과 학교 전체와의 관계를 고려하면서 끊임없이 협동적 관계를 유지하도록 해야 한다. 학급별 경쟁보다는 협동적인 분위기일 때 훨씬 더 많은 도움을 받을 수 있을 것이다.

(5) 개별화 원리

개별화 원리는 각 개인의 지능이나 성격, 흥미, 가정 배경 등의 차이를 인정하여 학급 구성원들이 지니고 있는 독자성을 발견하고 이를 발전시켜 나가도록 하는 것을 말한다. 나아가 학급 나름대로 특수한 활동을 구체화하여 그 학급이 갖는 독특성을 다른 학급과 차별화하여 학급경영이 되도록 하는 활동을 포함한다. 다시 말해, 개인이 어떤 흥미를 갖고 있는가를 파악하여 각 아동에게 적합한 방법으로 학습동기를 부여하고, 교실환경을 개선해 가야 한다. 개인의 흥미나 개인차에 바탕을 둔 개별화의 원리는 개별 아동의 교육 방법상의 지도원리뿐만 아니라 학급 집단의 편성원리로도 적용되어야 한다. 능력별 편성, 교과별 편성, 특수학급 편성, 서로 다른 창의적 체험활동 등은 개별화의 원리에 근거한 학교활동들이다. 획일적인 수업진행이나 통제 방식하에서 개인의 능력이나 발달수준이 무시되어서는 안 된다.

(6) 통합성 원리

학급경영은 편의상 교과활동과 생활지도로 구분하여 시간표를 편성하고 있지만, 전인으로서 지・덕・체를 겸비한 조화로운 인간을 육성하여 개인의 인격을 완성하고 사회인으로서, 국민으로서의 자질을 발휘하게 하려면 통합적 운영이 절대적으로 필요하다. 통합의 원리로서 몇 가지 유의점을 기술하면 다음과 같다(신철순, 1996, 385-386). 첫째, 교과지도와 생활지도가 통합되어야 하고, 기타 학급의 모든 행사와 환경구성이 학급의 교육목표 달성을 위해 통합적으로 이루어져야 한다. 둘째, 각 시간의 목표, 각 단원의 목표, 각 교과의 목표나 생활지도 목표가 학급의 목표와 학년의 목표, 학교의 목표와 궁극적으로 일관성 있게 통합되어야 한다. 셋째, 중간 집단으로서 학교의 교육목표나 학급에서 지도하는 교과서의 내용과 생활습관이 학교와 가정과 나아가 사회 및 국가에서 기대하는 가치기준과 일치되어야 한다. 인간은 하나의 통합적 존재로서 전인적 발전을 하는 것이기 때문에 학급에서 지도의 영역과 형태 및 방법은 다양하게 이루어진다 하더라도 그들 상호 간에는 일관성과 통합성이 유지되어야 교육력이 강화될 수 있다.

(7) 민주성 원리

민주성 원리는 민주주의 원칙에 입각하여 학급을 경영하는 것을 말한다. 학교교육은 당면한 사회적 요구나 과제, 학습자의 요구, 학부모의 요구를 바탕으로 교육적 가치가 있다고 인정되는 내용을 충족시켜야 한다. 따라서 민주성에 입각한 학급경영은 학생들의 의견이나 요구를 존중하고, 자유와 평등을 보장하며 참여기회를 보장해 주는 운영을 말한다. 민주주의로 운영되는 학급에서는 학급 구성원 개개인의 인격이 존중되고, 자유로운 학급 분위기가 조성되며, 학생 스스로 결정하고, 책임지는 자율적 행동이 조장된다. 또한 평등하고 공정한 처사에 의하여 학급이 운영되고, 누구나 학급행사에 민주적 방법과 절차에 의해 참여하며, 학급 구성원으로서 자신이 할 의무와 책임을 동시에 갖게 된다. 이런 경험을 바탕으로 민주시민으로 성장이 가능하다.

3. 학급경영 모형과 과업

학급경영으로 포괄할 수 있는 활동으로는 학급 환경 정비, 학생 행동경영, 학부모와의 관계 맺기, 학급규칙 제정 등 여러 가지가 금방 떠오른다. 그런데 이와 같은 낱낱의 활동들이 어떤 의의와 관련을 가지고 있는가를 명백히 하는 일은 쉽지 않다. 이때 학급경영에 대한 모형을 설정할 수 있으면, 학급경영의 과업을 체계적으로 인식하는 데 도움이 된다. 이하에서는 학급경영에 대한 사회체제 모형을 소개하고자 한다.

1) 학급경영 사회체제 모형

체제(system)는 생물학자들이 생체(living system)를 개방체제로 파악한 데에서 발달하였으나, 사회과학에 도입되어 일반 체제 이론으로 발전하였다. 모든 사회체계의 조직에도 생물 체계에서 볼 수 있는 바와 같이 투입, 전환, 산출의 과정이 있으며, 이 과정은 평가의 환류를 통하여 연속, 순환되는 과정을 이루는 개방체제로서 역동적인 구조를 가진다고 보는 것이 일반 체제 이론의 골자이다. '체제'에 대하여 여러 가지 정의가 존재하지만, 다음과 같은 공통점을 갖는다(이형행 · 고전, 2001, 44).

- 체제는 여러 하위 체제들로 구성되며, 이것들은 상호 의존 관계에 있다.
- 체제는 환경으로부터의 일정한 투입을 필요로 하며, 이것은 전환 혹은 처리 과정을 통해서 산출로 변화된다. 산출의 일부는 평가의 환류 과정을 통해서 다시 체제 속으로 투입되고, 다른 일부는 체제의 환경으로 흘러간다.

• 하나의 체제는 경계라는 개념에 의하여 다른 체제들과 구별되며, 한 체제의 경계 밖에 속하는 상호 작용은 바로 그 체제의 환경이 된다.

학급은 공동의 목적을 추구하는 구성원들의 집합체인 사회체제이며(박병량, 2003, 33), 학급경영을 투입-과정-산출의 기본 체제 모형으로 개념할 수 있다. 학급경영은 여러 가지 투입 요소를 받아들여서, 모종의 과정을 거쳐서 각종 산출을 나타내는 과정이다. 이와 같은 시각은 학급경영을 전체적으로 분석, 이해하는 것이 용이하다.

• 투입: ① 학생 특성: 어떤 학생이 학급 구성원에 포함되는가는 학급경영에 중요한 문제이다. 학생 특성은 가정 배경 특성과 학생 배경 특성으로 나눌 수 있다. 부모의 사회경제적 지위와 교육 정도 등은 학생의 가정 배경 특성의 중요한 부분을 구성한다. 또 학생의 취학전 교육, 성별, 인지적 특성 등은 학생 배경 특성을 구성하는 요소이다.

② 교사 특성: 어떤 교사가 학급을 이끌어 가는지 역시 중요하다. 교사의 성별, 결혼 여부, 경력, 교육 경험 등은 교사 특성을 결정하는 중요한 요소이다.

③ 물리적 환경: 구성원들이 생활을 영위하는 학급의 물리적 환경이 중요하다. 학급당 학생 수(학생 밀도), 교실의 크기와 청결 상태, 책걸상의 크기와 배열 등이 물리적 환경을 구성한다.

④ 교육 과정: 어떤 교육목표를 설정하고, 어떤 교육내용을 교수·학습하는가는 학급에 중요한 투입이 된다.

⑤ 교육 재정: 학급의 교육 활동을 위해 재정이 투입된다. 학급운영비가 대표적이다.

• 산출: ① 학생 산출: 학급경영의 결과 성장한 학생이 산출된다. 지식과 기능의 획득 등 학업 성취와 같은 인지적 산출뿐만 아니라, 자아존중감, 사회에 대한 태도 등과 같은 비인지적 산출도 존재한다.

② 교사 산출: 학급경영의 결과 교사도 성장한다. 교사의 전문성이 신장될 수 있고, 직무 만족과 과업 성취 동기 등이 야기된다.

그런데 위와 같은 투입 요소는 자연스럽게 산출로 변환되는 것이 아니라, 모종의 전환 과정을 거쳐 산출로 변환된다. 이 전환 과정의 질에 따라서 산출의 질이 결정된다. 다시 말하자면, 학급에 투입되는 요소들을 어떻게 결합시키는가에 따라 산출의 질이 달라지는데, 이 전환 과정을 학급경영이라고 할 수 있다. 요컨대, 산출 요소는 학급경영과 함수 관계를 형성하며, 학급경영은 투입 요소와 함수 관계를 형성한다.

$$O = f(CM)$$
$$CM = f(I)$$

CM: 학급경영, I: 투입 요소, O: 산출 요소

그렇다면, 전환 과정을 상세하게 살펴보자. 학급에는 많은 자원이 투입되지만, 가장 중요한 자원은 사람, 즉 교사와 학생이다. 그런데 이들은 공동의 과업을 수행하기 위하여 결합한다. 이들은 과업을 효과적으로 수행하기 위하여 구조를 형성하며 기술을 활용한다. 이처럼 사람, 과업, 구조, 기술의 결합이 전환 과정을 결정한다(박병량, 2003, 34-35).

- 과정: ① 사람: 교사의 지식과 기술, 리더십, 학생의 학습 태도와 학습 기술 등은 학급경영 과정에서 중요하다.
  ② 과업: 학급목표를 달성하기 위하여 어떤 활동을 어떻게 수행하는가가 중요하다. 교과지도, 수업, 창의적 체험활동, 청소 등의 계획과 조직 등은 학급경영의 질을 결정하는데 중요하다.
  ③ 구조: 교사의 권한과 역할, 학생의 권리와 역할, 교사와 학생의 관계, 학생들의 자치활동조직, 교사와 학부모 관계 등은 학급경영의

과정에서 중요한 구조를 형성한다.

④ 기술: 학급 공간의 배치, 시간표, 물리적 시설과 설비의 구비와 활용 등은 과업을 수행하고, 나아가 학급경영의 질을 결정하는 데 중요하다.

이상의 내용을 정리하면 [그림 1-2](박병량, 2003, 34)와 같다.

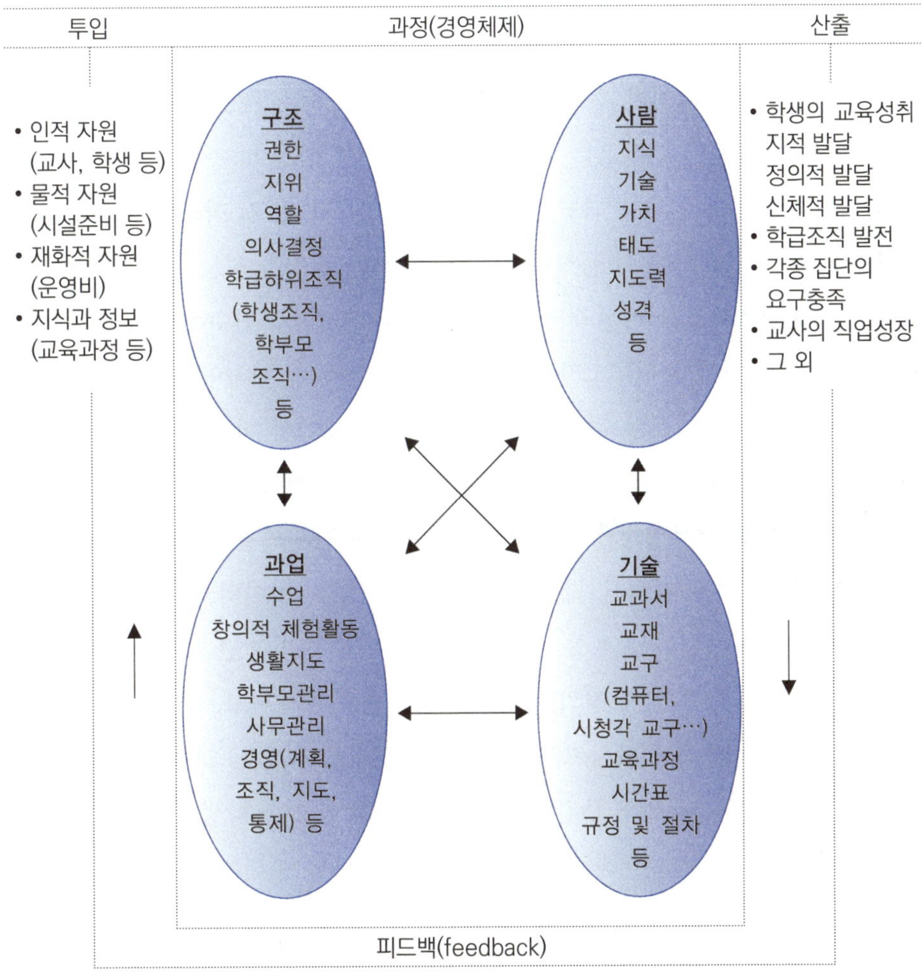

[그림 1-2] 학급경영 사회체제 모형

2) 학급경영 업무

교육공무원승진규정(대통령령 제27704호. 2016.12.30 일부 개정) 별지 제4호 서식 교사근무성적평정표에 보면 근무 실적 및 근무 수행 능력 관련 평정 요소는 학습지도, 생활지도 그리고 전문성개발 및 담당업무로 구성되어 있다. 이 규정은 교사가 학교에서 하는 업무의 종류를 간접적으로 보여준다. 학급경영의 관점에서 초등교사가 하는 일을 다시 구분해 보면 크게 학급경영관련 업무와 학교경영 (지원)업무, 그리고 전문성개발로 나눌 수 있다. 학급경영관련업무란 학급을 경영하는 최고경영자로서 자기가 경영하는 조직을 위하여 하는 제반 활동을 의미한다.

학교경영과 관련된 업무로는 보직을 맡고 있거나 자신이 속한 부서의 업무와 같이 직접 학교경영 업무를 담당하여 수행하는 업무가 있고, 학교의 하위 조직인 학급경영자로서 학교조직이 움직여 가는 데 필요한 지원을 하는 업무가 있다. 그리고 전문성개발은 교사 자신의 전문성 신장을 위한 연구·연수 활동을 의미한다. 이하에서는 이 책에서 다루고자 하는 학급경영 업무에 대하여 논하고자 한다.

넓은 의미에서의 학급경영 업무는 교사가 하는 일 중에서 학교경영 혹은 학교경영 지원활동과 전문성개발을 제외한 모든 활동이라고 정의할 수 있다. 물론 가장 넓은 의미로 보면 전문성개발도 학급경영과 간접적으로 연결되어 있기는 하지만, 학급경영 업무에서는 제외시키는 것이 타당하다. 넓은 의미의 학급경영 업무 안에는 수업활동과 생활지도 활동, 그 외의 제반 학급경영 관련 활동이 포함된다. 수업지도 활동은 아주 넓게 정의할 경우 교육과정을 계획하고, 학급의 자원을 조직하며, 교과의 내용을 이해하고, 시간에 가르칠 내용과 절차, 그리고 지도방법을 중심으로 지도안을 짜거나 주간활동계획(안)을 작성하여 학생들의 학습진도를 점검하며, 학습자료를 준비하고, 학습이 이루어지도록 주변의 환경을 정리하고, 학급에서 발생할 가능한 문제들을 예측하는 학습활동 등을 말한다.

학급경영의 핵심 업무 중 하나인 행동경영은 수업지도와 긴밀하게 연관된 활동이다. 행동경영은 학급을 협동적 사회체제로 발전시키는 활동으로, 학급 집단의 통합적이고 협동적인 관계를 수립하여 학생들 간의 갈등 해소와 사기 진작을 조장하며, 학급의 행동수칙・기준・절차를 수립하고, 학급체제의 변화나 분위기를 조장하는 활동 등을 말한다. 2015 개정 교육과정에 이어 2022 개정 교육과정에서는 창의적 체험활동을 자율활동, 동아리활동, 진로활동의 3개 영역(봉사활동은 동아리 및 진로 활동으로 통합)으로 나누어 운영하고 있다. 창의적 체험활동이라고 분류되는 제반 활동은 학급경영의 차원에서 보면 교사의 학급경영 활동과도 밀접한 연관을 맺고 있다. 이밖에도 학부모와 지역사회 관계 정립을 위한 활동, 학급 사무관리 활동 등도 모두 학급경영 활동에 포함된다.

중간 의미에서의 학급경영은 넓은 의미의 학급경영 활동 중에서 수업활동을 제외한 나머지 활동을 의미한다. 그리고 좁은 의미에서의 학급경영 활동은 관리적 접근으로 수업활동과 생활지도 활동까지를 제외한 나머지 활동, 즉 학급 사무관리, 학급조직, 교실환경 경영, 동료교사와 학부모 및 지역사회와의 관계 정립 활동 그리고 현재 창의적 체험활동으로 구분되어 있는 자율활동, 동아리활동, 봉사활동, 진로활동 지도 등이 포함된다.

이 책에서는 학급경영의 의미를 넓은 의미에서 접근하고자 한다. 학급경영의 흐름과 교사의 활동 내용을 기초로 학급경영의 영역을 구분하면 다음과 같다. 학급경영의 출발은 학급경영 목표 수립이다. 다음으로, 주어진 구성원과 함께 학급경영 목표를 달성하기 위하여 구성원을 조직하는 학급조직활동이 필요하다. 마지막으로 필요한 것은 주어진 공간 활용에 관한 교실환경 경영이다.

이러한 조건이 갖추어지면 그 안에서 구성원들이 함께 생활하기 위한 기본 규칙을 마련하는 활동이 필요하다. 이것이 바로 규칙과 수칙 제정 활동이다. 여기까지 이루어지면 구성원들이 주어진 공간에서 공유하는 목적을 가지고 함께 생활할 수 있는 기초가 만들어지게 된다. 이러한 기초 위에서 학생들이 바람직한 행동을 하며 교육목적 달성을 하도록 이끄는 행동경영, 기본학습훈련을 포함하여 과제지도 등 수업을 통하여 학급경영 목표를 달성하기 위한 수업경영 활동이 이루어지게 된다.

학급경영에서 다루는 행동경영은 심리학적 배경을 가지고 지도되는 생활지도와는 차원을 달리한다. 생활지도의 관점에서뿐만 아니라 다양한 관점에서 학생들을 지도하는 행동경영적 관점에서 접근하게 될 것이다. 수업경영 역시 각과교육학에서 다루는 교과 내용 지도 혹은 교육과정학적 접근에 의거한 수업기술과는 별도로 학급경영 목표를 염두에 두고 수업활동을 통하여 원하는 목표로 학생들을 이끌어 나가기 위한 제반 활동 지도에 관한 내용이 포함된다.

교사가 학급경영을 성공적으로 하기 위하여 해야 하는 중요한 활동 중의 하나는 외부인과의 관계 정립이다. 학급 구성원이 아닌 외부인 중 교육조직 내의 인사로는 동료 교사와 상급자, 그리고 교육청 관계자가 있고, 교육조직이 아닌 외부인사로는 학부모와 지역사회 인사가 있다. 이들과의 관계정립의 성패가 학급경영 결과에 커다란 영향을 미친다. 이 책에서는 특히 교사, 학생과 더불어 교육을 이끄는 삼두마차 중 하나인 학부모와의 관계 정립 부분에 초점을 맞추어 다루고자 한다.

학급경영의 영역을 교사가 하는 활동에 비추어 이상과 같이 목표 수립, 학급조직, 교실환경경영, 규칙과 수칙, 행동경영, 수업경영, 학부모와의 관계 정립, 사무경영 등으로 나누면 일부 빠지는 부분이 있다. 이 책에서는 이러한 부분을 시기별 학급경영으로 나누어 포함시키고자 한다. 시간별 학급경영이란 아침에 교실에 들어와서 오후에 나갈 때까지 이루어지는 활동 중에서 다른 영역에서 다루지 않았던 부분을 포함하고 있다. 아침자습지도부터 하교지도까지가 여기에 포함된다. 이러한 내용은 행동경영의 일부분으로 포함될 수도 있으나, 시간별로 구분하여 다룰 때 학급경영자에게 더 도움이 된다는 판단에 따라 이러한 시도를 한다. 시기별 학급경영은 학기초, 방학, 학년말처럼 각각 시기의 특성에 초점을 맞추어 그 시기에 해야 할 활동과 각종 기념일을 포함한 경영 활동을 의미한다. 창의적 체험활동 구분 방식에 따르면, 자율활동의 하위영역에 해당하는 적응활동과 행사활동이 여기에 포함되는 활동이다.

이상의 이러한 제반 활동 과정 중에 그리고 그 결과로 필요한 것은 사무경영이다. 사무경영은 초등학교 학급경영의 필수 요소로, 학급 내외 다양한 행정적, 문서 관리 업무를 체계적으로 수행하는 것을 의미한다. 이는 학생의 학업 성취도, 사회성 발달, 학부모 상담 기록 등 학생들의 중요한 데이터를 정확하고 효율적으로 관리하는 역할을 한다. 예를 들어, 교사는 학생들의 학업 성취도를 기록하여 학급 내 학습 성장 추이를 분석하고, 이를 통해 개별 맞춤형 지도를 설계할 수 있다. 또한, 학생들의 사회성 발달 과정을 추적해 필요한 지원을 제공하고, 학부모와의 상담 내용을 문서화하여 학생의 성장에 대한 지속적이고 투명한 소통을 가능하게 한다. 이러한 사무경영은 학급 내 효율적인 관리와 더불어 학생들의 전반적인 성장과 발달을 지원하는 중요한 기초 작업이다. 학급경영의 마지막 영역은 학급경영 평가이다. 이는 학급경영의 목표 달성도를 높이기 위해 매우 중요한 활동이다. 이상의 구분을 간단히 표로 나타내면 다음과 같다.

〈표 1-3〉 학급경영 관련 활동 범주

구분	기초 활동		핵심활동		시기별 활동	피드백
	설계도	골격(뼈대, 비계)	핵심업무	지원업무		
영역	목표 · 계획 수립	학급조직, 교실환경, 규칙과 행동수칙, 사무경영	행동경영, 수업경영	학부모 관계	시기별 학급경영	학급경영 평가

4. 학급경영에 대한 접근 방법

모든 교사가 학급경영에 대하여 같은 생각을 가지고 비슷하게 실천하는 것은 아니다. 교사가 학급경영이라는 이름으로 수행하는 활동과 구체적인 상황에 대처하는 방식은 자신이 학급경영에 대하여 가진 생각에 따라 달라진다. 학급경영을 바라보는 관점을 학급경영에 대한 접근 방법이라고 한다. 학급경영에 대한 접근 방법은 교사의 사고와 실천의 준거가 된다. 개별 접근 방법은 그 자체로 일관성을 갖추고 있다는 점에서 학급경영 이론이라고 볼 수도 있다. 이하에서는 학급경영의 주체를 중심으로 한 접근 방법을 소개하고자 한다. 학생 중심, 교사 중심, 협동적 접근 방법이라고 명명되는 접근법들은, 현실에서는 상호 결합되어 나타나지만, 개념적으로는 구분할 수 있다. 이 접근 방법들은 다음과 같은 질문에 대하여 상이한 답을 가지고 있다(Levin & Nolan, 2004, 84-95).

1. 누가 학생 행동에 영향을 미치는 데 일차적 책임을 지는가?
2. 학급경영의 목적은 무엇인가?
3. 학급경영에 소모되는 시간을 어떻게 평가하는가?
4. 학급 내에서 학생들이 어떤 관계를 형성하기를 기대하는가?
5. 학급경영 과정에서 학생들에게 선택 기회를 어느 정도 부여하는가?
6. 문제행동을 다루는 데에서 주요한 목적은 무엇인가?
7. 교사가 문제행동을 발견하면, 어떤 방식으로 이에 개입하는가?
8. 학생들의 개인차는 얼마나 중요한가?
9. 교사가 바람직하게 여기고 자주 활용하는 권위의 근거는 무엇인가?

1) 학생 중심 접근 방법

학생 중심 접근 방법을 택한 교사들은 학생들이 민주 사회의 시민으로 성장하도록 돕는 것을 교육목적이라고 생각한다. 자율적으로 자신의 책임을 다하는 시민만이 민주 사회에서 바람직한 삶을 영위할 수 있기 때문에, 교육의 과정에서 학생의 주도적 참여를 강조한다. 학급경영에서도 마찬가지이다. 학생들이 학급 공동체를 구성하고, 자율적으로 학급 내의 문제를 발견하고 해결할 책임과 권리가 있다고 본다. 이런 과정에서 학생들은 의사결정 능력을 높이고 책임감을 발전시킬 수 있다. 타인에 대한 배려와 협동심도 계발될 것이며, 이는 학생 중심 학급경영이 목표로 삼는 바이다.

학급경영에는 시간이 필요하다. 학급 환경을 정비할 때, 교사가 모든 것을 결정하여 시행하는 경우 학급 환경 구성에 소모되는 시간을 상당히 줄일 수 있을 것이다. 학급에 문제가 발생한 경우에도 교사가 지도자적인 지위에서 문제를 주도하여 신속히 해결할 수 있다. 그러나 이 방식은 학생들의 자율성을 증진하지 못한다. 학생 중심 학급경영은 비록 시간이 많이 소모되더라도, 학생들이 여러 가지 활동을 직접 계획하고 참여하는 일이 중요하다고 생각한다. 직접 행하는 일만큼 많은 교훈을 남기는 것은 없기 때문이다.

민주 사회의 시민은 자신만이 아니라 사회의 다른 구성원에게 애정을 갖고 그들을 배려하는 사람이다. 사회는 배려심을 가진 개인의 유기적 결합이다. 이런 맥락에서 학급 내에서 서로를 돌봐주고, 서로를 배려하는 관계를 형성할 것이 강조된다. 학급의 여러 가지 일에 많은 학생들이 참여하여 협력하는 과정은 이런 친밀한 공동체를 발전시키는 과정이기도 하다.

자율적 능력은 직접 참여하지 않고서는 발전시킬 수 없다. 미국의 한 원주민 부족에게 내려온다는 다음과 같은 이야기는 이를 잘 보여준다. "듣게 하라! 그러면 잊어버릴 것이다. 보게 하라! 그러면 기억할 뿐이다. 행하게 하라! 그러면 이해할 것이다(Tell me, I will forget; Show me, I will remember; Involve me, I will understand)." 학생 중심 학급경영은 가능한 많은 일에서 학생이 의사결정에 참여하도록 한다.

학급경영에 대하여 학생 중심 접근법을 취하는 교사에게 '문제행동'은 자신이 아직 이해하지 못하는, 따라서 더 탐구할 필요가 있는 행동이다. 겉으로 드러난 학생의 행동은 여러 가지 원인에 기인한 것일 수 있고, 교사의 섣부른 예단은 학생에게 도움이 되지 않는다.

교사 스스로 이해할 수 없는 행동을 한 학생과는 개별 상담을 통해서 행동의 원인과 의미를 발견하는 일이 중요하다. 필요한 경우에는 학생들의 집단 상담을 활용할 수도 있다. 만약 학생이 어떤 행동을 한 결과 학생에게 모종의 손해가 발생하였다면, 교사가 이를 회복하도록 도와주어야 한다.

민주 사회는 다양한 시민으로 구성된다. 다양성이 전제되지 않는 민주 사회는 존재하지 않는다. 학생들은 비슷한 것 같으면서도, 각자가 다른 점을 가지고 있다. 교사는 학급경영 과정에서 학생 스스로 자신의 개성을 발전시키도록 도와주어야 한다. 학생의 개인차는 강조되고 가치롭게 여겨진다.

학생 중심 접근 방법은 준거적 권한이나 전문적 권한을 행사하는 교사에게 적합하다.

2) 협동적 접근 방법

학생 중심 접근 방법은 이상적이라는 평가를 받을 수 있지만, 학급은 20~30명의 학생들로 구성되고 학급경영에 활용되는 시간은 제한되어 있기 때문에, 완전한 의미의 학생 중심 접근 방법을 실현하는 일은 결코 쉽지 않다. 또 학생들은 각자가 자신의 행동을 자율적으로 통제할 수 있지만, 학급은 여러 명의 구성원이 함께 공부하는 공간이기 때문에, 때로는 교사가 전문성을 적절히 발휘하여 학생의 행동에 영향을 미칠 수 있어야 한다. 이런 배경에서 교사와 학생의 상호 협동적 접근 방법이 형성된다. 이 접근법에서는 학생의 행동, 나아가 학급경영에 교사와 학생이 공동의 책임을 진다고 본다.

협동적 접근법에서는 학생들이 학습 과정에 적극적으로 참여하고, 교사와 다른 학생들을 존중하고 서로 협력하는 교실을 만드는 데 학급경영의 목표를 둔다. 이 접근 방법에서는 학생들이 모든 의사결정에 제한 없이 참여하는 일도 배제하고, 교사의 지시에 일방적으로 따르는 일도 배제한다. 교사와 학생이 협력하여 규칙을 만들고 교실을 구성하는 일을 장려한다.

학급을 경영하고 학급 내에서 발생하는 문제를 해결하는 일에는 시간이 소모된다. 협동적 접근 방법을 취하는 교사들은 이 시간이 학생 개개인에게는 소중하다고 생각한다. 그러나 한 사람의 문제를 해결하는 일에 많은 시간을 소모하는 것은 다른 학생들의 교육받을 권리를 침해할 가능성이 있기 때문에 개인 문제 해결에는 많은 시간을 사용하려고 하지 않는다. 그러나 많은 학생들이 관련된 문제나 학급 공동체의 일에는 학급 회의 시간을 잘 활용한다.

학급경영 과정에서 학생의 참여를 장려하지만, 학생의 무제한적 참여는 학급 현실상 어렵기 때문에, 교사가 몇 가지 선택지를 주고 학생들이 제한된 범위에서 선택할 수 있도록 한다. 현장체험학습 장소로 몇 군데를 추천하고, 학생들로 하여금 장소를 선택하도록 하는 것이 그 예이다.

학생들의 문제행동은 개인적으로는 추구할 가치가 있지만, 학급 내에서는 최소화되어야 한다고 본다. 학급은 공동 생활을 영위하는 공간이기 때문에, 타인에게 나쁜 영향을 끼치는 일은 막아야 하기 때문이다.

학급에서 문제행동이 발생하면, 교사는 학생에게 그 행동에 상응하는 대가를 치르도록 한다. 이 때, 학생의 문제행동과 교사의 대응에는 논리적으로 밀접한 관련이 있어야 한다. 예를 들어, 교실에 쓰레기를 버리는 학생에게 쓰레기를 줍도록 하는 것이다.

학생들의 개인차를 중요하게 여기지만, 공동 생활에서 개인차를 무한정 수용할 수는 없다. 교사는 상황에 따라 학생들의 개인차를 인정하며, 상황에 따라 무시하기도 한다.

전문적 권한이나 합법적 권한을 행사하는 교사가 협동적 접근 방법을 활용하기에 적합하다.

3) 교사 중심 접근 방법

학생들은 자신들을 책임 있게 돌봐주는 사람들이 만들어 준 규칙을 따르거나, 그들이 요구하는 행동을 내면화함으로써 책임 있는 존재로 성장할 수 있다. 교사는 생산적인 학급 분위기를 조성할 수 있는 일련의 규칙을 개발하고, 학생들이 그 규칙을 확실히 이해하도록 하며, 학생들이 이 규칙을 따를 수 있도록 하는 상벌 체제를 개발하여야 한다. 이것이 교사 중심 접근 방법의 기본 논리이다.

교사 중심 학급경영은 학급경영에 관련된 문제와 문제행동이 최소화되고, 문제행동이 발생했을 때 신속히 대응하여 생산적인 학급 환경을 조성하는 데 목적을 둔다. 이 접근법에서 교사는 학급경영의 일차적 책임자로서, 주도적인 역할을 수행한다.

교사 중심 접근 방법은 학습을 강조한다. 교사가 제반 결정을 주도적으로 수행하고, 학생들이 이에 따르도록 하는 것은 궁극적으로 학습에 대한 집중을 강화하고자 하는 것이다. 이런 맥락에서 학급경영에 소요되는 시간은 시간 낭비라고 본다. 학급 내에서 학생들은 각자의 학습에 열중하는 것만으로 족하고, 다른 학생에 대하여 간섭하지 않는 것이 암묵적인 미덕으로 여겨진다.

이런 접근 방법을 활용하는 교사는 제반 결정에서 스스로 주도적 역할을 수행한다. 교사가 거의 모든 문제를 결정하고, 학생들은 이를 따르는 제한적 역할만을 수행한다.

교사 중심 접근 방법을 활용하는 교사에게 학생의 문제행동은 다른 학생들의 학업을 방해하는 활동으로 인식된다. 교사는 교실 내의 혼란을 최소화하고, 문제행동을 교정하기 위한 목적으로 문제행동에 개입한다. 교사는 문제행동을 한 학생에게 대상 행동이 문제행동이라는 사실을 분명히 이야기하고, 문제행동에 상응하는 벌을 준다. 칭찬받을 만한 행동을 한 학생에게는 그 행동에 상응하는 상을 수여한다. 이 접근 방법을 활용하는 교사들은 학기초에 학생들과 행동계약을 체결한다. 즉 학생들에게 좋은 행동과 나쁜 행동을 구분하여 이야기하고, 각각의 행동에 어떤 상과 벌이 따를 것인지를 학생들과 약속한다. 행동계약은 문제행동에 소모되는 시간을 최소화할 수 있다.

이 접근 방법에서는 학생들의 개인차에 대한 고려가 최소화된다. 이 접근법은 강제적·보상적 권한을 행사하는 교사들에게 적합하다.

세 가지 입장을 간략히 주제별로 정리하면 〈표 1-4〉(Levin & Nolan, 2004, 96)과 같다.

〈표 1-4〉 학급경영의 접근 방법

	학생 주도 접근	상호 협동적 접근	교사 주도 접근
학급경영에 대한 책임	학생	공동	교사
학급경영 목표	돌봄의 공동체에 초점	존중의 관계, 학문적 초점	잘 조직되고 효율적인 학습에 초점
학급경영 소요시간	가치롭고 생산적임	개인에게는 가치로우나 집단에게는 무익	시간 낭비
학급 내 인간관계	돌봄의 인간적 관계	상호 존중	서로의 권리에 대한 불간섭
학생 선택	넓은 재량과 자유	교사의 제한 내의 선택	매우 제한
문제행동 개입 목표	학생 행동 탐구	개별적 행동 탐구, 학급 내 소란 최소화	학급 내 소란 최소화, 행동 교정
개입 방법	개인 상담, 집단 상담, 회복 지원, 자연적 결과	자연적 결과, 논리적 결과, 행동 기록	의사소통, 상, 벌, 행동 계약
개인차	매우 중시	약간 중시	무시
교사 권한 기반	준거적, 전문적	전문적, 합법적	보상적, 강제적

5. 학급경영과 교사

1) 교사의 권한

교사는 학생과의 관계에서 지도자적인 입장에서 영향력을 행사한다. 교사들은 자신의 영향력의 원천을 이해하고, 여러 가지 상황에서 적절한 영향력을 발휘할 수 있어야 한다. 일반적으로 교사는 네 가지 권한을 행사하여 학생 행동에 영향을 미친다고 알려져 있다(French & Raven, 1960).

- 준거적 권한(referent power): 학생이 교사를 존경하고 좋아하여 교사가 기대하는 바대로 행동하는 경우 교사는 준거적 권한을 행사하고 있다. 학생들은 준거적 권한을 행사하는 교사를 자신들에게 관심이 많으며, 학습을 잘 지원하고, 자신들에게 최적의 활동을 제공하는 좋은 사람으로 인식한다. 교사가 준거적 권한을 발휘하기 위해서는 학생들을 애정으로 대하고, 그들에게 모범을 보이고, 인격적으로 대우하여야 한다. 준거적 권한을 행사하는 교사는 언어적, 비언어적으로 학생들과 활발하게 의사소통한다. 교사가 준거적 권한을 행사할 때, 학생들은 긍정적인 비언어적 제스처나 말이나 글로 된 의견 등을 통해 교사가 자신을 걱정해 주고 긍정적인 마음 상태임을 이미 알고 있다. 이 권한은 모든 연령대의 학생들에게 영향력을 발휘할 수 있다. Levin과 Nolan(2014)은 이러한 유형의 권위가 자칫 학생의 친구가 되는 것과 혼동되서는 안 됨을 경고하고 있다.
- 전문적 권한(expert power): 학생들이 어떤 교사를 배움에 많은 도움을 줄 만큼 지식이 풍부한 교사라 생각하고 행동한다면, 그 교사는 전문적 권한을 행사하고 있다. 학생들이 교사가 필수적인 전문 지식(specialized knowledge)과 교수 기술(teaching skill)을 갖췄다고 생각하고 그 교사가 가르치는 내용을 가치 있게 여길 때 교사는 전문적 권한을 행사할 수 있다. 이러한 교사들은 교과 내용에 대한 전문성과 효과적인 교수 기술, 명확한 전달과 준비를 통해 전문적 권한을 학생들에게 보여준다. 초등의 경우, 저, 중, 고학년군 중 저학년 학생들은 교사의 전문성을 충분히 인식하지 못하고 재미있는 교사를 선호하기 때문에, 전문적 권한이 상대적으로 덜 유용하다고 생각할 수 있다. 그러나 전문성을 어떻게 정의하냐에 따라, 학년군에 따라 더 필요한 전문성의 세부 영역이 달라질 뿐, 전문적 권한은 어느 학년군이든 유효할 것이다.
- 합법적 권한(legitimate power): 교사는 학생 행동을 규제할 수 있는 합법적

권리를 가지고 있는 바, 여기에서 합법적 권한이 유래한다. Levin과 Nolan (2014)이 말했듯이 학생들은 교사가 교사이기 때문에 제대로 행동한다. 학생들은 교사가 자신들에게 영향력을 발휘할 수 있는 권위와 힘을 가지고 있다고 믿고, 교사의 지시를 수용한다. 합법적 권한을 행사하는 교사는 전형적인 교사의 모습을 유지한다. 복장과 말투, (학생을 대하는)습성 등이 전형적인 교사의 상을 결정한다. 모든 학생들에게 유용하지만, 근래에는 이 권한의 영향력이 감소되는 추세로 인해 교권과 관련하여 상당한 갈등 사례들이 발생하고 있다.

- 강제적 · 보상적 권한(reward · coercive power): 교사가 상벌[4]을 활용하여 학생 행동에 영향력을 발휘하는 경우, 강제적 · 보상적 권한을 행사한다. 상벌은 다른 것처럼 보이지만, 동일한 원리에 따라 활용된다는 점에서 동전의 양면과 같다. 강제적 · 보상적 권한을 행사하는 교사는 상벌을 부과하는 데 일관성이 있어야 하고, 학생이 자신의 행동과 그 행동에 대하여 주어진 상벌의 연관성(Related)을 이해할 수 있도록 하여야 하며, 합당한(Reasonable) 상벌을 부과할 수 있어야 한다. 교사가 학생들의 행동을 계속 관찰하고, 상벌을 부과해야 하므로 학생 행동에 대한 개입은 대단히 빈번하다. 강제적 · 보상적 권한을 행사하는 교사는 학생들이 좋아하는 것과 싫어하는 것을 분명히 안다. 상대적으로 외재적 동기를 강조하고 있지만, 좋은 습관 형성을 위한 하나의 장치로 활용하고 있음을 유념해야 할 것이다.

이상의 내용을 〈표 1-5〉(Levin & Nolan, 2004, 85)와 같이 요약할 수 있다.

4) 학생 체벌이 금지된 데다가 최근 들어 아동복지법이 강조되고 있는 추세이니, 이하에서는 '벌'의 개념을 행동수정을 위한 교육적인 '제재' 정도로 이해해야 할 것이다. 따라서 강제적 · 보상적 권한 역시 법적 테두리 내에서 행해야 하며, 학생이나 학부모와 갈등 상황을 예방해야 할 것이다.

〈표 1-5〉 교사의 권한

	준거적 권한	전문적 권한	합법적 권한	강제적 · 보상적 권한
학생 행동의 동기	학생이 교사를 인간으로서 좋아함	교사가 전문 지식을 갖추고 있음	교사가 법적 권위를 가짐	교사가 보상과 제재가 가능함
학생 행동에 대한 교사 개입	매우 낮음	매우 낮음	다소 개입	빈번히 개입
권한 활용의 전제 조건	학생이 교사를 존경함	학생이 교사 전문성을 지각하고 존중함	학생이 법적 권위를 존중함	보상과 처벌이 효과적임
교사의 핵심 행동	학생에 대한 배려	내용과 교수 방법 지식의 숙달	전형적인 교사 행동	학생의 선호에 대한 지식과 활용
연령 한계	모든 학년에 적용 가능	저학년에는 효과 낮을 수 있음	모든 학년에 적용 가능	고학년에 효과 낮음
유의 사항	교사는 학생의 친구가 아님	-	근래에는 이 권한의 효과가 낮아짐	내재적 동기보다 외재적 동기를 강조

2) 학급담임의 자질과 자세

교사는 통상 학급담임의 위치에서 학급을 경영한다. 교사가 학급담임으로서 역할을 수행하기 위하여 필요한 자질은 다음과 같다(박남기, 2004, 21).

첫째, 교사는 학생을 사랑하고 깊이 이해하고 존중하여야 한다. 교육은 인간을 존중하고 그 존엄성을 믿는 데에서부터 시작된다. "사랑하면 알게 되고, 알게 되면 보인다."는 말처럼, 학생에 대한 사랑은 교사의 가장 중요한 자질이다. 가정환경이 열악하여 수업 준비를 충분히 하지 못하는 아이들이나 학습 부진 아동들에 대해서는 더 많은 사랑을 베풀어야 한다.

둘째, 교사는 가르치는 일에 즐거움을 느끼는 존재여야 한다. 교사는 가르치는 사람이라고 생각하기 쉽지만, 잘 가르칠 수 있는 사람은 스스로 잘 배우는 사람이다. 교사 스스로 앎의 과정에 희열을 느끼지 못하면, 그의 가르침은 죽은 가르침일 뿐이다. 교사 스스로의 앎에 대한 열정과 앎의 과정에서 경험한 희열만큼 학생에게 강력한 영향을 미치는 것은 없다.

셋째, 교사는 확고한 교육철학을 가져야 한다. 교사는 교직을 단순한 직업이 아니라 자신에게 소명감을 주는 역할로 인식하고 자신의 비전을 가져야 한다. 교사는 내일의 생명을 키운다는 정열과 충성을 다하는 헌신에서 비롯되는 소명감을 가져야 한다. 교육에 한 가지의 정도는 없다 할지라도, 교사는 자신의 정도를 닦을 수 있도록 부단히 노력하여야 한다.

넷째, 교사는 훌륭한 리더여야 한다. 리더는 사람들이 스스로 볼 수 없었던 것을 볼 수 있도록 하고, 스스로 생각하는 것보다 더 나은 사람이 될 수 있도록 도와주는 존재이다. 학생들에게 비전을 제시하고, 학생들이 성취할 수 있도록 동기를 부여하는 일은 교사의 중요한 과업이다.

다섯째, 교사는 풍부한 교양과 지식을 갖추어야 한다. “가르침은 만남이요, 소통이고 나눔”이라 하였다. 교사 스스로 나눌 것을 가지고 있어야 교사나 학생 모두에게 이러한 가르침이 즐겁고 보람 있는 활동이 될 수 있을 것이다. 교사는 무엇을 어떻게 가르칠 것인가를 명확히 알고, 실천할 수 있어야 한다. 교육 분야에 대한 풍부한 식견과 경험, 나아가 스스로의 인생을 풍부하게 살 수 있는 교양을 갖추어야 한다.

한편, 교사가 학급을 경영하는 과정에서 반드시 유념하여야 할 사항을 몇 가지로 정리하고자 한다. 특히 초임교사들이 학급경영에서 실패하지 않기 위하여 미리 주의를 기울일 필요가 있다(김종식 외, 2004, 16-20).

첫째, 학급운영의 중심은 학생임을 명심한다. 학급은 또래들이 모여서 학습하고 문화와 생활을 공유하는 공간이다. 따라서 학급에서 학생들이 스스로 자신들의 삶을 꾸려나갈 수 있어야 한다. 담임교사는 학생들을 권리의 주체로 인식하고 학생들이 자기 결정권을 행사할 수 있도록 도와주어야 한다.

둘째, 학생과 지역의 특성을 잘 파악하여야 한다. 교사와 함께 학급생활을 영위하는 학생들이 어떤 특성을 가지고 있는지, 그들이 살고 있는 지역은 어떤 특성을 지닌 곳인지를 아는 교사만이 학생들에게 적절한 도움을 줄 수 있다.

셋째, 교사 자신을 알아야 한다. 많은 교사들이 많은 모범을 만들어 내며, 열정이 있는 교사들은 자신이 알고 있는 좋은 사례를 스스로 적용해 보고자 한다. 그러나, 어떤 교사에게 효과적인 방법이 모든 교사에게 효과적인 것은 아니다. 자신에게 맞지 않는 옷을 입고 괴로워하기보다는, 자신의 특성을 잘 살릴 수 있도록 노력하여야 한다.

넷째, 구체적이고 도달 가능한 학급경영 목표를 세워야 한다. 학급경영의 목표는 구체적이고 학생들의 눈높이에 맞아야 한다. 학급경영 목표가 추상적이면 목표 달성 여부를 확인하기가 어려워지고, 교사의 열정은 식게 된다. 지나치게 높은 목표를 수립하고 좌절을 경험하는 일도 피하여야 한다.

6. 학급경영의 도전과 기회

과거에 비하여 오늘날 학급경영이 수월하여졌는지, 아니면 어려워졌는지를 물으면, 대다수 교사들이 학급을 경영하기가 점점 어려워지고 있다고 이야기한다. 한 조사 연구(류방란 · 이혜영, 2002, 66-67)에 따르면, "요즘 아이들은 다루기가 힘들다."는 내용에 대하여 88.8%의 초등교사가 동의하고 있으며, "학급에서 언제 어떤 일이 벌어질지 모르기 때문에 긴장을 늦출 수 없다."는 내용에는 93.7%의 초등교사들이 동의하고 있다. 다음과 같은 요인들이 학급경영에 어려움을 초래하고 있다.

첫째, 가정의 교육력이 약화되고 있다. 경제적 어려움으로 이혼하는 가정과 맞벌이 부부가 늘면서, 가정에서 충분한 사랑과 보호를 받지 못하는 학생들이 증가하고 있다. 학생의 교육을 위하여 가정과 학교가 공동의 책임과 역할을 수행하여야 하는데, 가정의 교육력 약화는 학급경영에 부담을 초래한다. 가정에서 보호받지 못하여 스스로에 대하여 긍정적 인식을 하지 않고 학업 준비도가 낮은 학생이 증가하고 있는 바, 교사들은 이들과 상호 작용하는 데 어려움을 경험한다.

둘째, 학생들의 다양성이 심화되고 있다. 과거에는 한 학급을 구성하는 학생들은 가정 배경이나 학생 특성 면에서 큰 차이를 보이지 않고 비교적 등질적 특성을 나타냈다. 그러나 근래에는 한부모 가정이나 조손(祖孫) 가정, 다문화 가정과 같은 새로운 형태의 가정이 증대하고, 경제·사회적 양극화가 확대되면서 학생들의 배경이 다양해지고 있다. 한 교실에 상당히 다른 학생들이 함께 생활할 때, 교사는 공동 활동을 계획하고 운영하는 데 어려움을 느낀다.

셋째, 학부모와의 협력적 관계를 형성하기 어려워지고 있다. 한 자녀 가정이 증가하면서, 자녀에 대하여 과잉 보호하는 부모가 늘고 있다. 반면에, 경제적 어려움으로 자녀를 충분히 보호하지 못하는 부모도 늘고 있다. 자녀에 대하여 지나치게 관심이 많은 학부모나 자녀의 교육을 돌볼 수 없는 학부모 모두 교사에게 부담이다. 또 학부모들의 교육 수준이 상승하면서, 교사의 권위는 상대적으로 하락하고, 교사의 일에 부당하게 개입하려는 학부모도 증가하고 있다.

넷째, 학교 외부의 환경이 복잡·다양화되고 있다. 과거에는 학생이 학교를 마친 후에 하는 일은 친구들과 놀거나 TV를 시청하는 등 단순하였다. 그러나 오늘날 컴퓨터와 휴대전화 등 각종 정보 매체가 급속히 발달하면서, 학교 외부에서의 학생 생활이 복잡·다양화되고 있다. 학생들에 대한 여러 경로의 투입이 증대되면서, 각종 새로운 문제들이 야기되고, 교사는 많은 문제에 대처하는 데 어려움을 경험한다.

이와 같은 변화는 교사에게 상당한 어려움을 초래하고 있다. 많은 교사들이 학급을 경영하는 일이 점점 어려워지고 있다고 생각한다. 그러나 '위기(危機)'라는 말이 위험과 기회가 결합되어 있는 것이라는 사실에서 알 수 있는 것처럼, 위험과 기회는 분리되어 존재하지 않는다. 오히려 위험과 기회는 마치 동전의 양면과 같이 하나의 실체를 형성한다고 보아야 한다. 작금의 새로운 변화는 학급경영에 기회가 될 수도 있다.

가정의 교육력이 강할 때, 사회 구성원들이 교육에 대하여 갖는 기대는 크지 않다. 이미 가정에서 충분히 보호받고 교육받은 아이들에게 교사가 할 수 있는 일은 많지 않다. 또 이런 상황에서 교사가 역할을 제대로 수행한다고 하여도, 그 일은 빛을 보기 어렵다. 반면, 가정의 교육력이 약할 때, 교육에 대한 사회의 기대는 커진다. 사랑받고 보호받지 못하는 아이들이야말로 교사의 손길을 필요로 한다. 진흙 속에서 피어난 연꽃이 사람의 눈을 사로잡듯이, 어려운 아이들과 함께 하는 교사가 빛을 발한다.

학생들의 배경과 특성의 다양성 증가는 학급경영에 새로운 기회로 받아들여진다. 학생들의 통일성이 강할 때, 교사가 수월하게 공동 활동을 계획할 수 있을지언정, 학생들이 다양성을 경험하고, 이를 수용할 수 있는 경험을 하기는 어렵다. 민주주의는 다양성을 존중하는 시민에 의하여 영위될 수 있다. 어려서부터 자신과 다른 사람을 만나서, 그들의 삶을 이해하고 존중하는 경험을 하는 일은 우리 사회에 대단히 값진 자산이 될 수 있다.

자녀를 과잉 보호하는 학부모와 교육 수준이 높은 학부모가 증가하고 있다는 사실도 학급경영에 긍정적인 요소를 내포하고 있다. 자녀를 과잉 보호하는 학부모는 기본적으로 자신의 자녀를 사랑한다. 교육 수준이 높은 학부모는 교사가 활용하기에 따라서 학급 전체에 큰 도움을 줄 수도 있다. 이들은 모두 학급경영에 새로운 에너지를 공급할 수 있는 주체이다. 자녀의 교육을 돌볼 수 없는 학부모들에 대해서는 학교와 사회가 더 따뜻한 애정을 가지고 지원하여야 한다.

매스 미디어의 발달은 교사와 학생의 상호 작용의 경로를 확대시키고 그 경험의 질을 심화시킬 수 있다. 과거의 교사들은 학생들과 면대면 접촉만 할 수 있었지만, 오늘날은 교사들이 홈페이지뿐 아니라 다양한 SNS를 활용하여 학생들과 실시간 접촉이 가능한 시대가 되었다. 과거에는 공개성을 지닌 교실이라는 공간에서 교사와 학생이 친밀한 관계를 형성하기 어려웠지만, 사이버 공간에서 교사와 학생의 관계는 한층 친밀해질 수 있다. 이런 친밀한 관계는 학급경영을 위한 중요한 자원이다.

학급경영에 대한 위험 요인이 자연스럽게 기회 요인으로 변화하는 것은 아니다. 교사의 사명감에서 비롯된 헌신과 부단한 노력이 위험을 기회로 전환시킬 수 있다. 학급경영에 대하여 잘 준비된 교사만이 긍정적 변화를 이끌 수 있다.

7. 반성적 실천으로서의 학급경영

학급경영에 관하여 잘 알려진 상식 중 하나는 학급경영은 학생을 위한 활동이라는 사실이다. 많은 교사들이 학생들을 '위하여' 학급을 경영한다고 생각한다. 교사 스스로에게 학급경영이 어떤 의미를 가지는가를 묻는 경우는 흔하지 않다. 교사에게 학급경영은 어떤 의미가 있을까?

교사에게 교실은 낯선 공간이 아니다. 예비 교사에게도 마찬가지이다. 누구나 12년이 넘는 시간을 교실에서 보냈으며, 교단에 서기 전에도 교육실습 등을 통하여 교실을 경험할 기회가 상당히 있다. 교사들은 자신이 과거에 만났던 교사들을 기억하고 있으며, 그 기억은 자신의 교육 실천을 위한 중요한 래퍼토리를 형성한다. 과거의 기억이 현재의 수행을 지배하는 경우도 종종 볼 수 있다. 교사가 된 직후에는 잠시 새로운 지위를 수행하는 과정에서 어려움을 겪게 되지만, 한 해 두 해 경험을 축적하는 과정에서 교실에서 일어나는 많은 일을 '사건'이 아닌 '일상'으로 여기게 되고, 그 일을 해결하는 과정에서 자신만의 방법을 확립하게 된다. 교직을 수행하는 기간이 길수록 '당연한' 것이 많아지기 쉽다.

교사들은 입직 초기에 학급경영에서 많은 어려움을 겪는다. 교사에게 적대감을 나타내는 학생을 어떻게 대해야 할지 몰라 당황하고, 교실로 찾아온 학부모를 응대하는 일도 쉽지 않다. 3월 초에 꾸며야 하는 교실 뒷면은 태평양만큼 넓고, 학급 문서를 정리하는 일도 수월하지 않다.

그러나 시간과 경험이 많은 문제를 해결한다. 몇 해 경험이 쌓이면 교사는 학급경영에 대한 자신만의 노하우를 획득하게 되고, 마치 공식을 기억하는 학생이 수학 문제를 해결하듯이 학급 내에서 발생하는 여러 가지 일을 처리한다. 경험이 많은 교사는 학생을 분류하는 일도, 학급 내에서 지켜야 할 규칙을 제정하는 일도, 환경을 구성하는 일도 자동화된 방식으로 수행한다.

그런데 일을 처리하는 과정이 자동화된다는 것은, 하나하나의 행위를 할 때 스며들어 있어야 할 정신이 사라져버린다는 의미를 내포하고 있다. 교사의 행위에서 정신이 사라져 버리면, 그 행위는 교사 자신에게는 아무런 의미를 갖지 못한다. 더 나아가 교사의 행위로 인하여 학생들에게 뜻밖의 결과가 나타나기도 한다.

교사들이 활용하는 학생 분류 방식은 그 전형적인 예이다. 교사들은 20~30명의 학생들을 개별적으로 대하기보다는 학생들을 몇 개의 집단으로 분류하여, 집단으로 대우한다. 이런 방식이 학생 통제의 효율성을 높이기 때문이다. 교사에 따라 수업 시간에 발표를 자주 하는 학생과 그렇지 않은 학생으로 구분하기도 하고, 복장이 준수한 아이와 그렇지 않은 아이, 앞에 앉은 학생과 뒤에 앉은 학생으로 구분하기도 한다. 교사들은 자신이 분류한 학생 집단에 대하여 일종의 선입관을 형성한다.

예컨대, 어떤 교사는 '앞에 앉은 학생들'을 학업에 열중할 것 같고, 교우 관계도 원만할 것 같으며, 가정 배경도 좋은 학생들로 생각할 수 있다. 교사가 특정 집단으로 분류된 학생에 대하여 어떤 선입관을 형성하는가는 교사 자신의 과거 경험에 달려 있다. 그리고 자신이 형성한 선입관에 기대되는 학생 행동을 몇 차례 관찰하고 나면, 그 선입관은 교사의 행동에 강력한 영향을 미친다. '앞에 앉은 학생'에 대하여 위와 같은 선입관을 형성한 교사가 '뒤에 앉은 학생'을 대하는 방식을 예측하는 일은 어렵지 않다. 요컨대, 교사의 경험에서 어떤 가정 체계가 형성되고, 이에 터하여 학생을 분류하고, 그 분류에 따라 학생을 집단으로 대우하는 것이다.

그런데 '앞에 앉은 학생들'에 대한 교사의 믿음은 순전히 개인적인 경험에 의거한 것이며, 현실에서 잘못된 것일 가능성도 있다. '뒤에 앉은 학생들' 중에도 학업에 열중하고, 교우 관계가 좋은 학생들이 있을 수 있지만, 이들은 교사의 학생 분류 방식에 따라 불이익을 받을 수 있는 것이다.

문제행동을 처리하는 교사들의 방식에서도 비슷한 현상이 나타난다. '문제행동'이 존재한다고 하기보다는 '문제행동'을 인식하는 교사가 존재한다고 보는 것이 사실에 부합한다. 어느 교사에게는 '큰 문제' 행동이 또 다른 교사에게는 용인될 수 있는 '사소한 문제'가 되기도 한다. '문제행동'에 대한 인식과 대응 방식에는 교사 자신의 가치관이 투영되어 있다. 교사의 가치관에 따라 '사소한 문제'를 가진 학생이 '문제 많은 학생'이 될 수도 있다.

이와 같은 예는 교사가 자신의 교육 행위를 끊임 없이 되돌아보아야 한다는 사실을 말해준다. "나는 왜 이렇게 행동하고 있는가?", "교사로서 내 행위는 어떤 결과를 낳는가?"를 항상 되물어야 한다. 이런 질문을 제기하지 않을 때, 교사의 학급경영 행위는 자신에게 아무런 의미를 가지지 않는다. 이런 질문을 제기하지 않을 때, 교사는 학생들에게 뜻하지 않은 해악을 끼치기도 한다. "용기를 내어 생각하는 대로 살지 않으면 사는 대로 생각하게 된다." 요컨대, 반성적 실천(reflective practice)으로서의 학급경영만이 진정한 의미를 갖는다.

한편, 위와 같은 질문은 교사 자신의 삶을 개선할 수 있는 질문이기도 하다. 위의 질문은 곧 "나는 어떤 사람인가?"라는 질문으로 연결될 수 있기 때문이다. 이런 점에서 학급경영은 교사의 자기 경영이라고 할 수 있다. 이것이 학급경영이 교사에게 갖는 의미이다.

요약

학교현장에서 많은 교사들이 조그만 교실에서 매년 새로운 아이들을 맡아가며 수많은 학생들을 지도하고 있다. 자신의 학급에 대해서는 어느 누구의 간섭도 없이 자신만의 공화국을 만들어 간다. 담임교사는 어떤 생각으로 그들의 아이들을 가르치고 있을까? 어떤 원칙이나 이론을 바탕으로 학생들을 가르쳐서 교사들 각자의 문화유전자를 전파하고 있을까? 교사들은 각양각색의 자태를 보이며 오늘도 각자 학급의 교육에 몰두한다. "평범한 선생님은 말하지만(tell), 좋은 선생님은 설명한다(explain). 우수한 선생님은 보여주지만(demonstrate), 위대한 선생님은 영감(inspire)을 준다(William Arthur Ward)"라는 말이 있다. 필요한 모든 것을 하나하나 지적하면서 직접 가르치지 않아도 학생들은 교사에게서 영감을 받아 실천하고 변화한다는 말이다. 그만큼 교사가 학급에 끼치는 영향은 막대한 것이다.

이 장에서는 올바른 실천과 배움이 되기 위해 고민해 보아야 할 다음의 몇 가지 문제에 대해서 생각해 보기로 한다. 학급경영은 왜 중요하며, 어떤 의미를 갖는 것인가? 학급경영의 개념과 원리는 무엇인가? 학급경영 활동을 체계적으로 파악하기 위한 분석적 틀인 학급경영 사회체제 모형으로 학급경영을 어떻게 적용하고 설명할 수 있는가? 학급경영 과업에는 어떤 것들이 있는가? 학급경영에서 발휘되는 교사 권한의 근거는 무엇인가? 학급경영의 업무와 운영방식은 무엇이며, 학급경영자의 자질과 그 역할은 무엇인가? 등의 질문들에 대해서 함께 생각해 보자. 아울러, 학급경영에 관한 근래 상황을 고찰하고, 교사의 자기 경영으로서의 학급경영 활동의 성격을 규명한다. 마지막으로, 학급경영에서 교사의 반성적 실천이 중요하다는 점을 강조한다.

참고문헌

권기욱(1993). 학급경영관리론. 서울: 원탑문화.

김명한 외(1988). 교육행정 및 경영. 서울: 형설출판사.

김종식 외(2004). 학급경영의 이론 · 연구 · 실제. 서울: 교육과학사.

남한식(1991). 학교와 학급경영. 서울: 형설출판사.

류방란 · 이혜영(2002). 초등학교 교사의 생활과 문화. 서울: 한국교육개발원.

문낙진(1993). 학교 · 학급경영의 이론과 실제. 서울: 형설출판사.

박남기(2004). 21세기 학급경영 이론과 실제. 광주: 광주교육대학교 출판부.

박남기 외(2006). 초등학급경영이론과 실제. 광주: 광주교육대학교 출판부.

박남기(2008). 초등학급경영의 개념과 범위 그리고 영역 분석: 단행본, 승진규정, 학급교육과정 운영부를 중심으로. 초등교육연구, 21(1), 1-32.

박남기 · 고전 · 구영철 · 김용 · 박상완 · 서자영 · 유길한 · 윤홍주 · 임수진 · 전제상(2017). 초등학급경영의 이론과 실제. 파주: 교육과학사.

박병량(2003). 학급경영. 서울: 학지사.

신철순(1996). 교육행정 및 경영. 서울: 교육과학사.

이형행 · 고전(2001). (개정판)교육행정론. 서울: 양서원.

정일환 · 김병찬(2006). 농어촌 소규모학교 교원 자격기준 개발 연구. 한국교원교육연구, 23(2), 285-302.

황규호(2003). 교사자격에 대한 수행능력 기준의 탐색. 서울: 이화여자대학교.

Doyle, W.(1986). Classroom organization and management. in Wittrok. C.(ed.). *Handbook of research on teaching*(3rd ed.). NY: Macmillan Publishing Co.

Duke, D. L.(ed.)(1979). *Classroom management*. 78th Yearbook of NSSE. Chicago: University of Chicago Press.

Emmer, E. T., & Evertson, C. M.(1981). Synthesis of research on classroom management. *Educational Leadership, 38*(4).

French, J. R. P., & Raven, B.(1960). The bases of social power. in D. Cartwright & A. Zander(eds.). *Group dynamics: Research and theory*(604-623). Evaston, IL: Row-Peterson.

Johnson, L. V., & Bany, M. A.(1970). *Classroom management: Theory and skill training*. NY: Macmillan Publishing Co.

Levin, J., & Nolan, J. F.(2014). *Principles of classroom management: A professional decision-making model*(7th ed.). Boston, MA: Pearson.

Lortie, D. (1975). *Schoolteacher*. Chicago: University of Chicago Press.

McCaslin, M., & Good, T. S. L.(1992). Compliant cognition: The misalliance of management and instructional goals in current school reform. *Educational Researcher, 21*(3), 4-17.

Wang, M. C., Haertel, G. D., & Walberg, H. J.(1993/1994). What helps students learn? *Educational Leadership, 51*(4), 74-79.

Weinstein, C. S., & Mignano, Jr. A. J.(2001). *Elementary classroom management* (3rd ed.). McGraw-Hill.

2 교원복무 및 교권보호

주현준(대구교육대학교)

학습목표

- 교육공무원으로서 지켜야 할 의무와 책임에 관한 법령과 규칙을 이해할 수 있다.
- 교사가 누릴 수 있는 권한을 이해하여 교직 수행에 적용할 수 있다.
- 교직단체의 의미와 역할을 이해하고 자신에게 맞는 교직단체를 선택할 수 있다.
- 교권보호를 위한 법률과 제도를 학습하고 학급경영에 활용할 수 있다.

학습 준비 활동

- 실제 교사가 받은 징계와 교권 침해 사례를 조사한다.
- 현재 우리나라 교직단체 현황 및 활동 현황을 찾아본다.
- 교권을 보호하기 위해 운영 중인 현행 제도를 조사한다.

관련 사례 및 토의 주제

- 최근 들어 개인 유튜브를 운영하는 교사들이 증가하고 있는 추세인데, 이에 대한 학부모들의 입장은 찬반으로 나눠지고 있다. 개인 유튜버로서 교사가 주의해야 점들은 무엇인지 이야기를 나누어 봅시다.
  "수업 시간에 영상 촬영... 교사 유튜버 막아 주세요"
  https://www.youtube.com/watch?v=DJ9mjkpC2ok
- 무고성 아동학대 신고 등으로 교권이 무너지고 학생들의 훈육을 포기하는 교사들이 발생하고 있다. 이러한 세태로 인하여 교사들 사이에서는 "참교사는 단명한다."라는 자조적인 목소리까지 나오고 있다. 교권보호를 요구하는 교직단체의 주장과 현실적인 방안에 대해 함께 이야기 나누어봅시다.

"제 삶만 피폐해질 뿐... 초등학교 교사 글 화제"
https://www.youtube.com/watch?v=PzHUjUuFJro

교사노조 "무고성 아동 학대 신고는 악질 행위... 교권 보호를"
https://n.news.naver.com/mnews/article/056/0011598552

1. 교원복무의 개념

교원의 복무는 국가공무원의 신분으로 공직생활을 함에 있어 지켜야 할 전반적인 자세와 행동 규범을 뜻한다. 「대한민국 헌법」 제7조 제1항은 "공무원은 국민 전체에 대한 봉사자이며, 국민에 대하여 책임을 진다"라고 규정한다. 또한, 「국가공무원법」, 「교육공무원법」, 「교육기본법」 등 관련 법령은 공무원이 국민의 봉사자로서 직무를 민주적이고 능률적으로 수행할 것을 규정하고 있는데, 이는 교육공무원인 교원의 의무와 책임의 기본원칙을 명시한 것이다.

1) 교원의 의무

교원의 의무에는 선서의 의무, 직무상 의무, 직무전념(신분상)의 의무가 있다. 선서의 의무는 취임 시 소속기관장 앞에서 선서를 해야 하는 것을 말한다. 직무상 의무(적극적 의무)는 성실의 의무, 복종의 의무, 직장이탈 금지, 친절 공정의 의무, 종교중립의 의무, 비밀엄수의 의무, 청렴의 의무, 연찬의 의무[1] 등이 있다. 직무전념(신분상)의 의무는 품위유지의 의무, 정치운동의 금지, 집단행위의 금지, 영리업무 및 겸직금지, 영예제한 등이 있다. 이러한 교원의 의무는 「국가공무원법」, 「교육기본법」, 「교육공무원법」, 「초·중등교육법」에 다음과 같이 명시되어 있다.

〈표 2-1〉 교원의 의무

법령	내용
「국가공무원법」	제55조(선서) 공무원은 취임할 때에 소속 기관장 앞에서 대통령령 등으로 정하는 바에 따라 선서하여야 한다. 다만, 불가피한 사유가 있으면 취임 후에 선서하게 할 수 있다.

1) 연찬(硏鑽)은 학문 따위를 깊이 연구함을 뜻하는 단어로 교사는 수업에 대한 권한이 주어진 만큼 연찬의 노력과 의무를 통해 책임을 다해야 한다.

법령	내용
	제56조(성실의무) 모든 공무원은 법령을 준수하며 성실히 직무를 수행하여야 한다. 제57조(복종의 의무) 공무원은 직무를 수행함에 있어서 소속 상관의 직무상의 명령에 복종하여야 한다. 제58조(직장이탈금지) ① 공무원은 소속 상관의 허가 또는 정당한 이유 없이 직장을 이탈하지 못한다. 제59조(친절공정의 의무) 공무원은 국민전체의 봉사자로서 친절 공정히 집무하여야 한다. 제59조의2(종교중립의 의무) ① 공무원은 종교에 따른 차별 없이 직무를 수행하여야 한다. ② 공무원은 소속 상관이 제1항에 위배되는 직무상 명령을 한 경우에는 이에 따르지 아니할 수 있다. 제60조(비밀엄수의 의무) 공무원은 재직 중은 물론 퇴직 후에도 직무상 지득한 비밀을 엄수하여야 한다. 제61조(청렴의 의무) ① 공무원은 직무와 관련하여 직접 또는 간접을 불문하고 사례·증여 또는 향응을 수수할 수 없다. ② 공무원은 직무상의 관계여하를 불문하고 그 소속 상관에 증여하거나 소속공무원으로부터 증여를 받아서는 아니 된다. 제62조(외국정부의 영예 등을 받을 경우) 공무원이 외국정부로부터 영예 또는 증여를 받을 경우에는 대통령의 허가를 얻어야 한다. 제63조(품위유지의 의무) 공무원은 직무의 내외를 불문하고 그 품위를 손상하는 행위를 하여서는 아니 된다. 제64조(영리업무 및 겸직금지) ① 공무원은 공무 이외의 영리를 목적으로 하는 업무에 종사하지 못하며 소속기관의 장의 허가 없이 다른 직무를 겸할 수 없다. 제65조(정치운동의 금지) ① 공무원은 정당 기타 정치단체의 결성에 관여하거나 이에 가입할 수 없다. ② 공무원은 선거에 있어서 특정 정당 또는 특정인의 지지나 반대를 하기 위하여 다음의 행위를 하여서는 아니 된다. 1. 투표를 하거나 하지 아니하도록 권유 운동을 하는 것 2. 서명 운동을 기도(企圖)·주재(主宰)하거나 권유하는 것 3. 문서나 도서를 공공시설 등에 게시하거나 게시하게 하는 것 4. 기부금을 모집 또는 모집하게 하거나, 공공자금을 이용 또는 이용하게 하는 것 5. 타인에게 정당이나 그 밖의 정치단체에 가입하게 하거나 가입하지 아니하도록 권유 운동을 하는 것 ③ 공무원은 다른 공무원에게 제1항과 제2항에 위배되는 행위를 하도

법령	내용
	록 요구하거나, 정치적 행위에 대한 보상 또는 보복으로써 이익 또는 불이익을 약속하여서는 아니 된다. 第66조(집단행위 금지) ① 공무원은 노동운동 기타 공무 이외의 일을 위한 집단 행위를 하여서는 아니 된다.
「교육기본법」	제14조(교원) ② 교원은 교육자로서 갖추어야 할 품성과 자질을 향상시키기 위하여 노력하여야 한다. ③ 교원은 교육자로서 지녀야 할 윤리의식을 확립하고, 이를 바탕으로 학생에게 학습윤리를 지도하고 지식을 습득하게 하며, 학생 개개인의 적성을 계발할 수 있도록 노력하여야 한다. ④ 교원은 특정한 정당이나 정파를 지지하거나 반대하기 위하여 학생을 지도하거나 선동하여서는 아니 된다. ⑤ 교원은 법률로 정하는 바에 따라 다른 공직에 취임할 수 있다.
「교육공무원법」	제38조(연수와 교재비) ① 교육공무원은 그 직책을 수행하기 위하여 끊임없이 연구와 수양에 힘써야 한다. 제41조(연수기관 및 근무장소 외에서의 연수) 교원은 수업에 지장을 주지 아니하는 범위에서 소속 기관의 장의 승인을 받아 연수기관이나 근무장소 외의 시설 또는 장소에서 연수를 받을 수 있다.
「초·중등교육법」	제20조(교직원의 임무) ① 교장은 교무를 총괄하고, 민원처리를 책임지며, 소속 교직원을 지도·감독하고, 학생을 교육한다. 〈개정 2021.3.23., 2023.9.27.〉 ② 교감은 교장을 보좌하여 교무를 관리하고 학생을 교육하며, 교장이 부득이한 사유로 직무를 수행할 수 없을 때에는 교장의 직무를 대행한다. 다만, 교감이 없는 학교에서는 교장이 미리 지명한 교사(수석교사를 포함한다)가 교장의 직무를 대행한다. ③ 수석교사는 교사의 교수·연구 활동을 지원하며, 학생을 교육한다. ④ 교사는 법령에서 정하는 바에 따라 학생을 교육한다.

「초·중등교육법」 제20조 2항의 "교사는 법령이 정하는 바에 따라 학생을 교육한다."에서 '교육'은 수업지도안 작성 등 수업준비, 수업활동, 평가 결과의 활용, 생활지도, 상담활동, 기타 교육활동과 연계된 활동 등을 모두 포함한다. 또한, '법령이 정하는 바'는 교원이 따라야 하는 규정을 의미한다. 즉 「국가공무원법」에 따라 상관의 직무상 명령에 복종하여 학생을 교육하고, 「국가공무원 복무규정」과 「공무원 근무사항에 관한 규칙」에 따라 근무하며, 「학교 폭력 예방 및 대책에 관

한 법률」에 의거 학교 폭력 문제 담당 책임교사를 선임하고, 「초·중등교육법」, 「학교급식법」, 「학교보건법」 등 교원의 교육활동과 관련된 법에 따라 직무를 수행하는 일반적인 규정이다.

2) 교원의 책임

교원은 기본적으로 국민을 위한 봉사자로서 창의와 성실로써 책임을 완수해야 하는 공무원의 책임을 가진다. 교원의 책임은 행정상 책임과 형사상 책임으로 구분되는 세부 내용은 다음과 같다.

〈표 2-2〉 교원의 책임

행정상의 책임	형사상의 책임
• 징계: 파면, 해임, 강등, 정직, 감봉, 견책 • 변상 책임: 국가재산상 손해를 끼쳤을 때 「국가배상법」 및 「회계관계직원 등의 책임에 관한 법률」에 의한 변상 책임	특별권력 관계에 있는 공무원으로서의 책임 외에 일반 법익을 침해하는 경우에는 징계벌 이외의 형벌 병과 가능

교원의 의무와 책임을 충실하게 이행하지 않은 경우에는 〈표 2-3〉과 같이 징계를 받게 된다. 교원의 징계사유는 「국가공무원법」 및 동법에 의한 명령에 위반한 경우, 직무상의 의무에 위반하거나 직무를 태만한 경우, 직무상의 내외를 불문하고 체면 또는 위신을 손상하는 행위를 할 경우 등으로 볼 수 있다. 교원의 징계는 목적에 따라 배제 징계와 교정 징계로 구분되고, 징계의 경중을 기준으로 중징계와 경징계로 구분된다. 배제 징계에는 파면과 해임이 포함되고, 교정 징계에는 강등, 정직, 감봉, 견책이 포함된다. 중징계에는 파면, 해임, 강등, 정직이 포함되고, 경징계에는 감봉과 견책이 포함된다. 징계 종류와 효력의 세부 내용은 정리하면 다음과 같다.

〈표 2-3〉 징계의 종류와 효력

<table>
<tr><th colspan="3">구분</th><th>신분상 효력</th><th>보수상 효력</th></tr>
<tr><td rowspan="2">배제
징계</td><td rowspan="4">중징계</td><td>파면</td><td>공직 배제
5년간 공직 취임 제한</td><td>퇴직급여(수당) 감액
(5년 이상: 1/2, 5년 미만: 1/4)</td></tr>
<tr><td>해임</td><td>공직 배제
3년간 공직 취임 제한</td><td>퇴직급여(수당) 전액 지급. 단 금품향응 수수 및 횡령유용은 퇴직금 1/4 감액, 5년 미만 재직자는 1/8 감액</td></tr>
<tr><td rowspan="4">교정
징계</td><td>강등</td><td>동종의 직무 내에서 1계급 하위의 직위에 임명
18개월+처분기간(3개월)은 승진 제한
9년 후 징계 기록 말소</td><td>보수의 전액 감액
가족수당 등 각종 수당 2/3감액</td></tr>
<tr><td>정직
(1~3개월)</td><td>신분은 보유, 3개월간 직무에 종사 못함
18개월+처분기간(3개월) 동안 승진 제한
7년 후 징계 기록 말소</td><td>보수 전액 감액
가족수당 등 각종 수당 2/3감액</td></tr>
<tr><td rowspan="2">경징계</td><td>감봉
(1~3개월)</td><td>처분기간 경력은 인정
5년 후 징계 기록 말소</td><td>처분기간 중 보수 1/3 감액
가족수당 등 각종 수당 1/3감액</td></tr>
<tr><td>견책</td><td>3년 후 징계 기록 말소</td><td>승진, 승급 제한: 6개월
각종 수당 전액 지급</td></tr>
</table>

3) 교원의 의무와 책임

교원은 기본적으로 국민을 위한 봉사자인 공무원으로서 의무와 책임을 완수해야 한다. 앞서 살펴본 것과 같이, 교원의 의무와 교원의 책임은 밀접한 관련을 갖고 있다. 교원이 주어진 의무를 위반하였을 경우, 그 정도에 따라 징계를 받게 되는데, 「교육공무원 징계 양정 등에 관한 규칙」에서 교원의 의무 위반에 따른 책임으로 징계의 기준을 다음과 같이 제시하고 있다.

〈표 2-4〉 징계양정의 기준

비위의 정도 및 과실 / 비위의 유형	비위의 정도가 심하고 고의가 있는 경우	비위의 정도가 심하고 중과실인 경우 또는 비위의 정도가 약하고 고의가 있는 경우	비위의 정도가 심하고 경과실인 경우 또는 비위의 정도가 약하고 중과실인 경우	비위의 정도가 약하고 경과실인 경우
1. 성실의무 위반				
가. 공금횡령 · 유용, 업무상 배임	파면	파면-해임	해임-강등	정직-감봉
나. 직권남용으로 다른 사람의 권리 침해	파면	해임	강등-정직	감봉
다. 부작위 또는 직무태만, 소극행정 또는 회계질서 문란	파면	해임	강등-정직	감봉-견책
라. 시험문제를 유출하거나 학생의 성적을 조작하는 등 학생 성적과 관련한 비위 및 학교생활기록부 허위사실 기재 또는 부당 정정 등 학교생활기록부와 관련한 비위	파면	해임	해임-강등-정직	감봉-견책
마. 신규채용, 특별채용, 승진, 전직, 전보 등 인사와 관련한 비위	파면	해임	해임-강등-정직	감봉-견책
바. 「학교폭력예방 및 대책에 관한 법률」에 따른 학교폭력을 고의적으로 은폐하거나 대응하지 아니한 경우	파면	해임	해임-강등-정직	감봉-견책
사. 연구부정행위	파면	해임	해임-강등-정직	감봉-견책
아. 연구비의 부당 수령 및 부정 사용 등 연구비의 수령 및 사용과 관련한 비위	파면	파면-해임	해임-강등	정직-감봉
자. 소속 기관 내의 「교육공무원법」 제52조 각 호의 어느 하나에 해당하는 성 관련 비위를 고의로 은폐하거나 대응하지 않은 경우	파면	해임	해임-강등-정직	감봉-견책
차. 「국가공무원법」 제78조의2 제1항 각 호의 어느 하나 또는 「지방공무원법」 제69조의2 제1항 각 호의 어	파면-해임	강등-정직	정직-감봉	감봉-견책

비위의 유형 \ 비위의 정도 및 과실	비위의 정도가 심하고 고의가 있는 경우	비위의 정도가 심하고 중과실인 경우 또는 비위의 정도가 약하고 고의가 있는 경우	비위의 정도가 심하고 경과실인 경우 또는 비위의 정도가 약하고 중과실인 경우	비위의 정도가 약하고 경과실인 경우
느 하나에 해당하는 비위를 신고하지 않거나 고발하지 않은 경우				
카. 부정청탁에 따른 직무수행	파면	파면-해임	강등-정직	감봉-견책
타. 부정청탁	파면	해임-강등	정직-감봉	견책
파. 성과상여금을 거짓이나 부정한 방법으로 지급받은 경우	파면-해임	강등-정직	정직-감봉	감봉-견책
하. 초과근무수당 또는 여비를 거짓이나 부정한 방법으로 지급받은 경우	비고 제5호의2에 따름			
거. 직무상 비밀 또는 미공개정보를 이용한 부당행위	파면	파면-해임	강등-정직	정직-감봉
너. 그 밖의 성실의무 위반	파면-해임	강등-정직	감봉	견책
2. 복종의무 위반				
가. 지시사항 불이행으로 업무 추진에 중대한 차질을 준 경우	파면	해임	강등-정직	감봉-견책
나. 그 밖의 복종의무 위반	파면-해임	강등-정직	감봉	견책
3. 직장 이탈 금지 위반				
가. 집단 행위를 위한 직장 이탈	파면	해임	강등-정직	감봉-견책
나. 무단결근	파면	해임-강등	정직-감봉	견책
다. 그 밖의 직장 이탈 금지 위반	파면-해임	강등-정직	감봉	견책
4. 친절 · 공정의무 위반	파면-해임	강등-정직	감봉	견책
5. 비밀 엄수의무 위반				
가. 비밀의 누설 · 유출	파면	파면-해임	강등-정직	감봉-견책
나. 비밀 분실 또는 해킹 등에 의한 비밀 침해 및 비밀 유기 또는 무단방치	파면-해임	강등-정직	정직-감봉	감봉-견책
다. 개인정보 부정 이용 및 무단 유출	파면-해임	해임-강등	정직	감봉-견책
라. 개인정보의 무단 조회 · 열람 및 관리 소홀 등	파면-해임	강등-정직	감봉	견책
마. 그 밖에 보안관계 법령 위반	파면-해임	강등-정직	감봉	견책

비위의 정도 및 과실 / 비위의 유형	비위의 정도가 심하고 고의가 있는 경우	비위의 정도가 심하고 중과실인 경우 또는 비위의 정도가 약하고 고의가 있는 경우	비위의 정도가 심하고 경과실인 경우 또는 비위의 정도가 약하고 중과실인 경우	비위의 정도가 약하고 경과실인 경우
6. 청렴의무 위반	비고 제6호에 따름			
7. 품위유지의무 위반				
가. 성희롱	파면	파면-해임	강등-정직	감봉-견책
나. 미성년자 또는 장애인에 대한 성희롱	파면	파면-해임	해임-강등	강등-정직
다. 성매매	파면	파면-해임	해임-강등	강등-정직
라. 미성년자 또는 장애인에 대한 성매매	파면	파면	파면-해임	해임
마. 성폭력	파면	파면	파면-해임	해임
바. 미성년자 또는 장애인에 대한 성폭력	파면	파면	파면	파면-해임
사. 공연음란 행위	파면	파면-해임	강등-정직	감봉
아. 미성년자 또는 장애인에 대한 공연음란 행위	파면	파면-해임	해임-강등	강등-정직
자. 카메라 등을 이용한 불법촬영 또는 불법촬영물 유포	파면	파면-해임	해임-강등-정직	감봉
차. 통신매체를 이용한 음란행위	파면	파면-해임	해임-강등-정직	감봉
카. 「교육공무원법」 제52조 각 호의 어느 하나에 해당하는 성 관련 비위의 피해자에게 2차 피해를 입힌 경우	파면	해임	해임-강등-정직	감봉-견책
타. 「교육공무원법」 제52조 각 호의 어느 하나에 해당하는 성 관련 비위를 신고한 사람에게 피해(신고자 신상정보의 유출, 신고자에 대한 폭행·폭언, 그 밖에 신고자의 의사에 반하는 일체의 불리한 처우를 말한다)를 입힌 경우	파면	해임	해임-강등-정직	감봉-견책

비위의 정도 및 과실 / 비위의 유형	비위의 정도가 심하고 고의가 있는 경우	비위의 정도가 심하고 중과실인 경우 또는 비위의 정도가 약하고 고의가 있는 경우	비위의 정도가 심하고 경과실인 경우 또는 비위의 정도가 약하고 중과실인 경우	비위의 정도가 약하고 경과실인 경우
파. 가목부터 카목까지에서 규정한 사항 외의 성 관련 비위	파면	해임	해임-강등-정직	감봉-견책
하. 학생에 대한 신체적 · 정신적 · 정서적 폭력 행위	파면-해임	해임-강등	강등-정직	감봉-견책
거. 음주운전	비고 제7호에 따름			
너. 그 밖의 품위유지의무 위반	파면-해임	강등-정직	감봉	견책
8. 영리 업무 및 겸직 금지 의무 위반	파면-해임	강등-정직	감봉	견책
9. 정치운동 금지 위반	파면	해임	강등-정직	감봉-견책
10. 집단 행위 금지 위반	파면	해임	강등-정직	감봉-견책

한편, 교원은 불리한 징계처분과 그 밖에 본인의 의사에 반하는 불리한 처분을 받을 경우 이에 대한 취소, 변경 등을 구하고자 할 때, '교원소청심사제도'를 활용할 수 있다. 「교원 지위 향상 및 교육활동 보호를 위한 특별법」 제7조에는 교원의 불이익 처분을 구제하기 위해 '교원소청위원회'의 설치를 규정하고 있고, 구체적인 내용으로 「교원소청에 관한 규정」을 두고 있다. 교원소청심사청구는 처분이 있은 것을 안 날부터 30일 이내에 소청심사청구서를 인편, 우편, FAX 또는 홈페이지에 온라인으로 제출하여야 한다. 이러한 소청심사제도는 청구인에게 불이익한 결정을 하지 않고, 비용이 발생하지 않으며, 민사소송 등 다른 구제방법보다 빠른 시일(60일 이내 결정, 30일 연장 가능)에 이루어지는 등 장점이 있다. 보다 자세한 사항은 교원소청심사위원회 홈페이지(www.act.go.kr)에서 확인할 수 있다.

2. 교원 복무의 실제

복무의 사전적 의미는 '어떤 직무나 임무에 힘씀'이다. 따라서 교원의 복무는 공무원으로서 직무를 수행함에 있어서 가장 기본적으로 지켜야 하는 근무사항 관리라고 할 수 있다. 교원의 복무는 기본적으로 「국가공무원 복무규정」에서 정한 근무시간, 연가, 휴가, 공가 등에 적용을 받으면서 직무의 특수성을 감안하여 관리된다. 이러한 교원의 근무사항 관리는 나이스(NEIS)에 의한 전자적 개별관리가 이루어지고 있다. 나이스(NEIS)에 의한 근무상황부를 운영하지 않을 시에는 학교장이 별도로 근무상황부를 비치, 관리한다. 교원은 개인이 희망하는 복무가 발생하기 전에 승인을 받아야 하며, 허가 없이 근무지(학교)를 벗어나는 경우에는 직장 이탈 금지 조항을 어기게 된다. 또한, 「국가공무원 복무규정」에서는 영리업무를 금지하고, 소속 기관의 장으로부터 사전에 겸직 허가를 받도록 규정하고 있다.

1) 근무

공무원의 근무시간은 1주간 40시간(점심시간 제외)이고, 1일 근무시간은 오전 9시부터 오후 6시(토요일은 13시)이다. 그러나 초·중등교원은 직무의 특수성을 감안하여 1일 근무시간 총량(평일 8시간)을 확보하여 교육과정 운영에 지장이 없는 범위 내에서 점심시간을 포함하며, 출퇴근 시간(대개 08:30~16:30)을 학교 구성원의 의견을 수렴하여 자율적으로 결정할 수 있다. 초·중등교원의 근무시간에는 점심시간이 포함된다. 그 이유는 점심시간에도 교원은 급식지도 및 학생 생활지도가 이루어지기 때문이다.

한편, 행정기관의 장은 시간 외 근무 및 공휴일 근무를 명할 수 있다. 따라서 학교장은 공무수행 상 필요하다고 인정할 때 교원의 시간 외 근무(초과근무) 또는 토요일, 공휴일 근무를 명할 수 있다. 교사가 필요에 의해 사전에 보고하여 승인을 요청할 수도 있다. 교원이 시간 외 근무(초과근무)를 수행하는 경우 나이스(NEIS)를 통해 사전에 신청(기본메뉴-복무-개인초과근무관리)하고 결재(학교 내 위임전결규정에 따라 교감 또는 교장으로 상신) 후 진행해야 한다. 시간 외 근무에 따른 수당이 지급되는데, 시간 외 근무는 1일 4시간으로 제한되어 있고, 1시간은 공제(휴일 제외)하기 때문에 1시간을 감하여 지급된다. 공휴일 근무 신청은 시간 외 근무 신청과 동일하게 나이스(초과근무종별-휴일근무 체크)를 이용하여 진행하면 된다. 단 휴일 근무는 초과근무 전일 18시 이전에 올려야만 사전 신청으로 인정된다.

〈표 2-5〉 국가공무원 복무규정(근무)

영역	내용
제9조(근무시간 등)	① 공무원의 1주간 근무시간은 점심시간을 제외하고 40시간으로 하며, 토요일은 휴무함을 원칙으로 한다. ② 공무원의 1일 근무시간은 오전 9시부터 오후 6시까지로 하며, 점심시간은 낮 12시부터 오후 1시까지로 한다. 다만, 행정기관의 장은 직무의 성질, 지역 또는 기관의 특수성을 고려하여 필요하다고 인정할 때에는 1시간의 범위에서 점심시간을 달리 정하여 운영할 수 있다.
제11조(시간 외 근무 및 공휴일 등 근무)	① 행정기관의 장은 민원 편의 등 공무 수행을 위하여 필요하다고 인정할 때에는 제9조 및 제10조에도 불구하고 근무시간 외의 근무(이하 "시간 외 근무"라 한다)를 명하거나 토요일 또는 공휴일 근무를 명할 수 있다. ② 행정기관의 장은 제1항에 따라 근무를 한 공무원에 대하여 그 다음 정상근무일을 휴무하게 할 수 있다. 다만, 해당 행정기관의 업무 사정이나 그 밖의 부득이한 사유가 있는 경우에는 다른 정상근무일을 지정하여 휴무하게 할 수 있다.

2) 휴가

공무원의 휴가는 연가, 병가, 공가, 특별휴가 등이 있다. 연가는 정신적 및 신체적 휴식을 취함으로써 근무능률을 유지하고, 개인 생활의 편의를 위하여 사용하는 휴가이다. 병가는 질병 또는 부상으로 직무를 수행할 수 없는 경우 또는 감염병에 걸려 다른 공무원의 건강에 영향을 미칠 우려가 있을 때 부여받는 휴가이다. 공가는 일반 국민의 자격으로 업무수행에 협조하거나 법령상 의무의 이행이 필요한 경우에 부여받는 휴가이다. 특별휴가는 사회통념 및 관례상 특별한 사유(경조사 등)가 있는 경우 부여받는 휴가이다.

학교장은 일정한 사유가 있는 교원의 신청 등에 의하여 일정 기간 출근의 의무를 면제하여 줄 수 있다. 학교장이 휴가를 허가함에 있어 소속 교원이 원하는 시기에 법정휴가 일수가 보장되도록 하되, 휴가로 인한 수업 결손 등이 발생하지 않도록 필요한 조치를 취하여야 한다. 따라서 교원은 휴가를 신청할 경우 사전에 교감 및 교장과 소통하는 것이 중요하다고 하겠다. 교원의 휴가는 '연가, 병가, 공가, 특별휴가'로 구분되는데, 연가에는 반일연가, 지각, 조퇴, 외출의 세부 항목으로 구분된다. 연가는 학생들의 수업 등을 고려하여 특별한 사유(부모생신일 또는 기일 등)를 제외하고는 방학 중에 실시하도록 한다. 연가의 경우, '교원휴가에 관한 예규'에 따라 나이스(NEIS)에 반드시 사유를 입력하게 되었다. 또한 연가는 재직기간별 연가 일수가 지정되어 있으므로, 연가를 신청할 경우 사전에 확인해야 한다. 병가의 경우에는 공무상병가, 반일병가, 병지각, 병조퇴 등 세부 항목이 있다. 병가가 6일(병지각, 병조퇴, 병외출이 누가되어 일수에 합산됨) 이상 신청할 경우, 병가와 관련된 증빙서류(진단서 등)를 첨부하여야 한다. 교원의 특별휴가에는 '육아시간, 모성보호 시간, 경조사, 출산, 유사산 휴가, 여성보건 휴가, 가족돌봄 휴가, 심리안정 휴가, 교육활동침해 교원 특별휴가 등'이 있다.

〈표 2-6〉 국가공무원 복무규정(휴가)

<table>
<tr><th>영역</th><th>내용</th></tr>
<tr><td>제14조(휴가의 종류)</td><td>공무원의 휴가는 연가(年暇), 병가, 공가(公暇) 및 특별휴가로 구분한다.</td></tr>
<tr><td>제15조(연가 일수)</td><td><table>
<tr><th>재직기간</th><th>연가 일수</th></tr>
<tr><td>1개월 이상 1년 미만</td><td>11</td></tr>
<tr><td>1년 이상 2년 미만</td><td>12</td></tr>
<tr><td>2년 이상 3년 미만</td><td>14</td></tr>
<tr><td>3년 이상 4년 미만</td><td>15</td></tr>
<tr><td>4년 이상 5년 미만</td><td>17</td></tr>
<tr><td>5년 이상 6년 미만</td><td>20</td></tr>
<tr><td>6년 이상</td><td>21</td></tr>
</table></td></tr>
<tr><td>제18조(병가)</td><td>① 행정기관의 장은 소속 공무원이 다음 각 호의 어느 하나에 해당할 경우에는 연 60일의 범위에서 병가를 승인할 수 있다. 이 경우 질병이나 부상으로 인한 지각 · 조퇴 및 외출은 누계 8시간을 병가 1일로 계산하고, 제17조 제5항에 따라 연가 일수에서 빼는 병가는 병가 일수에 산입하지 아니한다.
1. 질병 또는 부상으로 인하여 직무를 수행할 수 없을 때
2. 감염병에 걸려 그 공무원의 출근이 다른 공무원의 건강에 영향을 미칠 우려가 있을 때
② 행정기관의 장은 소속 공무원이 공무상 질병 또는 부상으로 직무를 수행할 수 없거나 요양이 필요할 경우에는 연 180일의 범위에서 병가를 승인할 수 있다.
③ 병가 일수가 연간 6일을 초과하는 경우에는 의사의 진단서를 첨부하여야 한다.</td></tr>
<tr><td>제19조(공가)</td><td>행정기관의 장은 소속 공무원(제11호의 경우 「공무원의 노동조합 설립 및 운영 등에 관한 법률 시행령」 제3조의3 제2항에 따른 근무시간 면제자는 제외한다)이 다음 각 호의 어느 하나에 해당하는 경우에는 이에 직접 필요한 기간 또는 시간을 공가로 승인해야 한다.
1. 「병역법」이나 그 밖의 다른 법령에 따른 병역판정검사 · 소집 · 검열점호 등에 응하거나 동원 또는 훈련에 참가할 때
2. 공무와 관련하여 국회, 법원, 검찰, 경찰 또는 그 밖의 국가기관에 소환되었을 때
3. 법률에 따라 투표에 참가할 때
4. 승진시험 · 전직시험에 응시할 때
5. 원격지(遠隔地)로 전보(轉補) 발령을 받고 부임할 때
6. 「산업안전보건법」 제129조부터 제131조까지의 규정에 따른 건강</td></tr>
</table>

영역	내용
	진단, 「국민건강보험법」 제52조에 따른 건강검진 또는 「결핵예방법」 제11조 제1항에 따른 결핵검진 등을 받을 때 7. 「혈액관리법」에 따라 헌혈에 참가할 때 8. 「공무원 인재개발법 시행령」 제32조 제5호에 따른 외국어능력에 관한 시험에 응시할 때 9. 올림픽, 전국체전 등 국가적인 행사에 참가할 때 10. 천재지변, 교통 차단 또는 그 밖의 사유로 출근이 불가능할 때 11. 「공무원의 노동조합 설립 및 운영 등에 관한 법률」 제9조에 따른 교섭위원으로 선임(選任)되어 단체교섭 및 단체협약 체결에 참석하거나 같은 법 제17조 및 「노동조합 및 노동관계조정법」 제17조에 따른 대의원회(「공무원의 노동조합 설립 및 운영 등에 관한 법률」에 따라 설립된 공무원 노동조합의 대의원회를 말하며, 연 1회로 한정한다)에 참석할 때 12. 공무국외출장 등을 위하여 「검역법」 제5조 제1항에 따른 검역관리지역 또는 중점검역관리지역으로 가기 전에 같은 법에 따른 검역감염병의 예방접종을 할 때 13. 「감염병의 예방 및 관리에 관한 법률」에 따른 제1급 감염병에 대하여 같은 법 제24조 또는 제25조에 따라 필수예방접종 또는 임시예방접종을 받거나 같은 법 제42조 제2항 제3호에 따라 감염여부 검사를 받을 때
제20조(특별휴가)	① 행정기관의 장은 소속 공무원이 결혼하거나 그 밖의 경조사가 있는 경우에는 해당 공무원의 신청에 따라 별표 2의 기준에 따른 경조사휴가를 주어야 한다. ② 행정기관의 장은 임신 중인 공무원에게 출산 전과 출산 후를 통하여 90일(한 번에 둘 이상의 자녀를 임신한 경우에는 120일)의 출산휴가를 승인하되, 출산 후의 휴가기간이 45일(한 번에 둘 이상의 자녀를 임신한 경우에는 60일) 이상이 되도록 해야 한다. 다만, 행정기관의 장은 임신 중인 공무원이 다음 각 호의 어느 하나에 해당하는 사유로 출산휴가를 신청하는 경우에는 출산 전 어느 때라도 최장 44일(한 번에 둘 이상의 자녀를 임신한 경우에는 59일)의 범위에서 출산휴가를 나누어 사용할 수 있도록 해야 한다. 1. 임신 중인 공무원이 유산(「모자보건법」 제14조 제1항에 따라 허용되는 경우 외의 인공임신중절에 의한 유산은 제외한다. 이하 제3호를 제외하고 같다) · 사산의 경험이 있는 경우 2. 임신 중인 공무원이 출산휴가를 신청할 당시 연령이 40세 이상인 경우

영역	내용
	3. 임신 중인 공무원이 유산 · 사산 또는 조산(早産)의 위험이 있다는 의료기관의 진단서를 제출한 경우 ③ 여성공무원은 생리기간 중 휴식을 위하여 매월 1일의 여성보건휴가를 받을 수 있다. 이 경우 여성보건휴가는 무급으로 한다. ④ 임신 중인 여성공무원은 1일 2시간의 범위에서 휴식이나 병원 진료 등을 위한 모성보호시간을 받을 수 있다. 이 경우 모성보호시간의 사용 기준 및 절차 등에 관하여 필요한 사항은 인사혁신처장이 정한다. ⑤ 5세 이하의 자녀가 있는 공무원은 자녀를 돌보기 위하여 24개월의 범위에서 1일 최대 2시간의 육아시간을 받을 수 있다. 이 경우 육아시간의 사용 기준 및 절차 등에 관하여 필요한 사항은 인사혁신처장이 정한다. ⑥ 한국방송통신대학교에 재학 중인 공무원은 「한국방송통신대학교 설립 및 운영에 관한 법률」 제9조 제1항에 따른 출석수업에 참석하기 위하여 제15조의 연가 일수를 초과하는 출석수업 기간에 대한 수업휴가를 받을 수 있다. ⑦ 삭제 〈2005.6.30.〉 ⑧ 삭제 〈2005.6.30.〉 ⑨ 「재난 및 안전관리 기본법」 제3조 제1호에 따른 재난으로 피해[배우자, 부모(배우자의 부모를 포함한다) 또는 자녀가 입은 피해를 포함한다. 이하 이 항에서 같다]를 입은 공무원과 재난 발생 지역에서 자원봉사활동을 하려는 공무원은 5일(같은 법 제14조 제1항에 따른 대규모 재난으로 피해를 입은 공무원으로서 장기간 피해 수습이 필요하다고 소속 행정기관의 장이 인정하는 경우에는 10일) 이내의 재해구호휴가를 받을 수 있다. ⑩ 행정기관의 장은 소속 여성공무원이 유산하거나 사산한 경우 해당 공무원이 신청하면 다음 각 호의 구분에 따른 유산휴가 또는 사산휴가를 주어야 한다. 1. 임신기간이 15주 이내인 경우: 유산하거나 사산한 날부터 10일까지 2. 임신기간이 16주 이상 21주 이내인 경우: 유산하거나 사산한 날부터 30일까지 3. 임신기간이 22주 이상 27주 이내인 경우: 유산하거나 사산한 날부터 60일까지 4. 임신기간이 28주 이상인 경우: 유산하거나 사산한 날부터 90일까지 ⑪ 행정기관의 장은 소속 남성공무원의 배우자가 유산하거나 사산한 경우 해당 공무원이 신청하면 제10항 각 호의 구분에 따른 기간 중 3일의 유산휴가 또는 사산휴가를 주어야 한다. ⑫ 인공수정 또는 체외수정 등 난임치료 시술을 받는 공무원은 다음

영역	내용
	각 호의 구분에 따라 난임치료시술휴가를 받을 수 있다. 1. 여성공무원: 다음 각 목의 어느 하나에 해당하는 경우 해당 목에서 정한 기간 가. 인공수정 등 시술을 받는 경우: 총 2일(시술 당일에 1일과 시술일 전날, 시술일 후 2일 이내이거나 시술 관련 진료일 중에 1일) 나. 동결 보존된 배아를 이식하는 체외수정 시술을 받는 경우: 총 3일(시술 당일에 1일과 시술일 전날, 시술일 후 2일 이내이거나 시술 관련 진료일 중에 2일) 다. 난자 채취를 하여 체외수정 시술을 받는 경우: 총 4일(난자 채취일에 1일, 시술 당일에 1일과 시술일 전날, 난자 채취일 전날, 시술일 후 2일 이내, 난자 채취일 후 2일 이내이거나 시술 관련 진료일 중에 2일) 2. 남성공무원: 정자 채취일에 1일 ⑬ 행정기관의 장은 소속 공무원이 국가 또는 해당 기관의 주요 업무를 성공적으로 수행하여 탁월한 성과와 공로가 인정되는 경우에는 10일 이내의 포상휴가를 줄 수 있다. 이 경우 탁월한 성과와 공로에 대한 판단의 기준은 인사혁신처장이 정한다. ⑭ 공무원은 다음 각 호의 어느 하나에 해당하는 경우 연간 10일의 범위에서 가족돌봄휴가를 받을 수 있다. 1. 「영유아보육법」에 따른 어린이집, 「유아교육법」에 따른 유치원 및 「초·중등교육법」 제2조 각 호의 학교(이하 이 항에서 "어린이집 등"이라 한다)의 휴업·휴원·휴교, 그 밖에 이에 준하는 사유로 자녀 또는 손자녀를 돌봐야 하는 경우 2. 자녀 또는 손자녀가 다니는 어린이집 등의 공식 행사 또는 교사와의 상담에 참여하는 경우 3. 미성년자 또는 「장애인복지법」 제2조 제2항에 따른 장애인(이하 이 조에서 "장애인"이라 한다)인 자녀·손자녀의 병원 진료(「국민건강보험법」 제52조에 따른 건강검진 또는 「감염병의 예방 및 관리에 관한 법률」 제24조 및 제25조에 따른 예방접종을 포함한다)에 동행하는 경우 4. 질병, 사고, 노령 등의 사유로 조부모, 외조부모, 부모(배우자의 부모를 포함한다), 배우자, 자녀 또는 손자녀를 돌봐야 하는 경우 ⑮ 제14항에 따른 가족돌봄휴가는 무급으로 하되, 자녀(같은 항 제4호의 경우에는 미성년자 또는 장애인인 자녀로 한정한다)를 돌보기 위한 가족돌봄휴가는 연간 2일(자녀가 2명 이상이거나 장애인인 경우 또는 해당 공무원이 「한부모가족지원법」 제4조 제1호의 모 또는 부에 해당하는 경우에는 3일)까지 유급으로 한다.

영역	내용
	⑯ 여성공무원은 임신기간 중 검진을 위해 10일의 범위에서 임신검진휴가를 받을 수 있다. ⑰ 행정기관의 장은 소속 공무원이 다음 각 호의 요건을 모두 충족하는 경우 4일의 범위에서 심리상담, 진료 및 휴식을 위한 심리안정휴가를 줄 수 있다. 이 경우 사건·사고 등 심리안정휴가의 세부 인정 기준, 심리안정휴가의 부여 방법 및 사용 절차에 관하여 필요한 사항은 인사혁신처장이 정한다. 1. 「공무원 재해보상법」 제5조 각 호의 어느 하나에 해당하는 직무를 수행하는 과정에서 인명피해가 있는 사건·사고를 경험했을 것 2. 제1호에 따른 인명피해가 있는 사건·사고의 경험으로 인해 심리적 안정과 정신적 회복이 필요하다고 인정될 것

3) 휴직

휴직은 공무원이 재직 중 일정한 사유로 직무에 종사할 수 없는 경우에 면직시키지 않고 일정 기간 동안 신분을 유지하면서 질병 치료, 법률상 의무 수행, 능력개발을 위한 연수 기회를 부여하는 등 공무원 신분을 보장하기 위한 제도이다. 교원의 휴직은 「교육공무원법」에 근거하여, 직권휴직과 청원휴직으로 구분된다. 직권휴직은 인사권자의 권한으로 휴직조치를 내리는 것을 말하고 질병휴직, 병역휴직, 행방불명휴직, 법적의무수행휴직, 노조전임자휴직이 여기에 해당된다.

〈표 2-7〉 교육공무원법(직권휴직 세부 사항)

종류	질병휴직	병역휴직	생사불명휴직	법정의무 수행휴직	노조전임자 휴직
근거	제1호	제2호	제3호	제4호	제11호
요건	신체·정신상의 장애로 장기요양을 요할 때	병역의 복무를 위하여 징집·소집될 때	천재지변·전시·사변 기타 사유로 생사·소재 불명한 경우	기타 법률상 의무수행을 위해 직무를 이탈한 경우	「교원노동조합설립 및 운영 등에 관한 법률」 제5조의 규정에 의하여 교원노동조합 전임자로 종사하게 된 경우

종류	질병휴직	병역휴직	생사불명휴직	법정의무 수행휴직	노조전임자 휴직
기간	1년 이내(부득이한 경우 1년 범위 내 연장 가능)	복무기간	3월 이내	복무기간	전임기간
재직 경력 인정	• 경력평정: 미산입 (단 공무상 질병은 산입) • 승급 제한(단 공무상 질병은 포함)	• 경력평정: 산입 • 승급 인정	• 경력평정: 제외 • 승급 제한	• 경력평정: 산입 • 승급 인정	• 경력평정: 산입 • 승급 인정
결원 보충	6월 이상 휴직 시 보충	6월 이상 휴직 시 보충	결원보충 불가	6월 이상 휴직 시 결원보충	6월 이상 휴직 시 결원보충
보수 지급	• 봉급 70퍼센트 지급 • 1년 초과 2년 이하: 50퍼센트 지급 • 공무상 질병은 전액 지급	지급 안 함	지급 안 함	지급 안 함	지급 안 함
수당	• 수당규정에 의하여 지급	지급 안 함	지급 안 함	지급 안 함	지급 안 함
기타	의사 진단서 첨부				

한편, 청원휴직은 공무원 본인이 희망하여 휴직하는 것을 의미하고, 유학휴직, 고용휴직, 육아휴직, 입양휴직, (국내)연수휴직, 불임난임휴직, 가족돌봄휴직, 동반휴직, 자율연수휴직이 여기에 해당된다.

〈표 2-8〉 교육공무원법(청원휴직 세부 사항)

종류	유학 휴직	고용휴직	육아휴직	입양휴직	불임 · 난임 휴직	국내연수 휴직	가사병휴직	동반휴직	자율연수 휴직
근거	제5호	제6호	제7호	제7호의2	제7호의2	제8호	제9호	제10호	제12호
요건	학위취득 목적 해외 유학, 1년 이상 외국 연구 · 연수시	국제기구, 외국기관, 국내외의 대학 · 연구기관, 재외 교육기관	만 8세 이하 또는 초등학교 2학년 이하의 자녀를 양육하기	만 19세 미만의 아동을 입양하는 경우(제7호에 따른	불임 · 난임으로 인하여 장기간의 치료가 필요한	교육부 또는 교육감이 지정하는 국내 연구기관이나	조부모, 부모(배우자 부모), 배우자, 자녀, 손자녀의	배우자의 국외 근무나 제5호 (유학)에 해당되는	「공무원연금법」 제25조에 따른 재직기간 10년 이상

종류	유학 휴직	고용휴직	육아휴직	입양휴직	불임 · 난임 휴직	국내연수 휴직	가사병휴직	동반휴직	자율연수 휴직
		또는 대통령령으로 정하는 민간단체에 임시로 고용되는 경우	위하여 필요하거나, 여성교육공무원이 임신 또는 출산 하게 된 경우	육아휴직 대상이 되는 아동 제외)	경우	교육기관 등에서 연수시	간호를 위하여 필요한 경우	경우	인 교원이 자기개발을 위하여 학습 · 연구 등을 하게 된 경우
기간	3년 이내 (학위취득 시 3년 연장 가능)	고용 기간	자녀 1명에 대하여 3년 (분할사용 가능	6개월 이내 (입양자녀 1명당)	1년 이내 (부득이한 경우 1년 범위 내 연장 가능)	3년 이내	1년 이내 (재직중 총 3년 초과 불가)	3년 이내 (3년 범위 내연장 가능)	1년 이내 (재직기간 중 1회, 학기단위 허가)
재직 경력 인정	• 경력평정: 50퍼센트 산입 • 승급 인정	• 경력평정 산입(비상근의 경우 50퍼센트) 산입 • 승급 인정 (비상근으로 근무한 경우에는 50퍼센트 인정)	• 경력평정 산입 • 승급인정 1년 이내 (셋째 자녀 이후 전 기간 인정)	• 경력평정 산입 • 승급인정	• 경력평정 50퍼센트 산입 • 승급인정	• 경력평정 50퍼센트 산입 • 승급제한 (학위취득 시 인정)	• 경력평정 미산입 • 승급 제한	• 경력평정 미산입 • 승급 제한	• 경력평정 미산입 • 승급 제한
결원 보충	6월 이상 휴직 시 보충	6월 이상 휴직 시 보충	6월 이상 휴직 시 보충	6월 이상 휴직 시 보충	6월 이상 휴직 시 보충	6월 이상 휴직 시 보충	6월 이상 휴직 시 보충	6월 이상 휴직 시 보충	6월 이상 휴직 시 보충
보수 지급	봉급 50% 지급	지급 안 함	지급 안 함	지급 안 한	제1호와 동일	지급 안 함	지급 안 함	지급 안 함	지급 안 함
수당	6월 이상 휴직 시 보충	지급 안 함	별도 안내	지급 안 한	6월 이상 휴직 시 보충	지급 안 함	지급 안 함	지급 안 함	지급 안 함
기타			출산휴가 별도 신청 가능		모자보건법에 의한 진단서 첨부				

4) 영리 업무 및 겸직 허가

「국가공무원 복무규정」에서는 공무원의 직무 능률을 저하시키고, 공무에 부당한 영향을 끼치며, 국가의 이익과 상반되는 이익 또는 불명예스러운 영향을 끼칠 우려가 있는 경우 그 업무에 종사할 수 없도록 규정하고 있다. 또한, 영리 업무에 해당되지 않는 경우 다른 직무를 겸하고자 할 때에는 반드시 소속 기관의 장에게 사전 허가를 받아야 함을 명시하고 있다.

〈표 2-9〉 국가공무원 복무규정(영리 업무 및 겸직)

영역	내용
제25조(영리 업무의 금지)	공무원은 다음 각 호의 어느 하나에 해당하는 업무에 종사함으로써 공무원의 직무 능률을 떨어뜨리거나, 공무에 대하여 부당한 영향을 끼치거나, 국가의 이익과 상반되는 이익을 취득하거나, 정부에 불명예스러운 영향을 끼칠 우려가 있는 경우에는 그 업무에 종사할 수 없다. 1. 공무원이 상업, 공업, 금융업 또는 그 밖의 영리적인 업무를 스스로 경영하여 영리를 추구함이 뚜렷한 업무 2. 공무원이 상업, 공업, 금융업 또는 그 밖에 영리를 목적으로 하는 사기업체(私企業體)의 이사·감사 업무를 집행하는 무한책임사원·지배인·발기인 또는 그 밖의 임원이 되는 것 3. 공무원 본인의 직무와 관련 있는 타인의 기업에 대한 투자 4. 그 밖에 계속적으로 재산상 이득을 목적으로 하는 업무
제26조(겸직 허가)	① 공무원이 제25조의 영리 업무에 해당하지 아니하는 다른 직무를 겸하려는 경우에는 소속 기관의 장의 사전 허가를 받아야 한다. ② 제1항의 허가는 담당 직무 수행에 지장이 없는 경우에만 한다. ③ 제1항에서 "소속 기관의 장"이란 고위공무원단에 속하는 공무원 이상의 공무원에 대해서는 임용제청권자, 3급 이하 공무원 및 우정직 공무원에 대해서는 임용권자를 말한다.

최근 교원들이 관심을 갖고 있는 개인 인터넷 미디어 활동과 관련하여 겸직 허가 요청이 증가하고 있다. 대부분의 일상적인 인터넷 개인 미디어 활동에 대해서는 겸직 허가가 필요하지 않지만, 「국가공무원 복무·징계 관련 예규」의 겸직 허가

대상에 해당된다고 판단하는 경우 겸직 허가 신청을 하여 승인을 받아야 한다.

〈표 2-10〉 겸직 허가 대상

대상	내용
인터넷 개인방송인 경우(네이버TV, 아프리카TV, 유튜브, 트위치 등)	• 수익 창출 요건이 있는 경우*: 인터넷 플랫폼에서 정하는 수익 창출 요건을 충족하고, 이후에도 계속 활동을 하고자 하는 경우 * (예) 유튜브: 구독자 1,000명 이상이고, 연간 누적재생시간 4,000시간 이상 • 수익 창출 요건이 없는 경우*: 인터넷 플랫폼을 통해 수익이 최초 발생하고, 이후에도 계속 활동을 하고자 하는 경우 * (예) 아프리카 TV는 별도의 수익 창출 요건 없이 바로 수익 발생 가능
인터넷 개인방송이 아닌 경우: 인터넷 플랫폼을 통해 수익이 최초 발생하고, 이후에도 계속 활동을 하고자 하는 경우	• 네이버 블로그, 다음 브런치 등

이와 관련하여 교육부는 2019년에 「교원 유튜브 활동 복무지침」을 만들었고, 2021년에는 「교원 인터넷 개인 미디어 활동 지침」을 발표하였다. 주요 내용을 정리하면 다음과 같다.

〈표 2-11〉 교원 인터넷 개인 미디어 활동 지침

기준	내 용
적용 대상	유초중등 모든 교원
정의	인터넷 개인 미디어 활동이란 ① 본인 또는 다른 사람의 콘텐츠(영상, 음성, 사진, 글 등)를 ② 인터넷 플랫폼*의 개인 계정에 탑재하여 ③ 불특정 다수의 인터넷 이용자와 공유하고 상호 소통하는 일체의 행위 * (인터넷 플랫폼 예시) 네이버TV, 아프리카TV, 유튜브, 트위치, 팟빵, 네이버 블로그, 다음 브런치 등

<table>
<tr><th>기준</th><th>내 용</th></tr>
<tr><td>활동 영역</td><td>
<table>
<tr><th rowspan="2">콘텐츠 목적</th><th colspan="2">인터넷 플랫폼</th></tr>
<tr><th>개인 계정</th><th>공공 계정</th></tr>
<tr><td>개인 취미 등 사적 목적</td><td rowspan="2">인터넷 개인 미디어 활동</td><td></td></tr>
<tr><td>수업 외 직무 관련</td><td rowspan="2">업무 관련 활동</td></tr>
<tr><td>학교(유치원) 수업용
(공개 범위 제한)</td><td></td></tr>
</table>
</td></tr>
<tr><td>준수 사항</td><td>가. 직무상 알게 된 비밀 누설 금지 (「국가공무원법」 제60조)
※ 브이로그 등을 통해 비공개 직무정보가 공개되지 않도록 각별히 유의해야 하며, 특히 유아·학생을 특정할 수 있는 정보 노출 금지
나. 직무 내외를 불문하고 공무원으로서 품위 유지 (「국가공무원법」 제63조)
※ 타인의 명예나 권리 침해, 비속어 사용, 허위사실 유포, 폭력적·선정적 콘텐츠 제작·공유하는 행위 등 금지
다. 정당의 결성 및 가입 관련 행위, 선거에서 특정 정당 또는 특정인을 지지·반대하기 위한 행위 금지 (「국가공무원법」 제65조)
라. 직무 능률을 떨어뜨리거나, 공무에 부당한 영향을 끼치거나, 국가의 이익과 상반되는 이익을 취득하거나, 정부에 불명예스러운 영향을 끼칠 우려가 있는 행위 금지 (「국가공무원 복무규정」 제25조)
마. 동의 없이 타인(유아·학생, 동료 교직원, 보호자 등)이 등장하는 콘텐츠를 제작·공유함으로써 타인의 초상권을 침해하는 행위 금지
☞ 영상·사진 탑재 시 출연자의 동의를 받았음을 자막 처리 등을 통해 명시해야 함
바. 유아·학생 평가의 공정성에 부정적인 영향을 초래할 수 있는 내용의 콘텐츠 탑재 금지</td></tr>
</table>

5) 전보 및 전출

근무 중인 학교를 옮기는 것을 흔히 내신이라고 한다. 그러나 내신은 일제식 표현으로 공식적인 행정용어는 전보이다. 즉 전보는 동일한 직위 및 자격 내에서 근무기관이나 부서를 달리하는 임용을 말한다. 이러한 전보제도는 장기근무로 인한 침체를 방지하고, 생활근거지 또는 희망 근무지 배치를 최대한 보장하여 교원의 사기진작 및 생활안정을 도모하기 위한 목적을 갖는다. 국공립학교의 교원은 근무하던 학교에서 다른 학교로 이동하는 전보이동을 할 수 있다. 교원의 전보는 '청간 전보'와 '관내 전보'로 구분된다. 청간 전보는 소속 교원지원청이 변경되는 것이고, 관내 전보는 학교만 변경되는 것이다. 전보를 하고자 하는 교원은 교육청과 교육지원청의 인사관리원칙, 해당 학교의 전보 희망 인원, 전보 희망에서 경합이 발생할 것을 대비하여 해당 학교의 인사규정(우선순위)을 확인해야 한다. 다음은 경상북도교육청의 (초등)인사관리지침 사례이다.

〈표 2-12〉 경상북도교육청 (초등)인사관리지침

<table>
<tr><th>영역</th><th>내용</th></tr>
<tr><td>제13조(인사구역 및 근무상한기간)</td><td>인사의 합리적이고 원활한 관리를 위하여 다음과 같이 시 · 군별 및 구역 근무상한기간을 정하여 시행한다. 교장은 1구역 및 해당 시 · 군의 관내 1급지 학교 근속 근무상한기간을 적용한다.
① 시 · 군 구역 및 시 · 군 1급지 학교 근속 근무상한기간
<table>
<tr><th rowspan="2">구역</th><th rowspan="2">행 정 (시 · 군) 단 위</th><th colspan="4">직급(위)별 근속 근무상한기간</th></tr>
<tr><th>교사</th><th>교감</th><th colspan="2">교장</th></tr>
<tr><td>1</td><td>경산시, 칠곡군</td><td>8</td><td>6</td><td>5</td><td rowspan="5">시 · 군
1급지 학교
근속 3년</td></tr>
<tr><td>2</td><td>구미시, 영천시, 청도군, 고령군, 성주군</td><td>10</td><td>6</td><td>6</td></tr>
<tr><td>3</td><td>포항시, 경주시, 김천시, 안동시, 영주시, 상주시, 문경시</td><td>15</td><td>6</td><td>6</td></tr>
<tr><td rowspan="2">4</td><td>의성군, 청송군, 영양군, 영덕군, 예천군, 봉화군, 울진군</td><td>20</td><td rowspan="2">7</td><td rowspan="2">·</td></tr>
<tr><td>울릉군</td><td>3</td></tr>
</table>
② 시 · 군별 근무상한기간의 만기 교원은 타 시 · 군으로 전보한다.
③ 울릉군 전보희망 교사의 어느 한 성(남 · 여)이 70%를 넘지 않게 전보한다.
④ 1구역 근무상한기간의 만기 교장은 타구역으로 전보하며, 시 · 군 1급지 학교 근속 근무 3년 이상인 교장은 타급지 학교로 전보한다.</td></tr>
</table>

전보를 희망하는 교원은 전보희망서를 작성해야 한다. 전보희망서는 나이스(NEIS)를 통해 작성한다. 나이스(NEIS)의 '나의메뉴-전보-(초중등) 전보개요설

정-전보희망기본상황관리-근무경력환산점-가산점-친인척교원-청간 전보 희망자 관리-전보희망서 출력-제출처리' 순으로 진행하면 된다.

한편, 각 시·도교육청에서는 「교육공무원 인사관리 규정」 제18조(전보계획)에 근거하여 국공립학교 및 타 시·도 간 전출입 계획을 수립하고 교원 인사교류를 실시한다. 이러한 시·도 간 인사교류의 목적은 지역 간 교육의 균형적인 발전을 도모하고 별거 교육공무원의 고충을 해소하여 가계 및 사회적 비용 절감, 해당 공무원이 안정되고 의욕적인 자세로 교육활동에 전념할 수 있는 능률적인 직무 수행 기반 조성 등에 있다. 타 시·도 간 인사교류는 시·도교육청 간 교류 인원이 합치되는 범위 안에서 1:1 동수 교류를 원칙으로 한다. 다음 사례는 광주광역시교육청 교육공무원 시·도 간 교류교환계획의 일부이다.

〈표 2-13〉 광주광역시교육청 시·도 간 교류교환 계획

영역	내용
기본 방침	• (대상) 우리 시 교육청 관내에서 1년 이상 근무한 교사로 타 시·도교육청으로 교류·교환을 희망하는 공립 초등학교 교사(비교과교사 포함) 및 특수학교(급) 초등특수교사 • (방법) 시·도교육청 간 교류 인원이 합치되는 범위 안에서 1:1 동수 교류·교환(학교급별·직급별·교사 자격별)을 원칙으로 하되, 교원 수급을 고려하여 시·도교육감 간의 합의에 의한 일방 전·출입과 교환도 가능함 • (시행) 시·도 교류·교환 희망을 받아 2024.3.1.자로 시행함
선정기준 및 순위	• 1순위: 희망 시·도에 배우자가 거주하는 부부간 별거자 • 2순위 - 부양할 장애인(장애의 정도가 심한 장애인) 직계 존·비속(1대)과 별거하는 자 - 부양해야 할 직계·존비속(1대)과 별거하는 유공자 - 장애인복지법령에 의해 등록된 자로서 장애인고용촉진 및 직업재활법령의 '중증장애인'에 해당되는 교사 • 3순위: 일반희망자(1·2 순위 외의 희망자) ※ 현재 타 시·도 교환(파견) 중인 경우 교류·교환 희망 시 3순위임 ※ 동일 순위 내에서 경합이 있을 경우는 우선 기준에 따라 순위를 정함

3. 교권보호

교권(敎權)은 일반적으로 교사의 법적 권리(權利)로 알려져 있지만, 교사의 사회적 권위(權威)도 내포하는 복합적 개념이다. 즉 교육전문가로서 교육의 자유를 누릴 권리, 교원으로서 신분과 지위를 보장받을 권리, 국민으로서 기본권을 보장받을 권리 측면과 함께 역사적, 사회적 맥락에서 스승에 대하여 학생·부모·사회가 인정하는 윤리적이며 전문적인 '권위'의 측면도 포괄한다.

교원은 정당한 교육활동이 침해받을 경우 법률 등으로 보호를 받을 수 있다. 교권 침해는 교육권 영역의 침해, 신분·지위 관련 침해, 국민으로서의 기본권 영역의 침해로 나뉜다. 대표적으로 학생·학부모에 의한 지도불응·수업중단은 교사로서의 교육권의 침해이다. 임용권자의 인사조치나 법원에의 피소 과정에서의 교권 침해는 내부적 교권 침해의 전형으로서 교사 신분 및 지위 영역의 침해이다. 폭언·폭행·명예훼손 등은 교육권 침해 시 병행되어 나타나기도 하는, 시민으로서 보장받아야 할 기본권의 침해이다(고전 외, 2016, 302).

교원의 교육활동 보호를 의미하는 '교권보호'에 관하여 「교원의 지위 향상 및 교육활동 보호를 위한 특별법」 제19조에서는 교육활동 침해 행위를 명시하고, 제20조에서는 피해교원에 대한 보호조치 등을 포함하고 있다. 또한, 각 시·도에서는 '교원의 교육활동 보호 등'을 위한 조례를 제정하고 교권보호를 위해 노력하고 있다.

한편, 교원의 권익을 보호하는 각종 교직단체들도 교권보호를 위한 활동을 법률로 보장받고 있다. 「교육기본법」과 「교원 지위 향상을 위한 교섭·협의에 관한 규정」 제3조에서는 교직단체가 교육부장관 또는 시·도교육감과 교섭·협의할 수 있도록 규정하고 있다. 주요한 교섭·협의 사항에는 교원의 처우 개선, 근무조건 및 복지후생과 전문성 신장, 기록 교권 신장 등이 포함된다.

1) 교직단체의 역할

‘교직단체’는 교원들의 권익과 복지 향상을 추구하고, 전문성을 향상하는 등 공동의 목표를 추구하는 교원들의 집단을 의미한다. 교직단체는 ‘교직’이라는 개념과 ‘단체’라는 개념으로 나누어 볼 수 있으며, 교직에 대한 관점에 따라 교원의 직업적 성격과 교원의 역할을 어떻게 규정하는가에 따라 달라진다.

유네스코(UNESCO)와 세계노동기구(ILO)는 ‘교원의 지위에 권한 권고’에서 “교직단체는 교육 발전에 크게 이바지할 수 있는 하나의 세력으로 인정되어야 하며, 따라서 교직단체는 교육정책 결정에 관여하여야 한다”라고 명시한 바 있다. 이러한 권고와 함께 교직단체의 역할을 다섯 가지로 제시하였다. 첫째, 교원의 직무수행 기준을 정하는 일, 둘째, 학생과 교육활동을 위해 당국과 협의하는 일, 셋째, 교원의 윤리강령이나 행동강령을 제정하는 일, 넷째, 교원의 봉급과 근무조건을 결정하는 데 참여하는 일, 다섯째, 시간제나 임시로 채용된 교원의 봉급을 지급함에 있어서 정규 교원이 봉급표 수준을 유지하는 일이다(이윤식 외, 2007, 387).

우리나라의 경우, 교원단체의 역할에 대해서는 「교육기본법」 제15조 제1항에서는 교원들이 ‘상호 협동하여 교육의 진흥과 문화의 창달에 노력하며, 교원의 경제적·사회적 지위를 향상’하는 것을 명시하고 있다. 그리고 교원노조의 역할에 대해 「교원의 노동조합 설립 및 운영 등에 관한 법률(약칭: 교원노조법)」에서는 명확한 법 규정을 찾기 어려우며, 단지 단체교섭 및 단체협약의 사항만을 명시하고 있다.

우리나라 교직단체들의 실제 역할을 살펴보면 크게 세 가지로 나누어 볼 수 있다. 첫째, 교원들의 경제·사회적 지위 향상 등 교원들의 집단적 이익을 추구하는 것이다. 구체적으로는 교원의 처우 개선, 근무조건 및 복지후생이 주요 내용이다. 둘째, 교원의 전문성 신장을 추구하는 것이다. 교원의 전문성 신장을 위해 두 가지 측면에서 역할을 할 수 있는데, 하나는 교육부나 교육청과의 교섭을 통해 교원의 전문성 향상을 위한 정책과 재원을 확대해 나가는 것이고, 다른 하나는 교직단체 스스로 구성원의 전문성 신장을 위한 노력을 하는 것이다. 교직단체별로 운영하는 다양한 교원연수가 활발하게 진행되고 있으며, 교직단체 스스로 연구와 학술 활동을 통해 전문성 신장을 추구하고 있다. 셋째, 교육정책 형성과 집행과정에 참여하는 것이다. 학교 교육을 둘러싸고 있는 사회적·문화적 환경이 급속하게 변화하고 있고, 이에 따라 교육정책도 변화와 혁신을 추구하고 있다. 교원은 교육혁신의 대상이 아니라 현장 교육의 주체로서 교육정책 과정에 참여하고 실천해야 한다.

2) 한국의 교직단체

우리나라의 교직단체는 해방 후 「교육법」에 명시되어 있는 '교육회'라는 법정 개념으로 출발하였다가, 1998년 개정된 「교육기본법」에서 '교원단체'라는 개념으로 교원들을 대표하는 조직으로 규정되었다. 이후 1999년 「교원의 노동조합 설립 및 운영 등에 관한 법률(이하 '「교원노조법」')」이 제정되면서 '교원노동조합(이하 '교원노조')'이 합법화되어 교원단체와 교원노조가 공존하는 상황이 되었다. 이후 이 두 조직을 포괄하여 지칭하는 의미로 '교직단체'라는 용어를 사용하고 있다.

우리나라의 교직단체는 해방 이후 하나의 교원단체로 시작하였다가 1999년 이후 교원노조의 등장으로 복수의 교직단체가 운영되고 있다. 2022년 기준으로 유초중등교원(사)이 가입할 수 있는 단체 현황은 다음과 같다.

〈표 2-14〉 교직단체 현황(2022년 기준)

구분	명칭		창립(설립)일
교원단체	한국교원단체총연합회		1947.11.23
교원노조 (노동조합)	연합단체	자유교원조합	2006.04.22
		교사노동조합연맹	2017.12.16

구분		명칭	창립(설립)일
	전국단위	전국교직원노동조합	1989.05.28
		한국교원노동조합	1999.07.01
		대한민국교원조합	2008.12.01
		전국중등교사노동조합	2017.11.18
		전국사서교사노동조합	2017.12.29
		전국전문상담교사노동조합	2019.02.20
		함께하는장애인교원노동조합	2019.07.15
		전국보건교사노동조합	2019.12.02
		민주시민교육교원노동조합	2019.12.17
		전국영양교사노동조합	2020.03.04
		전국국공립유치원교사노동조합	2020.03.25
		전국초등교사노동조합	2020.03.25
		전국특수교사노동조합	2021.03.27
		전국기간제교사노동조합	2021.07.06
		평생교사노동조합	2021.07.07
		K-EDU교원연합	2021.12.03

출처: 고용노동부(2023). 2022 전국노동조합 조직현황. 고용노동부.

'한국교원단체총연합회(이하 '한국교총')'는 우리나라의 유일한 교원단체로서 「교육기본법」 제15조(교원단체)와 「민법」 제32조(비영리법인의 설립과 허가)에 법적인 근거를 두고 있다. 한국교총은 1947년 미군정하에 설립된 '조선교육연합회'가 1948년 대한민국 정부 수립 이후 '대한교육연합회'로 명칭을 변경하고, 1989년 한국교원단체총연합회로 개칭하여 오늘에 이르고 있다. 한국교총의 회원은 유·초등·중등·대학교원을 대상으로 하고 있으며, 설립 목적은 '회원 상호 간의 강력한 단결을 통하여 교원의 사회적·경제적 지위 향상과 교직의 전문성 확립을 기함으로써 교육의 진흥과 문화의 창달에 기여'하는 것이다.

한편, 현재 복수의 교원노조가 설립되어 운영되고 있다. 복수의 교원노조 가운데 가입회원수를 기준으로 대표적인 노조는 '전국교직원노동조합'과 '교사노동조합연맹'으로 볼 수 있다. 교원노조 가운데 가장 오랜 역사를 갖고 있는 '전국교직원노동조합(이하 '전교조')'은 민주노총에 가입되어 있고, 2022년 기준으로 전교조의 회원수는 42,674명이며, '민족, 민주, 인간화' 교육을 위한 다음과 같은 4가지 강령을 채택하고 있다. 첫째, 교육의 자주성, 전문성 확립과 교육 민주화 실현, 둘째, 교직원의 사회경제적 지위 향상과 민주적 권리의 획득 및 교육 여건 개선, 셋째, 학생들이 민주시민으로서 자주적 삶을 누릴 수 있도록 민족, 민주, 인간화 교육 실천, 넷째, 자유, 평화, 민주주의를 사랑하는 국내 여러 단체 및 세계 교원단체와 연대이다.

한국노총에 가입되 '교사노동조합연맹'은 2015년 1월 만들어진 '교육노동운동재편추진모임'이 2016년 12월 8일 '분권형 노조'로 서울교사노조를 창립하면서 시작되었다. 2023년 기준, 교사노동조합연명의 회원수는 110,500명이다. 교사노동조합연맹은 다음과 같은 5가지 강령을 제시하고 있다. 첫째, 교원, 학생, 학부모와 소통하여 다함께 성공하는 교육, 둘째, 학생에게 학습과정이 연속성 있게 제공되고, 학습과정과 이어지는 연계진학, 연계취업이 이루어지는 교육체계, 셋째, 교사들이 신뢰하고, 조합원이 주인이 되는 친절한 노동조합, 넷째, 학생이 삶의 주인 되도록 돕고 상생과 번영, 평등과 평화, 환경과 생명의 소중함을 귀히 여기는 교육, 다섯째, 뜻을 같이 하는 국내외 모든 개인, 단체와 연대하고 교육에 종사하는 모든 이들과 단결이다.

이상과 같이 우리나라의 교직단체는 교원단체와 교원노조로 구분된다. 교원단체와 교원노조는 교직관, 설립근거, 가입대상 등에서 다음과 같이 차이점이 있다.

〈표 2-15〉 교원단체와 교원노조 성격 비교

<table>
<tr><th colspan="2">구분</th><th>교원단체
(한국교총)</th><th>교원노조
(전교조, 교사노사연맹 등)</th></tr>
<tr><td colspan="2">교 직 관</td><td>• 전문직관에 가까움</td><td>• 노동직관에 가까움</td></tr>
<tr><td colspan="2">설립근거</td><td>• 「교육기본법」</td><td>• 「교원노조법」</td></tr>
<tr><td colspan="2">가입대상</td><td>• 유 · 초 · 중 · 고등학교 및 대학교의 전체 교원(교장 · 교감 포함)</td><td>• 초 · 중 · 고등학교 교원
(교장 · 교감 제외)</td></tr>
<tr><td colspan="2">설립단위</td><td>• 전국 및 시 · 도</td><td>• 전국 및 시 · 도</td></tr>
<tr><td rowspan="3">단체교섭</td><td>교섭 · 협의
당사자</td><td>• 교육부장관 및 교육감</td><td>• 교육부장관 및 교육감
• 사립학교를 설립 · 경영하는 자</td></tr>
<tr><td>교섭 · 협의
구조</td><td>• 중앙단위: 교육부장관
• 시 · 도단위: 교육감</td><td>• 국 · 공립의 경우
- 전국단위: 교육부장관
- 시 · 도단위: 교육감
• 사립의 경우
- 설립 · 경영자가 전국 또는 시 · 도 단위로 연합하여 교섭</td></tr>
<tr><td>교섭 · 협의
범위</td><td>• 처우개선, 근무조건 및 복지후생과 전문성 신장에 관한 사항</td><td>• 임금 · 근무조건 · 후생복지 등 경제적 · 사회적 지위 향상에 관련된 사항</td></tr>
</table>

출처: 송기창 외(2014, 99). 초등 교직실무. 학지사.

교직에 입문하여 교직단체를 선택하기 전 여러 사항들을 고려해야 한다. 첫째, 교직단체에 가입을 할 것인지 아닌지를 선택해야 한다. 교직단체의 가입이 의무사항이 아니기 때문에 가입하지 않는 것도 하나의 선택이 될 수 있다. 둘째, 교직단체의 성격을 확인해야 한다. 교원단체를 선택할 것인지 아니면 교원노조를 선택할 것인지를 결정해야 한다. 교원노조를 결정할 경우 각 노조의 설립 목적과 추구하는 가치 등을 면밀하게 검토해야 한다. 셋째, 교육정책에 대한 본인의 입장과 교직단체의 입장을 비교해야 한다. 즉 교육정책에 대한 교직단체의 대응 논리와 본인의 생각과 관점이 일치하거나 가까운 단체를 선택하는 것이 중요하다.

3) 교권보호를 위한 법률

교원의 교권과 교육활동은 법률로 보호받을 수 있다. 예컨대 최상위법인 「대한민국 헌법」, 법률인 「교육기본법」, 「교원지위법」, 「초중등교육법」, 「유아교육법」 등과 각 시·도의 조례에서도 교원의 교권과 교육활동을 보호하기 위한 조항을 명시하고 있다. 최근 무고성 아동학대 신고 및 특이민원의 증가로 인하여 교원의 교육활동이 위축되고, 교원의 심리적 상처와 부담이 가중됨에 따라 교육활동에 전념할 수 있는 환경과 대응 체계 마련이 시급하게 되었다. 이에 교권을 보호하기 위해 각종 법률이 개정되었는데, 교육활동 보호를 위해 최근 개정된 법률의 주요 내용을 소개하면 다음과 같다.

〈표 2-16〉 교권보호를 위한 법률 주요 개정 내용

법률	주제	내용
「교원의 지위 향상 및 교육활동 보호를 위한 특별법」	직위해제 제한	교원이 아동학대범죄로 신고된 경우 정당한 사유 없는 직위해제 처분 제한
	실태조사 실시	조사의 주체를 관할청에서 교육부장관과 교육감으로 변경, 교육활동 침해행위, 피해교원보호조치, 교육활동 침해학생 및 그 보호자 등에 대한 조치 등 조사
	아동학대사안에 대한 교육감의 의견제출 의무화	교원의 정당한 생활지도 행위가 아동학대범죄로 신고되어 조사·수사가 진행되는 경우 교육감의 의견제출을 의무화
	교육활동 침해학생과 교원의 즉시 분리	가해자와 피해교원을 분리하고, 분리조치된 학생에 대하여 별도의 교육방법을 마련·운영하도록 함
	교육활동 침해행위의 신고의무 신설	교육활동 침해행위를 보거나 그 사실을 알게 된 자가 학교 등 관계 기관에 이를 즉시 신고하도록 하고, 신고자에 대한 불이익을 금지하도록 함

법률	주제	내용
	학부모 제재 조치	학부모가 교육활동 침해활동을 할 경우, "서면 사과 및 재발 방지 서약", "특별교육 · 심리치료"를 조치하고, 미이수시 300만 원 이하의 과태료 부과
「초 · 중등 교육법」	학교장의 민원처리 책임	학교의 민원처리를 학교장이 책임짐
	교원의 정당한 생활지도 면책	교원의 정당한 학생생활지도는 「아동복지법」 제17조 제3호, 제5호 및 제6호의 금지행위 위반으로 보지 않음
「유아교육법」	원장의 민원처리 책임	교육활동과 관련된 학교의 민원처리를 원장이 책임짐
	교원의 정당한 생활지도 면책	교원의 정당한 유아생활지도는 「아동복지법」 제17조 제3호, 제5호 및 제6호의 금지행위 위반으로 보지 않음
「교육기본법」	보호자의 의무	부모 등 보호자가 학교의 정당한 교육활동에 협조하고 존중할 의무를 명확하게 규정함
「아동학대 처벌법」	정당한 생활지도 면책 및 수사 시 교육감 의견서 의무 반영	교원의 정당한 교육활동과 학생생활지도는 아동학대로 보지 않도록 하며, 수사기관은 교원이 아동학대로 신고된 경우 교육감 의견서를 의무적으로 참고하도록 함

또한, 각 시 · 도에서는 조례를 제정하여 교육활동을 보호하고 있다. 다음은 최근 개정된 「대구광역시교육청 교원의 교육활동 보호 등에 관한 조례」의 사례이다.

〈표 2-17〉 교권보호를 위한 조례 사례(대구광역시)

제5조(교원의 교육활동 보장)	① 교원은 교육활동과 근무관계에서 교권이 보장되고 존중되어야 한다. ② 학교의 근무여건과 환경은 교원의 능력을 최대한 발휘할 수 있도록 개선 또는 향상되어야 한다. ③ 교원은 교육행정기관, 학교 행정가, 학부모 등과 사회로부터 교육활동에 관한 부당한 간섭을 받지 아니한다.

제6조(교원에 대한 민원 등의 조사 · 관리)	교육감은 교원에 대한 민원 · 진정 등을 조사하거나 고소 · 고발이 접수된 경우에는 관계 법령이 정하는 바에 따라 해당 교원에게 소명할 기회를 주어야 하고, 정당한 사유가 없는 한 그 결과가 나오기 전 인사상 불이익 조치를 취하여서는 아니 된다.
제8조(상담 및 민원 대응 등) 제8조(상담 및 민원 대응 등)	학교장은 교원이 교육활동에 전념할 수 있도록 다음 각 호의 환경을 구축할 수 있다. 1. 보호자 및 민원인의 학교 방문 예약제 2. 교원의 동의 없는 외부인의 교실 출입 제한 3. 민원 및 상담 전용 공간 마련
제10조(교원치유지원센터의 설치 등) 제10조(교원치유지원센터의 설치 등)	① 교육감은 교육활동 침해행위로 피해를 입은 교원의 정신적 피해에 대한 치유를 지원하기 위하여 교원치유지원센터(이하 "센터"라 한다)를 설치할 수 있다. ② 센터는 다음 각 호의 기능을 수행한다. 1. 교육활동 보호 및 교육활동 침해행위 예방을 위한 계획 수립 · 시행 및 프로그램 마련 2. 교육활동 침해행위에 대한 상담 및 대응 3. 교육활동 보호를 위한 각종 지원 4. 그 밖에 교육감이 필요하다고 인정하는 사항 ③ 그 밖에 센터 설치 및 운영에 필요한 사항은 교육감이 따로 정한다.
제11조(교육활동 침해행위 예방교육) 제11조(교육활동 침해행위 예방교육)	① 교육감은 자격연수와 직무연수 등 각종 연수 교육과정에 교육활동 침해행위 예방교육을 포함시키도록 노력하여야 한다. ② 학교장은 교직원 · 학생 · 학부모를 대상으로 교육활동 침해행위 예방을 위한 교육을 연 1회 이상 실시하여야 한다.

4) 교권보호를 위한 각종 제도

앞서 살펴본 법률과 조례 등에 기초하여 각 시 · 도교육청에서는 교권보호를 위한 구체적인 계획을 수립하여 운영하고 있다. 예를 들어, 교권보호(교육활동보호)센터, 교원치유지원센터, 교권보호위원회, 교원안심공제 등 다양한 제도적 장치를 마련하고 있다. 다음의 충청남도교육청의 2024년 교육활동 보호 기본 계획의 주요 내용이다.

〈표 2-18〉 교육활동 보호 기본 계획(충남교육청)

영역		주요 내용
교육활동 보호 역량 강화	교육공동체 상호 존중 문화 조성	학부모 학교방문, 상담 시 사전 예약제 등
	교육활동 침해 예방교육 강화	보호자에 대한 교육활동 침해 예방교육 강화 등
	맞춤형 예방교육 자료 보급	학생, 보호자, 교원 대상의 교육활동 침해 예방교육 자료집 제작 및 활용 등
	교육활동 보호 연수 확대 운영	찾아가는 교육활동 보호 연수 운영 등
	교육활동 침해 예방교육 강사단 운영	교육활동 침해 예방교육 인력풀 구축 및 안내 등
	교원 갈등해결 역량 지원	교원 상담역량 강화 연수 등
	교육활동 보호 사제동행 프로그램	학생, 교직원, 학부모 대상 교육활동 침해 예방교육 등
	교육활동 보호 유공교원 및 학교 표창	교권보호 업무담당자, 예방교육 강사, 사안처리 지원단 활동 유공자 및 기관 표창 등
교육활동 보호 안전망 구축	충청남도교권보호위원회 운영	학교(지역)교권보호위원회에서 조정되지 아니한 분쟁조정 심의 등
	학교(지역)교권보호위원회 운영	청구인 및 피청구인에 대한 면담 등 분쟁의 조정·심의 등
	교권보호센터 운영 내실화	교육활동 침해 피해 교원 심리상담 및 치료, 법류 지원 등
	교육활동 보호 대표전화 운영	교육활동 보호를 위한 상담 절차 간소화 및 신속한 지원 등
	교육활동 사안처리지원단 운영	교육활동 침해행위 예방교육 등
	교원 안심번호 사용료 지원	휴대전화 안심번호 서비스 사용료 지원 등
	교육활동 보호 운영 예산 지원	학교전화 자동녹음 기능 구축, 교육활동 침해 예방교육, 행사활동 등
	변호사 동행 서비스	교원이 수사기관에서 아동학대 신고 등으로 조사·수사를 받을 경우 변호사가 직접 동행 등
	민원대응시스템 강화	학교장 책임하에 교무, 행정 분야 포함 민원대응팀 구성 등

영역		주요 내용
피해 교원 지원 강화	심리상담 비용 지원	학교(지역)교권보호위원회에서 교육활동 침해행위 피해교원으로 인정된 교원의 상담실시 등
	병(의)원 치료비용 지원	학교(지역)교권보호위원회에서 교육활동 침해행위 피해교원으로 인정된 교원의 치료 및 치료를 위한 요양을 받거나 의약품을 공급받는 데 드는 비용 지원 등
	교육법률지원단 운영	교육활동 보호와 관련된 법률상담 등
	무고성 아동학대 대응 강화	아동학대 사안에 대한 교육감 의견서 제출 전담팀 운영 등
	원격 심리검사 지원	전문검사 도구 6종 무료 이용 등
	마음든든 교원안심공제	• 교육활동 분쟁조정 서비스: 교육활동 침해행위 또는 이와 관련된 사고로 분쟁이 발생한 경우 변호사 또는 법률 전문가가 개입하여 분쟁 조정 • 교육활동 배상책임 지원: 교육활동과 관련하여 교원이 우연한 사고로 타인에게 피해를 입힘으로 부담하게 될 법률상 손해배상금(1사고당 최대 2억) • 교원 소송비용 지원: 교육활동과 관련하여 교원이 법률적 분쟁으로 피소를 당한 경우 민·형사상 소송비용 지원
	교원치유지원캠프 운영	심리적 안정을 위한 다양한 치유프로그램 제공 등
	교육활동 침해 학생·보호자에 대한 조치 강화	가해학생에 대한 분리 조치 등

요약

교원의 복무는 국가공무원의 신분으로 공직생활을 함에 있어 지켜야 할 전반적인 자세와 행동 규범을 의미한다. 즉 교원의 복무는 공무원으로서 직무를 수행함에 있어서 가장 기본적으로 지켜야 하는 근무사항 관리라고 할 수 있다. 교원 복부의 개념으로 의무(선서의 의무, 직무상 의무, 직무 전념 의무)와 책임(행정상 책임, 형사상 책임)을 소개하고, 의무 위반 시 책임지게 되는 징계의 종류를 살펴보았다. 교원복무의 실제에서는 근무, 휴가, 휴직, 전보 및 전출과 영리업무 및 겸직허가에 관한 법률과 규정을 확인하였다. 특히 영리업무 및 겸직허가에서는 최근 쟁점이 되고 있는 교원의 인터넷 개인 미디어 활동 관련 지침을 자세하게 소개하였다. 교권(教權)은 일반적으로 교사의 법적 권리(權利)로 알려져 있지만, 교사의 사회적 권위(權威)도 내포하는 복합적 개념이다. 교원의 교육활동 보호를 의미하는 '교권보호'와 관련하여, 각종 교직단체의 역할, 현황, 성격 등을 소개하였고, 최근 개정된 법률과 각종 보호 제도의 사례를 살펴보았다.

핵심용어

복무, 의무, 책임, 징계, 교권, 교직단체

참고문헌

고전 외(2016). 초등교육행정의 이론과 실제. 서울: 양성원.

경상북도교육청(2023). 2024학년도 교육공무원(초등) 인사관리지침. 경상북도교육청.

고용노동부(2023). 2022 전국노동조합 조직현황. 고용노동부.

광주광역시교육청(2023). 2024.3.1.자 초등 교육공무원 시 · 도간 교류 · 교환 계획. 광주광역시 교육청.

이윤식 · 김병찬 · 김정휘 · 박남기 · 박영숙 · 송광용 · 이성은 · 전제상 · 정영수 · 정일환 · 조동섭 · 진동섭 · 최상근 · 허병기(2007). 교직과 교사. 서울: 박영사.

송기창 · 김도기 · 김민조 · 김민희 · 김병주 · 김성기 · 김용 · 나민주 · 남수경 · 박상완 · 박수정 · 오범호 · 이정미 · 이희숙 · 정성수 · 정수현 · 정제영 · 조동섭 · 조석훈 · 주현준 · 홍창남(2014). 초등 교직실무. 서울: 학지사.

충청남도교육청(2024). 2024학년도 교육활동 보호 기본 계획. 충청남도교육청.

[참고 사이트]

교원소청심사위원회. www.ace.go.kr

국가법령정보센터. www.law.go.kr

3 디지털 · 생성 AI 시대 학급경영

박남기 · 임수진(광주교육대학교)

학습목표

- 4차 산업혁명이라는 시대적 변화가 초등교육에 영향을 미칠 수 있는 정치 · 경제 · 사회 · 과학 · 기술 변화에는 무엇이 있는지, 이러한 변화에 발맞춰 미래 학급경영자인 예비교사는 무엇을 어떻게 준비해야 하는지 알 수 있다.
- 디지털 기기에 친숙한 디지털 네이티브 세대를 지도할 예비교사들이 갖춰야 할 역량과 디지털 · AI 관련 역량을 알고 이에 대비할 수 있다.
- 디지털 기기와 AI의 가능성과 한계 그리고 위험성을 인지하고 자신과 학생들이 기기를 바람직한 방향으로 활용하도록 이끄는 데 필요한 역량을 갖춘다.
- 영역별 학급경영 계획을 수립하고, 필요한 자료를 만들며, 학급을 경영할 때 AI를 활용할 수 있다.

1. 교육에 영향을 미칠 미래사회 변화

교육은 한편으로는 미래의 흐름에 대해 적응하는 방향으로, 즉 거대한 역사와 문명의 흐름을 예견하며 그 흐름에 부응할 수 있는 인재를 길러내는 방향으로 나아가야 한다. 다른 한편으로는 예상되는 도전 요인에 능동적으로 대응할 수 있도록, 즉 우리가 꿈꾸는 바람직한 미래를 만들 수 있는 주도적 인재를 길러내는 방향으로 나아가야 한다. 4차 산업혁명이 가져올 사회 변화에 대해서는 교육과의 관련성 속에서 제4차 산업혁명을 포함한 미래사회 변화 추세를 간략히 살펴보고, 교육이 나아갈 방향을 탐색해 본다.

1) 사회 · 경제 미래 변화와 교육

미래학자들이 예측하는 한국의 사회 · 경제적 흐름의 특징 중에서 교육과 직 · 간접적으로 연관이 되는 것으로는 세계 최대 경제 대국으로의 성장, 빈부격차 심화, 인구 도시집중 심화, 혼인율 저하 및 저출산과 고령화, 비전통적 가정 비율 급증, 노동력 여성화, 사회적 갈등 심화, 다문화 증가, 국제적 이동성 증가, 남북관계 변화 등을 들 수 있다. 그 중 몇 가지만 간단히 살펴본다.

먼저 국내 교육 분야에서 실시한 미래 사회 예측을 살펴보면 미래창조부(2015)의 미래이슈 분석보고서, 한국교육개발원이 실시한 「미래 교육비전 연구」(박재윤 외, 2010), 한국교총이 실시한 「한국교육의 진단과 미래교육 트랜드」(김희규 외 7인, 2009), 박남기(2011)의 「초등교육비전」 등을 들 수 있다.

미래창조부(2015)의 미래이슈 분석보고서는 미래사회의 주요 특징을 경제, 사회, 정치, 환경, 그리고 핵심기술 등의 5가지로 분류하고 각각의 주요 특징을 제시하고 있다.

〈표 3-1〉 미래사회의 주요 특징

분야	주요 특징
경제	초연결사회, 저성장과 성장전략 전환, 디지털경제, 고용불안, 제조업의 혁명, 산업구조의 양극화
사회	저출산, 초고령화 사회, 불평등문제, 미래세대 삶의 불안정성, 삶의 질을 중시하는 라이프스타일, 다문화 확산, 전통적 가족개념 변화, 학력중심 경쟁적 교육, 젠더이슈 심화, 난치병 극복(100세 시대), 사이버범죄
정치	식량안보, 주변국과 지정학적 갈등, 북한과 안보 · 통일 문제, 전자 민주주의, 글로벌 거버넌스
환경	재난위험, 에너지 및 자원고갈, 기후변화 및 자연재해, 국가 간 환경영향 증대, 원자력 안전문제, 생물다양성의 위기, 식품안전성
핵심기술	사물인터넷, 빅데이터, AI, 가상현실, 웨어러블 디바이스, 줄기세포 유전공학분자생물학, 분자영상, 나노소재, 3D프린터, 신재생에너지, 온실가스 저감기술, 에너지 · 자원재활용 기술, 우주개발, 원자력기술

출처: 미래이슈 분석보고서. 미래창조부(2015).

박남기(2011)는 초등교육에 영향을 미칠 미래 사회변화로 학부모의 교육수요 고급화, 학생 수 급감에 따른 개인 특기 적성 발굴 강조, 이를 위한 초등학교의 개별화 교육 강화(개인 맞춤형 학습방법 지도, 건강 및 사회성 발달 지도 등등), 사이버 교육 및 가상현실 보편화(그러나 초등학교에서는 기본학습 능력제고, 생활지도 등등을 위해 소규모 학급이 운영되게 될 것임), 뇌의학 발달에 따른 학습이론 및 훈련과 뇌의학 접맥 강화, 초등학교의 교담교사 확대(초등교육의 교과 전문성 강화 및 초등학교 교사 부담 적정화를 위한 조치) 등을 들고 있다. 박재윤 등(2010)은 특히 학령인구 감소가 교육 미래에 미칠 영향에 초점을 맞추어 분석하고 있다.

경제적 풍요가 교육에 미칠 영향은 긍정적인 측면과 부정적인 측면으로 나누어볼 수 있다. 긍정적인 면에서는 경제력을 바탕으로 학교와 교실의 교육 환경과 여건이 더욱 개선될 수 있을 것이다. 많은 예산을 필요로 할 첨단장비를 갖춘 뇌기반 학습 등이 가능하게 될 것이다. 반면, 경제적 풍요가 가져올 부작용으로 학생들의 목표의식 부재에 따른 무기력감 증가, 이기심 증가, 분노조절 장애 등의 정신질환 비율 증가 등을 들기도 한다. 학교교육은 이러한 부작용을 줄이는 데에도 초점을 맞추어야 할 것이다. 이는 개별화 교육 등 교육수요의 고급화로 이어질 것으로 예상된다. 이는 학급의 학생들을 지도해야 할 교사가 고려해야 할 부분임과 동시에 교원정책에서도 이에 대한 부분이 고려되어야 할 것이다.

2) 기술 · 과학 미래변화와 교육

2022년 말부터 생성 AI(Generative AI)가 교육계의 큰 관심을 받고 있다. 생성 AI는 대화형 인터페이스를 기반으로 이용자가 자연어로 작성한 명령에 대해 자동으로 콘텐츠를 생성해 내는 AI 기술이다. ChatGPT 등장 이전에는 컴퓨터를 사용하더라도 글은 인간이 직접 써야 했다. 이제는 생성 AI라는 기계가 인간이 원하는 글을 직접 써 준다. 생성 AI는 텍스트만이 아니라 사진, 비디오, 음악, 소프트웨어 코드 등 사람이 원하는 다양한 형식으로 콘텐츠를 생성해 낼 수 있다. 생성 AI는 웹사이트, SNS 등에서 수집한 데이터를 기반으로 생성하고자 하는 목표 콘텐츠의 일반적인 패턴을 분석하고, 이를 바탕으로 새로운 콘텐츠를 생성한다. 생성 AI가 교수학습활동에 큰 영향을 미칠 것임은 자명하다.

교육분야의 경우 5~10년 안에 AI 기반 소프트웨어가 마침내 사람들이 가르치고 배우는 방식을 혁신할 것이라는 것이 빌 게이츠의 예측이다(https://gatesnot.es/3G1Z0pX). 학생의 관심사와 학습 스타일을 파악하여 학생의 참여를 유지할 수 있는 맞춤형 콘텐츠 제공이 가능해질 것이다. 학생의 이해 정도를 측정하고, 학생이 흥미를 잃으면 이를 인식하고, 학생의 특성에 부합하는 동기부여 방식을 선택하여 제공할 것이다. AI가 과목에 대한 학생의 이해도를 평가하고, 진로 계획에 대한 조언을 제공하는 등 교사의 역할을 지원할 것이다. 물론 아직은 아니지만 머지않아 우리 앞에 또 다른 신세계가 펼쳐질 수 있음을 짐작해볼 수 있다.

이처럼 ChatGPT 출현은 스마트폰 출시보다 우리 삶과 세상에 더 큰 영향을 미칠 것이라는 예측이 이어지고 있다. 전자교과서를 비롯한 각종 첨단 기자재가 교육에 활용되게 되고, 초·중등 교육 단계의 MOOC 활용, 나아가 디지털 초중등학교도 설립될 것으로 예상된다.

AI와 더불어 뇌과학(neuroscience)의 발달은 교수방법뿐만 아니라 교육 개념 자체를 변화시키게 될 것이다. 뇌과학은 뇌에서 일어나는 학습의 원리, 학습부진의 원인, 정서와 학습의 관계를 이해하고 학습의 효과성, 효율성을 증진시키는 데 필요한 획기적인 발전을 가져올 것이다. 아울러 논쟁이 진행되고 있는 AI 활용이 가져올 교육적 효과와 부작용 등을 연구할 때에도 중요한 역할을 할 것이다.

과학과 기술 발전에 따라 학생들이 갖추어야 할 역량과 태도, 기술 등이 바뀌게 될 것이다. 이는 학교의 역할, 교사의 역할, 교육과정 및 방법뿐만 아니라 교육 주체의 변화로 이어지게 되고, 나아가 교육혁신의 주체와 절차 그리고 방법에도 영향을 미치게 될 것이다.

매틀 리들리(The Economist, 2012, 387)가 이야기한 것처럼 인터넷은 혁신 속도를 가속화시키고 더 저렴한 해결책을 찾도록 도울 것이다. 과학과 기술의 발전, 이에 터한 경제 성장은 사람들이 필요로 하는 것을 보다 싸게 제공함으로써 사람들이 필요와 욕구를 채우는 데 필요한 시간을 줄여주게 될 것이다. 그러나 다른 한편으로는 새로운 고급 욕구를 창출하여 소비의 덫에 가둬놓을 수도 있다. 과잉 속에서 결핍을 창출하는 전략으로 다양한 광고를 통해 소비자로 하여금 시기심을 불러일으키는 소비사회 경제 전략(롤프 하우블, 2002)의 덫에 걸린 현대인들은 이러한 유행의 물결에서 벗어나지 못하고 있다. 이러한 시대 흐름에서 교육은 아이들이 소비의 덫에 갇히지 않도록 이끌어야 할 것이다.

루드비히 지젤(The Economist, 2012, 372)은 SNS 등의 발달이 청소년에게 미칠 부정적 영향의 하나로 청소년들이 친구들과 시간을 보내는 대신 페이스북 등의 온라인상의 다른 사람들과의 관계를 관리하는 데 더 많은 시간을 보내게 될 것임을 들고 있다. 이러한 활동 유형이 사람들을 장기적인 관계보다 짧은 교류에 집중하게 만들어 우리의 뇌를 변화시킨다는 주장이 힘을 얻어가고 있다. 디지털 기술이 사실상 진정한 지성의 토대가 되는 장기기억의 정착에 손상을 입히게 될 것이라고 한다. 이러한 변화에 대응하기 위해 학교교육에서는 학생들이 장기기억 능력 재향상, 논리적이고 체계적이면서도 심도 깊게 사고하는 사고력 배양에 초점을 맞추어야 할 것이다.

한동안 교육계의 관심을 받던 메타버스(metaverse)가 생성 AI로 인해 관심사에서 잠시 뒤로 밀리고 있다. 만일 메타버스가 실용화된다면 대면과 비대면 교육의 차이가 없어지고, 비대면 교육의 강점이 부각될 가능성도 있다. 메타버스는 인류의 삶, 교육의 모습을 완전히 새롭게 바꿔놓을 것으로 기대되는 기술이지만 아직은 갈 길이 멀다. 우선은 메타버스가 아니라 가상현실이나 증강현실이 교육에 큰 영향을 미칠 것으로 보인다. ChatGPT와 가상현실을 결합하여 교사양성과 연수를 하고 있는 미국 사우스 플로리다대학 사례가 그 예이다.

3) 미래 초등학교 구성원과 미래 스승상

AI와 로봇기술, 빅데이터로 대표되는 4차 산업혁명이라는 거대한 해류 속에서 인류는 큰 폭의 변화를 맞이하고 있다. 4차 산업혁명이라는 흐름을 교육에 영향을 미치는 하나의 환경으로 간주하여 환경 변화가 교육에 미칠 직접적인 영향도 고려해야 할 시점이 도래했다. 4차 산업혁명은 소프트웨어 기술 경쟁력과 인재로 성패가 좌우되는 시대이므로 인재 양성이라는 역할을 담당한 교사로서의 새로운 역할에 대한 통찰이 필요하다.

미래교사는 오늘의 교육자가 갖추어야 할 역량과 더불어 미래 인재 육성에 적합한 역량까지 함께 갖추어야 할 것이다. 향후 우리 교사들이 직면하게 될 가장 큰 문제는 경제 수준 향상 및 빈부격차 심화에 따른 학생들의 무기력감 및 학습 의욕 급감, 이기심 증가, 분노조절 장애 등의 정신질환 비율 증가 등이 될 것이다. 이에 생성 AI가 가지고 있는 의존성과 중독성으로 인한 학생 뇌발달 저하, 학습 양극화 심화 등의 문제도 제기되고 있다(박남기, 2024).

지구온난화를 비롯한 환경 문제에 대한 경각심을 일깨우고, 범지구적인 이슈에 관심을 갖는 지구시민으로 육성하는 것도 필요하다. 도시집중·도시 인구 비율 증가로 인해 좁은 공간에서 더 많은 사람이 함께 살아가야 하므로 충돌 가능성이 증가하고, 불안요인도 증가하며, 갈등도 증가하게 될 것이다. 교사는 학생들이 이러한 문제를 극복하면서 미래 인재가 되도록 이끌기 위해 학습동기 부여 역량, 갈등해결 역량, 상담 등의 학생지도 역량 등을 갖추어야 할 것이다. 다른 한편으로는 인구급감에 따라 소멸지역 급증 및 소규모 학교 급증의 문제가 부각되고, 이 지역 거주 학생들의 학습기회 확보, 사회성 발달 등의 새로운 문제가 커지고 있다. 많은 미래 교사들은 소규모 복식 학급을 담당하게 될 것이므로 소규모·복식 학급경영 역량도 길러야 한다. 교사는 또한 고독한 개인을 공동체의 일원으로 성장시키는 역량, 고급인력 부족을 대비하여 모든 아이에 적합한 개별화 교육을 시키는 역량, 100세 시대에 대비할 수 있도록 경제교육과 건강 교육을 시키는 역량 등을 갖추어야 할 것이다.

미래 사회의 특징 중의 하나는 민주주의 위협 및 피로감 증가이다. 에드워드 루카스는 「메가 체인지 2050」에서 현재의 민주주의는 정신을 좀먹는 돈의 힘, 유권자들의 무관심, 끝없이 이어지는 의사결정과정(예: 처리해야 할 법안을 제때에 처리하지 못한 채 세월을 보내고 있는 우리나라 국회), 특별한 이해집단들의 승리 등의 한계를 보이고 있다고 분석한다. 이러한 상황에서 향후 우리나라 민주주의의 향방은 학교교육에서 시민정신 함양을 중요한 목표의 하나로 설정하고 학생들을 잘 훈련시켜 훌륭한 시민정신을 가진 민주시민으로 길러낼 수 있는지에 달려 있게 될 것이다. 정치적 변화와 관련하여 교육에 가장 큰 영향을 미칠 요소로는 국제갈등, 남북관계, 국제교류활성화 및 다문화인구 증가를 들 수 있다. 이러한 상황에서는 차이를 인내하고 다양성을 존중하는 인재를 길러낼 수 있는 역량을 갖춘 교사를 필요로 한다.

과학기술의 발달로 인해 기계가 많은 부분에서 인간 노동을 대체해 가겠지만 감정근로자라고 일컬어지는 사람을 상대로 하는 일자리는 증가할 것으로 예상된다. 따라서 학교에서는 기계성에 대비되는 인성(기계로 대체하기 어려운 인간의 능력)을 기르는 교육에도 초점을 맞추어야 할 것이다. 아울러 스마트 시대에 부응하는 스마로그(Smarlog, smart+analogue) 교육과 학급경영 역량(박남기 · 임수진, 2015), 뇌기반학습이론 활용 역량도 갖추어야 할 것이다. 미래사회에서의 교육은 교실에서만 이루어지는 것이 아니라 지역사회의 다양한 센터를 통해 이루어지게 된다. 이 상황에서 교사에게 필요한 역량은 지역사회의 다양한 기관 및 자원인사와 네트워킹을 만들고 유지하는 능력이 될 것이다.

생성 AI 등장에 따라 학생들의 생성 AI 의존성과 중독성이 커질 가능성이 아주 높다. 과제를 수행할 때 생성 AI에 의존하게 되면 학생의 뇌 발달은 저해를 받게 될 것이다. 따라서 생성 AI 시대 교사가 해야 할 중요한 역할 중의 하나는 학생들이 생성 AI에 의존하거나 중독되지 않도록 지속적으로 교육시키면서 동시에 AI와의 협업 역량은 기르도록 돕는 것이 될 것이다.

4) 미래 교사가 갖춰야 할 최고의 교수법

10년 혹은 20년 뒤의 교실에서도 활용될 수 있는 최고의 교수법은 무엇일까? 교육계에는 그동안 다양한 교수학습법들이 나타났다가 사라지곤 했다. 큰 흐름 몇 가지만 살펴보면, 해방 직후 시작된 아동 중심 교육사상을 바탕으로 한 새교육 운동, 프로그램 학습과 팀티칭 기법을 도입한 1970년대의 완전학습법, 1990년대의 열린교육, 2000년대의 ICT 활용 교육, 이어지는 학생 주도 활동 중심 수업 등을 들 수 있다. 거꾸로학습(flipped learning)과 하브루타 교수법에 이어 최근에는 IB 교육이 새로운 대안이라고 소개되고 있다.

지금까지의 흐름을 살펴보면 새롭게 등장하는 다양한 교수학습 사조나 특정 교수법은 시간이 흐르면 대부분 세력이 약해지고, 완전학습이나 열린교육처럼 흔적만 남기고 잊혀졌다. 열린교육 열풍이 우리나라 초중등학교를 뒤덮던 시절, 전국에 강연을 다니면서 열린교육은 5년 안에 막을 내리게 될 것이니 교실 벽을 허무는 무모한 짓은 하지 말라는 이야기를 했던 기억이 생생하다.

학생주도의 활동 중심 수업을 강조하던 시기에는 교사가 직접 가르쳐서는 안된다고 교육청이 강조하였다. 교사가 주도하며 직접 가르치는 것은 주입식이라고 매도되기도 했다. 이 시기의 교사들은 자기가 해오던 것을 접고 프로젝트형, 활동 중심형 수업을 해 보려고 노력했다. 커다란 태풍 앞에서 바다가 요동치는 것 같지만 해류는 도도한 흐름을 이어간다. 마찬가지로 대부분의 교사들은 새로운 교수학습법을 받아들이면서도, 교실 안에서는 자신들에게 적합한 교수법을 이어왔다. 학생들과 눈을 마주치며 어려운 개념에 대한 설명, 문답, 토의, 발표 등으로 구성된 교사 주도 강의법도 그중 하나다.

지난 30여 년간의 연구와 경험에 비춰보면 만능 무기인 양 제공되는 새로운 교수법에 휘둘리지 않고, 교수학습의 본질에 대한 소신을 바탕으로 제 역할을 묵묵히 수행해온 교수자들의 노력 덕에 우리 교육이 제 역할을 다할 수 있었다. 주입식이라고 매도되어 온 한국의 교육을 받은 인재들이 세계 경제 10위권의 위업을 이룩했으며, 2021년 글로벌 혁신 지수(GII)에서는 세계 5위를 만들어 냈다. 그렇다고 과거 교수법이 현재와 미래에도 그대로 유지되어야 한다는 의미는 아니다.

이제 AI와 디지털교과서가 등장했으니 교수학습법은 완전히 바뀌어야 할까? 과연 미래 시대에 적합한 '최고의 교수법'은 무엇일까? 교수자들은 가르침과 배움은 무엇인지, 배움은 어떤 과정을 통해 어떻게 이뤄지는지, 그리고 교수자의 역할은 무엇이 되어야 할지에 대해 지속적으로 연구하며 역량을 강화해가야 한다. 생성 AI 시대에도 교수자가 갖춘 지식과 역량은 아주 중요하다. 생성 AI를 잘 활용하려면 이용하고자 하는 분야에 대한 충분한 지식과 경험을 갖추고 있어야 한다. 잘 알지 못하면 생성 AI가 제공한 답변의 오류 식별이 어려워 활용도가 떨어진다. 또한 생성 AI 활용으로 인한 '학습의 빈익빈부익부 현상'이 가속화되면서 교수자 및 학생들의 지식과 역량 양극화는 더욱 심해질 수 있다.

박남기(2010)는 '최고의 교수법' 책에서 "최고의 교수법이란 어떤 특정 기법이 아니라 가르침의 본질에 대한 끝없는 성찰, 상황에 적합한 교수법을 찾아 쉼 없이 노력하는 자세와 열정 그 자체다."라고 정의했다. 다양한 교수학습법은 각각 강점과 한계를 지닌 관점이나 기법일 뿐이다. 어떤 교수학습법이 적합한지는 상황에 따라 달라진다. 상황 요인은 교육내용과 목적, 교사특성과 역량, 학생특성과 수준, 그리고 환경특성 등의 네 가지로 나눌 수 있다. 다양한 연장을 가지고 있어야 필요한 작업을 효과적으로 할 수 있듯이, 교사들이 다양한 교수학습법을 익히고 사용할 수 있어야 상황에 적합한 교수학습법을 구사할 수 있을 것이다.

만일 완전히 인간을 대체할 수 있는 기계교사가 만들어지고, 가상현실 속에 직접 모여 학습할 수 있는 메타버스가 상용화된다면, 학교의 모습과 인간교사의 역할은 상당히 바뀔 것이다. 하지만 우리가 원하는 지식, 기능, 태도, 가치관 등을 뇌에 직접 입력할 수 없다면 교수학습의 본질은 유지될 것이다. 그 본질이란 교사가 학생들과 교감하면서 무기력한 학생들에게 학습 의욕을 북돋아 주고, 매일 배워야 할 내용을 즐겁게 배울 수 있도록 유도하며 함께 성장해가는 것을 의미한다. 단, 교사들이 AI를 능숙하게 다룰 줄 알면 더 적은 노력과 시간을 투자해 지금보다 나은 교수학습활동을 할 수 있을 것이다. 그리되면 교사는 더 많은 시간과 에너지를 교수학습활동 및 학생과의 소통에 활용함으로써 학교가 더욱 행복한 배움터가 될 수 있을 것이다.

2. 디지털 · 생성 AI 시대 학급경영

1) 생성 AI가 가져올 학교 교육 변화

생성 AI는 학교 교육에 긍정적인 영향과 부정적인 영향을 동시에 미칠 것이다.

긍정적 영향의 예로는 1) 개별학습 강화 효과-개별 학생의 필요, 선호도 및 학습 스타일에 부합하는 개인화된 학습 경험을 제공할 수 있음, 2) 행정업무 자동화-성적 채점, 일정 관리, 데이터 관리와 같은 반복적인 행정업무를 자동화, 3) 학생 지원 개선-AI 기반 챗봇을 활용하면 하루 24시간 일년 내내 학생들의 질문에 답하고 정보를 제공하며 진로지도를 비롯한 다양한 서비스를 쉼 없이 재공, 4) 교육 접근성 확대-원격 및 온라인 학습 촉진, 5) 교육자 역할 변화-교사의 촉진자, 멘토, 안내자로서의 역할 수행 용이해지고, 창의성, 문제 해결 및 비판적 사고를 촉진하는 데 더 집중할 수 있음 등을 들 수 있다. 이러한 긍정적 효과가 나타나려면 교사가 필요한 역량을 갖춰야 하고, 이를 위해 교육청이 연수 기회를 제공해야 한다. 그리고 교원과 학생들이 개인정보 보호를 비롯한 데이터 보호, 도덕적 기준 및 법적 요구 사항에 따라 현명하게 사용할 역량을 갖춰야 한다. 이하 표에 제시된 긍정적인 효과는 필요한 제반 조건이 갖춰졌을 때 나타날 최상의 시나리오이다. 그 구체적인 내용은 〈표 3-2〉와 같다.

〈표 3-2〉 AI가 학교 교육에 미칠 긍정적 영향과 필요조건

번호	이슈	설명
1	개별화 학습 강화	• 개별 학생의 필요, 선호도 및 학습 스타일에 부합하는 개인화된 학습 경험 제공 • 잘 활용할 경우 보다 효과적이고 효율적인 학습, 맞춤형 피드백 및 맞춤형 지도를 통해 학생들의 학습 성과 향상 가능
2	행정 업무 자동화	• 성적 채점, 일정 관리, 데이터 관리와 같은 반복적인 행정업무를 자동화함으로써 교육자와 학교경영자가 교육, 연구 및 학생 지원과 같은 가치 있는 업무에 더 집중 가능 • 교사의 잡무 경감 및 교사 생산성과 효율성 향상
3	학생 지원 개선	• AI 기반 챗봇은 매일, 24시간 학생들의 질문에 답하고 정보를 제공하며 입학, 등록, 진로지도와 같은 다양한 업무 안내 • 학생 만족도와 전반적인 교육 경험 향상
4	교육 접근성 확대	• 원격 및 온라인 학습 촉진을 통해 도서 벽지 지역 학생들에게 더 나은 교육기회 제공 • 기존의 학교교육에 접근할 수 없었던 학생들에게 교육 제공

번호	이슈	설명
5	교육자 역할 변화	• 교사의 촉진자, 멘토, 안내자로서의 역할 수행 용이 • 교사는 창의성, 문제 해결 및 비판적 사고를 촉진하는 데 더 집중할 수 있으며, AI 기술은 반복적인 작업을 처리하고 개별적인 지원을 제공
6	교육적 도전	• 교사는 AI 시대에 적합한 교수법 활용 역량을 갖춰야 • 교사는 데이터 분석, AI 문해력 등의 역량도 갖춰야 • 이를 위해 학교와 교육청은 필요한 전문 역량 개발 기회 제공
7	윤리적 고려사항	• 개인 정보 보호, 편견, 공정성 및 개방성과 같은 윤리적 문제에 대한 관심 증가 • 학교는 데이터 보호, 도덕적 기준 및 법적 요구 사항에 따라 현명하게 사용할 역량 제고

출처: Aithal & Aithal(2023)의 〈표 12〉를 토대로 수정 보완.

긍정적인 영향 못지않게 부정적인 영향도 클 것으로 예상되고 있다. 개인적 상호 작용 감소, AI 의존성 증가, 학습의 질 저하, 부정행위 증가, 교육의 동질화, 편향성 및 윤리적 우려 증가, 개인 정보 및 보안 위험, 기술 의존도 증가, 교육격차 확대, 교원의 전문성 감소 등 많은 부정적 문제가 발생할 것으로 예상된다.

〈표 3-3〉 AI가 학교 교육에 미칠 부정적 영향

번호	주요 지표	설명
1	개인적 상호 작용 감소	• 학생과 교사 간의 개인적인 상호 작용은 매우 중요한 부분인데, AI 기술 사용으로 인해 상호 작용 감소 • 이로 인한 학생들의 관심, 사회적 상호 작용 및 중요한 대인 기술 습득 기회 축소
2	AI 의존성 증가	• AI 기반 기술을 교습에 과도하게 사용하면 학생들의 의존성 증가. • AI 없이 독립적으로 지식과 기술을 습득하고 비판적 사고와 문제 해결 능력을 발휘하는 능력 저하 가능
3	학습의 질 저하	• 자동화된 시스템에 의존함으로써 학생들의 비판적 사고와 문제 해결 능력 저하 위험
4	부정행위 증가	• ChatGPT와 같은 도구의 활용이 증가함에 따라, 학생들이 자신의 노력보다는 기술에 의존하는 부정행위 증가 가능
5	표준화와 동질화	• 교육 내용과 접근이 동질화되면서 창의적이고 개별적인 학습 경험 감소 우려

번호	주요 지표	설명
6	편향성 및 윤리적 우려	• 생성 AI의 편향성과 윤리적 문제 • 기존의 선입견을 강화하여 학생들이 편향되거나 불공정한 교육 경험하게 될 가능성
7	개인정보 및 보안위험	• 생성 AI 사용으로 인해 대량의 민감한 학생 데이터가 수집 및 저장될 가능성 • 이로 인한 불법 접근, 데이터 유출 및 학생 데이터의 남용을 포함한 학생의 개인 정보 보호 및 보안 위험 증가
8	기술 의존도 증가	교육과정이 기술에 너무 의존하게 되면, 기술 장애가 발생했을 때 교육의 연속성에 문제 발생 가능
9	교육격차 확대	• 사용료, 인터넷 접근성 또는 장애 등으로 인한 AI 기술에의 접근성에 차이 발생 • 일부 학생들은 ChatGPT나 다른 AI 기술에 크게 의존하는 학습 기회에서 소외될 가능성 • 기술 접근성의 불균형으로 인해 기존 교육격차 더욱 확대
11	전문성 감소	AI 활용 증가로 인한 교수진의 전문성과 역할 축소 위험

출처: Aithal & Aithal(2023)의 〈표 11〉과 ChatGPT 응답 토대로 작성.

긍정적 효과가 더 클지, 부정적 영향이 더 클지는 국가와 교육기관의 활용 지침 및 감독 시스템 구축, 교원의 준비, 적극적인 대응, AI 활용 역량 및 AI 활용 교육 역량, 학생의 AI과의 협업 역량 수준 및 자제력, 학부모의 AI 활용 역량과 자녀 지도 역량, 그리고 사회적인 관심 및 지원에 따라 크게 달라지게 될 것이다. 향후 모습은 학생 지식과 역량의 양극화로 나타나게 될 것으로 보인다. 우리가 할 수 있는 것은 긍정적 효과가 더 크게 나타나도록 최선을 다하면서 동시에 부정적 영향을 받아 문제가 되는 학생을 지도하기 위한 시스템을 구축하고 지원하는 것이다.

2) 교육 활동과 생성 AI 활용 가능성

이하에는 박남기(2024)의 「생성 AI 시대 최고의 교수법」 책의 세부 목차를 바탕으로 교육 활동을 할 때 ChatGPT를 비롯한 생성 AI의 도움을 받을 수 있는 예시를 구체적으로 제시한다. 이 책은 생성 AI의 도움을 받을 수 있는 영역을 1) 수업 준비, 2) 수업 진행, 3) 학생 평가, 4) 학급경영, 5) 수업 혁신으로 나누어 상세한 활용 영역과 실제 활용 사례를 상세히 제시하고 있다. 이 목차를 토대로 직접 실험해 보기를 바란다.

Ⅰ. 수업 준비에 생성 AI 활용하기
- 1. 강의계획서 만들기
  - 가. 가장 간단한 명령
  - 나. 원하는 항목을 추가한 명령
- 2. 차시별 강의록(수업지도안) 만들기
- 3. 수업용 PPT 슬라이드 개요 만들기
- 4. 수업 주제별 동기유발(재미있는 수업 진행)
  - 가. 동기유발 아이디어
  - 나. 재미있는 수업 진행 아이디어
- 5. 수업 주제별(차시별) 활동계획 작성
- 6. 수업자료 제작
  - 가. 텍스트 자료
  - 나. 지침 개발
  - 다. 가상(실제) 사례
  - 라. 온라인 자료 추천 및 시각 자료 제작
    - 1) 온라인 리소스(online resources) 혹은 동영상이나 멀티미디어 자료 추천
    - 2) 시각 자료 만들기 혹은 자료 추천
    - 3) 그림 인식 기능 활용한 수업자료 제작
  - 마. 토론 주제
  - 바. 요약 자료
  - 사. 역할극 시나리오와 대본

8. 생성 AI와 함께 하는 수업 예시: 중학교 2학년 국어 시 쓰기
가. 개념 이해 돕기 위한 자료 제작
나. 반어, 역설, 풍자가 들어간 시 찾기
다. 반어, 역설, 풍자가 들어간 시 예시 만들기
라. 기본 개념에 대한 이해 정도와 학생이 쓴 시 평가

Ⅲ. 학생평가에 생성 AI 활용하기
1. 평가 문항 만들기
가. 학습활동 지원
나. 시험문제 만들기
1) 선다형
2) OX(true/false)형
3) 빈칸 채우기(fill in the blank)
4) 단답형
5) 서술형
다. 수행평가 아이디어
- 다양한 평가 아이디어
- 프로젝트 아이디어
- 이해 정도 평가를 위한 시나리오
- 지식 수준과 적용력 평가 보고서 아이디어
- 협업 및 소통 기술 평가 위한 그룹 활동
- 이해 및 소통 능력 평가 위한 창의적 글쓰기
- 실제 적용 능력 평가
- 관찰과 성찰 평가
- 비판 사고 평가 위한 토론 주제
2. 채점기준표(rublics) 만들기
가. 보고서 채점기준표
나. 보고서 수업 중 발표 채점기준표
3. 텍스트형 과제 채점 및 코멘트
가. 과제 파일 혹은 텍스트 직접 제공

나. 인터넷 사이트 탑재 글

4. 보고서 피드백

가. 일반적 피드백 아이디어

나. 인지적, 정서적 피드백

1) 학습과 관련된 심리적 어려움 진단 및 극복 방안 제시

2) 학생들의 학습활동 지원 피드백 전략 요청

5. 생활기록부 작성

Ⅳ. 학급경영에 생성 AI 활용하기

1. 수업용 규칙과 수칙

가. 수업 관련 생성 AI 활용 규칙과 수칙

나. 수업 중의 규칙과 수칙, 벌칙 만들기

2. 학급경영 활동

가. 학기 첫날 준비

나. 규칙과 수칙 제정

다. 행동경영(behavior management)

라. 수업경영

마. 교실환경

3. 그 외 수업 및 학생 지도 활동

- 학부모에게 보내는 자기소개 편지
- 반 전체 학생의 분위기와 특징을 학부모에게 소개하는 서신
- 문제 학생 부모에게 보내는 공식 통신문
- 문제 학생과 상담 시나리오
- 문제 학생의 부모와 상담 시나리오
- 학부모 메시지에 대한 답신
- 상장 문구 작성
- 어버이날 축하 서신
- 감사패 문안 작성
- 회의록(노트) 초안 활용 완성문 작성

Ⅴ. 생성 AI 활용해 수업 혁신하기
  1. 교사의 전문성 양극화 심화
  2. 생성 AI를 활용한 수업 혁신
    가. 새로운 이론 적용: 학습자 주도성(Student Agency)
    나. 수업안 수정
    다. 다양한 학습이론 적용
      - 개별화 학습
      - 프로젝트 기반 학습
      - 탐구 기반 학습
    라. 수업 게임화(gamify)
      - 수업 게임화
      - 평가와 피드백 게임화
      - 스토리텔링과 내러티브 요소 활용
      - 우호적인 경쟁 및 팀워크 조성
      - 수학과 과학 게임화
      - 역량 혹은 정서 촉진 게임화
      - 게임화 타당성 확인
    마. 특정 주제 설명 방법
    바. 학습 성찰(돌아보기)
    사. 교과 통합 수업

이상에서 제시한 것처럼 생성 AI는 교사가 하는 제반 활동에 대해 다양한 도움을 받을 수 있다. 위에 제시한 교육 활동 이외에도 학생과 학부모 상담, 진로지도, 담당 업무 처리 등에도 도움을 받을 수 있다. 생성 AI는 아주 유능한 보조교사 혹은 조교와 같다. 거의 모르는 분야가 없고, 포괄적이며 창의적인 수준 높은 답을 주고 자료를 제작해준다. 또한 인간 조교와 달리 화를 내거나 불평을 하지 않으며 지치지도 않는다. 다만 거대언어모형(LLL. Large Language Model)의 한계로 인해 제시된 답변 중에 사실이 아닌 오류가 포함될 가능성이 아직까지는 거의 50%에 달한다(Kabir and etc., 2024). 따라서 어떤 분야에 활용하든 교육자는 생성 AI가 제시한 내용을 꼼꼼하게 검토하여 오류를 식별해야 한다. 사실 여부를 확인하기 위해서는 교수자의 전문성, 전문가의 자문, 인터넷 검색 등의 방법을 활용할 수 있다.

3) 생성 AI 시대의 학급경영

광주교대에서는 예비교사들의 학급경영 역량을 길러주기 위해 실제 학급을 하나 골라, 그 학급을 경영한다고 생각하며 학급목표 수립부터 시작해서 학급경영 평가까지 각 영역별 연간 학급경영 계획을 수립하게 하였다. 각 영역별로 10~20여 개의 하위 영역이 존재하는데, 그 하위 영역을 경영하는 데 필요한 자료를 인터넷에서 모아 자신의 블로그에 탑재하도록 하고 있다. 생성 AI가 등장했다고 해서 학급경영 역량을 기르기 위한 이러한 보고서 수행의 필요성이 없어진 것은 아니다. 여전히 영역별 학급경영을 하는 데 보탬이 되는 자료에는 어떠한 것들이 있는지를 직접 검색하여 아이디어도 얻을 필요도 있다. 다만 과거와 달리 인터넷에 존재하는 자료를 수집하여 자신의 블로그에 탑재할 필요는 없게 되었다. 이제는 생성 AI를 활용해 자신의 학급, 학생, 학부모, 환경 여건 등의 특성에 부합하는 자료를 직접 만들 수 있기 때문이다.

이하에서는 생성 AI를 학급경영에 활용하기 위한 명령어(프롬프트)를 만들 때 알아야 할 기본 원칙 몇 가지를 소개한다. 이어서 학급경영에 활용할 수 있는 예를 몇 가지만 소개한다. 다른 제반 영역에 대해서도 같은 방식을 적용하면 원하는 자료를 얻을 수 있다.

(1) 명령어(프롬프트) 작성 기초

컴퓨터 운영체제로 도스(DOS)만 깔려 있던 초기 컴퓨터 시절에는 컴퓨터를 켜면 작은 가로 막대 하나만 깜빡이고 있었다. 이것을 프롬프트(명령어 입력창)라고 불었다. ChatGPT를 비롯한 거대 언어 모델(LLM. Large Language Model)로부터 응답을 생성하기 위한 입력값을 프롬프트라고 한다. 쉽게 말하면 '명령어'이다. 우리가 어떻게 명령을 내리는가에 따라 제시되는 답은 크게 달라진다.

이하에서는 명령어 작성에 도움이 되는 가장 기본적인 몇 가지만 소개한다.

① 구체적인 명령어

자신이 원하는 결과를 구체적이고 명확하게 기술하는 것이 좋다. AI가 답을 할 때 참고할 조건도 구체적으로 제시할수록 기대에 근접하는 답을 얻게 된다.

예: "초등학교 3학년 수학 분수 이해도 측정을 위한 객관식 문제 5개 만들어줘"
→ "한국 어촌 초등학교 3학년 수학 분수 이해도 측정을 위한 객관식 문제 5개 만들어줘"

② 간결한 명령어 작성 팁: 줄 바꾸기

ChatGPT 등의 거대 언어 모델은 아직 반문 기능을 가지고 있지 않다. 즉 우리가 명령을 내리면 반문하지 않고 자신이 이해한 대로 답을 한다. 만일 한 문장 혹은 여러 문장에 걸쳐 구체적인 조건을 길게 붙여 가면 AI가 명령의 핵심을 놓치고 제대로 이해하지 못하여 우리가 원하는 답을 내놓지 못할 가능성이 높아진다. 이런 오류를 줄이려면 명확하고 간결한 언어로 명령을 내려야 한다. 간결한 명령어 작성법의 하나는 최종적으로 원하는 것을 먼저 제시하고, 나머지 구체적인 조건들은 줄을 바꿔가며 제시하는 것이다.

- ChatGPT 명령 예시: 감정을 표현하고 갈등을 해결하기 위해 할 수 있는 수업 활동을 제시해줘.
  - 수업 대상: 초등학교 1학년 학생들
  - 수업 목적: 학생들이 자신의 감정을 이해하고 표현하며 갈등 상황에서 긍정적인 해결 방법을 배움

- 학생 특성: 화를 잘 내고 짜증을 많이 냄. 양보를 안 함.
- 수업 시간: 40분

이러한 방식으로 명령어를 작성하면 원하는 답을 얻기 용이하다는 것 이외에 다른 이점도 있다. 자신이 만든 명령어에 따라 제시된 답이 자신의 기대에 부합한다면, 이를 다른 주제, 대상 등에도 쉽게 활용할 수 있다.

③ 명령어 파일 만들기

명령어를 만들 때 ChatGPT 등의 AI 입력창에서 직접 작업하는 것보다는 별도의 텍스트 파일(예: 한글 파일)을 열어 놓고 거기에 명령어 텍스트를 만든 후 따붙(따다 붙이기)하는 것이 좋다. 입력창에서 직접 작업하면 마음이 바빠져 정리가 잘 되지 않고, 실수로 엔터를 눌러 명령이 실행되는 오류도 종종 발생한다. 별도의 한글파일에서 작업을 할 경우에는 차분하게 생각을 정리하면서 명령어를 만들 수 있다. 이렇게 해서 만들어진 명령어 중에서 잘 만들어진 것은 저장해 놓으면 자신만의 훌륭한 명령어 파일이 된다. 명령어 파일을 필요에 따라 과목별, 활동별, 목적별 등등으로 분류하여 저장해 놓으면 다음 작업을 할 때 쉽게 활용할 수 있다.

(2) 학급경영 활동에서의 생성 AI 활용

① 학기 첫날 준비

학급경영에서 가장 먼저 이뤄지는 활동은 새 학년 새 학기 첫 만남 준비이다. 인터넷 검색을 통해 자료를 얻을 수도 있지만, 다음과 같은 명령을 통해 자료와 아이디어를 얻을 수도 있다.

- 입력값: 새 학년 첫날 학생들이 서로 이야기를 나누며 할 수 있는 재미있는 활동 5가지를 제시해줘.

- 대상: 초등학교 5학년
- 학생 수: 남학생 6인, 여학생 7인
- 상황: 새 학년 처음 만난 자기 반 친구들에게 자신을 소개
- 시기: 3월 2일 (초봄)
- 장소: 교실

ChatGPT는 질문과 함께, 그 질문을 사용하는 이유까지 제시해준다. 추가 아이디어가 필요하면 '다시 답해줘'라고 하면 된다.

② 규칙과 수칙 제정

■ 수업용 규칙과 수칙

교사 업무의 핵심은 수업이다. 수업을 성공적으로 경영하기 위한 하나의 방안은 자기 반 학생의 특성에 적합한 수업용 규칙과 수칙을 만들어 적용하는 것이다. 구체적인 내용은 이 책의 '규칙과 수칙' 및 '수업경영' 장을 참고하기 바란다. 여기서는 생성 AI를 활용하는 수업 중에 지켜야 할 규칙과 수칙을 만들 때 생성 AI를 활용하는 방법을 간단히 소개한다.

최근 들어서는 초등학생들까지도 과제를 할 때 생성 AI를 활용하는 것으로 나타나고 있다. 따라서 교사는 수업과 관련해서 생성 AI를 활용할 경우에 지켜야 할 규칙과 수칙을 반드시 만들어 제시해야 한다. 먼저 생성 AI에게 초안을 제시하도록 요청하고, 이를 바탕으로 학생들과 협의하여 규칙과 수칙 및 벌칙을 만들면 될 것이다. 가르치는 학년, 과목, 학생특성 등을 제시하면 좀 더 상황에 맞는 것을 얻을 수 있다.

• 입력값: 학생이 과제 수행 활동에서 ChatGPT를 활용할 경우 반드시 지켜야 할 규칙과 수칙 및 벌칙을 제시해줘.
  - 대상: 초등학교 5학년
  - 과목: 국어

- 대부분의 학생들의 학습 의욕이 낮음

ChatGPT에게 구체적인 상황을 제시하며 담당하는 학급이나 과목 수업 중에 활용할 수 있는 규칙과 수칙 및 벌칙 아이디어를 요청할 수 있다. 추가 조건에 교사를 힘들게 하는 문제행동을 포함시키면 기대하는 아이디어를 얻을 수 있다.

- 입력값: 다음 수업을 진행하는 데 필요한 규칙과 수칙(rules and procedures), 그리고 벌칙의 예시를 제시해줘.
  - 과목명:
  - 대상 학생:
  - 포함시킬 문제행동:
  - 생활지도를 위한 규칙과 수칙

위의 경우처럼 수업경영을 위해 필요한 전체적인 규칙과 수칙 아이디어를 요청할 수도 있고, 수업 중에 떠드는 행위, 수업 중에 조는 행위 등의 특정 문제행동을 지도하기 위한 방법이나 수칙을 요청할 수 있다.

- 입력값: 다음 학급에 필요한 규칙을 개조식으로 정리해서 만들어 줘
  - 대상: 초등학교 6학년 20명
  - 문제행동 증상: 학생들 간에 욕설과 언어폭력이 잦음. 조별 활동 시 소외시키는 학생이 있음. 조별 활동 시 침묵이나 무임승차로 인해 나머지 학생들의 감정을 유발함. 전날 게임 중독으로 인해 아침에 지각이 잦은 학생도 있음. 숙제를 하지 않음. 분노 감정이 조절되지 않아 교실에서 자주 소리지르고, 폭력적인 성향을 보이고 아이들과 다툼이 잦음. 여자아이들끼리 편을 갈라 서로 사이가 안 좋음.

③ 행동경영(behavior management)

행동경영이란 학생들이 등교하여 하교할 때까지 교내, 교실, 기타 제반 학습 공간에서 바람직한 행동을 하도록 유도하고, 문제행동을 예방하며, 문제행동이

발생했을 때 이를 바로잡기 위한 제반 활동을 의미한다. 한두 가지 예를 제시하면 다음과 같다.

- 입력값: 교실에서 물건을 분실한 학생이 생겼을 때 대처하기 위한 전략을 알려줘.
  - 대상: 초등학교 5학년
  - 학생 수: 남학생 6인, 여학생 7인
  - 발생 시기: 학기가 시작된 지 한 달째인 3월 말
  - 상황: 한 남학생이 책상 안에 넣어 둔 5만원권 지폐 분실
- 입력값: 상습적으로 지각하는 학생을 지도하기 위한 효과적인 방법을 알려줘.
  - 대상: 초등학교 5학년
  - 학생 수: 남학생 6인, 여학생 7인
  - 지도 시기: 학기가 시작된 지 두 달째인 4월 말
  - 상황: 어떠한 훈육이나 경고도 효과가 없음. 부모도 아이의 지각에 무관심함.

④ 수업경영

- 입력값: 수업 중에 학생들이 경청할 수 있도록 격려하는 팁을 알려줘.
  - 대상: 초등학교 5학년
  - 학생 수: 남학생 6인, 여학생 7인
  - 상황: 수업 중에 잡담하는 학생이 있음
  - 활용 시기: 학기가 시작된 지 한 달이 지난 4월 초

⑤ 교실환경

- 입력값: 학생들의 집중력을 높이는 데 도움이 될 좌석 배치 아이디어를 알려줘.
  - 대상: 초등학교 5학년
  - 학생 수: 남학생 6인, 여학생 7인
  - 활용 시기: 학기가 시작된 지 한 달이 지난 4월 초

⑥ 그 외 수업 및 학생 지도 활동

대형 언어모델(LLM) 기반 생성 AI는 우리가 원하는 어떠한 글이든 잘 써 준다. 학생과 학부모에게 보낼 이메일, SNS용 글, 안내문, 추천서, 감사패, 컨퍼런스 세션 프로포잘, 책 내용 홍보를 포함한 다양한 언론 보도자료까지 무엇이든 요청하면 원하는 아이디어를 얻을 수 있다.

이하 항목에 대한 글을 써달라고 요청할 때에는 고려해야 할 요소, 꼭 들어가기를 원하는 내용을 포함하여 교사가 원하는 요소를 모두 포함시키면 좋다. 이 경우에도 우선 간단하게 요청한 후, 점차 요청 사항을 추가시켜 가는 방식으로 시도해 보길 바란다.

■ 학부모에게 보내는 자기소개 편지

- 입력값: 새로운 학년의 담임교사가 되어 학부모에게 자기소개하는 서신을 만들어 줘
  - 대상: 초등학교 5학년 학부모
  - 내용: 학생에게 최선을 다하며 사랑하는 마음이 전달되도록, 15년의 경력을 가졌으며 전문성을 갖춘 교사임. 신뢰와 존중으로 소통하는 한 해가 되길 바라는 마음, 학부모에 대한 존중과 존경이 드러나도록, 대학원 석사 전공이 교육상담 전공임. 교사를 향한 학부모의 존경과 존중을 보며 아이들도 배우고 성장함을 강조
  - 서론: 3월 만물이 소생하는 봄을 시작하는 시기에 맞게 희망과 꿈을 독려할 수 있는 인사말 추가
  - 마무리 인사: 학부모의 깊은 관심이 뒷받침될 때 아이의 밝은 미래가 보장될 수 있다는 설득력 있는 인사로 마무리
  - 분량: 1000자 내외

■ 문제 학생 부모에게 보내는 공식 통신문

- 입력값: 문제행동이 잦은 학생의 학부모에게 담임교사가 보내는 공식적인 학부모통신을 만들어 줘
  - 대상: 초등학교 2학년 학부모
  - 서론: 4월에 걸맞는 계절 인사말 추가
  - 내용: 교실 내 문제행동을 자주 일으키는 학생으로 인해 전화를 수차례 걸었으나, 연락되지 않아 학교 방문을 요청하는 내용
  - 문제행동 증상: 분노 감정이 조절되지 않아 교실에서 자주 소리지르고, 폭력적인 성향을 보이고 아이들과 다툼이 잦음.
  - 마무리 인사: 학부모의 깊은 관심이 뒷받침될 때 아이의 밝은 미래가 보장될 수 있다는 설득력 있는 인사로 마무리
  - 분량: 1000자 내외

■ 문제 학생과 상담 시나리오

- 입력값: 다음의 문제행동을 보이는 학생과 상담을 하는 담임교사와의 효과적인 상담 시나리오를 만들어 줘
  - 대상: 초등학교 6학년
  - 문제행동 증상: 욕설과 언어폭력이 잦음. 조별 활동 시 침묵이나 무임승차로 인해 나머지 학생들의 감정을 유발함. 전날 게임 중독으로 인해 아침에 지각이 잦음. 숙제를 하지 않음. 분노 감정이 조절되지 않아 교실에서 자주 소리지르고, 폭력적인 성향을 보이고 아이들과 다툼이 잦음.
  - 형태: 역할극 형태의 대본

■ 문제 학생의 부모와 상담 시나리오

- 입력값: 다음의 문제행동을 보이는 초등학생의 학부모와 상담을 하는 담임교사의 효과적인 상담 시나리오를 만들어 줘

- 학부모는 해당 학생의 문제행동에 대해 인지하지 못하고 있음.
- 대상: 초등학교 1학년
- 학생의 문제행동 증상: 쉬는 시간과 공부시간을 구분하지 못하고 수업 중 돌연 악을 쓰는 일이 잦음. 전날 게임 중독으로 인해 아침에 지각이 잦음. 감정 조절이 어려워 교실에서 자주 소리지르고, 폭력적인 성향을 보여 친구들과 다툼이 잦음. 교실에서 드러눕는 일이 잦음.
- 형태: 역할극 형태의 대본
- 내용: 어려운 걸음을 한 학부모에게 정중하지만, 따뜻한 인사말로 시작. 학생의 상황에 대해 인정하지 않고 교사를 신뢰하지 않으려는 학부모의 태도로 인한 갈등이 고조된 내용 포함. 학생의 발전과 성장을 기원하며 진심을 다해 지도하려는 진정성을 호소하는 교사의 대사 포함. 만남의 궁극적인 도달점은 학생의 발전을 위한 협력과 소통이 중요하다는 교사의 대사 포함. 교사의 현명한 해결책과 대안 제시. 학부모도 노력하겠다는 약속 포함
- 분량: 최대한 길게

3. 디지털 · 생성 AI 시대 학급경영 유의점[1)]

1) 생성 AI 활용 교육을 위한 준비

계산기가 출현했을 때와 마찬가지로, 교사들이 생성 AI를 효과적으로 활용하고 가르칠 수 있으려면 이에 필요한 연수를 충분히 해야 한다. 학생들의 생성 AI에 대한 의존성은 줄이면서 이를 효과적으로 활용하게 하려면, 생성 AI 사용법을 가르치기 전에 해야 할 것이 있다. 학생 자신의 생각과 정보를 제대로 전달할 수 있는 체계적인 글쓰기 역량을 기르는 것이다. 누구나 할 수 있는 말하기와 달리

1) 이하 내용은 박남기(2024)의 「생성 AI 시대 최고의 교수법」 내용을 토대로 수정 보완한 것임.

글쓰기는 많은 시간과 노력을 들여 별도로 길러야 할 중요한 역량이다. 문법을 익히는 것도 중요하지만, 더 중요한 것은 언어 구사력이다. 기본 계산 역량을 갖춘 학생에게만 계산기 사용을 허용하듯이, 학교와 부모는 글쓰기 역량을 갖춘 학생에게만 아이디얼 챗을 사용할 수 있도록 허용할 필요가 있다.

주어진 주제에 대해 혼자의 힘으로 체계적인 글을 쓸 수 있는 기초 역량을 갖춘 경우에는 생성 AI를 활용해서 개요 작성, 가설 작성, 편집 등의 도움을 받도록 허용할 수 있을 것이다. 물론 이 경우에도 생성 AI가 제시한 답변을 그대로 제출하는 것을 허용해서는 안 된다. 수업 중에 계산기 사용을 허용한 경우, 수학 교사는 해답 도출의 모든 단계를 상세히 제시하도록 학생들에게 요청함으로써 고급 수학능력을 기르도록 유도했다. 이와 마찬가지로 생성 AI 사용을 허용할 경우, 보고서 작성의 전 과정을 상세하게 기술하도록 하고, 그 과정에 작성한 노트를 비롯한 제반 증빙 자료도 함께 제출하게 할 필요가 있다. 이렇게 하면 학생들은 단순하게 생성 AI에 의존하는 것이 아니라, 편리한 기계의 도움을 받으면서 과제를 분석하고, 해결책을 탐색하며, 보고서를 작성하는 능력을 기르게 될 것이다.

아직은 교사가 판단하여 학생들에게 사용기회를 제공하는 것이 교육적으로 더 바람직하다고 생각할 때 사용하는 것이 좋다. 교사가 생성 AI 사용에 익숙하지 않은 상황에서 수업에 접목시키려 할 경우에는 부작용이 더 클 수 있다. 그리고 생성 AI를 사용하고자 한다면 스마트폰을 사용할 때와 마찬가지로 수업 중 사용 수칙을 구체적으로 만들고, 학생들이 수칙에 맞게 사용할 수 있도록 필요한 훈련을 먼저 시켜야 한다.

2) 교육자와 학습자 유의 사항

AI를 활용한 교육을 실시할 때 유념할 것이 있는데, AI 의존도 심화가 자칫 교육자와 학습자의 교육력 및 역량 약화로 이어질 가능성이 있다는 점이다. 수트를 장착할 인간의 체력, 심력, 인지력, 정의력을 기르지 않은 채 아이언 맨이 수트의 위력에만 의존하면 인간의 역량이 강화되는 것이 아니라 오히려 다양한 역량이 약해지게 될 것이다. ICT 활용 교육 초기에 일부 교사는 소위 '클릭교사'로 전락했다는 비판을 받기도 했다. AI든 가상(증강)현실이든 모두 다 교사의 교육력이 튼튼해야 교육의 효과를 높여주는 역할을 한다. AI 시대의 교사는 교육내용만이 아니라 교육철학, 생활지도를 포함한 학급경영 역량, 학습동기 유발을 비롯한 교수법 등에 더욱 관심을 가져야 한다. 그렇지 못하면 AI로 인해 교사의 교육력이 저하되면서 교사 무용론이 대두될 수도 있다.

학습자 또한 AI 의존형이 아니라, AI 활용형 인간이 될 수 있도록 자신의 기본역량을 길러가야 한다. 그렇지 않을 경우 역량을 갖춘 뛰어난 인간이 되는 것이 아니라, AI에 의존하는 무능한 인간으로 전락하게 될 수도 있다. 가령 길찾기 앱, 전화 앱 등으로 인해 인간의 길찾는 역량, 기억 역량이 저하되고 있다는 보도가 이어지고 있다. 예술 활동을 비롯한 창의적 활동에 대한 AI 의존도가 높아지면 인간의 고급역량마저 저하되게 될 것이다.

우리가 바라는 것은 AI 도움을 받아 뛰어난 역량을 갖춘 인간이 되는 것이지, AI에 의존하여 오히려 역량이 약화된 인간이 되는 것이 아님을 기억해야 한다. 이는 교육자와 학습자 모두에 해당한다.

걷지 않고 자동차나 비행기를 활용해 먼 거리를 이동하고 있지만, 그로 인해 인간의 걷기 역량이 크게 퇴화하지는 않았다. 인간 스스로 근육강화 훈련을 하고, 자동차를 두고 걷기와 달리기를 지속하기 때문이다. 기초체력을 강화하듯이 뇌의 사고력 증진 훈련도 지속한다면 인류는 뇌의 한계를 벗어난 창의적 사고를 전개하게 될 것이다. 이것이 기계와의 협업이고 공존이다. 그리하면 인류는 지금까지 생각하지 못했던 차원에서 우리가 직면하고 있는 많은 문제의 해결책을 찾아낼 수 있을 것이다. 하지만 생성 AI의 유혹을 떨치지 못하고 기계에 의존하는 사람들도 많을 것이다. 생성 AI 시대는 필연적으로 개인 간, 계층 간 지적역량 격차가 지금보다 더 벌어질 수밖에 없을 것이다.

3) 교육에의 활용 가능성과 예상되는 문제

이상에서 시도해 본 것처럼 생성 AI가 가지고 있는 요약 기능은 참고해야 할 많은 사이트나 글들을 일일이 살피면서 활용할 내용을 추출하는 수고를 덜어준다. 요약을 먼저 읽고 해당 글을 읽기 시작하면 논문 요약본을 읽고 나서 논문을 읽는 것처럼 해당 글에 대한 이해 속도도 빨라진다. 난해한 영화라도 줄거리를 알고 나서 영화를 보면 이해가 훨씬 잘 되는 것과 같은 이치이다.

읽을 글의 분량이 3페이지 이상만 되어도 글의 요지 파악을 어려워하는 학생들이 있다면, 생성 AI가 가지고 있는 글 요약 기능을 활용해서 글의 요지를 파악하는 역량 강화 훈련을 시킬 수 있을 것이다. 먼저 제시한 글을 읽고 요지를 파악하도록 시켜 본다. 요지 파악이 잘 되지 않으면, 생성 AI를 시켜 얻은 글의 요지를 읽은 후에 글을 읽고 글의 이해수준이 어찌 바뀌었는지 이야기하게 한다. 그리고 생성 AI가 제시한 글의 요지가 어떻게 작성되었는지를 분석하며 학생도 그러한 방식으로 글의 요지를 파악해 보도록 훈련시킨다. 물론 교사는 수업 시간 전에 생성 AI를 활용해 자신이 수업 중에 제시할 글의 요약본이 잘 되었는지를 확인해 볼 필요가 있다. 개인이 아니라 조별로 글 요약본을 작성해 보게 하고, 자신들의 요약본과 기계가 제시한 요약본을 비교·평가해 보게 하는 것도 도움이 될 것이다.

이러한 작업은 긴 글 이해를 막연히 두려워하거나, 교과서 내용 이해를 힘들어하는 학생들이 두려움을 떨치고 흥미를 가지고 글에 대한 이해를 시도하도록 도울 것이다. 이는 소화력이 부족한 새끼 새에게 어미 새가 약간 소화를 시킨 먹이를 주거나, 잡은 먹이를 잘게 잘라 먹이는 것과 같다. 잡은 먹이를 바로 주어도 잘 소화시킬 수 있는 단계가 되면 그때는 곧바로 제공하면 될 것이다.

대화형 생성 AI가 가지고 있는 다른 기능과 마찬가지로 이 기능을 활용할 때 유의할 것이 있다. 학생들이 기계에 의존하여 편하게 주어진 글 요지를 파악하거나 글을 이해하려 들면, 글 요지 파악 능력과 이해력이 길러지기 어렵다. 우리의 목적은 학생들의 글 요지 파악 및 이해력을 발달시키는 것임을 학생들이 명심하도록 하면서 기계의 '요약 기능'을 활용해야 한다. 그리고 학생들이 일정 단계에 이르면, 기계에 의존하지 않고 주어진 글을 파악하는 습관을 갖도록 해야 한다. 기계 사용을 금지할 수 있는 수업 시간을 활용하여 학생들의 글 요지 파악 및 이해 능력 향상 정도를 주기적으로 평가할 필요가 있다. 기대한 수준에 미치지 못하는 학생들의 경우에는 생성 AI 의존 성향 때문인지 아니면 다른 이유인지를 밝혀서 적합한 처방을 해 주어야 할 것이다.

4. 디지털·생성 AI 시대의 새 교육 패러다임: 스말로그 교육[2]

1) 스말로그 교육 의미와 필요성

스말로그교육이라는 용어는 디지털 기반 스마트 교육과 전통의 대면 아날로그식 교육을 조합한 용어이다. '스마트교육'은 스마트폰에 사용되던 '스마트'라는 용어에 새로운 의미를 부여하여 만든 신조어이다. 스마트(SMART)는 Self-directed(자기주도), Motivated(학습흥미), Adaptive(수준과 적성), Resource Enriched(풍부한 자료), Technical Embedded(정보기술활동)를 의미한다고 정의하였다. 스말로그교육에서 말하는 스마트교육의 핵심은 스마트기기, 다양한 앱을 포함한 첨단 디지털 기반 에듀테크를 활용하는 교육이다.

박남기와 임수진(2015, 387-389)이 제안하는 스말로그교육의 전제는 "그 대상을 미성숙한 도움을 필요로 하는 학습자로 보는 것이 아니라, 오늘을 살아가는 존중받는 한 '개인'으로 존중하는 것"이다. 스말로그교육하에서 학생들은 개인 맞춤형 학습자중심, 성장평가중심, 바깥세상과의 연계성과 규범을 중시하는 공동체중심의 교실환경에서 학습하게 될 것이다. 스말로그교육의 한 부분인 '스말로그

2) 이하 내용은 박남기(2021.06)의 '포스트 코로나 시대 교육 새패러다임 탐색'을 바탕으로 작성한 것임.

학급경영'은 이러한 목적 달성에 필요한 '의사소통 시스템 혁신과 새로운 학급문화 형성'을 지향하는데, 이는 온라인 오프라인 융합형으로 이뤄지게 될 것이다. 스말로그 학급경영 개념의 도입은 비록 스마트교육이 도입된다고 하더라도 교육은 면대면 만남 속에서 시작되고 완성될 수 있는 활동이라는 대전제에 부합한다. 아울러 '코로나 19 대실험'을 통해 밝혀진 것처럼 향후 반복될 가능성이 높은 국가적 재난상황에서만이 아니라 일상의 교육에서도 학교와 교사는 학습만이 아니라 취약계층 학생들의 생활과 성장을 함께 챙기는 역할도 해야 할 것으로 보인다. 스말로그교육은 단순한 교수-학습에 관한 것만이 아니라 시대의 요구에 부합하는 전인으로, 미래 사회에 적합한 구성원으로 성장하도록 돕는 교육 패러다임이다.

2010년대에 들어 온라인교육 혹은 온·오프라인 교육을 병행하는 스말로그교육 필요성이 강조되었지만(박남기·임수진, 2015), 이에 대해 관심을 갖고 실행에 옮긴 교사들은 많지 않았다. 그런데 코로나19 사태를 계기로 많은 교사들이 온라인 시스템 활용에 대한 자신감을 갖게 되고, 그 가능성과 한계를 깨닫게 되었다. 아울러 대면 교육 상황에서 에듀테크를 어떻게 활용해야 할지에 대한 아이디어도 얻었다.

2) 스말로그 교육의 원리와 성공 조건

학생의 특성과 교육의 특성 등을 감안할 때 초등학교 교육은 오프라인 학교에서 매일 학생들을 직접 만나 가르치는 선생님을 기반으로 진행하는 것이 바람직하다. 다만 학교와 교실은 생성 AI, 홀로렌즈 등을 활용한 증강현실, AI 디지털 교과서, 나아가 다양한 첨단 에듀테크 시설을 갖춘 학습 공간이 되어야 하고, 교사는 온라인 플랫폼과 다양한 에듀테크를 활용하며 학생을 지도할 수 있어야 한다. 학생들은 스말로그형 교실에서 선생님과 함께 다양한 교육활동을 하되, 교사의 조력하에 에듀테크를 활용한 자기 주도적 학습을 하게 될 것이다. 나아가 기존 교실의 벽을 확장하여 체험형 생물학 수업을 위한 정원, 실습형 STEM 프로젝트를 위한 메이커 랩, 정신 건강을 위한 명상실 등이 갖춰진 학교에서 성장하게 될 것이다.

스말로그교육 실천을 위한 필요조건은 교내와 교외로 나눠볼 수 있다. 교내의 필요조건은 학교와 교실에 스마트 수업이 가능한 인프라 구축, 1인 1 스마트 학습 기기 구비, 교사와 학생의 에듀테크 활용 역량 제고, 스말로그교육 수용 문화 축적이다.

교실에서의 오전 수업을 마치면 학생들은 학교 밖의 학교, 교실 밖의 교실, 즉 지역사회의 다양한 센터에서 동아리 활동, 삶의 기술 체득 활동, 진로 탐색 활동, 직업체험 등등의 프로그램에 참여하게 될 것이다. 이것이 포스트 코로나 시대 교육이 나아가야 할 방향이고, 스말로그교육이 지향하는 바이다. 이러한 변화가 성공한다면 학생들은 기존 학교와 선생님이 지도하는 아날로그 교육의 강점을 최대한 누리면서 동시에 첨단 에듀테크와 지역사회 다양한 센터 활용 교육까지 함께 경험하는 새로운 차원의 교육을 받으며 성장하게 될 것이다.

그런데 학교 교육과 지역사회 제반조직을 연결할 수 있는 추가 인력지원이 필요하며, 교외 기관들도 갖춰야 할 필요조건이 있다. 학교가 이러한 현장 밀착형 활동을 하고자 하더라도 자유학년제 시행 초기처럼 지역사회의 제반 기관이 이러한 역할에 익숙하지 않고 준비가 되어 있지 않으면 성공하기 어렵다. 따라서 학교 경영자가 주도하고, 관련 부서가 나서서 인근 지역사회의 제반 기관이 학생교육에 동참하도록 인식 전환 및 필요한 역량을 갖추도록 이끌어야 할 것이다. 교육청 차원에서 필요한 인적 물적 지원 인프라를 갖추고 지원한다면 더 빨리 효과를 낼 수 있을 것이다. 시행 초기에는 욕심을 내지 말고 역량과 의욕을 갖춘 교사를 중심으로, 혹은 창의적 체험활동 과목 중심으로 스말로그교육을 시도해 보는 것이 좋을 것이다.

3) 스말로그교육의 구체적인 예시

스말로그 수업은 교실 내의 대면 수업도 닫힌 교실에서 교사와 학생만이 소통하며 학습하는 기존의 대면 수업을 벗어나게 된다. 에듀테크를 활용하여 타 지역(국가)의 학생들과 함께 수업을 들으며 소통할 수도 있다. 참여하는 교사들은 협동 수업 형태로 수업을 진행할 수 있다. 지역사회, 전국, 세계 수준의 전문가를 초청하여 수업과 관련하여 짧은 강의를 듣거나 질의 응답 시간을 가질 수도 있다. 이처럼 교사 혼자서 수업을 하는 것이 아니라 교사가 주도하면서 다양한 자원 인사를 활용하는 역동적인 수업을 만들 수 있다. 이때 중요한 것은 학교 및 교사의 폭넓은 인적 자원 네트워크 형성 능력이다. 스말로그교육은 이처럼 세계와 연결된 열린 교실에서 다양한 전문가와 함께 학생들이 배우며 성장하도록 돕는 교육을 지향한다. 교실에 몇 개의 컴퓨터 워크 스테이션이 마련되어 있다면 필요시 학생들은 그 워크 스테이션을 활용하여 소집단 활동을 하거나 개인 맞춤형 AI 기반 학습을 할 수도 있다.

학생들의 학습과정과 결과물을 SNS를 통해 세계와 공유하게 함으로써 학생들이 학습을 하면서 동시에 세상에 도움이 되는 자료를 축적하는 역할도 하도록 유도할 수 있다. 이는 오전의 모습이다. 오후에는 학생들이 삶의 현장으로 직접 들어가서 성인 멘토(학습조력자)의 도움을 받으며 미래 직업을 탐색하고, 필요한 역량을 기르며, 삶의 원리를 터득하는 활동을 한다. 동시에 미네르바 스쿨 학생들이 하듯이 학생들이 파견되어 직업과 삶을 배우는 기관이나 학교가 속한 지역사회의 문제를 해결하는 프로젝트 수행 등을 통해 현실 개선에 참여하는 활동을 할 수도 있다.

4) 스말로그교육의 기대효과

최근 급부상하고 있는 생성 AI를 비롯한 에듀테크는 교육을 새로운 차원으로 변화시킬 것으로 기대되고 있다. 그러나 인공지능이 인간처럼 자연어를 자유자재로 구사하고, 다양한 업무를 동시에 수행할 수 있는 인간 유사형의 보편인공지능(AGI) 수준으로 발전하기 전에는 기계교사가 인간교사를 대체하기는 어려울 것이다. 향후 한동안은 AI를 포함한 다양한 기계는 인간교사가 물리적·시간적·공간적 제약을 벗어나서 슈퍼 파워를 발휘하며 교육을 할 수 있도록 돕는 IA(지능 증폭) 역할을 하게 될 것이다.

스말로그 교육은 수업의 방향과 방법만이 아니라 한발 더 나아가 교육에 있어서 에듀테크와 인간교사의 관계, 에듀테크의 역할 등을 명확히 해 주고, 인간교사들의 불안감을 줄여주며, 나아가 디지털·생성 AI 시대의 교육자가 갖춰야 할 역량이 무엇인지를 적시해 주는 역할을 할 것이다. 스말로그교육 패러다임은 단순한 지식 교육에서 더 나아가 학급경영을 포함한 전인교육을 염두에 두고 있으며, 에듀테크가 발달하고 있는 상황에서 그러한 교육이 어떤 모습을 하게 될 것인지를 미리 보여주며 방향을 제시하는 역할도 한다.

앞으로도 한동안은 학교와 교사 주도로 공교육이 이뤄지겠지만 학교 안에서 교사만이 그 역할을 하는 것이 아니라 지역사회라는 삶의 공간에서 지역사회의 모든 성인들도 그 역할을 공유하게 될 것이다. 스말로그교육은 미래 교육 방향 제시만이 아니라 현재 실천되어야 할 바람직한 교육의 모습을 그려주는 역할도 하게 될 것이다.

요약

정보 통신 기술(ICT) 기반의 새로운 산업 시대인 4차 산업혁명의 시대가 도래하였다. 4차 산업혁명은 인공 지능(AI), 사물 인터넷(IoT), 클라우드 컴퓨팅, 빅데이터, 모바일 등 지능정보기술이 기존 산업과 서비스에 융합되거나 3D 프린팅, 로봇공학, 생명공학, 나노기술 등 여러 분야의 신기술과 결합되어 실세계 모든 제품·서비스를 네트워크로 연결하고 사물을 지능화한다(네이버 지식백과: IT용어사전, 한국정보통신기술협회). 4차 산업혁명은 초연결(hyperconnectivity)과 초지능(superintelligence)을 특징으로 하기 때문에 기존 산업혁명에 비해 더 넓은 범위(scope)에 더 빠른 속도(velocity)로 크게 영향(impact)을 끼친다.

교육계는 4차 산업혁명기를 맞아 AI와 로봇, 생명과학 등의 급속한 발전이 가져올 사회경제구조의 변화에 학교교육이 어떻게 대처해야 할 것인가에 대해 지속적으로 논의하고 있다. 특히, 2022년 11월 30일 등장하여 세상을 놀라게 한 ChatGPT 이후, 생성 AI가 교육에 미칠 영향에 대한 논의가 더욱 활발해지고 있다. 교육부는 디지털교과서를 전면 도입하여 우리 교육이 미래를 선도하도록 하겠다고 공언하고 있다. 우리학생들이 급속한 기술 발전과 사회변화에 적응하며 미래를 만들어가도록 하기 위해서는 학급경영자들이 필요한 역량을 갖춰야 한다.

이 장에서는 디지털 AI 시대 교육을 간단하게 예측해 보고, 교사들이 갖춰야 할 역량은 무엇인지, 유의해야 할 점은 무엇인지, 그리고 실제로 AI를 어떻게 활용할 수 있을지 등에 대해 다루고자 한다. 그리고 시대 흐름에 부응하는 새로운 교육 패러다임으로 '스말로그 교육'을 소개한다. 이 장을 통해 예비교사들이 미래 학급 모습에 대해 관심을 갖고, 미래 학급을 경영하는 데 필요한 역량을 갖추길 기대한다.

참고문헌

박남기(2010). 최고의 교수법. 서울: 생각의나무.

박남기(2017). 최고의 교수법: 가르치는 사람이 반드시 배우고 익혀야할 것. 경기: 쌤앤파커스.

박남기(2021.06). 포스트 코로나 시대 교육 새패러다임 탐색. 서울교육대학교 초등교육연구, 32(2), 17-32.

박남기(2024). 생성 AI 시대 최고의 교수법. 서울: 천재교육.

Aithal, P. S., & S. Aithal.(2023.9.29). Application of Chatgpt in Higher Education and Research-a Futuristic Analysis. I*nternational Journal of Applied Engineering and Management Letters(IJAEML), 7*(3), 168-194.

Kabir, S., Udo-Imeh, D., Kou, B., & Tianyi Zhang.(2024). Is Stack Overflow Obsolete? An Empirical Study of the Characteristics of ChatGPT Answers to Stack Overflow Questions. Conference on Human Factors in Computing Systems(CHI '24). May 11-16, 2024. Honolulu, HI, USA. ACM, New York, NY, USA. 17. https://doi.org/10.1145/3613904.3642596

4 학급경영 목표 및 계획 수립

박남기 · 임수진(광주교육대학교)

학습목표

- 학급경영 계획의 의의를 이해한다.
- 학급경영부와 교육과정 운영 계획과의 유사점과 차이점을 이해한다.
- 학급경영 목표 구조를 이해하고 학급경영 목표를 설정할 수 있다.
- 학급경영 계획 수립 절차에 따라 학급경영 방침과 실천 계획을 포함한 학급경영 계획을 수립할 수 있다.

학습 준비 활동

- 초등학급에서 교사들이 정하여 활용하고 있는 학급경영 목표 조사 및 타당성 분석
- 교육과정 운영 계획서를 구하여 그 구조와 내용을 분석하고 강점과 문제점, 그리고 수정 보완 사항을 추출
- 학급경영 계획 수립과 관련하여 교사들이 겪고 있는 어려움과 개선 방향

관련 사례 및 토의 주제

A 초등학교 5학년 담임을 맡고 있는 김열정 선생님이 학교장의 호출을 받았다. 김 교사는 교육경력이 3년인데 겨울방학 동안 받았던 학급경영 관련 직무연수에서 학급경영 계획을 구체적으로 세우고, 그 내용을 학생과 학부모에게 알려 주는 것이 학부모의 이해와 협조를 구하는 데 도움이 된다고 배웠다. 그래서 이번 해에는 새로운 각오로 시간을 투자하여 계획을 수립하고, 이를 학부모들에게 알렸는데, 오히려 학부모가 교장실에 전화하여 문제를 제기한 것이다. 문제의 발단은 계획서에는 들어 있는데, 실제로 교사가 해당 활동을 하지 않아 기대하던 학생들이 자주 실망하게 되자 학부모 두 명이 이의 제기를 한 것이었다. 교장실로 들어서자마자 교장 선생님께서는 왜 쓸데없는 일을 해서 긁어 부스럼을 만드느냐며 책망을 했다.

- 김 교사가 가지고 있는 문제의 근원은 무엇인가?
- 이 문제를 예방하기 위해 김 교사가 미리 해야 했던 것은 무엇일까?
- 여러분이 김 교사라면 향후에는 어떻게 할 것인가?
- 학교장의 반응에 대해 여러분이 김 교사라면 어떻게 답을 할 것인가?

1. 학급경영 계획의 의의

1) 학급경영 계획의 개념

뚜렷한 목적과 계획도 없이 학급을 경영하는 것은 여행 목적지와 여행 일정도 없이 여행을 떠나는 것과 같다. 거대 기업을 경영하는 사람은 이러한 일을 상상할 수도 없을 것이다. 심지어 조그마한 가게를 경영하는 사람도 목적과 목적 구현을 위한 계획을 수립하고 이를 실천하며, 실천 결과를 평가하여 다시 목표와 활동을 변화시키는 연속적 경영활동을 한다.

교육의 목적이 학생의 성장이라면, 학급경영의 목적은 학생 성장에 필요한 긍정적 환경을 만드는 것이다. 수업 담당자로서의 역할과 생활지도자로서의 역할이 교사의 핵심 역할인 것은 사실이지만, 이러한 교육활동과 별개로 교육활동에 필요한 환경과 여건을 조성하는 활동도 교사가 맡은 중요한 역할의 하나이다. 이를 모두 일컬어 교사의 학급경영 활동이라고 한다. 이러한 교사의 제반 학급경영 활동을 위한 실행 계획과 구체적인 방침, 그리고 실행 결과 평가를 위한 계획까지를 모두 포함하여 학급경영 계획이라 한다.

2) 학급경영 계획의 의의

교사의 업무는 매년 거의 반복적이다. 이 때문에 학급경영 계획 수립이 의례적인 활동이 되기 쉽다. 이와 같은 문제를 지양하고자 하면, 학급경영 계획이 갖는 의의를 명확히 깨달아야 한다. 학급경영 계획은 학급을 합리적이고 효율적으로 운영하는 길잡이 역할을 한다. 계획은 구체적 목적을 효율적으로 달성하기 위한 미래의 행동순서 또는 절차이며, 목적과 수단 그리고 방법을 합리적으로 연결시키는 지적 준비과정이다(박병량, 1997, 223). 그래서 학년초가 되면 교사는 새 학급 구성원의 실태를 파악하고, 교사나 학급 구성원들이 수행해야 할 목표, 활동 방안, 구체적 실천 사항 등을 계획하고 작성한다. 따라서 교사는 학급경영을 계획함에 있어 몇 가지 기본자세를 갖는 것이 바람직하다(한국교원단체총연합회, 1993, 8-9).

첫째, 학급의 모든 교육활동은 학교교육목표의 달성을 위한 계획과 실천에 집중되어야 한다.

둘째, 학급경영 계획을 세움에 있어 우선 학생을 알아야 한다.

셋째, 전체적인 인간형성을 지표로 하는 학급경영 계획이 수립되어야 한다.

넷째, 긍정적인 분위기의 학급사회를 조성해야 한다.

다섯째, 담임교사의 투철한 교육관과 예민한 시대적인 감각으로 학급경영의 독자적 창의성을 발휘하도록 힘써야 한다.

여섯째, 담임교사는 경영의 주체이지만 협조자·안내자의 입장이어야 한다.

일곱째, 학급성원의 필요와 요구 그리고 능력을 고려해야 한다.

여덟째, 학급은 학생들이 생활의 전 영역에 걸쳐 성장과 발달을 하는 장이기 때문에 환경구성이나 경영계획이 포괄성을 지녀야 한다.

2. 우리나라 초등학급경영 계획의 특성

1) 우리나라 초등학급경영 계획의 특성

(1) 우리나라 초등학급경영의 특성

우리나라 초등학교에서는 한 교사가 대부분의 과목을 가르치고 있다. 과목별로 교실을 이동하는 외국의 경우와 달리 학생들이 특별실로 이동하는 경우를 제외하고는 한 교실에 앉아서 하교할 때까지 수업을 듣기 때문에 담임교사의 학급경영 능력이 교육의 성과에 미치는 영향은 다른 나라에 비해 무척 크다. 또한 "OECD 교육지표 2024" 조사결과에 따르면, 학급당 학생 수(2022년 기준: 초 22명, 중 26.0명)는 2019년 대비 초등학교 1.0명, 중학교 0.1명이 감소하였으나, OECD 평균(2022년 기준: 초 20.6명, 중 22.8명)에 비해 아직은 다소 높은 것으로 나타나고 있다. 그럼에도 불구하고 평균에 큰 변화가 없는 OECD와는 달리 우리나라 학급당 학생 수는 2010년 이후 꾸준한 감소세를 보이고 있음을 주목할 필요가 있다. 최근 들어 교무실무사나 복지실무사, 특수교육 실무사 등 여러 지원 인력들이 조금씩 늘어나고 있지만, 여전히 많은 학급경영과 관련된 제반 업무는 학급담임교사가 수행하고 있다. 이러한 상황에서 주어진 시간 범위에서 학급담임으로서 학생들을 교육할 뿐만 아니라 학급이라는 하나의 조직을 성공적으로 경영하기 위해서는 상세한 계획 수립이 무엇보다도 중요하다. 연간 계획이 수립되어야만 그 계획에 의거하여 필요한 활동과 자료 구비에 필요한 학급경영 예산을 수립하여 신청할 수 있을 것이다. 담임 1인이 학생 교육의 많은 부분을 책임지는 상황에서 철저한 계획 수립과 계획에 의거한 학급경영은 학급경영 목표 달성도를 배가시키겠지만, 그렇지 않을 경우 학급경영 목표 달성은 어려워질 것이다.

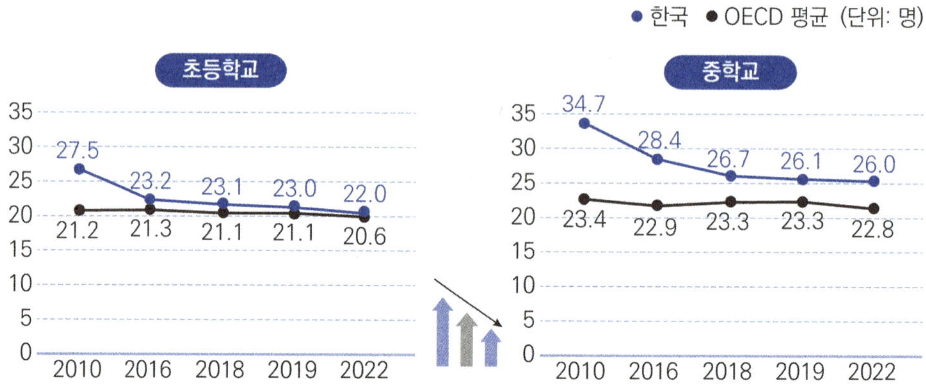

[그림 4-1] 경제협력개발기구(OECD) 교육지표 2024: 학급당 학생 수

출처: 경제협력개발기구(OECD) 교육지표 2024 결과 발표. 교육부 보도자료. 2024.9.10.(화)

(2) 우리나라 학급경영 계획의 특성

과거에는 학급경영부라는 것이 있었다. 그러나 수기 작업을 해야 했던 관계로 많은 시간을 필요로 하였고, 학교에 따라서는 주별 혹은 월별로 학급경영부를 작성한 후 학교장의 결재를 받아야 하는 등 교사들에게 큰 부담이 되었다. 그러나 서류상으로 작성할 뿐 실제로는 거의 활용되지 않아 시간 낭비가 크다는 비판이 제기되어 왔다. 그 과정에서 교직단체가 활성화되면서 교섭 대상에 학급경영부 폐지를 포함시키는 경우가 늘었다. 그 결과 7차 교육과정이 도입되던 2000년대에 접어들며 점차 유명무실해지면서 현재는 아예 학급경영부 자체를 두지 않게 된 추세이다. 이를 『학년 교육과정 운영 계획』이 대신하고 있다.

현재는 각 시·도교육청 산하 대부분의 학교에서 학급경영 계획이라는 용어 대신 학년 교육과정 운영 계획이라는 용어를 사용하고 있다. 학교에 따라 다르기는 하지만, 교육청의 지침에 따라 각 학교 차원에서 작성한 학교 교육과정 운영 계획이 만들어지고, 이를 바탕으로 『학년 교육과정 운영 계획』이 작성된다. 이 두 가지는 대개 책자로 제작된다. 상당수의 학교에서 『학년 교육과정 운영 계획』이 학급 교육과정 운영 계획을 대체하고 있다. 혹은 『학년 교육과정 운영 계획』을 토대로 학급 교육과정 운영 계획을 수립하도록 하고 있다. 『학급 교육과정 운영 계획』을 만드는 경우에도 이미 만들어진 『학년 교육과정 운영 계획』에 각 학급의 경영 목표와 특색 등만 간단히 포함시키는 경우가 많다. 학생 기초 실태조사를 토대로 작성된 각 학급 학생에 대한 기본 정보는 교육행정정보시스템인 나이스에 온라인으로 입력할 수 있도록 되어 있다. 그러나 이 또한 학생 개인 정보 보호를 이유로 공식적으로 조사할 수 있는 항목은 제한되어 있다. 예컨대, 학부모의 학력, 직업, 학생과의 동거 여부 등이 그 예이다.

그 이외에 『학급 교육과정 운영 계획』에 포함된 공식적인 항목은 아니지만, 실제 학급경영을 수행하는 학급 담임교사들에 있어 필수적으로 여겨지는 항목이 있다. 그것은 바로 학생지도일지(가칭)이다. 개개인 학생에 대한 생활지도를 중심으로 학생에 대해 지도했던 세부 사항이나 학생과 상담한 구체적인 내용에 대해 정해진 틀은 없지만, 학급경영자로서 교사들은 지도사항에 대해 꾸준히 기록해 가고 있다. 이는 차후 학교폭력이나 학생 지도를 둘러싼 학부모와의 분쟁 건이 발생할 경우, 학급담임으로서 학생 지도 여부를 가늠하는 중요한 근거 기록 자료이기도 하다. 정해진 틀이 없는 것이 대부분의 학교 추세이나 교사들 재량껏 양식을 마련하여 꾸준히 기록해 가는 추세이다.

2) 학급경영 계획과 교육과정 운영 계획 비교[1)]

(1) 학급경영자와 교육과정 운영자로서의 교사

2009, 2015 개정 교육과정에 이어 2022 개정 교육과정 시기에도 과거에 협의의 학급경영 활동으로 간주되어 교사 재량으로 운영되던 교육활동들이 창의적 체험활동에 포함되는 방식으로 개념과 범위가 확장되고 있다. 이에 따라, 교사가 교육과정 운영자로 규정되고 있으며, 그 결과 학급경영부 대신 『학급 교육과정 운영 계획』이 이를 대체하고 있으며, 학급경영부에서 다루고 있었던 학급에 대해 공식적으로 기록할 부분은 대폭 축소되거나 삭제되었다. 교사의 학급경영 활동과 창의적 체험활동 운영의 관계를 밝히는 것은 단순히 그 영역 간의 관계를 밝히는 것에서 한 걸음 더 나아가 초등 담임교사를 '학급경영자'로 볼 것인가 아니면 '교육과정 운영자'로 볼 것인가를 규명하는 작업이 되어야 한다. 물론 교육과정의 의미를 넓게 보면 전반적인 학교 교육실천활동 계획을 뜻하므로 교사를 '학급교육과정 운영자'로 규정하는 것이나 '학급경영자'로 규정하는 것이나 큰 차이가 없을 수도 있다. 그러나 관점의 변화는 교사의 교육활동에 영향을 미칠 수밖에 없다.

1) 학급경영 계획과 교육과정 운영 계획 비교 부분은 박남기(2008)의 초등학급경영의 개념과 범위 그리고 영역 분석: 단행본, 승진규정, 학급교육과정운영부를 중심으로. 초등교육연구, 21(1), 1-32.

특히 우리의 현실은 교사가 주로 수업만 하는 것이 아니라 학급이라는 조직을 경영하기 위해 필요한 제반 활동을 직접 계획하고 추진해야 하는 상황에서 교사를 '교육과정 운영자'로 규정할 경우 자칫 수업만 잘 하면 되는 것처럼 오해를 불러일으킬 수 있다. 따라서 교사를 수업을 포함한 제반 교육활동과 함께 학급경영에 필요한 계획을 수립하고 실천하는 넓은 의미의 '학급경영자'로 규정할 필요가 있다.

(2) 학급경영부와 학급 교육과정 운영 계획 비교

〈표 4-1〉은 학급경영부와 학년 교육과정 운영 계획의 목차를 열거한 것이다. 지역과 단위학교의 특색에 따라 차이를 보이기는 하지만 큰 얼개는 유사하다. 표에서 보는 것처럼 학급경영부가 학년 교육과정 운영 계획으로 대체되면서 학급경영 계획이라는 항목은 삭제되었다.

〈표 4-1〉 학급경영부와 학년 교육과정 운영 계획 목차 비교

학급경영부[1]	학급경영부[2]	학년 교육과정 운영 계획[3]	학년 교육과정 운영 계획[4]
Ⅰ. 학급경영의 기저 1. 학급 실태 2. 학급경영 계획 1) 학급경영 목표 2) 학급경영 방침 3) 학급 특색 사업 4) 학급조직 5) 추진 중점과제 실천 계획 6) 1인 1역 분담 Ⅱ. 학년 교육과정 운영 계획 1. 학년 교육과정 운영 2. 교과 지도 계획 3. 특별활동 지도 계획 4. 클럽활동 지도계획	Ⅰ. 학급경영 계획 1. 학급경영 및 경영 중점 2. 세부 추진 계획 3. 교육과정 운영 4. 특별활동 운영 5. 시(군) 역점 과제 추진(인성지도) 6. 학생 조사 일람표 7. 학급 실태 Ⅱ. 학급경영의 실제 1. 학습지도 연간 진도표 2. 주간 학습활동 계획 3. 클럽 활동 지도 Ⅲ. 기록부 및 평가 1. 시상기록부	Ⅰ. 학교 교육목표 실현을 위한 학년 교육 계획 Ⅱ. 학년 실태 Ⅲ. 학년 교육 목표 Ⅳ. 학년 교육과정 운영 중점 활동 Ⅴ. 학년 교육 목표 실천 계획 Ⅵ. 학급 교육목표 Ⅶ. 학년 교육과정 편성 1. 교육과정 시간 배당 2. 수업 일수 확보 계획 3. 학년 교육과정 시간 운영 계획 4. 교과 및 창의적 체험활동 연간 수업 시수	Ⅰ. 학년 교육과정의 기본 방향 Ⅱ. 학년 실태 분석 및 지도 방안 1. 기초 실태 2. 학년 교육과정 성취도 실태 Ⅲ. 학년 교육 목표 및 노력 중점 1. 학년 교육 목표 2. 교육과정 운영의 중점 활동 Ⅳ. 학년·학급 특색 교육 활동 1. 학년조직 2. 학년 특색 교육 활동

학급경영부[1]	학급경영부[2]	학년 교육과정 운영 계획[3]	학년 교육과정 운영 계획[4]
5. 현장체험학습의 날 운영계획 6. 연간생활지도계획 7. 특수아(학습 지진아·생활상 문제아) 지도 기록 8. 학생 봉사 활동 계획 Ⅲ. 학급경영 실천 기록 1. 추진 중점과제 실천 평가 기록 2. 교과학습 평가 기록 3. 현장체험학습 평가 기록 4. 특별활동 평가 기록 5. 행동 관찰·상담 기록 6. 각종 수상 기록 7. 기타 참고 기록 8. 학급경영 평가 9. 협의록	2. 특별활동 평가 3. 학업 성취도 기록부 4. 행동 평가 5. 봉사 활동 상황	Ⅷ. 학년·학급 교육과정 운영 계획 1. 교과 운영 2. 범교과 학습 주제 운영 3. 창의적 체험활동 운영 4. 역량 중심 교육과정 재구성 계획 Ⅸ. 학년 운영 업무 분담 Ⅹ. 학년·학급 교육과정 운영 평가 ◎ 보조 기록부	3. 학급 특색 교육 활동 Ⅴ. 학년 교육과정 편성 1. 교육과정 편제와 시간 배당 2. 2학년 교육과정 편제와 시간 배당 3. 교육과정 연간 수업 운영 계획 Ⅵ. 학년 교육과정 운영 계획 1. 교과활동 운영 계획 2. 창의적 체험활동 운영 계획 3. 특색교육활동 4. 체험 학습운영 계획 Ⅶ. 학급 교육 과정 운영 평가 1. 교과활동 평가 2. 창의적 체험활동 평가 3. 행동발달상황 평가 4. 학년 교육과정 편성 및 운영 평가

1) 교육 자료실. 2000학년도 학급경영록. [학급경영록02]. 박남기 외(2008, 45).
2) 교육 자료실. 2000학년도 학급경영록. [학급경영록04]. 박남기 외(2008, 45).
3) 광주 A초등학교 학년 교육과정 운영 계획 목차.
4) 광주 B초등학교 2학년 1학기 교육과정 목차.

그리고 교육과정 편성·운영 활동이 더욱 강조되어 교사의 역할이 교육과정 운영자로 규정되었음을 알 수 있다. 아울러 광주 A, B초등학교의 교육과정 운영 계획에 나타나 있듯이 교사가 학급경영과 관련하여 수행하고 있는 중요한 활동을 모두 교육과정 운영 활동에 포함시키는 모습은 교육과정 운영 계획이 현재 운영되는 실태를 잘 보여주고 있다.

(3) 학급경영자에서 학급교육과정 운영자로의 관점 변화가 미친 영향

넓은 의미에서의 교육과정은 학교 교육 활동 전반을 뜻하므로 교사를 학급교육과정 운영자로 규정하는 것이나 학급경영자로 규정하는 것이나 큰 차이가 없을 수도 있다. 그러나 학교갈등연구(이군현, 2004)를 위해 실시했던 초등학교장 및 교사들과의 면담에서 이 변화가 미치는 영향은 상당한 것으로 드러났다. 이와 함께 광주교대 교육대학원에 재학 중인 현직 교사 각각 10명씩을 대상으로 심층 면담을 실시한 결과를 토대로 초등교사를 바라보는 관점 변화가 미친 영향과 문제점, 그리고 개선 방향을 정리하면 다음과 같다.

첫째, 관점 변화로 인해 교사 스스로가 학급이라는 하나의 조직을 경영한다는 의식보다는 단순히 교육(교과)과정만 운영하면 된다고 생각하는 경향이 증가하고 있다. 실제로 초등학교 담임교사는 학급이라는 조직을 이끌어가야 하는 리더인데 조직경영에 필요한 제반 이론과 능력 배양의 필요성에 대한 인식이 줄고 있다. 또한 학급경영의 중요한 부분인 연간 교실환경 경영계획, 학부모와의 관계 정립을 위한 계획 등등 창의적 체험활동 영역에 포함되지 않은 계획들을 수립하지 않은 채 학급이라는 조직을 이끌고 있다. 그 결과 학부모와의 관계에서 자주 문제가 발생하고 있으며, 교실환경 활용도 소홀히 되고 있다. 그리고 이러한 일을 하더라도 업무로 규정되어 있지 않아서 교사 개인의 희생에 기초하여야 하는 실정이 되고 있다.

둘째, 교사가 실제로 하고 있는 활동과 교육과정 운영 계획에 포함된 교사 활동의 괴리가 다소 존재한다. 우리나라 교육여건을 고려할 때 교사가 협의의 교육과정 운영자로서만 활동할 수 없는 상황이다. 각급학교에는 교직원들의 행정업무 등을 지원해 주기 위해 교육실무사 · 교무행정지원사 · 조리사(원) · 전문상담사 등 많은 교육공무직원이 근무하고 있다. 서울의 경우 초 · 중 · 고, 공 · 사립학교에 정원으로 관리하는 교육공무직원만 2019년 기준 약 2만 1천 명(출처: https://www.hangyo.com/news/article.html?no=89114)이 있다. 그러나 여전히 초등학급 담임교사의 경우 여러 학급·학교의 각종 업무 역할을 수행하고 있다. 또한 상담교사가 별도로 배치되어 있는 미국과는 달리 국내 초등교육 현실에서는 이 또한 대부분의 경우 학급 담임교사의 몫이다.

따라서 교사가 학급경영 활동을 할 때 보조 인력의 지원을 받기가 거의 어려울 뿐만 아니라 학교경영 지원자로서의 활동도 병행해야 하는 실정이다. 이러한 상황에서 교사를 교육과정 운영자로 규정하고 교과지도가 아닌 나머지 교육활동을 창의적 체험활동에 대부분 포함시킨 후 그러한 활동을 주당 2~3시간 정도만 하는 것으로 시간을 할애하는 것은 우리의 현실과 동떨어진 접근이다. 교과와 창의적 체험활동 수업 시간이 아닌 시간에도 교사는 학급경영자로서 교과 이외의 활동에 해당하는 교육활동을 할 수밖에 없고, 실제로 수행하고 있다.

학급경영자로서의 교사 개념이 명확해지면 교사가 실제로 하고 있는 많은 활동들이 교사의 근무활동으로 인정됨에 따라 근무 부담의 적정화가 이루어지게 될 것이고, 교사의 학급경영 활동 근무부담의 적정화가 이루어지면 교육활동의 성과도 향상되게 될 것이다.

교육과정 운영에 포함되지 않고 있지만, 아침부터 일과 내내 매일 반복되고 있는 초등교사의 교육활동을 보면 아침 자습 지도, 쉬는 시간 지도, 우유 급식 지도와 중간놀이 지도, 점심시간의 급식지도, 청소 지도, 종례 지도와 하교 지도 등 수업 이외에 하루 평균 3시간 이상의 교육활동을 추가로 하게 된다. 이러한 현실과 규정상의 괴리 문제를 완화시키기 위해서는 일부 나라가 그러하듯이(OECD, 2007, 409), 우리나라의 초등학교의 경우 교사가 실제로 교육활동을 하고 있는 이상의 제반 활동 시간을 모두 수업 시간의 범위에 포함시키는 것이 타당하다.

초등학교 교사의 경우에는 매일 반복되는 직접적인 수업 활동 이외에도 이를 위한 수업 준비활동, 상담 및 생활지도, 학급의 최고경영자로서 주별, 월별, 시기별로 해야 하는 교실환경, 학부모경영, 학급 사무처리 등 다양한 활동을 한다. 이들 중 상당한 부분은 학교 근무 시간 이후에 이루어지고 있고, 귀가 후에도 이루어지고 있기도 하다. 초등학교 교사들이 학급경영을 위해 실제로 하고 있는 제반 활동은 교사의 근무활동 시간에 포함되어야 한다. 교사가 실제로 하고 있는 이러한 제반 활동을 교사의 근무활동 시간으로 간주하지 않은 결과, 실제로는 많은 일을 하면서도 초등교사의 평균 순 수업 시간은 656시간으로 OECD 평균인 778시간보다 적은 것으로 조사되고 있다. "2016년 OECD 교육지표"인 이 조사 결과에는 순 수업 시간으로 점심시간과 중간 휴식시간, 공휴일(국경일 및 정규방학) 등을 제외한 정규수업, 창의적 체험활동 수업 시간 등만 포함되었을 뿐, 교사들이 수행하는 수업준비활동, 생활지도 등은 전혀 시간에 포함하지 않았다.

참고로 살펴보면 OECD(2007, 409)가 규정한 교사의 근무시간에는 1) 수업활동, 2) 수업과 직・간접적으로 관련된 활동(수업 준비, 상담, 과제 점검 및 지도, 전문성 신장 활동, 학부모 경영, 학교 회의 참석, 기타 학교행정 지원 업무) 등이 포함되어 있다. 후자는 직접적인 수업활동을 제외한 나머지 학급경영 활동을 의미하는 것으로 국가에 따라서는 이를 위해 몇 시간을 사용해야 하는지에 대해 별도로 규정하고 있기도 하다. 하지만 이 활동이 학교 내에서 이루어져야 하는지, 학교 밖에서도 이루어질 수 있는지에 대해서는 명시되어 있지 않다.

셋째, 교사가 핵심 업무인 교육과정 운영 활동에 전념해야 한다는 의도에서 교사를 교육과정 운영자로 규정하였으나 우리나라 초등학교 여건과의 괴리가 커서 결국은 수업 활동이 어려워지는 결과가 초래되고 있다. 교사가 교육과정 운영 활동 이외의 활동에 많은 시간을 빼앗길 수밖에 없는 상황에서 학급경영 활동을 교사의 주요 교육 활동시간으로 간주하지 않으면 앞에서 언급한 모든 업무를 주어진 시간 내에 처리하기 위해 결국 어느 활동인가는 소홀히 하게 된다. 그런데 현실 속에서는 밖으로 잘 드러나지 않는 교과와 창의적 체험활동 등 교육과정 운영 활동이 소홀히 되는 것으로 나타나고 있다. 학년부장 업무 부담을 분석한 박남기와 김선미(2006)의 연구에 따르면 초등학교의 학년부장 업무 수행으로 인해 조사 대상 교사 중 52%가 2시간 이하, 30.6%가 3~4시간, 12.9%가 주당 5~6시간의 수업결손을 경험하고 있다. 잡무라고 일컬어지는 이러한 학교경영 지원활동을 위한 수업 결손은 일반 담임에게서도 유사하게 나타나고 있다. 이러한 자료는 교사가 실제로 수행하고 있는 학급경영 활동, 학교경영 지원활동을 교사 업무 시간에 포함시키지 않음으로써 학생교육 활동이 소홀해질 수밖에 없음을 잘 보여주고 있다.

넷째, 교사를 학급교육과정 운영자로만 간주하게 됨에 따라 교육목표 달성마저 위협을 받고 있다. 교사를 학급경영자로 바라볼 경우에는 경영자로서 경영 목표 수립부터 시작하여 제반 여건을 갖추고, 학생 교육활동을 하는 것까지가 모두 교사의 업무와 역할로 간주되지만 교육과정 운영자로 바라볼 경우에는 교육과정 운영 업무가 아닌 업무는 교사의 주 업무가 아닌 것으로 간주되어 소홀히 되고, 그 결과 교육 목표 달성 자체가 어렵게 될 수 있다. 면담 대상 교사들을 상대로 학급경영 목표가 무엇인지를 조사하였더니 많은 교사가 자신의 학급경영 목표를 명확히 밝히지 못했다. 즉 교사가 교육과정 운영자라고 보는 관점은 교사 역할의 핵심을 잘 밝혀주는 대신 학급이라는 조직을 이끌어 원하는 목적지에 도달시켜야 하는 학급경영자로서의 역할을 간과하게 하는 부작용을 초래하고 있다. 하나의 학급이라는 조직으로 완성시키기 위한 활동, 생활지도 활동 등이 소홀히 되면서 학교교육의 기초 단위인 학급이 원활하게 운영되지 못해 교육목적 달성이 위협을 받고 있다.

"교육과정 운영 계획" 시기로 접어들면서 이러한 학급경영 활동의 일부를 창의적 체험활동 영역에 포함시키고 창의적 체험활동 시간을 주당 2~3시간을 확보함으로써 교사의 교육활동 시간을 과거보다 약간 더 인정해 주는 효과를 가져온 것은 사실이다. 그러나 앞에서 밝힌 것처럼 교사가 실제로 하고 있는 여타 학급경영 활동이 어디에도 나타나기 어렵게 되어 실제 업무와 인정받는 업무 사이의 괴리가 더욱 커지게 되었다. 이러한 제반 문제를 완화시키기 위해서는 교사를 수업을 포함한 제반 교육활동과 함께 학급경영에 필요한 계획을 수립하고 실천하는 넓은 의미의 학급경영자로 규정할 필요가 있다.

3. 학급경영 목표

뚜렷한 학급경영 목표가 없이 학급을 경영하는 것은 생각할 수 없다. 반드시 학급 교육목표에 근거한 학급경영 목표를 수립하고, 이에 따른 학급경영 방침이 만들어져야 한다. 명확한 목표가 없을 경우 동료교사로부터 들은 경영 전략이나 인터넷에 떠돌아다니는 수많은 경영 기법 등을 무작정 따라하다가 시행착오를 겪기 쉽다. 시행착오를 겪는 과정 중에 교사의 학급경영력은 길러지겠지만 학생들은 교육적 성장에 피해를 입게 된다.

1) 학급경영 목표 구조

학급경영 계획 수립의 첫단계는 학급경영 목표를 명확히 하는 것이다. 학급경영 목표를 설정하기 위해서는 먼저 학급 교육목표와 학급경영 목표, 학급경영 방침의 개념과 이들 사이의 관계를 이해해야 한다. 요컨대, 담임교사의 철학이나 교육관을 바탕으로 학급 구성원들이 도달해야 할 인간상으로서의 학급 교육목표, 학급 교육목표를 달성하기 위하여 수행하여야 하는 경영 기본 방향으로서의 학급경영 목표, 학급경영 목표를 달성하기 위한 수단으로서의 기본적 지침과 행동 전략으로서의 학급경영 방침을 구분할 수 있어야 한다.

학급경영 목표를 수립할 때 가장 먼저 고려할 것은 상위 목표이다. 학급은 학년 안의 조직이고, 학교 안의 조직이다. 따라서 학년 교육목표와 학교 교육목표에 부합해야 하며, 상위 조직인 교육청과 국가의 교육목표에 부합해야 한다. 학급경영 목표와 국가 교육목표 사이의 관계를 살피면 다음과 같다.

국가 교육목표 → 교육청 교육목표 → 학교 교육목표 →
학년 교육목표 → 학급 교육목표 → 학급경영 목표

학급경영 계획 수립의 첫단계인 학급경영 목표 설정을 위해서는 이상의 상위 목표와 함께 교사의 개인 특성, 실태조사와 기초 자료에 근거한 학생 특성, 학교와 지역사회의 특성 등이 함께 반영되어야 한다. 각 변인에 대한 구체적인 내용은 이하에서 살피도록 하겠다.

학급경영 방침은 곧 학급경영 활동이다. 학급경영 활동은 경영 목표를 달성하기 위한 수단이지만, 그 자체로서 달성되어야 할 목표의 의미도 갖는다. 이하에 소개되는 학급경영 목표 달성을 위한 학급경영 방침 개발 모형을 참고하기 바란다.

학급 교육목표 → 학급경영 목표 → 학급경영 방침(전략, 활동)

2) 학급 교육목표 설정

학급 교육목표는 담임교사의 철학이나 교육관을 바탕으로 일정 기간 동안 학급 구성원들이 궁극적으로 도달해야 할 인간상을 제시한 것이다. 이것은 학급 내의 교육활동이 나아가야 할 방향을 밝혀주는 지향점이 되며, 담임교사와 학생 그리고 학생 간의 의사결정의 적절성 또는 합리성을 판별해 주는 중요한 지표가 되기도 한다. 학급 교육목표는 학교 교육목표와 학년 교육목표를 근거로 하여 학교-학년-학급으로 이어지는 교육목표의 연계체제 속에서 학급을 단위로 하여 전개되는 교육활동의 목표이다. 따라서 학급 교육목표는 학급단위에서 교육과정 운영, 학생실태 및 경영실태를 고려하여 학급에서 성취할 수 있는 교육목표로 구체화된다. 학급 교육목표는 지적, 정의적, 사회적 영역 등에서 학생들이 성취해야 할 행동특성으로 진술하며, 학급 구성원들의 발달 단계나 능력 수준을 고려하여 실현 가능한 것이 되어야 한다.

3) 학급경영 목표 설정

학급 교육목표는 추상적이고 학생 교육 결과에 초점을 둔 개념이다. 학급경영 목표는 일차적으로 학급 교육목표가 달성 가능한 구체화된 기본 방향으로서의 역할을 한다. 학급경영 목표는 학급의 교육목표 달성을 위한 수단적·실천적 활동의 방향이라 할 수 있다. 학급경영 목표는 학급경영 활동의 합리성 판단, 성과 측정 및 평가의 기준이 된다. 가령 '더불어 살아가는 어린이'라는 학급 교육목표가 있을 경우 이를 달성하기 위한 학급경영 기본 방향으로서의 학급경영 목표는 「예의범절 및 공공질서 지도」와 「공동체의식 함양 및 협동활동 지도」가 될 수 있다. 학급경영 목표에는 학급 교육목표를 구체화한 것과 함께 학급 교육목표 달성을 위한 다른 활동, 즉 학부모 및 지역사회와의 관계, 혹은 교실환경 등에 관한 것을 별도의 목표로 포함시킬 수 있다. 가령 '학부모와 함께 하는 학급경영', '자연이 숨쉬는 교실'도 학급경영 목표가 될 수 있다. 개괄적이고 추상성이 높은 학급경영 목표는 보다 구체적인 하위 목표로 다시 구체화될 필요가 있다. 앞에서 예로 든 학부모와 함께 하는 학급경영이라는 개괄적인 목표의 경우 「학부모와 만남 활성화, 자원봉사제도 활성화, 양방향 의사소통 통로 활성화」 등의 구체적인 목표로 다시 나눌 필요가 있다.

학급경영 목표에는 또한 교육목적 달성과 관련된 학급의 제반 경영활동이 포함되어야 한다(박병량, 1997, 225). 예컨대, '꿈을 가꾸기 위해 한 가지 이상의 소질을 기르는 어린이'라는 교육목표는 교과활동뿐만 아니라 창의적 체험활동, 생활지도활동, 학급환경조성, 학부모와의 대화 활동에서도 연관되어 경영 목표로 진술할 수 있다.

4) 학급경영 방침의 설정

학급경영 방침은 학급경영 목표가 더욱 구체화된 수단으로서 경영 목표 달성을 위해 채택해야 할 기본적 지침 또는 행동전략이다. 이는 경영 목표를 어떻게 실천할 것인가 하는 수단적 지침을 마련하여 준다. 따라서 학급경영의 진술은 경영 목표 달성을 위한 최적의 대안이 무엇인가를 검토하여 결정한다.

학급경영 방침은 경영활동에서 중요한 의미를 갖는다. 첫째, 학급경영 방침은 목표를 구체화한 것이기에 학급경영 활동의 실천적 방향을 제시한다. 둘째, 학급경영 방침은 구체적 준거를 학급 학생들에게 주는 것이므로 교육목표를 명확하게 하여 학급의 교육효과를 극대화할 수 있게 한다. 셋째, 학급경영 방침은 학급 학생들에게 학급활동의 참여를 고무시켜 자유와 책임감을 갖도록 할 수 있다. 그러므로 학급경영 방침의 결정은 학급경영 목표 달성을 위한 대안을 찾고 다각적인 분석이 요구된다. 이러한 학급경영 방침의 진술에는 학급경영 목표에 따른 구체적인 학생들의 활동원칙, 학생 담당부서, 활동 내용 및 일정 등이 포함될 수 있다.

〈표 4-2〉 교육목표, 학급경영 목표, 학급경영 방침 (예시)

교육 목표	경영 목표	경영 방침(활동, 전략)
더불어 살아가는 어린이	예의범절 및 공공질서 지도	• 인사 잘하기 지도 • 하루에 한 가지씩 부모님께 효도하는 활동하기 지도 • 줄서기 지도 • 다른 반 교실에 들어가거나 교무실에 들어갈 때 노크하기 • 네티켓 지도
	공동체의식 함양 및 협동 활동지도	• 1인 1역 지도 • 친구들과 사이좋게 지내기 • 친구 칭찬하기 활동 • 수호천사 활동하기 • 바른말 쓰기 지도 • 교우관계 지도 • 불우이웃 돕기 지도

4. 학급경영 계획 수립

1) 학급경영 계획 수립 시 고려할 변인

학급경영 계획을 수립하기 위해서는 교사 자신의 특성, 학생들의 특성(학년, 능력, 독자성), 환경과 사회적 맥락(지역사회와 사회경제적 요인, 자원 활용 가능성, 학교의 조직 요인, 지역 학교의 정치적 구조) 등의 변인을 고려해야 한다. 이와 함께 계획 수립 시 사용하고자 하는 다양한 학급경영 모형과 기법이 가지고 있는 강점과 한계점 등을 함께 고려하여 구체적인 계획을 수립할 때 원하는 결과를 이루어낼 수 있다(Martin & Sugarman, 1993).

(1) 교사 특성

교사 특성은 교사의 개인적 성향과 개인이 처한 상황으로 나뉜다. 개인의 특성 변인으로는 정열적·냉담적, 내성적·외향적, 민주적·권위적, 교사 중심적·학생 중심적, 말이 많음·조용함 등이 있다. 교사 중심적이고 정열적인 교사의 경우에는 민주적 학급경영 모형이나 학습자에게 자유를 허용하는 로저스(Rogers)의 의사소통모형은 적합하지 않다. 이러한 교사의 경우에는 교사 주도적인 학급경영 계획을 만들고 집행하는 것이 좋다.

교사의 상황 변인 또한 중요하다. 건강 상태, 가정 상황, 출근 거리, 대학원 진학 여부 등등 개인이 처한 상황을 고려하지 않고 야심찬 계획을 수립할 경우 실패할 가능성이 높다. 활발한 아침 활동, 다양한 활동 중심 수업, 학생 자치제도 활성화, 학부모와의 활발한 교류 등을 위해 프로그램을 만들 경우 많은 시간이 소요되게 된다. 이러한 계획을 실천하기 위해서는 건강이 좋아야 하고, 가정생활에 많은 시간을 빼앗기지 않아야 하며, 아침에 일찍 출근할 수 있어야 하는 등 시간과 이를 추진할 에너지가 확보되어야 한다.

(2) 학생들의 특성

학생 특성은 이미 정보화된 자료와 함께 교사가 필요로 하는 자료를 수집하고 분석하여 파악할 수 있다. 학생 특성도 학생 개인 성향과 상황으로 나누어 볼 수 있다. 학생들은 개성, 학습 능력, 기능, 흥미, 행동 방식 등에서 서로 다른 특성을 보인다. 학생들의 특성을 파악할 때 교사는 개인 학생들의 특성과 함께 학급 집단의 전반적 특성을 함께 파악해야 한다. 학급 학생들이 상당히 유사한 특성을 가지고 있다면 특성 파악이 용이하다. 하지만 학습 능력과 흥미 등이 크게 다르다면 특성 파악이 상당히 어려울 것이다. 학생들 간에 특성이 서로 크게 다를 경우에는 개인 특성에 맞게 몇 가지의 경영 모형을 동시에 사용해야 할 것이다. 가령 학습지도 계획을 수립할 때 학습목표가 뚜렷하고 스스로 학습하는 능력이 뛰어난 학생을 위해서는 인지적 자기-통제 전략을 적용하고, 그렇지 않은 학생에게는 교사의 지속적인 동기부여 전략을 적용할 필요가 있다. 학생특성은 학급경영 수립 전반에 큰 영향을 미치게 될 것이다.

학생 개인의 상황도 중요한 변수가 된다. 이미 부모가 짜 놓은 다양한 방과후 활동으로 바쁜 아이들이 많거나, 새 가정(친부모와 친형제로 이루어지지 않은 비전통적인 형태의 모든 가정, 예: 한부모 가정, 조손 가정, 다문화 가정 등) 출신의 아이가 많은 경우(박남기, 2003) 등등 학생들이 처한 상황을 고려하여 학급경영 계획을 수립해야 한다.

(3) 교사-학생 상호 작용

교사와 학생 사이의 사회적 관계와 상호 작용 변인은 교사 개인 특성 변인의 하나로 간주할 수도 있으나, 그 중요성과 특성에 비추어 학급경영 계획 수립에 영향을 미치는 별도의 요인으로 구분하여 고려할 필요가 있다. 이 변인은 학급경영 계획을 수립할 때뿐만 아니라 중간에 수정해야 할 때 고려해야 하는 변인이다. 실제로 교사에 따라 학생과 상호 작용하는 방식이 서로 다르다. 따스하고 친근한 사람과 상당히 딱딱하고 냉담한 사람, 지원적인 사람과 사기를 꺾는 사람, 동기부여를 잘 하는 사람과 지루한 사람 등등 학생과의 상호 작용 특성이 교사에 따라 다르다. 학생들과 긍정적이고 생산적인 상호 작용을 하는 것이 교사의 의무이지만, 이러한 시도 자체가 고통으로 다가올 수도 있다. 이러한 문제를 줄이기 위해서는 학급경영 모형의 근저가 되는 다양한 상호 작용 방식에 대해 잘 알고 있어야 한다. 일부 학생과의 관계가 원만하지 못한 교사는 문제해결 전략을 사용하는 것이 좋다. 학생들과의 상호 작용이 크게 문제가 되고 대부분의 학생들과의 관계가 좋지 않을 때에는 학급 토론과 학급회의 기법을 사용하면 문제를 줄일 수 있을 것이다.

(4) 학교와 지역사회 변인

학급은 학교 그리고 더 나아가서는 지역사회 안의 한 조직이다. 따라서 학교와 지역사회 변인을 감안하여 학습 계획과 학생들의 생활 계획을 수립해야 한다. 가령 학교가 정책적으로 혹은 학칙을 통해 어떤 특정 방식의 사용(예: 타임아웃제도의 활용)을 금할 수도 있다. 학교장이 교실 밖의 공간을 사용해야 하는 프로그램에 대해 허용적이거나 그렇지 않을 수도 있다. 그리고 현장체험학습에 대해 일정한 규제를 가할 수도 있다. 학부모가 학교교육에 대해 아주 협조적이고 수업도우미를 포함한 학부모의 자원봉사가 활발한 경우도 있지만, 직·간접적으로 학교교육에 영향력을 행사하고자 하고, 그렇지 않을 경우에는 문제를 자주 일으키는 경우도 있다. 그리고 학교운영위원회나 다른 조직을 통해 직·간접적으로 학급경영활동에 관한 구체적인 자료를 요구하는 경우도 있다. (물론 학급경영 계획에 관해 필요한 범위에서 학부모에게 알리고, 학부모가 참여하도록 하며, 학부모의 협조를 구할 필요가 있다. 이는 학부모의 권리에 속한다.) 학급경영 계획을 수립할 때 학교와 지역사회 변인을 고려하지 않으면 교사의 정열과 노력에도 불구하고 문제만 커지는 경우가 자주 발생한다.

새 학교로 옮기게 되면 그 학교에 오래 근무한 동료교사를 통해 학부모의 성향과 지역사회의 특성을 파악하는 것도 필요하다. 이러한 노력이 그 학교를 둘러싼 환경에 대해 편견을 가지게 할 수도 있겠으나, 여러 사람을 통해 폭넓게 자료를 수집하면 학부모 및 지역사회와의 관계에서 문제를 예방하고, 빠른 시간 안에 생산적인 관계를 맺을 수 있을 것이다.

(5) 각 경영 기법의 특성

각 경영 기법은 해당 경영 기법에 적합한 조건, 그 기법을 통해 달성하고자 하는 목표, 강점, 약점 등을 가지고 있다. 다양한 경영 기법을 활용하여 경영 계획을 수립할 때 각 경영 기법에 대해 충분히 이해하지 못하고 있으면 원하는 결과는 나오지 않고 부작용만 커진다. 학생들의 바람직한 행동강화를 위해 사용하는 토큰제도처럼 간단해 보이는 기법도 기법에 대한 충분한 이해 없이 상식에 의거하여 계획에 포함시키고 시행하게 되면 결국 실패하게 된다. 따라서 효과적인 학급경영 계획을 수립하기 위해서는 학급경영 영역별로 제시되어 있는 다양한 경영 모형과 기법들에 대한 깊은 이해가 선행되어야 한다.

(6) 학급경영 목표와 방침 개발 모형

이와 같이 고려해야 할 요인이 아주 많기 때문에 학급경영 계획을 수립하고 구체적인 경영방침을 만들기 위해서는 보다 체계적이고 논리적인 접근을 할 필요가 있다. [그림 4-2]는 Martin과 Sugarman(1993)이 제시한 학급경영 전략 개발을 위한 모형을 토대로 작성한 것이다. 교사와 학생의 특성, 상호 작용, 학교와 지역사회 변인, 각 기법의 특성을 모두 고려하도록 만들어져 있다. 이 모형을 활용하면 학급경영 기법 개발, 적용, 평가를 용이하게 할 수 있다.

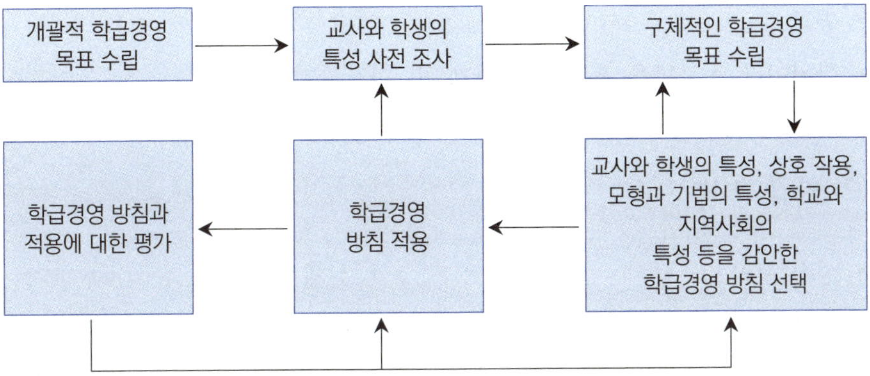

[그림 4-2] 학급경영 목표와 방침 개발을 위한 모형

출처: Martin & Sugarman(1993, 147)을 수정한 것임.

2) 학급경영 계획 수립을 위한 기초 조사

학급 실태 조사라고도 하며, 자기가 담당하는 학급의 현황을 파악하기 위한 활동이라 할 수 있다. 통상 학생지도를 위해 참고할 기본 정보는 다음과 같다(김종철 · 진동섭 · 허병기, 1993, 267-268을 바탕으로 재구성).

(1) 학생 조사

- 전년도까지의 성적
- 성격
- 생년월일, 연령
- 주소, 성장지
- 출신 유치원 또는 입학 이전의 생활
- 취미, 특기, 기호도
- 좋아하는 교과, 싫어하는 교과
- 통학관계
- 과거 생활지도 이력(전학생의 경우, 이전 학교에서 있었던 크고 작은 사건 등)
- 동아리 부서
- 지능, 적성
- 신체발달상황
- 각종 심리검사
- 장래희망
- 교우관계

- 종교
- 학원이나 공부방을 통한 교우관계 및 인간관계

(2) 학급 조사

- 성적 분포
- 과거 학급임원 경험자
- 교실 기자재
- 학급의 보스
- 신체적 경향
- 학생 출석 경향
- 학급풍토, 교우관계

(3) 가정 조사

- 부모 관련 사항
- 자녀에 대한 학부모의 관심
- 부모의 아동에 대한 장래 희망
- 가정 문화 시설
- 가족 상황
- 가정 내 학습환경
- 종교

(4) 지역사회 조사

- 문화 시설
- 주민생활상
- 통학 조건
- 자연 조건
- 문화 유적
- 산업 시설
- 지역 역사
- 주요 기관
- 지역 인사

기초 조사 과정에서 다음 사항에 유의하여야 한다. 첫째, 교육행정정보시스템인 나이스가 시행 중이므로 동일한 내용의 조사를 매년 반복할 필요가 없다. 다만, 매년 학생들에 있어 업데이트되는 중요한 신변 정보에 대해서는 학생들과의 친밀한 라포르를 바탕으로 숙지하여 필요에 따라 다음해 담임교사에게도 공유해야 한다. 교육행정정보시스템에 포함되지 않은 사항 중에서 교사가 필요하다고 판단하는 기초 정보를 수집하여 학급경영 계획 수립 및 집행에 활용하여야 한다. 둘째, 기초 자료 조사 과정이 학생에게 유쾌하지 않은 활동이 될 수 있다. 특히 가정환경에 대한 조사를 하는 경우에는 학생들의 사생활 침해 여부를 고려해야 하며 학생들이 상처 받지 않도록 각별히 유의하여야 한다. 셋째, 각 항목별로 조사가 꼭 필요한지의 여부를 먼저 따져 보아야 하며, 조사한 자료를 어떠한 목적으로 어떻게 활용할 것인지를 먼저 명확하게 한 이후에 자료를 조사해야 한다.

3) 학급경영 세부 실천 계획서 작성

학급경영 세부 실천 계획서는 학급경영 방침을 실천하기 위한 세부 실천 지침이다. 학급경영 세부 실천 계획에서는 누가, 무엇을, 언제 수행할 것인가를 정확하고 구체적으로 진술한다. 세부 실천 계획에는 활동의 대상, 동원될 사람, 필요한 물적 자원, 소요비용과 같은 투입될 자원, 실시 시기와 같은 시간계획, 담당자나 부서, 그리고 그들의 권한, 의사소통과 같은 운영체제 등이 포함될 수 있다(박병량, 1997, 228; 정태범 외, 1995, 538). 학급경영 세부 실천 계획의 예를 들면 〈표 4-3〉과 같다.

〈표 4-3〉 학급경영 세부 실천 계획의 예

학급경영 목표	학급경영 방침(활동)	목표	시기	대상	담당	예산	비고
기본생활 습관형성	• 질서 · 예절 지키기 • 고운말 쓰기 • 화장실 · 수도 이용지도 • 선 · 효행일기 쓰기지도	수시 수시 수시 수시	3-2 3-2 3-2 3-2	전체	김대두 생활부	20,000원	학교 학년 협조

학급경영 목표	학급경영 방침(활동)	목표	시기	대상	담당	예산	비고
환경 교육의 강화	• 쓰레기 종량제 실시 • 환경보호 그리기 대회 • 오염된 영산강 견학	수시 2회 2회	3-2 4 · 10월 5 · 11월	전체 전체 전체	김대두 (학부모 협조)	200,000원	학교 학년 협조 (버스)
절약 저축 생활화	• 과소비 억제 • 1인 1통장 갖기 • 용돈기입장 기록 • 분리수거 및 재활용지도	수시 1회 수시 10회	3-2 3월 3-2 월 1회	전체 전체 전체 전체	김대두 저축부 (학부모 협조)	30,000원	학교 학부모 협조

** OO초등학교 1학년 0반 김대두 선생님의 학급경영 계획안 참조

4) 학급경영 평가 계획

학급경영 계획에 학급경영 평가 계획을 포함시켜야 한다. 경영 평가 계획에서는 학급경영의 성과를 진단·평가할 수 있는 평가 방법을 구체화한다. 이것은 학급의 발전과 학급 담임교사 자신의 성장과정을 살피는 일이라고도 할 수 있다. 학급 담임교사는 경영에 대해 자기점검과 자기비판으로 반성을 게을리해서는 안되며, 또한 반성된 결과는 후속되는 학급경영 활동에 환류하여 학급경영 개선과 발전을 도모해야 한다. 학급경영 평가 결과는 계획의 수정과 보완 및 차기의 학급경영 계획에 활용한다. 학급경영 평가 계획은 학급경영 영역 또는 활동별로 작성하여 구체화한다. 학급경영 평가는 해당 부분에서 구체적으로 다루겠다.

5) 학급경영 계획서 작성과 비평

학급경영 계획의 마지막 단계는 앞의 학급경영 계획 단계별로 구상되고 구체화된 학급경영 계획을 일정한 양식에 의거하여 학급경영안에 기록·작성하는 일이다. 학급경영안은 통일된 일정한 양식에 따라 작성할 수도 있고, 교사 나름대

로의 자율성을 근거로 수정·보완하여 작성할 수도 있다. 학급경영안은 무엇보다 담임교사의 철학이나 학급의 특성이 나타나도록 해야 한다. 학급경영안의 작성 시 주의점을 몇 가지로 정리하면 다음과 같다. 첫째, 학급경영안이 획일화·형식화되어서는 안 된다. 학급경영안은 그야말로 학급의 실태와 교사의 교육관이 반영되어야 한다. 형식화된 지침서를 바탕으로 작성할 경우 교사를 비롯한 학급 구성원들은 참여의식이나 책임감을 갖지 않게 되어 활용도가 떨어질 수 있다. 둘째, 학급경영안은 실현가능성을 가져야 한다. 학급경영안이 이상에 치우치거나 실천 가능성이 없는 것이라면 거기에 아무런 가치도 부여할 수 없다. 교육의 변화는 학급의 의식적 실천을 통해 이루어져야 한다. 학급경영안은 실질적 성취를 전제로 한 현실적 계획이어야 한다. 셋째, 학급경영안은 평가와 반성을 통해 지속적으로 수정이 가능해야 한다. 세상에 완전한 계획이란 있을 수 없다. 학급경영안은 일단 작성된 후에도 상황의 변화나 계획 자체의 오류로 말미암아 문제가 발견될 경우에는 그것을 즉시 수정·보완할 수 있도록 작성되어야 한다.

5. 학급경영 계획 예시

1) 실제 활용을 위한 학급경영 계획서 작성

앞에서 언급한 것처럼 이제는 교육과정 운영 계획이라는 이름으로 학급경영 계획이 만들어지고, 이에 의거하여 학급이 경영되고 있다. 그러다 보니 교육과정 운영을 제외한 학급경영 부분에 대해서는 주별, 월별, 학기별 활동 계획이 상세히 포함된 연간 계획이 수립되지 않는 경우도 많다. 그러한 부분의 예로 학부모와의 관계정립, 교실환경 구성, 규칙과 행동수칙 등을 들 수 있다. 이러한 문제점을 극복하기 위해서는 몇 가지 보완 작업이 필요하다. 첫째, 거대한 문서 형태로 존재하는 교육과정 운영 계획을 기초로 매월 그 달의 학급경영 활동 달력을 만든 후

이를 학생들과 학부모에게 공지하고 직접 실천에 옮기는 것이다. 이 경우 교육과정 운영 계획이 실천에 옮겨지는 효과를 볼 수 있다. 둘째, 각 영역에 대한 월별 학급경영 계획표를 만들 때 학교(학년) 교육과정 운영 계획에서 빠뜨리고 있거나 아니면 중요도에 비추어 중시하지 않고 있는 부분에 초점을 두어 항목을 보완하여야 한다. 이하에서 소개하는 사이트에는 월별, 주별로 학급경영의 각 영역에서 어떠한 활동을 할 것인가 하는 연간 계획도 소개되어 있다(〈표 4-4〉참고). 셋째, 중요한 영역에 대해서는 별도의 실행 계획을 만들어야 한다. 학생들의 특정 문제 행동을 수정할 필요가 있거나 아니면 어떤 바람직한 행동을 강화하고자 한다면 수업안을 만들듯이 해당 행동경영 계획서를 구체적으로 작성할 필요가 있다. 이를 위해서는 앞에서 제시한 「학급경영 목표와 방침 개발을 위한 모형」을 활용하되, 수업안처럼 구체적인 단계별 지도 전략을 상세히 수립하여야 한다.

학급경영 계획 수립 능력을 기르는 하나의 방법은 자신의 눈길을 끄는 계획서를 찾아 분석·비평해 보는 것이다. 이 과정을 통하여 자신의 계획서를 작성할 수 있는 안목을 기를 수 있을 것이다. 광주교대 학생들이 학급경영 영역별 연간 계획을 수립하여 올려놓은 사이트를 참고하면 많은 아이디어를 얻을 수 있다(http://class.gnue.ac.kr → 학급경영의 실제 → 목표 및 계획 수립 참고).

〈표 4-4〉 3월의 영역별 · 주별 학급경영 활동계획 예

시기 \ 영역		목표 & 계획 수립	학급 조직	교실 환경	규칙 & 행동수칙	행동 경영	수업 경영	시기별 학급 경영	학부모 관계	사무 경영	학급 경영 평가
3월	1주	학생실태 파악 학급목표 정하기 급훈	자리배치 & 모둠구성 1인 1역 조직 선관위	교사책상· 책걸상배치 학급주요 가구배치 시간표	아이들의 발단단계 파악 학교규칙 파악 ·	기본생활 습관지도 청소지도 아침조회 지도	기본학습 습관지도 학습방법 지도 발표방법	시업식 첫 만남 친해 지기 활동	학부모께 보내는 편지 가정 통신문		행동 체크 리스트 작성 시작 (교사)

시기 \ 영역	목표 & 계획 수립	학급 조직	교실 환경	규칙 & 행동수칙	행동 경영	수업 경영	시기별 학급 경영	학부모 관계	사무 경영	학급 경영 평가
	정하기 학급 이름 정하기 자기 소개서 작성	조직 임원 선거운동	만들기 독서 & 놀이 공간준비 게시판준비 (우리들의 솜씨 하늘이야기 사람이야기 꿈이 자라요) 재활용함 분실물함 시계 & 거울 준비 화분배치	지도	종례 & 하교지도 우유급식 & 급식 지도 줄서기, 노크하기 지도 인사지도 1인 1역 지도 하루 한 가지 효도하기 지도	지도 수업 시간 약속 정하기 일기쓰기 지도 알림장쓰 기지도	진단 평가	학급 홈페이지 관리 임원선거 알림편지		이것 만은 고칠 래요 (학생)
2주	자신이 닮고 싶은 위인 정하기 자기자랑 정하기 1인 1취미 정하기 게시판에 자기소개 부착	임원선거 어린이회 조직	교실환경 꾸미기 나의 책소개 & 평가표 준비 환경달력 만들기 게시판 꾸미기 (우리들의 솜씨 하늘이야기 사람이야기 땅이야기)	학급규칙 논의시작	아침자습 지도 독서지도 분리수거 지도 칭찬하기 지도 아이들 과의 정기상담	독서지도 학습방법 지도 과제지도	아침 자습 활동 정하기 화이트 데이 지도	학급 홈페이지 이용안내 편지 임원선거 결과알림 편지		진단 평가 분석 (교사)

시기 ＼ 영역	목표 & 계획 수립	학급 조직	교실 환경	규칙 & 행동수칙	행동 경영	수업 경영	시기별 학급 경영	학부모 관계	사무 경영	학급 경영 평가
3주	반가 추천 받음 줄넘기 지도		우리들의 약속게시판 모둠별점수 게시판 사람게시판	우리들의 약속제정 행동수칙 제정 학급분쟁 해결위원 회발족	러브 포인트 제도 놀이시간 제도 상벌제도 구축 수호천사 활동지도 교우관계 지도 인성계발 놀이	과제지도 과목박사 제도시행	개교 기념일	우리들의 약속 & 행동수칙 알리는 편지 학부모 협의회 알림편지		
4주	반가 정하기 여러 가지 직업에 대해 알아보기		환경달력 만들기 사람게시판 수호천사 소감문 친구생일 기록판(4)		수호천사 활동 이달의 스타 선정		생일 축하	학부모 협의회 협의회 참석 감사편지		학년초 학급 평가 (교사)

출처: 학급경영연구소(http://class.gnue.ac.kr)-학급경영실제-학급경영 목표 및 계획.

2) 학급 교육과정 운영 계획

현재 활용되고 있는 학급경영 계획인 학급 교육과정 운영 계획은 정해진 큰 틀 안에서 각 학교별 기본 틀이 정해지고, 학교별로 만들어진 기본 틀에 따라 학년 교육과정 운영 계획이 만들어진다. 각 담임교사는 학년 교육과정 운영 계획을 활용하여 자신의 학급 교육과정 운영 계획을 작성하게 된다.

이하에서는 한 초등학교의 사례를 토대로 학급 교육과정의 기본 체제라 할 수 있는 학년 교육과정 운영 계획 체제를 소개하고자 한다. 학급 교육과정 운영 계획 실례는 〈학급경영연구소(http://class.gnue.ac.kr)-학급경영실제-사무관리-2번글(학급교육과정운영부)〉을 참고하기 바란다.

(1) 일반적인 학년 교육과정 운영 계획 체제

Ⅰ. 학년 운영의 기본 방향

Ⅱ. 학년 · 학급의 실태
1. 학생 실태 조사
2. 학급 실태 분석
3. 학년 실태 분석

Ⅲ. 학년 · 학급 교육 목표

Ⅳ. 학년 · 학급 교육과정 운영 중점 활동

Ⅴ. 학년 · 학급 교육 목표 실천 계획
1. Playing 지도
2. Learning 지도
3. U&I 지도
4. Sharing 지도

Ⅵ. 학년 · 학급 특색 교육 활동
1. 학년 특색 교육 활동
2. 학급 특색 교육 활동

Ⅶ. 학년 교육과정 편성
1. 교육과정 시간 배당
2. 수업 일수 확보 계획
3. 학년 교육과정 시간 운영 계획
4. 교과 및 창의적 체험활동 연간 수업 시수
5. STEAM 운영 계획

Ⅷ. 학년 · 학급 교육과정 운영 계획
1. 교과 운영
(1) 학년 수준 교과 교육과정 실태
(2) 학년 수준 영역별 교과 목표
(3) 학년 수준 교과 지도 중점
(4) 학급 수준 교과 지도 중점

2. 교과 연계 교육 운영

3. 창의적 체험 활동 운영
(1) 학년 운영의 중점
(2) 연간 시간 운영 계획
(3) 연간 지도 계획
1) 자율 활동
2) 동아리 활동
3) 봉사 활동
4) 진로 활동

Ⅸ. 학년 운영 업무 분담

Ⅹ. 학년 · 학급 교육과정 운영 평가

〈보조 기록부〉
(1) 개별 지도
(2) 창의적 체험활동 배정 현황
(3) 동아리 활동 출석부
(4) 학사력
(5) 상담 일지

출처: 2017학년도 광주교육대학교광주부설초등학교 교육과정 운영계획. 79.

(2) 작성 내용 및 방법

① 계획 수립 운영 절차

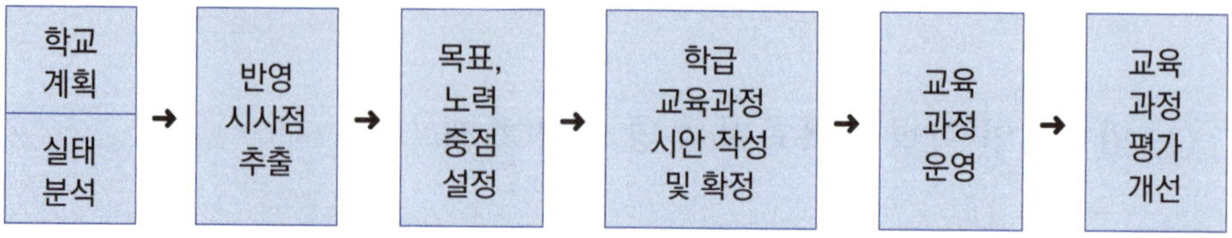

※ 전 과정에서 feedback

② 기초 조사 및 분석

- 학생, 지역, 학부모, 교사 등의 실태 분석 및 요구 조사
- 학교 시설, 설비 실태 등 학교 여건 분석
- 학교 교육과정 운영 실태 분석
- 기초 조사 분석 결과 → 교육목표 및 교육과정 재구성에 반영해야 할 내용 추출
- 추출된 과제와 학교 교육 강조점 추출

③ 학급 교육목표 및 노력 중점 설정

- 학급 교육목표 설정
  - 학교 교육목표와 일관성 유지 및 구체적 하위 목표 설정
  - 학급의 실태분석 결과 및 담임교사의 교육관 반영
  - 학급 담임교사가 기르고자 하는 인간상의 우선 순위에 의거 목표 결정
  - 추구하는 인간상의 구체적 행동 특성을 목표로 진술

〈광주 B초등학교 예시〉

학교 교육목표:
아이들의 행복을 위한 문화와 환경 조성 따뜻한 인간애(情)를 나누는 교육공동체 마을

⬇

학년 교육목표:
가. 나눔과 배려를 실천하는 바른 인성을 가진 어린이 (도덕인) 나. 스스로 공부하여 자기를 계발하는 어린이 (자주인) 다. 자신의 소질과 적성을 계발하는 어린이 (창조인) 라. 몸과 마음이 튼튼한 어린이 (건강인)

- 교육 중점(노력 중점)
  - 기초 조사 및 담임의 교육 의지에 의해 설정된 교육과제 제시
  - 구체적 실천 내용과 방법을 포함하여 학교 교육 중점과 일관성 있게 진술
  - 금학년도 교육 중점 우선 순위에 의거 중점 항목 결정

④ 연간 교육과정 시간 운영 계획

- 연간 수업 시수 책정표 작성: 연간 수업 시수 책정표에 의거 연간 교육과정 시간 운영 계획을 수립해야 함.
- 시간 배정 순서
  - 학교 행사 시간 배정
  - 고정 시간, 교과전담제 시간 배정
  - 담임교사의 교육 의도에 따라 동학년 협의를 통해 교과, 창의적 체험활동 시간 배정
  - 연간 교육과정 시간 운영 계획 시수와의 일치 여부 검토 및 수정
- 연간 교육과정 시간 운영 계획 작성

〈표 4-5〉 연간 교육과정 시간 운영 계획

(광주 A학교안 예시-1학기)

월	주	기간	수업일수	연간 수업일수							학년별 주간 수업시수						학교 행사	비고
				일	월	화	수	목	금	토	1	2	3	4	5	6		
3 (21)	1	1~3	2				1	2	3	4	8	8	10	10	12	12	시업식, 입학식(2) 학급 임원 선출(3) 1학년 학부모 교육과정 이해의 날(3)	3·1절 (1)
	2	6 ~10	5	5	6	7	8	9	10	11	20	23	26	26	29	29		
	3	13 ~17	5	12	13	14	15	16	17	18	20	23	26	26	29	29		
	4	20 ~24	5	19	20	21	22	23	24	25	20	23	26	26	29	29	교과 학습 진단 평가(20) 기초 학습 진단 평가(23)	
	5	27 ~31	4	26	27	28	29	30	31	1	16	19	21	21	23	23	학부모총회 및 수업참여일(29) 담임교사와의 간담회 주간(27~30)	제79주년 개교 기념일 (31)

〈표 4-6〉 2학년 교육과정 시간 운영계획(예시)

월	주	요일 및 날짜							출석일수	국경일 및 공휴일	학교 행사	교과활동						창의적 체험 활동									주당지도시수
																		자율활동									
		일	월	화	수	목	금	토				국어	수학	바른생활	슬기로운생활	즐거운생활	계	적응활동	자치활동	행사활동	특색활동	안전한생활	동아리활동	봉사활동	진로활동	계	
3	1				1	2	3	4	2	1(화) 삼일절	2 (목) 시업식 (2~6학년, 4교시) 입학식 (1학년, 3교시)	2	1			2	5	2		1						3	8
	2	5	6	7	8	9	10	11	5			7	3	2	3	4	19	1	2		2					5	24
	3	12	13	14	15	16	17	18	5			7	4	2	3	5	21	1			1	1				3	24

월	주	요일 및 날짜							출석일수	국경일 및 공휴일	학교 행사	교과활동						창의적 체험 활동									주당지도시수
																		자율활동									
		일	월	화	수	목	금	토				국어	수학	바른생활	슬기로운생활	즐거운생활	계	적응활동	자치활동	행사활동	특색활동	안전한생활	동아리활동	봉사활동	진로활동	계	
	4	19	20	21	22	23	24	25	5		22(수) 학부모 한자리모임 20(월)~24(금) 학부모 상담주간	8	4	2	2	6	22				1	1				2	24
	5	26	27	28	29	30	31	1	5			6	4	2	3	6	21				2	1				3	24

⑥ 교과별 지도 계획

- 교과 순서별로 작성하되 학년 목표 → 노력 중점 → 연간 지도 계획(별도 작성) → 지도 방법 → 평가의 체제로 작성함
- 각 교과별 학년 목표를 각 학년 실정에 맞게 수립

⑦ 창의적 체험활동 지도 계획

학교 교육과정 운영 계획에 의거 해당 학년의 지도 계획을 작성함

- 목표
- 노력 중점
- 연간 지도계획: 구체적인 계획은 별도 작성 활용함
- 평가

요약

학급경영 계획은 여행 목적지에 도착하기 위한 지도이자 여행 계획서와 같다. 잘 짜여진 여행 계획을 가지고 여행을 떠나면 즐겁게 여행 목적지에 도착하고, 부수적으로 많은 것도 얻게 된다. 이 장은 학급이라는 조직 안에서 교사와 학생이 즐겁게 교육목적을 달성하는 데 필요한 학급경영 계획 수립과 관련된 내용을 다룬다. 먼저 학급경영 계획의 의미를 살펴보고, 학교 현장에서 학급경영 계획으로 사용되고 있는 교육과정 운영 계획과 학급경영 계획과의 관계를 밝힌다. 이어서 학급경영 계획의 가장 핵심 작업인 학급경영 목표의 구조와 목표 설정 방법을 탐색한다. 학급경영 계획 수립 부분에서는 먼저 계획을 수립할 때 고려해야 할 변인과 경영 방침 개발 모형을 소개한다. 이와 함께 경영 계획 수립을 위한 기초 조사, 학급경영 세부 실천 계획서 작성, 학급경영 평가 계획 작성 등에 관해 개괄적으로 살핀다. 마지막 학급경영 계획서 예시 부분에서는 학년 교육과정 운영 계획을 토대로 실제 활용 가능한 아이디어를 제공하고 그 예시도 제시한다. 그리고 현재 2022 개정 교육과정이 적용되어 운영되고 있는 〈학년교육과정 운영 계획〉의 구조와 작성 절차를 소개하고, 한 초등학교의 교육과정 운영 계획 예시도 제공한다.

참고문헌

김종철 · 진동섭 · 허병기(1993). 학교학급경영론. 서울: 한국방송통신대학 출판부.

김희수(2003). 초등학교 학급경영 계획의 과정 설정과 실태 분석. 한국교원대학교 석사학위 논문.

박남기(2003). 이혼가정 학부모와 자녀 이해 및 지원을 위한 초등 학급경영. 초등교육연구, 16(2), 359-395.

박남기(2008). 초등학급경영의 개념과 범위 그리고 영역 분석: 단행본, 승진규정, 학급교육과정 운영부를 중심으로. 초등교육연구, 21(1), 1-32.

박병량(2003). 학급경영. 서울: 학지사.

유광찬(2000). 특별활동 및 재량활동. 서울: 교육과학사.

유광찬 · 박영무 · 김인숙 · 김봉석 · 장미옥(2003). 특별활동 지도 프로그램 개발. 교육인적자원부(교사교육프로그램개발과제 2003-3).

장수영(2006). 한국대학의 현황과 전망. 초등교육 혁신을 위한 교사교육프로그램의 정착방안(1-13). 교육대학발전 교사교육프로그램개발 추진기획단 2006년 합동 연구발표회 자료집. 교육대학발전 교사교육프로그램개발 추진기획단.

정태범 · 문낙진 · 박병량 · 박종렬 · 이순형(1995). 학교 · 학급경영론. 서울: 한국교육행정학회.

학급경영연구소 홈페이지. www.classmi.net

Doyle, W.(1986). Classroom organization and management. In M. C. Wittrock (ed.), *Handbook of research on teaching*(3rd ed.). NY: Macmillan. 392-431.

Eby, J.(1997). *Reflective planning, teaching, and evaluation for the elementary school*. NJ: Prentice-Hall, Inc.

Lipman, M., Sharp, A., & Oscanyan, F.(1980). *Philosophy in the classroom*. Philadelphia: Temple University Press.

Martin, J., & Sugarman, J.(1993). *Models of classroom management: Principles, applications, and critical perspectives*. Bellingham, WA: Temeron Books.

5 학급조직

박병진(금구초등학교 교장)

학습목표

- 학급조직에 관한 이론적 검토를 통하여 학급 이해력을 높인다.
- 실제 학급 및 학급 내 조직편성 학습을 통하여 학급 조직력을 높인다.
- 학급 임원의 선출, 모둠의 편성, 그리고 학급어린이회의 운영상의 유의점에 대하여 숙지하고 실제 학급경영 활동에 대비하도록 한다.

학습 준비 활동

- 학급조직 이론에 관한 교재 내용 숙지
- 학급 임원 선출, 모둠활동, 학급어린이회 자료 및 관련 사이트 검색 조사
- 자신의 경험에 비추어 본 학급 임원 선출, 모둠활동, 학급어린이회 운영 사례 기술

관련 사례 및 토의 주제

- 모둠이 어떻게 형성되느냐에 따라 모둠 구성원들 간의 상호 작용이 좌우되어 모둠 간 차이를 발생시킬 수 있다. 교사는 모둠을 어떻게 편성하고, 또 어디까지 개입하여야 하는가?
- 모둠 내의 협동과 모둠 간 경쟁이라는 학급 풍토로 인해 모둠 구성원 중 우수 학생이 대행교사가 되어 성취도가 낮은 아이들을 닦달하거나 모둠 성취를 위해 자신의 결과물을 베끼게 하는 경우도 있는데, 교사는 이런 경우 어떻게 해결해야 하는가?
- 현재 초등학교에서는 학급 임원 선출 과정에 대하여 담임교사가 충분히 그 의미를 학생이나 학부모에게 설명할 기회를 적절히 얻지 못하며, 특히 고학년의 경우, 학생들의 임원 기피 현상도 있다. 이 경우, 학생들의 참여를 어떻게 유도하고 지도해야 하는가?
- 1인 1역을 배정할 때, 어떻게 배정하는 것이 좋은가? 아이의 장점을 살리는 역할을 주어야 하나, 혹은 단점을 보완할 수 있는 역할을 주어야 하나?[1)]

---

1) 이 장은 박남기(2004) 「21세기 학급경영의 이론과 실제」의 '학급 집단의 형성' 부분과 박남기 외(2008). 「초등학급경영의 이론과 실제」의 '학급조직' 영역의 저자 고전, 박남기 외(2017) 「초등학급경영의 이론과 실제」의 '학급조직' 영역의 저자 임수진이 작성한 원고를 재구성하여 수정·보완한 것이다.

1. 학급조직의 이론적 기초

학급통제는 교사에 있어 새 학기 첫날의 두려움을 일으키는 것으로, 늘 있었던 실질적 문제이다. 그러한 두려움은 쉽게 찾아볼 수 있다. 교실에 들어가 본 사람이라면 누구나 통제력을 잃었다는 교사들에 대한 끔찍한 이야기를 떠올릴 수 있을 것이다. 그러므로 관리 기능을 이해하는 첫 번째 노력은 학급 구성원을 반영하는 분석과 기술에서부터 시작해야 한다. 왜냐하면 다양한 상호 인간 관리 기능을 수행할 수 있는 첫 번째 기회를 교사에게 제공해 주는 이들이 바로 집단으로서의 학생들이기 때문이다.

학생을 관리하는 것은 수업 첫날 선행되어야 할 수업계획과 자료 구성의 관리보다 훨씬 힘든 일이라 할 수 있다. 이 장에서는 인간 관리에 대한 가설과 처방 등이 소개될 것이다. 그러므로 다른 이들의 이론을 살펴보기에 앞서 교사 각자의 학급경영 이론을 수립해야 할 것이다. 결국 그 명제들이 교사에게 설득력 있는 인과관계로 받아들여진다면, 그 명제들은 반성적인 교사 지도자들을 준비시키기 위한 다소 정교한 경영 모델과 프로그램을 발달시켜 온 이들의 생각에 비추어 검증받게 될 것이다.

하나의 사회체제로서의 학급 집단

개인들의 집합체가 교실의 독특한 특성들과 타협할 때, 그 집합체는 자신만의 특색을 가진 구별된 집단이 된다. 집단 내의 각 개인은 수행해야 할 다양한 역할들을 가지고 있으며, 이들은 집단 구성원의 기대에 부합하는 특권들과 강요 안에서 행동한다. 심지어 문제를 일으키는 독특한 방식까지도 교사와 동료들의 기대로 정해진다. 일정한 방식으로 행동하는 집합체가 어떻게 한 집단을 형성하는지 어떤 특성들에 의해 정의되고, Getzels와 Thelen에 의해 기술되고 분석됐다. [그림 5-1]의 Getzels와 Thelen의 전문용어와 절차들이 드러난 그림은 집단이 어떻게 형성되는지 사고와 실천의 뚜렷한 방식들을 어떻게 습득하는지를 개념화하고 있다. 다음에서 절차와 교사 지도자에 대한 관계를 보도록 하자.

1) 교사와 학생의 역할

정부, 가족, 종교와 같이 학교는 특정한 사회기능을 담당하기 위한 사회에 의해서 생성된 기관이다. 학교는 그 목적과 기능을 결정하는 문화라는 범주 내에 존재한다. 학교가 해야 할 것으로 기대되는 기대 수준과 실제로 수행해 내는 수행 수준에 대한 판단 기준은 그 모델의 규범적 차원으로써 설명된다. '규범적인'이란 그 기관 내에서 수행할 구성원들의 역할과 기능들을 정의하는 규범, 혹은 규범적 기대를 의미한다.

교사에 대한 기대(그들의 의무와 그를 수행하는 방법)는 학생들에 대한 기대와는 다르다. 그러므로 교사의 우선적 직무 중 하나는 교사의 역할을 둘러싼 의무, 특권, 권한 등을 명백히 규정하는 것이다(Bany & Johnson, 1975). 교사는 이러한 기대를 규정하는 사회적 규범에 대해 해박해야 하며, 지역사회에 존재하는 기대의 범위를 결정해야 하고, 이런 기능을 충족시키기 위해 수락할 수 있는 방식들에 익숙해야 한다.

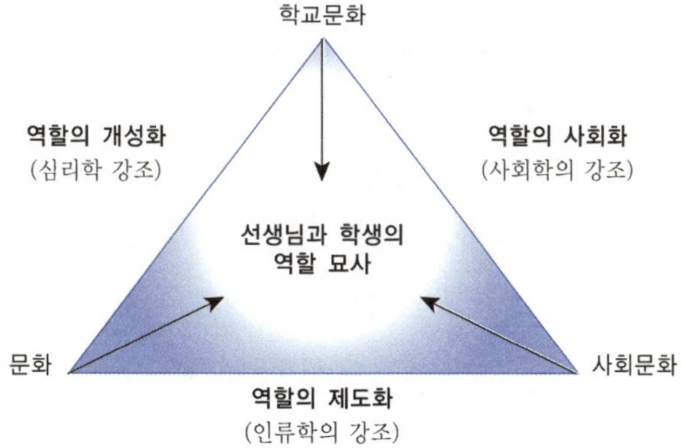

[그림 5-1] 집단과 개인의 성격

자신의 역할 기대를 충분히 이해하고 있는 교사가 학생들의 역할 기대를 수립하기에 더욱 좋은 위치에 있다. 반면에 사회에는 교사가 시행해야 할 범주 내에 한계들이 존재한다. 하지만, 교사는 학생들의 적절한 역할 행동을 규정할 때 상당한 허용범위를 가지고 있는 편이라 할 수 있다. 확실한 것은 학교에서 전해진 문화의 유형, 그 학교가 문화의 전달자로서의 역할, 그리고 그 문화가 성인과 아동 관계를 규정한 방법 등 이 모두가 교사와 학생들의 역할 기대를 정의하는 데 도움이 되는 요인이다.

(1) 역할의 제도화

문화의 대리자로서 교사의 우선적 업무는

① 제도의 목표와 역할을 명확히 하는 것

② 목표에 대한 지원을 얻을 수 있는 기준을 고안하는 것

③ 그 역할에 대한 지지를 확고히 하는 것이다.

이 과정을 역할의 제도화라고 한다([그림 5-1] 참고). 이 장의 나머지 부분에서도 보듯 이 과정은 내용과 행동 관리 기능으로 간주함으로써 더욱 심층적으로 진행될 것이다.

역할의 제도화는 청년들의 사회적·정서적 복지를 고려하지만, 대개 지적 발달의 하나로 여겨진다. 학교는 그 세대의 축적된 지혜를 전수하는 문화의 주요한 수단이다. 이것이 이루어지는 방법은 학교 체제마다 다양하다. 학교마다 배울 필요가 있는 것에 대한 시각이 다르듯이, 배워야 할 내용을 습득하는 방식 또한 다르다. 어떤 학교에서는 무엇을, 어떻게 배울 것인지 결정하는 과정에 학생들이 정규적으로 참여한다. 다른 학교에서는 교육과정의 결정은 관할 교육청의 지침에 따르거나 필요시 주로 교사들의 협의로 이루어지며, 교육의 목표와 방법의 논의에서 학생들이 제외되는 일도 있다.

(2) 역할의 사회화

우리의 문화는 민주적 원칙과 실제를 존중하지만, 어린이와 성인의 관계에 있어서는 이 원칙들이 변경되고 만다. 학교 교육이라는 과업의 절대적 중요성 때문에, 우리는 질서유지와 집단결속을 위해 개인의 자유를 조금씩 양보해야 한다. 두 가지 개별적 차원은 [그림 5-1]의 삼각구도의 양쪽 면에 나타나 있다.

역할의 사회화는 역할 수행자와는 관계없이 역할에 대한 보편적 기대를 언급한다. 여기에서 개인은 그 상황이 더 관리하기 편리하도록 순응해야 한다. 역할의 사회화는 집단의 공유된 특성을 야기하고, 이 공유된 특성의 순응은 소속감을 생성한다. 그러나 학교문화는 청소년들의 발달적 요구에 맞도록 조정한다. 사실 학교의 일과 운영을 주관하는 많은 정책과 실제는 이 점을 반영한다. 학교 일정 · 수업 시간의 길이와 교육과정의 전달 방법들은 이 발달적 요인에 의해 영향을 받는다. 그러므로 학교 교육의 구조는 학생들의 역할 기대에 영향을 끼친다. 이다음 절에서 논의하겠지만, 역할의 사회화는 행동 관리의 권위적 측면과 계약 관리의 민주적 측면에 의해서도 조정된다.

(3) 역할의 개성화

[그림 5-1]의 삼각구도의 다른 면에서는 개별적 차원인 역할의 개성화가 있다. 이 요소는 역할 기대에 영향을 미치게 되는 사람의 독특한 특성을 고려하고 있다. 여기에서 학생들은 그들에게 가치 있고 중요한 느낌을 주는 것에 대한 출처를 찾고자 한다. 그러기에 이런 문화에서 문화적 적응을 위한 주요 두 기관인 가정과 학교는 개개인의 차이점을 존중한다. 심리학은 학습자와 학습 과정을 이해하는 매개가 되어 왔다. 그래서 교사 양성 교육과정은 교사들이 학생들 사이의 적성과 태도의 차이점을 인식하고 준비하는 데 도움이 되는 심리학 원리들을 상당한 부분 적용하고 있다. 그러나 개개인의 차별성은 제도적 고려 사항들과 비교 ·

검토되어야 한다. 적절한 역할 행동은 제도적 역할 기대와 개별적 역할 기대 사이에서 지속적인 교류가 이루어지는 것을 포함한다. 그것이 적절하게 균형이 이루어질 때, 학생들은 그 기대가 정당하다고 느끼며, 그 집단 활동 속에서 개인적 욕구 충족을 경험하게 된다.

예를 들어, 어쩌면 우리는 모든 학생들이 공식적인 칭호와 함께 역할을 맡음으로써 교사를 존경할 것으로 생각할지 모른다. 반면에, 모든 학생은 졸업 이전에 각 교과마다 정해진 수업시수를 이수해야 하지만, 그 목표를 수행하는 구체적 방식들은 개개인에게 달린 것이다. 아이들이 학교에 입학하면, 종종 각자의 계획을 포기하고, 교사의 계획들로 대체해야 하기도 한다. 하지만 어떤 교사들은 과업 계획 활동에 학생들을 참여시킴으로써 그들의 학교생활의 의미를 증가시키도록 노력한다. 다른 교사들은 학생들이 교육과정 내용을 결정할 기회를 거의 제공하지 않는다.

이 두 가지 예는 역할 기대가 얼마나 좁게 그리고 넓게 정의될 수 있는지를 보여준다. 개개인들이 자신의 정체성을 찾을 수 있는 독특함뿐 아니라, 집단과 동일시할 수 있는 보편성이 동시에 충분히 유지되어야 한다. 결속력 있는 집단들은 교사, 집단, 그리고 개개인의 기대를 잘 조화시키는 방법들을 알고 있다.

이러한 모든 결정들의 누가적인 효과는 교사와 학생들의 표준적인 기대를 정의하는 역할 기술로 귀착된다. 교사는 이러한 기대를 세우고, 해석하고, 협의하는데 도움을 줄 뿐만 아니라, 그것들을 시행해야 하는 책임이 있다. 규범적이고, 개별적인 차원의 기여가 함께 이루어질 때, 교사는 학생들의 지적·사회적·정서적 발달에 대한 준비가 이루어진다.

2) 집단 성격의 출현

사회의 대표자로서 교사는 그들의 보호 대상으로 위임된 청소년들의 역할 기대와 사회적 기대를 융합하는 데 그 책임이 있다. 사회의 요구와 개인의 선호도 사이에 지속적인 상호 작용은 학급 집단의 복합적인 특성을 생성한다. 이들의 한계 내에서, 한 집단은 그 집단에서 강제적인 영향력을 가지고 있는 구성원의 성격을 취하게 된다. 그 결과로써, 집단들은 교사의 노력에 도움을 줄 수도 있지만, 방해될 수도 있다. 어떤 집단은 교사에게 절대적 기쁨을 줄 수 있지만, 다른 집단들은 마찰을 일으키고 저항적일 것이다. 즉 학급경영에 있어 이와 관련된 어려움은 학급생활의 많은 요구 사항을 규정해 놓은 '잠재적 교육과정'의 권력 측면을 주목함으로써 더 잘 이해할 수 있다.

〈표 5-1〉 사회 구조와 교실의 특성: 권력 위치 관점

구조 요소	역할 기술: 학교 기대	
	교사	학생
◉ 역할의 제도적 측면		
사회 기대	모범적인 시민과 훌륭한 일꾼을 배출한다.	교사 행동과 과업 기대에 주목하고 교사들에 의해 처방된 한계 내에서 활동하는 것을 배운다.
공동체 기대	학생들의 노력, 과정, 그리고 성취물을 평가한다.	개인의 동기와 수행을 판단하기 위한 범주와 방법을 수용하도록 준비된다.
◉ 역할의 사회적 측면		
사회화	국가, 주, 지역사회에 공유된 역사를 가르쳐서 삶을 위한 기대, 헌신, 보편적 수준을 향상시킨다.	덕행의 구조에 따라 배우고 수용하고 행동한다. 최소한 구속된 자유의 틀 안에서 책임감 있게 살도록 학습함으로써 좋은 인상을 만든다.
◉ 역할의 제도적 측면		
개성화 (Personalization)	상호 수용 가능한 목표를 성취하는 데 도움을 줄 수 있는 개별적이면서 집합적인 소질을 끌어내고·확인시켜 준다.	보편성의 관점에서 개인의 개별성을 평가한다.

집단 기능의 상실은 일반적으로 정체성과 합리성의 문제에 기인한다. 집단 내에서 중요한 역할을 찾을 수 없는 (정체성 문제) 학생들이나, 집단의 목적이 이치에 맞지 않다고 고집하는 (합리성 문제) 학생들은 점차 완전한 참여로부터 멀어진다. 정체성 문제는 학생들이 사회와 학문적 연관의 결핍으로 인해 집단에 소속감을 느끼지 못할 때 규율상의 문제가 된다. 합리성의 문제는 학생들이 삶의 현실적 요구, 미래에 대한 그들의 열망, 그리고 교육과정 간의 관련을 전혀 발견하지 못할 때 규율상의 문제가 된다. 결과적으로 그 집단은 단지 최저 수준으로 학생들의 역할과 목표 결정에 영향을 끼치게 된다. 그러므로 교사는 집단과 자신을 동일시하는 데에 실패하거나 집단의 목표를 신뢰하지 못하는 학생들에게 주의 깊은 관심을 기울여야 한다.

3) 하나의 독특한 사회조직으로서의 학급

교사는 하나의 사회조직인 학급의 특색 있는 특성을 주목함으로써 집단의 정체성과 합리성을 세우는 다소간의 복잡함과 어려움들을 이해해 나갈 수 있다. 학교, 나아가서 학급은 독특한 사회조직이다(〈표 5-2〉 참고). 학교는 그곳을 구성하는 사람들에 의해 만들어지지 않는다. 학교를 구성하는 이들, 즉 학생과 교사들은 종종 사회조직을 만들었던 사람들과는 꽤 다른 실제적 해석을 갖고 있으며, 그들의 필요와 요구 사항은 조직의 신봉된 목적과 실제와는 현저히 다르다. 의견일치보다는 다소 긴장과 갈등이 존재한다. 갈등은 조직의 강압적인 멤버십과 프로그램의 강제적인 참여를 통해 한층 더 격렬해진다. 어떤 이들은 회비 납부를 거부하면서, 구성원의 복지에 관해서는 그 이상으로 관심을 둔다.

대부분 사회기업과는 달리 학교 구성원들은 프로그램이나 다른 동료들에 대한 불만이 있을 때, 그에 대한 청구권을 갖고 있지 않다. 교사와 학생들은 일반적으로 개개인의 선호도와 관계없이 교실에 배당되고, 서로 잘 지내도록 기대된다.

심지어 학생들은 그 많은 교사 중에서 선택할 기회를 거의 얻지 못한다. 교사들이 학생의 학급 배당에 참여한다 해도, 그들은 좀처럼 학생들의 기호도가 반영된 학급을 맡을 수 없다. 그러므로 교실에서 공동생활을 배우는 것, 하고 싶지 않은 일을 하는 것, 친구가 아닌 집단과 상호 교제하는 것들은 종종 교육의 문제에서 간과되고 있다. 그것은 특권을 박탈당하고 환멸감까지 느끼는 개개인 집합체의 리더인 교사에게는 특히 하나의 거대한 도전과도 같다. 구성원의 개별성을 유지하면서, 하나의 과업 집합체를 만드는 일은 실로 무거운 책임이다.

〈표 5-2〉 학급 집단의 독특한 특성

목적
1. 배우는 것이 일차적 목적이다. 2. 학습의 결과와 성취해 가는 수행 과정은 집단이 형성되기 전에 이미 선택되어 있다. 3. 평가와 목표의 수정, 교수 방법 설정 단계에서 집단 구성원들의 참여는 거의 이루어지지 않는다.
참가자
1. 학생들의 의무적인 참여는 규범에 의해 강화된다. 2. 태어난 날과 주거지역이 학교와 학급 배치를 결정짓는다. 3. 학급의 구성원들은 그룹의 구성에 어떠한 결정권도 갖지 못한다.
리더십
1. 리더는 구성원들의 동의 혹은 참여 없이 선택된다. 2. 집단의 합의라기보다 법과 관습이 리더의 특권을 정착시킨다. 3. 표현과 이동의 자유는 리더에 의해 통제된다.
관계
1. 학급이 할 수 있는 것과 할 수 없는 것은 종종 그들을 앞서갔고 뒤따라올 사람들에 의해서 결정된다. 2. 다른 집단에서 멤버십은 학급의 규범을 받아들이거나 혹은 거부하도록 하는 강력한 압력을 발휘하기도 한다. 3. 다른 집단들은 종종 학생과 그들의 선생님들의 일을 주의 깊게 자세히 살펴본다.

출처: "독특한 사회 체계로서의 학급 집단(The Classroom Group as a Unique Social System. by J. W. Getzels, & H. A. Thelen. 1960. in 56th Yearbook.)"
"The Dynamics of Instructional Groups(Chicago: National Society for the Study of Education. Copyright 1960 by National Society for the Study of Education. Adapted by permission.)"

교사가 다양한 학생들로 이루어진 학급의 지정된 리더라는 사실[2)]은 마찰과 불만의 첫 번째 요인일 수 있을 것이다. 리더로서 봉사하는 것을 제외하고는 상황 청구권이 없는 교사는 학급 집단 내 구성원의 수용을 조성하면서 개인적인 승인을 얻어내야 한다. 세 가지 기본 관리 기능과 집단 형성 과정의 네 단계의 고찰은 이러한 업무에 대한 교사의 이해와 해석에 도움을 줄 것이다. 우선 세 가지 관리 기능을 간단히 정의해 보자. 그러면 우리는 그 학년 동안 리더십 책무의 발전을 기술하는 데 있어, 이러한 기능들을 집단 형성 단계들과 함께 이용할 수 있다.

4) 교사 관리 기능과 집단 형성 단계: 학급통제의 세 가지 C's

교사들이 책임지고 있거나 통제하는 것에 관해 이야기할 때, 그들은 관리 기능에 대해 언급한다. 그들이 학급통제에 관해 이야기할 때, 그들은 질서를 유지하고 학생들의 주의집중을 지속시키는 능력에 대해서 언급한다. 질서는 안전을 최대화하고, 주의 산만함을 최소화하면서, 교실을 안정시키는 영향력이 있으므로, 관리는 학급통제를 유지하는 것과 동일시된다. 학생들이 조용하고, 주의집중하며, 근면하고, 공손하면, 그 교사를 흔히 유능한 관리자로 간주한다. 일반적으로, 교사들은 그렇게 여겨지길 원한다. 그래서 그들은 이 목적에 부합한 통제 수단을 선택한다. 훌륭한 교사에게 있어, 통제는 합법적인 의도를 수반하고 있다. 결국 학생들이 자기 통제를 실행할 수 있을 때 통제권이 그들에게 양도된다.

교사가 학급통제를 위해 선택한 형태와 내용, 그리고 그런 선택을 수행하는 일련의 기술들은 학급통제의 세 가지 C's, 즉 세 가지 관리 기능과 관련하여 이해될 수 있다.

• 내용(Content) • 행동(Conduct) • 계약(Covenant)

---

2) 분명하고 공유된 규준과 뜻을 가진 그룹은 거의 없다.

교사는 내용의 학습에 영향을 주는 학생들의 행동양식을 평가하고, 그 조건들을 관리하고, 교수-학급운영 과정에 참여하는 이들의 관계를 형성하는 계약을 만들어 간다. 이러한 관리 기능의 적절한 주목은 규율 문제 발생을 최소화할 수 있고, 건설적이고 생산적인 활동으로 이루어지는 수업 시간의 비율을 증대시킬 수 있다.

5) 집단 형성의 네 단계

관리 기능 목록에서 추측할 수 있듯이, 교사의 내용, 행동, 계약 책무성은 집단 행동을 형성하는 심리사회 역학이 변화함에 따라 달라진다. 심리학적 역학은 교실 집단의 4가지 독특한 특성이 하나의 경영 목적이나 기능에 영향을 끼치는 방식을 살펴봄으로써 이해될 수 있다(〈표 5-3〉 참고). 또한 이러한 심리학적 역학은 한 집단이 경험하는 한 학년 동안에 이루어지는 일련의 발달적 성장단계로서 간주될 수 있다(Tuckman, 1965).

마우어(Mauer)는 초·중등 교실에서 모두 관찰할 수 있는 이 단계들을 다음과 같이 형식화하였다.

1. 형성 단계(forming)
2. 충돌 단계(storming)
3. 규범화 단계(norming)
4. (수행) 완성단계(performing)

(1) 형성 단계와 내용 관리

조직 형성 단계는 '신혼기'로 특징지을 수 있다. 학생들이 일반적으로 가장 최선의 행동을 하는 시기이다. 그들은 과업 지향적이며, 조직과 명령을 세우는 교사를 따르는 경향이 있다. 그들은 학급의 다른 구성원들과의 관계에서 종종 곤란함을 겪기 때문에 이 관계를 조직화하는 교사에게 의존하기도 한다.

이 단계에서 리더십이란 세 가지 주요 활동에 학생들을 관여시키는 내용이다.

1. 결합하기
2. 역할과 절차 세우기
3. 정보 탐색하기

이 활동들은 주로 3, 4월에 일어나는데, 이는 학교생활에 있어 중요한 부분을 차지한다.

결합하기 활동(Linking activity)은 학생들이 작년에 학습했던 것과 올해 학습했던 것 사이에서 연결고리를 찾을 수 있도록 고안된다. 새 학년 시작에 따르는 초기의 불안과 걱정들은 실행과 재검토 활동(review activity)들에 의해 완화될 수 있다. 학생들의 자신감은 선수 학습이 성공적으로 정착되었음을 깨달았을 때 성장하게 된다. 또한 그들은 교사가 격려자나 능력자로 판단될 때, 그를 긍정적으로 바라보게 된다.

〈표 5-3〉 학급 집단의 사회-심리학적 구조

	역할 기술 · 기대			
역할 결정요소	목적	참여	리더십	관계
• 제도화				
교사	수행할 과업의 유형과 양, 질을 결정한다.	학습과제에 학생들의 주의를 집중시킨다.	목적적인 활동들을 창출하고 과업의 우선권을 설정한다.	다음 학년 수준의 요구들을 위해서 학생들을 준비시킨다.
학생	과업의 목적을 달성하기 위한 활동을 선택하는 데 참여한다.	동료들의 공헌과 관련된 독특한 과업을 존중하는 것을 배운다.	교사의 과업기대에 따라 순응한다.	과업의 성공은 집단 내의 위치를 결정한다.

	역할 기술 · 기대			
역할 결정요소	목적	참여	리더십	관계
• 사회화				
교사	할당된 과업을 수행하기 위하여 준거를 설정한다.	목적의 상호 작용을 통하여 집단 내의 '우리' 의식을 창출한다.	학습환경을 구조화한다.	학교일과 세상일 간의 관련을 짓는다.
학생	할당된 과업의 의도와 목적을 명료화하기 위해 질문한다.	다른집단의 구성원들의 독특한 공헌들을 음미한다.	곤란한 과업에 부딪힌 집단의 구성원들을 도와준다.	학교공부를 학교 밖의 환경에 적용한다.
• 개성화				
교사	과업의 목적을 충족시키기 위해서 다양한 활동들을 고안한다.	자유와 책임 간의 관련을 세운다.	개인적 성취를 인정하기 위한 칭찬에 공헌한다.	학생들이 좋은 학습습관을 개발하는 것을 도와준다.
학생	과업의 개인적 의미를 추구하고 흥미와 능력에 맞는 활동들을 선택한다.	집단의 진보에 공헌한다.	집단의 유대감을 증진시키기 위해서 희생하게 된다.	성취는 집단의 다른 구성원들로부터 호의적인 판단(평가)을 받는다.

결합하기 활동의 자연적인 부산물로서 역할과 절차 세우기(establishing roles and procedures)가 있다. 높은 수준의 성공을 보장하는 학업 활동에 학생들이 참여할 때, 그들은 사회 집단 내 자신의 위치를 찾는 데 관심을 두기 시작한다. 그들은 새로운 집단의 사회적 실재에 자신을 평가하기 시작하고, 교사나 동료들로부터 어떤 종류의 반응을 얻게 되는지에 대해서도 인식하기 시작한다. 교사가 집단 활동의 다양한 유형들, 역할의 배정, 그리고 새로운 역할의 등장들이 이루어질 때, 학생들은 점차 그들이 무엇을 할 수 있는지와 다른 이들이 그에 대해 어떻게 생각하는지에 대한 더욱 분명한 의식을 갖게 된다. 다양한 활동 수행에 필요한 절차들이 학생들의 역할 선호와 상호 작용이 이루어질 때, 그 집단은 집단의식을 갖기 시작한다.

정보 탐색하기(Information seeking)는 학년초 몇 주 동안에 상호 유익한 방식으로 실행될 수 있다. 실행과 재검토에 대한 초기의 강조는 교사에게 학생 개개인의 장단점을 잘 알 수 있는 기회를 제공한다. 다양한 교육 계획 중 새로운 교수법과 연관된 보다 복잡한 관리 책무성과는 상관없이, 교사는 각 학생의 명확한 특성들을 신중히 관찰하고 기록할 수 있다.

(2) 충돌 단계와 행동관리

학생들은 그들의 학습과 동료들로부터 어떤 사회적 거리감을 형성하기 시작한다. 교사는 5월과 6월 사이에 종종 일어나는 이 자연스러운 변동에 순응하지 않고, 전에 아주 협동적이었던 분위기가 변하는 데 대해 과민 반응을 보일지 모른다. 교사는 이를 당황하거나 흥분하기보다는 합리적이고 바람직한 '역류'로 보아야 한다. 교사와 학생의 관계를 재구성하고 재교섭하는 기회가 주어짐으로써, 기대치를 향상하게 시키고, 지도자의 권위를 세울 수가 있다.

몇몇 학생들은 실제로 학급으로부터 소외당해 집단의 가장자리에 사는 것을 오히려 만족해한다. 이런 일은 단결심을 형성하고자 주력하는 교사에게는 실로 힘든 일이다.

이탈 행동은 흔히 중심화에 수반되거나 뒤따라오는 현상이다. 이 충돌 단계 동안에는 학생들은 더 자기중심적이고 자신에게만 몰두하게 된다. 그들은 자신의 방식으로 일을 해 나가는 데에 몰두하게 된다. '그 안에 나를 위한 것이 무엇인가?' 하는 그들의 태도는 공정함을 동반한 선입견을 갖게 된다. 그러기에 그들은 자신이 공정한 관심과 인정을 받기 위해 사회적 거래 관계를 세밀히 검토한다. 그들은 편애가 나타나는 상황을 빠르게 알아차린다. 특히, 규칙과 요구를 준수하는데, 교사가 다른 이들에게 더 관용을 허용할 때 더욱 그러하다. 교사들은 학생 개개인의 욕구를 모두 충족시키려 하기 때문에, 틀림없는 편애처럼 보일 수도 있는 편의를 도모했을 것이다. 갈등의 결과는 좌절과 분개를 초래할 수 있다. 차별 대우를 받는다고 느끼는 일부 학생들은 자신의 감정을 내부로 돌려서 의기소침해하고 또 다른 학생들은 화를 내거나, 적대감을 느낀다(〈표 5-4〉 참고).

충돌 단계 동안 리더는 행동 관리에 보다 주의를 기울여야 한다. 행동 관리를 통해 이 단계의 정서적 측면을 합리적이고, 공평한 판단으로 대체한다.

〈표 5-4〉 충돌 단계와 행동관리

기술하기	나의 학급의 몇몇 학생들이 규칙을 집행하고, 규칙위반에 대한 결과를 적용시키는 데에 있어서 불공평하다고 나를 비난하였다.
분석하기	나는 이들 학생들이 사회정의 문제에 대해 관여하는 것보다 자신의 방식으로 획득하는 것에 실제적으로 보다 많이 관여한다고 믿는다.
가설 세우기	만일에 학생들이 너무 자기 이익에 몰두해서 공평함이 하나의 쟁점이 된다면, 그때 나는 그들 모두를 똑같이 대해줄 의도가 없다는 것을 학생들에게 알게 해야만 한다.
처방하기	나는 각각의 개인은 서로 다르기 때문에 다르게 대해줄 것이라고 선언하는 독립 성명서를 발표할 것이다.
처우하기	나는 학급에 집단적으로 대응하는 것을 줄이고, 학급 구성원 개개인의 장점에 보다 많이 대응해 주는 데 있어서의 불공평에 의해 신중히 나의 관점을 만들 것이다.
증거 추구하기	나는 학생들의 기대에 대해 종속되는 느낌을 덜 받을 것이다. 비록 학생들이 계속해서 어떤 불만을 표현할지라도 그들도 점차적으로 이러한 종류의 처우가 또 다른 생활경험들(생활의 대부분은 공정하지 않다)과 일치한다는 것을 깨닫게 될 것이다.

교사는 합리적인 수준에서 정돈되고 안정된 학습환경을 만들기 위해 규칙에 대한 준수를 주장하고, 이끌어 내야 한다. 학생들은 그들을 보호해 주는 규칙을 세우고, 이를 강화해 가기를 원하고 있다. 통제력이 있는 교사는 학생들의 잘못된 행동을 막을 수 있고. 학급 규칙을 파괴하는 이들에게 신속한 벌칙을 집행할 수 있다. 규칙들은 수업을 방해하거나 학생의 성장을 가로막는 행위들을 금지한다. 학생 행동의 적절한 관리는 학업의 양과 질을 향상시키고, 학급 집단의 협동정신을 앙양시켜 준다.

(3) 규범화 단계와 계약 관리

규범화 단계는 학급활동에 적응시키고 강화해 주는 단계이다. 학생들은 그 내용과 행동 기준들을 받아들이며 각자 스스로를 적응시키기 위해 이런 기준들을 사용한다. 그들은 내부의 인지적 지도에 의존함으로써 기대되는 행동을 이해할 수 있다. 그들은 이미 획득한 인지적 도표와 구조화된 전략들을 활용함으로써 학습적인 성공의 길로 나아가고 습관화할 수 있다. 학생들은 교사의 적응 활동을 올바르게 인식하고, 그들에게 초인지적 기술을 획득하도록 도와주는 노력으로부터 이득을 얻어낼 수 있다.

(4) 완성 단계와 절충 관리

완성 단계는 앞의 세 단계의 결합체이고, 교사와 학생 모두를 만족시킬 수 있다. 학급경영에 있어 학생들은 자기 의존적, 자기 통제적, 자기 훈육적이다. 그들은 독립적으로 행동할 수 있지만, 그들이 방향 감각을 잃을 때나 기분 전환이 필요할 때는 교사와 동료들을 의존하기도 한다. 이러한 생산적인 기간은 다른 세 단계 내에서 일어나고 학년의 마지막 달에 그 절정을 이룬다.

6) 학급조직의 특성과 성격

(1) 초등학교 학급조직의 의미

초등학교는 6년제이고 1학년부터 6학년까지의 학생들은 각각 고유의 특성을 보인다. 또한 학생 수의 규모에서도 하나의 반으로 운영할 수는 없다. 그러므로 학교는 학년별, 학급별로 반을 조직하여 운영하고 반별로 담임교사를 배정하여 교육한다.

학교에서는 학생들을 학년으로 구분하고, 또 같은 학년 학생들은 다시 학급으로 조직하여 운영한다. 이러한 학급은 학교조직을 구성하고 있는 하나의 요소로서 독자적인 기능을 수행하면서 상호 영향을 미치는 동태적 복합체제로서 조직적·계속적으로 교육활동을 효과적으로 수행하기 위한 가장 기본적인 학교의 구성단위이다(남정걸, 2006).

학급조직은 구체적인 교육 목표와 추진 계획을 수립해서 교육과정을 운영하고 학급 특색 활동을 추진하며, 학교 교육의 목표를 달성하기 위하여 형성된 학교조직의 기본 단위이다. 또 학급조직은 비슷한 나이의 학생들과 담임교사로 구성되며, 인위적으로 형성된 교육조직이다.

그러므로 초등학교 학급조직은 초등학교 조직 내에 존재하는 하나의 조직으로서, 동일 연령의 아동들과 학교장이 지명한 교사로 구성되고 교육을 구체적으로 실천하는 것을 목적으로 하는 인위적이며 공식적인 조직이다(류윤석, 2010).

(2) 학급의 특성에 관한 논의 동향

학급의 특성과 인간관계에 관한 부분은 학급경영의 이론과 학급조직의 양 영역에 중복되는 부분이기도 하다. 즉 학급을 편성하기 위해서는 학급의 조직으로서의 특성과 구성원들 간의 역학 관계를 인식함으로써만이 가능하다는 점에서 학급조직 논의의 선이해적인 부분이라고 할 수 있다.

학급의 특성에 관하여는 '독특한 사회조직으로서의 특성'이 지적되기도 한다. 국내 학급경영론 논의를 이끄는 박남기(2004, 28)는 Getzels와 Thelen의 연구결과를 인용하여 학급이 배움을 일차적 목적으로 하고, 학습의 결과와 성취해 가는 수행 과정이 집단 형성 전에 이미 선택되어 있고, 평가와 목표수정, 교수 방법 설정에 구성원들의 참여가 거의 이루어지지 않는다는 특성을 소개하였다. 오늘날 학습자중심 교육과정과 학교 운영에의 학부모 참여가 강조되고는 있으나, 여전히 의무교육의 형태로 국가 표준화된 교육과정 및 법규에 따라 운영된다는 점에서 그 기본적인 특성은 유지되고 있다.

국내의 대표적 학급경영론 저자인 박병량은 학급의 특성으로 상호 작용과 구성원 간의 의존성, 급우 간의 상호 작용, 공동목표의 수행, 사회적 구조를 통한 상호 작용을 강조하며, 학급의 행동적 특성으로 다원성, 동시성, 즉시성, 불예측성, 공개성, 역사성을 지적하기도 한다(2003, 113-116). 또한 Jaques의 분류 및 설명을 근거로 집단 지도 시 고려해야 할 요소로 시간경계, 물리적 환경, 집단규모, 집단구성, 의사소통, 참여, 응집력, 규범, 절차, 구조, 목적, 과업, 풍토 등이 지적되기도 한다(박병량, 2003, 139-144). 그 외 대부분의 학급경영 관련 저서들은 학급 구성원 간의 인간관계에 초점을 두고 기술하고 있으며, 교사와 학생 간과 학생 간의 관계로 나누어 설명하기도 한다.

학급 내의 역학 관계를 파악하는 방법으로 사회성 측정법이 폭넓게 소개되고 있는데, 사회성 관계도[3] 및 사회성 측정 행렬표[4] 등이 예시되고 있다. 급우들 간의 선호를 결정짓는 요인으로는 근접성, 개인적 특성, 친숙성, 보상성, 인지적 균형, 유사성, 상보성 등이 지적되기도 한다.

(3) 학급의 대표적 특성

학급의 특성을 기존 연구 결과를 중심으로 정리하면 다음 네 가지 관점이 있다.[5]

첫째, 학급은 구성원 간의 의존성을 갖는다. 학급에서 교사와 학생, 학생과 학생 간의 상호 작용은 학생의 지적, 정의적 행동에 큰 영향을 미친다. 또한 학급은

3) 사회성 관계도는 모레노(Moreno)가 만든 교우 관계도로서, 학생들 간의 선호 및 배척에 관한 질문(친구가 되고 싶은 사람, 짝이 되고 싶은 사람, 싫어하는 사람 등)을 하여 구성원들을 원형으로 배치한 다음 각자의 관계를 사선으로 연결하여 나타낸 그림이다.

4) 사회성 측정 행렬표는 포시츠와 캐츠(Forsyth & Katz)가 만든 보편적인 방법으로, 남녀 학생에게 각자 자기가 좋아하는 사람과 싫어하는 사람을 세 명씩 적도록 하여 피선택자의 선택자 분포와 피선택 수, 피해 척 수, 상호 선택수를, 행렬표를 만든 것으로써 인기자(Star)와 선택받지 못한 고립자(Outsider) 등을 파악할 수 있다.

5) Schmuck & Schmuck의 1992년 연구 결과를 인용한 박병량 · 주철안(2001, 479)과 박병량(2003, 113) 참조.

개인 상호 간 그리고 학급 소집단 간 상호 의존적 관계를 맺으면서 학급과 학업을 수행한다.

둘째, 학급 내 급우 간에 상호 작용성을 갖는다. 좋은 급우 관계는 학생에게 긍정적인 피드백을 주고 좋은 학급 분위기를 형성한다. 따라서 교사는 급우 간 관계의 중요성을 인식하고 좋은 급우 간의 관계를 발전시킬 기회를 주고 또 권장하여야 한다.

셋째, 학급은 공동목표를 수행한다. 학급에서는 학급 공동의 학습목표가 추구되고 또한 소집단이나 학생 각자의 목표가 추구된다.

넷째, 학급은 사회적 구조를 통해 상호 작용한다. 학급에서는 반복되는 상호 작용의 형태는 규범, 역할, 지위 등과 같은 사회적 구조를 형성한다. 이상과 같은 학급의 특성으로 학급은 그 나름대로의 인간관계, 분위기, 응집성, 문제 해결 방식, 그리고 지도 체제 등을 형성하게 된다. 또한 학급의 행동적 특성으로는 다원성, 동시성, 즉시성, 불예측성, 공개성, 역사성 등이 지적된다(박병량, 2003, 115-16).

(4) 학급의 구성과 학급운영의 대표적 특성

박병량은 이상과 같은 학급의 특성 및 행동 특성에 대한 이해를 바탕으로 학급 또는 학급 내 모둠을 구성하고 운영하는 데 고려되어야 할 사항으로 다음과 같은 점들을 제시한다.

첫째, 모든 집단은 공동목표를 달성할 수 있는 협동체로 조직한다. 집단 구성원에게는 집단의 목표를 확인시키고, 역할과 책임을 분담시키며 의사소통 체계를 수립한다.

둘째, 모든 집단에서는 규칙과 규범이 있어야 하며, 집단 활동의 절차와 규칙 및 행동 규범을 세워서 학생들에게 주지시키고, 행동의 준거로 삼도록 함으로써 집단 활동을 효율적으로 수행한다.

셋째, 모든 집단에서는 의사소통이 원활하게 이루어질 수 있도록 구조화한다. 학생과 교사, 학생과 학생 간에 그들의 의견, 생각, 감정 또는 정보가 자유롭게 교환될 수 있도록 조직되어야 한다.

끝으로, 모든 집단은 민주적 형태로 조직되고 운영되어야 하며, 분권적 자율성이 신장할 수 있도록 조직한다(박병량, 2003, 139).

(5) 학급조직의 성격

류윤석은 학급조직의 성격을 교수·학습조직으로서의 성격, 경영조직으로서의 성격, 조직화된 무정부 조직으로서의 성격, 사회체제로서의 성격을 지니고 있다. 이를 보다 자세히 소개하면 다음과 같다.

① 교수·학습조직으로서의 성격

초등학교 학급에서는 다양한 활동들이 전개되고 있지만 그중에서 가장 중핵적인 활동은 교수·학습활동이라 할 수 있다. 학급조직에서 전개되는 교수·학습활동은 교과 영역이나 학습목표, 교육 내용 등에 따라 다양한 형태의 교수 학습 조직을 편성하여 운영할 수 있다.

② 경영조직으로서의 성격

학급은 조직의 목표를 효율적으로 달성하기 위하여 경영체제를 도입한다. 즉 학급은 학교 교육 목표를 근거로 학급 교육목표를 설정하고, 그 목표를 달성하기 위한 다양한 활동의 전개를 위하여 구체적인 조직 구조를 형성한다. 또한 구성원 각자에게 적합한 역할을 분배하며, 학급운영에 필요한 예산을 확보하고 집행한다. 따라서 초등학교의 학급조직은 경영조직으로서의 성격을 가지고 있다 할 수 있다.

③ 조직화된 무정부 조직으로서의 성격

학교조직에서도 일어나는 사건이 계획적이지 못하고 아무렇게나 발생하며, 그 결과도 예측하기 어렵다는 점에서 학교조직을 무정부 조직이라 할 수 있다(진동섭 외, 2005). 이러한 관점에서 본다면 학급조직도 조직화된 무정부 조직이라 할 수 있다. 학급조직의 무질서는 학급목표의 추상성, 다양한 형태로 교육과정을 재구성하여 운영, 교수학습활동과 생활지도 등 학급운영에 다양한 기술의 적용, 일과 운영의 융통성 등을 통해 나타난다.

④ 사회체제로서의 성격

사회체제로서 학교조직은 투입 요인과 산출 요인으로 구분할 수 있다(진동섭 외, 2005). 투입 요인에는 학생, 교육목표, 교육 내용, 교육 방법, 교육정책, 인적·물적 자원이 포함되고, 산출 요인에는 학생의 변화된 모습, 봉사활동 등이 포함된다. 이와 같은 맥락에서 본다면, 학급조직 또한 사회체제로 볼 수 있다(류윤석, 2010).

7) 학급조직과 교육효과

(1) 학급의 적정규모와 교육효과

학급의 적정한 규모를 제시하는 절대 기준은 없다. 학업성취의 향상, 교사의 전문성 제고, 교사의 사기, 교사의 만족도, 학생 자아개념의 향상, 교실환경 개선 및 예산 절감 등을 고려하여 설정할 문제이다. 그러나 국가 및 지방자치단체가 재원의 상당한 부분을 부담하는 의무 무상교육의 경우 학급 규모는 당해 설립기관의 예산이 결정적인 역할을 한다.

따라서 적정한 학급 규모는 교육효과의 극대화, 교수학습활동의 정상화, 직무수행의 적정화, 교육재정 운영의 효율화 등의 관점에서 책정되어야 하나, 학급운영 경비의 부담 주체인 국가 및 지방자치단체의 교육재정 상황을 살펴 책정하여야 한다.

국내의 연구 가운데 초등학교 학급의 적정규모에 대하여 권기욱(1991, 165)은 37~38명을 제시하고 있고, 김영철(2001, 115)은 학급 규모에 따른 교육효과 분석 연구에서 초등학교 교원들은 23.9명을 적정한 학급 규모라고 인식한 것으로 보고한 바 있다. 또한, 학급의 규모는 학교 규모 및 해당 지역의 취학아동의 분포를 반영하게 된다는 점에서 전국적인 학급당 학생 수의 평균치나 관련 교원의 적정 규모에 대한 인식은 상대적 차이가 있다.

(2) 학급당 학생 수 결정 시 고려 사항

학급당 학생 수의 결정은 교원 수급 상황이 현실적인 기준이 되고 있으나, 인구 이동 상황에 과밀학급 및 과소학급의 문제가 발생하지 않도록 교육행정 당국은 학급 수요를 자세히 분석하고 교사와 학교시설의 확보에 온 힘을 다해야 한다. 김영돈이 학급경영론(1983, 71-72)에서 제시한 학급당 학생 수 결정 시 고려 사항을 소개하면 다음과 같다.

- 교사가 학생들의 개인차를 보살피는 데 적합한 인원이어야 한다.
- 강의 중심의 일제 학습에서도 학생의 자발적 학습 지도와 질의응답을 할 수 있는 인원이어야 한다.
- 학급사회에 안정감을 주는 데 적합한 인원이어야 한다.
- 아동들이 공동생활을 하면서 긴밀한 인간관계를 맺음으로써 사회성을 기르는 데 적합한 인원이어야 한다.
- 학생들의 학습 의욕을 일으킬 수 있고 상호 협력하여 공동 학습을 할 수 있는 인원이어야 한다.

(3) 소규모 학급의 교육적 효과

남억우의 실험 연구 결과를 소개한 문낙진(1983, 379)에 의하면 소규모 학급의 교육적 효과는 다음과 같이 요약 보고되고 있다.

- 국어, 수학, 사회, 과학 교과는 소규모 학급의 경우에 소규모가 학업성취에 효과적이며, 특히 사회 교과의 경우 두드러진다.
- 창의성은 학급 규모 간 의미 있는 차이를 나타내지 않았으나 하위요소인 개방성에서는 차이가 있었다.
- 자아개념은 소규모 학급이 대규모 학급에 비하여 긍정적으로 형성되었다.
- 학업에 대한 태도는 학급 규모 간 의미 있는 차이는 없으나 학습 습관에서는 차이가 있다.
- 인간관계 면에서 소규모의 경우가 응집성이 강하나 사제 간의 관계에는 학급 규모 간 차이는 없는 것으로 나타났다.
- 소규모의 경우 교육 업무처리 시간이 적게 걸리고 교사와의 개별 접촉 기회가 많은 점 등이 특징이다.

(4) 학급 편성 및 사후 관리상 유의점

학급 편성은 편성의 목적에 따라, 혹은 학급 편성 대상의 특성을 충분히 고려하여 편성되어야 한다. 그러나 목적과 대상을 고려할수록 학급의 편포현상은 두드러질 수 있고, 이로 인한 역차별의 문제도 발생할 수 있음을 유의하여야 한다. 학급 편성 시 강조되는 유의 사항은 김영돈(1983, 65)의 학급경영론을 재구성하여 다음과 같이 정리하였다.

- 우수아, 보통아, 부진아, 생활지도 대상자, 사회적 배려 대상자의 표준을 정확히 세우고 각 학급에 고르게 분산 배정한다.
- 리더십이 있는 아동을 각 학급에 고르게 배치하여 학급생활을 선도하게 한다.

- 저학년의 학급 편성 시 통학구역, 출신 유치원, 교우 관계 등을 고려한다.
- 특수학생은 별도의 학급을 편성하도록 하되, 학년 소속 학급을 결정할 시에는 동학년 협의 및 담임의 지도력, 의사를 고려하여 배정한다.
- 법규상 학급당 학생 수를 넘지 않도록 하되 전학에 따른 인원 조정 시 담임들 간의 협의를 거치도록 한다.

끝으로 학급 편성의 사후관리 측면에서는 학생의 생활 부적응, 학습 부적응 및 교우 관계 등으로 인한 학급 내 부적응 사례가 나타나기 마련이고, 학급이동 요구에 학급담임은 신속하게 대처해야 한다. 특히, 학급의 변동은 타 학급과의 관계가 있어 학교장의 조정 역할이 필요하며, 관례상 타 학급으로의 이동보다는 전학으로 대처하는 경향이 있는 것도 사실이나 학생의 부차적인 적응 문제를 파생시키기도 한다.

따라서 학교 측에서는 학급 편성 전에 이전 학년도 담임의 소견을 참고하여 학급 편성을 하여야 하고, 특히 생활지도 대상자의 경우 적절한 지도와 함께 학급 편성 시 분산 배치하여 대비하는 것도 한 방법이라 할 수 있다. 관례상 한 번 학급 편성이 공표되거나 개학이 된 다음에 학급을 옮기는 것은 오히려 피해 학생에게 제2차적 피해를 발생하게 할 수도 있다는 점에서 학급 편성 전에 충분히 고려되어야 한다.

한편, 학생의 입장에서 볼 때, 학급의 편성은 학급 배정의 문제이다. 이 역시 과거와는 달리 학생 및 학부모의 의사를 고려하지 않으면 안 되며, 그 대표적 사례가 '담임 선택제'의 요구이다. 이미 1995년의 5·31 교육개혁안의 하나로 채택되어 시범 적용된 바 있으나, 인기 위주의 담임 선호 현상과 교사의 적극적 교육활동에 미치는 부정적 영향으로 인해 활성화되고 있지는 못하다. 그러나 학급담임 선택제의 논의를 통해 학급 배정에 있어서 학생의 특성과 상황의 중요성이 부각되었고, 부적응 학생에 대한 적극적인 교육 조치의 필요성도 인식하는 계기가 되었다.

8) 학급조직에서의 교사 리더십

류윤석은 효과적인 학급조직 경영을 위해 교사에게 요구되는 리더십 발휘의 방향을 교수·학습조직 관리자로서의 리더십, 학급경영 전문가로서의 리더십, 학급 공동체 의식 함양자로서의 리더십, 사회체제 이행자로서의 리더십으로 제시하고 있다. 이를 좀 더 자세히 소개하면 다음과 같다.

(1) 교수·학습조직 관리자로서의 리더십

교수·학습조직 관리자로서의 리더십은, 자기 주도적 학습활동을 지원하는 리더십 발휘와 학습 기술을 중시하는 리더십 발휘로 구분할 수 있다.

첫째, 자기 주도적 학습활동을 지원하는 리더십은, 교사가 학습활동이 원활히 전개될 수 있도록 학습 분위기를 조성하고 자기 주도적 학습이 가능한 분위기를 조성하는 리더십을 말한다. 자기 주도적 학습활동은 학습 과제에 따라서 단독으로 수행할 수도 있지만 다른 학습자와의 협력, 즉 모둠활동을 통한 과제해결이 강조되기도 한다.

둘째, 학습 기술을 중시하는 리더십과 관련하여 교사는 교수·학습활동을 전개하면서 새로운 학습 기술의 훈련을 통해 자신감과 자존감을 느끼게 하고, 스스로 탐구하고 결과를 도출할 수 있는 능력을 기르게 하여야 한다. 학습 기술은 교과목, 학습 과제, 학습자의 발달 단계, 학교의 학습환경 등에 따라서 다양한 유형을 적용할 수 있다.

이와 같은 학습 기술의 학습 이외에도 기본적으로 학습훈련이 이루어져야 하는데, 그 학습훈련은 연필 잡고 쓰는 자세, 책 읽는 자세, 설명 자세, 발표 자세, 듣기 자세, 응답하는 요령, 학습 준비, 학용품 사용법, 소집단 학습활동, 모둠 학습 태도 등이다. 이러한 학습 방법의 학습훈련은 학교별 기본 학습훈련안을 마련하여 활용할 수도 있다.

(2) 학급경영 전문가로서의 리더십

학급경영 전문가로서의 리더십은 목표 관리 리더십과 학생 자치활동을 보장하는 리더십으로 구분할 수 있다.

먼저, 목표관리 리더십 발휘는 학급교육 목표 달성에 초점을 맞춰진다. 교사는 학급 교육목표를 바탕으로 학급경영 목표, 학급경영 방침 등 학급경영 계획을 수립한다. 학급경영 계획에는 학급조직, 교실환경 구성, 학급 규칙, 행동 지도, 수업경영, 학급문서 관리, 시기별 학급경영 계획, 학부모와의 관계, 학급경영 평가계획 등이 있는데, 이러한 일련의 계획은 학급교육 목표를 달성하기 위한 활동이다. 이 과정에서 구체적이고 실천할 수 있으며, 창의적인 학급경영을 위한 교사의 리더십 발휘가 요구된다.

둘째, 학생 자치활동을 보장하는 리더십은, 학생들이 다양한 협의 및 실천 경험을 통해 문제를 합리적으로 해결할 수 있으며, 민주적인 의사결정의 기본 원리를 익히게 하는 리더십이다.

(3) 학급공동체 의식 함양자로서의 리더십

학급조직은 교사와 학생을 중심으로 교육활동이 전개되는 교육공동체이다. 학급공동체 의식은 특정 학급에 소속되어 있으므로 인해서 받게 되는 느낌, 구성원들과의 연대 의식, 학급과의 일체감, 친밀감, 실천력 등이라 할 수 있다. 학급조직 내에서의 공동체 의식이 충만한 학급이 되게 하기 위해서는 기존의 지식 위주의 교육과 구성원 간 지나친 성적 위주의 경쟁체제에서 과감히 탈피하여 즐겁고 의미 있는 학교생활을 영위하게 할 수 있는 교사 리더십의 발휘가 요구된다. 따라서 교사는 학급공동체 의식 함양자로서의 리더십 발휘가 요구된다.

(4) 사회체제 이행자로서의 리더십

학급조직은 사회체제적인 관점에서 볼 때 투입-과정-산출이 지속해서 이루어지는 개방체제이다.

교사는 학급에는 외부로부터 인적·물적 자원, 재정, 교육과정 등 투입 요소를 적절히 활용할 수 있는 리더십을 발휘해야 한다. 또 학급조직에서 교사는 물리적 환경의 정비를 통하여 교육적 효과를 높일 수 있어야 한다. 그뿐만 아니라 학급경영자는 학급경영에 필요한 학급 경비를 합리적으로 운용할 수 있어야 한다(류윤석, 2010).

2. 학급조직의 실제

학급조직의 실제와 관련해서는, 학급 내 모둠 편성과 역할 분담 조직 그리고 학급 임원 선출과 학급어린이회 운영 등으로 나누어 살펴본다.

1) 학급 내 모둠의 편성

(1) 학급조직으로서의 모둠의 의미

학급은 학교를 구성하는 기초 단위이고 학급은 다시 그 활동 영역에 따라 소집단으로 구획되기도 한다. 학급당 학생 수가 많았던 근대학교에서 소집단은 교실 내의 책상 배열에 따른 집단 구획이 일반적이며, 이를 통상 '분단(分團)'이란 명칭으로 사용하였다. 특히 일제강점기와 국민 정신교육을 강조한 유신 시기에 있어서 분단은 학급 내의 공간적 질서를 유지하고 통제하는 중요한 기준이었고, 반장 외에 분단별로 분단장을 두기도 했다.

오늘날에도 책상 배열을 기준으로 한 분단은 학급 내 교수-학습활동에 있어서, 중요한 학습 단위로서 의미를 가지나 모든 교과 활동 및 지도 영역에 통용되기에는 한계가 있다. 따라서 학급 내에서 소집단의 공동작업을 요하는 교과 활동이나 토론을 위한 의사결정 단위로서 학급 아동들을 임의로 소집단화하는 작업이 필요하게 되었고, 이러한 학습 소집단을 통상 '모둠'[6] 혹은 '조(組)'란 용어로 현장에서는 사용하게 되었다. 분단이 공간적 학급 내 조직으로서 의미를 갖는다면, 모둠은 활동 중심적 학급 내 조직이라는 상대적 특징이 있다. 학급 내 소집단은 여러 가지 활동 목적으로 구성된다. 집단의 활동에는 토론, 문제 해결, 특정 과제의 수행, 시뮬레이션(여러 사람이 함께 '가상적 환경'을 창안하는 것), 역할극, 정보 전달 등이 포함된다(박병량, 2003, 358).

모둠활동은 학생 간의 상호 작용을 통하여 학습효과를 높일 수 있다는 점에서 교사의 일방적 강의식 수업의 단점을 보완할 수 있으며, 집단으로 이루어질 수밖에 없는 학급 규모 상황에서 더 효과적인 학습 그룹화 작업의 하나이다. 그러나 모둠이 어떻게 형성되었느냐에 따라 상호 작용이 좌우된다는 점에서 모둠 간의 차이를 발생하는 한계를 나타낼 수밖에 없으므로 교사의 적절한 모둠 편성 능력과 모둠활동의 진단 및 조정이 뒷받침되어야 하는 것이 필수적이다.

(2) 모둠 인원과 편성 방법

모둠 인원은 학급당 학생 수가 가장 결정적인 요인이지만, 해당 교과 및 학습활동의 특성에 따라서도 달라진다. 또한 필요한 모둠의 전체 수에 따라 모둠의 인원이 정해질 수도 있다. 일반적으로 4명이 보편적이며, 학급 규모에 따라 4배수가 아닌 경우, 모둠 구성원이 3명이 되거나, 5명이 되는 때도 있을 것이다. 모

6) 인터넷 국어사전(Naver) 검색에 따르면 '모둠'이란 단어는 교육용어로서는 초중등학교에서 효율적인 학습을 위하여 학생을 5~6명 내외로 묶은 모임으로 소개되어 있고(용례: 모둠토의), 북한어로서는 '한데 모이어 합치는 곳'으로 풀이되어 있는데 여기서는 전자의 의미로 쓰였다.

둠 구성원의 배치 역시 각 학생의 특성이 고르게 배치될 수 있도록 사전에 염두에 두고, 학업 성취도나 발표력 정도, 남녀 성별 등을 고려하여 편포되지 않도록 유의할 필요가 있다.

2) 학급 내 역할 분담 조직과 학급어린이회

학급 내 역할 분담 조직과 어린이회 운영은, 모둠의 편성과 더불어 학급경영의 실제적인 부분이다. 담임교사가 수행하는 학급 내 역할 분담 및 어린이회 운영은 학급운영의 효율성과 민주성 확보와 직결되는 중요한 활동이다. 여기서는 1인 1역으로 배분하는 역할 나누기, 학급운영의 대표를 뽑는 임원의 선출, 그리고 학급 내 의사결정 기구로서 중요한 역할을 하는 학급어린이회의 조직과 운영에 대하여 살펴본다.

(1) 역할 나누기(1인 1역)의 의의

학급경영은 담임교사 한 사람의 기획과 연출로 이루어지는 과정이 아니다. 그것은 교사와 학생 간의 소통의 과정이며 관계의 과정을 포함한다. 또한 개별 학생으로 구성된 조직 내에서 학생 각자가 자기 주도적으로 삶을 관리할 수 있는지 자기 관리 역량을 제고시킨다는 측면에서도 의미 있는 교육의 과정이다. 아울러 역할 분담은 조직의 목표 달성과 효율성을 가늠하는 데 중요하게 작용한다. 교사가 일방적으로 가르치는 학습의 과정만이 학급운영의 과정이 아닌 이상 학급 내의 역할 분담은 필수적이라고 할 수 있다.

그동안 학급의 역할 분담은 학급의 반장이나 부반장의 임원을 선출하거나 부장들의 이름으로 역할을 부여하는 방식이었고, 이들이 다른 학생을 이끌어 가는 방식이었다. 그러나 의무교육 기관인 학교 교실에 속한 학생들은 공동의 목표 달성을 위하여 가장 동질적 집단으로 구성된 구성원들이며, 각 학교 및 학년 단계에 걸맞은 목표를 공유하며 생활한다는 점에서 역할 또한 공유되어야 하며 독점되거나 편향되어서는 안 된다. 이를 위해서는 학급 구성원 한 사람 한 사람에게 적절한 역할을 맡김으로써 공동체 생활의 의미를 깨닫게 하고, 나아가 역할 분담을 완수함으로써 책임감을 기르게 된다. 앞서 다룬 모둠과 관련된 활동이 학습을 위한 조직이라면, 역할 나누기는 학교 내의 생활지도를 위한 조직에 좀 더 의미를 부여할 수 있으며, 때에 따라서는 학습조직과 연계시켜 운영할 수도 있다.

(2) 역할 나누기의 방법

먼저 학급 내의 역할을 선정하는데, 저학년의 경우에는 교사가 예시적으로 제시하여 안내하고, 3학년 이상의 1인 1역 활동은 학급 회의를 통하여 자율적으로 결정하도록 하는 것이 좋다. 반 친구들과 함께 협의하여 우리 학급을 위해 할 수 있는 일들을 알아보고, 힘을 합쳐 처리해 보는 경험을 통해 역할의 의미와 분담에 대한 책임감, 자기 관리 역량을 키울 수 있다. 학급의 운영과 유지에 필요한 역할을 대분류로 나누고 여기에 2~3명을 속하게 하고, 여기서 다시 역할 분담을 하도록 한다.

역할 분담 시 희망을 받아 맡기는 방법도 있겠으나, 학생들의 학급 역할에 대한 편견이 반영되기 쉬우므로 제비뽑기를 통해 분담하는 방법도 생각해 볼 수 있다. 〈표 5-5〉는 고학년을 대상으로 작성해 본 역할 활동 나누기 표이다. 역할 활동표가 정해지면 교실 잘 보이는 곳에 게시해 두어 학생들이 자신의 역할을 잘 인식하도록 한다.

(3) 역할 나누기의 유의 사항

같은 역할을 너무 오랫동안 맡겨 고정하여 역할 수행에 부담이나 부작용이 나타나지 않도록 주기적으로 역할을 바꾸어 주되, 문제가 있는 경우, 학생들이 느끼는 문제에 대해 합당한 처방을 하거나 교정할 필요가 있다. 역할 가운데는 난이도나 부담에 차이가 있기 마련이므로 역할을 교체할 때 이를 배려하여 역할의 배분에 불만을 최소화해야 한다. 특히 남학생과 여학생별로 역할을 지나치게 구분하거나 신체적 특성과 연관된 역할 분담은 바람직하지 않다.

〈표 5-5〉 학급 역할 활동 나누기의 예

역할	역할	역할
우유 당번	창문 환기	시간표 관리
칠판 관리	에너지 지킴이	학급 도서 정리
분리수거함 관리	유인물 배부	환경 게시판 관리
교실 사물함 위 정리	전자기기 관리	신발장 관리
거울 청소	학습자료 관리	화분 관리
청소도구함 관리	날씨판 관리	학급 임원
게시판 관리	과제 관리	교과부장(영어, 과학, 체육 등)

(4) 임원 선출의 의의

모든 학교에는 학칙에 전교어린이회의 구성에 관하여 규정을 두고 있고, 대부분 학급 임원의 선출에 관한 내규를 구체적으로 정하고 있다. 선거의 절차와 방법, 선거운동의 범위 및 제한, 남녀의 구성비 간의 균형, 반장의 임기 등에 관한 내용을 담고 있다. 따라서 학급 임원을 선출하는 과정은 교사의 재량에 앞서 학교 규칙에 따라 엄정히 관리되어야 한다. 특히 선거 과정은 대의 민주주의를 배우는 학습의 장이므로 담임교사는 공정한 선거관리를 통해 교육적 효과를 높이도록 노력해야 한다.

선거 과열과 선거의 후유증을 최소화하기 위해서는 공정한 선거관리가 필수적이지만, 이보다 앞서 학생들에 대한 임원 선거의 의미를 충분히 인식시킬 필요가 있다. 즉 반장의 역할이 학급을 관리 또는 감독하는 것이 아니라 구성원의 의사를 반영하여 이들 전체를 대리하여 봉사하는 데 있다는 점을 강조하여야 한다. 또한 민주주의의 산 교육장으로써 선험적 경험을 하게 되며, 그 경험은 참정권의 행사와 직결된다는 점을 인식해야 한다.

(5) 학급 임원의 선출

학교별로 다소 차이는 있지만 학급 임원은 보통 5명 내외로 구성하며 모두 '임원'이라고 칭하는 경우가 많다. 학급 임원의 선거는 직접 · 비밀 · 보통 · 평등 선거의 일반적 원칙에 따르며, 남녀의 성별을 따로 구분하지 않고 다득표자 순으로 선출한다.

초등학교에서는 일반적으로 1학년은 임원을 선출하지 않고, 2~6학년을 대상으로 1학기와 2학기 각 1회 임원을 선출하고, 임기는 한 학기로 제한하여 연임할 수 없게 하고 있다.

학급 임원의 선출 방법은 학교별로 다르지만, 일반적으로 후보자의 자천과 타인의 추천을 거쳐 투표를 통해 선발한다.

학급별로 6명의 임원을 선출하여 운영하며, 매월 열리는 전교학생자치회 회의에는 임원 중 1명이 학급을 대표하여 참여하게 하는 한, 초등학교의 선발 계획은 다음과 같다.

〈표 5-6〉 학급 임원 선출 방법의 예

학급 임원 선출 방법
1. 후보자 추천: 후보자 추천은 자천, 타인에 의한 추천으로 성별과 관계없이 추천 받는다. 추천 받은 후보는 자기 의사에 따라 입후보를 사퇴할 수 있다. 2. 후보자 소견 발표는 2분 이내로 간단히 발표한다. 3. 추천 받은 후보를 대상으로 투표용지 1장에 3명씩 기표한다. 4. 다득표자 순으로 5명의 임원을 선출한다. 단 후보자가 5명일 경우 무투표 당선으로 처리한다. 5. 득표 인정 기준

학급 임원 선출 방법

① 이름 중 한 글자의 오자, 탈자는 해당 후보의 득표로 인정
② 1명 또는 2명만 기명하였지만 바르게 쓴 이름은 유효표로 인정
③ 2번 이상 중복하여 기명하였을 경우 1표로 인정
④ 4명 이상 기명하였을 경우 무효표로 처리

6. 동점자 처리
   ① 동점으로 인해 5위와 6위의 순위를 정할 수 없으면 동점자를 후보로 하여 2차 투표 시행
   ② 2차 투표에서도 동점일 경우 생년월일이 빠른 자를 선출
7. 선거권은 선거 당일 현재 재적 학생에게 부여하며, 피선거권은 선거일 전날까지 전입한 학생에 한한다.
8. 선거 당일 결석 학생의 경우 선거일에 출석한 선거권자의 과반수 동의하에 입후보할 수 있다.
9. 기타 사항은 관례에 따라 처리한다.

(6) 학급 임원의 선출 시 유의 사항

반장 선거가 과열되면 학급 내 교우 관계를 해치고, 때에 따라서 학부모 간에 갈등의 원인을 제공하기도 한다. 선거전 후보자의 부모에게 공정한 선거를 위하여 협조를 구하고, 선거기간에 유의하여야 할 사항을 충분히 안내할 필요가 있다. 예를 들어 부정선거에 해당하는 사례를 가정통신문을 통하여 알리고, 학부모의 협조를 구하는 것도 효과적인 방법이다. 현장 교사들은 그 사례로 ① 선거운동 기간에 친구들에게 음식물이나 물건을 사 주는 일 ② 선거운동 기간에 '내가 선출되면 뭘 사 주겠다.'라고 약속하는 일 ③ 학교가 아닌 장소에서 선거운동을 하는 일 ④ 다른 후보자를 욕하거나 흉보는 경우 ⑤ 부모님이 선거운동을 하는 일(가정에서 부모님끼리 전화로 하는 것도 포함) 등을 예시한다. 선거가 끝난 후에 교우 관계에 악영향이 없도록 선거 과정에 대한 평가회를 겸한 작은 축하 파티를 교실에서 갖는 것도 한 방법이다.

또한 현장 교사들은 학급 임원에게 시키면 안 될 다섯 가지 일로 ① 어떤 형태로도 학급 임원이 교실 앞에서 '물건'을 들고 교탁이나 칠판을 두드리는 일은 없

게 하자. ② 학급 임원이 반 아이들 전체를 대상으로 '야!'라는 호칭을 사용하지 않도록 하자. ③ 학급 임원이 과제물을 걷을 수는 있어도 '검사'를 하는 일은 없도록 하자. ④ 학급 임원에게 반 아이들의 시험지나 성적표를 보게 하는 일은 없도록 하자. ⑤ 학급 임원을 담임이 지나치게 신뢰하는 모습은 학급원들에게 그리 좋지 않다. 학급 임원과 학급원 사이에서 평형을 유지하자는 등의 행동 수칙을 제시하고 있다(우리교육 엮음, 2005, 112).[7)]

(7) 학급어린이회의의 의의

학급어린이회의는 학급 임원이 주축이 되어 학급 내의 주요 의사결정을 하는 기구로서, 앞서 설명한 학급 임원을 뽑는 과정이 대의 정치를 경험하는 과정이라면, 학급어린이회의 운영은 직접 민주주의를 체험하는 과정이다.

또한 스스로 투표하거나 동의한 학급대표의 진행하에 자신의 의견을 개진하고, 서로 다른 의견을 받아들이는 과정을 통해 자신의 권리의식을 높임과 아울러, 공존의 의미를 깨닫고 참여 의욕을 자극받으며 공동체 안에서의 책무성을 기르게 된다.

(8) 학급어린이회 진행 및 회의 주제

과거에는 회장 선거를 별도로 하는 때도 있었으나, 통상 당해 기간의 반장이 학급어린이회 개최 시 회장직을 맡게 된다. 회장은 학급어린이회의 대표로서 회의를 주관하고 의제를 선정한다. 또, 회의 의결 사항에 대한 실천을 주관한다. 부회장은 회장 부재 시 회장을 대신하며, 회의 진행과 표결 결과를 확인하는 역할을 한다. 총무(혹은 부회장 2)는 참가인원을 확인하고, 칠판 기록을 하며, 의결 사항이나 지난주의 결정 사항의 실천 결과를 보고한다. 끝으로 서기는 회의 기록

7) 대표저자 신명기 선생님은 학급 임원을 키우는 지혜로써 모범을 보여야 한다는 생각에서 벗어날 것, 역할을 분명히 맡길 것, 첩보원으로 만들지 말 것. 책임은 묻되 격려도 잊지 말 것 등을 제안한다.

과 회의 사항을 요약하여 급우들에게 알리며, 장부를 보관하고 관리하며, 학급어린이회 안내판과 안건 공고판에 기록한다. 의결된 사항을 통보하는 역할 역시 서기가 맡는다.

학급어린이회의는 학교별로 정해진 순서를 기본으로 진행하며, 월별 학급회의 주제 예시를 소개하면 다음과 같다.

〈표 5-7〉 월별 학급회의 주제 예시

월	회의 주제	월	회의 주제
3	친구와 사이좋게 지내기	9	학교폭력 예방을 위해 우리가 할 일
4	고마운 마음 전하기	10	교통안전
5	안전하게 생활하기	11	예절을 지키기
6	바른말, 고운말 쓰기	12	건강하게 생활하기
7	방학 알차게 보내기	1	겨울방학
8	여름방학	2	마무리 행사

(9) 학급어린이회에서 교사의 역할 및 유의 사항

학급어린이회 운영 시 교사의 역할은 지나치면 자유스러운 회의 분위기를 해쳐 활발한 의견 개진을 막을 수 있고, 소홀하면 상호 간의 효과적인 의사소통 과정을 거치지 못하고 소수에 의하여 회의가 좌지우지되는 경우를 흔히 볼 수 있다.

학급어린이회의가 구성원의 의사소통 통로로서 기능하고, 그 논의 과정이 효율적으로 되기 위해서는 담임교사와 회의 사회자인 회장(반장)의 역할이 중요하다. 담임교사는 사전에 회의 의제를 학생들에게 알려 충분히 생각할 시간을 주도록 하고, 회의에 앞서서 주제의 논의 배경과 중점적으로 다루어야 할 내용을 회장이나 학생들에게 주지시키도록 한다. 회의의 시작 부분에 지난 회의에서 결정된 사항의 추진 경과 및 문제점에 대하여 점검하도록 회장에게 조언하는 것도 회의의 생산성을 높이는 중요한 절차이다.

생활 습관이나 태도에 대한 반성과 규율을 만드는 것이 주된 의제인 초등학교의 경우에도, 점검 없는 반복적인 계획의 수립은 실천을 중시하지 않는 태도로 이어져 전혀 바람직하지 않기 때문이다. 또한 일단 회의가 시작된 경우에는 끝날 때까지 교사 또한 회의 참가자의 일원으로서 회장에게 발언 기회를 얻어 발언하는 것이 교사의 발언으로 회의가 중단되지 않고 자연스러운 회의 분위기를 유도하는 데 도움이 될 것이다.

교육대학교에 재학 중인 학생들에게, 본인의 초등학교 시절의 학급어린이회에 관한 기억을 물어본 결과, 그 가운데에서 적지 않은 학생들이 학급 어린이회(Home Room) 시간에 대하여 특별한 감응을 갖지 못하거나, 심지어는 자습 시간으로 기억된다는 반응도 있었다. 이는 교사나 학급 임원이 일방적으로 회의 주제를 제시하고 논의를 형식적으로 거치는 경우와 관련이 있고, 교사가 무관심하거나 때로는 본인의 다른 업무를 보는 시간으로 활용하는 예도 적지 않았다. 이는 학급어린이회가 학급 내의 의사결정 및 소통의 중추적 기구로서 기능을 다하지 못하고 있는 경우라 하겠다.

의제는 학교 측이나 담임이 일방적으로 제시하는 것보다는 전 학급어린이회 회의가 끝날 무렵 다음번 학급어린이회의 주제에 관하여 상호 협의 과정을 거치는 것이 좋을 것이다. 의제 역시 규범적이고 다짐을 받아내기 위한 구호성 의제보다는 학생들 스스로 흥미를 끌고, 공통으로 관심을 가질 만한 사안에 대하여 논의하는 것이 유익할 것이다. 예를 들어, 가정의 달 5월에는 좋은 자녀가 되는 방법이나 구체적인 효도 방법에 대하여 함께 논의하는 것이 실용적이면서도 가치관 확립에 도움을 줄 것이다.

회의 진행 시에는 학생 상호 간에 존칭을 사용하도록 하고, 교사는 학생들이 발언할 때, 대화체가 아닌 지나치게 딱딱하게 책을 읽듯이 발언할 경우 자연스러운 어투로 말하도록 조언할 필요가 있다. 결정된 내용에 대해서는 의사봉을 사용하여 안건의 완결을 명시적으로 보여주는 것이 공동 약속의 상호 공인도를 높이는 방법이기도 하다.

교사가 지켜보는 가운데 유의할 것은 특정 학생이 지나치게 오래 발언하고, 회장 역시 이를 적절히 조절하지 못할 경우 시간 관리를 위해 교사가 관여할 필요가 있다. 그러나 지나치게 결론을 유도하거나 발언을 심히 제지할 경우 학생들의 자유스러운 발언과 회의 분위기 조성에 방해할 수 있음에도 유의하여야 한다.

요약

- 학급조직에 대한 이해는 예비 교사가 학급의 특성을 이해하고 학급경영 계획을 세우는 데 있어서 필수적으로 갖추어야 할 소양이다. 이 장의 목표는 학급조직의 특성에 대한 이해와 학급조직 방법의 습득을 통하여 학급경영 주관자로서 조직 능력을 갖추도록 하는 것이다. 이를 위하여 본 장은 제1절에서 학급조직의 이론적 기초를 다룬 후, 제2절과 3절에서는 학급조직의 실제인 모둠의 편성과 학급 내 역할 분담 조직에 대하여 다루었다.
- 학급조직의 이론적 기초와 관련해서는 교사와 학생의 역할 및 구조 요소에 따른 역할 기대를 기술하였고, 학급 집단의 독특한 특성을 바탕으로 한 교사의 관리 기능과 집단 형성 단계를 기술하였다. 또한 학급조직의 특성과 성격 그리고 학급조직 내에서의 교사 리더십을 중심으로 구성하였다.
- 학급조직의 실제를 다루는 2절에서는, 학급조직으로서 모둠의 의미, 모둠 인원과 편성 방법, 학급 내 역할 분담 조직과 활동의 실제, 학급운영의 대표를 뽑는 임원의 선출, 그리고 학급 내 의사결정 기구로서 중요한 역할을 하는 학급어린이회의 운영을 중심으로 구성되었다.

참고문헌

강경석 · 최기만(2003). 학교 · 학급경영의 이론과 실제. 서울: 원미사.

고전(2006). 학교행정의 이해. 대구: 정림사.

고정곤 · 최태식(2003). 초등학교교육의 이해. 서울: 양서원.

교육인적자원부 · 한국교육개발원(2006). 교육통계분석 자료집.

교육인적자원부 · 한국교육개발원(2006). OECD교육지표.

권기욱(1991). 학급 규모가 교사 · 학생의 정의적 특성에 미치는 영향: 학급의 적정규모를 중심으로. 박사학위논문. 고려대학교 대학원.

권기욱(2003). 최신 학급경영. 서울: 원미사.

권현진 외(2002). 새내기 초등학교 교사를 위한 학급경영 길라잡이. 서울: 양서원.

김성효(2014). 학급경영 멘토링. 경기: 행복한미래.

김영철 외(2001). 학급규모에 따른 교육효과 분석. 서울: 한국교육개발원.

남정걸(2003). 교육행정 및 교육경영. 서울: 교육과학사.

류윤석(2010). 초등학교 학급조직에서의 교사리더십 방향 탐색. 한국교육논총, 9(2), 51-64.

박남기(2003). 학급경영마이더스. 서울: 교육과학사.

박남기(2004). 21세기 학급경영의 이론과 실제. 광주: 광주교육대학교 출판부.

박남기외(2008). 초등학급경영의 이론과 실제. 파주: 교육과학사.

박병량(2003). 학급경영. 서울: 학지사.

박병량 · 주철안(2001). 학교 · 학급경영. 서울: 학지사.

박종렬 · 이재훈(1999). 효과적인 학교경영 원리. 서울: 원미사.

박한숙(2009). 학습 기술 훈련이 초등학교 중학년 학생의 자기주도적 학습능력 및 학업 성취에 미치는 효과. 초등교육연구, 22(3), 159-183.

송경현 외(2000). 성공하는 교사, 성공하는 학생을 위한 21세기 학급경영전략. 서울: 원미사.

우리교육 엮음(2005). 초등 학급운영 1. 서울: 우리교육.

윤정일 외(2007). 교육행정학원론. 서울: 학지사.

이명주(2003). 교육행정의 이론과 실제. 서울: 학지사.

이형행 · 고전(2001). 교육행정론 -이론 · 법제 · 실제-. 서울: 양서원.

장이권 · 김용조(2002). 학교 · 학급경영론. 서울: 형설출판사.

조성일 · 김영출(1999). 학교 · 학급경영론. 서울: 재동문화사.

주삼환 외(2000). 교육행정 및 교육경영. 서울: 학지사.

진동섭 외(2005). 한국 학교조직 탐구. 서울: 학지사.
초등학급경영연구회(2004). 학급경영의 이론 · 연구 · 실제. 서울: 교육과학사.
최원아(2009). 학급공동체 의식 증진과 프로그램이 초등학교 일반학생이 지각하는 장애학생과 의 친구관계에 미치는 영향. 석사학위논문. 이화여자대학교 교육대학원.
최희선(2004). 학교 · 학급경영. 서울: 형설출판사.
한국교육행정학회(1995). 학교 · 학급경영론. 서울: 도서출판 하우.

Weinstein, C. S. & Mignan, Jr. A. J.(2003). *Elementary Classroom Management: Lesson From Research and Practice*(3rd Ed.). NY: Mcgraw Hill.
Jones, V. F., & Jones, L. S.(2001). *Comprehensive Classroom Management: Creating Communities of Support and Solving Problems*(6th ed.) MA: Allyn & Baron.
Levin, J., & Nolan, J. F.(2000). *Principles of classroom Management: A Professional Decision-Making Model*(3rd ed.) MA: Allyn&Bacon.

학급경영연구소(광주교육대학교). http://class.gnue.ac.kr

6 교실환경

유길한(진주교육대학교)

학습목표

현재 우리나라에서 교실환경은 개정 교육과정에 맞추어 디지털 친화적이고, 다양한 특성을 가지는 학습자들을 위한 교실환경의 관점으로 변화하고 있다. 더불어 교실환경은 폭넓은 의미에서 수업환경에 따른 학생복지, 미래교육 그리고 유연한 공간혁신의 관점에서 중요해 지고 있다. 이런 의미에서 교실환경은 물리적 환경을 넘어서 심리적 환경의 중요성도 제시해야 한다. 따라서 이 장은 안락하고, 안전하고, 학습의 효과를 고려한 교실환경을 제시하고, 예비교사인 교육대학 학생들이 교실환경에 대한 사고의 전환을 통하여 연계와 소통이 원활한 미래교실환경을 만드는 물리적 고려사항과 심리적 고려사항을 중심으로 논의하고, 현재 초등학교 교실환경을 이해하고 문제점을 개선할 수 있는 기초지식을 가지는 것을 목표로 한다. 이를 위하여 학생들이 사전 조사한 사진 혹은 기타 자료를 교실환경의 준거에 필요한 자료를 대입하여 수정하고, 개선된 대안을 만드는 것을 목표로 한다. 더 구체적으로, 학생들은 교실환경 개선 사례 및 자료를 보고 초등학생의 성장과 삶에 어떠한 영향을 줄 것인가를 설명할 수 있어야 한다. 그리고 학습의 형태에 따른 교실환경 구성의 유연성을 학습한다.

- 교실환경의 의미를 현재 교실환경 자료를 보고 이해한다.
- 교실환경을 이해하고 문제점을 개선할 수 있는 안목을 가진다.
- 교실환경 구조를 이해하고 교실환경 개선의 목표를 설정할 수 있다.
- 교실환경의 물리적 · 심리적 필요성에 따라 자료를 수정하고, 개선된 대안을 만들어본다.

학습 준비 활동

- 현재 초등학교 교실환경 자료 수집
- 최근 교육과정과 관련된 교실환경에 대한 이해
- 현재 초등학교 교실환경이 주는 어려움 분석

관련 사례 및 토의 주제

> 사랑초등학교는 작은 농어촌 마을에 있는 전교생이 30명인 학교이다. 이 학교에 부임한 김환경 교사는 교실환경을 어떻게 할 것인가에 대하여 학기초에 고민하고 있다. 김 교사는 교실은 안전하고 안락해야 하며 친구들 간에 협력할 수 있어야 하고, 스스로 성장할 수 있어야 한다고 생각하고 있다, 그리고 미래 교육과정에 부합하는 다양한 스마트기기의 활용과 배치도 고민이다. 교실은 다양한 수업 형태에 맞추어서 변화가 가능해야 하며, 학생의 프라이버시는 지켜지면서도 교사는 학생을 전체적으로 관리할 수 있어야 한다. 이러한 고민은 환경미화에 대한 고민과 교실의 심리적 환경에 대한 고민으로 이어지고 있다. 작은 농어촌 학교는 대도시에 비해 상대적으로 동료 교사들에게 도움을 받기에도 어려움이 있다. 그래서 김 교사는 자신이 학급경영에서 배운 내용을 중심으로 물리적·심리적 교실환경을 꾸미려고 결심하고 있다.

- 물리적·심리적 교실환경은 무엇이라고 생각하는가?
- 교실환경과 환경미화는 무슨 차이가 있는가?
- 미래교실을 위한 스마트기기는 어떻게 배치해야하고, 사용해야 하는가?
- 소규모 농어촌 마을 학급과 대도시 학급의 교실환경은 무엇이 다른가?
- 조사대상 학교의 교실환경에서 가장 고려되어야 하는 사항은 무엇인가?

1. 교실환경의 의미

학기초에 교실을 꾸미는 것에 대하여 모든 교사가 고민한다. 그 이유는 교사는 교육방침과 철학에 따라 학생을 교육하기 때문이다. 우리는 일반적으로 특정한 장소에서 안정감이나 불안감을 느낀다. 더불어 교실의 심리적 환경과 물리적 환경은 학생의 학업성취에 영향을 준다(유경훈, 2009; 정윤희, 2018). 이런 이유로 학교 안에 있는 일반교실 혹은 특별교실은 특정한 교수-학습의 목표를 달성하기 위하여 특별한 심리적·시설적 목적을 가지고 만들어진다. 그리고 교실환경 구성은 학생의 연령(김학래, 2006), 거주 지역, 능력 등을 고려하는 것이 필수적이다. 최근에는 코로나와 같은 집단 감염병 사태에 대응하기 위한 교실면적에 대한 논의도 이루어지고 있다(황성재, 2021).

또한 일반적인 교수-학습을 위한 교실이라고 하더라도 교사가 추구하는 교육 목적, 교육철학, 교육방법에 따라서 교실환경의 구성은 달라질 수 있다. 또한 교실환경은 교사와 학생의 상호 작용을 준비하는 하나의 과정이며, 쾌적한 교실환경은 교사의 직무 향상 및 교수-학습을 만족스럽게 수행하는 데 필요한 요소이다.

이러한 교실환경에 대한 중요성에도 불구하고, 현재 우리나라 초등학교 교실환경을 정의할 때 대부분의 교사들은 이를 환경미화라고 생각하는 경향이 있다. 이것은 포괄적인 의미에서 교실환경에 속할 수 있으나, 교실을 단순히 아름답게 꾸미는 것을 교실환경이라고 부르기는 어려울 것이다. 왜냐하면 교실환경의 개념에는 "교수-학습을 위한 바람직한 환경"이라는 교육적 의미가 포함되어 있기 때문이다. 따라서 이 장에서 말하는 교실환경은 "'아름답고', '학생의 지적능력을 자극하고', '학생이 적응가능하고', '학생에게 적합하고', '어떤 학생도 소외시키지 않으며', '신선한 자극이 있고', '학생에게 위험하지 않고', '학생의 모둠활동에 유연성을 가지며', '정보통신기술(ICT: Information Communication Technology)의 활용이 가능하고', '다중의 사용자에게 유리하며', '재미있고', '기쁘고', 궁극적으로 '학생을 성장시킬 수 있는 자연스러운 환경'을 의미한다(Schools Building and Design Unit, 2005)". 이는 포용성과 창의성을 갖춘 자기 주도적인 사람을 길러내기 위한 2022 개정 교육과정의 비전(교육부b, 2021)과도 일맥상통한다.

Steele(1973; Weinstein & Mignano, 2003 재인용)은 교실의 물리적인 환경이 학업의 매개 공간, 즐거움이 있는 곳, 성장이 이루어지는 곳, 안전한 곳과 쉴 곳, 사회적인 만남이 이루지는 곳, 상징적인 정체감이 형성되는 곳 이렇게 여섯 가지 기능을 제공한다고 주장해 왔다. 이들 여섯 가지 기능은 초등학교 교실의 물리적·심리적 환경구성에 유용한 준거를 제공한다. 최근에는 이에 더하여 교실 디자인이 학생에게 미치는 영향, 공간의 종류에 대한 논의, 교육기술의 공간에의 적용, 디자인이 시선에 미치는 영향 등이 교실환경에 고려되고 있다(CONTINUING EDUCATION CORNER, 2024).

2. 교실환경의 기능[1)]

1) 학습 공간

(1) 학업의 매개 공간

교사가 성취할 필요가 있는 과제를 수행하는 데 환경은 많은 영향을 준다. 교실에서 벌어지는 여러 가지 과제와 행동은 다음과 같다. 학생들은 과제를 책상 위에서 혼자 수행할 것인가? 교사는 칠판만을 이용해서 수업을 할 것인가? 모둠과 함께 활동할 것인가? 학생들은 인터넷을 사용해서 검색을 하는가? 학생들은 연극, 놀이수업, 미술, 음악, 과학실험에 참여해야 하는가? 이러한 질문은 미래사회가 요구하는 역량이 국가의 교육과정에 담겨져 있을 때, 교실환경과 관련하여 의미가 있다. 2022 개정 교육과정은 개념적 학습과 탐구 능력, AI・소프트웨어 교육을 비롯한 디지털 기초소양, 기후・생태환경 변화에 따른 대응 능력과 지속가능한 발전, 기초학력보장, 특수교육 대상 학생, 다문화 학생 등을 위한 교육환경을 어떻게 구현할 것인가와 밀접한 관련을 갖는다(교육부b, 2021).

이를 위하여 교사는 물리적 환경을 고려할 필요가 있다. 예를 들면, 만약 교사가 모둠과 함께 학습할 계획을 세운다면 교사는 모둠의 물리적 영역에 대해 주의 깊게 생각해야 한다. 또한 교사는 모둠과 함께 학습하는 동안 나머지 학생들을 관리・감독할 수 있어야 한다. 또한 스마트패드 혹은 노트북의 사용에 대해서도 주의 깊게 생각해야 한다. 만약 학생들이 모둠으로 학습활동을 하고 있다면 스마트패드와 노트북이 공동 혹은 개별적으로 활용할 때의 혼잡도를 고려해야 한다. 여유 있는 공간은 학생의 과제수행 능력과 긍정적인 언어사용을 늘릴 수 있기 때

1) 2절 교실환경의 기능은 Steele(1973)이 언급한 내용을 정리한 Weinstein & Mignano(2003)의 저서를 바탕으로 우리나라의 상황(미래학교와 미래교육과정, 프라이버시, AI, 온라인 환경 등)을 고려하여 필요한 내용을 첨부하여 정리하였다.

문이다(임영서 · 강문희, 2002).

(2) 즐거운 공간

여기서 중요한 질문은 학생과 교사가 매력적이고 즐거운 교실을 발견할 수 있는가이다. 이미 많은 일을 맡은 교사가 교육과정을 책임지고, 학생성취를 고민하고, 교실의 질서를 유지하고, 교실의 심리적 상황까지 고려하는 것은 과중한 업무이다. 그러나 교사가 학생이 교실에서 보내는 많은 시간이 즐거워야 한다고 생각하는 것은 교실환경의 구성에서 가치 있는 일이다.

환경의 유인력에 관한 연구는 Maslow와 Mintz(1956)의 연구를 고려할 만하다. 이들 연구자들은 "더러운" 방에서 시행되었던 면담과 "아름다운" 방에서 시행되었던 면담을 비교했다. 면담자와 내담자 간의 행동에 미치는 환경의 영향을 평가하는 것이다. Maslow와 Mintz는 더러운 방에 배당된 면담자들은 불편해하고, 지쳐 보이고, 두통에 대해 불평한다는 것을 알아냈다. 게다가 면접은 더러운 방에서는 빨리 끝났다. 분명히 더러운 방안에서 사람들은 가능한 한 불쾌한 환경에서 벗어나기 위해서 빨리 면접을 마치려고 했다.

더불어 최근의 우리나라 초등학교 교실은 대체적으로 쾌적한 편이나 교실이 디지털 교육 환경으로 빠르게 변화하고 있어, 가상공간 교실의 즐거움도 고려될 필요가 있다(정종원 외, 2009).

(3) 성장을 위한 공간

교육심리학 연구를 통해 충분히 탐구할 수 있는 기회와 자극을 주는 환경은 학생의 인지적 성장을 촉진시킨다는 것이 증명되었다. 교실은 학생들이 설명을 듣고 교과서를 학습하고, 최신 기술을 설명할 수 있는 장소 이상이 되어야 한다. 학습자의 삶과 성장을 지원하는 교육과정을 펼칠 수 있는 환경이어야 한다(2021b,

교육부). 학생들이 탐구하고 관찰하고, 조사하고, 토론하고, 발견할 수 있는 환경이 되어야 한다. 교실환경은 개방된 관점에서 발산적 사고와 창조성을 촉진시킬 수 있어야 한다.

(4) 학생의 프라이버시와 관리 · 감독이 공존하는 공간

비밀과 프라이버시는 아동에게 자아에 대한 자신감과 자아의 존재감을 인식하게 하는 데 중요한 역할을 한다(Langeveld, 1983; 김윤영, 2013 재인용). 이러한 자아에 대한 확인은 아동에 대한 프라이버시의 존중을 통하여 달성될 수 있다. 이를 통하여 학생 개인은 독립된 개체로서 자신감을 가지고 타인과 협동하여 정신적으로 건강하게 학교생활을 할 수 있다(박희원, 2009). 특히 최근에 학생정보의 중요성이 강화되면서 학생 개인의 정보와 교사의 교육을 위한 정보에 대한 비밀유지가 중요해지고 있다(이현경 외, 2021).

반면에 관리 · 감독은 아동의 성장에 따라서 요구의 양상이 달라진다. 초등학교 저학년의 경우에는 모든 것을 지켜봐 줄 것을 교사에게 요구하지만, 고학년이 되면 교사가 지켜보는 것을 바라지 않게 된다(박희원, 2009). 이러한 점에서 교실 공간은 사회적 관계와 학습을 위하여, 학생의 성장에 따라 저학년에는 감독이 좀 더 큰 구조를 가져야 하며, 고학년에는 학생의 프라이버시가 더 강조되는 구조로 변화되어야 한다.

2) 사회적 공간

(1) 학생들 사이의 상호 작용 공간

교사는 학생의 책상배열을 계획할 때, 학생들 사이에 상호 작용이 이루어진다는 것을 고려해야 한다. 모둠활동 시에 아이들은 서로 가까이 접촉하면서, 그리고 반대편에 앉은 친구의 눈을 직접 바라보면서 사회성을 촉진시킨다. 모둠에서 아이들은 함께 활동을 하고, 물건을 나누고, 토의 모둠을 형성하고, 서로 과제도 도와줄 수 있어야 한다.

코로나 감염병 이후 온·오프라인 학습, 에듀테크를 이용한 수업 등이 활성화됨에 따라 학생들의 온라인 상호 작용이 많아지고 있고, 수업을 위한 가상공간도 실시간으로 활용되고 있다. 교사는 가상공간의 상호 작용에 대해서도 고려해야 한다.

(2) 교사와 학생사이의 상호 작용 공간

학생들의 책상배열은 교사와 학생 사이의 상호 작용에 영향을 준다. 상호 작용에 대한 많은 연구들은 책상을 열로 배열하는 교실을 대상으로 하였다. 학생들과 상호 작용하는 교사는 대부분 교실의 중앙에 자리를 잡고 있다. 그래서 교사는 가까운 곳에 있는 학생들에게 대부분 질문을 하고, 의견을 묻는다. 이렇게 상호 작용이 제한되는 문제점을 해결하기 위한 몇 가지 제안은 다음과 같다. 첫째, 교사가 가능한 공간에서 다양하게 움직이고, 둘째, 교사와 먼 거리에 있는 아이들과도 눈 맞춤을 하는 것이고, 셋째, 양쪽 가장자리나 뒤에 자리 잡고 있는 아이들에게도 의견을 묻고, 넷째, 모든 학생들이 앞뒤로 앉아 볼 수 있도록 정기적으로 자리를 바꾸는 것이다.

최근에 디지털 환경이 도입됨에 따라, 교사와 학생의 상호 작용 역시 온라인으로 가능하며, 교사가 학생들과 상호 작용을 온라인으로 한다면 온라인 토론 환경의 기준도 필요하다(최욱, 2017).

〈표 6-1〉 온라인 토론을 위한 행동수칙(최욱, 2017)

해야 할 것(Dos)	하지 말아야 할 것(Don'ts)
• 주장은 간단명료하게 • 질문하기 전 유사한 질문, 응답 존재 여부 확인 • 응답하기 전 이미 다른 유사 응답 존재 여부 확인 • 타인 의견에 단순동조가 아닌 자신의 생각을 구체적으로 표현 • 자신의 주장을 게시하기 직전 한 번 더 읽어 보면서 내용 · 문법 · 오타 확인 • 부탁은 정중하게(Please), 응답에 감사(Thank you) 표현 • ICT 관련 기법 및 요령을 공유 • 실생활에서 하지 말아야 할 행동은 온라인 상에서도 하지 말기	• 인터넷의 특정 집단에게만 통용되는 언어 사용 • 타인의 쓰기 능력에 대한 조롱, 인신공격 • 반복 주장 · 질문 · 언급 • 집단적 사고에 매몰되어 '엉뚱한' 주장이나 생각 회피 · 배척 • 토론에 무관한 내용 언급 • 토론과 무관한 링크 · 이미지 · 동영상 게시 • 토론과 무관한 클릭과 검색 • 이모티콘, 아바타 등 사용

[3분노하우] 아이들 감정 챙겨주는 감정체크판
https://www.youtube.com/watch?v=DW_GvFJWt3g

(3) 상징적인 정체감 형성 공간

교실의 기능 중 하나는 교실에서 시간을 보내는 사람에 관한 정보를 제공해야 하는 것이다. 이를 위하여 '교실은 학생들에 관해 무엇을 말해 주는가?(학생의 흥미, 활동, 성취, 그리고 좋아하는 것)'와 '교실은 교사의 목표, 가치, 교육 신념에 관해 무엇을 말해 주는가?'에 답할 수 있어야 한다.

개별화된 교실 공간을 만들기 위해서는 많은 방법이 있다. 즉 학생들의 사진, 미술작품, 계획표, 그들이 설명하거나 지어낸 이야기들, 학생 개인이 공개하고 싶은 내용 등을 붙일 수 있다. 또한 학생들이 만든 작품 중 가장 좋은 작품을 전시할 수 있다. 예를 들면 매주 학생들이 자신의 가장 좋은 작품을 선택하고 게시하게 한다. 이런 방식으로 교사는 학생들이 자신을 표현할 수 있게 용기를 주고, 격려할 수 있다.

3) 안전과 휴식을 제공하는 공간

안전과 휴식의 기능은 모든 환경을 설계하는 데 있어 가장 기본적인 기능 중의 하나이다. 교실은 나쁜 날씨와 소음, 극도의 더위와 추위, 유독한 냄새로부터 보호받아야 한다. 물리적인 안전은 교사들이 요구하기 전에 적어도 어느 정도는 필수적으로 만족되어야 한다. 특히 물리적인 안전은 학생들이 잠재적으로 위험한 용품과 기구를 접하게 되는 과학이나 미술과 같은 수업 시간에는 특별히 중요한 문제이다. 이 수업 시간에 안전에 관한 사항을 숙지하는 것은 필수적이다.

일반적으로 학교에서는 물리적인 안전을 제공한다. 더불어 안전하고 안락한 장소라고 느끼는 심리적인 안전을 제공해야 한다. 특히 심리적인 안정은 사회적 안정감이 떨어지는 가정환경에 살고 있는 아이들에게 보다 더 중요하다. 이 학생들에게 특별히 학교는 편안한 안식처로서의 역할이 강조된다. 심리적인 안정을 향상시키는 한 방법은 교실이 '부드러움'을 지니는 곳이라는 느낌을 주는 것이다. 플라스틱 책상과 콘크리트 벽, 리놀륨 바닥은 교실을 '딱딱한' 장소로 만든다. 아이들은 감촉이 부드러운 물건들을 포함하고 있는 환경에서 편안하고 안전함을 더 많이 느낀다. 이러한 안전함을 위하여 사천 대방초등학교 1학년 교실은 학생들이 안락함을 느낄 수 있는 골방 구조와 놀이 공간을 포함하고 있으며, 교실의 안락함을 위하여 독서를 위한 소파, 깔개, 쿠션 등을 두고 있다. 다음은 경상남도교육청(2023)의 영역단위공간혁신백서 중 사천 대방초등학교의 교실 디자인 사례이다.

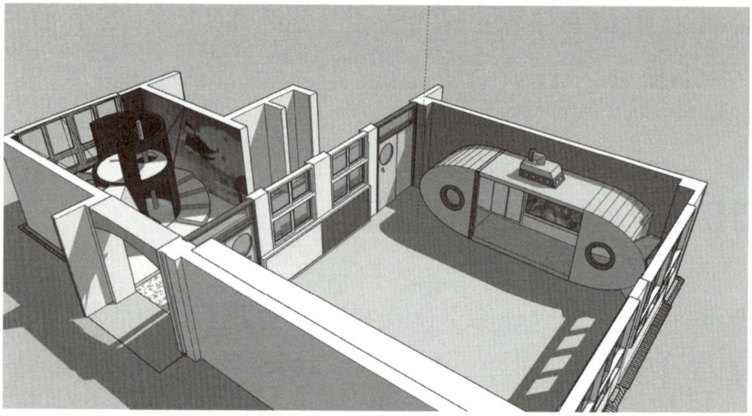

[그림 6-1] 사천 대방초등학교 1학년 교실 디자인 사례

우리나라의 일반적인 초등학교의 교실 모습(황은진, 2014)으로 다음과 같다.

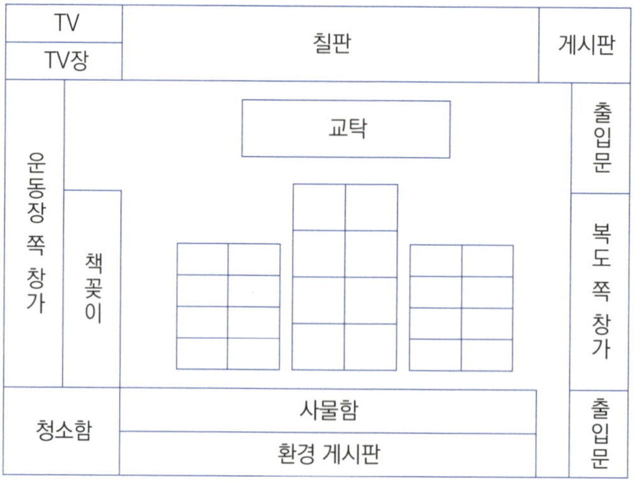

[그림 6-2] 우리나라 초등학교 일반적인 교실 공간 구성

정종원 외(2009)가 연구한 우리나라의 미래교실 중 혼합형 단계의 초등학교 범용교실은 다음과 같다.

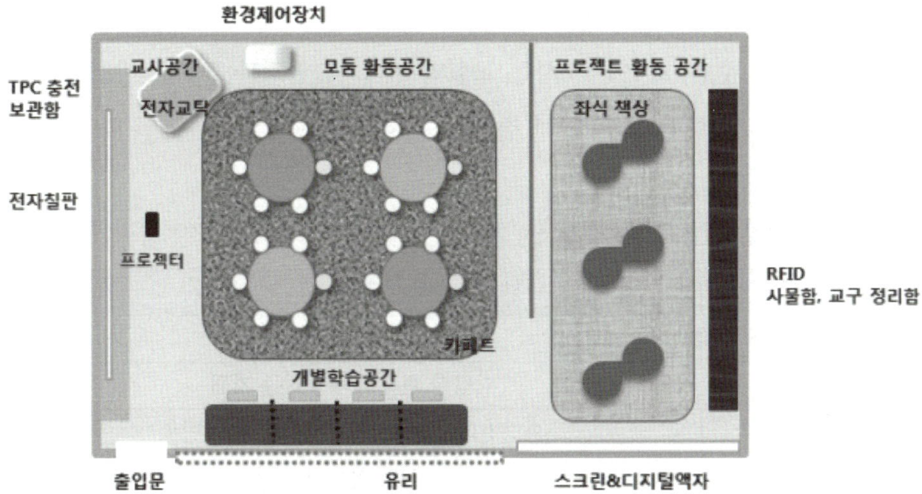

[그림 6-3] 혼합형 단계의 초등학교 범용교실

정종원 외(2009)가 연구한 우리나라의 미래교실 중 정착형 단계의 범용교실은 다음과 같다.

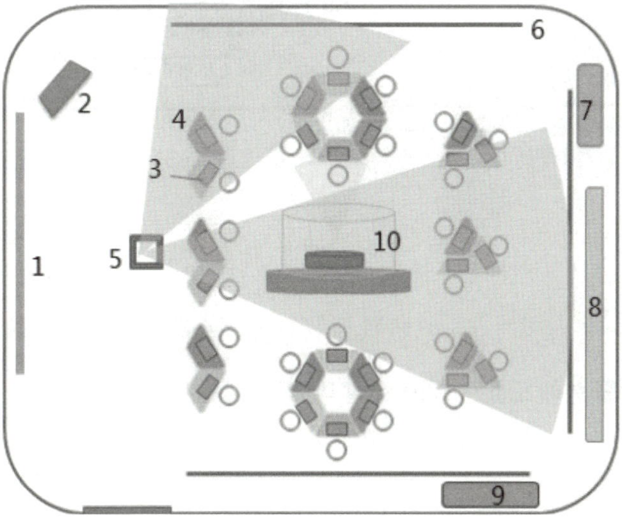

번호	품목
1	전자칠판
2	• 전자교탁 • 교육환경 통합관리 소프트웨어 • 맞춤형 교과과정에 입각한 소프트웨어
3	• 개인용단말기 • 메모리 카드 겸용 학생증 • 무선형 RFID카드 인식기 • 맞춤형 교과과정에 입각한 소프트웨어
4	• 가변형 책걸상 • 수행공학을 반영한 책걸상
5	멀티 빔 프로젝터
6	멀티 전동 스크린
7	환경제어장치
8	RFID카드 인식기가 장착된 학생 개인용 사물함
9	개인용 단말기 충전함
10	3D 홀로그램 출력장

[그림 6-4] 정착형 단계 범용교실의 구성 요소(정종원 외, 2009)

미래교실의 공간설계 관점은 개방성, 가변성, 친환경성, 안전성의 관점에서 설계될 수 있다(오주연, 2019). 교사는 교실의 미래기술환경과 학생의 발달상황(사천 대방초등학교 1학년 교실 사례 참조)을 고려하여 교실환경을 구성해야 한다.

〈표 6-2〉 미래교실 공간설계방향(오주연, 2019)

구분	내용
개방성	열린 학습공간 제공
가변성	다양한 형태의 학습활동 지원
친환경성	환경친화적 자재, 에너지절약 기준 만족
안전성	편의와 기능성 고려

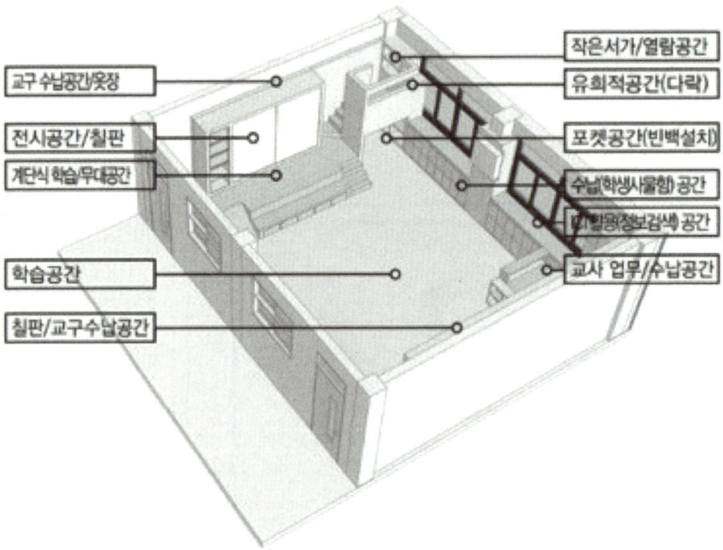

[그림 6-5] 참여설계를 통해 도출된 1학년 교실 디자인(오주연, 2019)

3. 교육시설의 물리적 · 심리적 환경

[교육프라임] 교육대기획 다시, 학교 9부-03 공간이 학생들을 변화시킨다
https://www.youtube.com/watch?v=9_tEDNi8RaY

1) 교육시설의 특수성

한국교육행정학회(1995)는 교육시설의 특수성을 다음과 같이 정의하고 있다.

- 교육시설은 학생의 행동에 대하여 현재만이 아니라 미래의 행동에까지 지대한 영향을 미치고 있다.
- 교육시설은 그 안에서 전개되는 교육과정의 운영을 지원하기도 하지만, 경우에 따라서는 교육내용 자체의 성격을 좌우하며, 이를 제한하고 방해할 수도 있다.
- 교육시설은 다른 시설과는 달리 그 형태가 다양하고 공간이 넓으며, 앞으로의 교육활동변화의 예측이 곤란하므로, 이에 대비한 확장성이나 유용성이 고려되어야 한다.

즉 교육시설은 교육하기 위한 지원 조건이기 때문에 학교교육과 역동적인 관계에서 이해되어야 한다. 다시 말하면 교육활동의 성격 여하에 따라 교육시설이 설계되고, 건축되고, 유지 · 관리되어야 한다. 최근의 그린스마트 미래학교는 교육과정과 연계하는 다양한 공간혁신, 미래형 교수학습이 가능한 디지털 기반 스마트 교실, 탄소중립 실현과 환경생태교육을 고려한 그린학교, 학교와 지역사회를 연결하는 학교복합화의 방향으로 추진되고 있다(교육부a, 2021).

한국교육행정학회(1995)는 교육시설의 요건으로서 기능성, 경제성, 심미성, 안전성 등을 제시하고 있다.

2) 교육시설의 요건[2)]

(1) 기능성

과거에 지어진 각급 학교는 몇 가지 표준설계도를 중심으로 마치 조잡한 공장 시설과 같이 획일적으로 건축되고 있어 심미성도 부족하고, 학생들의 다양한 요구를 수용하는 데 어려움이 있다. 더불어 과거에 지어진 교실은 20평 남짓한 장방형의 방에 전면에는 태극기와 칠판이 걸려 있고, 세면대 등 위생시설이 고려되어 있지 않은 획일적인 특징을 가지고 있다. 이러한 문제점을 해결하기 위하여 교육당국은 교육시설을 장기적이고 종합적으로 계획하고 지역적 특성을 고려하여 균형 있게 설계함으로써 경직된 시설행정에서 탈피하여야 한다. 도시계획 시에는 반드시 교육시설에 필요한 사항을 수용력 일변도가 아닌 미래성 및 교육의 다양한 기능을 고려하여 계획하여야 한다. 특히 2022 개정 교육과정 목표를 달성하기 위해서는 디지털·AI 교육환경의 조성이 필요하며, 온·오프라인 학습자의 특성에 맞추어 교육할 수 있는 교실환경의 구성이 중요하다. 이를 위해 학생들이 온·오프라인에서 개념적 학습과 탐구학습을 할 수 있는 변화된 교실환경의 기능이 필요하다(정종원 외, 2009; 오주연, 2019).

(2) 경제성

경제성이란 시설의 비용과 효과성을 분석하는 것인데, 시설계획이나 건축과정 및 유지과정에서 지속적인 관심을 가져야 하는 매우 복합적인 문제이다. 현재 대부분의 정규교실은 고정적·획일적으로 건축되어 있어 교실 크기를 변형시켜서 사용할 수 없기 때문에 비경제적이다. 따라서 교실의 벽을 고정식으로 만들기보

---

2) 3.2 교육시설의 요건은 교육행정학회(1995)의 저서를 바탕으로 최근 우리나라의 변화 상황(2022 개정 교육과정, 미래교실, AI, 디지털 교실환경, 다자인 환경, 채색 환경 등)을 고려하여 필요한 내용을 첨부하여 정리하였다.

다는 다양한 시설 디자인을 통하여 가변식으로 하고, 미래 교육과정의 변화에 대응할 수 있는 유연성을 가져야 되고, 필요시에는 2~3개의 교실을 대형교실, 회의실, 강당, 체육관 등 다용도로 활용하는 것이 경제적이다.

교육선진국의 경우 학교교육에서 교사가 교육활동의 중심이 아니라 학습자의 학습활동이 중심을 차지하면서 탐구과정을 중요시하므로, 학교의 중심부에 학습센터를 배치하고 학습센터 주변에 이동식 벽으로 된 교실을 배치함으로써 어느 교실에서나 최단 거리로 접근할 수 있도록 하고 있다. 이때 학생들은 그들의 흥미에 따라 선택의 자유가 폭넓게 주어지는 상황에서 각 교실을 이용할 수 있게 된다. 이때 이동식 벽은 칠판이나 게시판과 같은 교육적 기능을 갖게 된다.

교육시설의 융통성은 미래의 교육적 변화에 대응할 수 있는 미래성, 교육활동에의 신속한 접근성, 적절히 대응할 수 있는 적절성, 교육공간을 낭비 없이 이용하여 교육의 효과를 제고할 수 있는 효율성이라는 제 특징과도 밀접한 관련이 있다. 특히 그린스마트 학교는 지역사회와 학교를 연결하는 중요한 역할을 할 수 있다. 특히 도서관, 소규모 체육시설, 메이커 공간 등은 지역과 상생하기 위하여 개방될 수 있는 구조로 구성된다(교육부a, 2021).

(3) 심미성

학교시설은 안전하면서 미관도 좋아 학생들에게 친근감과 애교심을 갖도록 설계가 되어야 학습의욕도 높이고 학습효과도 기대할 수 있다. 따라서 학교건물은 주변과 조화를 잘 이루도록 설계하고, 건물의 형태나 채색 측면에서도 미적 감각과 심리적 효과를 고려하여 시공하여야 한다.

과거에 지어진 각급 학교는 획일적인 장방형 교실에 얽매여 있었고, 새로운 교육적 요구에 맞는 계획을 추진할 교육시설에 대한 마인드 없이 표준설계에 의해 획일적으로 건축되어 다양한 특징을 가지는 학생들의 교육적 요구를 반영하지 못하였다. 그러나 최근에 새로 설계된 학교는 구성원의 의견을 적극 반영하여 학습과 휴식이 함께하는 공간으로 변화하고 있다. 특히 실내정원, 생태놀이터, 정원과 연계한 휴게공간 등은 IoT 기반으로 환경이 관리될 수 있고, 이를 통해 건강한 공간으로 구성된다(교육부a, 2021). 더불어 건물의 채색은 물리적 기능과 심리적 기능을 고려하여 설계되고 있다("2015.12.09 [뉴스G] 교실 좀 바꿔주세요" 영상자료).

"2015.12.09 [뉴스G] 교실 좀 바꿔주세요" 영상자료
https://www.youtube.com/watch?v=oozRx1bglW8&t=26s

최근의 연구에서는 조명, 책걸상 디자인, 벽과 바닥 색깔 등 교실환경이 초등학생의 성적 변화량에 평균 25% 영향을 주는 것으로 나타났으며, 특히 고학년은 따뜻한 색, 저학년은 시원한 색이 성적 향상에 도움을 주는 것으로 나타났다(https://www.donga.com/news/Culture/article/all/20130109/52148424/1, 2013 재인용). 또한 새로운 교실 디자인에는 단조로운 교실환경보다는 학생들이 좋아하는 골방(Alcove: 다소 작은 공간으로 저학년 학생들이 부모의 품처럼 안락함을 느끼는 공간)의 도입, 방향성이 없고 다양한 방식의 학습에 적용될 장방형 교실의 도입, 저학년 교실 주변에 화장실이나 사물함을 설치해 주는 것이 고려되고 있다.

(4) 안전성 및 위생성

학교에서 학습하는 6세에서 21세 연령의 학생 수는 2024년 기준 714만 명이고, 2023년 기준 초등학생 수는 260.4만 명이다(한국교육개발원 교육기본통계, 2024). 이들은 아직 자아가 형성되지 않은 주의력이 부족한 연령에 속하기 때문에 이들의 학교생활에는 항상 위험이 도사리고 있다. 그러나 현재 사용 중에 있는 학교시설 중 많은 수가 낡고 과밀하여 위생적이지 않고, 안전성 등이 부족하

다. 따라서 학교시설 및 교실환경 설계 시 안전성과 위생성을 확보하는 것이 최우선으로 고려되어야 한다.

4. 교육시설 구성의 실제

1) 교실의 물리적 환경

우리나라 초등학교의 전체 교사의 면적기준은 240명 이하는 7×N(초등학교 전학년의 학생정원)m^2이고, 241명 이상 960명 이하는 720+4Nm^2이고, 961명 이상은 1,680+3Nm^2이다(고등학교 이하 각급 학교 설립·운영 규정, 2022).

(1) 교실의 바닥 및 책상

바닥 공간 배치 계획의 가장 중요한 출발점은 일제 수업을 어디서 할 것인가를 결정하는 것이다. 교사는 교실을 자세히 관찰하고 수업 시에 어디에 서 있을 것인가를 먼저 결정한다. 터치스크린이나 칠판의 위치를 통해 이러한 곳을 결정할 수 있다. 또한 이러한 곳에는 전자기기를 사용할 전기 콘센트나 수업 시 제시할 자료들을 놓아두는 책상이나 테이블을 놓을 공간도 있어야 한다. 만약 일제 수업 동안 학생들이 교실 바닥에 모이는 것을 선호한다면, 책상들을 배열할 때 충분한 공간을 남겨두고, 이곳에 커다란 카펫을 깔 수도 있다(Everston et al., 2003). 이러한 카펫은 학생 간의 심리적 거리를 줄여 학생 상호 간에 정서적 유대감을 형성(특히 특수학급 등)할 필요가 있는 학습활동에 유용하다.

바닥 공간 배치 계획을 세울 때, 바닥에 그림을 그려서 가구들의 위치를 미리 예상해 볼 수도 있다. 이렇게 함으로써 무거운 가구들을 불필요하게 옮겨야 하는 수고를 줄이며, 시간을 효율적으로 활용할 수 있게 한다. 가구를 배치하기 전에,

미리 전선을 연결해 놓는다. 이렇게 하면 콘센트 앞에 무거운 책꽂이를 놓아둠으로써 생기는 문제들을 미리 해결할 수 있다. 전선을 길게 연결하여 사용할 때 생길 수 있는 감전이나 화재 등의 위험성도 예방할 수 있다(Everston et al., 2003).

책상을 배열할 때는 아이들의 행동반경을 가장 중요하게 고려해야 한다. 모양만 집중해서 배열하는 것이 아니라, 이동성이 많은 아이들에게 용이하게, 그리고 출입이 쉽도록 책상을 배열해야 한다. 과밀한 학급과 천편일률적인 책걸상 구조는 효율적인 책상 배열을 막는 걸림돌이 된다. 가장 기본이 되는 것은 수업을 할 때 아이들이 제자리에서 편안하게 칠판을 볼 수 있도록 하는 것이다. 이를 위해서는 모든 아이들이 "교탁을 중심으로 70도 범위" 내에 들어와야 한다. 또한 앞 아이에게 가려 칠판이나 교사가 잘 보이지 않거나 교실에 있는 가구와 겹쳐 시야를 가리는 일이 없도록 주의해야 한다(우리교육, 2005). 특히 모둠활동 시 학생들의 시선이 방해받지 않는 곳에 TV모니터를 설치한다. 학생을 위한 개별화학습 지원, 실험 교육 등이 가능한 책상의 배치가 필요하다. 현재의 교실 기준으로 학생들의 다양한 활동이 가능하기 위해서는 학급당 학생 수가 18명 이하(학부모 18명, 교사 17명)로 구성될 필요가 있다(류현아 외, 2023).

학생용 책상을 다양한 방법으로 배치할 수 있지만, 책상 배치에서 고려해야 할 가장 기본적인 사항은 교실에서 이루어질 학습활동이다. 만약 대부분의 수업이 교사 중심으로 이루어진다면, 학생들이 자리를 옮기거나 등지고 앉지 않으면서도 일제 수업에 참여할 수 있도록 책상을 배치하여야 한다. 이런 경우는 책상을 줄지어 배열하는 것이 좋을 것이다. 모둠 활동이 많이 이루어진다면, 학생들이 서로 마주보는 모둠 형태로 책상을 배열할 수 있다. 책상을 모둠별로 배열할 경우에는, 우선 모둠당 학생 수를 결정해야 한다. 좌석을 배열한 후, 교사가 직접 자리를 배정할 것인가 아니면 학생들이 선택할 수 있도록 할 것인가를 결정해야 한다(Everston et al., 2003).

효과적인 교실 바닥 공간의 배치를 위해서 다음과 같은 몇 가지 사항에 유의해야 한다(Everston et al., 2003).

- 이동공간을 충분히 확보하는 것이 중요하기 때문에 교실 문 앞에 책상이나 다른 가구 등을 두어서는 안 된다. 또한 교실 정면에 모둠활동 영역, 학생들의 시선을 끄는 것 등 학생들의 주의집중을 방해할 수 있는 것들을 두는 것도 피한다.
- 학생들이 자리에 앉아 학습활동을 하는 동안 학생들 사이를 돌아다니면서 학생들의 활동을 살펴보거나 도움을 줄 수 있도록 학생들의 책상 사이에 충분한 공간을 두어야만 한다.
- 책상 대신에 학생들이 앉을 수 있는 탁자와 의자들을 갖추어 놓을 수도 있다. 그러나 특히 고학년에서 학생들이 탁자에 둘러앉으면서 몇몇 학생들이 교사를 등지게 되는 것은 문제를 가질 수 있다. 만약 충분한 공간과 탁자를 갖고 있다면, 테이블 주변의 3면에서만 학생들을 앉게 함으로써 이러한 문제를 피할 수 있다. 또 다른 문제는 공책, 교과서, 색연필, 가위와 같은 학용품을 보관하는 것이다. 탁자 아래에 개인 물품 보관 장소가 없다면 개인용 휴대상자를 학용품 보관함으로 이용할 수 있을 것이다. 이러한 개인용 물품 상자는 쉽게 이용할 수 있도록 선반 등에 보관해야 한다. 이렇게 하면 학생 개개인이 모든 준비물을 준비할 필요가 없다. 이 경우에는 공동 보관함이 자주 이용되고, 한번에 많은 학생들이 사용하기 때문에 보관 장소를 세심하게 계획해야 한다. 이들 보관 장소 주위의 이동 형태도 고려해야 한다.
- 책상과 의자를 충분히 준비하고, 부서진 것은 바꾸거나 고쳐야 한다. 학년초, 교실 내의 각종 설비와 책・걸상 등에 대한 재고 조사가 이루어져야 한다.

(2) 교실의 벽과 천장

Everston(2003)은 교실의 벽과 천장에 다음과 같은 내용을 담아야 한다고 하였다. 벽과 게시판은 학생들의 작품, 수업 관련 자료, 장식, 숙제, 규칙, 주간계획, 시계나 학생들의 흥미를 끄는 물건 등이 전시되는 곳이다. 또한 천장도 장식이나 학생들의 작품을 거는 데 사용할 수 있다. 이들 공간을 꾸미기 위한 계획을 세울 때는 다음과 같은 사항들을 고려해야 한다.

- 학기초에 적어도 다음과 같은 것들을 벽이나 칠판에 게시해야 한다.
  - 학급규칙
  - 숙제나 일과표
  - "새 학년이 된 것을 축하합니다." 또는 모든 학생의 이름표 등과 같이 학생들의 흥미를 끌 수 있는 장식
  - 달력
  - 비상구 및 대피 안내판
- 앞으로 다루지게 될 수업 내용과 관련된 것 등 교사가 필요하다고 생각하는 게시물, 또한 글쓰기 순서와 읽기 등과 같은 교과 학습에 필요한 학습방법 등을 제시할 수도 있다.
- 학생들의 위치를 파악하기 위해 게시물을 이용할 수도 있다. 학생들 개개인의 주머니를 만들어 게시판에 붙여 놓는다. 이러한 주머니는 편지 봉투를 반으로 자르거나 도서관리 카드를 꽂아 두는 작은 봉투를 이용하여 만들 수도 있다. 그리고 각 봉투에 학생들의 이름을 붙여 놓는다. 학생이 교실을 떠날 때마다, 목적지를 적어서 봉투 속에 넣게 하여 학생의 안전을 늘 확인한다.
- 게시판을 색지나 융단 등으로 장식할 수도 있다. 이러한 재료는 학습준비물실에서 얻을 수 있다. 게시판의 가장자리를 골판지 등으로 장식할 수도 있다. 이러한 비품들을 찾을 수 없을 때에는 학급비용으로 구입할 수 있다. 그러나 벽이나 천장에 게시하거나 붙이는 것들이 안전, 화재 예방 또는 대피에 지장을 주어서는 안 된다.

3분 노하우 포스트잇으로 환경꾸미기
https://www.youtube.com/watch?v=GoFs-SUC47o

[초등교사 학급운영]
교실환경구성/학급운영비/꿀팁/초등교실/교실꾸미기 1탄
https://www.youtube.com/watch?v=zRnhAHc-Rw4

- 교실을 꾸미는 데 너무 많은 시간을 보내서는 안 된다. 학기초에 준비해야 할 더 중요한 일들이 많이 있다. 빈 공간은 보는 이들에게 아무런 장애를 주지 않는다. 어느 정도의 공간을 비워 두어 나중에 장식하거나 학생들이 빈 곳을 꾸미도록 할 수도 있다. 너무 지나치게 장식해서도 안 된다. 너무 많은 벽장식은 학생들의 주의를 산만하게 만들고 교실을 좁아 보이게 만들 수 있다. 또한 천장에 다는 장식도 도를 지나쳐서는 안 된다. 20여 명의 학생들이 있는 것만으로도 교실이 비좁게 느껴지기 때문이다.
- 교실을 꾸미거나 게시물을 만드는 데 아이디어가 필요한 때는 동료 교사들에게서 힌트를 얻는다. 다른 교실을 관찰함으로써 새로운 아이디어를 얻을 수 있다. 교실의 장식이나 게시물들은 학생들의 연령에 맞게 배열해야 한다.

모둠별 토론을 하거나 모둠 과제를 도와주거나 개별지도를 할 때는 모둠과 만날 수 있는 영역이 필요하다. 이러한 장소는 교사가 앉은 자리에서 나머지 아동들을 관찰할 수 있도록 배치해야 한다. 만약 교사가 전체 교실을 바라볼 수 있는 위치에 앉아 있다면 모둠과 함께 활동을 하고 있을 때라도 학급 전체를 감독할 수 있을 것이다. 반대로, 교사가 학생들을 등지고 있다면, 등을 돌리지 않고는 학급 전체를 볼 수 없을 것이다. 또한 독서지도에서 테이블이 꼭 필요하진 않지만, 교재를 활용한 독서 토론 등의 모둠활동을 할 때는 활용할 수 있다. 그리고 학생들의 의자를 가져다 원형으로 배치하여 집단수업을 할 수 있다. 또한 교사는 학생들이 모둠 활동을 하는 동안 각 모둠을 돌아다니면서 지도할 수 있다.

(3) 교실의 오감

한국교육행정학회(1995)에서는 교실의 오감에 대하여 다음과 같이 언급하고 있다. 교실에서의 학생들의 학습활동 가운데는 정밀하게 관찰해야 하는 학습도 많다. 이때 눈의 활동량은 매우 많으며, 또한 많은 에너지가 필요하다. 시각적 조건이 좋은 곳에서 활동하면 필요 이상의 에너지를 소모하지 않으며, 결과적으로는 교실에서 학습자의 태도를 좋은 방향으로 이끌게 된다. 반면에 시각적 조건이 좋지 않은 곳에서 정밀한 학습활동을 하면 시력뿐만 아니라 다른 건강에도 악영향을 끼치게 된다.

인간은 안구의 수직 축을 중심으로 각 눈은 160도의 수평 시야각을 가지고 있다. 정면을 볼 때, 200도의 시야각을 가진다. 여기서 눈동자를 굴리면 50도를 더 볼 수 있다. 그러나 교실 정면을 눈 굴림 없이 정면을 응시한다면 120도 정도를 볼 수 있다(http://wiki.hash.kr/index.php/%EC%8B%9C%EC%95%BC%EA%B0%81). 이러한 결과에 의하면 좌우로 긴 장방형의 교실에서는 좌·우측 끝에 앉은 학생들의 시야에는 교사나 칠판이 벗어나게 된다. 따라서 교실의 자리배치는 학생의 시각 안에 교실의 학습활동이 이루어질 수 있도록 배치해야 한다.

학교 시설 설계를 계획할 때 고려해야 할 시각 계획의 구체적인 방안은 다음과 같다(한국교육행정학회, 1995).

- 교실의 크기와 수용 학생 수에 따른 교실의 형태는 칠판과 교사를 중심으로 주요 학습공간이 모든 학생의 시야에서 벗어나지 않도록 계획한다.
- 칠판의 형태, 반사율과 위치를 고려하여 눈의 피로를 감소할 수 있도록 계획한다.
- 교실의 밝기를 고려한 건물의 문과 창문의 크기, 위치를 적절히 계획한다.
- 눈부심을 방지하는 차광 시설과 일조량에 따른 조도를 조절하는 방안을 계획한다.

• 우천 시나 야간 학습 시, 학습활동에 적절한 조명기구의 위치 선정과 적절한 조도를 유지할 수 있는 조명기구 설치를 계획한다.

학교의 일반교실, 일반적 실험실습실(정밀 실습실: 600~1500lux, 표준 1000 lux) 등 주요 학습공간의 요구조도는 300~600lux(표준: 400lux) 정도면 바람직하다(한국산업규격 조도기준 KSA 3011, 1998). 이러한 조도(인공조명)의 법적 기준은 다음과 같다(학교보건법 시행규칙, 2022). 첫째, 교실의 조명도는 책상 면을 기준으로 300lux 이상이 되어야 한다. 둘째, 최대조도와 최소조도의 비율이 3대 1을 넘지 아니하도록 해야 한다. 셋째, 인공조명에 의한 눈부심이 발생하지 아니하도록 해야 한다.

더불어 교실의 설계에 채광(자연조명)의 법적 기준은 다음과 같다(학교보건법 시행규칙, 2022). 첫째, 직사광선을 포함하지 아니하는 천공광에 의한 옥외 수평조도와 실내조도와의 비율이 평균 5퍼센트 이상으로 하되, 최소 2퍼센트 미만이 되지 아니하도록 해야 한다. 둘째, 최대조도와 최소조도의 비율이 10대 1을 넘지 아니하도록 해야 한다. 셋째, 교실 바깥의 반사물로부터 눈부심이 발생하지 아니하도록 해야 한다.

다음으로 창의 면적은 전천후 조도를 5,000lux로 한 경우, 바닥 면적에 대비하여 필요로 하는 실내조도를 산출하는 다음의 공식을 사용하면 창의 면적을 구할 수 있다.

> 실내 요구 조도 = 5,000×0.5×0.4×(창면적 / 바닥면적)lux

학교의 소음 기준치는 55db(A)(학교보건법 시행규칙, 2022)이다. 그러나 최근 소음에 관한 연구(이한솔 외, 2023)에 의하면, 소음 수준은 12.6~96.6 db(A)의 범위로 나타났다. 소음이 커지면 커질수록 작업지시 이해도, 선택적 주의력, 지속적 주의력이 떨어지는 것으로 나타났다.

교실 안에서의 공기의 질에 대한 유지 · 관리 기준은 다음의 표와 같다(학교보건법 시행규칙, 2022). 특히 각 교실의 이산화탄소 농도는 400~1951.8ppm(기준 1000ppm)의 범위를 보였으며, 이산화탄소와 소음이 증가할수록 학생의 문제행동 발생이 많아지는 것으로 밝혀졌다(이한솔 외, 2023).

〈표 6-3〉 공기 질 등의 유지 · 관리기준

1. 유지기준

오염물질 항목	기준(이하)	적용 시설	비고
가. 미세먼지	35㎍/㎥	교사 및 급식시설	직경 2.5㎛ 이하 먼지
	75㎍/㎥	교사 및 급식시설	직경 10㎛ 이하 먼지
	150㎍/㎥	체육관 및 강당	직경 10㎛ 이하 먼지
나. 이산화탄소	1,000ppm	교사 및 급식시설	해당 교사 및 급식시설이 기계 환기장치를 이용하여 주된 환기를 하는 경우, 1,500ppm 이하
다. 폼알데하이드	80㎍/㎥	교사, 기숙사(건축 후 3년이 지나지 않은 기숙사로 한정한다) 및 급식시설	건축에는 증축 및 개축 포함
라. 총 부유세균	800CFU/㎥	교사 및 급식시설	
마. 낙하세균	10CFU/실	보건실 및 급식시설	
바. 일산화탄소	10ppm	개별 난방 교실 및 도로변 교실	난방 교실은 직접 연소 방식의 난방 교실로 한정
사. 이산화질소	0.05ppm	개별 난방 교실 및 도로변 교실	난방 교실은 직접 연소 방식의 난방 교실로 한정
아. 라돈	148Bq/㎥	기숙사(건축 후 3년이 지나지 않은 기숙사로 한정한다), 1층 및 지하의 교사	건축에는 증축 및 개축 포함
자. 총 휘발성 유기 화합물	400㎍/㎥	건축한 때부터 3년이 경과되지 아니한 학교	건축에는 증축 및 개축 포함

오염물질 항목	기준(이하)	적용 시설	비고
차. 석면	0.01개/cc	「석면안전관리법」 제22조 제1항 후단에 따른 석면건축물에 해당하는 학교	
카. 오존	0.06ppm	교무실 및 행정실	적용 시설 내에 오존을 발생시키는 사무기기(복사기 등)가 있는 경우로 한정
타. 진드기	100마리/㎡	보건실	
파. 벤젠	30㎍/㎥	건축 후 3년이 지나지 않은 기숙사	건축에는 증축 및 개축 포함
하. 톨루엔	1,000㎍/㎥	건축 후 3년이 지나지 않은 기숙사	건축에는 증축 및 개축 포함
거. 에틸벤젠	360㎍/㎥	건축 후 3년이 지나지 않은 기숙사	건축에는 증축 및 개축 포함
너. 자일렌	700㎍/㎥	건축 후 3년이 지나지 않은 기숙사	건축에는 증축 및 개축 포함
더. 스티렌	300㎍/㎥	건축 후 3년이 지나지 않은 기숙사	건축에는 증축 및 개축 포함

2. 관리기준

대상 시설	중점관리기준
가. 신축 학교	1) 「실내공기질 관리법」 제11조 제1항에 따라 오염물질 방출 건축자재를 사용하지 않을 것 2) 교사 안에서의 원활한 환기를 위하여 환기시설을 설치할 것 3) 책상·의자 및 상판 등 학교의 비품은 「산업표준화법」 제15조에 따라 한국산업표준 인증을 받은 제품을 사용할 것 4) 교사 안에서의 폼알데하이드 및 휘발성유기화합물이 유지기준에 적합하도록 필요한 조치를 강구하고 사용할 것
나. 개교 후 3년 이내인 학교	폼알데하이드 및 휘발성유기화합물 등이 유지기준에 적합하도록 중점적으로 관리할 것
다. 개교 후 10년 이상 경과한 학교	1) 미세먼지 및 부유세균이 유지기준에 적합하도록 중점 관리할 것

대상 시설	중점관리기준
	2) 기존 시설을 개수 또는 보수하는 경우 「실내공기질 관리법」 제11조 제1항에 따라 오염물질 방출 건축자재를 사용하지 않을 것 3) 책상 · 의자 및 상판 등 학교의 비품은 「산업표준화법」 제15조에 따라 한국산업표준 인증을 받은 제품을 사용할 것
라. 「석면안전관리법」 제22조 제1항 후단에 따른 석면건축물에 해당하는 학교	석면이 유지기준에 적합하도록 중점적으로 관리할 것
마. 개별 난방(직접 연소 방식의 난방으로 한정한다) 교실 및 도로변 교실	일산화탄소 및 이산화질소가 유지기준에 적합하도록 중점적으로 관리할 것
바. 급식시설	미세먼지, 이산화탄소, 폼알데하이드, 총 부유세균 및 낙하세균이 유지기준에 적합하도록 중점적으로 관리할 것
사. 보건실	낙하세균과 진드기가 유지기준에 적합하도록 중점적으로 관리할 것

학교의 실내온도에 대하여 살펴보면, 인간 능력에 대한 온도의 영향은 아직 완전히 알려져 있지 않다. 그러나 대체로 극단적인 온도는 작업능률을 저하시킨다는 것이 증명되고 있다. 대체로 온도와 작업능률과 관련지어 섭씨 18도 이상 28도 이하로 하되, 난방온도는 섭씨 18도 이상 20도 이하, 냉방온도는 섭씨 26도 이상 28도 이하로 해야 한다. 그리고 비교습도는 30퍼센트 이상 80퍼센트 이하로 해야 한다(학교보건법 시행규칙, 2022).

(4) 교사 관련 시설

Everston 등(2003)은 교사 관련 시설은 다음과 같은 점을 고려해야 한다고 적시하고 있다. 교사의 수업용 책상은 이동가능하게 배치할 필요가 있다. 만약 책상에 수업자료를 놓고 활용하려면 전체 수업 영역과 다른 주요한 수업 활동이 이루어지는 영역 가까이에 책상을 배치한다. 만약 업무용 책상에서 업무를 보려고 한다면, 학생들을 감독하기 편리한 곳에 책상을 놓아야 한다. 모둠 활동 공간 배치와 동일한 원리가 적용된다. 즉 학생들과 마주보고 앉아서, 앉은 자리에서 모든 학생들을 볼 수 있어야 한다. 학생들이 자신의 자리에서 교사를 볼 수 있어야 할 필요는 없다. 만약 교사의 책상에서 학생들을 지도하려 한다면, 교사의 책상 주변의 이동 형태도 고려해야 한다. 학생이 교사의 책상으로 오거나 교사의 책상에서 학생들을 지도할 때 주변의 학생들이 방해받지 않아야 하고, 학생 개인의 프라이버시를 고려하여 교사 주위에 있는 학생들의 책상은 교사의 책상으로부터 충분히 떨어져야 한다.

또한 교사의 책상에 있는 학용품들을 사용하는 방법도 생각해야 한다. 만약 학생들에게 교사의 책상에 있는 스테이플러, 여분의 색연필 등과 같은 학용품들을 사용할 수 있도록 한다면 이러한 것들을 이용하는 절차에 관해서도 생각해야 한다.

보관함 등과 같은 다른 가구들 역시 기능적인 곳에 두어야 한다. 잘 사용하지 않는 것들은 교실 구석이나 눈에 보이지 않는 곳에 놓아 둔다. 자주 사용하는 자료들이 들어 있는 보관함은 그것들이 자주 사용되는 필요한 장소 가까이에 있어야 한다. 그러나 이때에도 모든 학생들을 바라볼 수 있어야 한다.

(5) 기타 시설

스마트기기는 학생들의 학습 기회를 넓히는 데 상당한 도움을 주기도 하지만, 그렇지 않은 측면도 있기 때문에 좀 더 신경써서 관리해야 한다. 최근에 학생들에게 제공된 노트북과 태블릿 PC는 WI-FI 환경에서 작동하므로, 수업과 모둠활동 등에서만 작동하도록 구성한다. 특히 수업에 방해가 되지 않도록 스마트기기의 활용에 대한 규칙을 정해야 한다. 스마트기기를 활용 할 때는 학생들이 무슨 일을 하는지 손쉽게 알아 볼 수 있도록 교사의 스마트기기에서 확인 가능해야 한다. 학생들에게 목적을 가지고 스마트기기를 사용하도록 해야 하며, 사용시간도 제한해야 한다.

책꽂이는 칠판이나 다른 게시물들을 가리거나 아동 관찰을 방해하지 않는 곳에 놓아야 한다. 만약 책꽂이에 사전이나 참고서 등과 같이 자주 사용하는 책들이 있다면, 이용이 편리하고 관찰이 용이한 곳에 이를 놓아야 한다(Everston et al., 2003).

화분, 어항 등은 아동들에게 학습 경험을 제공할 뿐 아니라 교실에서 개인적으로 관리할 수 있는 것들이다. 그러나 학년초에는 학생들이 들떠 있기 때문에 이러한 특별한 것들을 바로 도입할 필요는 없다. 이러한 물품들은 아동들의 주의를 산만하게 하는 곳에 두어서는 안 된다(Everston et al., 2003). 물론 아동을 방해하거나 개별 활동을 방해하는 곳에 두어서도 안 된다. 특히 어항 등은 안전사고를 고려하여 종류를 골라야 한다.

2) 교실의 심리적 환경

심리적 환경은 학생의 신념과 학업성취에 영향을 준다는 측면에서 더욱 중요성이 커지고 있다(유경훈, 2009; 정윤희, 2018). 물리적 기준에 더하여, Doyle(1986)은 교실의 심리적·상황적 요소를 다음과 같이 정의하였다(Weinstein & Mignano, 2003에서 재인용).

- 교실은 다양한 면(multidimensionality)을 가진다. 하나의 단독 공간으로 이루어진 우체국이나 도서관과는 달리 교실은 넓은 범위의 일을 가진 환경이다. 교실 경계 안에서 학생들은 책을 읽고, 쓰고, 토의 등을 한다. 학생들은 우정을 형성하고, 토론을 하며, 생일을 축하하기도 한다. 그리고 게임도 한다. 선생님들도 단지 가르치기만 하는 것은 아니다. 교사는 출석을 체크하며, 학생을 위한 교육활동을 하며, 학생들 간의 토론을 중재한다. 교사는 문제를 가진 학생과 상담을 하고, 학생의 성장에 관해서 논의하기 위해 학부모를 만나기도 한다. 즉 교실의 환경은 교사와 학생의 모든 활동을 수용하는 장소이다.

- 교실에서는 다양한 활동이 동시에 일어난다. 동시다발성은 초등학교 교실에서 토의를 하는 학생 집단, 벽면에 붙어 있는 사회를 공부하는 집단, 수학 게임을 하는 집단, 컴퓨터나 책상에서 개별로 글을 적고 있는 학생들의 모습들이 있다는 것이다. 따라서 교사가 주의 깊이 학생을 관찰하는 것은 가치 있는 일이다.
- 교실의 세 번째 특징은 사건이 빠른 속도로 발생한다는 것이다. 교실에서 일어날 모든 행동을 꿰뚫어 생각하는 것은 불가능하다. 하찮은 일이 특별한 행동을 발생시킨다. 즉 한 학생이 옆에 앉은 학생이 보고 베끼는 것에 대해 불평하기도 하며, 학생들 간의 부적절한 말들이 평범하고 조용한 아이를 심각하게 만들기도 한다. 원만한 또래관계는 초등학생에게 교실에서 행복을 느끼게 하는 중요한 요소이다(신현숙, 2015). 따라서 학생의 부적절한 행동이 발생하지 않도록 해야 한다.
- 예상할 수 없는 것이 교실의 네 번째 특징이다. 교실에서의 예기치 못한 일의 발생은 교사를 어렵게 한다.
- 교실의 다섯 번째 특징은 프라이버시의 결핍이다. 학교는 공적인 장소이다. 교실 안에서의 학생들의 행동은 많은 다른 학생들에 의해 관찰된다. 학생들은 쪽지를 돌리거나, 머리를 빗거나, 잡지를 읽거나, 낙서하는 것을 교사가 알아차리지 못하도록 시도한다. 그러나 그들이 비록 교사의 눈을 피할지라도 항상 친구들은 보고 있다. 학생들이 누구도 알아차리지 못하도록 행동하거나, 교사와 개인적으로 상호 작용하는 것은 어렵다.
- 마지막으로 과거 학급의 경험이 미래에 영향을 준다. 이 여섯 번째 특징은 학생들이 학급에서의 부정적 혹은 긍정적인 사건을 기억한다는 것을 의미한다. 학생들은 누가 소리를 쳤는지, 학년초에 선생님 무슨 약속을 했는지, 선생님이 학교 숙제에 관해 뭐라고 말을 했는지에 관해서 기억한다. 학생들은 교사의 단점에 대해서도 기억한다. 학급에서의 기억이 미래에 일어날 일에 영향을 주는 것이다.

교실의 심리적 환경은 다면성, 동시성, 즉각성, 예측불가능성, 공개성, 역사성 등을 특징으로 한다. 이것은 교실환경에서 우리가 종종 간과하는 특징 중 가장 중요한 점이다.

교실에서 발생하는 문제점을 최소화하고, 성공적인 물리적 교실환경 구성을 위한 중요사항(Everston et al., 2003)은 다음과 같다.

- 학생의 왕래가 많은 곳은 혼잡하지 않게 유지하라. 학생들이 많이 모이거나 계속 사용되는 곳은 주위가 혼잡하거나 어지러울 수 있다. 교실의 복잡한 곳은 모둠학습 영역, 연필깎이, 휴지통, 책꽂이, 사물함, 컴퓨터 시설, 학생들의 책상과 교사의 책상이 있는 곳이다. 왕래가 빈번한 곳은 각각 충분한 공간을 차지할 수 있도록 떨어져 있어야 하며 쉽게 접근할 수 있어야 한다.
- 교사가 학생들을 쉽게 볼 수 있게 하라. 세심한 학생관찰은 중요한 학급관리 과제 중의 하나이다. 학생관찰의 성공은 한 번에 모든 학생들을 볼 수 있는 능력에 달려 있다. 그러므로 수업영역, 교사책상, 아동의 책상과 모든 아동 활동 영역 사이에 시야를 가리는 것들이 있어서는 안 된다. 시야를 가릴 수 있는 책꽂이, 보관함과 기타 가구 및 시설물들의 배치에 특히 주의를 기울여야 한다.
- 자주 사용하는 교구나 학생 비품은 항상 사용할 수 있게 하라. 자주 사용하는 교구나 비품에 손쉽게 접근할 수 있어야 하며, 이를 효율적으로 보관하는 것은 이들을 준비하고 정리하는 시간을 최소화해야 하는 것이고, 학습활동이 즉시 이루어지고 끝날 수 있도록 해야 한다. 만약 교사나 학생들이 필요한 교재나 비품들을 준비하기 위해 학습활동을 멈추어야 한다면, 학생들의 주의를 산만하게 만들 수 있다.
- 학생들이 교실 수업내용을 쉽게 볼 수 있게 하라. 학생들이 의자를 옮기거나, 책상을 돌리거나 또는 목을 쭉 빼거나 하는 등의 행동을 하지 않고 전자칠판, TV모니터, 칠판 등을 볼 수 있도록 좌석 배치가 이루어져야 한다. 또한 대다수의 학생으로부터 떨어진 교실 구석에서 수업자료를 제시하지 않도

록 계획을 세워야 한다. 이러한 상황은 학생들의 주의집중을 저해하며 일제 학습이나 자료를 제시할 때, 학생들의 참여를 방해하게 된다.

위에서 언급한 사항을 놓고 볼 때, 교실환경 경영은 물리적 환경과 심리적 환경을 종합적으로 관리하는 것이라고 할 수 있다. 다음은 교실의 물리적 환경과 심리적 환경이 복합적으로 나타나는 교실의 심미적 환경[3]을 보다 구체적으로 설명한 것이다.

5. 교실의 심미적 환경 구성

1) 벽면과 게시판

교실환경에서 교사들이 가장 신경을 쓰는 곳은 벽면과 게시판이다. 초등학교 교실이라고 하면 가장 먼저 떠오르는 것이 교실 앞, 뒤, 옆 벽면에서부터 복도 벽과 계단, 심지어 화장실까지 빈틈없이 게시물을 붙여 놓은 모습이다. 그러나 이런 것은 아이들을 배려하여 구성된 '교실환경'이 아니라, 다른 사람에게 잘 보이기 위한 교실환경일 뿐이다(우리교육, 2005).

[굿티처] 교실 게시판 꾸미기! 어렵지 않아요~
https://www.youtube.com/watch?v=wnKdHbsxS9w&t=17s

3) 심미적 환경은 물리적인 공간에 학생의 학습결과 등을 표현하여 교육적 효과를 발생시키는 환경으로 정의한다.

[굿티처] 환경구성 궁금하셨죠?
https://www.youtube.com/watch?v=jbCkgB2EosI

벽면과 게시판은 학습활동 과정에서 나온 결과를 잘 알릴 수 있도록 되도록 간결하게 배치한다. 학급의 모든 아이들을 위해 학습 결과물을 게시해야 한다. 이러한 방식을 통하여 수업 시간에 강조된 적극성 및 창의성을 바탕으로 한 문제해결력을 학생들이 자발적으로 발휘하도록 해야 한다. 다시 말하면, 교실 게시판은 모든 학생의 성장과 발달을 위한 게시판이 되어야 한다.

창문에 젤리가 열린다??/글라스데코로 교실 창문 꾸미기
https://www.youtube.com/watch?v=W_u4NxXKMbU

다음은 우리교육(2005)의 현직교사가 제시하는 교실의 앞면, 뒷면, 옆면, 창문 및 복도에 대한 환경 꾸미기에 대한 제안 사항이다.

- 교실 앞면: 앞면은 아이들이 가장 많이 바라보는 곳이다. 따라서 지나치게 화려한 장식이나 시선을 흩뜨리는 것은 좋지 않다. 되도록 앞면은 비우거나 최소한으로 단정하게 활용하는 것이 좋은데, 색을 쓸 때는 원색을 쓰지 말고 차분한 자연색을 쓰도록 해야 한다.
- 뒷 게시판: 뒷 게시판에는 대부분 일 년 내내 미술 작품이 붙어 있다. 그러나 필요에 따라서는 넓은 게시판을 활용해서 수업을 진행할 수도 있다.
- 교실 옆면: 우리나라 초등학교 교실을 가보면 어느 곳 하나 빈 구석이 없다. 앞, 뒤, 옆 어디를 보더라도 알록달록한 것이 빽빽이 들어차 있고, 천정에도 창문에도 뭔가가 주렁주렁 매달려 있다. 꼭 필요한 것이 아니라면 빈 여백을

주어야 한다. 그래야 아이들이 심리적으로 안정감을 갖게 된다.

- 창문: 창문에도 무엇을 붙여야만 '환경 꾸미기'라고 생각한다. 하지만 창문은 먼지를 깨끗이 닦는 것이 가장 좋은 환경 정리다. 스테인드글라스, 유리창에 그림 그리기, 낙엽 그리기 같은 학습활동이 있을 때만 그 결과물을 붙이고, 일정한 시간이 지나면 떼어 버리는 것이 좋다.
- 복도: 우리 반의 모습을 다른 반에 알린다는 점에서 복도는 훌륭한 게시 공간이다. 그때그때 활동한 것을 붙여 나가면 다른 반과도 정보를 공유할 수 있다.

2) 계절별 시설의 활용

여기에는 크리스마스나 다른 계절적 장식 등이 포함된다. 교사가 이러한 것들을 활용하는 경우는 일 년에 한두 번 정도이기 때문에 이러한 것들을 보관함 위나 교실 밖의 보관 장소에 둘 수도 있다.

6. 교실환경 계획

Steele(1973; Weinstein & Mignano, 2003 재인용)은 교실환경 계획에서 교사가 어떠한 역할과 사고를 해야 하는가를 제시한다.

1) 교실환경 구성을 위한 교사의 역할

(1) 교실환경의 창조자

교실환경의 창조자로서의 교사는 연극무대에서 다양한 역할을 하는 연극배우와 같다. 이러한 이유로 교실환경 고안자로서 교사의 역할을 단지 한 가지 준거로 판단할 수 없다. 또한 교사 역할의 다중성으로 인하여 교실환경을 구성하는데 현실적으로 어려움이 있다. 다시 말하면 교사 자신이 생각하는 교실의 역할과 기존의 교실 구조가 충돌하는 것이다. 따라서 교사는 자신의 공간과 함께, 교실에서 수업을 받는 학생의 입장에서도 교실환경의 기능을 신중하게 고려해서 가장 합리적인 교실환경을 구성하는 교실환경 창조자로서의 역할을 해야 한다. 교실환경의 창조자로서 교사는 교실의 분위기를 만드는 역할을 하는데, 교육적 의미를 갖는 교실의 분위기의 형성은 학생의 심리적 안정감, 교실 문화의 표현, 교육적 상황과 공간의 재창조와 같은 요소를 포함해야 한다(유명희, 2015).

(2) 활동공간의 적합성에 대한 설계자

교실환경을 고려하는 첫 단계는 교사가 공간의 적합성에 관하여 결정하는 것이다. 예를 들어 교사는 초등학교 교실에서 큰 소리로 책을 읽는 것, 독서교육, 집단별 수학교육, 교실의 관리·유지, 스마트기기 활용 등을 고려하여 활동공간 계획을 세울 것이다. 공간계획상의 어떤 수업은 특정한 물리적 공간과 장비를 필요로 할 수 있다. 스마트기기를 이용한 수업은 인터넷이 접속 가능한 환경이 필요하고, 학생들이 필요한 시간에만 인터넷에 접속할 수 있도록 통제할 수 있어야 한다. 더불어 스마트기기를 사용한 후에는 다음의 사용을 위하여 충전할 수 있는 공간이 필요하다.

(3) 교실공간에 대한 계획자

실제로 어떤 가구를 옮기기 전에, 가구와 장비를 어디에 둘 것인지 결정을 했을 때, '주어진' 공간뿐만 아니라 교사의 활동사항 등 특별한 사항을 고려해야 한다. 즉 콘센트의 위치, 전자칠판, 칠판, 창문, 수업용 TV모니터와 전화. 심리적 안정성, 사회적인 접촉 등에 관하여 고려해야 한다. 예를 들어 교사의 강의 방식을 고려하여 교실환경을 구성하면 환경 계획에 상당한 도움을 줄 것이다. 또한 교사의 책상이 어디에 있어야 하는지 생각해 보아야 한다. 그리고 교사와 학생들이 자주 사용하는 교구는 어느 위치의 선반 위나 보관함에 둘 것인지도 고려해야 한다. 교사가 교실환경을 계획하는 것은 한 가지 방법만 있는 것이 아니라는 것을 기억해야 한다. 중요한 것은 교사가 학생이 원하는 행동과 교사가 사용할 교수전략을 지원할 수 있는 공간 배열을 만드는 것이라는 점이다.

(4) 환경계획에서 학생의견의 수용자

교사는 공간을 계획하기 위하여 아이들의 생각을 반영하는 데 적극적이어야 한다. 그리고 실행가능성이 높은 계획을 선택해야 한다. 학급 안에서 교우관계와 학습의 모둠 등을 고려하여 제안을 받는 것도 한 가지 방법이다. 특히 학생의 의견을 수용할 때, 교사는 일부 학생이라도 소외되지 않도록 고려해야 한다.

(5) 새로운 계획을 시도하고, 평가하는 재설계자

학급환경을 평가하기 위한 준거로 교실환경에 대한 Steele(1973; Weinstein & Mignano, 2003 재인용)의 여섯 가지 기능과 프라이버시와 관리·감독 기능을 사용할 수 있다. 예를 들면 교실은 개인 영역과 쉴 장소를 제공하는가, 전시물은 학생들의 학습활동에 대한 정보를 잘 전달하는가, 교실공간은 즐거움을 제공하는가, 교실은 학생 간의 협력을 촉진하는가, 교실은 아이들이 탐구하는 것을 안내하고 흥미와 능력을 확장시키는 소재를 포함하고 있는가, 교실은 교육신념을 말해주는가에 관한 것 등이다. 교실환경에 대한 작은 변화가 학생 행동에 유쾌한 변화를 가져올 수 있다. 그러므로 교사가 교실공간을 개선시키기 위해 노력하는 것은 필수적인 것이다.

2) 교실환경 구성 사례

교실환경은 실제적으로 교사가 되어서 어떤 방식으로 교실의 물리적·심리적 환경을 표현할 것인가와 관련된다. 이러한 물리적·심리적 환경은 교사가 가지고 있는 자신만의 장점을 드러내면서, 교사의 학생에 대한 애정을 드러낸다. 그러나 현실적으로 초임교사가 교실환경에 대한 물리적·심리적 환경에 대한 철학을 가지는 것은 어렵다. 그러므로 선배교사들이 만들어 놓은 다양한 공개자료를 활용하여 자신만의 특성을 드러낼 수 있는 교실을 만들 필요성이 있다. 그 예로 "옥이샘 사이트(옥이샘의 교실 이야기(oktoon.net))"는 초등학생들이 좋아하는 캐릭터인 만화를 모티브로 교실환경을 꾸며, 학생들이 보다 친근감을 느끼는 교실을 만들려는 노력을 하는 교사들 간의 공유공간으로서 의미를 지닌다. 그리고 최근에는 다양한 동영상 사이트와 블로그의 자료가 교사의 교실환경 개선을 위한 공유의 장으로 활용되고 있다.

다음으로 미래형 학습공간으로 변화를 모색하는 교실환경의 구성이 필요하다. 특히 '개별화 교육', '맞춤식 교육', '창의성 교육'을 통하여 전통적인 교실환경의 변화가 필요해지고 있다(양해진·김남효, 2015). 이러한 변화는 교실환경이 학생에게 가져다 줄 교육역량, 학생 교육에 효과적인 교육방법, 시공간을 확장하는 디지털 학습환경이라는 미래지향적 자기주도 학습능력을 강조하고 있다. 이러한 변화를 위하여 지역 특화된 교실, 학습 특화된 교실, 학년 특화된 교실 등 다양한 교실환경의 구성이 필수적이라고 할 수 있다.

결론적으로, 교실환경은 학생의 물리적 안전, 심리적 안정, 학생의 프라이버시 보호, 교사의 관리를 통한 교육적 효과성의 증대를 고려하여야 하며, 이와 동시에 미래의 사회적 변화에 적응하기 위한 기제로서의 역할 역시 강조되어야 할 것이다.

요약

교실환경을 바라보는 시각은 교육과정 개정에 따라 디지털 친화적이고 다양한 학습자의 삶과 성장을 고려하는 방향으로 변화하고 있다. 특히 초등학교 교실은 다양한 형태의 수업과 다양한 소통이 상존하는 공간으로 유연성을 특징으로 한다. 교실환경은 최근에 발생한 코로나 19 감염병 등에 대처할 수 있는 공간적 여유와 물리적 환경, 그리고 학생의 심리적 안정을 추구할 수 있어야 한다. 교실환경은 아름답고, 학생의 능력을 자극하고, 교육활동에 유연성을 주고, 미래학습이 가능한 디지털 능력을 길러주고, 궁극적으로 학생의 삶을 성장시킬 수 있어야 한다.

교실환경의 기능은 일정한 프라이버시가 존중되어야 하며, 교사의 관리・감독이 상존하는 학습공간이며, 교사와 학생 간 그리고 학생 간 상호 작용, 온라인 환경에서의 상호 작용이 이루어지는 사회적 공간으로서의 기능을 가진다.

교실환경은 크게 물리적 환경과 심리적 환경으로 구분될 수 있는데, 물리적 환경의 기준은 법에 의해서 규정되고 있으며, 이에 대한 예비교사의 이해는 교실이 학생과 교사의 건강을 보장한다는 측면에서 중요하다. 최근에는 기능성, 경제성, 심미성, 안전성과 위생의 관점에서 교실에 대한 법적 기준이 마련되고 있다. 교실은 다면성, 동시성, 즉각성, 예측불가능성, 공개성, 역사성의 상황이 늘 발생할 수 있기 때문에 심리적 환경이 고려되어야 한다. 교실의 심리적 환경은 학생의 신념과 학업 성취에 영향을 주고 있으며, 교실의 심미적 환경은 교육적 효과를 발생시킨다.

교실환경을 위한 실제는 다양한 동영상 자료와 교사 커뮤니티를 통해 이해하고 참고할 수 있으나, 나만의 교실을 위한 창의성, 계획성, 학생의견의 수용성 등이 필요하다.

핵심용어

교실환경, 환경미화, 교실의 물리적 환경, 교실의 심리적 환경, 교실의 심미적 환경, 교실의 환경기준, 미래교실, 교육시설의 특수성, 교육시설의 요건

참고문헌

경상남도교육청(2023). “2022 영역단위 공간혁신 백서”. 창원: 경상남도교육청 미래학교 추진단.

교육부(2022). 고등학교 이하 각 급 학교 설립 · 운영 규정.

교육부(2022). 학교보건법 시행규칙.

교육부(2024). 한국교육개발원 교육기본통계.

교육부a(2021). “그린스마트 미래학교 종합추진계획(안)”. 세종: 그린스마트 매래학교 실무추진단.

교육부b(2021). “더 나은 미래, 모두를 위한 교육 2022 개정 교육과정 총론 주요사항(시안)”. 세종: 교육과정정책과.

권현진 · 김언지 · 안준상 · 이현진 · 정기원 · 정원엽(2005). 새내기 초등교사를 위한 학급경영 길라잡이. 경기: 양서원.

김윤영(2013). “교육적 공간으로서 교실에 대한 고찰”. 초등교육학연구, 20(2), 59-79.

김진구 · 김훈(2005). “초등학교 교실조명과 학생시력 변화의 관계분석 및 교실조명개선에 관한 연구”. 조명 · 전기설비학회논문지, 19(1), 15-23.

김학래(2006). “인체치수와 교구배치를 고려한 초등학교 일반교실의 규모산정계획에 관한 연구”. 디자인학연구, 19(4), 17-30.

류현아 · 박일수 · 유길한 · 윤홍주 · 임의진 · 조성원 · 최도성 · 최원석(2023). “공교육 책무성 확보를 위한 바람직한 초등교사 수요 산출 논의”. 전국 교원양성대학교 공동교육혁신센터 공동개발 사업 연구보고서.

문교부(1989). 중학교 교사 표준설계도 연구보고서. 서울: 문교부.

박지현 · 이선영(2006). “80년대 표준설계 초등학교 당위 교실의 친환경적 리노베이션에 관한 연구”. 한국교육시설학회지, 13(2), 25-33.

박희원(2009). 아동기 비밀의 양상에 대한 연구. 석사학위논문. 한국교원대학교 대학원.

신현숙(2015). “초 · 중 고등학생의 일상적 행복 및 불행 경험”. 교육연구, 38, 1-28.

양혜진 · 김남효(2015). “미래교실환경 개선을 위한 초등학교 교실구성 분석”. 디지털디자인학연구, 15(2), 121-131.

오주연(2019). “사용자 참여설계 방법을 적용한 미래교실 공간디자인 -교실 및 지원시설 공간설계 사례를 중심으로”. 교육시설, 26(6), 24-27.

우리교육(2005). 초등학급운영. 서울: 우리교육.

유경훈(2009). “청소년의 가정 · 교실환경과 자기효능감 및 학업성취 간의 관계구조 모형 분석”. 한국청소년시설환경학회지, 7(1), 15-25.
유명희(2015). “교실 분위기의 교육적 의미 탐색”. 초등교육학연구, 22(2), 43-61.
유향산(1992). 경제적 교육공간과 시설 · 설비. 서울: 교육과학사.
이한솔 · 박대철 · 김현욱(2023). “교실 내 이산화탄소 농도와 소음 수준이 초등학생의 주의집중력과 문제행동에 미치는 영향”. 학습자중심교과교육연구, 23(10), 369-384.
이현경 · 조영환 · 이현진 · 함윤희(2020). “학습분석의 윤리적 이슈와 실천방안에 대한 초등학교 교사의 인식”. 교육정보미디어연구, 26(1), 157-181.
임영서 · 강문희(2002). “유치원 교실의 밀집감 완화가 유아의 교실내 행동에 미치는 영향”. 한국영유아보육학, 28, 19-40.
정민희 · 김순주 · 나수연 · 박진철(2007.10). “초등학교 교실의 실내환경 실태조사연구”. 한국건축친환경설비학회 박술발표대회 논문집, 109-112.
정윤희(2018). “교실수업환경, 자기효능감 및 수학학업성취의 종단적 구조모형 검증”. 박사학위논문. 숙명여자대학교 대학원.
정종원 · 김영애 · 박인우 · 임병노 · 고범석(2009). “미래형 교실의 유형별 표준 모델 연구”. 서울: 한국교육학술정보원.
조명, 책걸상 디자인, 벽 색깔 등 교실 설계 좋으면 성적 오른다.(2013.01.09.). https://www.donga.com/news/Culture/article/all/20130109/52148424/1
최욱(2017). “교실 및 온라인 토론수업을 위한 준비 교수체제(Preparatory Instructional System) 설계모형 개발”. 교육방법연구, 29(4), 677-705.
한국교육행정학회(1995). 교육시설행정론. 서울: 하우.
한국표준협회(1998). 한국산업규격 조도기준 KSA 3011.
황성재(2021). “학생간 거리두기를 고려한 교실공간 면적현황 연구”. 한국공간디자인학회 논문집, 16(3), 241-248.
황은진(2014). “초등학교 교실 공간이 고려해야 할 요소”. 초등교육학연구, 21(2), 95-112.

Christopher, L. D.(2002). Teacher interactions within the physical environment: How teacher alter their space and/or routines because of classroom character. Unpublished doctoral dissertation. University of Washington.
CONTINUING EDUCATION CORNER: A University of San Diego Blog.(2024). https://pce.sandiego.edu/classroom-design-ideas/

Doyle, W.(1986). Classroom Organization and Management. In M. C. Witttrock (ed.), *Handbook of research on teaching*(3rd ed, 392-431). NY: Macmillan.

Everston, C. M., Emmer, E. T., & Worsham, M. E.(2003). *Classroom Management for Elementary Teachers* (강영하 · 박종필 역). NY: Pearson Education, Inc.

Langeveld, M.(1983). The secret place in the life of the child. *Phenomenology & Pedagogy, 1*(2), 181-191.

Levin, J., & Nolan, J. F.(2004). *Principles of Classroom management: A Professional Decision-Making Model.* NY: Pearson Education, Inc.

Maslow, A. H., & Mintz, N. L.(1956). The effects of esthetic surroundings: I. *Journal of Psychology, 41*, 247-254.

Patton, J. E., Snell, J., Knight, W. J., & Gerken, K.(2001). *A survey study elementary seating designs.* East lansing, MI: National Center for Research on Teaching Learning. (ERIC Document Reproduction Service No. ED454194)

Schools Building and Design Unit.(2005.7.5). Retrieved from http://www.teachnet.gov.uk/classroom_of_the_future

Steele, F. I.(1973). *Physical setting and organization development.* Reading, MA: Addison-Wesley.

Weinstein, C. S., & Mignano, A. J.(2003). *Elementary Classroom Management.* NY: McGrew-Hill Companies.

[관련 웹 사이트]

교사커뮤니티

교사커뮤니티. http://eduict.org/ (교과마당-학급경영)

예은이네. http://picture.edumoa.com/index.php (창의적인학급경영-월별학급경영)

옥이샘의 교실 이야기 중 교실환경. https://oktoon.net/category/%EC%98%A5%EC%9D%B4%EC%83%98%20%20%E2%98%85%EC%9E%90%EB%A3%8C%20%EB%82%98%EB%88%94/%EA%B5%90%EC%8B%A4%20%ED%99%98%EA%B2%BD

인디스쿨. http://indischool.com (자료실-환경구성)

[동영상 자료]

[3분노하우] 아이들 감정 챙겨주는 감정체크판. https://www.youtube.com/watch?v=DW_GvFJWt3g

우리반 카페만들기. https://www.youtube.com/watch?v=PXmcsuh9h_g

다락방에 미끄럼틀 암벽까지... 확 바뀐 학교 교실. 연합뉴스. https://www.youtube.com/watch?v=VTAFqhqtGYM

"2015.12.09 [뉴스G] 교실 좀 바꿔주세요". 영상자료. https://www.youtube.com/watch?v=oozRx1bglW8&t=26s

3분 노하우 포스트잇으로 환경꾸미기. https://www.youtube.com/watch?v=GoFs-SUC47o

[교육프라임] 교육대기획 다시, 학교 9부 -03 공간이 학생들을 변화시킨다. https://www.youtube.com/watch?v=9_tEDNi8RaY

[초등교사 학급운영] 교실환경구성/학급운영비/꿀팁/초등교실/교실꾸미기 1탄. https://www.youtube.com/watch?v=zRnhAHc-Rw4

[굿티처] 교실 게시판 꾸미기! 어렵지 않아요~. https://www.youtube.com/watch?v=wnKdHbsxS9w&t=17s

[굿티처] 환경구성 궁금하셨죠?. https://www.youtube.com/watch?v=jbCkgB2EosI

창문에 젤리가 열린다??/글라스데코로 교실 창문 꾸미기. https://www.youtube.com/watch?v=W_u4NxXKMbU

7 규칙과 행동수칙

박종필(전주교육대학교)

학습목표

- 본 단원은 예비교사들에게 학급경영에서 규칙과 행동수칙의 필요성, 의미 등을 생각해 보게 하고, 나아가 규칙과 행동수칙을 만드는 방법, 학생들에게 가르치는 방법, 지도하는 방법 등을 이해하고 실천하는데 목표를 둔다.
- 학급경영에서 규칙과 행동수칙의 개념 및 필요성을 이해한다.
- 규칙과 행동수칙을 만드는 다양한 방법을 이해한다.
- 학생들에게 규칙과 행동수칙을 가르치는 방법을 이해한다.
- 규칙과 행동수칙에 대한 교사의 활동을 평가할 수 있다.

학습 준비 활동

- 초등학교의 한 학급을 정하여 해당 학급에서 실제 학급경영에서 활용되고 있는 규칙과 행동수칙을 조사하여 오기

관련 사례 및 토의 주제

- 아래 사례와 자신의 교생실습 경험 등을 토대로 학급경영에서 규칙과 행동수칙이 필요한 이유를 생각해 보자.

> 시작종이 울린 지 10분도 넘었지만 교실은 소란스럽다. 교실을 돌아다니는 아이, 옆 사람과 떠드는 아이, 어떤 아이는 책상 위로 올라가기도 한다. 수업 시간이 시작되었지만 어느 누구 하나 책을 펴거나 수업을 준비하는 법이 없다. 선생님은 아직도 컴퓨터와 씨름 중이다. 이번 시간에 아이들에게 보여줄 동영상 자료를 찾고 있는 중이다. 선생님이 수업을 준비하는 동안 교실은 그야말로 아수라장으로 변해 버렸다. '어떻게 하면 좋을까?' 한숨만 나온다. "애들아, 조용히 해라. 수업하자. 4학년 5반, 조용히 하라고." 선생님의 호소도 아무런 소용이 없다. "5반 눈 감으세요. 너희들 오늘 정말 혼나고 싶니?" 선생님의 목소리는 점점 더 커져 갔다. 눈치 빠른 몇몇 아이들이 "야. 조용히 해. 선생님 화나셨어."라며 떠드는 아이를 제지하였고, 그때서야 교실은 조금 조용해졌다. 수업 시간은 벌써 15분이나 지나가 버렸다. 교직 경력이 2년이 다 되어가지만 박 선생님은 아직도 수업을 시작하기 전 수업분위기를 잡기 위해 아이들과 진을 빼는 날이 많다.

- 대부분의 초등학생들은 학년이 바뀔 때마다 다른 교사를 만나 학교생활을 한다. 학년마다 제시된 규칙 및 행동수칙이 다를 경우 학생들은 혼란을 겪게 될 가능성이 있다. 이럴 경우 어떤 문제가 발생할 수 있으며, 이를 해결하기 위한 방안은 무엇인지 생각해 보자.
- 5학년을 맡고 있는 김열정 선생님의 학급규칙 중 하나는 "과제를 잘 해오기"이다. 학생들이 빠짐없이 과제를 해 오도록 하기 위해 "과제를 해 오지 않을 경우 그 학생이 속한 모둠원 모두 남아서 교실 청소를 한다"라고 규칙위반에 대한 결과처리 방식을 설정하였다. 이처럼 규칙을 잘 준수하도록 하는 수단의 하나로 개인 잘잘못에 대한 상과 벌을 단체와 관련지어 행하는 경우가 있다. 개인의 잘잘못과 단체를 관련짓는 이러한 규칙이 정당한지 그 이유와 함께 생각해 보자.

1. 규칙과 행동수칙의 필요성 및 개념

교단에 처음 서는 교사는 학생들이 편하게 기댈 수 있는, 친근한 분위기의 교사가 되길 원한다. 그리고 학생의 인생을 변화시킬 영향력을 가진 교사를 꿈꾸게 된다. 하지만 쉽게 다가갈 수 있는 친근한 선생님이 되어야지, 만만한 선생님이 되어선 안 된다. 교사는 예스와 노가 명확해야 하며, 원칙과 사랑이 조화를 이룰 때 학생들은 큰 성장을 거둘 수 있다. 결국 선생님이 원칙을 분명하게 세우고 일관적으로 적용하는 것이 학급경영의 핵심이라고 말할 수 있다.

항상 친절하게 학생들을 대하나 잘못된 행동은 아니라고 단호하게 말할 수 있는 선생님이라면 어떤 학생들을 맡아도 학급을 잘 꾸려나갈 수 있다. 따라서 친절하고 단호한 선생님이 되기 위해 제일 먼저 원칙을 세우고, 학기초에는 세세한 원칙보다 대원칙을 세우고 일관되게 적용하는 것이 중요하다(이종혁, 2021).

어른들에게는 매우 단순하고 쉬운 일도 초등학생들에게는 복잡하고 어려운 일이 될 수 있다. 예컨대, 아침에 학교에 도착한 후 어떤 일을 해야 하는지, 동화책을 읽어도 좋은지, 친구와 얘기를 해도 좋은지, 수업 중에 화장실을 다녀와도 되는지, 궁금한 것이 있을 때 언제나 질문을 해도 좋은지, 교실 청소는 어떻게 하는지, 점심시간에 운동장에 나가서 놀아도 좋은지, 게임을 해도 괜찮은지 등이 그러한 일이다. 이러한 일은 언뜻 보면 매우 사소한 일처럼 보이지만 초등학생들에겐 복잡하고 혼란스러운 일이 될 수 있다. 학급경영에서 이러한 혼란을 예방하고, 학생들의 행동에 일관성을 부여하여 질서정연한 학급환경을 만드는 일은 교사들에게 매우 중요한 문제이며, 규칙과 행동수칙은 바로 그러한 일과 관련되어 있다.

1) 규칙과 행동수칙의 필요성

학생들이 학교생활을 할 때 어느 범위까지 행동할 수 있고, 그 테두리를 벗어나면 어떤 결과가 생기고 어떤 책임을 져야 하는지 알려주는 것이 매우 중요하다. 이것은 '테두리 정하기'라고 할 수 있으며, 이러한 테두리는 학생들의 안전망이 될 수 있다. 어디까지 할 수 있고, 어디부터는 허용되지 않는지 명확하게 알려주어 학생들이 학교생활을 안전하게 할 수 있도록 하기 때문이다. 이러한 테두리 안에서 학생들은 자유롭게 생활하면서 다양한 경험을 쌓고 성장할 수 있다(송형호 · 손지선, 2021). 학급에서 학생들이 어떻게 처신해야 하며, 어떠한 일들을 취할 수 있는지, 어떠한 절차를 따라 행동해야 하는지에 대한 지침을 갖지 못한다면 효과적으로 학급을 운영하기가 어렵다.

따라서 초등학교라는 특수한 환경에서는 효율적인 학급 절차를 갖추는 것이 필수적이라는 것을 명심해야 한다. 교사는 매일 적게는 1~3명에서 많게는 25~30여 명의 학생들과 함께 공부를 한다. 점심, 쉬는 시간 또는 다른 수업을 위해 교실을 떠난다 해도 학생들의 활동은 일반적으로 제한된 공간과 자료를 갖춘 한 교실로 제한된다. 교사는 다양한 학생들에게 다양한 인지적 기술을 가르칠 책임이 있는 동시에 행정 사무를 처리하고 필요한 자료를 준비하고, 학생들을 평가해야만 한다. 이를 잘 처리하기 위해 교사와 학생들이 혼란과 시간 낭비를 최소화하고, 중요한 학습 과제에 전념하기 위해 모든 사람이 자유롭게 활동할 수 있는 질서 있는 환경이 필요하다. 즉 면밀하게 계획되고 학습된 규칙과 절차 없이는 학급을 원활하게 운영할 수 없다(강영하 · 박종필 역, 2003).

규칙과 행동수칙은 학급마다 다양하지만, 규칙과 행동수칙 없이 효율적으로 운영되는 학급은 찾아볼 수 없다. 만약 어떻게 행동해야 하고, 언제 교실을 돌아다닐 수 있으며, 좌석 배치를 어떻게 해야 할 것인가 등에 대한 기준이 없거나, 학생들에게 교사를 자주 방해하고 큰 소리로 떠드는 것을 허용한다면 교사가 수업을 하거나 학생들이 효과적으로 학습하는 것은 불가능하다. 게다가 절차가 비효율적이고 교실 출입, 자료 반납, 수업 참여, 학습 점검과 같은 교실생활의 공통된 요소에 대한 규칙이 없을 경우에는 시간이 많이 낭비되고 학생들의 관심과 흥미가 떨어지며, 궁극적으로는 학생들의 학습을 저하시킬 수 있다(강영하 · 박종필 역, 2003).

모든 사회는 번창을 위해서 규칙이 필요하며, 이는 교실도 마찬가지이다. 교사는 학생들의 학습을 위해서, 그리고 기대를 전달하기 위해서 규칙이 필요하다(Sager, N.D.). 초등학교 학급경영에서 규칙과 행동수칙이 필요한 이유를 구체적으로 살펴보면 첫째, 규칙과 행동수칙을 통하여 많은 시간을 절약할 수 있다. 교사는 규칙과 행동수칙을 통하여 일상적이고, 반복적인 지시와 명령을 반복하지 않아도 된다. 즉 규칙이 학생들에게 지속적으로 강화되고 받아들여진다면, 수업 중 필요한 활동을 위해 교사는 지시하고, 학생들은 다시 배우고 하는 이 복잡한 과정들로부터 자유로워질 수 있다.

둘째, 학생의 주의력과 흥미를 증진시킬 수 있다. 잘 계획된 규칙과 행동수칙은 학생들이 매시간 취해야 하는 행동들과 금해야 할 행동들을 사전에 안내하므로 물리적으로나 심리적으로나 안전한 환경에서 가르치고 배울 수 있도록 하는 기본 여건이 되어주는 것이다.

셋째, 질서 있는 교실환경을 조성할 수 있다(Evertson, Emmer & Worsham, 2003). 규칙과 행동수칙을 통하여 학생들이 해야 하는 일과 하지 않아야 하는 일을 알려줄 뿐만 아니라 해야 할 일에 대한 구체적인 절차와 방법을 제시함으로써 교실행동의 혼란을 최소화시킬 수 있다. 아울러 적절하게 계획된 활동절차를 통하여 학생들은 학습과제에 보다 전념할 수 있고, 질서 정연한 환경에서 생활할 수 있다.

넷째, 문제행동을 효과적으로 예방할 수 있다(Jones & Jones, 2004, 257). 학생들이 구체적으로 지켜야 할 일을 명확히 제시해 줌으로써 복잡한 학급활동에 질서를 부여해 줄 것이며, 이런 질서는 아동의 학급생활 가운데 일어날 수 있는 예측불허의 안전사고를 예방할 수 있다. 더불어 초등교육의 중요한 목적 중의 하나인 기본생활습관 형성에도 기여하며, 나아가 시민으로서의 자신의 권리와 존엄성을 배울 수 있다. 특히, 신규 교사들의 경우 교실 행동 관리에 어려움을 겪는 현상은 일반적으로 찾아볼 수 있는 문제이다. 상대적으로 간단하게 실행할 수 있고 부적절한 행동이 일어나기 전에 이를 예방하는 것에 초점을 두고 있기 때문에 학급규칙은 효과적인 학급경영의 필수 불가결한 부분으로 인식되고 있다(Alter & Haydon, 2017).

끝으로, 규칙과 행동수칙은 학급경영의 합리성을 증진시켜준다. 규칙과 행동수칙은 즉흥적인 구두를 통한 명령이나 지시보다 더 명확하고 신중하게 결정된 생각들이기 때문에 다양한 행동과 역할 수행의 지침이 되는 의사소통 체제가 된다(오영재 외 역, 2013). 또한 모든 학생에게 평등하게 적용되며, 학급에서 허용되지 않는 행동을 할 때 어떤 형태의 제재가 가해질 것이라는 것을 미리 알려줌으로써 행동의 합리성을 증진시킬 수 있다.

한편, Leven과 Nolan(2004)은 '지침'이라는 용어를 사용하여 규칙과 행동수칙의 필요성을 다음과 같이 제시하고 있다.

- 교사가 적절한 행동을 모범으로 보이고, 수업지침에 관하여 설명한다면 학생들은 좀 더 교실 지침을 잘 따른다.
- 지침에 관해서 명확하게 학생들과 의견을 나누고, 학생들에게서 지킬 수 있다는 약속을 얻어내면 교실에서 적절한 행동을 하게 된다.
- 지침에 관하여 자연스럽고 논리적인 설명을 함으로써, 학생들이 스스로의 행동 결과에 책임질 수 있도록 도와준다. 또한 학생 스스로의 행동을 자제할

의무도 있음을 배울 수 있게 된다.

- 교실에서의 지침과 규칙들이 학생의 가정과 지역사회가 가지고 있는 문화와 조화를 이룰 때, 학생들이 바르게 행동할 가능성이 증가한다.
- 교사가 수업 중에 적용될 수 있는 교실의 지침 혹은 기준을 만들 때, 학생들이 바르게 행동할 가능성은 증가한다.

학생들은 자신이 무슨 일을 해야 하며, 그 일의 가치와 중요성을 인식하고, 그 일을 하는 방법을 알고 있을 때, 누가 강요하지 않더라도 스스로 알아서 그 일을 열심히 수행한다. 하지만 학생들이 적절한 행동 방법을 알고 있다 하더라도 반드시 그 방법대로 행동을 하는 것은 아니다. 그러나 학생들에게 적절한 행동에 대한 기대를 분명하게 심어 주는 것이 잘 조성된 학급 환경을 만드는 중요한 출발점이다(박종필 · 강영하 역, 2010).

2) 규칙과 행동수칙의 개념

규칙과 행동수칙은 각각 행동에 대해 정해진 기대라는 공통점이 있지만 몇 가지 점에서 서로 구분된다. 먼저, 규칙은 학생 행동에 대한 일반적인 기대나 표준, 즉 학생에게 요구되는 행동유형과 금지되는 행동유형에 관해 일반적인 지침을 제공하는 형식화된 진술이다(Cangelosi, 2000, 155). 예를 들면 '친구에게 공손히!'라는 규칙은 항상 지켜야 할 광범위한 행동표준을 나타내는 것이다. 규칙은 교사가 기대하는 적합한 행동과 동시에 용납할 수 없는 행동을 지적해 준다. '허락을 받고 이야기 할 수 있다'라는 규칙은 '허락 없이는 이야기하지 말라'라는 금지가 암시되어 있다. 즉 규칙은 강제성을 띠며, 이를 어겼을 때는 제재를 받거나 일정한 대가를 치러야 한다(정유진, 2013).

행동수칙 역시 규칙과 같이 기대된 행동이다. 그러나 행동수칙은 보통 구체적인 활동에 적용되며 어떤 행위의 금지보다는 성취에 초점을 두며, 실행방향을 제시해 준다. 예를 들어 과제 걷기, 지난 과제 제출하기, 수업 중 토론에 참여하기, 화장실 사용하기 등에 관한 것들이다(박종필 · 강영하 역, 2010). 즉 행동수칙은 강제성 이전에 생활의 흐름 자체라고 볼 수 있다. 아침에 학교에 오면 해야 할 일들, 수업에 참여하는 다양한 방식, 과제를 제출하고 검사받고 돌려받는 과정과 같이 규칙으로 강제할 수는 없지만, 반복적으로 일어나는 일련의 과정을 절차로 체계화하는 것이다. 이것이 명확하지 않으면 아이들은 그 행동을 스스로 해낼 수 없으며, 교사가 지속적으로 관리해야 하는 어려움이 있다. 따라서 학급에서 일어난 일들을 분석하여 일련의 체계, 즉 절차를 만들어 안내하고 가르치고 연습시키고 지속적으로 관리해야 한다(정유진, 2013).

다시 말해서, 규칙은 행동의 기준을 제공해 주는 것이고 행동수칙은 규칙을 어떻게 실행할 것인가에 대해 세부적으로 해석해 놓은 것으로 쉽게 이해할 수 있다. 따라서 행동수칙은 규칙을 구체화한 내용을 포함하여 학급생활 전반에 걸친 분야에서 규칙을 순조롭게 이행하는 데 필요한 체계적인 행동단계들을 말한다. '다른 사람을 존중한다'라는 학급규칙에 대한 행동수칙의 예를 들자면 ① 다른 사람의 물건은 사용하기 전에 허락을 받아야 한다. ② 학습교구는 함께 나누어 쓴다. ③ 다른 사람의 이야기가 끝난 다음에 이야기한다와 같은 것이 될 수 있다(신상명 외, 2004, 135). 이러한 점에서 행동수칙은 특정시간 또는 특정 활동에 수반되는 통상적 행동을 나타내며, 규칙을 구체화한 체계적인 행동유형과 단계를 말한다.

2. 규칙과 행동수칙의 개발

규칙과 행동수칙 경영에서 가장 중요한 일은 교사가 맡고 있는 학급에 적용할 규칙과 행동수칙을 개발하는 일이다. 제정된 규칙과 행동수칙은 자주 바꾸거나 폐지할 경우 학생들에게 규범과 행동의 일관성에 대한 커다란 혼란을 초래할 가능성이 높기 때문에 매우 신중하고 체계적으로 개발되어야 한다. 또한 교사가 계획하는 규칙과 절차는 교사 자신이 만들고자 하는 학급 공동체의 형태와 관련되어 있다는 것을 명심해야 한다. 예를 들어, 대부분의 활동이 교사 위주로 이루어지는 학급은 개별 활동 또는 모둠 활동이 주가 되는 학급과는 상이한 규칙 및 행동수칙이 필요할 것이기 때문이다(박종필·강영하 역, 2010).

1) 사전 준비

규칙과 행동수칙을 제정하기에 앞서 교사는 다음과 같은 내용을 확인하고 준비하여야 한다(박남기, 2005, 97-99).

(1) 학교규칙 확인

학급의 규칙과 행동수칙이 학교의 규칙과 상충하지 않도록 학생생활규정 등 학교규칙을 먼저 확인한다. 학교에 따라 '두발, 복장 등 용모'에 관한 규정을 학생생활규정에 두는 경우가 있는데, 이처럼 학교 전체에 걸친 공통적이고 전반적인 절차가 존재할 경우 이를 사전에 점검하지 않고 나름대로의 규칙을 세웠을 때는 문제가 발생할 우려가 있다. 새 학기가 시작되기 전에 학교의 교칙과 절차를 알고 있어야 하고, 이를 학급규칙에 반영해야 한다.

학교규칙을 확인할 때 교사는 다음과 같은 사항에 유의해야 한다(강영하·박종필 역, 2003). 첫째, 특별히 금지된 행동이나 특별히 요구되는 행동이 있는지 확인한다. 둘째, 규칙위반에 대한 결과처리를 확인한다. 규칙을 어길 경우, 결과처리에 대한 방안이 학교에 있지 않다면, 교사 자신이 그것을 어떻게 처리할 것인지 결정할 필요가 있다. 셋째, 교과서 배부, 출석 점검 등 수업 시간에 처리해야 할 행정적 수칙들을 확인하고, 학교에서 공통된 행동수칙이 이행되고 있지 않다면 경험 있는 교사와 이야기해서 그 사항들의 수칙이 어떤 것이 있는지 알아내는 것이 좋다.

(2) 규칙제정의 주체 결정

누가 주도적으로 학급규칙을 결정해야 하느냐의 문제이다. 규칙을 제정하는 데 주도적인 역할을 수행할 수 있는 주체는 크게 교사와 학생으로 나눌 수 있으며, 정도의 차이는 있지만 함께 논의하고 계획을 세우는 과정을 통해 규칙을 수용하고, 규칙에 대한 주인의식을 느끼게 하며, 규칙을 지키는 책임감을 부여할 수 있다(Boyd, 2022). 어느 특정 주체가 일방적으로 규칙을 제정하는 것은 바람직하지 않다. 학생들과 함께 규칙을 만드는 활동은 다음과 같은 장점을 가지고 있다(Sager, N.D.).

- 교사가 학생들의 생각과 의견을 존중한다는 것을 보여줄 수 있다. 이는 강력한 교사-학생 관계를 형성하는 토대가 된다.
- 학생들의 비판적 사고력을 신장시킬 수 있다. 논의 과정을 통해 교사는 새로운 학생들의 문제 해결 능력을 관찰하는 기회를 가질 수 있다.
- 학급 친구들과 협력하는 경험을 가질 수 있다. 학년초, 교실 내에 공동체감을 형성하는 데 도움을 줄 수 있다.
- 학급 공동체 내에서 자신의 위치를 발견할 수 있다. 규칙을 만드는 과정을 통해 학생들에게 안전하고 긍정적인 공간으로 교실을 만들기 위해 노력하는 활동과 학급 규칙과의 연관성(connection)을 느낄 수 있는 기회를 제공할 수 있다. 이러한 기회를 통해 학생들은 규칙을 더 잘 지키게 될 것이다.

① 학생 참여 중심으로 결정하는 방법

이 방법은 학급규칙에 대한 학생들의 '주인의식'을 불러일으키고 자신의 행동에 보다 책임감을 갖도록 하기 위한 방식이다. 일반적으로 학급 회의를 통해 학급규칙을 만들며, 학생들은 가능한 규칙들을 제안하고, 유형별로 분류한 후 투표 등을 통해 최종 규칙을 결정한다(박종필 · 강영하 역, 2010).

학생들이 참여하는 정도는 크게 세 가지 유형으로 구분할 수 있다. 먼저, 교사가 미리 설정한 규칙에 학생이 찬반 토론을 통해 수정 · 보완하는 방법이다. 두 번째는 교사가 몇 가지 영역과 요소를 제시하면 학생이 이러한 영역과 요소에 알맞은 규칙을 설정하는 방법이다. 첫 번째와 두 번째 방법은 교사가 규칙을 일방적으로 결정하는 것이 아니라 어느 정도 교사들의 참여기회가 보장된다는 점에서 학생들의 관심을 높일 수 있는 장점을 가지고 있다. 끝으로, 규칙 제정을 전적으로 학생들의 자율적인 결정에 맡기는 방법이다. 그러나 투표로 규칙을 결정하는 경우 여러 가지 부작용이 나타날 수도 있다. 첫째, 투표에서 자신의 결정과 반대로 결과가 나는 경우에는 거기에 불만을 품고 학급을 소란스럽게 할 수 있으며, 자신이 하찮고 힘이 없는 존재라고 생각할 수도 있다. 둘째, 학생들이 최종 결정을 하게 되기 때문에 꼭 필요한 규칙도 투표로 없어질 가능성이 있다(Jones & Jones, 1986, 201). 이런 문제를 예방하기 위해서 아이들의 자율성을 해치지 않는 범위에서 교사가 관여할 필요가 있으며, 아울러 교사는 이런 문제들을 극복할 수 있는 구체적인 대안들을 가지고 있어야 한다. 즉 교사는 민주적인 결정과정을 지도하고, 교실에 필요하고 효과적인 규칙이 세워질 수 있도록 리더십을 발휘해야 하며, 학급규칙 결정에 모든 학생이 참여할 수 있는 분위기와 환경을 조성하는 역할을 담당해야 한다.

② 교사가 주도하여 결정하는 방법

규칙의 제정 과정을 교사가 주도하여 결정하는 방법이다. 상당수의 유능한 교사들은 규칙을 정할 때 학생들에게 선택권을 주지 않는다는 것에 주목할 필요가 있다(박종필 · 강영하 역, 2010). 교사가 규칙 제정을 주도하는 방식은 규칙들이 적절하게 진술되었는지, 꼭 필요한 것들인지, 일상적 행동수칙과 혼동되지 않는지 확인할 수 있다는 장점이 있다.

그러나 학생들의 규칙 준수에 대한 자발적 참여와 관심이 낮아 학급규칙에 대한 수동적 준수자에 머물 수 있다는 단점이 있다. 따라서 교사가 주도하여 규칙을 제정하는 경우에는 규칙을 학생들에게 분명하게 제시하고, 이러한 규칙이 필요한 이유를 명확하게 설명해야 한다. 합리적인 규칙을 만들고 규칙을 이해할 수 있는 근거를 제시하고 일관성 있게 규칙을 적용하면, 학생들을 큰 거부감 없이 규칙을 따르고 지키려고 노력한다(박종필·강영하 역, 2010).

(3) 규칙제정의 시기

① 학기초

규칙은 필요시 언제든지 제정할 수 있다(Cangelosi, 2000, 162-163). 그러나 학급규칙을 마련하는 가장 중요한 시기는 학교생활의 첫 2주 동안이며, 이 기간은 관계가 시작되는 시기로 규칙정립의 가장 효과적인 시기이다(Schumuck & Schumuck, 1992). 학기초에 미리 규칙을 제정함으로써 다음과 같은 이점을 얻을 수 있다. 첫째, 학기초에 행동에 대한 기대가 공식적으로 언급되기 때문에 문제행동을 사전에 예방할 수 있다. 둘째, 학급환경에 익숙해지기 전에 규칙과 행동수칙을 보다 잘 받아들이는 경향이 있다. 셋째, 규칙과 행동수칙을 더 빨리 익힐수록 이를 실행해 볼 시간을 더 많이 갖게 된다.

② 학기중

학기초에 규칙을 제정하는 것이 가장 일반적이기는 하지만 경우에 따라 학기중에 규칙을 제정할 수도 있다. 학기중에 규칙을 세울 때의 장점은 첫째, 학기초에 규칙을 파기하고자 하는 학생들이 규칙을 흐트러트리는 행동을 피할 수 있다. 둘째, 규칙이 필요한 상황을 관찰함으로써 훨씬 더 규칙의 중요성을 쉽게 인식한다. 셋째, 학생들은 규칙이 한 번에 제정되는 것보다 점진적으로 제정되는 과정을 겪음으로써 규칙의 중요성을 더 잘 인식한다.

그러나 통상적으로 새 학기의 시작과 함께 규칙을 제정하는 것이 일반적인 형태이다. 교실환경에 대한 설명과 자기소개가 끝난 후, 주요 규칙과 절차를 제시한다. 학급 규칙과 함께 학교 규칙도 다루어야 하며, 각 규칙에 대한 결과도 동시에 설명한다. 규칙의 중요성을 확인시키고 학생의 기억을 돕기 위해 2~3일 후 규칙들을 재지도할 수 있도록 계획을 세운다.

한꺼번에 가르치기보다는 필요할 때 중요한 절차들을 가르칠 수도 있다. 예를 들어, 학기초에는 화장실과 연필깎이 사용 절차, 자리를 떠날 때 지킬 절차, 도움을 얻고 질문을 할 때, 발표나 질문을 할 때의 절차 등을 가르칠 필요가 있을 것이다. 필요하다면 나중에 이동 방법(방과 후, 점심시간 교실을 출입할 때와 휴식시간 전후 등)뿐 아니라 휴식 시간, 식당 이용이나 다른 실외 활동 등 중요한 것들을 알려준다. 아침 활동과 같은 것은 둘째 날부터 시작할 수도 있기 때문에, 그때 설명해 주며, 특별실 등에 대한 절차 등은 그러한 시설을 사용할 때, 그리고 모둠 활동에 대한 절차도 이러한 활동을 시작할 때 알려 준다. 학기 첫날에 하는 활동들을 성공적으로 완수하고 새로운 교실환경에서 자신감을 갖도록 도와주는데 필요한 정보는 바로 제공한다(박종필・강영하 역, 2010).

(4) 규칙제정과 일관성

규칙 적용에 있어서 가장 중요한 것은 일관성을 유지하는 것이다. 교실 상황에서 일관성이란 모든 학생들의 활동에서 기대되는 특정 행동이 언제나 동일하다는 것을 의미한다. 예를 들어, 만약 월요일에 학생들이 개별 학습활동을 하는 동안 조용히 공부해야 한다면, 나머지 요일에도 동일한 규칙이나 절차를 적용해야 한다. 처벌도 일관성 있게 해야 한다. 예를 들어, 만약 숙제를 하지 않았을 때의 벌칙이 방과 후에 남아서 마무리 하는 것이라면 교사는 숙제를 하지 않은 모든 학생들이 이 벌을 받도록 해야 한다. 이 규칙은 실행하기 어려울 때나 타당한 이유가 있는 학생들에게도 적용해야 한다. 규칙이나 벌칙 적용에 일관성이 없다면,

어떤 행동이 적절한가에 대한 혼돈을 일으킬 수 있다. 이런 경우 학생들은 종종 규칙을 지키지 않거나 처벌을 받을 행동들을 반복함으로써 교사의 "한계를 시험"할 것이다. 이런 일들은 빠르게 확산되어서 교사가 규칙을 포기하거나 그러한 문제 행동을 그냥 참고 지나가도록 만들게 된다. 이런 교사의 행동은 바람직한 것이 아니기 때문에 처음부터 일관성을 유지하여 문제를 극복하는 것이 최선의 방법이다(박종필 · 강영하 역, 2010).

물론 항상 일관성을 유지하는 것은 불가능하다. 규칙과 절차에 예외가 되는 타당한 이유가 있을 수 있다. 따라서 타당한 이유가 있는 경우에는 과제 제출 시한을 연장해 주거나, 비상시에는 일부 절차를 생략하거나 무시할 수도 있다. 특정 활동에 대해서만 항상 동일한 규칙을 적용하는 것도 일관성 있는 것이다. 예를 들어, 토론이나 학습안내 동안에는 누구도 교사의 허락 없이 자리를 떠날 수 없지만, 개별 학습 동안에는 필요한 경우 교사의 허락 없이 자료를 가지러 간다거나, 연필을 깎으러 간다거나, 학습지를 제출하러 오도록 허용할 수 있다. 학생들에게 이러한 규칙을 설명할 때 활동들 간의 차이를 분명히 제시한다(박종필 · 강영하 역, 2010).

특정 활동을 할 때는 학생들 간의 상호 작용이 필요하기 때문에 학생들 간의 대화에 대한 일관성 있는 정책을 유지한다는 것이 어려울 수도 있다. 예를 들어, 모둠 활동 동안에는 과제와 관련된 학생들 간의 상호 작용이 필요하다. 그러나 일부 개별 활동의 경우에는 대화가 제한되어야 한다. 일부 개별 활동의 경우에는 도움을 주고받기 위해 대화가 필요할 때도 있다. 이러한 다양한 상황으로 인해 혼란이 나타날 수 있다. 이렇게 대화에 대한 다양한 기대를 관리하는 한 가지 방법은 점진적으로 활동을 도입하고, 이유를 분명하게 제시하며, 각 활동 형태에 대한 교사의 기대를 분명하게 설명하는 것이다. 예를 들어, 학년초에는 개별 활동을 할 때 서로 이야기를 하지 못하게 한다. 학생들이 이에 어느 정도 적응한 후에는 과제에 관련된 대화를 허용하고 언제 대화가 허용되는지를 알려주는 신호를 가르친다. 일반적인 활동 형태(모둠 활동, 개별 활동, 짝 활동)의 명칭을 게시하고, 화살표로 “과제 관련 대화 가능”(또는 “조용한 목소리로 대화”와 “조용히 활동하기”) 등을 표시할 수도 있다(박종필・강영하 역, 2010).

보통 세 가지 이유에서 일관성이 부족하게 된다. 첫째, 제시된 절차가 비합리적이거나 비능률적이거나 부적절한 경우이다. 둘째, 교사가 학생들을 주의 깊게 관찰하지 못하고 문제행동의 단지 일부만을 알게 되는 경우이다. 이는 일관성의 부족을 만들어 낸다. 끝으로 절차나 규칙을 적용하거나 관련된 벌을 줄 정도로 교사가 심각하게 생각하지 않는 경우이다. 만약 일관성 부족의 문제가 교사 자신에게서 비롯된 것이라는 생각이 든다면 대안은 다음과 같다(박종필・강영하 역, 2010).

① 규칙을 다시 가르친다. 학급에서 문제를 논의하고 규칙을 지키기를 바라는 교사의 마음을 다시 전달하는 시간을 갖는다. 그리고 규칙을 시행한다.
② 규칙과 그 규칙에 대한 결과를 수정하여 다시 제시하고 사용한다.
③ 문제가 된 이전의 규칙을 새로운 것으로 대치한다.

이런 대안의 선택은 처한 상황과 학급운영상 그 문제의 중요도에 달려 있다(박종필・강영하 역, 2010).

(5) 교사의 역할 인식

교사는 규칙의 제정과 관련하여 자신의 역할을 명확하게 인식하고 있어야 시행착오나 혼란 없이 규칙을 제정할 수 있다. 이러한 교사의 역할을 구체화하면 다음과 같다.

① 언제, 어떤 방법으로 규칙과 행동수칙을 사용하는 것이 효과적인지 철저히 이해하고 있어야 한다.
② 필요한 규칙과 불필요한 규칙을 구별할 수 있어야 한다.
③ 불필요한 규칙이 아이들에게 어떤 역효과를 내는지 알고 있고 이에 대한 대처방안을 미리 가지고 있으며 적절하게 대처할 수 있어야 한다.

④ 아이들에게 규칙을 강화시키는 것이 실패할 경우 이러한 것이 왜 문제행동을 발생하도록 하는 원인이 되는지 정확히 알고 있어야 한다.

⑤ 언제, 누구에게, 어떻게 규칙을 실행할 것인지 교사 자신의 방법에 대해 생각해 보아야 한다.

규칙과 관련하여 교사가 명심해야 하는 것 중의 하나는 먼저 교사 자신이 모범을 보여야 한다는 것이다. 우리가 통제할 수 있는 유일한 것은 우리 자신의 행동뿐이다. 학생들이 다른 사람을 대할 때 존중하는 마음을 꾸며서 보일 수 있을지는 몰라도 그 마음속에 다른 이를 존중하는 마음을 정말 지니고 있는지는 모를 일이다. 학생들로 하여금 타인을 존중하는 마음을 갖게 하는 가장 좋은 방법은 교사 자신이 자기 자신과 다른 이들을 존중하는 모범을 보이는 것이다. 교사 자신이 학생을 존중하지 않으면서 그들에게 다른 사람들을 존중해야 한다고 가르칠 수는 없다. 많은 어른들은 자기들은 학생들을 무시하더라도 학생들만은 자기에게 존경심을 보여야 된다는 터무니없는 생각을 하고 있다. 대부분의 교사들은 자기 학생들을 통제하는 데 너무 바빠서, 정작 자기 자신의 행동에는 신경을 쓰지 못하고, 문제를 해결하기 위해 교사 스스로 어떻게 행동해야 하는지 생각하지 않는다(성경헌 외, 2000). 가장 중요한 것은 항상 교사가 모범을 보이는 것이다.

2) 규칙의 제정

(1) 규칙제정의 원칙

규칙은 지키도록 하는 것이 중요하고 지키지 않았을 때는 대가를 치름으로써 책임을 지게 해야 하겠지만, 책임에는 항상 논리적 연관성이 따라야 한다. 또한 규칙은 신체적 고통과 수치심을 이용하여 행동을 제한하고 벌을 받게 하려고 만드는 것은 아니다. 민주 사회를 살아가는 민주시민으로서 꼭 필요한 것을 지키게 하는 훈련이다(정유진, 2013). 따라서 규칙을 정할 때 "가치"가 중요하다. 교사 스스로, 그리고 학생들과 함께 긍정적이고 생산적인 학급을 위해 중요한 가치가 무엇인지 생각해 보고, 3~4개의 가치를 선정하고 이들 가치를 토대로 규칙을 만든다. 규칙과 가치가 많아도 괜찮다. 학생들과 함께 유사한 내용을 조정하면서 그 수를 줄여나가면 된다. 각 가치와 규칙은 설명하고, 논의하고, 실례를 제시하여 모든 학생들이 어떻게 행동해야 하는지 완전하게 이해할 수 있도록 한다. 가치를 정할 때, 학생들이 존경하는 사람들의 삶 속에서 가치를 발견하도록 지도한다. 가치의 예는 다음과 같다(Boyd, 2022).

- 안전
- 존중
- 친절
- 협동
- 책임감
- 호기심
- 정직

한편, 좋은 학급 규칙이 어떤 것인가에 대해서는 개인에 따라 의견이 다를 수도 있다. 그러나 여러 연구 결과들에 따르면 효과적인 학급 규칙은 몇 가지 구체적인 특징을 가지고 있다. Boyd(2022)는 효과적인 학급규칙을 만들기 위한 5가지 지침을 다음과 같이 제시하고 있다.

- 구체적(Specific): 규칙은 가능한 구체적으로 만들어야 한다.
- 긍정적(Positive): 규칙은 긍정적인 용어로 진술한다. 예를 들어, "수업 시간에 소리지르기 않기"보다는 "수업 시간에는 조용히 이야기하기"로 진술한다.
- 조정 가능성(Adaptable): 주기적으로 규칙과 규칙의 효과성을 검증한다. 규칙이 적절하게 운영되고 있지 않다고 판단되면, 규칙을 변경한다.
- 적은 수(Few): 규칙은 적은 수로 유지한다. 5가지를 넘어서는 안 된다.
- 타당성(Sensible): 규칙은 타당해야 한다.

이와 비슷하게 Sager(N.D.)도 효과적인 학급규칙이 가지고 있는 4가지 특성을 다음과 같이 제시하고 있다.

- 학급규칙은 구체적(specific)이어야 한다. 학급 규칙은 창의적일 수도 있지만, 규칙을 적용할 때 학생들에게 재량권이 주어져서는 안 된다. 예를 들어, "무례한 행동하지 않기"와 같은 규칙은 다양한 해석의 여지가 있다. "내가 대접받고 싶은 것과 같은 방식으로 다른 사람 대하기"와 같은 규칙은 보다 구체적이며 학생들에게 분명하게 행동 지침을 제공한다. 규칙이 구체적일수록, 학생들은 보다 쉽게 그 규칙을 따르게 될 것이다.
- 학급규칙은 일관적(consistent)이어야 한다. 규칙을 시행할 때 자주 듣는 말이지만, 규칙 그 자체도 일관적이어야 한다. 규칙이 모순되는 부분이 있거나 동일한 목표를 달성하기 위해서는 함께 적용하기가 어려운 경우, 학생들의 불만을 낳게 되고 규칙 적용을 어렵게 만든다.
- 학급규칙은 가능한 긍정적(positive)이어야 한다. 부적절한 행동에 대한 엄격한 규칙과 결과 적용이 필요하다는 주장들도 있지만, 학교 현장에서는 비효과적인 경우가 많다. 학생들이 해서는 안 되는 행동을 지도하는 것보다는 학생들이 해야 하는 행동들을 제시하는 것이 좋다. 예를 들어, "소리지르기 않기"보다는 "발표하기 전에 지명을 받을 때까지 기다리기"와 같이 표현하는 것이 좋다.
- 학급규칙은 결과와 연계되어야 한다. 연구 결과에 따르면, 가장 효과적인 지침은 규칙과 결과를 연계하는 것이다. 긍정적인 결과든 부정적인 결과든, 규칙을 지키지 않을 때의 결과를 이해하게 하는 것이 중요하다.

(2) 규칙 제정 방법

앞에서 언급한 것과 같이 규칙을 제정하는 방법은 학생 참여 중심 형태와 교사가 주도하는 형태로 구분할 수 있다. 먼저, 교사 주도로 규칙을 제정하는 경우, 규칙을 만드는 출발점은 교사가 창조하기를 원하는 교실에 대한 교사자신의 비전을 확인하는 데에 있다. 교사는 먼저 자신이 생각하는 이상적인 학급경영의 모습을 그린 후 이를 실현하는 데 합당한 규칙을 제정하고, 활용해야 한다. 또한 규칙이 잘 지켜지지 않을 때의 결과처리와 보상도 함께 정의하여 규칙을 지키지 않았을 때는 어떤 조치가 취해지고, 잘 지켜졌을 때는 어떤 보상이 오는지 명확하게 제시한다. 이러한 방법은 규칙을 더 잘 지키도록 하는 동기유발 효과를 가져올 수 있다(박남기, 2005).

그러나 규칙에 대한 학생들의 거부감을 완화시키고 수용도를 높이기 위해서는 규칙을 학생들에게 분명하게 제시하고, 이러한 규칙이 필요한 이유를 명확하게 설명해야 한다. 즉 합리적인 규칙을 만들고 규칙을 이해할 수 있는 근거를 제시하고 일관성 있게 규칙을 적용하려는 노력이 필요하다(박종필 · 강영하 역, 2010).

학생 참여 중심으로 결정하는 방법은 학생들이 학급규칙을 만드는 데 참여함으로써 학급생활에서 지켜야 할 행동과 하지 말아야 할 행동을 깨닫게 되어 학생들이 규칙을 인정하고, 지속적으로 지키려는 의지가 높아진다는 인식에 근거하고 있다(허정민, 2006). 즉 구체적인 규칙을 만들 때 논의와 질문을 통해 학생들을 이끌어 간다면 학생들의 수용을 이끌어 낼 수 있으며, 이렇게 규칙을 만들 경우 학생들은 규칙들이 교사가 일방적으로 제시한 것이 아니라 자신들의 생각에 근거하여 만들어진 것으로 느끼게 할 수 있다(Sager, N.D.).

존스 등은 학급규칙이 학생들에게 지속적으로 받아들여지기 위해서는 규칙제정과정에 학생들의 참여가 중요함을 강조하였으며, 초등학교의 학급규칙제정과정을 다음과 같이 제시하고 있다(Jones & Jones, 2004, 258-266).

① 단계 1: 규칙의 가치에 대해 토론하기

학급규칙을 개발하는 첫 단계는 모든 학급 구성원이 따르기로 동의하는 규칙 설정이 중요한가를 토론하도록 학생들을 도와주는 것이다. 어른들이 자동차를 운전할 때 왜 교통법규를 지키는지를 학생들에게 질문함으로써 토론을 자극할 수 있다. 이러한 토론을 하는 동안 교사는 학급 집단과 학교는 하나의 사회이며, 큰 사회집단과 마찬가지로 학급사회도 규칙을 만들고 그것을 따를 때 보다 효과적으로 기능할 수 있다는 생각을 학생들로 하여금 갖도록 강화한다. 또 공동생활을 하는 사람들에게 규칙이 어떤 이점을 주는가에 대해 생각하도록 도와준다. 규칙의 가치에 대한 토론 주제는 학급 구성원들이 규칙을 인정하고 따름으로써 개인들 각각이 얻을 수 있는 이점들에 대해 뚜렷한 초점을 둔다. 이 단계에서는 학급 공동체 생활을 하는 데 있어서 규칙이 필요한 이유에 관해 학생들의 의견을 이끌어 내야 한다.

② 단계 2: 규칙목록 작성하기

유용한 규칙을 개발하는 다음 단계는 학생들이 중요하다고 믿는 모든 규칙들의 목록을 작성하도록 하는 것이다. 이 목록은 행동적 기대뿐만 아니라 학업적인 기대와 관련된 규칙들도 포함될 수 있다. 이 단계에서는 학생들이 모든 규칙들을 긍정적인 방식으로 진술하도록 도와준다. 가령 한 학생이 "다른 사람이 말하는 동안 이야기하지 말라"고 부정적으로 진술한다면, 이 규칙을 "다른 사람이 말하는 동안에는 모든 사람은 조용히 듣는다"라고 긍정적으로 진술하도록 한다. 학생들이 규칙의 목록을 작성하는 작업이 끝나면, 적용하지 않을 규칙들은 삭제하고 실천할 규칙들은 결합시켜서 학급규칙의 목록을 작성한다.

규칙들은 일반적이고 포괄적이어야 한다. 어린 학생들과 규칙목록을 작성할 때 교사들은 토론, 역할극, 그리고 각각의 규칙을 지키는 것과 위반하는 몇 가지 구체적인 행동시범을 통하여 학생들의 규칙에 대한 이해를 높일 수 있다.

③ 단계 3: 서약받기

규칙목록이 다 완성되면 각 규칙을 명확히 하기 위해 학생들에게 규칙을 받아들일 수 있는지 말해 보게 한다. 받아들일 수 없다고 하는 경우에는 이유를 명확하게 설명하게 한다. 규칙이 사람들에게 도움이 될 수 없다고 생각하는지, 아니면 규칙은 좋은데 계속 지켜 가기가 어려울 것 같다고 생각하는지 한 번 더 고민해 보도록 한다.

학생이 규칙을 받아들일 수 없다면 규칙에 대한 선택권을 주거나 동의하지 않는 아이들과 소그룹으로 규칙에 대한 논의를 계속하는 방법이 있다. 아니면 투표를 통해서 다수의 의견을 따르도록 한다. 동의는 하지만 계속 지켜 가기가 어렵다고 생각하는 학생들에게는 항상 완벽하게 규칙을 지켜야 되는 건 아님을 인식시켜 줌으로써 규칙에 대한 거부감을 없애 준다. 그렇게 중요한 규칙이 아니라면(물론, 절대 삭제해서는 안 되는 규칙이 있다), 몇 명의 아이들이 반대하는 경우 삭제할 수도 있다. 아이들의 동의가 없는 규칙은 오히려 나중에 더 큰 문제를 일으킬 수도 있다.

서약을 마친 규칙은 학부모에게 통지하여 서명을 받도록 한다. 앞에서 얘기했던 것처럼 주위사람으로부터 인정을 받는 규칙일수록 아이들은 더 잘 지키는 경향이 있다. 이때 학부모에게 보내는 규칙목록에는 교사의 교육방침을 진술하여 함께 보내도록 한다.

④ 단계 4: 학급규칙을 점검하고 재검토하기

학생들이 합리적으로 학급규칙을 제정하고, 이에 따라 행동하기로 합의하였다면 다음 단계로 행위를 점검하고 인식시켜주는 일이 필요하다. 초등학생에게 적용해 볼 수 있는 한 가지 방법은 차례로 규칙에 따라 행동해 보도록 하는 것이다. 즉 일종의 역할놀이를 해 보도록 하는 것이다. 학생들에게 상황을 제시하여 적합한 경우와 적합하지 않는 경우를 가려내도록 하는 것도 좋은 방법이다.

처음 몇 주 동안은 반복적으로 규칙을 알려주는 것이 필요하다. 예컨대, 첫 번째 주는 매일, 두 번째 주는 주 3회, 이후에는 주 1회 이상 학급규칙을 상기시키는 것이다. 또한 교실의 잘 보이는 곳에 규칙을 게시하고, 규칙에 대한 퀴즈대회를 여는 것도 효과적이다.

처음 한 달이 지나면 학급규칙을 집중적으로 재검토하고 설정된 규칙이 현재에도 적절한 규칙인지, 삭제되거나 첨가될 필요가 있는지 알아본다. 전학온 학생이 있으면 함께 규칙을 검토하면서 이해시킨다. 학년말이 되면 학생 행동이 이완

되는 경향이 있는데, 이때 다시 한번 규칙을 재검토하도록 한다. 재검토된 규칙들은 학교단위의 통일된 규칙으로 설정해서 활용할 수 있다.

정호중(2022)도 교사가 일방적으로 제시한 규칙은 학생의 반발을 불러올 수가 있다고 주장하며, 학급규칙을 제정하는 방법을 다음과 같이 제시하고 있다.

가. 학급 비전 만들기

여행에서 가이드북이 도움이 되듯이, 교실에도 가이드라인이 있다면, 보다 안정적인 교실을 만들 수 있다. 가이드라인을 만들기 위해 먼저 지난해까지 학급에서 생활하면서 불편하거나 힘들었던 것을 질문하고, 올해 우리 반이 어떤 반이 되길 바라는지 질문한다.

나. 동의와 가이드라인 만들기

• 내가 바라는 우리 반의 모습을 포스트잇에 쓰고 분류하기

모든 학생들에게 포스트잇을 한 장씩 나누어 주고 각자 원하는 반의 모습을 한 가지만 쓰게 하고, 차례로 나와 쓴 것을 칠판에 붙이게 한다. 교사는 비슷한 것끼리 분류하고, 가치 덕목의 개수를 학급의 모둠 수에 맞춘다.

• 템플릿 작성하기

모둠별로 가치 덕목을 하나씩 배분하고, 해당 가치를 실현하기 위해 해야 할/해서는 안 되는 말과 행동을 모둠 안에서 의논하여 적게 한다.

• 발표하고 합의하기

작성 후 한 모둠씩 앞에 나와 발표하고, 지키기 어렵거나 바람직하지 않은 내용들은 긍정적인 형태로 유도한다. 전체 학생들 앞에서 동의의 절차를 거치지 않으면, 아이들은 자신이 말한 의견이 아니면 지키지 않아도 될 것이라고 생각하거나 자신과 관련이 없는 것이라고 여길 수 있다. 따라서 발표를 통해 각 모둠에서 쓴 내용을 공유하고 동의를 얻는 과정이 중요하다.

• 투표를 통해 가이드라인 만들기

모둠이 많아서 가이드라인이 많으면 오히려 지키기가 어려운 경우가 많이 발생한다. 학생들의 투표를 통해 각 가치마다 가장 많은 표를 받은 말 1개, 행동 1개를 모아서 통합 가이드라인을 제작한다.

• 매일 상기시키기

함께 만들었어도 잘 지켜지지 않을 수도 있다. 교실 벽면을 장식하는 용도로 사용될 수도 있다. 가이드라인을 잊지 않고 지키기 위해서 매일 상기시키는 것이 중요하다. 따라서 교실 뒤편보다는 앞쪽에 게시하고, 아이들 눈에 띄기 쉽고 교사가 수시로 지도할 수 있도록 하는 것이 좋다.

한편, 송형호·손지선(2021)은 학급 규칙은 학급의 기본이 되는 뼈대나 마찬가지이기 때문에 되도록 학급에 학생들의 문화가 생겨나기 전인 학년초에 학급 회의나 조회 시간을 사용해 충분히 시간을 두고 정하는 것이 좋다고 주장하며, 학급규칙을 제정하는 방법을 다음과 같이 간략하게 제시하고 있다.

- 하고 싶은 일과 해서는 안 되는 일 적기: 포스트잇을 두 장씩 나눠주고 모둠 친구들과 논의를 통해 하고 싶은 일 세 가지. 해서는 안 되는 일 세 가지를 적게 한다.
- 벌칙 정하기: 해서는 안 되는 일을 모아 문서로 정리하고, 이를 지키지 않았을 때 어떤 책임을 지면 좋을지 항목별로 이야기를 나눈다. 학생들의 의견이 너무 가혹하거나 실제로 하기 어려운 것이라면 교사가 현실에 맞게 조정한다.
- 투표로 확정하기: 의견을 조율한 초안이 완성되면 각 안을 찬성하는지 반대하는지 투표로 결정한다. 이렇게 확정된 학급 규칙은 큰 종이에 출력해서 교실의 잘 보이는 곳에 붙여 놓고 학생들에게 서명을 받는다.
- 학부모에게 알리기: 학급 규칙을 정하는 모든 과정을 학부모 SNS로 전달한다. 학생들이 참여해 직접 학급 규칙을 만드는 과정을 학부모들이 볼 수 있

도록 하여 앞으로 학급에서 일어나는 모든 사안이 담임 개인의 감정에 따른 것이 아니라 학급 규칙에 근거해 처리한다는 것을 인식시킨다.

(3) 학년에 따른 규칙제정 절차

규칙은 학생들의 발달 단계에 대한 특성 등을 고려하여 학년에 따라 제정방식을 달리하는 것이 좋다. 학년별로 규칙제정 절차를 구별하여 제시하는 것은 어렵다하더라도 최소한 저학년과 고학년 정도의 구별은 유용하다. 다음은 서울시 교육청에서 제시한 학년별 규칙제정의 절차이다(서울시교육청, 2001, 11). 교사 중심으로 학급이 운영되는 1~2학년과 학급회의를 통해 교사와 학생이 함께 학급을 운영할 수 있는 3~6학년의 학급 규칙제정은 차이가 있다. 1~2학년은 교사를 중심으로 제정하여 학생의 동의를 구하여 실행하고, 3~6학년은 교사의 지원을 받아 학생이 중심이 되어 학급어린이회의에서 제정하고 운영한다.

1~2학년 학급 규칙제정과 운영과정

◇ 교사가 학급의 실정을 파악한다.

⬇

◇ 교사가 학급의 실정을 고려하여 학급 규칙을 만든다.

⬇

◇ 교사가 학급 규칙의 필요성과 만든 학급 규칙을 학생에게 설명한다.

⬇

◇ 학생들이 제시한 의견을 학급 규칙에 반영하여 확정한다.

⬇

◇ 학생들에게 알리고 학급에 게시한다.

⬇

◇ 정해진 학급 규칙을 학부모에게 알리고 협조를 구한다.

3~6학년 학급 규칙제정과 운영과정

◇ 교사가 학급의 실정을 파악한다.

⬇

◇ 교사가 학급 규칙의 제정 필요성을 학생에게 이야기한다.

⬇

◇ 어린이회의에서 학급의 실정을 고려하여 학급 규칙을 만든다.

- 규칙을 만들기 위한 대표 구성

⬇

- 대표와 교사가 규칙(안)을 만듦

⬇

- 어린이회의에서 통과시킴

⬇

◇ 학급에서 만들어진 규칙을 학생들에게 알리고 학급에 게시한다.

⬇

◇ 정해진 학급 규칙을 학부모에게 알리고 협조를 구한다.

(4) 규칙 진술

규칙은 교사의 학급경영에 대한 비전, 학생들의 특성, 교육환경 등을 고려하여 다양한 내용으로 진술될 수 있지만, 앞서 살펴본 효과적인 학급규칙의 특성에 제시되어 있는 것과 같이 긍정적인 용어로 진술하는 것이 중요하다.

싸우지 말라는 이야기를 들으면 우리는 싸우는 장면을 떠올린 다음에 그것을 지우려고 하는데, 문제는 그게 잘 지워지지 않는다는 것이다. 그래서 싸우지 말라는 말을 백 번 들었다면, 그 때마다 싸우는 장면이나 느낌을 갖게 되어 오히려 그런 행동을 하게 될 가능성이 높아진다. 따라서 금지하는 부정적 행동을 강조하기보다 서로에게 좋은 행동을 알려주는 것이 더 도움이 된다. 그리고 싸웠을 때는 문제를 해결하기 위해 자신이 한 행동에 대해 책임지는 과정을 겪으면서 책임감을 배우게 한다(정유진, 2013).

또한 하지 말아야 할 것을 기억하면 좋은 행동을 기억할 자리가 줄어들뿐더러 자율성이 위축된다. 자신의 잘못을 지적당할까 신경쓰느라 더 나은 행동이 무엇인지 생각할 겨를이 없어진다. 예를 들어, 기억할 수 있는 일곱 개 항목에 하지 말아야 할 것을 채운다면 해야 할 것을 기억하는 공간이 부족해진다. 자신의 잘못이 드러날까 두려워하고, 타인의 잘못을 지적하기 쉬워진다. 따라서 해야 할 일이 무엇인지 묻는 것이 더 효과적이다. 자신과 타인 모두를 위해 어떻게 해야 하는지 묻는다면 아이 스스로 생각하게 되고, 더 나은 행동에 주목하고, 그것을 기억하고 행동으로 옮길 가능성이 더 커진다(천경호, 2023).

대체로 초등학교의 학급규칙에서 빈번하게 진술되는 규칙 몇 가지를 제시하면 다음과 같다(박종필 · 강영하 역, 2010).

- 규칙 1. 모든 사람들을 존중하고 예의 바르게 행동하기. 이 규칙은 일반적인 것이다. 충분한 예와 설명을 제시하여 교사 자신과 학생들이 그 의미를 분명하게 이해할 수 있도록 한다. 예의 바른 행동에 대한 정의를 분명하게 제시할 필요가 있으며, 이를 더 확대하여 친구 때리기, 싸움이나 욕을 하지 않는 행동까지 포함시킬 수도 있다. "모든 사람"에는 교사도 포함된다는 것을 강조할 수도 있다.
- 규칙 2. 신속하게 행동하고 준비하기. 이는 학교 공부의 중요성을 강조하는 기준과 관련되어 있다. 아침 활동을 시작할 때, 모둠 활동으로 이동할 때, 개별 활동으로 전환할 때 신속하게 행동하라는 표현을 사용할 수 있다. 준비되어 있다는 것은 학습활동을 성공적으로 수행하기 위해 마음가짐뿐만 아니라 준비물을 정확하게 챙기는 것의 중요성을 의미한다.
- 규칙 3. 다른 사람이 말하고 있는 동안 조용히 듣기. 이 규칙을 사용하면 수업 시간에 크게 소리를 지르는 것 등과 같은 수업 방해 행동을 막을 수 있다. 설명하거나 질문하는 방법을 학생들에게 가르치기 위해 이 규칙에 대한 토론을 할 수도 있다(예: 손을 들고 지명될 때까지 기다리기).
- 규칙 4. 모든 교칙 지키기. 이 규칙을 포함시킴으로써 학생들로 하여금 교실 밖에서(예를 들어, 운동장 또는 학교 식당) 일어나는 학생들의 행동에 대한 교사의 감독이 타당하다는 생각을 갖도록 한다. 이는 교칙이 교실 밖에서뿐

아니라 교실 안에서도 적용이 된다는 것을 학생들에게 상기시킨다. 또한 교사가 교칙이 적용되는 곳이면 어디서나 학생들의 행동을 관찰하겠다는 것을 의미하기도 한다.

한편, 정유진(2013)도 학급규칙의 예를 다음과 같이 제시하고 있다.

〈표 7-1〉 학급규칙의 예

	학급 규칙
원칙	• 자신이 해야 할 일을 하지 않았거나 다른 사람에게 피해를 주는 등 잘못된 행동을 했을 경우 고통스럽게 하거나 수치심을 느끼는 벌을 주지 않습니다. • 잘못된 행동과 논리적으로 연결되는 활동을 하기로 약속합니다. • 이와 같은 방식으로 규칙을 정한 이유는 잘못된 행동을 했을 때 벌을 주는 것이 아니라 책임감과 존중하는 마음을 키우기 위함입니다.
안전	나 자신과 친구를 보호합니다. • 실내에서는 걸어다닙니다. 뛰어다녔을 경우에는 '모래시계와 함께하는 걷기 캠페인'을 합니다. • 위험한 행동을 하는 아이들을 말립니다.
존중	좋은 마음으로 말하고 행동합니다. • 욕을 했을 때는 친구에게 '사과하기'를 합니다. '훌륭한 나 자신과 행복한 우리 반을 위한 소중한 약속 9'를 1회 씁니다. • 친구가 자신을 화나게 했을 때는 '감정 말하고 부탁하기'를 합니다. • 친구와 싸웠을 때는 '싸움 해결 활동지'를 쓰고 선생님과 함께 문제를 해결합니다.
책임	주어진 일에 최선을 다하고 결과에 책임을 집니다. • 지각을 했을 때는 남아서 그날의 숙제 한 가지를 하고 갑니다. • 숙제를 안 해왔을 때는 남아서 어제 숙제, 오늘 숙제를 합니다. • 수업 중 개인활동을 하지 않았을 경우에는 남아서 개인활동을 합니다. • 청소를 안 했을 경우에는 아침과 오후에 청소를 하고 선생님께 확인을 받습니다. • 수업에 집중하지 않았을 경우에는 선생님의 손가락 신호를 받습니다. 3회 지속되면 모래시계(2분)와 함께 뒤에 서서 공부합니다.
수업	• 선생님과 친구들이 이야기할 때는 바라보며 듣습니다. • 친구를 도와주고 필요하면 도움을 청하며 함께 성장하겠습니다.

	학급 규칙
문제가 지속될 경우	• 위의 문제가 3회 지속되면 '변화계획서'를 작성하고 1주일 동안 '실천일지'를 쓰고 확인을 받습니다. • 다시 문제가 3회 이상 지속되어 학급 구성원들이 문제를 느낀다면 학급회의 의제로 다루어 회의를 실시합니다. • 또다시 문제가 3회 이상 지속되면 지금까지 상황을 부모님께 안내하고 부모님과 함께 문제를 해결합니다.

출처: 정유진(2013). 지니샘의 행복교실 만들기. 서울: 에듀니티. 178-179.

3) 행동수칙의 제정

(1) 행동수칙이 필요한 범주

행동수칙은 규칙과 달리 특별한 활동에만 적용되고 행동에 대한 일반적인 기준을 정의하지는 않는다. 그러나 하루 일과를 구조화하는 데 도움을 주기 때문에 성공적인 학급경영에 상당히 중요한 역할을 한다. 이를 통해 학생들은 자신들에게 기대되는 것이 무엇인지 알 수 있고 보다 성공적으로 활동하는 데도 도움을 준다(Sager, N.D.).

행동수칙을 정하기 전에 어떤 부분에서 행동수칙이 필요한지 분명히 할 필요가 있다. 이 모든 활동들에 일관성과 질서를 부여하기 위해서는 교실 내 활동의 철저한 분석과 계획이 필요하다. 가장 좋은 방법으로는 행동수칙이 필요한 범주를 나누어 보고 리스트를 작성해 보는 것이 좋다(Jones & Jones, 2004, 266-267). 리스트가 불명확하게 쓰여질 수 있는데, 이런 경우는 몇 가지 일반적인 범주로 시작하거나 필요한 행동수칙 몇 가지만 정해 놓고 그 아래에 특별한 활동을 써 봄으로써 아이디어를 얻을 수 있을 것이다.

〈표 7-2〉 초등학급의 행동수칙 영역

영역	내용
교실 사용	교사 책상, 학생 책상과 사물함, 공동자료의 보관, 연필깎이, 기자재(스마트기기) 활용
일제식 수업과 개발 학습활동	학생참여 · 학생 주목을 위한 신호, 학생들 간의 대화, 교사에게 도움받는 방법, 개별 학습을 끝냈을 때
교실 안팎으로의 이동	일과 시작하기, 교실 나가기, 교실로 돌아오기, 일과 정리(하교 전 활동)
모둠 학습	모둠 활동 준비하기, 모둠 안팎으로의 학생 이동, 모둠 내에서 기대되는 학생 행동, 교사가 다른 모둠을 지도하고 있을 때 기대되는 학생 행동
일상적인 활동	자료 나눠주기, 수업 지연 · 중단 동안의 학생 행동, 화장실, 도서관 이용, 급식실, 운동장, 화재와 재해 훈련, 학생 도우미

출처: 박종필 · 강영하 역(2010)을 토대로 내용을 재구성함.

이상의 행동수칙에 대한 범주는 외국의 사례이기 때문에 우리나라 초등학급에서 제정되고 운영되는 행동수칙의 범주를 살펴보는 것이 보다 유용하다. 학생들에게 행동수칙이 필요한 영역을 말해 보도록 하고, 강의자는 이를 칠판에 적어 범주별로 정리하도록 한다. 우리의 경우 대체로 등교 시간, 아침 자습, 수업 시간, 쉬는 시간, 우유 급식, 점심시간, 청소 시간, 하교 시간, 화장실 사용, 신발장, 사물함, 음료수대, 교실 비품, 복도통행, 운동장 조회, 교실 생활, 교실 이동, 체육 시간 등의 영역에서 행동수칙을 제정하고 있다.

(2) 행동수칙의 구체화

초등학교 교실 내에서 학생들에게 요구되는 행동수칙들을 분석해 보면 학생들에게 요구되는 행동수칙이 얼마나 많은지, 그리고 의도했던 의도하지 않았던 간에 그동안 행동수칙 없이 얼마나 무책임하고 일관성 없게 교실이 운영되어 왔는지 새삼 느낄 수 있을 것이다.

〈표 7-3〉은 초등학교의 규칙과 행동수칙을 예시적으로 제시하였다. 동일한 영역의 행동수칙이라 하더라도 학년에 따라 행동수칙의 내용과 수준이 달라짐을 유의하여야 한다.

〈표 7-3〉 학급 규칙과 행동수칙의 시간별 적용 예시

규칙	시간	행동수칙
더불어 지내요 (공동체)	쉬는 시간	• 수업준비물을 서로서로 챙겨줍니다.
	수업 시간	• 수업 중에 친구가 모르는 내용이 있으면 다른 사람에게 방해가 되지 않는 범위에서 친절하게 가르쳐 줍니다.
	점심시간	• 급식 뒷정리는 다함께 힘을 모아
	청소 시간	• 자신의 청소구역의 청소가 끝나면 다른 친구의 청소를 도와줍니다.
서로 사이좋게 지내요 (갈등 조정, 의사소통)	쉬는 시간	• 친구들과 싸우지 않아요. • 학급문고의 책은 한 번에 1권씩만 가져가요.
	수업 시간	• 친구들이 발표하거나 의견을 말할 때 잘 들어요. • 친구들과 잡담을 하지 않도록 노력합니다.
	점심시간	• 순서에 따라 식당으로 갑니다. • 친구들과 즐겁게 식사합니다.
자신과 친구를 사랑하고 존중해요 (자존감, 배려)	하루 종일	• 어려운 친구를 도와줍니다. • 내가 먼저 양보합니다.
	수업 시간	• 발표를 자신 있게 합니다. • 모둠활동에서 친구의 의견을 존중합니다.
맡은 일은 척척 (자기주도)	등교 시간	• 등교 시간을 지켜요 • 1인 1역은 제대로 합니다.
	아침 활동	• 자신이 하고 싶은 활동을 정해서 스스로 합니다.
	수업 시간	• 선생님의 수업을 귀담아 듣습니다. • 수업 시간에 집중합니다. • 하루에 한 번 이상 발표하도록 노력합니다. • 과제는 제때 제출합니다.

최근 혁신학교를 중심으로 학급 헌법의 형태로 학급 행동수칙을 만드는 경우도 많아지고 있다. 다음은 법무부에서 주관하는 2014년 '제5회 우리 헌법 만들기' 공모전 수상작이다.

〈영우(영원한 우정)반 4색 하모니놀이 학급 헌법〉

제1장 Red 하모니 친구들에게 이런 행동 하지 말아요.

1조 외모와 피부색으로 차별하는 말을 하지 않는다.

2조 친구가 싫어하는 행동을 하지 않는다.

3조 친구가 몸이 불편하면 선생님께 알린다.

4조 친구의 물건을 허락 없이 만지지 않는다.

제2장 Blue 하모니 친구들과 다함께 잘해요.

5조 숙제를 잘해온다.

6조 아침독서 활동을 잘한다.

7조 알림장을 잘 쓴다.

8조 수업에 늦지 않는다.

제3장 Yellow 하모니 따뜻한 수업을 만들어 가요.

9조 수업 시간에 다른 물건을 만지지 않는다.

10조 수업 시간에 친구에게 장난을 걸지 않는다.

11조 수업 시작종이 치기 전 자리에 앉아 다음 수업을 준비한다.

12조 수업 중에는 손을 들고 질문한다.

제4장 Green 하모니 늘 푸른 교실을 만들어요.

13조 급식실에서 질서를 지키고 음식을 남기지 않는다.

14조 교실에서는 휴대폰을 꺼둔다.

15조 교실과 복도에서 뛰지 않는다.

16조 자기 자리 주변 쓰레기를 잘 청소한다.

3. 규칙과 행동수칙 가르치기

규칙과 행동수칙이 학생들에게 살아 있는 의미를 주기 위해서는 학생들이 이를 알고 받아들여야 한다. 이를 가르치기 위한 적절한 방법을 생각해 볼 기회를 갖도록 한다. 아울러 규칙과 행동수칙을 위반했을 경우 이에 대한 적절한 대처방안을 마련해야 한다.

1) 규칙과 행동수칙 가르치기

규칙과 행동수칙을 만드는 것과 학생들이 이것을 따른다는 것은 별개의 문제이다. 학생들은 먼저 규칙과 행동수칙의 내용을 알아야 하며, 이를 지키는 방법과 받아들이려는 마음이 있어야 한다. 일반적으로 규칙과 행동수칙을 가르치는 가장 좋은 방법은 규칙과 행동수칙에 대한 필요성을 인지시키고, 학생들의 생각을 가능한 반영하고, 규칙과 행동수칙이 몸에 밸 수 있도록 연습을 시키고, 적절한 행위에 대해 강화를 해 주는 것이다(Jones & Jones, 2004, 270).

규칙과 행동수칙을 가르치는 방법 중 초등학교에서 적용해 볼 수 있는 방법을 제시하면 다음과 같다(장이권・조광제 역, 1987; 박종필・강영하 역, 2010).

(1) 바람직한 행위에 대한 설명과 시범

규칙을 잘 지키는 경우의 예와 규칙에 위배되게 행동하는 경우를 규칙과 함께 하나하나 소개하고 시범을 보이는 방법이다. 규칙과 행동수칙이 어떠하든, 가장 중요한 것은 교사가 학생들에게 정확한 행동을 시범으로 보여야 한다는 것이다. 말과 행동을 통해 어떤 행동이 허용되고 바람직한지 전달한다. 가능한 한 구체적으로 제시해야 하며, 부적절한 행동을 시범으로 보여서는 안 된다. 예를 들어, 교실을 나가면서 학생들에게 단지 바르게 앉아 있으라고 말하는 것은 적절하지 않다. 학생에게 바르게 행동하는 것, 예컨대 자리를 뜨지 않고, 잡담을 하지 않으며, 과제를 계속하는 것 등이 무엇을 의미하는가 이야기 해 주어야 한다. 동시에 시간이 있을 때마다 바람직하거나 기대되는 행동의 예나 시범을 보여야 한다. 예를 들어, 개별학습을 하는 동안 학생들 간의 '조용한 대화'나 '수업에 도움이 되는 이야기'를 허용하려 한다면, 이러한 행동에는 어떤 것들이 있으며, 어떻게 이러한 행동을 해야 하는지 시범을 보여야 한다. 만약 이 과정이 복잡하다면 단계를 나누어 제시하는 것이 좋다. 구체적으로 학생들은 '교실 밖에 나가 줄서서 모이기' 위해 언제 모여야 하는지, 어디로 어떻게 가야 하는지, 줄을 섰을 때 어떻게 해야 하는지 등을 알 수 있도록 해야 한다.

(2) 리허설

리허설은 행동의 연습을 의미한다. 리허설은 두 가지 목적에 도움이 된다. 리허설은 학생들이 올바른 행위를 배우는 것을 돕고 아동들이 그 절차를 이해하고 정확하게 지킬 수 있는가를 결정할 수 있는 기회를 제공한다. 복잡한 절차는 여러 번의 리허설 과정을 거쳐야 한다. 연습은 저학년 아동들에게 특히 도움이 된다. 그러나 절차기 복잡하거나 이전에 그런 경험을 해 보지 못했다면 고학년 아동들에게도 상당한 도움이 될 수 있다.

(3) 피드백

처음 어떤 절차를 따르도록 학생들에게 요구한 후, 학생들이 올바르게 했는가를 이야기하고 칭찬해야 한다. 만약 수정이 필요하다면, 역시 학생들에게 이러한 사항들을 이야기해야 한다. 예를 들어, "선생님은 여러분들이 바르게 책상을 정리한 것은 맘에 들지만, 2조의 아이들이 떠들었던 것은 마음에 들지 않았어요." 와 같이 피드백은 구체적으로 제공되어야 한다. 만약 많은 학생들이 절차를 바르게 따르지 못한다면, 위의 단계를 한두 번 더 반복해야 한다. 일부 학생만이 틀린다면, 이들에게 무엇을 어떻게 해야 하는지 설명하게 하여, 교사의 지시를 정확하게 이해하고 있는지 알아본다. 끝으로, 학생들이 한두 번 어떤 절차를 정확하게 따라 행동했다는 것이 그런 행동을 계속할 것이라는 것을 의미하지는 않는다.

교사는 늘 학생들을 자세히 관찰하고 적절한 피드백을 제공할 준비가 되어 있어야 한다.

(4) 보상 및 결과처리 강조

규칙준수에 대한 보상과 일련의 결과처리를 학생들에게 알리고 강조하는 방법이다. 학생들은 항상 규칙을 시험한다. 규칙을 지키지 않았는데, 보상을 주거나 지켰는데, 그에 상응하는 보상을 주지 않게 되면 그 규칙을 지키지 않으려 한다. 교사들은 자동차 운전 도중 주위의 사물에 대한 인식이 거의 자동적으로 직감적으로 이루어지듯이 학생들의 행동에 대한 관찰도 자동적으로 되어야 한다. 교사가 이런 능력을 가지고 있을 때만 아이들의 행동에 대한 교사의 보상과 결과처리를 지속적이고 일관되게 유지할 수 있다.

(5) 지속적인 규칙의 강조 및 점검

규칙의 중요성을 강조한다. 규칙을 잘 지키도록 하기 위해서는 학생들에게 동기를 갖게 하는 것이 중요하다. 학생들에게 이 규칙들을 지켜갈 수 있는지의 여부를 물어보도록 한다. 고학년의 경우는 보다 직접적인 설명을 사용하는 것이 좋다.

규칙에 대한 강화와 검토를 지속적으로 한다. 교사는 개별적으로 학생들에게 규칙을 알고 있는지 질문을 던지거나 전부 다 규칙을 다함께 읽게 하거나 하는 방식으로 꾸준하게 규칙을 상기시켜 주는 역할을 해야 한다. 보통 다음과 같은 활동을 통해서 규칙을 강화시킨다. 규칙이 의미가 있는지, 더하거나 뺄 것이 있는지를 결정하기 위해서 처음 2주 동안은 매번 규칙을 점검하고, 아이들이 그 규칙에 대한 책임감을 충분히 배우고 나면 규칙을 대처하거나 없앨 수 있다. 또한 학기가 끝날 무렵 아이들은 느슨해지는 경향이 있다. 이때 교사는 한결같은 방법으로 학교 전체의 규칙과 함께 아이들에게 규칙을 재음미해 본다.

2) 규칙 위반 시 대처방안

규칙은 구성원들이 잘 지키고 구성원들에 의해서 유지되어야 원래의 목적을 달성할 수 있다. 이를 위해서는 규칙을 세울 때는 그것을 어겼을 경우에 따라오는 책임도 함께 언급해 주어야 한다. 규칙 위반 시 따라오는 결과처리(consequence)는 학생의 잘못된 행동을 올바르게 수정해 주는 역할을 한다. 학생이 규칙을 위반했을 때 결과처리가 없이 교사가 즉흥적으로 거기에 대처한다면 교사는 상황마다 다르게 결정을 내릴 염려가 있으므로 교사의 반응이 일관성이 없고 합리적이지 못하게 보일 수도 있다. 이런 경우는 오히려 더 큰 문제를 일으킬 수 있으므로 적절한 결과처리를 개발할 필요가 있다(박병량, 2003, 279-283).

(1) 자연적 결과처리

자연적 결과는 행동과 직접적으로 관계되는 결과로서, 제삼자의 개입 없이 규칙 위반 행동으로 인하여 발생하는 결과이다. 예를 들면, '맨발로 걸어서 입게 되는 발의 상처', '시간을 지키지 않아 학교버스를 타지 못한 것' 등은 자연적 결과의 예이다. 자연적 결과는 학생들이 집에서나 사회에서 흔히 경험하는 결과이다. 비록 바람직하지는 못하지만 학급상황에서 자연적 결과를 경험하게 되면 그것은 교사의 개입 없는 강력하고 적절한 학생 행동 통제수단이 된다(Levin & Nolan, 2004, 138). 교사의 부정적 개입 없이 학생이 선택한 행동의 인과관계로 학생이 경험하게 되는 결과라는 점에서 자연적 결과의 이점으로 여겨질 수 있다.

그러나 학급상황에서 교사가 자연적 결과를 사용하는 것은 윤리적, 도덕적, 법적인 문제가 있으므로 극히 제한된다. 예를 들면, 실험실의 규칙을 어겼을 때 학생이 화상을 입도록 해서는 안 되는 것이다. 또한 어떤 경우에는 학급에서 경험한 자연적 결과가 학생의 미래에 불리한 영향을 미칠 수도 있다. 따라서 학급에서 자연적 결과의 적용은 극히 조심스럽게 제한되어야 하며, 학생에게 규칙 위반

시 발생하는 자연적 결과를 미리 설명해 줌으로써 학생 행동을 통제하는 방법이 효과적인 방법이라 할 수 있다.

(2) 논리적 결과처리

논리적 결과는 많은 훈육학자들이 훈육 문제행동에 대해 그 사용을 권장하는 결과로서, 행동과 직접적으로 그리고 논리적으로 관계된 결과이다. 자연적 결과와 다른 점은 제삼자, 예컨대 교사가 의도적으로 개입하여 나타나는 행동결과라는 점이다. 논리적 결과는 교사가 적절하고 효과적으로 사용하면 학생들로부터 보다 호의적이고 긍정적인 반응을 얻을 수 있다.

논리적 결과는 다음 두 가지 방법으로 적용될 수 있다. 첫째, 교사가 학생에게 선택을 주지 않고 결과를 처방하는 것이다. '교실을 어지럽힌 사람은 깨끗이 치워야 한다', '손을 든 학생을 지명한다' 등이 그 예이다. 둘째, 학생이 그의 행동을 변화시키거나 혹은 논리적 결과를 경험하는 것을 학생으로 하여금 선택하게 하는 방법이다. 예를 들면, 교사가 '갑돌이는 옆사람과 이야기를 하지 말거나 아니면 자리를 바꾸어라'라고 말하는 경우이다. 이 방법의 효과는 학생으로 하여금 그의 행동에 대한 책임을 지도록 하는 데 있다. 이 방법을 사용할 때는 논리적 결과와 함께 바람직한 행동을 분명하게 말해 주어야 한다. 실제로 학생에게 직접 선택하게 하는 것은 교사가 중립적 입장에 있다는 메시지를 전달한다. 이렇게 함으로써 사태를 악화시킬 수 있는 학생과의 대립을 피할 수 있게 해준다.

(3) 고안된 결과처리

고안된 처리결과는 학생의 행동과 관계가 있거나 문제행동의 교정을 넘어선, 교사가 인위적으로 적용하는 결과이다. 고안된 결과는 흔히 벌이라고 한다. 고안된 결과인 벌은 부정적인 측면이 있으나 잘 활용하면 학생 행동들의 강력한 통제 수단으로써의 효과가 있다(Dreikurs, 1964; 박병량, 2003, 282에서 재인용). 고안된 결과에는 통상적인 벌인 고립시키기, 방과 후 남기기, 권리박탈하기, 목적과 절차 재교육, 학부모에게 연락하기, 학부모 부르기, 학교위탁 등이 포함된다.

벌이란 일반적으로 사회집단 혹은 사회조직체가 정해진 규칙을 위반한 사람에게 고통을 가하는 것을 말한다. 벌은 사회조직체에서 권위를 부여받은 사람에 의해서 집행된다는 점에서 단순히 개인적 폭력, 보복, 협박 등과는 구별된다(이종각, 2007, 223). 벌의 형태에 반드시 신체에 고통을 가하는 체벌만이 존재하는 것은 아니지만 가장 일반적이며, 또한 끊임없이 쟁점이 되고 있는 것이 체벌이다. 체벌은 학생의 신체에 고통을 가하는 행위로 교원이 물리적 도구나 손·발 등의 신체 일부분을 이용하여 학생의 신체에 고통을 가하는 직접 체벌과 외부로부터 힘을 가하지 않고 학생 스스로 고통을 느낄 수 있는 자세를 취하거나 행동을 하도록 강제하는 간접 체벌로 나눌 수 있다. 「초·중등교육법」 제20조에는 "교사는 법령이 정하는 바에 따라 학생을 교육한다"고 규정되어 있으며, 동법 제18조에는 "학교의 장은 교육상 필요한 때에는 법령 및 학칙이 정하는 바에 의하여 학생을 징계하거나 기타의 방법으로 지도할 수 있다"고 정하고 있다. 「초·중등교육법 시행령」 제31조에는 "학교의 장은 법 제18조 제1항 본문에 따라 지도를 할 때에는 학칙으로 정하는 바에 따라 훈육·훈계 등의 방법으로 하되, 도구, 신체 등을 이용하여 학생의 신체에 고통을 가하는 방법을 사용해서는 아니 된다."고 규정되어 있다. 즉 과거에 용인되었던 체벌이 금지된 것이다. 현재 법령에 교육상 필요에 의해 인정되는 징계는 '학교내의 봉사', '사회봉사', '특별교육이수', '1회 10일 이내, 연간 30일 이내의 출석정지' 등이다.

〈표 7-4〉에는 자연적, 논리적 결과처리와 벌과의 차이를 제시하였다.

〈표 7-4〉 결과처리와 벌의 구분

자연적 · 논리적 결과처리	벌
상황에 대한 설명	권위에 대한 설명
잘못된 행동과 논리적으로 연결	잘못된 행동을 자의적으로 연결
원인과 결과를 제시	원인과 결과를 제시하지 않음
학생에 대한 도덕적 판단을 하지 않음	종종 도덕적 판단을 포함함
현재에 관심	과거에 관심
화를 내지 않고 지도	종종 화를 냄
자기규율을 높임	외적 통제에 의존
선택이 주어짐	선택이 없음
사려 깊고, 심사숙고함	강압적임
분노를 자아내지 않음	분노를 자아냄
공평성에 근거함	상하 복종관계에 근거함
학생이 자신의 행동을 통제할 수 있다는 기대를 함	교사가 학생의 행동을 통제할 수 있다고 봄

자료: Dreikurs, Grundwald, & Pepper(1982). Maintaining sanity in the classroom. NY: Harper & Row.

4. 규칙과 행동수칙 경영에 대한 교사활동 평가

규칙과 행동수칙 경영의 마지막은 관련된 교사활동에 대한 평가이다. 규칙과 행동수칙의 필요성 및 개념을 정확하게 이해하고 있는지, 규칙과 행동수칙 제정을 위해 사전에 준비해야 할 것들을 알고 있는지, 규칙과 행동수칙을 제정하는 절차와 방법, 그리고 학생들에게 규칙과 행동수칙을 가르치기 위해 해야 할 일을 알고 있는지를 점검하고 진단하는 활동이 여기에 포함될 수 있다. 규칙과 행동수칙 경영을 평가할 때 교사는 평가요소에 따라 체크리스트를 개발하여 활용하면 보다 체계적인 평가를 할 수 있다. 〈표 7-5〉는 Jones 등이 제시한 규칙과 행동수칙에 관한 교사활동의 평가 항목을 체크리스트 형태로 제시한 것이다.

〈표 7-5〉 규칙과 행동수칙에 관한 교사활동 평가하기

항 목	그렇다	다소 그렇다	아니다
1. 교실에서 적용되는 학급규칙이 명확합니까?			
2. 규칙들이 긍정적인 진술로 이루어져 있습니까?			
3. 규칙의 수가 6개 내외입니까?			
4. 모든 학생들이 규칙을 기억하고 있습니까?			
5. 교실에 규칙이 잘 보이도록 전시되어 있습니까?			
6. 규칙개발에 학생들이 참여하였습니까?			
7. 각각의 학생들이 규칙을 준수하도록 명확하게 약속하였습니까?			
8. 만들어진 규칙에 대해 학생들과 자주 논의하는 시간을 가졌습니까?			
9. 3주마다 규칙을 점검하였습니까?			
10. 학생들이 규칙을 어겼을 때 받을 제재에 대해 명확하게 이해하고 있습니까?			
11. 학생들에게 학급활동과 관련된 중요한 행동수칙을 가르쳤습니까?			
12. 학생들에게 교실 밖의 중요한 행동수칙에 대해 가르쳤습니까?			
13. 학생들이 행동수칙을 위반했을 때 이를 즉각 다시 가르쳤습니까?			
14. 모든 학부모들이 학급에서 적용되는 규칙에 대해 알고 있습니까?			
15. 모든 학부모들이 당신의 훈육방법을 알고 있습니까?			
위 질문에 대한 자신의 대답을 주의 깊게 검토한 후 다음에 답하시오. 앞으로 개선할 점은? 잘되었던 점은?			

출처: Jones, V. F., & Jones, L. S.(2004). Comprehensive management: Creating positive learning environments. Boston: Allyn and Bacon. 296-297.

요약

이 장에서는 학급경영에서 규칙과 행동수칙이 필요한 이유, 규칙과 행동수칙의 차이점과 공통점, 규칙과 행동수칙을 제정하고 학생들에게 이를 가르치는 방법, 규칙과 행동수칙 경영에 대한 교사활동의 평가에 대해 다루었다. 규칙과 행동수칙은 학급을 능률적이고 효과적으로 경영하는 데 반드시 필요한 학급경영의 요소이다. 규칙과 행동수칙을 적절하게 활용함으로써 교사는 복잡한 학급활동에 질서를 부여하며, 반복적인 과업의 절차와 방법을 설명하는 데 시간을 낭비하지 않아도 되며, 교수-학습활동에 시간을 집중할 수 있도록 하여 교육의 질을 높일 수 있다. 또한 규칙과 행동수칙은 학급에서 발생하는 여러 가지 문제행동의 빈도를 감소시키는 데도 중요한 역할을 한다.

참고문헌

강영하 · 박종필 역(2003). 초등교사를 위한 학급 꾸리기. 서울: 아카데미프레스; Evertson, C. M., Emmer, E. T., & Worsham, M. E.(2003). *Classroom management for elementary teachers*(6th ed.). Boston, MA: Allyn and Bacon.

권기욱(2003). 현대 교육사조를 반영한 최신 학급경영. 서울: 원미사.

김경식(2000). 학급의 사회심리학. 서울: 원미사.

박남기(2005). 21세기 학급경영 이론과 실제. 광주: 광주교육대학교 출판부.

박병량(2003). 학급경영(개정판). 서울: 학지사.

박정순(2010). 초등학교 초임교사의 교직 적응 경험에 대한 내러티브탐구. 박사학위논문. 영남대학교 대학원.

박종필 · 강영하 역(2010). 초등교사를 위한 학급 꾸리기. 서울: 아카데미프레스; Evertson, C. M., Emmer, E. T., & Worsham, M. E.(2009). *Classroom management for elementary teachers*(8th ed.). Boston, MA: Allyn and Bacon.

서울대학교 교육연구소 편(1994). 교육학용어사전. 서울: 하우.

서울시교육청(2001). 기본이 바로 된 어린이를 기르기 위한 학급규칙 이렇게 만들어 봅시다. 서울: 서울시교육청.

성경헌 외(2000). 성공하는 교사, 성공하는 학생을 위한 21세기 학급경영전략. 서울: 원미사

송형호 · 손지선(2021). 온 · 오프를 아우르는 학급경영 B to Z. 서울: 우리학교

신상명 외(2004). 초등교사교육을 위한 교육학 기본과목(학급경영) 프로그램 개발. 서울: 교육인적자원부.

이영민(2005). 혼돈: 어리둥절; 김영천(2005). 별이 빛나는 밤 2. 서울: 문음사.

이종각(2007). 새로운 교육사회학 총론. 서울: 동문사.

이종혁(2021). 아이디어 넘치는 학급경영 꿀팁. 서울: 미래와 경영

정유진(2013). 지니샘의 행복교실 만들기. 서울: 에듀니티

조석훈 · 김용(2007). 학교와 교육법(제2판). 서울: 교육과학사.

최진주(2006). 규칙과 행동규칙. 광주교육대학교 미간행 자료.

허정민(2006). 학생중심 학급경영 방침 운영이 아동의 사회성 및 학급응집력에 미치는 효과. 청주교육대학교 교육대학원. 석사학위청구논문.

학급경영연구소 홈페이지. www.classmi.net

Boyd, J.(2022). Create Effective Class Rules Using Tips from Launch Your Classroom. https://teachwithepi.com/blog/create-effective-class-rules-using-tips-launch-your-classroom

Sager, J.(N.D.). How to Make Classroom Rules Kids Actually Follow. https://www.teachstarter.com/us/blog/making-classroom-rules/

Cangelosi, J. S.(2000). *Classroom management strategies: gaining and maintaining students' coopera-tion*(4th ed.). NY: John Wiley & Sons, Inc.

Dreikurs, R., Grunwald, B., & Pepper, F.(1982). *Maintaining sanity in the classroom*. NY: Harper & Row.

Emmer, E., Evertson, C., Sanford, J., Clements, B., & Worsham, M.(1981). *Organizing and managing the junior high school classroom*. Austin, TX: Research and Development Center for Teacher Education.

Evertson, C. M., & Emmer, E. T.(1982). Effective management at the beginning of the school year in junior high classes. *Journal of Educational Psychology, 82*, 329-350.

Glickman, C., & Wolfgang, C.(1979). Dealing with student misbehavior: An eclectic review. *Journal of Teacher Education, 30*, 7-13.

Jones, V., & Jones, S.(2004). *Comprehensive classroom management: Creating communities of support and solving problems*(7th ed.). Boston, MA: Allyn and Bacon.

Levin, J., & Nolan, J. F.(2004). *Principles of classroom management: A professional decision-making model*. Boston: Allyn and Bacon.

Michael, M., & Michael, V.(1984). *Management of classrooms*. NY: Holt, Rinehart and Winston; 장이권 · 조광제 역(1987). 신학급경영론. 서울: 형설.

Schmuck, R. A., & Schmuck, P. A.(1997). *Group process in the classroom*(7th ed.). NY: McGraw-Hill, Inc.

Weinstein, C. S., & Mignano, Jr. A. J.(2003). *Elementary classroom management* (3rd ed.). NY: McGraw-Hill, Inc.

[동영상 자료(QR로 변경 필요)]

멍멍샘의 교실. "학급규칙 쉽고 간단하게 만들자".

https://www.youtube.com/watch?v=R9J3EFn2bvc

띵커벨×꿀잼교육연구소. “띵커벨로 학급규칙 만들기”. https://www.youtube.com/watch?v=HW0xt0Ha3QU

신규쌤상담소. “학급규칙만들기”. https://www.youtube.com/watch?v=90eCAfhkVvQ

쏭샘TV. “학급규칙”. https://www.youtube.com/watch?v=i5HrMvKF9JE

8 행동경영[1]

김민조(청주교육대학교)

학습목표

- 학급경영에서 행동경영의 개념과 의의를 이해할 수 있다.
- 초등학생의 행동 특성과 영향을 미치는 다양한 요인을 이해할 수 있다.
- 학생들의 문제행동에 관한 관점을 정립할 수 있다.
- 학생들의 문제행동 유형과 이에 대한 교사의 지도 방법을 알고 실행할 수 있다.

학습 준비 활동

- 초등학교 학년별 학생들의 행동 특성에 대한 사례를 수집한다.
- 초등학교 학급 내 존재하는 문제행동과 이에 대한 교사의 지도 사례를 수집한다.
- 교사들의 행동경영에서 쟁점이 되었던 사례를 수집한다.

관련 사례 및 토의 주제

- 그동안 교육실습에서 경험한 초등학교 학생의 학년별 특징은 어떠했는지, 1~3학년 저학년 학생, 4~6학년 고학년 학생의 특징은 어떠했는지에 대해 교육실습 당시 담당한 학년을 기준으로 동학년끼리 모여 이야기를 나누어 봅시다.

[참고자료]
실제 현장선생님들이 말하는 저학년, 고학년 학생의 특징
https://www.youtube.com/watch?v=GqJRhBHNUYU
https://www.youtube.com/watch?v=h3f6rM-d3mo

1) 본 장은 김용(2017). 제8장 행동경영. 박남기 외(2017). 「초등학급경영의 이론과 실제」. 파주: 교육과학사의 내용을 해당 집필자의 동의하에 전체적으로 수정·보완한 것임을 밝힌다.

- 교사들은 수업 시간에 학생들이 집중하고 수업활동에 적극적으로 참여하기를 기대합니다. 그러나 학생들은 여러 가지로 이유로 수업에 집중하지 못하고 다른 활동을 하거나 바람직하지 않은 행동을 하는 경우들이 있습니다. 수업 시간 학생들이 보이는 문제행동 유형에는 어떤 것들이 있을까요? 수업 시간에 많이 보이는 문제행동을 하나 선정하고 이에 대한 교사의 지도 방법에 대해 서로 이야기 나누어봅시다.

[참고자료]

수업 중에 끊임없이 옆 학생과 이야기하고, 엉뚱한 소리로 수업의 맥을 끊습니다. 잔소리를 하고 지적을 하면 잠시 멈추지만, 다시 동일한 행동을 반복합니다. 딱히 나쁜 아이는 아닌데 거의 매일 반복되는 실랑이에 아이가 점점 미워집니다.

https://www.youtube.com/watch?v=gkITs9WfIkw

1. 행동경영의 개념과 의의

1) 개념

교사들은 자신이 담당한 학급의 학생들이 기대되는 바람직한 행동을 하고 학습에 적극적으로 참여하여 실제 배움이 일어날 수 있도록 많은 노력을 기울인다. 그러나 교사들의 노력에도 불구하고 교사가 기대하는 바대로 학생이 행동하는 경우는 생각보다 그리 많지 않다. 특히 수업상황에서 방해가 되는 행동을 하는 학생이 보이는 경우 교사는 심각한 고민에 빠지게 된다. 교사는 학생의 행동을 그냥 넘어갈 것인지, 아니면 교사가 바로 개입하여 지도할 것인지, 나중에 따로 학생과 이야기를 나누어야 할 것인지를 판단하여야 한다. 만일 교사가 학생의 행동에 바로 개입하여 지도하기로 결정한 경우 어떻게 개입하여 지도해야 할 것인지를 빠른 시간 내에 결정하고 지도해야 한다. 학생의 행동을 지도한 후에는 교사의 개입 방식이 윤리적이었는지, 법적으로 정당하였는지, 장기적으로 학생에게 유익한 일이 될 것인지 등 반성적 성찰 또한 행해야 한다.

교사는 학급경영 맥락에서 학급의 학생들이 바람직한 행동을 하도록 유도하고, 수업에 적극적으로 참여하고, 집중할 수 있게 하는 일련의 활동을 수행한다. 이런 활동을 학문적 용어로 행동경영(behavior management)이라고 한다. 사실 행동경영의 개념이 명확히 정립되어 있다고 보기는 어렵지만, 행동경영은 아동들이 학급에서 각자 그리고 함께 인격적으로 충만하고 생산적이며 사회적으로 수용할 수 있는 행동을 할 수 있도록 교사가 학급 분위기를 조성하고 문제행동에 개입하여 지도하는 일련의 활동으로 정의할 수 있다(Shea & Bauer, 1987). 이때 행동경영은 교사가 의도적으로 아무런 일을 하지 않는 것도 포함한다.

행동경영의 의미는 대체로 다음 세 가지 점에 주목하여 설명된다.

첫째, 행동경영은 교실이라는 상황을 전제하며 특히 수업과의 강한 관련성을 강조한다. 어떤 학생이 수업상황에서 문제행동[2)]을 하여 학급 분위기를 해칠 때, 이를 바로잡고 결과적으로 모든 학생들이 수업에 집중하도록 하는 데 주목하는 활동이 행동경영에서 중심이다. 이런 점에서 아동의 생활 전반을 대상으로 올바른 행동을 유도하는 활동을 포괄하는 생활지도와는 차별성을 가진다.

둘째, 행동경영은 학생들의 행동을 올바르게 유도하기 위한 활동이지만, 이 일은 현실적으로 학급 내 수업활동 과정에서 발생하는 문제행동에 교사가 적절히 개입하여 지도하는 과정에서 실현된다. 따라서 문제행동 대한 지도가 행동경영의 중핵을 이룬다.

셋째, 행동경영의 맥락에서 개별 학생의 행동을 올바르게 유도하는 데 바람직한 학급 분위기를 조성하는 일이 중요하다. 생산적인 분위기는 행동경영의 결과로 조성되기도 하지만, 학생의 행동이 학급 분위기의 영향을 받는다는 점에서 그렇다. 요컨대, 행동경영은 교사가 배려와 돌봄의 건강한 학급 분위기를 조성하고 수업활동에서 일어나는 문제행동에 적절하게 개입하여 지도하고 학생에게 기대되는 바람직한 행동을 강화시키기 위해 행하는 제반 활동을 의미한다.

2) 문제행동에 대한 개념 정의는 8장 3절에서 본격적으로 다루어지므로 3절 개념 정의를 먼저 학습할 수도 있다.

2) 유사 개념

학교에서는 일반적으로 생활지도와 훈육이라는 용어가 행동경영보다 많이 사용된다. 이런 점에서 행동경영, 생활지도, 그리고 훈육 개념의 유사점과 차이점을 살펴봄으로써 행동경영의 개념을 보다 명확히 이해하는 것이 필요하다.

(1) 행동경영과 생활지도

생활지도는 인간 개개인의 인지적, 정의적, 신체적 특성과 잠재 가능성을 바르게 이해하고 발달시켜 개인이 교육적, 직업적, 사회적, 심리적 발달을 가능한 최고 수준까지 도달할 수 있도록 지원하는, 즉 자아 실현을 지원하는 봉사 활동이다(박성수, 1995, 19). 교사가 교육적 의도를 가지고 학교와 학급의 맥락에서 개별 학생뿐만 아니라 학생 간 상호 작용 및 학급 전체를 대상으로 학생들의 적응과 성장, 문제해결과 바람직한 변화를 위해 수행하는 전문적 활동을 의미한다(김혜랑・정애경, 2024, 19). 따라서 생활지도는 아동의 생활 전반에 관심을 가지고 적절히 개입하는 일을 의미하고 주로 심리학적인 개입 수단을 활용한다는 특징을 가진다.

행동경영 역시 아동의 생활 전반에 관심을 갖지만, 특히 수업 활동에서 나타나는 학생들의 행동에 관심을 가지고 개입하여 지도하는 일에 초점을 둔다는 특징을 보인다. 행동경영은 심리학적 접근뿐만 아니라 사회적, 윤리적, 법적 접근도 함께 이루어진다는 점에서 차이를 보인다.

이렇게 볼 때, 생활지도와 행동경영의 관심 범위는 유사하지만, 생활지도가 보다 포괄적이고, 접근 방식 차원에서는 행동경영이 보다 다양하다고 할 수 있다.

(2) 행동경영과 훈육

훈육(訓育, discipline)은 사회 집단의 규범이나 과업 수행 및 상황이 요구하는 행동과 어긋나는 행동을 개선하여 올바른 행동을 하도록 하는 활동을 의미한다(박병량, 2006, 481). 요컨대, 훈육은 일반적으로 문제행동에 개입하여 지도하는 데 보다 직접적으로 초점을 둔다. 훈육은 전통적, 권위적 접근과 교육적, 발달적 접근이라는 두 가지 관점에서 설명된다. 전통적 접근에서 교사는 올바름의 표상이기 때문에 학생은 교사의 가르침을 따라야 하며 교사는 학생의 행동을 규제하여야 한다는 관점을 가지는 반면, 교육적 접근에서는 학생 자신의 계발, 자기주도적 발달로 설명된다(박병량, 2006, 480). 이때 훈육에 대한 두 가지 관점은 문제행동에 개입하여 지도하는 활동의 성격과 관련하여 해석될 수 있다.

행동경영은 교사가 생산적인 학급 분위기를 조성하고 수업활동을 중심으로 학생들의 문제행동에 개입하여 지도하는 활동을 의미한다. 이런 점에서 행동경영의 중핵에 훈육이 자리하지만 행동경영이 보다 넓은 범위의 활동이라고 할 수 있다.

3) 행동경영의 의의

행동경영은 학생과 교사의 수업활동, 더 나아가 교육의 성패에 큰 영향을 미친다는 점에서 그 의의를 가진다. 행동경영의 의의를 학생과 교사 차원에서 각각 살펴보면 다음과 같다.

(1) 학생 차원

① 학생들의 학습에 보다 많은 시간을 활용하고 학습 효과성을 제고할 수 있다.

교사는 학급 내 수업활동에서 문제행동이 발생하면 그 행동에 개입하여 지도해야 한다. 예를 들어 수업 시간에 학생이 소란스럽게 하거나 과제에 집중하지 않는 경우, 교사는 수신호를 보내거나 학생한테 가까이 가서 과제 진행 상황을 확인하기도 하고, 좀 더 직접적으로 학생의 이름을 부르거나 언어적 개입 전략을 활용하기도 한다. 이 과정에서 교사들은 학생들의 학습에 투입해야 하는 시간을 손실하게 되며 결과적으로 학습 효과성은 떨어지게 될 수 있다.

한 연구(Public Agenda, 2004)에 따르면, 교사의 70%가 자신이 문제행동을 하는 학생을 다루는 데 많은 시간을 허비하지 않는다면, 자신의 수업이 더욱 효과적일 것이라고 보았다(Canter & Canter, 1992/2013, 14에서 재인용). 교사가 효과적으로 행동경영 활동을 수행한다면 학생들의 문제행동이 줄어들고, 이로써 교사가 문제행동에 개입해야 하는 시간을 줄일 수 있을 것이다. 만약 매 수업 시간마다 5분씩만 줄일 수 있다면, 전체적으로 많은 시간을 학습활동에 투입할 수 있게 되고, 학습 효과도 크게 제고될 수 있을 것이다.

② 학생들의 물결효과를 완화하고 학생들이 바람직한 행동을 학습할 기회가 확대된다.

학생들은 동료학생의 행동을 보며 쉽게 모방 행동을 하게 된다. 돌멩이 하나가 잔잔한 호수에 잔물결을 일으키는 것처럼, 어떤 학생이 문제행동을 할 때 교사가 개입하여 효과적으로 그 행동을 바로잡지 못하면, 학생의 문제행동은 동료 학생들이 그 행동을 모방하게 되는 물결 효과(ripple effect)를 일으키기도 한다(Baker, 1995).

학생의 문제행동에 대하여 교사가 대처하는 방식 역시 학생들에게 물결 효과를 일으킬 수 있다(Kounin, 1970). 교사가 문제행동을 적절하고 효과적인 개입 전략을 활용하여 바람직한 행동으로 이끌기보다 학생을 모욕적이고 부당하게 대우하였다면, 이를 본 학생들이 교사에 대하여 부정적 감정을 가지게 되고, 또 다른 문제행동을 하게 되기도 한다. 교사의 행동경영이 효과적으로 이루어진다면, 학생들이 잘못된 행동을 모방하는 물결효과를 줄일 수 있고, 학생들이 바람직한 행동을 학습할 기회가 확대될 것이다.

(2) 교사 차원

① 교사의 스트레스와 소진감을 완화한다.

학생의 문제행동이 반복적으로 나타나거나 이에 대해 적절하게 대처하지 못하는 상황이 되면 교사는 스트레스가 증가되고, 교사의 열정과 힘이 소진되어 무력감을 느끼게 된다(장미순 · 김진호, 2014; Friedman, 2000).

TALIS 2018 연구에 따르면, 한국의 초등학교 교사들이 중등교사보다, 다른 나라의 초중등 교사보다 교실 내 질서 유지에 사용하는 시간 비율과 이로 인한 교사의 직무 스트레스가 높은 것으로 나타났다(김수희 외, 2022, 82). 따라서 효과적인 행동경영으로 학급 내 문제행동의 발생을 줄이고 학생들이 학습활동에 집중할 수 있다면 교사의 스트레스와 소진감을 줄일 수 있을 것이다.

② 교사의 과업 효과성과 자기 효능감을 높일 수 있다.

교사가 학급 내 문제행동을 하는 학생을 지도하는 데 많은 시간을 사용하게 되거나 효과적으로 지도하지 못하는 상황이 된다면 교사는 자신이 계획한 과업을 제대로 수행하기 어렵고 교사의 자기 효능감을 감소시킬 것이다. 즉 교사는 수업활동을 준비하고 실행하는 과정에서 자신이 계획한 대로 시간을 학습활동에 온전히 활용하고 학생들이 수업활동에 적극적으로 참여한다면 교사의 과업 효과성과 자기 효능감은 높아지게 될 것이다.

2. 배려와 돌봄의 건강한 학급 분위기 조성

행동경영은 학급 내 수업활동에서 발생한 문제행동에 개입하여 지도하는 것을 중핵활동으로 하지만, 건강한 학급 분위기를 조성하여 학생들의 문제행동을 예방하고 건강한 학습환경을 조성하는 일련의 활동을 포함하는 개념이다. 이런 점에서 교사는 배려와 돌봄의 학급 분위기를 조성하는 데 우선적으로 노력을 기울이는 것이 필요하다.

학급의 분위기는 물리적인 학급 환경을 포함하여 학급경영에 활용되는 거의 모든 수단에 의하여 조성되지만, 학급 내 인간관계가 결정적으로 중요하다. 구체적으로 교사와 학생 간 관계와 학생 상호 간 관계가 배움과 돌봄의 관계를 형성하여 생산적인 학급 분위기를 형성하여야 한다. 이하에서는 학급 내 인간 관계를 바람직하게 조성하여 결과적으로 문제행동을 예방하고 생산적인 학습환경을 조장할 수 있는 방법을 소개한다(Weinstein & Mignano, 2003, 84-115).

1) 교사와 학생 간 존중하고 배려하는 관계 형성

교사는 학급 분위기를 형성하는 데 결정적인 요인이다. 특히 초등학교의 경우 교사의 성향과 태도에 따라 학급 분위기가 상당히 다른 경우를 종종 볼 수 있다. 교사는 학생과 교사가 서로 존중하고 배려하는 학급 분위기를 형성해 나가는 것이 필요하다. 이때 학생과 인사 나누기와 같이 간단한 방법에서부터 고도의 의사소통 기술 개발하기처럼 상당히 의식적인 노력이 요구되는 방법까지 다양한 방법들을 활용할 수 있다.

(1) 교사와 학생 상호 환영하기

자신을 환영하는 사람에게 못되게 구는 사람은 없다. 환영은 모든 사람의 감정을 밝게 한다. 학급에서 교사가 학생을 환영하는 가장 간단하면서도 효과적인 방법은 학생들을 반갑게 웃으며 맞이하는 것이다. 매일 교실 문을 들어서는 학생들과 간단히 인사말을 나누고 가볍게 손을 맞추는 것도 효과적인 방법이다. 어느 소규모 초등학교의 교사들은 매일 아침 교실 문을 들어서는 학생들과 인사를 나누는 아침맞이를 하면서 반갑게 인사를 나누거나 간단한 안부를 묻는다. 이 과정에서 교사와 학생 모두 서로를 환영하면서 건강한 학급 분위기를 경험하게 되는데, 이들 학급은 안정적인 분위기에서 좋은 성취를 거두고 있다.

학생을 환영하는 또 다른 좋은 방법은 교사들이 학생을 만나고 가능한 한 빨리 이름을 외워서 이름을 불러주는 것이다. 학생의 이름을 외워서 불러주는 것은 학생에 대한 교사의 관심과 사랑, 존중을 표현하는 것이고 서로 간의 관계를 유의미하게 만드는 행위이다.

(2) 학생들의 장점을 찾고 계발해 나가도록 안내하고 격려하기

교육은 학생 개개인의 장점을 찾아 계발하는 활동이다. 사람은 누구나 한 가지 이상의 장점을 가지고 있다. 현재 학교 교육에서는 학업 면에서 우수한 학생들은 쉽게 인지되고 격려받는다. 그러나 교실에는 학업 외에도 여러 가지 재능을 가진 학생들이 많으며, 교사는 이들의 재능을 잘 찾아서 계발해 나갈 수 있도록 지도해 나가야 한다. 교사는 학생을 세심히 살피고 그들이 가진 여러 가지 재능을 찾아줄 수 있는 예리한 눈을 가져야 한다. 학생들 각자가 자신의 장점을 확인하고 이를 계발해 나가도록 안내하고 격려한다면, 학급 분위기는 자연스럽게 생산적인 분위기로 변화할 수 있다.

(3) 학생들을 공정하게 대하기

학생들은 교사가 자신들을 공정하게 대한다고 느낄 때 교사를 신뢰하고 교사의 권위를 인정하게 된다. 이런 점에서 교사가 학생을 대하는 자신의 행동이 공정하고 타당한지를 모니터링하고 성찰할 필요가 있다. 교사는 학생 이해를 위해 전년도 담임교사로부터 수집한 정보가 오히려 학생에 대한 선입견을 갖게 하고 학생을 공정하게 대하는 것에 방해 요인이 되는 경우도 있을 수 있다는 점을 유념하는 것이 필요하다. 학생에 대한 공정성 확보 차원에서 다각적이고 객관적으로 학생에 대한 정보 수집 방법을 모색하는 것이 필요한데, 이때 학생 스스로 자기소개서를 작성하게 하는 방법이 있을 수 있다.

한편, 교사가 만나는 학생들은 각기 나름의 상황에 처해 있고, 교사는 개별 학생의 다양성을 최대한 존중할 필요가 있다. 어떤 경우는 모든 학생을 똑같이 대우하는 것이 오히려 불공정한 결과를 빚을 때도 있다(Weinstein & Mignano, 2003, 89). 학습활동에 잘 참여하지 않는 학생이 모처럼 학습에 열의를 보일 때, 교사가 그 학생을 평상시보다 많이 격려하거나, 그 학생에게 추가적인 기회를 주는 것은 불공정한 일이 아닐 수 있다. 초등학교 학생들도 어떤 학생을 특별히 배려할 필요가 있을 때 교사가 보이는 예외적인 행동은 너그럽게 이해한다.

(4) 학생들의 자아존중감 높이기

자아존중감은 아동의 발달과 매우 밀접하게 관련되는 변인이다(유설희 · 박보경 · 도현심, 2015, 3). 자아존중감이 높은 학생은 교사와의 관계가 원만하며 학교규칙 및 수업태도 등을 긍정적으로 따라간다(송경아, 2008). 이런 점에서 교사는 학급에서 학생들의 자아존중감이 보장될 수 있도록 학생들을 인정하고 격려하는 것이 필요하다. 학생들은 교사의 지도 과정에서 자신의 자존감이 훼손되었다고 느낄 때 교사의 지도 방식에 불만을 갖게 된다. 학급은 공개된 공간이기에, 교사가 많은 학생들 앞에서 특정 학생에게 모욕적인 대우를 하게 되면, 학생은 급우들 앞에서 자신의 존재가 상처를 받았다는 느낌을 갖게 된다. 이 경우 학생의 행동은 개선되지 않고, 오히려 교사에 대한 원망이 깊어질 뿐이다. 교사가 학생의 문제행동을 지도할 필요가 있을 때에 조용히, 그리고 비밀스럽게 접근하는 것이 필요하다.

(5) 학급에서 책임을 나눔으로써 자율성 높이기

학급은 하나의 공동체로서 학급 구성원들이 함께 협력하고 책임을 지고 이를 통해 학생들은 자율적인 존재로 성장하는 경험을 하게 된다. 학생들은 학급에서 다양한 일을 계획하고 실행하고 각종 의사결정에 참여하는 기회를 가지면서 스스로 학급의 일원임을 자각하게 되고 교사가 자신들을 믿고 지지하고 있다는 느낌을 갖게 된다. 따라서 교사는 학생들이 감당할 수 있을 만큼의 일을 부과하고 그들이 힘을 모아 그 일을 해내도록 도와주는 것이 필요하다. 이로써 교사는 학생들의 개별적 성장뿐만 아니라 학급의 일체감을 강화해 나갈 수 있다.

학급의 모든 의사결정에 학생들을 참여시키는 경우 오히려 일을 어렵게 만드는 경우도 있다는 점에서 교사는 학급 내의 각종 의사결정에 학생들을 어느 정도 참여시킬 것인가에 대해 신중히 생각할 필요가 있다. 일반적으로 학급 의사결정에 학생들이 참여하게 되면 학생들이 자부심을 가지게 되고 학급에 대한 애착도 강화되지만, 어떤 경우에는 학생들의 의사결정 참여가 시간 낭비에 불과하며 오히려 일을 어렵게 하는 경우도 있기 때문이다. 따라서 학생의 관심과 요구, 학생의 연령 및 성숙도, 교사의 준비도 등을 고려하여 학급 의사결정 과정에 참여하는 정도와 수준을 결정해 나가는 것이 필요하다.

(6) 포용적 학급 분위기 조성하기

과거에는 학급을 구성하는 학생 집단이 여러 가지 면에서 대체로 동질적이었지만, 오늘날에는 사회 경제적으로 격차가 심화되고 문화적 다양성이 확대되면서 학생집단의 다양성 역시 커지고 있다. 전체적으로 학생 가정의 경제 수준 면에서 큰 차이가 나타나기도 하고, 다양한 형태의 가정이 등장함에 따라 학생의 가족 구성에서도 차이가 나타나고 있다. 이주배경 가정의 학생이 증가하면서 언어와 문화적 특성이 다양화되고 있다.

이처럼 학급이 다양한 배경을 가진 학생들로 구성됨에 따라 교사는 학생들이 자신과 다른 학생들을 이해하고 존중할 수 있도록 노력하는 것이 필요하다. 학급 구성원 간 차이를 존중하고, 이런 차이를 상호 발전의 계기로 만드는 것이 필요하며, 이를 위해 교사는 포용적(inclusive) 학급 분위기를 조성할 필요가 있다. 무엇보다 교사는 모든 학생들이 학급의 일원이며 어떤 학생도 소외시키거나 포기하지 않겠다고 하는 마음을 가지는 일이 중요하다. 아울러, 교사는 학생들이 자신과 다른 학생들의 차이를 인정하고, 더 나아가 존중받는 분위기를 형성하도록 안내하고 지도해 나가야 한다.

(7) 의사소통 기술 개발하기

교사의 말은 학생들에게 큰 영향을 미친다. 교사의 한 마디 말로 고무되는 학생이 있는가 하면, 교사의 말에 오랫동안 씻을 수 없는 상처를 받는 학생도 있다. 교사는 학생을 지도하다 보면 감정이 격해지는 경우가 있을 수 있다. 그렇지만 교사는 스스로 자신의 감정을 통제하여 침착하면서도 단호하게 학생의 문제행동을 지적하고 학생 스스로 상처받지 않고 자신의 문제를 깨닫도록 논리적으로 말하는 것이 필요하다.

말하기는 듣기를 전제한다. 잘 말하기에 앞서 필요한 덕목은 잘 듣는 것이다. 종종 많은 교사들이 학생의 이야기를 잘 듣지 않고, 자신이 가진 학생에 대한 선입견에 근거하여 학생을 대하는 경우가 있다. 어떤 경우든 교사는 학생의 이야기에 집중하고, 그들의 이야기에 공감하려는 노력이 필요하다.

2) 학생 간 신뢰하고 협력하는 관계 형성

학생들은 임의로 학급에 배정되기 때문에 곧바로 학생이 학급에 소속감을 갖기는 어렵다. 또한 학생들의 특성이 다양하다는 점에서 학생들이 상호 신뢰하고 협력하는 관계가 형성되기 위해서는 일정 시간이 필요하다. 물론 교사가 슬기롭게 개입한다면 그 과정을 단축하고 학생 간 관계 형성이 효과적으로 이루어질 수 있다.

(1) 학생들이 학기초 가능한 빠르게 서로를 알 수 있는 계기를 마련하기

교사는 학생들이 서로를 알고 상호 간 이해의 고리를 만들어 나가도록 하는 것이 학급 공동체를 구축하는 데에서 가장 일차적이며 중요하다. 실제로 많은 교사들이 학생들끼리 서로를 알 수 있는 기회를 여러 가지 방법으로 만든다. 학기초 아침자습 시간을 활용하여 학생 각자가 자기소개를 하게 하기도 하고, '내가 누구게?' 게임을 통하여 학생들이 서로를 알아 가도록 하기도 한다.

> **내가 누구게? 게임**
> 학생 각자가 친구들이 모를 것 같은 자신에 관한 이야기를 쪽지에 적어 게임 상자에 넣는다. 한 명씩 돌아가면서 게임 상자 속에서 쪽지를 꺼내어 읽고, 학급 학생 전체가 누구에 관한 이야기인지 알아맞히는 게임이다.

(2) 다양한 방식으로 만남의 기회 마련하기

교사는 학생들이 친해질 수 있는 다양한 방식으로 만남의 기회를 마련하는 것이 필요하다. 어떤 교사는 '아침 마당'을 마련하여 아침 자습 시간에 학생들과 둥그렇게 모여 앉아서 옆 사람과 악수하고 인사하며 게임을 하는 등의 시간을 갖기도 한다. 이처럼 학생들은 자연스러운 모임뿐만 아니라, 학급 회의와 같은 공식적인 모임을 통해서 다른 사람의 말을 경청하고 자신의 의사를 표현하는 방법을 배우게 되며, 학급의 여러 가지 일을 논의하고 결정하는 과정에서 일종의 동료의식을 경험하게 된다.

(3) 교사가 학급에서 학생들에게 기대하는 행동 시범 보이기

많은 교사들은 자신이 담당한 학급의 학생들이 타인을 존중하고 배려심을 발휘하는 등 학생들이 일정한 행동을 하기를 기대한다. 이 경우 교사가 스스로 바람직한 행동을 시범으로 보이면 학생들은 교사의 행동을 보고 바람직한 행동을 배우게 되고 자연스럽게 교사의 행동을 본받게 된다. 그런데 교사가 학생들에게 바람직한 행동을 하라고 말은 하면서 정작 교사 자신은 이런 행동을 하지 않는 경우 학생들은 기대되는 바람직한 행동을 학습할 기회를 갖지 못하고 실제 기대된 행동을 하게 될 가능성은 낮아진다.

3. 문제행동에 대한 이해

1) 문제행동의 개념과 유형

교사들은 학생들의 문제행동에 대해 많이 이야기하지만, 정작 교사 간, 교사와 학생 간에 문제행동이라고 보는 행동의 범주나 범위에 차이를 보이면서 행동경영에 어려움이 발생하기도 한다. 어떤 교사는 타인에게 피해를 주는 행동을 문제행동이라고 하는 반면에, 어떤 교사는 수업을 직접 방해하지 않는 경우 문제행동이 아니라고 생각한다. 교사들은 자신의 성장 배경이나 아동 및 교육에 관한 인식에 따라 문제행동을 규정하는 범위가 달라지기도 한다. 또 교사가 자신의 특이한 경험이나 생각에 따라 어떤 행동을 문제행동으로 간주하지만, 학생은 그 행동을 전혀 문제행동이라고 생각하지 않을 수도 있다.

학교와 학급에 존재하는 교사 간, 교사와 학생 간 문제행동에 대한 인식 차이는 학생들이 학급에서 기대되는 바람직한 행동을 일관되게 배울 기회를 상실하게 된다. 교사 또한 학생의 행동 지도에 대한 일관성과 정당성을 확보하는 데 어려움을 겪게 될 가능성이 커진다. 이런 점에서 교사의 문제행동의 개념에 대한 명확한 이해는 문제행동지도를 위해 필수적으로 요구된다.

그동안 국내외 여러 학자들이 문제행동에 대한 개념을 규정해 왔다(Levin & Nolan, 2004; 박병량, 2006; 이상철 · 주철안, 2013; 정상원, 2021).

- 교사가 수업을 하는 데 방해가 되는 모든 행동(Feldhusen, 1978)
- 교수행위를 방해하는 것 혹은 심리적 또는 육체적으로 안전하지 않은 행동(Shrigley, 1979)
- 학생의 행동이 짧은 시간 이상 교사의 행위 또는 다수의 학생이 행위에 심각하게 방해가 되는 행동(Emmer 외, 1989)
- 사회 집단의 규범이나 과업 수행 및 상황이 요구하는 행동에 어긋나는 행동(박병량, 2006)
- 교사 또는 다른 학생의 교육활동을 방해하거나 학생이 학급사회에서 지켜야 할 기준을 위반하는 행동(이상철 · 주철안, 2013)
- 학교에서 학생들에게 기대하는 행위에 어긋나고 또한 학교의 교육활동을 방해하는 행위(정상원, 2021)

이처럼 국내외 학자들의 문제행동 개념 정의는 포괄성에 있어 차이를 보인다. 국내 학자들의 경우 문제행동을 교실과 수업활동에 국한하지 않고 좀 더 광범위하고 포괄적으로 정의하고 범주화하는 특징을 보인다. 반면 국외 학자들의 경우 학급과 수업활동과의 관련성에 터하여 구체화하고 있다는 특징을 보인다.

행동경영이 학급 내 수업활동 상황에 주목하고 있다는 점에서 행동경영 맥락에서 문제행동은 교실과 수업 활동을 중심으로 정의하는 것이 필요하다. 또한 학생의 문제행동 지도차원에서 문제행동에 대한 보다 구체적인 정의를 개발하는 것이 필요하다. 따라서 문제행동을 (1) 교수 행위를 방해하거나, (2) 타인의 학습할 권리를 침해하거나, (3) 심리적으로나 물리적으로 안전하지 않거나, (4) 기물이나 재산을 손상하는 행동으로 정리하고자 한다(Levin & Nolan, 2004/2008, 36).

- 교수 행위를 방해하는 행동: 수업 시간에 옆 학생과 잡담하기, 수업활동과 무관한 행동이나 이야기하기, 큰 소리로 떠들기, 교사의 지시 거절하기, 휴대전화 만지기, 교실을 돌아다니기 등을 들 수 있다(박병량, 2006; 이상철 · 주철안, 2013).
- 타인의 학습권을 침해하는 행동: 교수행위를 방해하는 행동과 긴밀하게 연결되어 있을 수 있다. 수업 시간에 옆 학생과 잡담하기, 수업활동과 무관한 행동이나 이야기하기, 큰 소리로 떠들기 등을 들 수 있다(박병량, 2006; 이상철 · 주철안, 2013).
- 정신적 · 신체적으로 안전하지 않은 행동: 교사에 대한 언어적, 물리적 공격, 학생에 대한 언어적, 물리적 공격 등을 들 수 있다(박병량, 2006; 이상철 · 주철안, 2013).
- 학급의 각종 기물이나 재산을 손상하는 행동: 책상에 낙서하거나 칼로 훼손하는 행동, 사물함이나 창문을 의도적으로 파손하는 행동 등이다.

이 정의에서는 세 가지 측면에 주목하는 것이 필요하다.

첫째, 학급에서 발생하는 문제행동은 학생의 행동뿐만 아니라 교사의 행동까지 포함한다는 점이다. 그동안 학자들은 주로 문제행동의 행위자를 학생에 국한하여 설명해 왔다. 그러나 학급에서 교사가 수업을 제대로 준비해 오지 않거나 교사가 수업 시간에 늦게 들어오거나 다른 업무를 보느라 수업을 진행하지 않는 활동은 결과적으로 학생의 수업활동, 즉 학생들의 학습권을 침해하는 행위로서 교사 역시 문제행동의 행위자가 될 수 있다는 점이다.

둘째, 타인의 학습권을 침해한다는 대목에 주목할 필요가 있다. 교사는 학생의 문제행동에 개입하여 지도하는 교사의 행동이 다른 학생의 학습을 방해할 수도 있다. 이런 점에서 교사는 개입 전략을 활용하기에 앞서 교사의 개입이 학생의 문제행동을 개선할 수 있을지, 오히려 교실 상황을 더 악화시키지는 않을지에 대한 판단을 우선적으로 하여야 한다.

셋째, 학생이 자신의 학습권을 침해하는 행동에 대해서는 언급하지 않고 있다는 점이다. 예컨대, 수업 시간 중에 과제에 집중하지 않고 창밖을 바라보는 학생을 발견한 경우 교사가 바로 개입하여 지도하는 것이 타당한지, 다른 학생의 학습권을 보장하는 차원에서 당장은 넘어가고 차후에 지도하는 것이 타당한지에 대한 판단이 필요하다. 이 경우에는 모든 학생의 학습권 보호 차원에서 접근하되, 교수 행위에 방해가 되거나 다른 학생의 학습권 침해를 최소화하는 방향에서 교사가 판단하여 개입하고 지도하는 것이 바람직하다.

2) 문제행동의 원인

학생의 행동은 다양한 요인들의 영향을 받는다. 이런 점에서 문제행동 역시 단순히 하나의 요인이 작용한 결과이기보다는 다양한 요인들이 복합적으로 작용하는 경우들이 많다. 이들 요인들은 학생의 발달 단계, 또는 생리적이거나 심리적인 요인과 관련된 것일 수도 있고 학생을 둘러싼 환경에서 찾을 수도 있다. 예를 들어, 대체로 개인 요인, 가정 요인, 학교 요인, 교사 요인, 사회 요인 등을 들 수 있다(박병량, 2006; Levin & Nolan, 2004).

(1) 개인 요인

학생의 인지 및 도덕성 발달 단계에 따라 특정 연령대에 나타나는 행동 특성들이 존재할 수 있다. 예를 들어 초등학교 저학년에 나타날 수 있는 주의력 결핍은 발달 단계에 따른 일반적인 행동 특성일 수도 있다(Levin & Nolan, 2004). 학생의 문제행동의 정도가 심각한 경우들이 있는데, 이것은 부정적 심리 상태나 생리적 요인의 장애로 인해 문제행동이 유발되는 경우가 있다(박병량, 2001, 53-54). 부정적 자아 개념, 공격성, 정서 장애, 사회성 결핍 등은 문제행동을 유발하는 중요한 요인이다. 또 신경 계통 장애나 내분비선 장애 등 생리적 요인에 의하여 문제행동이 유발되기도 한다. 자폐증의 원인으로 신경 전달 물질의 이상 가능성을 드는 견해가 있고(Coleman, Webber, 2002/2005, 69), 주의력 결핍 과잉 행동 장애(ADHD) 아동에 대해서는 중추 신경 각성제를 투약하기도 한다(김미경 외, 2007, 286).

(2) 가정 요인

학생의 가정생활은 학생의 행동과 학업 성취에 매우 중요한 영향을 미친다. 인간은 누구나 기본적 생리적 필요를 충족하고 안전하게 보호받아야 더 높은 수준의 동기를 발전시킬 수 있다(Maslow, 1968; Levin & Nolan, 2004/2008, 74에서 재인용). 가정은 학생에게 먹고 입고 쉴 수 있는 공간이자, 보호받고 일차적인 소속감을 느낄 수 있는 공간이다. 가정에서 기본적 보호를 받지 못하는 학생은 학교 생활에 어려움을 겪고 문제행동을 하게 될 가능성이 있다.

근래 들어 한 자녀 가정이 많아지고 있다. 부모들은 하나뿐인 자녀를 잘 기르기 위하여 과잉 보호하거나 과잉 통제하는 경우들이 있다. 필요 이상으로 자녀를 보호하게 되면 아동의 의존성이 높아지고 심약해지기 쉽다. 또 필요 이상으로 자녀의 행동을 통제하게 되면 반항심을 가지게 되거나 자아 개념이 저하되기도 한다(권이종 외, 1998). 특히 이런 문제행동은 부모의 눈길이 미치지 않는 학교에서 발현되는 경우가 많다.

한부모 가정, 조손 가정 등 가정의 형태가 다양해지고 이주배경 가정이 증가하고 있다. 또 사회의 양극화 속에서 대단히 빈곤한 가정에서 생활을 하는 학생도 있다. 경제적으로는 부족하지 않다고 하더라도, 부모가 맞벌이를 하기 때문에 학교에서 돌아온 후에 홀로 지내는 학생도 적지 않다. 또한 가정에서 충분히 보호받지 못하고 기본적 욕구를 제대로 충족하지 못하여 학교 생활에 어려움을 겪고 문제행동으로 이어지는 학생들이 있기도 하다.

(3) 교사와 학교 요인

학생의 문제행동이 학급과 더 나아가 학교의 안전을 파괴하기도 하지만, 교사의 태도와 학교에서의 경험이 문제행동을 유발하기도 한다. 많은 교사들이 학생 문제행동의 원인을 학생 개인이나 그의 가정, 더 나아가 사회로 돌리지만, 학교에서 야기된 문제도 상당히 많다. 문제행동의 원인이 학교 밖에 있는 경우에 교사와 학교의 노력으로 그 행동을 개선하기가 쉽지 않지만, 그 원인이 교사와 학교에 있는 경우는 노력에 따라 행동 개선이 가능하다는 점에서 특별히 주목할 필요가 있다.

교사는 학생의 행동을 변화시킬 수 있는 가장 중요한 존재이다. 교사는 학생을 좋은 방향으로 성장시킬 수도 있고, 학생을 문제 학생으로 낙인을 찍을 수도 있다. 교사는 말하는 방식을 통해서 학생을 변화시킬 수 있다. 교사들이 종종 보이는 좋지 않은 의사소통 방식으로는 "넌 안 돼, 너는 어쩔 수 없어"라는 식으로 학생을 부정적으로 낙인찍는 경우, 길고 불필요한 도덕적 훈계, 학생의 행동이 아니라 성격을 비난하는 경우, 자제심을 잃고 분노를 쏟아내며 말하는 경우 등을 들 수 있다(Ginott, 1971).

교사의 행위도 문제행동을 유발할 수 있다. 교사의 수업 전문성은 문제행동을 줄이거나 유발하는 매우 중요한 요인이다. 교사가 수업 기술이 부족하여 수업을 이끌어 나가지 못하는 경우, 문제행동이 더 많이 발생한다. 반대로 교사가 수업을 잘 진행하여 많은 학생이 학업에 열중하게 되면 문제행동은 크게 감소한다. 또 교사의 훈육 태도도 중요하다. 교사가 학생들을 공정하게 대우하지 않을 때, 학생의 감정을 손상할 때 문제행동이 증가한다. 문제행동이 발생할 때, 이를 방관하거나 부적절하게 개입하여 학생들의 반감을 유발하는 경우도 있다.

학교의 물리적 환경, 학교 및 학급의 운영 방식 등은 학생의 행동에 큰 영향을 미친다. 학교가 깨끗하고 안정감 있게 정돈되어 있는 경우는 그렇지 않은 경우보다 문제행동이 유발될 가능성이 적다. 각종 시설이나 여건이 넉넉한 경우는 그렇지 않은 경우에 비하여 문제행동이 덜 목격된다. 예를 들어, 급식 시간 중 문제행동은 좁은 식당에서 지나치게 많은 학생이 짧은 시간에 함께 식사를 하여야 하는 환경과 관련이 될 수도 있다. 학급당 학생 수가 과다하여 교사가 모든 학생들에게 관심을 줄 수 없는 경우에도 문제행동은 증가한다.

학교 내에 폭력이 만연하거나, 학생들이 지나치게 이기적이거나, 상호 간에 무관심할 때, 문제행동이 발생할 소지가 커진다. 아울러, 교사는 물론 교장이나 직원들이 학생들에게 친절하지 않고, 학생들의 의사를 존중하지 않을 때, 또 학생들과 대화를 통하여 문제를 해결하기보다 지나치게 강압적인 태도를 보일 때 문제행동이 증가한다. 학교에서 지나치게 학업만을 강조하여 학생들의 자유로운 시간을 박탈한다거나 학생들의 자치 활동에 학교가 지나치게 개입하는 경우도 문제가 된다.

(4) 사회 요인

급변하는 사회는 학생들의 학교교육과 교사에 대한 인식을 변화시키고 학급 내 학생의 행동에 영향을 미치면서 과거와는 다른 양상의 문제행동을 발생시키고 있다. 아울러, 사회 변화로 인한 훈육 문제는 때때로 교사나 학교의 노력 범위를 넘어서는 것으로 생각되어 문제행동 해결의 어려움을 조성한다.

각종 정보통신 매체의 발달이 학교에서의 학생과 교사들의 삶에 큰 영향을 주고 있다. 인터넷의 발달로 인하여 학생들은 과거에 비하여 훨씬 많은 정보를 얻을 수 있게 되었고, 실제로 많은 정보를 가지고 있다. 과거에는 학생들이 오로지 학교에서 교육을 받음으로써만 자신들의 지식을 확장할 수 있었지만, 오늘날에는 인터넷이 교사의 영향력을 넘어서고 있다고 할 수 있을 정도이다. 요컨대, 인터넷 발달은 교사 권위의 상대적 하락을 불러왔다. 교사들 스스로도 인터넷을 통하여 쏟아지는 감당할 수 없는 정보의 양에 좌절감을 느끼기도 한다(Levin & Nolan, 2004/2008, 64). 또 정보통신 매체는 인간관계의 양상도 변화시키고 있다. 인터넷이나 게임에 중독되어 일상적 대인 관계를 기피하는 경우도 종종 발생하며, 학교 내에서 휴대 전화 사용이 급증함에 따라 수업이 방해받는 경우도 쉽게 찾을 수 있다. 이런 점은 학생들의 사고와 읽기 능력에도 영향을 미치면서 학생들은 깊이 있는 사고와 깊이 있는 읽기에 어려움을 겪는다(Carr, 2020).

오늘날 대중 매체는 세상을 비추는 거울이다. 많은 학생들이 텔레비전을 시청하며, 뮤직 비디오를 즐기며, 라디오를 듣는다. 많은 학생들이 대중 매체를 통하여 세상과 소통한다. 그 가운데서도 텔레비전은 가장 강력한 힘을 가진 온 국민의 학교라고 할 수 있다(정범모, 2000). 초등학교 학생들 역시 텔레비전을 시청하는 데 상당히 많은 시간을 보내고 있다. 대중 매체는 오락적 기능 외에도 교육적 기능을 가지지만, 현실적으로는 오락 기능을 훨씬 강하게 발휘한다. 텔레비전 프로그램 가운데는 건전한 내용으로 사람들에게 웃음을 주는 경우도 있지만, 지나치게 선정적이거나 폭력적인 내용의 프로그램도 상당히 많다. 아직 분별력이 충분히 발달하지 않은 어린 학생들은 텔레비전에서 본 행위를 아무런 의식 없이 학교 내에서 재현하여 학교 사고가 일어나기도 한다. 학교에서 틈틈이 부모와 협력하여 텔레비전 시청 지도를 하는 것이 필요하다.

4. 문제행동지도의 의미와 모형

1) 문제행동지도의 의미

문제행동지도는 행동경영의 중핵인 훈육으로 설명되는데, 전통적 접근과 교육적 접근으로 구분된다.

첫째, 전통적인 접근은 훈육의 주체와 대상을 상정하고, 그 대상이 훈육자의 의지에 복종하게 하는 일로 이해하는 입장이다. 훈육을 의미하는 'discipline'의 어원을 '추종자, 복종, 가르치다'는 뜻을 가진 'disciple'에서 찾는 경우를 들 수 있다(Slee, 1995, 23). 이 경우 훈육은 권위 있는 사람에게 복종하도록 하는 일을 의미한다. 즉 교사는 올바름의 표상이라는 점에서 학생은 교사의 가르침을 따라야 하며, 교사는 학생의 행동을 규제하여야 한다는 관점을 나타낸다. 훈육에 관한 이런 접근을 전통적・권위적 접근이라고 할 수 있다(박병량, 2006, 478).

둘째, 교육적 접근은 훈육 대상이 자신을 계발하는 과정으로 훈육을 이해하는 입장이다. 이 관점에서는 'discipline'의 어원을 '나는 배운다(I learn).'는 의미를 갖는 'disco'에서 찾는 경우도 있다(Slee, 1995, 23). 이때 훈육의 의미는 권위에 대한 복종이 아니라 자신의 계발, 자기 주도적 발달이다. 이와 같은 입장은 한자어인 훈육(訓育)의 뜻을 풀이하는 과정에서도 발견할 수 있다(박병량, 2006, 479). '훈(訓)'은 '언(言)'과 '천(川)'이 결합된 말인데, 여기서 '천(川)'은 '물이 흐르는 것처럼 이치에 따라 순응하는 것' 또는 '꿰뚫다'는 뜻을 갖는다. 또 '육(育)'의 윗부분은 '육(肉)'을 의미하는데, 이는 어머니 자궁에서 아이의 머리부터 빠져나오는 모습을 형상화한 것으로서, 순리에 맞음을 의미한다. 이렇게 본다면, '훈육(訓育)'은 말을 통해 이치에 따르도록 하거나 이치를 꿰뚫어 알게 되는 것으로서, 순리에 부합하는 일이라는 뜻을 갖는다. 훈육에 관한 이런 접근을 교육적・발달적 접근이라고 할 수 있다(박병량, 2006, 479).

행동경영의 궁극적 목적이 자기 훈육(self-discipline)이라는 사실(Walker, Shea & Bauer, 2004, 50)을 염두에 둔다면, 문제행동지도는 훌륭한 사람의 본을 따르고, 스스로 노력하고 학생들이 스스로 자신의 행동에 대한 통제력을 가지도록 한다는 의미를 모두 가진다고 볼 수 있다.

2) 문제행동지도의 원칙

많은 교사들이 문제행동지도를 고민해 왔으며, 교사들의 수만큼 문제행동지도 방법도 여러 가지로 제안되고 있다. 그러나 어떤 방법이든 다음과 같은 원칙을 준수하여야 한다(Weinstein & Mignano, 2003, 314-317).

첫째, 교사는 안전하고 돌봄의 학급 환경을 만드는 데 목적을 두고 문제행동지도를 일관되게 행하는 것이 필요하다. 교사는 학급 내의 질서를 유지하여야 하지만, 어디까지나 교사와 학생 간의 긍정적인 관계를 유지하고 학생의 존엄과 권리를 보장하고 학생이 스스로 자기 규제력을 개발하도록 돕는 방향으로 문제행동에 대한 지도가 이루어져야 한다.

둘째, 교사는 학생의 문제행동을 지도하는 과정에서 교사의 교수활동과 학생들의 학습권이 최대한 보장되도록 노력하여야 한다. 교사가 문제행동을 하는 학생을 인지한 경우 학생의 행동을 개선하기 위해 개입하고 지도하는 것이 필요하다. 이때 교사는 학생의 문제행동에 대한 자신의 개입이 문제행동을 개선할 수도 있지만 오히려 상황을 더 악화시켜 학급 내 학습활동을 방해할 수도 있다는 점을 유념할 필요가 있다. 이런 점에서 교사는 문제행동에 개입할 시기와 방법을 결정할 때 문제행동에 대한 자신의 개입이 상황을 개선할 수 있을지에 대해 늘 질문하는 습관을 갖는 것이 필요하다.

셋째, 학생의 문제행동 자체보다는 그 행동이 일어난 원인과 상황에 주목하여 지도하는 것이 필요하다. 외견상 같은 행동이라고 하더라도 문제행동이 될 수도 있고, 그렇지 않을 수도 있다. 예를 들어, 수업 시간에 집중하지 못하는 학생들의 경우 어떤 학생은 가정에서 아침 식사를 하지 못해 배가 고파서 집중할 수 없었던 반면, 어떤 학생은 수업이 지루하게 느껴져서 수업에 대한 흥미가 떨어지는 상황이었을 수 있다. 또 교사의 감정상태나 피로도에 따라 학생의 어떤 행동을 문제행동이라고 보기도 하고, 그렇지 않게 보는 경우가 발생하기도 한다. 이런 점에서 교사는 자신의 상태와 학생의 상황을 잘 살피고 학생들의 문제행동에 일관되게 접근할 뿐만 아니라 문제행동의 원인에 따른 타당한 지도 방법을 활용하는 것이 필요하다.

넷째, 교사는 학생 문제행동의 심각성 정도를 고려하여 적절한 지도 방법을 활용하는 것이 필요하다. 문제행동은 사소한 행동에서 정도가 문제행동을 증폭시키고 확대시킬 수 있는 행동까지 다양하다. 교사는 학생의 문제행동의 수준을 파악하고 그에 적합한 방식으로 지도하여야 한다. 사소한 문제에 지나치게 심각하게 반응하면 오히려 역효과를 부를 수 있고, 심각한 문제에 대수롭지 않게 대응하면 학생의 문제행동은 계속 강화되고 더 나아가 학급 분위기가 손상될 수도 있다. 여러 가지 문제행동은 심각성과 교사 개입의 필요라는 관점에서 다음과 같이 분류할 수 있다(Evertson, Emmer & Worsham, 2003, 174).

- 문제가 되지 않는 행동(nonproblem): 수업 시간 중에 잠깐 발생하는 일로서, 교수와 학습을 방해하지 않는 행동은 문제가 되지 않는다. 예를 들어, 잠깐 한 눈을 팔거나, 깜빡 잠이 들거나, 활동이 전환될 때 친구와 잠시 이야기를 나누는 일 등이 그 예이다. 이런 일이 발생할 때에는 모른 체 하는 편이 바람직하다.
- 사소한 문제(minor problem): 명백히 학급 규칙에 위반되는 일이지만, 아주 가끔 발생하며 수업이나 학급활동을 심각하게 방해하지 않는 행동이 있다. 교사의 허락을 받지 않고 자리를 이동하거나 큰 소리로 말하는 일, 수업 시간 중에 다른 책을 보거나 사탕을 먹거나 껌을 씹는 일 등이 그 예이다. 이런 행동이 지속되고 확산된다면, 교사는 이런 행동에 개입하여야 한다. 또 이런 행동을 다른 학생들이 지켜보고 있을 때에도 교사가 개입하여야 한다. 만약 이런 경우에 교사가 개입하지 않는다면, 학생들은 교사의 행동경영이 일관성을 잃었다고 생각할 가능성이 있다.
- 심각하지만 정도와 범위 면에서 제한적인 문제(major problem but limited in scope and effects): 비록 교수-학습활동을 방해하기는 하지만, 한 명 또는 소수만이 문제행동을 일으킬 때가 있다. 한 명 또는 소수의 학생이 거의 항상 숙제를 해 오지 않거나, 수업에 집중하지 않고, 소리 내어 수업을 방해하는 행동 등이 그 예이다.
- 증폭되고 확산되는 문제(escalating or spreading problem): 어떤 문제행동이 학급 내에 널리 확산되고 점점 증폭되는 경우이다. 많은 학생들이 학급 내에

서 자신들 마음대로 이동하거나, 여러 명의 학생이 교사의 질문과 무관한 이야기를 계속 하는 경우, 학급 규칙을 여러 명이 자주 위반하는 경우 등이 그 예이다. 전형적으로 학급 붕괴가 일어나고 있는 경우이다.

3) 문제행동지도 모형

문제행동의 유형이 다양한 것처럼 문제행동을 지도하는 방법 역시 다양하다. 문제행동지도에 대한 다양한 이론들은 상호 보완적 관계로 파악하는 것이 필요하다. 이하에서는 학교 현장에서 널리 활용되고 있는 드라이커스(Dreikurs) 모형, 의사소통의 중요성을 강조하고 있는 지노트(Ginott) 모형, 문제행동에 대한 단계적 접근을 제안하고 있는 레빈과 놀란(Levin과 Nolan)의 전문적 의사결정 모형을 중심으로 소개한다.

(1) 드라이커스 모형

드라이커스(Rudolf Dreikurs, 1897~1972)는 정신과 의사로서 학급 내에서의 학생 행동에 관한 여러 권의 저서를 통하여 행동경영 분야의 권위자가 되었다. 드라이커스는 학생들의 문제행동을 소속감의 결여로 설명한다(Dreikurs, Grunwald, & Pepper, 1982).

그는 모든 인간은 소속감을 근본 욕구로 가지고 있다고 보았다. 소속감이야말로 인간의 참된 욕구(genuine goal)라고 할 수 있는데, 학생들이 학급에 소속되기를 원하는 것도 소속감의 발로라고 할 수 있다. 그는 학생들은 비록 어리지만, 자신의 행동을 선택할 수 있는 능력이 있다고 보았다. 그는 학생들이 어떤 이유로든 소속감을 갖지 못하게 되면 문제행동을 함으로써 자신의 존재를 부각하고 이를 통해 느낄 수 있다는 생각을 하게 되고, 그 결과 문제행동을 하게 된다고 보았다.

학생의 문제행동은 단계적으로 발전하게 되는데, 처음에는 관심 끌기를 시도하고, 이 일이 여의치 않으면 힘을 과시하게 된다. 그 후에는 보복하기 단계로 발전하며, 맨 마지막에는 자포자기 단계로 접어든다. 그는 이와 같은 네 가지 단계의 행동을 소속감을 갖지 못한 학생들이 잘못된 목표(mistaken goal)를 설정하여 추구한 결과로 보았다. 네 가지 잘못된 목표와 그에 대한 대처 방법을 설명하면 다음과 같다.

- 관심 끌기: 학생들은 때때로 어떤 행동을 하여 교사의 관심을 끌고자 한다. 수업 시간에 교사의 질문과 무관한 답을 계속 말하거나, 학습 내용과 무관한 질문을 하는 경우, 혼자서 과제를 해결할 수 있음에도 불구하고 계속해서 교사의 도움을 요청하는 경우 등이 그 예이다.

  학생들은 이와 같은 행위를 통하여 교사의 관심을 받고자 하며, 이런 행동을 하는 학생에 대하여 교사가 어떤 방식으로든 대응하는 경우 관심 끌기 행동은 강화되며 사태는 악화된다. 예컨대, 엉뚱한 질문을 하는 학생에게 "그 질문은 무슨 의미지?"라고 답하거나 "쓸데 없는 질문이로구나"라고 꾸짖게 되면, 학생의 행동은 강화되고 지속되게 된다.

  관심을 끌기 위한 행동에 대한 최선의 대응책은 의도적으로 무시하는 것이다. 그러나 때로는 관심 끌기 행동이 수업의 원활한 진행을 방해할 수도 있다. 이 경우에는 다른 개입 전략을 활용하는 것이 필요하다. 예를 들어 조용히 학생과 눈을 맞추거나, 자연스럽게 학생의 이름을 불러서 주의를 환기시켜주는 것이 좋다. 학생이 그와 같은 행동을 할 때에는 관심을 보이지 않다가 정상적인 행동을 하는 경우를 포착하여 적극적으로 관심을 보이는 것도 바람직하다. 이를 통해 교사는 관심끌기 단계에서 문제행동을 멈출 수 있도록 지도하는 것이 필요하다.
- 힘의 과시: 학생들은 가끔 교사에게 말이나 행동 등으로 적대감을 보임으로써 자신의 힘을 과시하려 들기도 한다. 교사에게 들릴 듯 말 듯한 소리로 교사를 비난하는 말을 하거나, 교사의 지시에 따르지 않고, 교사와 언쟁을 하기

도 한다. 이런 행동은 학생이 자신의 힘을 과시하려는 것이다.

학생이 힘을 과시할 때 교사가 자신의 힘과 권위를 내세워 학생을 제압하려고 하는 경우가 있다. 그러나 교사가 학생과 힘을 겨루고, 학생이 패배하게 되면 학생은 교사에게 적대감을 가지고 보복하려는 생각을 품게 되기도 한다. 힘을 과시하는 학생에 대하여 교사는 잠깐 수업을 중단하거나 "학급 분위기가 한겨울 같구나."와 같은 뼈 있는 농담으로 주의를 환기함으로써 물러서는 편이 바람직하다. 또는 힘을 과시하는 학생에게 학급 내에서 책임 있는 역할을 부여하여 학생 스스로 자신의 존재감을 확인하도록 하는 것도 좋다.

• 보복하기: 관심을 끌려고 하거나 힘을 과시하여도 교사의 관심을 받지 못한 학생은 가끔 벌을 받을 각오를 하고 교사에게 반항하거나 동료 학생에게 피해를 주기도 한다. 이런 행동을 하는 학생들은 교사나 동료 학생들의 미움을 받으면 자신이 승리하였다고 생각하지만, 실제로는 스스로에게 패배감을 안겨 주고 자신의 존재감도 낮아지게 된다.

보복하는 행동을 하는 학생이 진정으로 원하는 것은 학급 내에서 다른 사람들의 인정을 받고 더불어 사는 것이다. 따라서 학생이 가진 장점이나 재능을 발휘할 수 있는 기회를 제공하여 다른 학생들에게서 자연스럽게 인정받을 수 있도록 하여야 한다. 동료 학생들이 해당 학생을 도와주고 인정해 줄 수 있도록 지도할 필요가 있다.

• 자포자기: 관심 끌기, 힘의 과시, 보복하기 행동으로도 소속감의 욕구를 충족하지 못한 학생은 체념한다. 수업 시간에 전혀 집중하지 않음은 물론, 어떤 학급활동에도 참여하지 않는다. 자신이 스스로 실패자라고 생각하며, 교사와 동료 학생들이 자신을 가치 없는 존재로 믿어주기를 바란다.

그러나 교사는 자포자기하려는 학생을 포기하지 않아야 한다. 항상 관심을 가지고 지켜보고, 약간의 긍정적 변화라도 보이면 격려하여야 한다. 결과가 만족스러울 때 하게 되는 칭찬(compliment)과 달리 어떤 일을 하는 과정에서의 노력을 인정하고, 나아가 집단 내에서 그 사람의 존재감을 높여주는 격려(encouragement)야말로 자포자기하는 학생을 예방하고 포용하는 최선의 방법이다.

드라이커스 모형에 따른 문제행동 유형과 대처 방법을 요약하면 〈표 8-1〉과 같다.

〈표 8-1〉 드라이커스 모형에 따른 문제행동지도

행동유형	구체적인 행동	대처방법
관심 끌기	• 교사의 질문과 무관한 답을 계속 말하기 • 학습내용과 무관한 질문하기 • 혼자 과제를 수행할 수 있음에도 계속해서 교사의 도움을 요청	• 의도적으로 무시하기 • 조용히 학생과 눈 맞추기 • 자연스럽게 학생의 이름을 불러 주의 환기 • 문제행동을 하지 않을 때 관심 보이기
힘의 과시	• 교사의 지시에 따르지 않기 • 교사와 언쟁하기 • 교사를 비난하는 말 하기	• 잠깐 수업을 중단하거나 주의 환기 • 학급 내에서 책임 있는 역할을 부여하여 학생의 존재감 인정하기
보복하기	• 기물 파손 • 학생과 교사 위협하기 • 위험한 놀이 하기	• 다른 학생에게 인정받을 수 있는 분위기 및 기회 제공하기
자포자기	• 교실 내 수업 참여하지 않기	• 관심을 가지고 지켜보기 • 약간의 긍정적인 변화라도 보이면 격려하기

출처: Levin & Nolan(2004/2008). 65-68의 내용을 표로 정리한 것임.

드라이커스는 문제행동지도에서 학급 구성원 간의 상호 존중, 격려, 교사의 인내와 학생의 책임감과 노력 등을 강조하면서 문제행동을 예방하는 일이 가장 중요하다고 보았다.

(2) 지노트 모형

지노트(Haim Ginott, 1922~1973)는 훈육에서 의사소통의 중요성을 강조하였다. 그는 어른들이 아동에게 말을 할 때 그 아동의 상황만을 이야기하여야 하며, 아동의 인격에 대해 말해서는 안 된다고 주장한다. 교사의 의사소통 방식에 따라 학생들이 정서적 혼란을 겪기도 한다. 그는 적합한 의사소통 방식과 부적합한 의사소통 방식을 다음과 같이 소개하고 있다(Ginott, 1971).[3)]

① 적합한 의사소통

- 건전한 메시지: 학생의 인격보다는 상태를 언급하는 메시지가 건전한 메시지라고 볼 수 있다. 만약, 수업 시간에 서로 이야기를 나누고 있는 두 명의 학생에게 "잡담 그만두어라. 너희들은 참 나쁘구나."와 같이 말하는 것은 건전하지 않은 의사소통이다. 오히려 "지금은 공부하는 시간이다. 조용히 해야지." 라고 말하여 학생이 스스로 상황을 평가하고 자신의 행동을 바로잡도록 하는 편이 건전하다.
- 협력 이끌기: 교사는 학생에게 협력을 요구할 것이 아니라, 협력을 이끌어 내야 한다. 교사는 구체적이고 직접적인 지시 대신에 상황을 설명하고 학생이 스스로 행동을 선택하도록 하여야 한다. 예컨대, 수업을 시작하면서 "이 시간은 과학 시간이다. 오늘은 과학 책 35쪽을 공부한다. 모두 35쪽을 펴고 문제를 모두 풀어라"라고 말하기보다는 "과학시간이다. 과제는 35쪽에 있다." 고 간단히 말하는 편이 바람직하다. 교사는 학생의 협력을 이끌어냄으로써 교사에 대한 학생들의 의존성을 줄일 수 있다.
- 수용과 인정: 학생들은 종종 이야기를 꾸며내거나 진실을 과장하기도 한다. 이때 교사는 학생의 이야기를 부정하거나 학생과 논쟁할 필요가 없다. 학생

3) 본 내용은. 제6장 행동경영. 박남기 외(2008). 「초등학급경영의 이론과 실제」. 파주: 교육과학사 223-226의 내용을 활용하였음을 밝힌다.

들은 교사가 자신과 다른 생각을 가지고 있다는 사실을 확인하게 되며 난감해하고 혼란에 빠지기 때문이다. 교사는 자신의 의견을 유보하고 학생의 의견을 단순히 들음으로써 학생들이 인정받고 이해하고 있다는 사실을 알도록 하여야 한다. 때로는 학생의 말을 들은 후에 "내가 어떻게 하면 너를 도울 수 있을까?"라고 질문을 하여 학생들이 교사를 신뢰하게 하고, 학생 스스로 문제를 해결할 수 있는 기회를 갖도록 하여야 한다.

- 나 메시지(I-message) 사용하기: 교사도 가끔 자신의 감정을 드러내야 할 때가 있다. 이때 교사는 '나 메시지'를 사용하여야 한다. 이것은 "나는 ~"과 같이 이야기하는 것으로써, 어떤 상황이 자신에게 어떤 감정을 갖도록 하였는지를 상대방에게 말하는 것이다. 예를 들어, 계속해서 수업에 집중하지 않는 학생에게 "나는 네가 수업에 열심히 참여하지 않아서 힘들고 슬프다."고 말할 수 있다. 이를 통해 학생은 스스로 자신의 행동을 생각해 보게 된다. 다만, 나 메시지 활용과 관련하여 교사가 학생과 사이가 좋지 않다면 기대한 결과를 얻기 어려울 수 있다는 점을 유념하여 활용하는 것이 필요하다.

② 적합하지 않은 의사소통

- 낙인찍기: 교사는 종종 학생을 낙인찍기도 한다. 낙인찍힌 학생은 그에 맞게 생각하고, 그에 맞게 행동하게 된다. 즉 악순환의 고리가 만들어지게 된다. 낙인은 학생이 자신의 가치와 자신의 미래에 대해 긍정적으로 사고하는 것을 가로막는다.
- "왜"라는 질문하기: 학생이 문제행동을 할 때, 교사들은 "왜?"라는 질문을 한다. 그런데 이 질문은 원인을 찾기 위한 질문이라기보다는 학생을 비난하는 말에 불과하다. 학생들은 이런 질문을 불쾌하게 생각한다. 반면, "무슨 문제가 있었어?"라는 질문을 받으면 학생은 존중받는 질문이라는 생각을 하게 될 것이다.
- 비꼬는 말과 사생활 침해: 비꼬는 말은 학생들의 감정을 손상한다. 자신이 조롱당하는 느낌을 가져서 자아존중감에 상처를 입기도 한다. "네 마음속에 있

는 생각을 이야기해 봐."와 같이 학생의 내면을 드러내도록 강요하거나, 학생의 행동을 부모의 상황 등 가정 배경과 연관짓는 말은 학생에게 상처가 될 수 있다.

지노트의 모형은 교사의 의사소통을 통해 학생을 변화시킬 수 있다는 점에서 교사들에게 호응이 높다. 그러나 교사에게 적의를 보이거나 폭언을 하는 등 심각한 문제행동을 하는 학생을 다루기에는 적합하지 않은 제안이라는 비판도 존재한다.

(3) 레빈과 놀란의 전문적 의사결정 모형

레빈과 놀란(Levin & Nolan, 2004)은 아들러(Alfed Adler, 1870~1937) 심리학 이론에 터하여 학생만이 자신의 행동을 통제할 수 있다는 견해를 가지고 교사는 자신의 행동을 변화시킴으로써 학생의 행동변화에 영향을 미칠 수 있다는 관점을 제시한다(Levin & Nolan, 2004). 이런 관점에서 학생의 문제행동에 대한 개입은 학생에게 자신의 행동을 변화시킬 수 있는 기회를 갖도록 단계적으로 이루어져야 한다는 점을 주장한다. 구체적으로 교사는 학급에서 학생에게 자신의 행동을 통제할 수 있는 기회를 제공하는 것에서 출발하여 교사가 학생의 행동을 관리하는 데 보다 많은 책임을 지는 방향으로 교사의 개입 정도를 점차 강화해 나가는 것이 바람직하다고 보았다. 문제행동에 대한 교사의 개입 및 지도 전략은 비언어적 접근에서 언어적 접근, 논리적 결과 활용 단계로 접근하여야 한다는 점을 강조한다. 레빈과 놀란의 개입전략에 대한 상세한 설명은 다음 5절 문제행동 지도의 실제에서 보다 구체적으로 소개한다.

5. 문제행동지도의 실제

1) 사전에 문제행동 줄이기

아무리 사소한 문제행동이라도 일단 발생하면, 교사가 그 행동에 개입해서 교정하기가 쉽지 않다. 문제행동이 일어나기 전에, 교사가 슬기롭게 문제행동의 유발 가능성을 줄여야 한다(Levin & Nolan, 2004).

(1) 수업 속도 조절하기

교사는 학생이 수업 시간에 자꾸 눈을 비비거나 창 밖을 내다보고 기지개를 켜는 행동을 하는 것을 발견하면 수업 속도나 흐름을 바꾸어야 한다. 잠시 신체 활동 또는 게임을 하거나 재미있는 이야기를 통하여 학생들의 흥미를 유발하는 등 다양한 학습활동을 전개하는 것이 필요하다.

(2) 문제행동 유발 물건 제거하기

많은 학생들이 수업 시간에 휴대전화를 만지거나 문자 메시지를 보내는 등의 문제행동을 한다면 휴대전화가 문제행동을 유발하고 있는 셈이다. 교사는 학기초에 학생들과 문제행동 유발 물건의 처리에 관해 약속하는 것이 필요하다. 어떤 학생이 휴대전화를 만지면서 수업에 참여하지 않는다면 조용히 다가가 문제행동을 유발하는 휴대전화를 압수할 수 있다. 이때 교사는 반드시 사전에 학생들과 약속을 하거나 미처 약속하지 못한 경우에는 물건을 제거하면서 조용히 학생에게 수업 이후 돌려준다는 점을 밝히는 것이 필요하다. 그렇지 않으면 학생들은 제거된 물건이 계속 신경쓰여 또 다른 문제행동을 하게 될 가능성이 있다.

(3) 학생에게 관심 보이기

학생이 수업 과제에 집중하지 않고 다른 활동을 하고 있다면 교사가 학생에게 다가가 과제가 잘 진행되고 있는지, 교사가 도와줄 것은 없는지 등을 조용히 물어보는 방식으로 학생에게 관심을 보여야 한다. 교사가 과제에 관련된 질문을 하고, 학생이 올바른 대답을 하는 경우 긍정적 반응을 보이는 것도 좋다.

(4) 비처벌적 타임아웃

만약 학생이 화가 나 있거나 무기력하거나 피곤해 보인다면, 학생에게 다른 장소에 가서 어떤 물건을 가지고 오도록 하는 심부름이나 사소한 일을 부탁하는 등 학생 스스로 숨 고르기를 할 수 있도록 잠깐 시간을 주는 것이 좋을 수 있다. 이런 비처벌적 타임아웃을 통해 학생들은 자기 통제력을 회복하고 학습활동으로 다시 복귀할 수 있다.

2) 일상적인 문제행동 지도하기

"유능한 교사는 머리 뒤에도 눈이 있다."는 말이 있다. 교사는 다양한 개입 전략을 활용하여 목소리를 높이지 않고도 사소한 문제행동을 잘 다룰 수 있다 (Weinstein & Mignano, 2003, 318-323). 이때 교사는 학급에서 일상적으로 나타나는 문제행동을 지도하는 데 있어 학생 스스로 자신의 행동을 통제하는 것을 배울 수 있는 기회를 제공하고 교수학습활동에 방해를 최소화한다는 원칙에서 접근하는 것이 필요하다(Levin & Nolan, 2004). 교사는 개입 전략을 도입하여 활용할 때마다 이 개입 전략으로 학생의 적절한 행동을 유도할 수 있을지를 늘 질문하여야 한다.

(1) 비언어적 개입

비언어적 개입은 언어적 개입 전략에 앞서 활용할 수 있는 개입 전략이다. 비언어적 개입은 교수학습과정에 대한 방해를 줄이고, 학생과의 대립을 줄이고, 학생 스스로 자신의 행동을 개선할 기회를 제공하고, 향후 활용할 수 있는 대안적 개입 전략을 확보할 수 있다는 점에서 의의가 있다(Levin & Nolan, 2004).

사소한 문제행동을 하는 학생들은 교사의 얼굴 표정만 보고도 교사의 마음을 읽고 자신의 행동을 바로잡게 된다. 때때로 가벼운 문제행동을 하는 학생과 교사가 눈을 맞추는 것도 적절한 방법이 된다. 교사와 학생은 눈을 통하여 많은 대화를 나눌 수 있다. 문제행동을 하는 학생 곁에 다가서거나 학생의 등에 가볍게 손을 올리는 것과 같은 방법도 매우 효과적이다. 이와 같은 방법은 무엇보다 수업의 흐름을 끊지 않으면서 학생의 행동을 바로잡을 수 있다는 점에서 바람직하다.

비언어적 개입은 다음 네 가지 기법으로 구성되고 문제행동의 정도에 따라 단계적으로 적용되어야 한다(Levin & Nolan, 2004/2008, 268-272).

- 의도적으로 무시(planned ignoring): 무시된 행동은 감소하며 결국 사라진다. 이런 점에서 교사는 의도적으로 무시하는 기법을 활용하여 교사의 관심을 끌기 위한 의도로 행하는 학생의 문제행동을 개선할 수 있다. 다만, 학생의 문제행동이 감소되지 않거나 학습 분위기에 심각한 방해를 초래하거나 안전하지 않은 행동의 경우에는 빠르게 다른 개입 전략을 활용하는 것이 필요하다.
- 신호 간섭(signal interference): 다른 학생을 방해하지 않고 문제행동을 한 학생에게만 손짓, 눈 마주침, 표정 등 신호를 통해 그 행동이 적절하지 않음을 알려주는 것이다. 수업 시간에 옆 학생과 이야기를 계속하는 학생과 교사가 눈을 마주치거나 학생이 교실을 돌아다니면 손가락으로 의자를 가리키는 것만으로도 문제행동을 줄일 수 있다.
- 근접 간섭(proximity interference): 만약 학생이 수업 활동 아닌 일에 너무 몰두하고 있어서 교사의 신호 간섭을 알아차릴 수 없다면, 교사가 학생에게

가까이 다가가는 것이 좋다. 이 일만으로도 학생은 수업에 복귀할 수 있다.

- 접촉 간섭(touch interference): 학생과 가볍고 비공격적으로 신체 접촉을 하는 것이다. 교실을 돌아다니는 아동의 손을 잡아 책상으로 이끌거나 교사가 학생의 어깨에 가볍게 손을 얹는 것도 효과적이다. 이때 학생이 교사에게 좋지 않은 감정을 가지고 있는 경우 교사의 행동을 공격적으로 받아들일 수 있고, 성별에 따라 불편함이 발생하여 상황을 더 악화시킬 수 있다는 점을 반드시 염두에 두는 것이 필요하다.

〈표 8-2〉 학생의 문제행동에 대한 교사의 비언어적 개입 전략

비언어적 개입 유형	내용
의도적 무시하기	• 무시된 행동은 감소하고 결국에는 사라질 것이라는 강화이론 • 상당한 시간 동안 과제에서 벗어난 학생 행동을 무시한 후에도 그러한 행동이 감소되지 않거나 다른 학생이 산만해지는 시점이 되면 다음 단계 개입 전략을 활용해야 함
신호 간섭	• 다른 학생을 방해하지 않고 해당 학생에게 그 행동이 적절하지 않다는 것을 전달하는 비언어적 행동임 - 옆 학생과 이야기하는 학생과 눈 마주치기 - 학생이 돌아다닐 때 의자를 가리키기 - "안 돼"라는 뜻으로 머리 흔들기
근접 간섭	• 신호 간섭이 효과가 없을 때 • 학생이 과제에서 벗어난 행동에 너무 열중하고 있어 교사가 신호를 보낼 만큼 충분히 학생의 주의를 끌 수 없을 때 - 교사가 수업을 하면서 학생 쪽으로 걸어가기 - 학생이 계속 과제에서 벗어난 행동을 보이면 교사는 학생 가까이에서 수업하기 - 교사가 학생과 눈을 마주치고 학생 쪽으로 다가가기 - 학생 쪽으로 자연스럽게 다가가는 것에서부터 수업 중에 학생의 뒤나 옆에 노골적으로 서 있기
접촉 간섭	• 접촉 간섭은 학생과의 가볍고 비공격적인 신체적 접촉 - 교사가 아동의 손을 잡아 자기 자리로 돌아가게 하기 - 교사가 학생의 어깨에 가볍게 손을 얹기 • 한계와 부정적인 결과에 대해 명확히 인지하는 것이 필요함

출처: Levin & Nolan(2004/2008). 268-272의 내용을 표로 정리한 것임.

(2) 언어적 개입

교사는 말로써 학생의 사소한 문제행동을 바로잡을 수 있다. 학생이 문제행동을 할 때, 교사가 짧고 그다지 공격적이지 않게 학생 이름을 부르거나, 읽기 시간과 같은 경우에 해당 학생의 이름을 본문에 대입하여 읽는 것은 학생의 주의를 되돌리는 좋은 방법이다. 또 학생의 문제행동과 관련된 부드러운 유머를 활용하거나, 나 메시지를 통하여 학생의 행동을 바꾸도록 유도할 수도 있다.

때로는 학생이 행동을 바로잡을 것을 짧게 요구하거나, 학급 규칙을 상기하도록 할 수도 있다. 더 나아가 학생에게 행동을 바로잡지 않으면 벌을 받게 될 수 있다는 사실을 알려줄 수도 있다. 이런 언어적 개입 전략을 활용하는 데 있어 다음과 같은 원칙을 염두에 두는 것이 필요하다(Levin & Nolan, 2004/2008, 282-283).

- 비언어적 개입을 먼저 활용하고 언어적 개입은 그 후에 활용하라.
- 전체 학생이 아니라 개별 학생을 대상으로 언어적 개입을 활용하라. 모든 학생이 보는 곳에서 교사의 지적을 받는 학생은 체면을 잃게 될 수도 있다.
- 가급적 간결하게 말하라.
- 사람이 아니라 상황에 대하여 말하라. "너는 예의가 없어."보다 "다른 사람을 방해하는 행동은 무례한 행동이야."라고 말해야 한다.
- 감정은 인정하되 문제행동은 지도하라. "화가 날 수도 있어. 그렇지만 물건을 던지는 일은 좋지 않아." "기분이 나빴을 수도 있겠다. 그렇지만 욕하는 것은 좋지 않아."라고 말해야 한다.
- 비꼬는 말이나 학생 인격을 무시하는 말은 삼가라.

〈표 8-3〉 학생의 문제행동에 대한 교사의 언어적 개입 전략

기법	내용
근접(동료) 강화 기법	• 학생들이 적합한 행동에 관심 두기 • 초등학교 저학년(공개적 칭찬) - "석현이랑 병수야, 답을 할 때 손을 들어 주어 고맙구나."
학생 이름 부르기/이름 끼워 넣기 기법	• 학생 이름 부르기 또는 수업내용 중 이름 끼워 넣기 • 수업을 흐름을 방해하지 않고 학생과의 대립 없이 학생의 주의를 환기 • 학생의 이름을 먼저 부르고 나서 질문을 하는 방법이 더 선호할 만함
유머 활용	• 학급의 긴장을 완화하고 학생이 적합한 행동을 하도록 지도 • 학생을 겨냥한 비꼬는 말이 되지 않도록 조심 - "내가 환청 같은 걸 경험하나봐."
영향 인식에 대한 질문하기 기법	• 자신의 행동이 어떻게 다른 사람에게 영향을 주는가를 깨닫게 하기 • 대답하기를 요하지 않는 질문 활용하기 - "재훈아, 너의 행동은 다른 친구들이 질문에 답할 기회를 빼앗고 있어. 그래서 선생님은 네가 계속 답을 큰 소리로 말하도록 허용하지 않을 거야."
Gordon의 나 메시지 보내기 기법	• 세 부분으로 구성됨. (1) 방해행동에 대한 단순한 기술, (2) 교사 또는 다른 학생에게 미치는 영향에 관한 명백한 기술, (3) 방해행동의 영향으로 갖게 된 교사의 감정에 대한 기술 • 교사와 학생과의 관계가 부정적일 때는 피하는 것이 좋음 - 재훈아, 손을 들지 않고 답을 큰 소리로 말하면, 친구들이 답할 기회를 빼앗긴단다. 그래서 선생님은 슬퍼."
직접적인 호소 기법	• 친절하고 자상하게 학생이 방해행동을 그만두도록 요청 • 학생이 교사의 학급경영 능력을 의심하고 있는 학급의 경우는 사용하지 말아야 한다. - "재훈아, 모든 학생이 대답할 기회를 가지도록 큰 소리로 답하지 말아줘, 부탁이야."
규칙 상기 기법	• 교사가 지침과 규칙을 수립하고 이를 활용 - "재훈아, 우리 학급 규칙에는 질문에 대답하기 전에 손을 들어야 한다고 되어 있단다."
Glasser의 세 가지 묶음 질문 기법	• 세 가지 질문 활용, (1) 무엇을 하고 있니?, (2) 규칙에 어긋나는 것 아니니?, (3) 무엇을 해야 할까? • 사적으로 이루어짐. - "재훈아, 네가 큰 소리로 외치고 있단다. 그것은 학급규칙에 어긋나. 답을 하고 싶으면 손을 들어야 해."

기법	내용
명확한 행동수정 지시 기법	• 비행을 중단하고 수용할만한 행동을 하게 하는 분명한 명령 • 가능한 한 개별적으로 이루어져야 함. - "재훈아, 질문에 답하고 싶으면 큰 소리로 말하지 말고 손을 들어."
Canter의 고장 난 음반 기법	• 교사가 농담을 하지 않고 학생이 적합한 행동을 다시 하게 만드는 전략 • 학생이 동의하지 않거나, 자신의 행동을 방어하거나 변명하려고 하면 교사는 행동수정 지시를 반복함(3회) - "재훈아, 질문에 답하고 싶으면 큰 소리로 답을 말하지 말고 손을 들어", "그렇지만 저는 정말로 답을 알고 있어요.", "그게 중요한 게 아니야. 질문에 답을 말하고 싶으면, 큰 소리로 말하지 말고 손을 들어.", "선생님은 어제 찬규가 큰 소리로 답을 말하도록 내버려 두셨잖아요.", "그게 중요한 게 아니야. 질문에 답하고 싶으면 큰 소리로 답을 말하지 말고 손을 들어."

출처: Levin & Nolan(2004/2008). 287-296의 내용을 표로 정리한 것임.

(3) 논리적 결과 활용

논리적 결과 활용은 언어적 개입 전략에서도 가장 고도의 전략으로, 학생의 문제행동과 논리적으로 연관되는 부정적인 경험을 학생이 하도록 조치를 취하는 방법이다(Levin & Nolan, 2004/2008, 296-303). 먼저 학생에게 논리적 결과에 대한 선택권을 제공하는 방법이 있다. 구체적으로 교사는 단호한 태도로 문제행동을 지적하면서 문제행동을 개선하든지 문제행동에 따른 논리적 결과를 경험할 것인지 선택하도록 하는 방법이다. 그럼에도 불구하고 개선이 되지 않는 경우 고장 난 음반과 학생의 선택권을 통합하여 제공하는 방법이 있다. 이것은 학생이 계속 자신의 행동에 변명하려 드는 경우에 논리적 결과에 대한 선택권과 통합하여 활용하는 방법이다.

3) 심각한 문제행동 지도하기

학급에서 문제행동을 보이는 학생들의 경우 문제행동이 개선되지 않고 반복적으로 문제행동을 보이는 경우도 있다. 이런 문제행동에 대해서는 좀 더 근본적인 접근이 필요한데, 학생의 문제행동에 대한 문제해결을 위한 대화를 통해 장기적 문제해결 전략과 단기적 문제해결 전략을 병행하여 활용하는 것이 필요하다. 장기적 문제해결 전략으로 교사와 학생 간 긍정적인 관계 형성, 낙담의 악순환 고리 끊기를 소개하고, 단기적 해결전략으로 자기관찰, 사례기록, 행동계약을 들 수 있다(Levin & Nolan, 2004/2008, 317-352). 마지막으로 학부모와의 협력을 이끌어내는 방법이다.

(1) 장기적 문제해결 전략

- 교사와 학생 간의 긍정적인 관계 형성: 심각한 문제행동을 보이는 많은 학생들은 대체로 교사와 긍정적인 관계를 형성하지 못하는 경우가 많고, 교사 역시 문제행동을 하는 학생과 관계를 형성하기가 대단히 어렵기 때문에 가급적 피하려는 경향을 보인다. 그러나 문제행동을 하는 학생들이 관심을 가져주는 성인과의 친밀하고 긍정적인 관계를 형성하는 것이 문제행동을 개선하는 주요 동기 요인이 된다는 점이 보고되고 있다. 따라서 교사는 학생에게서 긍정적인 특성을 찾아 격려하고 학생 스스로 자기 자신의 행동을 통제하는 것을 배울 수 있도록 돕는 것이 자신의 역할이라는 점을 인식하는 것이 필요하다.
- 학생이 당면하고 있는 낙담의 악순환 고리 끊기: 부적절하고 부정적인 행동을 취하는 학생은 흔히 학생의 자아존중감을 저하시키는 교사의 부정적인 반응, 처벌, 결과와 맞닥뜨리게 되고 이로써 더 심한 비행과 부정적인 반응을 하게 된다. 그러나 교사는 비행을 막을 필요도 있지만, 실현되지 못한 학생의 욕

구를 충족시키는 방법도 찾아야 하며, 낙담이 악순환되는 고리를 끊어야 한다. 이를 위해 무조건적인 교수(unconditional teaching) 기법을 활용할 수 있다. 이것은 교사의 애정과 관심을 학생에게 무조건적으로 주는 것으로, 교사가 학생 행동에 높은 기대를 가지면서도 학생이 어떻게 행동하는가에 따라 교사의 개인적인 애정과 관심이 달라지지 않는다는 것을 의미한다.

(2) 단기적 문제해결 전략

- 자기관찰 전략: 적합하게 행동하려고 노력하지만 도움이 필요한 학생에게 효과적인 방법이다. 학생이 자신의 행동을 신뢰할 만하게 관찰한다고 생각되면 교사는 공동 관찰을 그만두고 학생만 자신의 행동에 대해 관찰하여 기록하도록 하고 학생의 행동이 점차 개선되면 학생의 자기 관찰 기록 시간 간격을 늘려 나가는 것이 필요하다.
- 사례기록 전략: 몇 주에 걸쳐 심각한 방해 행동을 보이는 학생의 긍정적, 부정적인 행동 모두를 단순히 기록하는 것이다. 학생이 자신의 행동에 전적으로 책임이 있으며, 교사는 단지 중립적인 행동 기록자라는 점을 알려주는 것이 필요하다.
- 행동계약 전략: 교사와 학생 간의 행동계약을 체결하고, 적합하게 행동할 것을 학생에게 위임하고 약속이 지켜지면 구체적인 보상을 제공한다.

마지막으로 교사는 학생의 문제행동에 개입하여 지도하였음에도 불구하고 학생의 문제행동에 개선이 없다면, 학부모와 적극적으로 협력하여 학생의 문제행동을 개선하기 위한 노력들을 전개해 나가야 한다.

4) 특별한 문제행동에 대처하기

(1) 주의력 결핍 과잉행동장애(ADHD)

주의력 결핍 과잉행동장애는 5~6%의 학령기 아동에게 나타난다(육기환, 1998, 139). 이런 증상을 지닌 아동들은 산만하고 충동적으로 행동하며 극도로 흥분하거나 우울증에 빠지기도 하고 다양한 기분 상태로 급속도로 변화한다. 사회적 규범을 알지 못하는 것처럼 행동하는 경우도 있고, 주의집중 시간이 짧고 단기 기억 능력이 상대적으로 낮다(강진령, 2015, 344-350). 교사는 타임아웃이나 토큰을 활용하여 부정적 행동은 감소시키고 긍정적 행동을 강화하도록 하며, 학부모와 협력하여 가정에서 아동에게 강한 처벌이나 비난 등 부정적 강화행동을 하지 않고 과도한 자극이나 스트레스 상황을 제공하지 않도록 하여야 한다. 증상에 따라서는 약물치료를 권고할 필요도 있다. 또, 학습 결손으로 학습 부진이 나타날 수 있으므로 교사는 아동의 학습 관리에 주의를 기울여야 한다(김계현 외, 2009, 240-241).

(2) 폭력성

여러 가지 이유들이 아동의 폭력적 행동과 관련된다. 부모의 공격적 행동을 보고 유사한 행동을 반복하기도 하며, 가정에서 너무 엄격하게 억압을 받는 아동이 자신보다 약한 사람에게 공격적 행동으로 분풀이를 하는 경우도 있다. 남들의 관심을 얻거나 자신의 요구를 관철하고자 공격적 행동을 하거나 지나치게 많은 스트레스를 받고 있는 경우 폭력적인 반응이 일어나기도 한다(한영진 외, 2009, 65-86). 폭력적 아동을 지도하는 과정에서 교사 스스로 평정심을 잃어버리는 경우가 종종 있는데, 심호흡을 하거나 교실 구석이나 밖으로 잠시 아동을 이동시키고 마음을 진정하여야 한다. 폭력적 행동에 관계된 아동들에게는 싸움에 관한 서로의 입장을 말하도록 하고, 싸움의 결과를 따져보고, 문제 해결을 위한 대안을 제시하도록 한 후, 최선의 대안을 선택하도록 유도하는 것이 필요하다(한영진 외, 2009, 65-86).

(3) 집단 따돌림

집단 따돌림은 심각한 결과를 초래할 수도 있기에 교사들의 주의와 지도가 매우 중요하다. 튀는 행동이나 눈치 없는 행동, 이기적인 행동이나 불신을 자초하는 행동, 그리고 외모 등이 따돌림을 유발하기도 한다. 집단 따돌림을 예방하기 위하여 교사는 아동들과 정기적으로 상담하고 때때로 설문 조사를 통하여 상황을 파악할 필요도 있다. 또, 초등학생 대상 학교폭력 예방 프로그램을 아동들과 함께 시청하면서 문제의 심각성을 공유하는 것도 좋다(한영진 외, 2009, 129-182).

집단 따돌림 상황이 발생하면 교사의 개입은 빠를수록 좋다. 피해 아동의 말을 경청하고, 아동이 문제의 원인을 발견하고 자신의 감정을 표현하도록 돕는 등 교사는 아동의 심리적 지지자가 되어야 한다. 또, 가정과 협력하여 따돌림의 징후를 찾고 부모의 양육방식을 되돌아보도록 유도하고 아동과 보호자 사이의 대화를 권하는 일도 좋다. 한편, 따돌림을 주도하는 아이들에게는 따돌림이 단순한 장난이 아니라 심각한 피해를 발생시킬 수도 있음을 인지시키고 피해 아동 입장에서 생각해 보도록 유도하고 독서 활동 등을 통하여 자신의 행위와 그 결과를 이해하도록 지도해야 한다. 보호자와의 연계 지도도 중요하다(한영진 외, 2009, 129-182).

(4) 남의 물건 훔치기

초등학교 저학년에서 이런 일이 발생하는 경우는 아동이 자신의 충동을 억제하지 못하거나 남의 물건을 공유하는 것과 남의 물건을 훔치는 것을 분별하지 못하기 때문이다(Weinstein & Mignano, 2003, 340). 애정 결핍을 대리 충족하고자, 또는 친구의 유혹이나 또래 집단의 압력으로 남의 물건을 훔치기도 한다. 교사는 이 차이를 학생들에게 잘 설명하여, 이런 행동을 예방할 필요가 있다.

도난 사건은 발생 이전에 예방하는 편이 바람직하다. 많은 돈이나 고가의 물품을 학교에 가지고 오지 않도록 하고, 교사 자신의 물건도 안전하게 보관하여야 한다. 틈틈이 정직에 관한 가치관을 심어주고 남의 물건에 손대지 않기와 같은 학급 규칙을 정하여 운용할 필요가 있다. 만약, 실제로 이런 사건이 발생하고, 교사가 행위자를 안다면, 그 학생에게 조용히 사적으로 그 사건에 관하여 이야기하며, "네가 친구의 연필을 잠시 사용하다가 돌려주는 것을 잊어버린 모양이구나. 내일 아침까지는 돌려줄 수 있겠지?"와 같이 학생을 직접 비난하지 않고, 학생 스스로 자신의 행위를 되돌릴 수 있도록 도와야 한다.

(5) 고자질

초등학교 저학년 학생 중에는 종종 고자질하는 경우가 있다. 고자질은 아니지만, 매우 사소한 모든 이야기를 교사에게 알리려는 경우도 있다. 이런 행동은 심각하지 않으면 그다지 문제가 되지 않지만, 자주 일어난다면 일종의 문제행동이 될 수 있다. 이를 예방하기 위하여 교사는 학생들에게 그들이 교사에게 알려주어야 할 정보와 그렇지 않은 정보를 분명히 알려주어야 한다(Evertson, Emmer & Worsham, 2003, 188). 이런 행동을 보이는 학생은 사실은 교사의 주의를 받기를 원하고 있다. 만약 교사가 이런 행동에 대하여 큰 관심을 보이는 경우 이런 행동이 학급 전체에 퍼질 수 있다. 교사는 "응, 그것 말고 또 본 것 있니?", "그 친구에게 이야기해 봤어?"와 같이 가볍게 대응하는 편이 좋다.

(6) 교사에 대한 무례한 태도

학생이 교사의 등 뒤에서 낮은 목소리로 교사를 비난하거나 교사와 논쟁을 하는 경우가 있다. 또 상스러운 말을 하거나 약간 위협적인 몸 동작을 보일 때도 있다. 이런 경우에 많은 교사들이 자제심을 잃고 분노를 폭발하게 되지만, 오히려 낮은 목소리로 권위 있게 대응하는 편이 효과적이다(Evertson, Emmer & Worsham, 2003, 189). 이런 행동을 하는 학생들은 대부분 교사의 주의를 끌고자 하거나 동급생들에게 자신을 과시하고 싶어한다. 교사는 그 행동에 즉각 대응하지 않아야 하며, 학생과 힘을 겨루지 않아야 한다. 약간 시간을 두고 권위 있게 학생이 자신의 행동을 바로잡도록 지도하여야 한다. 만약 이런 행동이 계속된다면, 다른 교사 또는 상담교사, 교육복지사들의 도움을 받거나 학부모에게 이 사실을 알려서 협력하여 문제를 해결할 수도 있다.

6. 행동경영의 쟁점: 윤리적 · 법적 접근

1) 행동경영에 대한 윤리적 측면

행동경영은 교사들이 특정 상황에서 학생들의 행동을 바로잡기 위하여 다양한 기법을 활용하는 것으로 종종 이해되고, 실제로 행동경영에 관한 많은 자료들은 각종 기법의 활용 방법과 유의점을 소개하고 있다.

그러나 행동경영은 사람(교사)이 사람(학생)을 대상으로 모종의 행동을 그만두게 하거나 다른 행동을 하도록 유발하는 작용이라는 점에서 행동경영에는 심각한 윤리적 쟁점이 숨겨져 있다. 다음과 같은 질문은 일반적으로 다른 사람의 행동을 조종하는 과정에서 반드시 검토하여야 할 윤리적 차원의 질문이다(Walker, Shea & Bauer, 2004, 9).

- 누가 행동경영자가 되어야 하는지를 누가 결정할 것인가?
- 누구의 행동이 다스려져야 하는지를 누가 결정할 것인가?
- 행동경영자의 행동은 어떻게 통제되어야 하는가?
- 어떤 유형의 개입 방법을 활용할 것인가?

- 그 방법이 정당한가를 누가 판단할 것인가?
- 그 방법은 어떤 목적으로 활용되어야 하는가?

이상의 질문은 곧바로 교사들이 학생의 행동을 지도하는 과정에서 심각하게 제기하여야 할 질문들이다. 교사는 위의 질문들을 학교 상황에 맞게 수정하여 스스로에게 제기하여야 한다. 교사는 자신이 스스로 어떤 행동을 문제행동이라고 생각하는지, 왜 문제행동이라고 생각하는지를 자문하여야 한다. 또 자신은 학생의 문제행동을 왜 바로잡으려고 하는지, 자신이 활용하고 있는 방법은 정당한지 등의 문제를 스스로 추구하여야 한다.

2) 행동경영에 대한 법적 측면

교사는 학급 내에서 행동경영을 하는 과정에서 폭넓은 재량을 부여받는다. 그러나, 교사가 지도의 내용과 방법에 대하여 한계 없는 자유를 누리는 것은 아니다. 교사는 법의 테두리 내에서 자신의 재량권을 행사하여야 한다. 「교육기본법」 제12조 제1항에서는 학생을 포함한 학습자의 기본적 인권은 학교교육 또는 사회교육의 과정에서 존중되고 보호된다고 규정하고 있고 동조 제2항에서는 교육내용·교육방법·교재 및 교육시설은 학습자의 인격을 존중하고 개성을 중시하여 학습자의 능력이 최대한으로 발휘될 수 있도록 마련되어야 한다고 규정하고 있다.

교사는 행동경영 과정에서 법적으로 아동학대 사안이 쟁점이 될 수 있다는 점을 유념할 필요가 있다. 「아동복지법」 제3조 제7항에 따르면, "아동학대"란 보호자를 포함한 성인이 아동의 건강 또는 복지를 해치거나 정상적 발달을 저해할 수 있는 신체적·정신적·성적 폭력이나 가혹행위를 하는 것과 아동의 보호자가 아동을 유기하거나 방임하는 것을 말한다. 이와 관련하여 최근 학교현장에서 무분별한 아동학대 신고로 인해 교원 침해 사례가 급증하면서 교육부는 〈교권 회복 및 보호 강화 종합 방안〉을 2023년 8월 발표하여 교원 및 교육활동 보호를 강화해 나가고 있다(교육부, 2023). 교사는 학생의 문제행동지도 과정에서 발생할 수 있는 법적 측면을 염두에 두고 학생의 기본권 인권이 보장되도록 학생의 문제행동을 지도해 나가는 것이 필요하다.

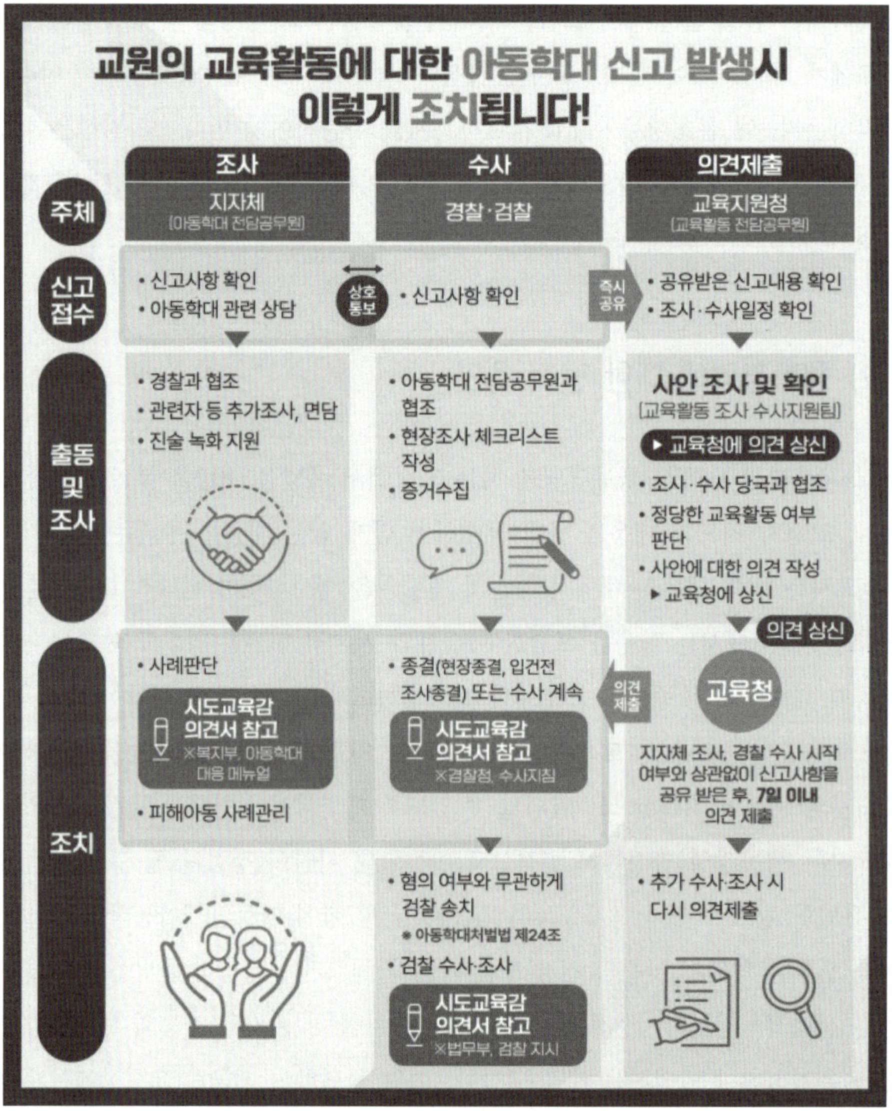

[그림 8-1] 아동학생 신고 발생 시 조치 과정

출처: 교육부(2023.9.21) 보도자료.

가. 생활지도의 범위 및 방법

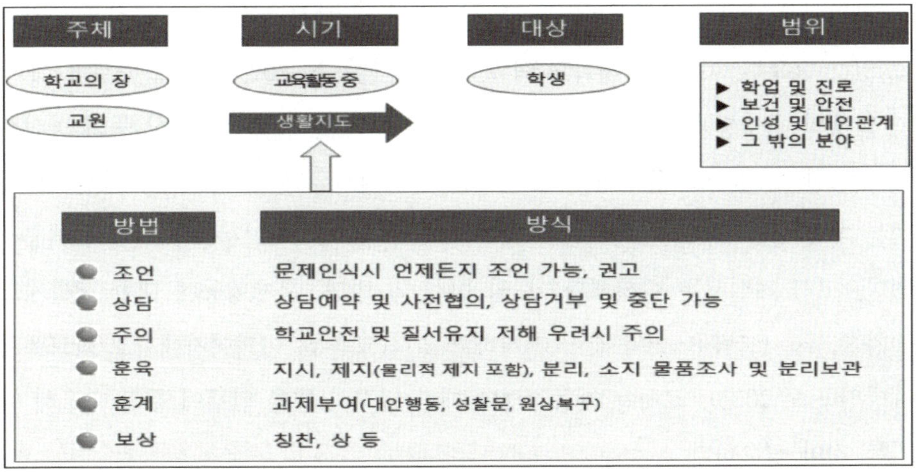

나. 문제행동에 대한 생활지도 절차

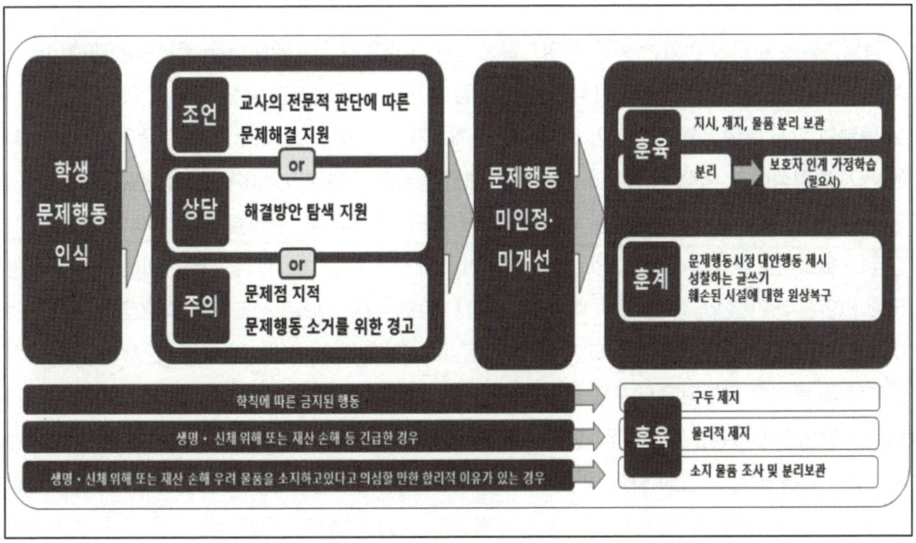

[그림 8-2] 「교원의 학생생활지도에 관한 고시」에 따른 문제행동에 대한 생활지도 절차

출처: 교육부. 이화여자대학교 학교폭력예방연구소(2023). 13.

이와 더불어 교육부는 「교원의 학생생활지도에 관한 고시」를 제정하고 학교장과 교원에게 부여한 학생생활지도 권한의 범위 및 방식 등에 관한 기준을 규정하고 있다(교육부, 이화여자대학교 학교폭력예방연구소, 2023). 이에 따르면, 교사가 학생의 문제행동을 인식하면 조언, 상담, 주의, 훈육, 훈계, 보상 등의 방식으로 지도할 수 있다고 규정하고 있다. 학교현장에서 고시에 근거하여 생활지도를 하는 데 발생할 수 있는 어려움을 완화하기 위해 고시 해설서를 마련하여 제공하였다. 고시 해설서는 학생생활지도의 범위 및 방법, 문제행동에 대한 생활지도 절차를 다음 [그림 8-2]와 같이 제시하고 있다(교육부, 이화여자대학교 학교폭력예방연구소, 2023). 교사는 행동경영에 대한 법적 차원을 염두에 두고 지도해 나가는 것이 필요하다.

요약

행동경영은 교사가 건강한 학급 분위기를 조성하고 수업활동에 일어나는 문제행동에 개입하여 지도하고 학생에게 기대되는 바람직한 행동을 강화하기 위해 행하는 제반 활동을 의미한다. 배려와 돌봄의 학급 분위기를 조성하기 위해서는 크게 2가지 차원, 즉 교사와 학생 간 존중하고 배려하는 관계를 형성하고, 학생 간 신뢰하고 돕는 관계를 형성하기 위해 노력하는 것이 필요하다. 행동경영에서 문제행동은 (1) 교수행위를 방해하거나, (2) 타인의 학습할 권리를 침해하거나, (3) 심리적으로나 물리적으로 안전하지 않거나, (4) 기물이나 재산을 손상하는 행동으로 정의하였다. 문제행동의 원인은 개인 요인, 가정 요인, 학교 요인, 교사 요인, 사회 요인으로 다차원적으로 접근하는 것이 필요하다. 문제행동지도의 실제 차원에서 사전에 문제행동 줄이기, 일상적인 문제행동, 심각한 문제행동, 특별한 문제행동지도 및 대처하기로 나누어 각각에 대한 대처 방법을 살펴보았다. 마지막으로 행동경영에 관련된 윤리적, 법적 차원을 염두에 두고 지도하는 것이 필요하다. 최근 교육부는 〈교권 회복 및 보호 강화 종합 방안〉를 발표하고 「교원의 학생생활지도에 관한 고시」를 제정하였다. 교사는 학생의 문제행동지도 과정에서 발생할 수 있는 법적 측면을 염두에 두고 학생의 기본적 인권이 보장되도록 지도할 필요가 있다.

핵심용어

행동경영, 문제행동, 훈육, 생활지도, 문제행동지도, 드라이커스, 지노트, 레빈과 놀란

참고문헌

강진령(2015). 학교상담과 생활지도: 이론과 실제. 서울: 학지사.

교육부(2023). 학생 · 교원 · 학부모가 상호 존중하는 교권 회복 및 보호 강화 종합 방안.

교육부, 이화여자대학교 학교폭력예방연구소(2023.9.). 「교원의 학생생활지도에 관한 고시」 해설서.

권이종 · 남정걸 · 차경수 · 최충옥 · 최운실 · 최윤진(1998). 청소년 교육론. 서울: 양서원.

김계현 · 김동일 · 김봉환 · 김창대 · 김혜숙 · 남상인 · 천성문(2009). 학교상담과 생활지도(2판). 서울: 학지사.

김미경 · 문장원 · 서은정 · 윤점룡 · 윤지연(2007). 정서 및 행동장애아 교육. 서울: 학지사.

김수희 · 김혜랑 · 김현령 · 김수연(2022). 긍정적행동지원, 학급긍정훈육법, 회복적생활교육에 대한 초등교사의 인식 비교. 통합교육연구, 17(1), 81-109.

김혜랑 · 정애경(2024). 초등학교 생활지도 개념 연구: 비판적 검토 및 향후 과제. 초등상담연구, 23(1), 1-28.

박남기 · 강원근 · 고전 · 김용 · 박상완 · 성병창 · 유길한 · 윤홍주 · 정수현 · 조동섭(2008). 초등학급경영의 이론과 실제. 파주: 교육과학사.

박남기 · 고전 · 구영철 · 김용 · 박상완 · 서자영 · 유길한 · 윤홍주 · 임수진 · 전제상(2017). 초등학급경영의 이론과 실제. 파주: 교육과학사.

박병량(2001). 훈육-학교 훈육의 이론과 실제. 서울: 학지사.

박병량(2006). 학급경영: 성공적인 교실운영을 위한 지침서. 서울: 학지사.

박성수(1995). 생활지도. 서울: 정민사.

성병창(2000). 초등학교에서 훈육문제행동과 원인 분석. 지방교육경영, 5(2).

송경아(2008). 청소년의 자아존중감, 부모와의 의사소통, 친구관계가 학교적응에 미치는 영향. 석사학위논문. 고려대학교 교육대학원.

유설희 · 박보경 · 도현심(2015). 학령 후기 아동의 또래관계 및 자아존중감이 주관적 안녕감에 영향을 미치는 경로. 아동학회지, 36(2), 55-74.

육기환(1998). 소아, 청소년 정신장애의 종류. 한국학교보건학회지, 11(2), 139-141.

이상철 · 주철안(2013). 학생의 학급생활 문제행동에 대한 예비교사의 인식 연구. 교육행정학연구, 31(1), 85-108.

장미순 · 김진호(2014). 초등학교 학생 문제행동에 대한 교사 인식 연구. 정서 · 행동장애연구, 30(2), 436-458.

정범모(2000). 한국의 교육 세력. 서울: 나남.

정상원(2021). 제7장 문제행동과 소통전략. 김현욱, 고전, 김민조, 박상완, 박일수, 서현석, 이재호, 정바울, 정상원, 정성수, 최원석, 홍영기(2021). 학생과 소통하는 행복한 학급 만들기. 서울: 학지사.

한영진 · 박미향 · 이정희 · 김민정(2009). 교사를 당황하게 하는 아이들 1, 2. 서울: 학지사.

Baker, K.(1985). Research evidence of a school discipline problem. *Phi Delta Kappan, 66*(7), 482-488.

Canter, L., & Canter, M.(1992). *Assertive Discipline: Positive Behavior Management for Today's Classroom*(2nd ed.). Santa Monica, Calif: Lee Canter & Associate; 김달효 역(2013). 단호한 훈육. 서울: 학지사.

Carr, N.(2020). *The shallows: What the Internet is doing to our brains.* WW Norton & Company; 최지향 역(2020). 생각하지 않는 사람들. 서울: 청림출판.

Coleman, M. C., & Webber, Jo.(2002). Emotional and Behavioral Disorders: Theory and Pracitce(4th edition). Allyn & Bacon; 방영애 · 이효신 역(2005). 정서 및 행동 장애-이론과 실제. 서울: 시그마프레스.

Dreikurs, R., Grunwald, B., & Pepper, F. C.(1982). *Maintaining Sanity in the Classroom: Classroom Management Techniques*(2nd ed.). NY: Teachers College Press.

Emmer, E. T., Evertson, C. M., Sanford, J. P., Clements, B. S., & Worsham, M. E.(1989). *Classroom Management for Secondary Teachers*(2nd ed.). Englewood Cliffs, NJ: Prentice Hall.

Evertson, C. M., Emmer, E. T., & Worsham, M. E.(2003). *Classroom Management for Elementary Teachers*(6th ed.). Pearson Education.

Feldhusen, J. F.(1978). Behavior Problems in Secondary Schools. *Journal of Research and Develop-ment in Education, 11*(4), 17-28.

Ginott, H.(1971). *Teacher and Child.* NY: Macmillan.

Kounin, J.(1970). *Discipline and Group Management in Classrooms.* NY: Holt, Rinehart & Winston.

Levin, J., & Nolan, J. F.(2004). *Principles of Classroom Management*(4th ed.). Pearson; 한유경 · 박상완(공역)(2008). 전문적 의사결정 모델에 따른 학급경영의 원

리. 서울: 시그마프레스.

Shea, T. M., & Bauer, A. M.(1987). *Teaching Children and Youth with Behavior Disorders*(2nd ed.). Upper Saddle River, NJ: Prentice Hall.

Shrigley, R. L.(1979). Strategies in Classroom Management. *The National Association of Secondary School Principals Bulletin, 63*(428), 1-9.

Slee, R.(1995). *Changing Theories and Practices of Discipline*. The Falmer Press.

Walker, J. E., Shea, T. M., & Bauer, A. M.(2004). *Behavior Management: A Practical Approach for Educators*(8th ed.). Pearson.

Weinstein, C. S., & Mignano, Jr. A. J.(2003). *Elementary Classroom Management* (3rd ed.). McGraw-Hill.

9 수업경영

서자영(월곡초등학교(광주) 교사)

학습목표

- 수업경영의 개념을 이해하고 효과적인 단위 수업경영을 위한 전략을 수립한다.
- 최근 변화되고 있는 에듀테크를 적용한 수업경영을 안다.
- 학습자중심의 삶과 연계된 수업을 위한 교사의 역할을 이해한다.
- 수업을 위한 교사의 준비, 여러 가지 수업의 전략을 익혀 적용할 수 있다.

학습 준비 활동

- 좋은 수업이란 무엇일지 생각해 본다.
- 수업을 진행하기 위해 교사가 기본적으로 알아야 할 개념과 기법, 절차 및 준비에는 무엇이 있을지 생각한다.

관련 사례 및 토의 주제

〈1학년 2학기-동시 감상 수업〉

교사: 12쪽에 보면 시가 나와있습니다. 시를 읽고 여러분들의 생각과 느낌을 알아보도록 할게요. 교과서에 강아지 보이나요?

학생들: 네.

교사: 옆에 고양이 보이나요?

교사: 여러분들이 어떤 애완동물을 키우는지 발표해 보아요.

(학생들이 손을 든다.)

교사: 의서

학생 1: 제가 발표하겠습니다. 저는 뱀을 키웁니다.

교사: 뱀을 지금 키워요? 어떤 뱀이에요?

학생 2: 뱀을 키운다고?

교사: 엄청 커요?

학생 1: 조금 커요.

선생님: 와, 진짜 뱀을 키우는구나.
(학생들이 손을 든다.)
선생님: 주윤이
학생 2: 처음에는 기니피그를 키웠고 기니피그가 죽어서 강아지를 키우고 있어요.

두근두근 학교에 가면 (2015). 공부시간 - 동시수업 - 도입, 경험 이야기하기 부분에서 발췌

- 단위 수업 시간에 학생과 교사는 어떤 약속을 해야 할까?
- 학생의 동기유발을 하는 전략은?
- 학생 내면의 배움이 일어나는 수업을 위해 교사가 준비할 부분은 무엇일까?

※ 수업경영 참고자료:

- 수업 영상 보기 사이트: 애니키즈 | 전 국민의 평생학교 EBS
  'EBS애니키즈 - '두근두근 학교에 가면 - 공부시간' 검색

■ 수업 영상 보기 QR코드

1. 수업경영의 의미

1) 수업경영과 좋은 수업

초등학교 교사들에게 가장 중요한 일은 학생들의 바른 인성을 위한 생활지도와 함께 학습력 제고, 수업을 어떻게 잘 하느냐이다. '수업에는 왕도가 없다'라는 말처럼 수업을 잘 하기란 쉬운 일이 아니며 수업경영의 방법을 찾아 나에게 맞는 기법과 원칙을 가지고 학생들과 호흡을 맞추어야 할 것이다. 이를 위해 교사들은 수업을 어떻게 진행해야 하는지 알아야 하며, 학생과 학급의 실태를 파악하여 적절하게 적용해야 한다. 이 장에서는 초등교사가 알아야 할 수업경영이란 무엇이며 어떤 의미를 갖는지 알아보고자 한다.

(1) 수업경영의 개념

수업(instruction)은 목표를 달성하기 위해 학습이 잘 이루어지도록 환경을 계획적으로 조작하는 과정이다. 수업은 설계 · 개발 · 적용 · 관리 · 평가 등을 포함하며, 교수(teaching)는 주로 교사의 적용과 실행에 중점을 두는 것이다. 즉 수업이란 "개인으로 하여금 특정한 조건 및 상황에 대한 반응으로써 특정 행동을 나타내도록 학습하게 하거나 또는 그 특정 행동에 참여할 수 있도록 개인을 둘러싼 환경을 계획적으로 조작하는 과정"이다. 수업은 처음부터 어떤 행동을 일으키고자 하는 명확한 목표를 전제로 해야 하며 동시에 계획적으로 행동을 조작하는 것으로서 항상 계획적인 활동이어야 한다. 즉 이는 목적성 · 의도성 · 계획성 등을 가진 활동이다(교육심리학용어사전, 2000).

수업과 수업경영은 거의 동의어나 마찬가지이다. 그렇지만, 수업은 수업경영의 주체로서 교사 본인이 담당하는 것을 가리키는 개념이라면, 수업경영은 본인의 수업만이 아니라 학생의 학습이 이루어지는 모든 장면, 이를테면 담임교사뿐만 아니라 교과전담 교사의 수업이 원활하게 이루어지기 위한 조건을 정비하는 일도 포함하게 된다(정수현, 2008). 이를 위한 수업경영은 수업 중에 학생들의 주의집중 기법, 수업의 절차, 수업에 필요한 자료 구비, 교실환경, 학생들의 과제 관리 등이 포함된다. 이상의 논의를 통한 수업경영은 학생의 학습을 촉진하기 위해 학습이 이루어지는 모든 장면에서 학습을 위한 조건을 정비하는 수단적 · 봉사적 활동으로 정의할 수 있다. 학습을 위한 조건에는 학습자료, 학습을 위한 시설 · 설비 등은 물론이고 교사 자신이 가장 중요한 조건으로 포함된다고 할 수 있다(정수현, 2008).

수업은 교사가 주어진 교과의 내용을 심층적으로 이해하고, 적절한 교육방법을 사용하여 학생들을 가르치고 평가하는 일 그 자체이다. 수업경영은 이러한 일이 가능할 수 있도록 제반 조건을 정비해 주는 체계적인 과정이다. 수업경영은 비록 수단적이고 봉사적인 활동이지만 수업을 위한 제반 조건이 제대로 갖추어지지 못하면 학생의 학습에 중대한 차질이 초래된다는 점에서 그 중요성은 지대하다고 할 것이다(정수현, 2008).

(2) 좋은 수업에 대한 논의

좋은 수업이란 무엇일까. 좋은 수업에 관해 많은 학자들과 현장의 교사들은 고민하고 여러 이론과 방법들이 제시되었다. 박남기(2017)는 훌륭한 가르침에 대하여 말에게 물고문을 시키지 말고, 말이 목마르게 하여 냇가로 가는 길만 알려 주어도 말은 즐거워하며 물을 마실 것이라고 하였다. 즉 말은 학생, 배우고자 하는 열망을 목마름에 비유하여 학생들에게 억지로 가르치지 않고 학생 스스로가 배움을 갈구하게 하는 교사의 자질을 논의하였다.

좋은 수업은 학습자의 내적 동기를 자극하면서 배우고자 하는 열의를 갖게 하는 수업이다. "수업은 처음 1분으로 결정된다네. 그 1분 동안 자네는 학생의 마음을 잡지 못했던 거야. 영혼을 흔들지 못했다는 말이지. 그래서 지루한 시간이 된 거고(기노시타 하루히로, 2006, 26; 박남기, 2010에서 재인용)." 기노시타 하루히로는 감동이란 느끼고 움직이는 것인데, 여기서 느끼는 것은 사람이고, 움직이는 것은 마음이라고 이야기한다(박남기, 2017).

Hilbert Meyer(2011)는 좋은 수업에 대하여 수업의 명료한 구조화, 학습 몰두 시간의 높은 비율, 학습 촉진적인 분위기, 내용적인 명료성, 의미 생성적 의사소통, 방법의 다양성, 개별적인 촉진, 지능적 연습, 분명한 성취기대, 준비된 환경의 10가지로 정리하였다. 이대용(2016)은 구성주의 관점에서 초등학교 교사들의 좋은 수업에 관한 요구를 다섯 가지로 정리하고 있다. 첫째, 전체적인 수업영역에서 평가와 수업방법의 개선, 둘째, 수업내용 면에서 학습자의 사전지식을 고려, 셋째, 수업방법의 측면에서 학습자 개별 맞춤 수업, 학생참여형 수업, 학생-교사 간 상호 협력 수업, 학생 상호 간 협력 수업 등을 고려하여야 하며, 넷째, 수업환경 측면에서 존중과 애정의 학습 분위기 조성을 우선 고려와 마지막으로 고등정

신능력에 대한 평가가 이루어질 필요가 있다고 하였다. 나승빈(2018)은 좋은 수업이란 생각을 키워 배움의 재미를 느끼게 만드는 수업이라며 학생들이 배움의 주체가 되고, 학생들이 생각하는 힘을 가지고 각자의 생각을 소중하게 여기고, 나누고, 발전시키는 수업이라고 하였다. 김성규(2023)는 성공적인 수업을 위한 세 가지 원칙으로 모두가 참여하는 수업으로 구성하기, 효과적으로 학습 결과 공유하기, 꾸준한 기록으로 성찰하기를 들었다. 학생들과의 수업 시간 두 가지 약속으로는 경청 약속하기, 누구나 발표하기를 강조하였다. 이찬희・양효준(2024)은 학생들이 재미를 느끼는 수업에 대해 ① 내가 컸다고 느낀 수업, ② 좋은 사람이 되었다고 생각한 수업, ③ 하고 싶은 것을 발견한 수업, ④ 힘들지만 뿌듯한 수업, ⑤ 혼자서는 못하지만 같이 하면 할 수 있는 수업, ⑥ 친구가 좋아하는 수업, ⑦ 낯선 것을 경험한 수업, ⑧ 타인에게 인정받은 수업, ⑨ 기억하고 싶은 수업을 의미했다.

이를 종합하여 보면, 좋은 수업이란 학생 모두가 참여하고, 배움의 즐거움을 알며 학생과 교사와의 적극적 상호 작용을 통해 학생에게 의미 있는 배움이 일어나는 수업이라고 할 수 있다. 교사의 입장에서는 학생 중심 수업, 학생들이 적극적으로 배우려고 하는 수업, 과정중심 평가가 이루어지는 수업, 교사와 학생이 서로 자라는 성찰하는 수업이라고 할 수 있다. 좋은 수업을 계획하고 수행하기 위해 교사는 수업과 관련된 전문성을 갖추어야 하며 학생들이 동기를 유발하고 유지하기 위한 조건을 마련해야 할 것이다. 즉 수업경영에 대해 알고 모든 장면에서 조건을 정비하여 성공적인 수업을 이끌어야 할 것이다.

2. 수업경영의 계획과 절차

이번 장에서는 좋은 수업을 위한 수업경영의 계획과 절차에 대해 알아보고자 한다. 이를 위해 수업을 위한 교사의 준비와 학생의 준비에 관해 논의하고, 학생들의 학습의 효과성을 극대화시키기 위한 과제를 관리하는 방법에 대해 기술한다. 다음으로는 단위 수업을 위한 수업 디자인 방법에 대하여 살펴보고, 마지막으로 수업경영을 위한 아이디어를 고민하고, 이를 공유하는 교사가 되었을 때 도움을 받을 수 있는 사이트를 소개하고자 한다.

1) 교사 준비

수업을 시작하기 전에 교사는 수업에 대한 준비가 되어야 한다. Harry K. Wong & Rosemary T. Wong(2009)은 교사에게 필요한 것 중 하나는 긍정적인 기대라고 하며 교사를 긍정적인 기대를 갖는 교사와 그렇지 않는 교사로 나누어 설명하였다. 오랜 기간 동안 학생들의 학업성취도를 높이기 위한 다양한 노력과 실험에도 불구하고 학생들의 학업성취도를 높이는 유일한 요인은 유능한 교사였다. Harry Wong(2009)의 실험에서 교사가 학생의 수준이 낮고, 배우는 속도도 느리면서 학생들이 수업에 집중하지 않는다고 생각하면, 그러한 생각이 학생들에게 전달되어 학생들은 그 수준의 작업만 수행한다고 하였다. 반면, 교사가 학생들의 능력이 뛰어나고 성적이 평균보다 높으며, 배우는 능력이 우수하다고 믿으면 그 신념이 학생들에게 전달되어 교사의 긍적적인 기대는 학생의 수행능력을 높이게 된다. 이를 통해 Harry Wong(2009)은 훌륭한 교사는 효과적인 수업을 위해 정리정돈이 잘 되어 있는 수업환경과 더불어 학업에 대한 긍정적인 기대를 가져야 한다고 하였다.

수업 준비에 대한 교사의 준비는 이성우(2015) 선생님이 인용한 수호믈린스키의 인용구에서도 방법을 알 수 있다. 교사는 매시간 가르쳐야 할 내용을 그때그때 공부해서 가르치는 것이 아니라, 매시간의 특별한 준비도 필요하지만 평소에 독서와 배움으로 내용을 충족시켜야 한다. 배우지 않는 교사는 고인물이 썩는 것처럼 가르쳐야 할 내용이 금방 고갈될 것이라고 하였다. 매일 독서와 연수, 교사들과의 만남, 생각과 고민의 공유를 통해 교사는 발전하고 수업을 잘 준비할 수 있는 것이다. 이는 아래의 수업 준비에 대한 인용구에서도 잘 나타나 있다.

> 수업 준비는 어떻게 하는 걸까? 그것은 바로 독서다. 날마다 책을 읽으면서 한평생 책과 사귀어야 한다. 졸졸 흐르는 시냇물은 하루도 멎지 않고 흘러서 사상의 바다로 들어간다. 독서는 수업을 위해서가 아니라 교사의 내면적 필요와 향학열에서 나온다. ... 당신이 학생에게 가르치는 교과서의 기초 지식은 당신의 학문 지식이라는 큰 바다 속에 있는 작은 물방울이 되어야 한다. ... 교과서라는 물방울은 세월이 한 해씩 지나감에 따라 교사라는 큰 바다 속에서 더욱 작아질 것이다. 여기서 이론적 지식의 양이 늘어 가는 것만이 아니다. 양은 질로 바뀐다. 자그마한 빛발들이 모여 더 선명한 빛을 만들어 내는 것처럼, 교과서에 들어 있는 배경지식이 넓을수록 교수 능력의 기초가 되는 직업적 자질은 더욱 빛을 발할 것이다(바실리 알렉산드로비치 수호믈린스키; 이성우, 2015. 재인용).

수호믈린스키의 말처럼 교사의 지식은 샘솟는 멈추지 않는 시냇물이 되고 바닷물이 되어야 한다. 이는 교사가 교직과 가르치는 교과에 대해 특별한 지식을 가지고 전문성을 지니는 전문가(specialist)인 반면, 많은 분야의 지식과 세상 돌아가는 이치에도 밝아야 하는 다방면에 걸친 전문가(generalist)가 되어야 함을 나타내기도 한다. 대학 교수가 한 시간의 수업을 위해 세 시간의 수업을 준비해야 성공적인 수업을 할 수 있다는 말이 있다. 교사도 학교 업무에 바쁘고 해야 할 일이 너무 많아 수업 준비를 제대로 하지 못해 시간 때우기 식의 수업을 하다 보면, 학생들은 수업에 대한 기대감이 낮아지고 자연히 교사의 수업에 집중하지 못할 것이다.

성공적인 수업을 위한 교사의 준비는 교육과정에 대한 이해와 단위 수업 시간에 대한 교사의 철학이 담긴 수업 디자인이 필요하다. 각 교과의 학년에 대한 성취기준과 이 시간 도달해야 할 학습목표를 정확히 알고 이를 도달하기 위한 과정에 대한 학생·교사 상호 작용과 수업자료, 발문과 응답을 디자인해야 한다.

이외에 학생들에 대한 이해, 학생 개개인의 수준과 과제해결 능력, 학생들의 흥미와 관심거리에 대해 알아야 한다. 학생들은 자라온 환경, 부모 배경, 사는 지역 및 개인적인 성향에 따라 좋아하는 과목이나 학습 방법, 과제 수행 능력에 차이가 난다. 학생들의 삶과 연계된 수업을 디자인하고 학생들에게 유용하다고 느껴지는 수업을 진행하게 되면 더욱 생동감 있고 만족스러운 수업을 할 수 있다.

교사의 수업 전 준비는 교실 정리와 교수용 매체 자료 점검이 있다. 학생들이 수업을 할 때 칠판이나 교사의 책상은 최대한 깔끔하게 정돈하는 것이 좋다. 칠판과 칠판 양쪽의 게시판이 너무 화려하거나 칠판에 다양한 안내사항이 적혀 있는 경우, 그리고 교사의 책상이 지저분한 경우 학생들의 시선을 빼앗기거나 학생들이 수업에 집중하기 어렵다. 정돈된 교실과 교사의 책상, 깔끔한 칠판은 학생들이 무엇을 준비해야 할지를 정확히 알려주고 학생들도 수업 중 필요한 것과 그렇지 않은 것을 구분하여 준비할 수 있게 해 준다. 수업 중 컴퓨터와 TV를 연결해서 사용하거나 인터넷 자료를 활용하는 경우 인터넷 연결 여부 확인, 실물화상기를 이용해야 하는 경우 잘 작동이 되는지 사전에 점검하여 수업 중에 연결이 안 되어 당황하거나 이를 고치기 위해 수업 시간을 침해하는 일이 없도록 해야 한다.

이밖에 교사는 교실에서의 수업을 위해 학생들과 수업 시작을 약속한다. 학교에 따라 수업 시작 종이 울리기도 하지만 수업이 40분을 넘어가거나 블록타임(80분 수업)을 운영하는 경우를 고려하여 학교 차원의 수업 종을 치지 않는 경우도 있다. 수업 종이 울리거나 울리지 않거나 수업 시간이 되면 학생들이 스스로 자리에 앉아 교사를 바라보고 수업자료를 준비하고 수업에 임할 수 있도록 미리 약속한다. 교사는 수업 분위기 조성을 위해 교실 중앙에 서서 아이들을 바라보던지 간단한 약속 기호(예를 들면, 종을 한 번 치거나 주의집중 박수를 치거나 노래를 부르는 경우도 있다)를 정하여 실천한다. 또는 쉬는 시간 10분(또는 20분) 타이머를 설정하여 학생들이 수업 시간을 알 수 있도록 한다. 이처럼 교사는 수업 시간과 쉬는 시간을 구분하여 수업 분위기를 조성하며, 이는 학생들과 사전에 약속이 되어 있어야 한다.

2) 학생 준비

수업 시작 전 학생들은 쉬는 시간을 보낸다. 이때 쉬는 시간을 어떻게 보낼 것인가에 대해 교사와 학생들은 함께 이야기 해 보고 학생들이 자유롭게 쉬면서 다음 시간을 준비할 수 있게 한다. 수업을 위한 학생들의 준비는 기본적으로 연필과 지우개, 교과에 따라 자와 같은 간단한 필기구 및 교과서와 공책을 준비하도록 한다. 이때 공책은 교과와 학년에 따라 학습장을 준비하기도 하고, 하지 않는 경우도 있는데, 교과의 첫 시간에 학습장 준비 여부와 정리 방법을 함께 지도하는 것이 좋다.

학생들의 수업 준비를 위해 보통 학생들의 사물함에 교과서와 학습장, 그 밖에 기본 준비물을 정리하게 한다. 그리고 매일 아침 등교한 후에 그 날의 시간표를 보고 책상 서랍을 정리하는데, 이때 책상 서랍의 왼쪽에는 교과서와 공책, 오른쪽에는 색연필, 사인펜, 풀, 가위 등의 준비물, 가운데에는 필통을 정리해 놓으면 수업 시간 준비에 도움이 된다.

초등학교의 보통 수업은 해당 학급에서 담임교사가 진행하나, 음악실이나 미술실, 과학실, 강당, 운동장 등 특별실로 이동하여 수업하거나 교과전담 교사가 수업하는 경우도 있다. 이때 교실 간 이동 시 수업 준비물 챙기기, 특별실 사용 수칙, 안전에 유의하기, 이동할 때 질서 지키기 등에 관한 충분한 이야기와 약속이 필요하다.

학생들의 수업 시간에 가장 중요한 건 학생들의 마음가짐이 아닐까 싶다. 학교를 규율 속에 자신을 끼워 맞추는 부정적 강화가 심한 곳으로 인식을 하는지 또는 즐거운 일이 많이 일어나고 나의 꿈과 행복한 삶을 위해 능력을 갈고 닦아 성취의 기쁨을 느끼는 곳으로 인식하고 있는지에 따라 매 수업의 질은 크게 차이가 날 것이다. 학생들이 매 수업 시간 적극적으로 참여하고 배움의 기쁨을 느끼게 하기 위해선 학생들의 기본적인 자질과 동기, 가정환경도 영향을 미치지만, 교사가 학생 수업을 충실하게 준비할 수 있는 환경이 갖추어지고 교사의 학생에 대한 관심과 만남이 있을 때 가능할 것이다.

〈표 9-1〉 교사와 학생의 수업 준비

교사	학생
• 긍정적 기대 • 끊임없는 독서와 배움 • 교육과정에 대한 이해 • 단위수업에 대한 계획 • 학생들에 대한 이해 • 교실정리 및 교수용 매체 점검 • 학생들과의 수업 약속	• 쉬는 시간 약속 • 필기구 준비 연필, 지우개, 자 등 • 책, 공책 등 교과에 맞게 준비 • 사물함과 서랍 정리 • 특별실로 이동 방법 약속 • 교과전담시간 태도 약속 • 적극적이고 긍정적인 마음가짐

3) 과제 관리

요즘 학교에서 과제는 많이 부여되지 않고 있다. 그 이유는 학생들이 방과 후에 소질과 적성 계발을 위해서 또는 돌봄을 위해서 학원과 방과후학교, 돌봄교실, 지역아동 센터 등을 이용하기 때문이다. 지역에 따라 다르겠지만 많은 과제로 힘겨워하는 학생들이 있어서 지역의 실정과 학급 학생들의 능력과 수준에 따라 숙제의 양을 조절해야 할 것이다.

그렇다면, 학생들에게 숙제를 부과하지 않아야 할 것인가? 쉽게 배운 공부는 쉽게 잊어버리고 어렵게 얻은 지식은 오래 간직한다는 말이 있듯이, 수업 시간 40분만으로는 충분히 배운 내용을 다 기억하고 적용하지 못한다. Ebbinghaus(에빙하우스)는 새로운 내용을 외운 지 1시간이 지나면 절반 이상 잊기 시작하므로 1시간 후, 1일 후, 일주일 후, 한 달 후, 6개월 후, 1년 후에 가끔씩 되새겨 보는 식으로 장기기억으로 전환시켜야 한다고 하며 새로운 단어가 영구기억 단계로 가기 위해서는 15번 정도의 반복이 이루어져야 한다고 하였다(허승환, 2010, 163에서 재인용).

학생들의 배움을 고착화시키고 배운 내용을 갈고 닦아 완전히 자신의 것으로 만들기 위해서는 적정량의 과제가 필요하다. 과제를 부여할 때에는 학생들에게 꼭 필요한 것인지를 생각하여 학생들의 상황과 성취 기준을 고려하여 부과한다. 학생들에게 공통적인 과제를 부여한 후에 수준에 따라 개인별로 차별화된 과제를 부과해야 할 것이다. 만약 3학년 영어 수업 시간에 알파벳을 순서에 맞게 쓰기가 성취기준이라면 학교에서 처음 영어를 접하는 아이와 어릴 때부터 영어를 사교육으로 접해 온 학생이 느끼는 숙제의 난이도가 다르게 느껴질 것이다. 공통으로 획순에 맞게 쓰기 숙제를 내 준 다음, 다 익히지 못한 학생은 잘 할 수 있을 때까지 추가 과제가 부여되어야 할 것이다.

과제 부여의 기간도 단기 과제, 중기 과제, 장기 과제로 나눌 수 있다. 단기 과제는 매일 학습한 내용의 숙달을 위한 과제, 수학 익힘책 해결하기, 주제 일기 쓰기, 영어 낱말 익히기, 독서하기 등이 있을 것이다. 중기 과제는 1~2주의 기간을 두고 부여하는 과제로 과학과의 식물이나 동물 관찰일지 쓰기, 음악과의 단소나 리코더 연습하기, 도덕과의 생활 실천 점검표 작성 등이 있다. 장기 과제로는 프로젝트 학습의 일환으로 주제를 잡아 계획-실행-보고서 작성-발표 단계로 과제를 부여하거나 미술관이나 음악회 또는 박물관 방문하고 보고서를 작성하는 과제를 예로 들 수 있다.

마지막으로 과제를 부여한 다음에는 반드시 교사는 이를 점검하고 환류(feedback)해야 한다. 단순한 사인이 아닌 과제에 대한 정성적인 평가가 필요하다. 열심히 노력한 다음에의 결과에 대한 환류는 칭찬이나 더 노력해야 할 점에 대한 조언이 될 수 있다. 이는 학생이 나아가야 할 방향을 알려 주고 학습에 대한 학교생활에 대한 정적 강화가 될 수 있을 것이다. 과제를 해 오지 않을 경우에도 왜 해 오지 않았는지 못할만한 사정이 있었는지를 충분히 이야기 해 보고 과제의 양을 조정하거나 다시 수행할 수 있도록 독려가 필요하다.

학생들이 배움의 기쁨과 앎의 성취를 느끼게 하고 미래 사회를 준비하는 데에는 적정량의 과제는 필요하다. 그러나 과거의 관습을 답습하기보다는 최근 학생들의 학교 생활과 특징을 잘 파악해서 전체적인 과제, 개별 과제, 단기 과제, 중기 과제, 장기 과제를 꼭 필요한 과제인지를 충분히 생각하고 부여하며, 과제 수행 후에는 적절한 환류(feedback)를 통해 학생들의 성장에 도움이 될 수 있도록 한다.

4) 지도안 작성

지도안은 한 차시의 수업을 위해 교사가 작성하는 계획안으로 교수학습과정안, 교수학습지도안이라고도 한다. 한 시간 수업경영을 위한 지도안의 종류는 크게 갑안(세부안 또는 세안)과 을안(약식안 또는 약안)으로 나눌 수 있다. 갑안은 표지와 단원(단원 개관, 발전 계통, 과제 분석, 수업자 의도 단원 목표, 지도상 유의점), 학생실태, 교재연구(본 단원 교재연구, 본 차시 교재연구), 전개계획, 평가계획, 본시학습지도안으로 구성되어 있다. 을안은 약식안이라고도 하는데, 갑안에서 본시학습지도안만을 작성한다. 본시학습지도안의 내용은 단원, 학습주제, 학습목표, 예습적 과제, 학습활동 과정, 형성 평가 계획, 판서계획으로 구성되어 있다(광주교육대학교 광주부설초등학교, 2014).

〈표 9-2〉 지도안의 종류와 세부 내용

종류 / 내용	갑안(세안, 세부안)	을안(약안, 약식안)
수업자 의도	○	×
단원 개관	○	×
학생 실태	○	×
교재연구	○	×
전개계획	○	×
평가계획	○	×
본시학습지도안(단원, 학습주제, 학습목표, 예습적 과제, 학습활동 과정, 형성평가 계획, 판서계획)	○	○

지도안 작성에 대해 배우고 그 차시 수업을 위해서 원칙대로 모든 분야에서의 충분한 연구를 위해서는 갑안을 작성하는 것이 수업자에게 도움이 된다. 그러나 갑안의 작성은 수일이 걸리고 교사의 수업은 매일 이루어지기 때문에, 갑안 지도안 작성은 교생 실습 때 수업에 대하여 배우거나 교사가 된 후에는 임상장학 시에 또는 학교에서 교사들 대상 전체 공개 수업을 맡은 경우에 작성한다. 을안은 갑안처럼 본 단원을 위한 교재연구와 발전계통, 단원 개관 등이 포함되진 않지만 한 차시 흐름을 교사 나름대로 계획하고 진행하는 데에 도움이 된다. 을안 형식의 지도안은 교사 스스로 작성해서 수업에 활용하거나 장학을 위해서는 동료장학이나 자기장학, 학부모 공개수업을 위해 작성하는 경우가 많다.

〈표 9-3〉 교육현장에서 갑안과 을안을 작성하는 경우

	갑안(세안, 세부안)	을안(약안, 약식안)
매일, 매 수업마다 작성하는 것이 좋으나 현실적으로 지도안을 작성하는 경우는 다음과 같다.	• 교생실습 • 임상장학 • 전체 공개수업	• 동료장학 • 자기장학 • 학부모 공개수업

장학수업이 아닌 평소의 수업에서 매시간 지도안을 작성하면 좋지만 현실적으로 쉽지 않다. 지도서를 숙지하여 교과서를 활용한 수업을 하여도 좋지만 그보다는 교사 나름대로 학급의 수준에 맞추어 재구성하는 수업을 추천한다. 한 시간 수업 흐름을 포스트잇에 메모하여 수업 시 활용하거나 교사 대 전체 활동을 중심으로 할 것인지, 모둠별로 진행할 것인지, 짝활동으로 할 것인지, 개별학습으로 할 것인지 등 진행 방법을 미리 구상하도록 한다.

지도안의 양식은 시도별로 조금씩 다르다. 인터넷의 발달로 교사들의 지도안은 여러 사이트에서 다운받을 수 있다. 과거에는 고정적인 틀을 강조하고 모든 교사가 일률적으로 각 교과의 수업모형에 따라 수업하기를 강조하였다. 그러나 요즘은 학습목표를 제시하는 방법부터 수업의 틀을 깨고 참배움이 일어나는 수업

에 대한 고민과 비판이 일어나면서 지도안의 양식도 달라지고 있다. 지도안의 양식과 그 안에 들어갈 필수학습요소도 중요하지만, 이에 못지않게 중요한 것은 수업자의 의도와 수업자만이 가지는 강점, 철학, 색깔일 것이다. 최근에는 수업자의 수업권과 재량권, 다양한 방식의 시도, 비판적인 시선이 중요시 여겨지는 만큼 수업자는 다른 교사들의 수업을 많이 보는 기회를 갖고 내가 가르치는 학생과 학교 실정 및 교사의 능력을 고려하여 재구성하여 나의 수업을 구상하고 진행해야 할 것이다. 그리고 수업력 신장을 위해 교사는 매일 교사의 수업을 되돌아보고 성찰일지를 작성하거나 동학년 선생님과 함께 수업고민을 공유하고 조언을 구하는 것이 도움이 된다. 또는 교과연구회나 동아리에 가입하여 같은 관심사를 가진 선생님들과 함께 수업을 관찰하고 협의회를 하는 것도 좋은 방법이 될 것이다.

3. 단위 수업[1] 경영

수업의 변화로 단위 수업경영의 틀도 많이 바뀌어가고 있다. 기존의 학습방법의 학습을 기본으로 삼은 문제해결학습이 진리로 여겨졌다면, 지금은 학생의 배움중심 수업으로의 철학이 중요하게 여겨지면서 기존의 수업의 틀보다는 다양하고 새로운 방법이 시도되고 있다. 이 장에서는 단위 수업경영의 고전적인 기본형태와 이를 뒷받침하는 자료, 판서, 교사의 역할에 대해 이야기하고 수업 시간 중에 학생들의 문제행동에는 어떤 종류가 있고 학생들의 문제행동에 대한 교사의 적절한 대처를 다루고자 한다.

1) 초등학교 수업은 1시간 수업을 40분 단위로 운영한다. 40분 동안 이루어지는 1차시 수업을 단위수업이라고 한다.

1) 단위 수업의 기본적 절차와 진행

수업의 기본적 절차는 크게 도입, 전개, 정리로 나눌 수 있다. 일선 현장에서 많이 사용되고 있는 수업모형은 J. Dewey의 반성적 사고 단계를 기초로 생겨난 문제해결학습이다. 문제해결학습은 문제 인식, 문제해결 계획, 자료 수집 및 분석, 학습활동의 전개, 결과 종합 발표 및 검토의 순서로 진행한다(조남두・장옥선・구영회・문점애・이상복・김구진・백경원・곽주철, 2011). 초등학교 현장에서 재구성된 문제해결학습의 기본 단계는 문제 파악, 문제 추구 및 해결, 적용 및 발전, 과제 파악이다. 교사는 교과의 특성에 맞는 수업모형에 의거하여 수업을 진행하는데, 수업모형은 학습 주제에 따라 효과적으로 수업을 진행하기 위한 참고로 이용되고 요즘에는 교수자의 창의성과 재구성 능력이 많이 요구되고 있다.

수업을 시작할 때는 교사와 학생의 상호 인사로 수업을 시작한다. 담임교사의 교실 내 수업은 수업 종이 울리면(종이 울리지 않는 학교도 있다.) 학생들이 자리에 앉아 교사를 보고 교사도 학생들을 바라보며 수업의 시작을 알린다. 수업의 시작은 교실의 종을 치며 집중하거나 교사와 학생의 상호 인사로 시작하기도 한다. 수업의 도입 부분에서는 동기유발과 전시학습 상기, 공부할 문제와 공부할 순서를 학생과 교사가 함께 찾고 설정한다.

동기유발은 켈러의 ARCS(Attendance, Relevance, Confidence, Satisfaction) 이론에 따라 다음과 같은 조건을 갖추어야 한다. 동기유발은 주의집중을 시킬 수 있고(attendance), 과업 내용과 관련성이 있으며(relevance), 학습자에게 자신감을 주고(confidence), 만족감을 주는(satisfaction) 동기유발이 적합하다. 이외에 학습목표와 연계가 되어 있어야 하며, 진부하지 않고, 신선하고 특색 있는 자료를 이용하는 게 좋다. 학생들의 주의집중 시간을 고려하여 10~15분 사이로 변화와 긴장을 줄 수 있게 동기유발을 하게 되면, 학습자들의 참여를 이끌 수 있고 이때 놀이경영을 이용하는 것도 효과적이다(허승환, 2010).

공부할 문제는 최근 학생 내부의 배움의 변화에 초점을 맞추는 수업관의 변화로 배움주제 또는 배움목표라는 용어를 쓰기도 한다(노재춘, 2017). 학생과 교사가 이번 시간을 통해 도달할 성취기준을 토대로 함께 정한다. 공부할 순서는 학습방법의 학습을 통해 학생들이 스스로 학습순서를 정하도록 하였으나, 최근에는 도입과 정리 부분을 최소화하고 전개 부분의 학생 활동과 탐구, 토론을 중요시 여겨 학습순서 정하기를 과거처럼 많이 강조하지 않는다.

전개 단계의 학습활동은 학생의 입장에서 분류하자면 개별활동, 짝 활동, 모둠활동, 전체활동으로 구분할 수 있다. 학생들은 질문을 하거나 과제를 수행하고 결과물을 만들어 내는 활동을 하며 교사는 주제나 과제 제시, 학생 지원, 발문 설정, 소집단 활동 지도, 학생 평가의 역할을 한다. 발문은 교과와 학습제재 특성에 알맞은 발문 계획을 수립해야 하며, 학생들의 사고를 촉진하고 재생, 추론, 적용적 발문을 적절히 조화시켜야 한다(조남두 외 7인, 2011). 한 발문에 한 가지 내용만을 포함하며 명확하고 간결하게 계획하고, 학생들의 답변에 따른 보조발문을 구상해 놓는다. 발문 시에 주의할 점은 발문 후 학생들에게 충분히 생각할 시간을 주어야 하며 학생들의 답변을 교사가 중복해서 말하지 않도록 유의한다.

학생들이 발표 시 기억해야 할 점은 발표를 위해 왼손을 드는데(왼손잡이 학생은 오른손) "저요!" 하고 외치는 학생들은 가급적 시키지 않는다. 발표를 하고 싶어 "저요! 저요!" 하고 외치는 학생들을 지명하게 되면 다음 순서에 많은 학생들이 발표를 하기 위해 "저요!"라고 외치게 된다. 발표 지명은 가급적 학생 골고루 발표할 수 있게 한다.

학생들이 발표를 할 때는 3의 소리로 발표하도록 약속한다. 소리의 1, 2, 3, 4의 수준은 교사들과 학생들의 학급활동 시 목소리의 크기에 관한 것인데 1의 소리는 짝끼리 이야기할 때 짝에게는 들리지만 앞자리나 뒷자리 학생에게는 잘 들리지 않을 크기의 소리이다. 2의 소리는 소집단 별로 이야기할 때의 소리로 같은 모둠 내에는 소리가 들리지만 다른 모둠에는 들리지 않을 크기의 소리이다. 3의 소리는 학급 전체에 들릴 만한 크기의 소리이며 4의 소리는 운동장에 나가서 활동할 때의 목소리 크기이다. 소리 크기의 약속을 해 놓게 되면 학생들의 발표나 모둠활동 시에 적당한 크기의 소리를 알게 되어 학습에 도움이 된다. 그러나 소리 크기의 약속 역시 최근 학습자 내부의 배움에 초점이 맞추어지면서 강조하는 정도가 많이 약화되었다.

3의 소리로 발표함과 동시에 발표하는 학생이 기억할 일은 많은 학생들을 보며 발표하는 것과 바른 자세로 중언부언하지 않고 생각과 요점을 간단히 정리하여 조리 있게 발표하는 것이다. 듣는 학생들에게도 다른 학생의 발표하는 시간이 의미 있는 시간이 되기 위해서는 자신의 생각과 비교하며 발표의 내용을 듣는 적극적 경청의 자세가 중요하다. 2022 개정 교육과정의 핵심역량 중의 하나인 협동적 소통역량과 창의적 사고역량을 기르기 위해서는 상대방의 의견에 귀 기울이고 비판적으로 분석하여 나의 의견을 개진할 수 있는 태도가 매우 중요하다. 경청하기를 돕는 방법은 나의 생각과 비교하며 듣기, 메모하기, 존중하며 듣기가 있다.

수업 중 소집단 토의, 또는 모둠별 학습은 여러 가지 상황에서 조직화되어 활용될 수 있다. 특히 학습 중 새로운 문제를 해결하거나 의견을 수합하는 경우, 문제를 설정하고 문제를 해결하는 과정, 해결 방법을 토의하는 경우에 소집단 활동을 한다. 소집단 활동을 하는 경우에 모둠 내 학생들의 역할이 정해져 있으면 편하다. 보통 소집단은 4명으로 구성하는 경우가 많은데, 이때 이끔이(전체적인 토의 토론 진행하는 학생), 기록이(활동 내용 기록하는 학생), 발표자(모둠활동 내용 발표), 도우미(자료 이동 및 활동 환경 만들기)로 구성하여 활동 내용을 진행하면 좋다. 모둠별 토의 시에는 1인 1발언을 할 수 있도록 하고 주제에 대한 생각 교환, 문제점이나 의문점을 토의할 수 있도록 한다. 이때 자신의 의견만 고집하지 않도록 주의한다. 학생들이 모둠 활동 중에 교사는 부진 학생을 도와줄 수도 있고 소집단 활동에 직접 참여하거나 학생들을 관찰하여 협력이나 참여도를 평가할 수도 있다. 그리고 학생들의 활동 내용을 파악하여 지명 계획을 세운다.

모둠활동 후 결과물을 공유하는 방법은 모둠별로 전체 학생 앞에서 발표하거나 '2명 남고 2명 가기' 방법 이용, 또는 '갤러리 워커(Gallery walker)'를 이용할 수 있다. 전체 학생 앞에서 발표할 때에는 교사 나름의 지명 계획을 세우는데,

이때 결과물 수준이 낮은 것부터 높은 순서대로 지명을 해야 나중에 발표하는 학생들이 자신감을 가지고 발표할 수 있다. '2명 가고 2명 남기' 방법은 프로젝트 학습의 결과물 발표 때 많이 사용하는 방법인데, 모둠원 중 2명은 발표하고 2명은 다른 모둠의 발표 내용을 들으러 간다. 학급이 6모둠이라고 한다면, 2분 정도의 시간을 두고 6차례의 발표를 통해 모든 모둠의 발표를 학생들이 들을 수 있다. 이 활동 후 역할을 바꾸어 '2명 가고 2명 남기'를 하게 되면 24분 정도에 걸쳐 모든 발표를 2명의 설명자가 2명의 참관자에게 할 수 있다. 이 방법은 적은 수의 학생이 발표하고 듣기 때문에 전달력이 높다는 장점이 있고, 여러 번 반복해서 설명하기 때문에 발표자의 기억에 내용이 잘 저장된다. 그러나 시간이 많이 걸린다는 단점이 있어 '갤러리 워커' 발표 방법을 쓰기도 한다. 갤러리 투어(Gallery tour) 또는 갤러리 워커(Gallery walker)라고 하는 이 방법은 미술관에서 관람객이 자신이 보고 싶은 작품을 중심으로 자유롭게 보는 것처럼 작품 앞에는 도슨트 역할을 하는 학생 한두 명만 남아 있고 나머지 학생들은 자유롭게 작품을 감상하며 설명을 듣고 질의응답을 한다. 이때 한 작품을 보는 학생의 인원수를 제한하지 않고 교사는 전체 감상 시간만 통제한다. 이는 '2명 남고 2명 가기'의 시간이 많이 걸리는 단점을 극복하면서 학생들에게 수업권을 더욱 넘겨주는 방법이어서 학생들의 수업만족도를 높일 수 있을 것이다. 그러나 학생들의 자기주도적 능력에 대한 교사의 믿음이 바탕이 되어야 하며 학생들 역시 수업에 참여하는 태도를 지녀야 하며, 소란스러운 학급 분위기를 교사가 견딜 수 있어야 할 것이다.

정리하기 단계에서는 교사가 학생들이 이 시간 배움목표에 도달하였는지를 평가하거나 발문과 응답을 통하여 이 시간 배운 내용을 한 번 더 정리한다. 이 시간 배운 내용 묻고 답하기, 재미있었던 점이나 느낀 점 짝과 함께 이야기 나누기, 더 공부하고 싶은 점이나 궁금한 점 질문하기, 다음 차시 예고 및 예습적 과제 제시로 한 차시 수업을 마무리한다.

〈표 9-4〉 단위 수업의 절차와 진행 방법

절차	진행 방법
동기유발	• Keller의 ARCS이론에 따라 선정
공부할 문제, 배움목표	• 학생이 원하는 공부할 문제를 선정하기도 하고 수업 시간 확보를 위해 교사가 제시해 주기도 함
전개	• 개별활동-짝활동-모둠활동-전체활동 • 발문과 응답처리
학생들의 발표와 듣기	• 골고루 지명하기 • 바른 자세 학생 지명하기 • 3의 소리로 발표 • 많은 학생들 바라보며 발표하기 • 생각과 요점을 정리하여 조리 있게 발표하기 • 적극적으로 경청하기
소집단 토의 (모둠별 학습)	• 모둠 내 역할 정하기 • 1인 1발언하기 • 자신의 주장만 고집하지 않기
모둠활동 후 공유하기	• 모둠별 발표 • 2명 가고 2명 남기 • Gallery Walker(갤러리 워커)
정리하기	• 이 시간 배운 내용 확인 • 재미있었던 점이나 느낀 점 나누기 • 차시 예고

불과 몇 년 전까지만 해도 좋은 수업은 잘 체계화되고 정리된 수업이었다. 이에 따라 수업은 교사와 학생들 간의 상호 작용이 활발하여, 발문과 응답 중심의 수업을 계획하였다. 교사는 수업을 시작할 때 교실 앞에서 정자세로 시작을 하고 활동 중에 안내할 사항이 있으면 다시 교실 앞으로 와서 모두를 집중시킨 후에 안내를 하는 조직화된 계획적인 수업이 수업의 성공여부를 결정하였다. 그러나 지금의 수업은 학생이 수업 중심에 있으면서 학생 내면의 배움에 초첨을 맞추는 경향이 강하다. 교사는 Dewey가 말한 학습자(learner), 지적 지도자(intellectual leader), 봉사자(social servant), 개척자(pioneer), 예술가(artist), 동반자 및 안

내자(partner and guide)로서 최소한의 역할을 수행하고 학생들에게 주도권을 주는 수업, 학생들의 지적 호기심을 자극하고 내적 동기를 유발할 수 있는 배움의 즐거움을 느끼게 해 주는 수업을 위한 고민이 필요하다.

2) 수업자료, 판서, 평가

수업을 위한 학습자료와 교수자료는 가능하면 구체물을 사용하는 것이 좋다. 초등학교 1학년의 수학 교과에서 덧셈과 뺄셈을 도입할 때 공책에 동그라미를 그려 셀 수도 있지만, 실제로 연결 모형블럭이나 바둑알을 세며 수업하는 것이 학생들에게 더욱 효과적이다. 음악 수업도 마찬가지이다. 출판사에서 제공한 CD에 모든 노래의 반주가 들어 있긴 하지만, 실제로 교사가 피아노를 치며 노래하는 수업이 더 학생들에게 생동감 있고 좋은 수업이다. 영어 수업에서도 게임이나 역할놀이 상황을 만들어 실생활에 적용해 보는 수업이 학생들의 흥미를 끌 수 있고 효과적이며, 이때 최대한 실물을 이용하여 실제 생활과 가까운 상황을 연출하면 좋다.

수업을 위한 자료는 수업의 주제에 맞게 적당히 구성하고 준비해야 한다. 이는 충분한 구체물을 준비하는 게 유익하긴 하지만, 너무 많은 그림 자료와 구체물 자료는 자칫 자료공해로 이어질 수 있기 때문이다. 인터넷의 정보가 넘쳐날 때 처음에는 유익하고 많은 사람들이 선호하였지만, 그중에는 유해정보가 있고 유익한 정보를 선별하는 능력이 필요하다. 이렇듯 수업자료를 선정할 때에도 너무 많은 자료를 한 차시 수업 안에 구성하기보다는 2~3가지 정도로 한정하고 영상자료도 가급적 1분 이내로 준비하며, 이 자료를 어떻게 활용하고 이야기를 풀어나가 학생들의 사고를 돕게 할 것인지에 대한 계획이 중요하다.

요즘에는 같은 학년 교사들끼리 협력하여 교과별로 담당 교사를 정하여 수업자료를 제작하거나 준비하여 함께 사용하는 학교가 종종 있다. 그렇다고 하여 한 차시의 수업자료를 모든 반이 꼭 함께 써야 하는 부담은 덜어야 한다. 그 이유는 교사마다 더 나은 자료를 준비할 수도 있고, 수업 계획이나 수업 방법이 다르기 때문에(다중지능이론에 의해 학생마다 기질과 공부하는 방법의 선호가 있듯이 교사도 그러하다) 교사들 간의 생각을 교환하나 수업자료에 대한 최종 선택과 결정은 수업자에게 있다.

수업자료는 실물 자료, 삽화 자료, 파워포인트 자료, 동영상 자료, 녹음 자료 등이 있다. 수업자료를 수업 중에 사용할 때에는 적시에 적정량을 제시하고 철거하여 학습 효과를 높여야 한다. 학습자료 선택 시에도 가급적이면 신선한 자료를 선택하고 교사는 기자재를 능숙하게 사용할 수 있는 능력을 갖추어야 한다. 깔끔하고 군더더기 없는 자료가 학생들에게 적합하며 실물 크기와 비슷한 크기의 자료가 좋다. 동영상 자료와 파워포인트 자료를 사용하다가 사용하지 않을 때 TV는 꺼야 학생들의 집중력을 높일 수 있으며, 자료 설명 시에는 교사의 손보다는 지시봉을 사용하는 것이 좋다. 이와 더불어 교사가 학생들에게 설명할 때에는 등을 보이기보다는 전면에서 자료 및 칠판을 가리지 않는 방향의 손을 사용하여 설명할 수 있도록 한다.

〈표 9-5〉 좋은 수업자료의 요건

- 구체적인 실물자료 활용
- 한 차시 내에 적당한 양의 자료 준비(목표 도달에 도움을 주면서 지나치게 많지 않게)
- 동학년 교사들 간에 함께 제작하여 사용
- 보관과 접근성 용이
- 사용 후 바로 철거
- 신선한 자료 선택
- 교사의 기자재 사용 능력 능숙
- 설명 시에는 지시봉 사용하기
- 등으로 칠판을 가리지 않는 방향의 손 사용

판서는 요즘 PPT 자료나 학생 결과물 전시로 대체될 수 있다. 그러나 전통적인 수업에서 판서는 수업 지도안에 필수적으로 포함되어야 할 중요한 요소이다. 그리고 칠판에 판서를 하는 것은 현장성이 있고 전달력이 좋다. 잘 조직화된 판서는 학생들의 사고를 발전적으로 이끌어 주며, 학습장에 학습 내용 정리에도 도움이 된다. 판서의 기본은 칠판을 크게 3등분하여 사용한다. 칠판 위 중앙에는 단원을 적으며, 왼쪽 부분 상단에는 배움 주제, 또는 공부할 문제를 적고, 왼쪽 하단에는 학습순서를 적는다. 칠판의 중앙에는 성취기준과 관련한 핵심 내용을 구조화하여 제시하며 칠판의 오른편에는 보조 판서(교사의 발문에 대한 학생들의 답변 중 판서가 필요한 부분, 또는 간단한 그림이나 설명의 보조 과정이 필요할 때)를 한다. 보조 판서 후에 더 이상 필요가 없는 내용일 때에는 그 즉시 지우는 게 좋다. 이는 PPT 자료를 활용하지 않을 때 TV를 끄는 것과 같이 학생의 주의를 핵심 내용에 집중시키기 위함이다. 판서를 할 때에는 정자체로 획순에 맞추어 써야 하며 강조할 내용은 색분필을 이용하면 효과적이다.

〈공부할 문제〉 〈공부할 순서〉 1. 2. 3.	단원명 소단원명 핵심 판서 내용	보조 판서: 학생들 발표 내용이나 교사의 발문에 중요한 대답을 단어 형식으로 적었다가 불필요할 때는 지움.

[그림 9-1] 판서의 구조

수업 중 교사에게 필요한 능력 중 하나가 지도적 평가이다. 지도적 평가란 학생들의 학습에 대하여 강화와 격려를 보여주는 언어적, 비언어적 형태이다. 지도적 평가로 교사는 학생의 무한한 가능성에 신뢰를 보여주고 발전된 모습에의 공감, 바람직한 행동 양식을 제시할 수 있다. 수업 중에 학생들에게 하는 지도적 평가는 칭찬의 형태로 드러날 수 있다. 학습 내용에 대한 지도적 평가로는 학생들의 참신한 생각, 결과물, 발표내용에 대하여 "○○의 아이디어는 참 신선하구나!", "선생님도 생각하지 못한 독창적인 생각을 해내다니!", "참 좋은 생각이다." 등의 표현을 할 수 있다. 학습 방법에 대한 지도적 평가로는 학생들의 문제해결 과정과 노력, 남다른 창의적인 방법에 대한 칭찬과 격려이다. 예로는 "영상으로 편집하여 나타내니 보관도 쉽고 친구들의 생각을 한꺼번에 알 수가 있구나!", "맞아! 그 방법으로 해결하면 괜찮겠다!" 등의 표현을 할 수 있다. 학습 규율적인 면의 지도적 평가는 "○○의 태도가 오늘따라 정말 좋은데!", "○조의 협동하는 면이 아주 보기 좋아요." 또는 "조용히 하자." 등의 표현을 예로 들 수 있다. 지도적 평가는 수업 중 학생들의 수행 능력 향상, 학생들의 내적 동기 부여, 과업에 대한 열의에 도움이 된다. 적절한 시기에 적절한 표현의 지도적 평가를 능숙하게 하는 교사는 학생들의 배움의 욕구를 잘 자극하고 수업경영을 순탄하게 할 수 있을 것이다.

교육평가 ➔ 학생의 무한한 가능성의 교사 신뢰, 발전된 모습에의 공감, 바람직한 행동양식 제시.

학습내용
"참으로 좋은 생각이다."
"굉장한 것을 생각해냈구나!"
"그 아이디어는 선생님도 생각못했었어!"
"○○의 계산은 빠르고 정확하네."

학습방법
"그림으로 나타내어 생각해본 것은 매우 좋은 방법이네요."
"○○는 다른 사람이 생각하지 못한 방법으로 해결했군요."

학습규율
"조용히 하자."
"열심히 하자."
"○조가 열심히 하고 있네요."

[그림 9-2] 지도적 평가

3) 수업 중 발생하는 문제와 대처

수업의 준비와 더불어 수업 중 발생하는 문제를 미리 예상하고 대처법을 익히게 되면 수업경영이 수월하다. 수업 중 발생하는 문제에는 학생 원인, 교사 원인, 매체 및 외부 요인으로 나눌 수 있다. 첫째, 학생 원인에는 학생들의 배움에 대한 낮은 동기, 가정에서의 문제, 무기력함, 학생들 사이의 다툼, 수업 중 장난으로 인한 수업 방해, 학생들 간의 극심한 수준 차이 등이 있다. 둘째, 교사 원인으로는 교사 개인 사정에 의한 심리적 문제, 학생들과의 나쁜 관계, 교수법의 미숙함 또는 수업준비 미흡으로 인한 수업 분위기 조성 어려움이 있다. 셋째, 기타 요인으로는 평소 사용하던 컴퓨터나 기타 매체의 갑작스러운 고장, 바쁜 업무로 인해 학생과의 긍정적인 관계 형성 및 수업 준비 어려움, 기본학습 훈련의 부재, 수직적인 학교 문화에 따라 교사 재량에 의한 자율적인 수업이나 교육과정 운영에의 어려움 등이 있을 수 있다.

수업 중 발생하는 문제에 대처하기 위해서 가장 기본이 되는 것은 학생과의 긍정적인 관계를 맺는 것이다. 과거 권위적이고 규율에 의해 학생을 통제하는 학급의 문화가 아닌 학생을 믿고 지지하며 학생과 교사가 존중하는 풍토를 만들어 나가야 한다. 긍정적인 관계 형성을 위해서는 규칙을 학생과 교사가 함께 세우고 많은 상담을 통해 학생에 대해 잘 알고 학생과 교사를 멀어지게 하는 'Why 화법' 보다는 지원과 도움을 줄 수 있는 'How 화법'[2]을 사용한다. 원형으로 학생들이 둘러앉아 칭찬하고 격려하는 말을 주고받는 활동도 긍정적 학급문화 형성에 도움이 된다. 이것은 PDC(Possitive Dicipline in the Classroom, 학급긍정훈육) 학급회의라고도 불리는데, 말하기 막대를 돌리면서 자신의 차례가 되면 건네준 학생의 칭찬거리를 찾아 칭찬하거나 자신이 칭찬받고 싶은 부분을 이야기하면 다음 사람이 칭찬해 주는 활동이다(Jane N., Lynn L., & H. Stephen, G., 2013). 칭찬과 더불어 격려를 해줄 수도 있는데, 이 활동은 학생들이 처음에는 쑥쓰러워하지만, 은근히 기분 좋아하고 옆에 친하지 않은 친구가 앉게 되면 그 친구에 대

2) 'Why 화법'은 아이를 탓하는 화법으로 '왜 이런 것을 못하지?', '왜 이것도 못하니'처럼 아이에게 책임을 돌리게 되어 교사와 학생의 관계를 멀게 하고, 'How 화법'은 자신을 돌아보는 화법으로 '어떻게 해서 이것을 모르게 되었을까?', '이 학생을 도우려면 나는 어떻게 해야 할까?'의 긍정 화법으로 교사와 학생의 사이가 가까워지게 한다(김성효, 2013).

해 생각을 해 보는 기회를 갖게 된다(서준호, 2016).

수업경영과 직접적인 관련이 낮을 수도 있지만, 긍정적인 학급 분위기 형성을 위해서 학생들에게 '감사일기 쓰기'를 추천하고 싶다. '감사일기 쓰기'는 오프라 윈프리가 밝힌 성공비결이기도 하고 진심으로 감사할 때 분비되는 다이돌핀은 엔돌핀의 4,000배나 효과가 있다고 한다(김성효, 2013). 교수법으로 유명한 조벽 교수도 가족들이 잠자리에 들기 전에 오늘 좋았던 일, 속상했던 일, 남을 도와준 일, 다른 사람에게 감사한 일, 가족들에게 감사한 일을 서로 나누면 자녀의 인성 형성에 긍정적 영향을 준다고 하였다. '감사일기 쓰기'는 학생들에게 소소한 행복을 찾게 하고 세상에 감사할 일이 얼마나 많은지 알게 해 줄 것이다.

학생들을 존중하고 긍정적인 관계를 맺는 한편, 교사는 학생들의 친구가 아니라 교사임을 기억해야 한다. 학생들에게 다정하고, 사랑으로 잘 보살펴 주고 학생이 무슨 일이 있으면 언제든지 같이 옆에 있어줄 수 있는 교사가 되어야지 경계를 무너뜨리고 친구가 되어서는 안 된다. 학생들에게는 이미 많은 친구가 있다. 교사가 학생에게 친구가 된다면 학생은 교사를 대수롭지 않게 편하게 생각하게 될 것이며, 많은 부탁을 하고 그것이 잘 이루어지지 않으면 실망을 표현할 것이다. 교사는 학생에게 어른으로서의 본보기가 되어야 하며 존경하고 자랑스러워하는 대상, 학생에게 귀감이 되는 것이 좋다(Harry K. Wong & Rosemary T. Wong).

교사에게 수업의 문제행동을 낮추고 효과적으로 대처하기 위해 가장 효과적이면서도 필요한 것은 철저한 수업 준비이다. 학생들의 지적 욕구를 자극하고 배움의 즐거움을 알게 해 주는 수업을 위해 교사는 학생들과 함께 하는 수업에 대한 안목을 키우고 다양한 교수법에 대한 열린 마음을 갖고 공부하여야 한다. 학습자 중심의 수업을 진행하되, 그 수업은 자유로우면서도 적절한 계획하에 체계가 잡힌 수업이어야 한다.

〈표 9-6〉 수업 중 발생하는 문제와 대처

<table>
<tr><th colspan="2">수업 중 발생하는 문제</th><th rowspan="2">문제 대처 방법</th></tr>
<tr><th>원인</th><th>문제</th></tr>
<tr><td>학생원인</td><td>• 배움에 대한 낮은 동기
• 가정에서의 문제
• 무기력함
• 학생들 사이의 다툼
• 수업 중 장난으로 인한 수업 방해
• 학생들 간의 극심한 수준차이</td><td rowspan="3">• 학생과의 긍정적인 관계: Why 화법보다는 How 화법 사용하기, 원형으로 학생들이 앉아 칭찬하고 격려하는 말 주고받기
• 감사일기 쓰기
• 학생과 긍정적인 관계를 맺되, 친구가 아님을 명심
• 철저한 수업준비
• 교사들의 삶에 '수업'이 중심이 되게 설계</td></tr>
<tr><td>교사원인</td><td>• 교사 개인의 심리적 문제
• 학생들과의 나쁜 관계
• 교수법의 미숙함
• 수업준비 미흡으로 인한 수업 분위기 조성의 어려움</td></tr>
<tr><td>매체 및 외부요인</td><td>• 컴퓨터나 매체의 고장
• 바쁜 업무로 인한 수업침해
• 기본학습 훈련의 부재
• 수직적인 학교문화</td></tr>
</table>

'유능한 교사에게서 언제나 더 좋은 수업방법이 나온다(Harry K. Wong & Rosemary T. Wong)'는 말처럼 좋은 수업은 교사에게 달려 있다. 이를 위해서는 학교 내 교사들에게 '업무'보다는 '수업'이 우선시 되어야 하며(일선 현장에서는 '수업' 능력보다 '업무' 능력을 더 가치 있게 여기는 경우가 있다.), 교사들의 삶의 중심에 '수업'에 대한 고민이 들어서야 할 것이다. 꾸준히 책을 읽고 공부하여 현장에 적용하고 나의 교수법으로 익혀 재구성해 나가는 교사의 역량을 길러 학생들과 호흡이 맞게 가르치는 즐거움과 배우는 즐거움이 공존하는 학급이 되어야 할 것이다. 이와 더불어 2022 개정 교육과정에서 강조하고 있는 미래사회 변화에 적극적으로 대응할 수 있는 역량을 기르기 위해 학생 주도의 수업을 계획하고 전개하게 되면, 학생들이 수업의 주인공이 되어 무기력함, 통제로 인한 부정적 분위기 형성, 배움에 대한 낮은 동기 등의 문제를 어느 정도 해결할 수 있을 것이다.

4. 수업에 집중을 더하다, 활동 중심 교수법과 에듀테크

수업경영에 대해 이해하고 단위수업에 대한 준비가 되었다면, 이에 소금과 후추처럼 더해 주면 좋을 몇 가지 이론과 팁을 소개하고자 한다. 각 교과별로 다양한 수업모형을 비롯하여 놀이중심 수업, 배움의 공동체, 협력학습, 하브루타, 프로젝트 수업, 거꾸로 수업 등은 학습자중심의 수업과 더불어 학생의 삶에 기반한 역량 강화 수업과도 관련이 있다. 이 모든 이론을 전부 다룰 수는 없지만, 이 중에 꼭 알아야 할 학생들이 주인이 되는 활동중심 교수법 중 몇 가지를 소개해보고자 한다.

2022 개정 교육과정에서는 인공지능 기술발전에 따른 디지털 전환으로 인한 불확실성의 증가와 학생 개개인의 맞춤형 교육에 대한 요구가 증가되고 있다. 이로 인해 학생들은 미래 사회의 불확실성에 능동적으로 대응할 수 있는 능력과 자신의 삶과 학습을 스스로 이끌어 가는 자기 주도성을 함양하고, 모든 학생이 학습의 기초인 언어, 수리, 디지털 기초소양을 갖출 수 있도록 개정되었다. 코로나19로 인한 온라인 교육이 실시된 이후 교육현장에서는 에듀테크의 발전과 사용이 두드러졌다. 이 장에서는 학급에서 활용할 만한 온라인 교육 도구 몇 가지를 안내하고자 한다. 이에 대한 이론과 활용 능력이 갖추어지면 학생들의 집중을 높이고 조금 더 만족스러운 수업을 할 수 있을 것이다.

1) 놀이중심 수업(놀이경영)

놀이중심 수업은 학생들의 수업에 대한 즐거움을 알고 흥미를 느낄 수 있게 해준다. 규칙의 중요성도 알게 해 주며 주로 친구들과 함께 하기 때문에 협업, 소통능력, 사회성을 길러준다. 그리고 놀이경영은 여러 교과에서 활용할 수 있어 학생들이 좋아하는 활동을 교과의 특징과 차시에 따라 적절히 재구성할 수 있다.

놀이중심 수업을 할 때에는 승패에 따른 결과중심보다는 과정의 중요성을 알게 진행해야 하며, 놀이가 중심이 아니라 수업의 보조적인 활동으로 성취기준 또는 학습목표 도달에 도움이 되는 수업과 관련있는 활동으로 구성해야 한다. 초등학생의 주의집중 시간은 5분에서 15분 정도이기 때문에 수업을 계획할 때 10분~15분마다 활동을 바꾸어 주거나 동기 유발을 위해 수업과 관련한 놀이경영을 도입하는 것이 좋다. 놀이중심 수업경영은 조직하기에 따라 짝끼리 하는 활동, 모둠별로 하는 활동, 학급 전체가 동시에 하는 활동으로 나눌 수 있다.

짝끼리 하는 놀이경영은 '집어!', '땅따먹기', '거울놀이' 등이 있다. '집어!' 게임은 책상 가운데에 물건 하나를 놓는다. 이때 물건은 작은 인형이나 지우개처럼 집기 편하고 다치지 않을 물건이 적당하다. 교사가 "집을까, 말까, 집을까, 말까"를 반복하다 "집어"를 외치면 먼저 물건을 집는 쪽이 이긴다. 놀이를 반복하여 순발력을 기르고 재미를 높인다. "집어!" 게임은 친교게임으로 진행할 수도 있고 가운데에 놓는 물건을 수업 시간 중에 나왔던 가치나 상징으로 비유적으로 표현해서 가져가기 게임으로 할 수도 있다. 이때 "집어!"라는 말이 나오지 않았는데 물건에 손이 닿으면 상대편이 이긴 것으로 간주한다. 순발력이 좋은 친구의 연속 승리는 짝꿍의 실망으로 이어질 수 있기 때문에 한 명이 계속적으로 이기는 경우에는 친구의 마음을 배려하여 천천히 해달라고 살짝 이야기할 수도 있다.

두 번째 땅따먹기 게임은 공부한 내용으로 구성된 땅에 내 말을 튕겨 읽거나 이야기해 보고 땅을 차지하는 게임이다. 짝과 함께 말(지우개, 바둑돌 등)과 다른 색의 색연필을 각각 준비한다. 양쪽의 '출발' 위치에 말을 놓고 가위바위보를 한다. 한 번씩 말을 튕겨 들어간 땅에 써진 글자를 읽거나 과제를 해결한다. 바르게 말하면 자신에게 해당하는 색을 칠한다. 이때 색연필이 없으면 연필로 모양을 (○, △) 달리하여 땅을 표시한다. 정해진 시간 동안 더 많은 땅에 색칠한 친구가 이긴다. [그림 9-3]에서와 같이 '한 번 더' 칸을 만들어 '한 번 더' 칸에 들어갔을 때에는 말을 한 번 더 튕길 수 있는 기회를 얻는다.

[그림 9-3] 초등학교 1학년 국어 가에 수록된 땅따먹기 그림

모둠별로 진행할 수 있는 놀이경영은 '5초 동안 그리기', '몸으로 말해요'를 소개하고자 한다. '5초 동안 그리기' 놀이경영은 각 모둠별로 일렬로 책상을 배열한다. 각 모둠의 마지막 학생을 제외한 모든 학생은 앞을 보고 앉는다. 1번 학생에게 교사는 대상에 해당하는 단어를 보여주면 1번 학생은 5초 동안 그 사물에 대해 그림을 그리고 2번 학생에게 넘긴다. 2번 학생도 그 단어를 떠올리며 5초 동안 그리고 3번 학생에게 넘긴 후, 3번 학생도 5초간 그림을 그린다. 하나의 그림을 마지막 한 명을 제외한 나머지 모둠원들이 순차적으로 5초씩 그리며 완성한다. 마지막 학생은 그 그림을 보고 무엇을 그린 것인지 알아맞혀 학생들의 순발력과 기지, 추리력을 높이며 사회과나 과학과에서 배운 내용을 접목시켜 교과와 연계시키면서 학생들의 흥미를 높일 수 있는 놀이이다.

'몸으로 말해요'라는 놀이경영은 '5초 동안 그리기'와 비슷한데 대상을 보고 몸으로 표현하는 놀이이다. 우리가 알고 있는 '스피드 퀴즈'는 말로 설명하지만 '몸으로 말해요'는 말로 힌트를 주지 않고 몸으로 표현하며 정답을 맞춘다. 예를 들어, 스포츠 종목을 내용으로 하여 '몸으로 말해요'를 적용하게 되면 내용에 쉽게 다가갈 수 있으며 학생들의 익살스런 표현 덕분에 재미를 더하게 된다. '몸으로 말해요' 놀이 경영의 방법은 다음과 같다. 교사는 스케치북이나 PPT에 한 주제에 대한 대상을 각 장에 적는다. 예를 들어 국악 악기를 주제로 하였다면 한 모둠의 모둠원들이 앞으로 나온다. 1번 친구만 문제를 보고 다른 친구들은 반대 방향으로 돌아 있는다. 문제가 가야금이었다면 1번 친구는 2번 친구의 등을 노크하여 돌아보게 한 후 가야금을 몸으로 표현한다. 가야금 켜는 흉내와 12줄을 강조하여 표현하면 마지막 학생이 그 문제의 정답을 맞출 수 있다. 그러나 거문고나 아쟁과 다르게 연주하는 방식 또는 가야금의 줄이 12줄인지를 알지 못한다면 맞출 수 없을 것이다. 학생들은 몸으로 표현하기 위해 다양한 방법을 독창적으로 생각하며 표현력을 기르고 다른 학생들도 표현하는 학생의 재미난 몸짓을 보면서 즐거운 수업 시간이 된다.

빙고 게임은 따로 설명하지 않아도 모두가 알 수 있을 만큼 유명한 놀이경영이다. 레크레이션 시간, 수업 시간 등 모든 시간에 활용할 수 있으며 주제 역시 새로 배운 단원의 내용, 친구들의 이름 등 다양하게 접목시킬 수 있다. 형식도 한 정사각형 모양의 4×4 빙고나 5×5 빙고를 활용할 수도 있고 가로로 길게 네모칸이 늘어서 있는 띠빙고 모양을 이용할 수 있다. 여기서 소개할 빙고는 정사각형 모양에 친구 이름과 장점을 넣은 빙고를 이야기하고자 한다.

아래와 같은 4×4 빈칸에 반 친구들의 이름과 그 친구의 칭찬할 점 또는 장점을 써 넣는다. 이때 주의할 점은 친구의 칭찬을 장난이나 반어법을 이용하여 듣는 사람이 기분 나쁘게 해서는 안 된다. 다른 친구와는 다른 그 친구만이 가지고 있는 장점을 써 넣어 칭찬해 주는 시간을 갖는다. 16칸을 모두 채워 넣으면 선생님이 먼저 칭찬할 친구의 이름과 어떤 점을 칭찬하는지 구체적으로 이야기한다. 호명된 친구가 있는 칸은 색깔을 칠하거나 연필로 동그라미를 한다. 선생님의 호명을 받은 친구는 본인이 써 넣은 칸 중에 다른 친구의 이름과 칭찬할 점을 발표하고 이런 과정을 거치면서 'ㄱ' 자, 'ㄴ' 자, 또는 'ㅁ' 자, 세 줄, 네 줄 빙고 등 미리 약속했던 빙고를 다 채우게 된 학생은 '빙고'를 외치며 승리하게 된다. 이 놀이경영은 친구들의 장점을 생각해 보며 칭찬하는 시간을 갖게 되면서 칭찬을 받는 친구는 평소 행동에 대한 보상과 함께 기분이 좋아질 것이며 다른 학생들에게도 그 행동이 장려되는 효과를 갖는다.

박*은: 적극적이다.	홍*경: 어려움을 잘 극복한다.	이*비: 봉사를 잘 한다.	정*이: 체육을 잘 한다.
백*이: 비판적인 글을 잘 쓴다.	진*: 숙제를 잘 해온다.	오*령: 질문을 잘 한다.	김*윤: 캐릭터를 잘 그린다.
홍*우: 친구들을 잘 배려한다.	장*은: 모든 일을 열심히 한다.	박*철: 수업에 열심히 참여하여 분위기를 좋게 한다.	이*헌: 생각이 깊고 글로 잘 정리한다.
황*영: 수업 시간에 집중을 잘 한다.	정*정: 발표를 잘 한다.	이*영: 궁금한 점을 잘 질문한다.	김*원: 독창적이다.

[그림 9-4] 친구 장점 칭찬 빙고판

놀이경영은 수업과 잘 접목하면 학생들의 수업에 대한 참여를 이끌고 즐거운 수업 시간을 만드는 데 도움을 준다. 그러나 자칫 잘못하면 수업 중 도달해야 할 목표를 달성하는 데 미미한 효과를 보이며 학생들이 잘 놀았지만 무엇을 배웠는지 잘 모르게 되는 등 활동중심과 놀이 중심에만 치우쳐져 학생들의 학습과의 연계가 낮아지는 경우가 생길 수 있다. 이 때문에 교사는 수업에 놀이경영을 계획할 때 수업 시간의 배움주제와 연관지어 놀이 가운데 학생들이 성취해야 할 기준을 명확히 하고 수업과의 연관성을 잘 고려하여 준비해야 할 것이다.

2) 배움의 공동체

배움의 공동체는 일본 사토 마나부 교수를 중심으로 일본을 시작으로 전 세계적으로 퍼져 나가고 있는 학생 배움 중심 교실 개혁 운동이다. 이는 교실 속 수업을 교사 중심의 일제식 수업에서 학생들 간의 협동적 배움으로 이동하여 단 한 명의 학생도 빠짐없이 배울 권리를 실현하고 학생들이 질 높은 배움에 도전하도록 기회를 제공하는 것이다(사토 마나부, 2006).

배움의 공동체는 '공공성(public philosophy)', '민주주의(democracy)', '탁월성(excellence)'이라는 세 가지 원리로 구성된다. '공공성'은 학교가 다양한 사람이 서로 배우는 공간이고, 모든 학생이 배울 권리를 실현하여 민주주의 사회를 건설한다는 의미이다. 두 번째 '민주주의'는 '존 듀이(John Dewey)'의 '다양한 사람들이 협동하는 삶의 방식(a way of associated living)'을 의미하며 학생 개개인이 배울 권리와 존엄이 존중되고, 다양한 사고방식과 삶의 방식이 공존하는 곳이어야 한다는 것이다. 셋째, '탁월성(excellence)'은 다른 사람을 제치고 뛰어남이 아니라 어떠한 힘든 상황이 있을지라도 최선을 다해 최고를 추구하는 '탁월성'이다. 이는 풍부한 성과를 가져와 노력에 의한 상응하는 즐거움을 낳을 수 있다(사토 마나부, 2006).

사토 마나부 교수는 수업 중에 큰 소리로 똑똑하게 발표하는 학생을 장려하고 발표 내용에 따라 손기호를 표시하는 교실 풍경에 의문을 던지며 이는 학생들의 수업 속의 형식주의라고 비판하고 거짓 주체성이라는 용어로 정리하였다. 교실 속의 침묵을 두려워하는 대부분의 교사들은 학생들의 더듬거리며 창조적인 발언보다는 정확하고 큰 소리로 발표하는 명확한 표현을 요구한다. 학생들이 왁자지껄 자신의 의견을 경쟁하듯 발언하는 교실, 혹은 숨쉬기조차 힘든 경직된 조용한 교실과는 반대로 차분한 교실에서는 학생들 개개인의 존재가 소중하게 다루어지고 서로 신뢰로운 관계가 형성되며 말하기보다는 듣는 힘을 기르는 데 초점이 맞추어질 것이다(사토 마나부, 2000).

배움 중심 수업, 학생 한 명 한 명의 배움이 일어나게 하는 수업은 수업 중 교사의 역할을 줄이는 것처럼 보이지만 실제로 교사의 역할이 더 많아진다. 단지 교실을 통제하고 수업의 흐름을 이끄는 발문을 구성하는 역할에서 학생들을 돕고 학생들의 한 명 한 명의 발언에 주의를 기울이며 배움을 촉발하는 다양한 활동을 전개하고 구성하며 보조해야 한다.

학생 개개인에게 배움이 옮겨가기 위해서는 교실 수업의 중심에 학생 배움이 옮겨져야 하고 학교 교육과정의 중심에 교사의 수업이 자리 잡아야 한다. 그리고 중요한 것은 위로부터의 개혁이 아닌 다양한 학교, 여건이 모두 다른 학급에 따라 교사의 필요성에 의해 배움의 공동체 운동이 일어나야 한다. 사토 마나부 교수(2000)가 말하는 '배움의 공동체'의 첫 단계는 교사들의 교실 개방이다. 이미 많은 수업공개를 학교마다 하고 있지만 경력이 낮은 교사들을 중심으로 한 1년에 2~3회의 단편적인 수업공개가 아니라, 1년간 학교 내의 모든 교사의 수업을 한 번씩 보고 수업에 대해 이야기하는 시간을 갖는 것이다. 이때 수업의 잘된 점과 잘못된 점을 이야기하는 방식이 아닌 어려웠던 점이나 재미있었던 일을 공유하는 방식으로 수업 협의회를 실시한다.

손우정(2004)은 우리나라에서 배움의 공동체를 기반으로 한 수업개혁의 성공 가능성 및 조건들을 논의하였는데 첫째, 교내에 수업을 개방하는 문화를 정착시키는 것이 필요하다고 하였다. 둘째, 수업개혁을 위해서는 교사 상호 간에 전문가로서 함께 성장해 갈 수 있는 동료성(collegiality)을 형성하는 일이 시급하다고 하였다. 마지막으로 학습자의 경험을 축으로 활동적이고 협동적이며 반성적인 수업창조를 위한 교사의 자율성과 전문성을 확보하는 일이라고 하였다.

우리나라에서도 각 시·도교육청을 중심으로 '배움의 공동체'의 철학과 비슷하게 학생을 위한 수업을 실천하기 위한 혁신학교를 운영하고 있다. 혁신학교에서 수업에 대해 동학년 선생님들끼리 협의하고 공유하고 고민을 나누는 과정에서 교사들의 삶 가운데 수업이 자리잡고 있다. 배움의 공동체의 학교개혁이 널리 알려지면서 교사들의 관심이 높아지고 있다. 배움의 공동체라는 용어 대신에 전문적 학습공동체라는 이름을 붙여 교사들의 자발적인 참여로 교사들이 수업에 대해 고민하고 아이디어를 공유하는 장을 마련하는 움직임이 활발하다.

좋은 수업의 주체는 교사이고 좋은 수업은 좋은 교사의 질을 뛰어넘지 못한다. 교사가 열정이 있고 수업 개선에 대한 의지가 있을 때 단위 수업이 성공적으로 이루어지고 차분하고도 배움의 열정이 살아 숨 쉬는 수업 시간을 만들 수 있다. 인터넷과 다양한 소프트웨어의 발달로 홈스쿨링이나 거꾸로 교실의 디딤영상처럼 가정에서도 충분히 학생 혼자서 지식은 습득할 수 있다. 그러나 인터넷 강의와 최첨단 기계가 해 주지 못하는 교사의 역할은 학생을 인정해 주고 함께 공감해 주고 꿈을 심어주는 교사가 아닐까 싶다.

교사들의 생활 가운데에 수업이 중심이 되려면 교사들이 자발적으로 수업에 대해 고민하고 연구하여 전문성을 신장하려는 분위기 조성이 중요하다. 이것은 교육청에서 학교로 학교에서 각 학년으로 학년에서 개개인의 교사에게 상명하달식으로 전달될 때에는 원래의 취지와는 다르게 부작용이 생길 수 있으며 제도를 다른 방식으로 운용하게 된다. 그러나 동학년 교사들끼리 수업에 대한 고민을 털어놓을 수 있고 함께 하는 분위기와 문화가 형성이 되면서 교사가 자발적으로 수업을 삶의 중심에 놓게 되면, 본래의 취지에 맞는 전문적 학습 공동체가 형성될 것이다. 이로 인해 점점 문화가 전파되는 방식의 자발적인 전문적 학습공동체가 형성되면 교실과 학교에 변화가 찾아와 성공적인 수업경영을 할 수 있게 될 것이다.

3) 수업 활용 온라인 사이트와 에듀테크

수업을 계획하기 위해 교사들은 서로의 자료와 아이디어를 공유하고 의견을 나눈다. 이러한 활동은 학교 현장에서 동학년 교사 및 동아리, 수업 협의회 등을 통해 이루어지며 온라인상에서도 활발하게 이루어지고 있다. 수업경영에 도움이 될 만한 사이트와 에듀테크 수업 도구를 소개하고자 한다.

인디스쿨(http://www.indischool.com/)은 초등학교 교사들만이 가입할 수 있는 수업 아이디어와 교육 자료의 공유, 교육현장의 목소리와 교육에 대하여 고민을 나누는 소통의 공간이다. 초등학교 교사들이 만든 교육자료와 경험담을 공유하는 인터넷 사이트가 많이 있지만, 인디스쿨이 가장 규모가 크고 비영리단체로 후원을 받아 교사들이 많이 이용하고 있다.

에듀넷・티클리어(http://www.edunet.net/redu/main/mainForm.do)는 KERIS(Korea Education and Research Information Service: 한국교육학술정보원)에서 운영하는 교수학습지원사이트로 교수학습과 교육과정, 학습자료, 연구학교, 연구대회 등 다양한 교육정보를 제공하고 있다.

이 밖에 SNS를 통하여 많은 교사들이 수업에 대한 자료나 노하우 수업 실천과 관련한 반성 등을 블로그에 탑재하거나 네이버 밴드 운영, 유튜브 채널을 통해 이야기한다. 수업경영과 관련 있는 검색을 하게 되면 교사들의 블로그나 밴드, 유튜브 채널을 만날 수 있다. 그곳에서 많은 교사들의 고민과 생각, 자료 도움을 받을 수 있다. 그리고 출판사에서 운영하고 있는 티셀파(천재교육), 아이스크림, 비바샘(비상교육), 두클래스(동아출판), 쌤자료통(교학사), 미래엔(미래엔 교과서) 등의 사이트에서도 각 교과별, 차시별 교수학습자료를 참고할 수 있다.

코로나 19 이후 학교 현장에서 많이 사용하는 에듀테크 도구에는 패들렛(Padlet), 띵커벨, 미리캔버스, 플리커스, 윗지(with-G), 툴킷, 오토드로우, 스페이셜 등이 있다. 이 중에 패들렛, 띵커벨, 미리캔버스, 윗지(wiht-G)를 소개하고자 한다.

패들렛(https://padlet.com/)은 '온라인 칠판'이라고 불릴 만큼 휴대폰이나 태블릿으로 참여자들의 생각과 작품을 게시하고 의견을 공유할 수 있다. 패들렛은 실시간으로 의견을 주고받을 수 있으며 QR코드, 이메일, 링크 등을 통해 쉽게 접속하고 로그인하지 않아도 게시글과 댓글을 작성할 수 있어 작업이 편리하다. 패들렛에 회원가입, 로그인을 하면 내 수업에 맞게 기본설정을 하여 패들렛을 만들 수 있다. 패들렛에는 담벼락, 스트림, 캔버스, 그리드, 셸프, 지도, 타임라인 7가지 템플릿이 있으며 수업의 목적에 맞게 사용하면 된다. 패들렛은 셸프로 과제 제출하기, 캔버스에서 마인드맵 그리기, 타임라인으로 강의 자료 공유하기, 지도로 세계여행 떠나기 등을 할 수 있다. 참여자를 익명으로 표시하거나 '댓글'과 '반응'을 활성화하여 서로의 생각을 자유롭게 남길 수 있으며, 제작자는 참여자들의 게시글의 승인여부를 설정할 수 있어 비공개가 가능하다(Classsum, 2022).

[그림 9-5] 패들렛 활용 예시[3]

띵커벨(https://www.tkbell.co.kr/user/main.do)은 우리반 수업요정, 띵커벨이라는 이름으로 퀴즈 · 토론 · 협동학습이 가능한 참여형 수업 플랫폼이다. 띵커벨 사이트에 회원가입을 하면 온오프라인으로 쪽지 시험을 볼 수 있으며 빈칸 퀴즈, 워드클라우드를 활용한 수업으로 동기유발, 토의토론, 설문조사, 안전 · 계기 · 시사교육, 수수께끼, 넌센스 퀴즈 등을 낼 수 있다. 패들릿처럼 띵커벨보드로 실시간 의견을 모을 수 있으며 그 결과를 온라인에 간편하게 공유할 수 있다. 오프라인 학습지를 온라인 학습지로 제작할 수 있는 띵커벨 워크시트 기능도 제공한다. 띵커벨 퀴즈는 오프라인에서 실시하는 '골든벨'을 간편하게 할 수 있게 도와주고 학생들은 휴대폰이나 패드를 이용하여 게임에 참여하듯 퀴즈를 풀 수 있다. 문제를 만들어 학생들에게 공유하면 학생들은 참여코드 번호를 치고 접속하며 퀴즈를

3) Classum(2022). 패들렛, 수업에 200% 활용하는 방법-담벼락, 셸프, 캔버스, 타임라인, 세계지도.

푼 후에는 순위를 확인하고 오답을 복습한다. 띵커벨은 온・오프라인 모두에 적합한 학습 플랫폼이라는 점, 교사들이 제작하는 콘텐츠를 공유한다는 점, 콘텐츠 제작과 수정이 간편하다는 점, 학생 참여자들이 회원가입 없이도 링크나 QR코드로 손쉽게 참여한다는 점을 특징으로 한다.

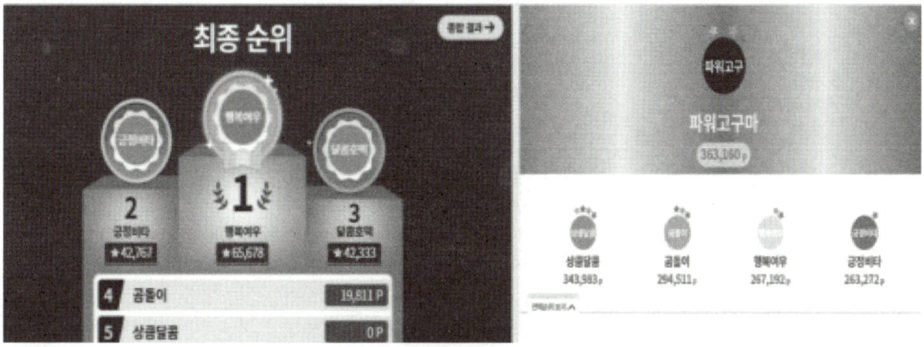

[그림 9-6] 띵커벨 퀴즈 후 순위 공개[4)]

미리캔버스(www.miricanvas.com)는 파워포인트와 비슷한데, 수업에 필요한 학습지를 만들거나 학생들과 발표수업을 준비할 때, 안내문을 만들 때 많이 사용한다. 미리캔버스는 직관적인 사용법과 편리하고 단순한 구성 덕분에 초등학생들이 사용하기에 편리하다(김성규, 2023). '미리캔버스 에듀'는 교육용 계정으로 무료 계정보다 더 많은 혜택을 제공한다. 미리캔버스와 비슷하면서도 교사 인증을 받으면 무료로 활용 가능한 '캔바(canva.com)' 사이트도 있으며 미리캔버스는 패드보다는 컴퓨터실 작업이 편리하고 효율적이다(김성규, 2023).

4) 긍정비타(2023). 블로그 중 빛나는 수업 아이디어 – 띵커벨 100배 활용하기 중.

[그림 9-7] 미리캔버스 작업화면

윗지(wiht-G)는 '아이스크림'에서 제공하는 게임형 학습도구이다. 윗지에는 부~웅퀴즈, 흩어진 단어 찾기, 싹싹 지우개 등 14개의 게임을 제작, 수업에 활용할 수 있다. '부~웅 퀴즈'는 빠르게 지나가는 글자를 살펴보고 어떤 글자인지 확인하는 퀴즈이며 학생들의 동기유발이나 개념정리에 활용하고 집중도를 올리는 데 도움이 된다. '흩어진 단어 찾기'는 여러 가지 글자들 중 몇 가지 글자를 조합해서 주제에 맞는 정답 단어를 찾는다. '싹싹 지우개'는 이미지를 전부 가린 상태에서 일부만 지워 나가며 어떤 것인지 맞혀보는 게임이다(김성규, 2023).

에듀테크의 발전으로 지금까지 해왔던 수업경영 기법이 다 바뀌어야 한다는 것은 아니다. 온고지신이라는 말이 있는 것처럼 지금까지의 수업경영에 새로운 기법의 첨가라고 생각하면 될 것이다. 에듀테크의 발전은 디지털 기기와 인터넷을 활용한 수업을 현장에서 많이 활용할 수 있게 해 주었다. 그러나 교과의 특징과 학생의 수준, 수업 내용의 구성에 따라 적절하게 선별하여 사용해야 할 것이다. 자칫 학생들은 교과 내용보다는 기기의 사용에 더 집중을 할 수 있기 때문이다.

에듀테크의 발전은 기존의 수업경영의 능력과 노하우에 더해져 어느 한쪽으로 치우치지 않고 완성도 있는 단위수업을 진행할 수 있는 능력을 신장하는 데 도움이 될 것이다.

[그림 9-8] 윗지 작업화면

요약

- 수업을 위한 조건정비의 개념으로 수업경영의 개념과 좋은 수업이 무엇인지를 논의하였다.
- 좋은 수업을 위해 교사와 학생이 준비해야 할 사항을 알려주고, 과제 관리 및 지도안 작성의 절차와 방법에 대해 안내하였다.
- 단위 수업경영 절에서는 단위 수업의 기본적인 절차와 진행 방향 및 수업자료의 요건과 판서, 교사의 지도적 평가와 수업 중 발생하는 문제와 이를 대처하는 방법을 기술하였다.
- 학생 중심 수업 교수학습 방법 동향에서는 학생 중심의 수업을 위한 간단한 놀이경영, 배움의 공동체가 무엇인지 소개하고 2022 개정 교육과정에 따른 수업에 활용할 만한 에듀테크를 소개하였다.

핵심용어

수업경영, 좋은 수업, 지도안, 단위수업, 놀이경영, 에듀테크, 배움의 공동체

참고문헌

광주교육대학교 광주부설초등학교(2014). 수업실습 길잡이. 광주교육대학교 교무처 수업팀.

김성규(2023). 수업활동 100. 서울: 학교도서관저널.

김성효(2011). 학급경영 멘토링. 경기: 행복한미래.

나승빈(2018). 나쌤의 재미와 의미가 있는 수업. 서울: 맘에드림.

노재춘 · 이정선 · 최영순 · 고재천 · 김경훈 · 박재찬 · 양진선 · 김성중 · 최규식 · 유상현 · 이종구(2017). 수업실습학교 실습담당교사 직무연수. 광주교대 교육연수 2017-01, 광주교육대학교 교육연수원.

[네이버 지식백과] 수업 [授業, instruction] (교육심리학용어사전, 2000.1.10., 서울: 학지사)

[네이버 지식백과] 정리정돈 [整理整頓, housekeeping] (산업안전대사전, 최상복, 2004.5.10., 도서출판 골드)

사토 마나부(2012). 학교의 도전. 손우정(역). 서울: 우리교육. (원서출판 2006).

사토 마나부(2012). 수업이 바뀌면 학교가 바뀐다. 손우정(역). 서울: 웅진패스원. (원서출판 2000).

서준호(2014). 서준호 선생님의 교실놀이 백과 239. 서울: 지식프레임.

조규진 · 김도기 · 김명수(2011). 좋은 수업의 조건 탐색: 5G를 중심으로. 초등교육연구, 24(4), 325-350.

이대용(2016). 구성주의 관점에서 초등학교 교사의 좋은 수업에 대한 요구분석. 학습자중심교과교육연구, 16(3), 295-312.

박남기(2017). 최고의 교수법. 경기: 쌤앤파커스.

박남기 · 강원근 · 고전 · 김용 · 박상완 · 성병창 · 유길한 · 윤홍주 · 정수현 · 조동섭(2008). 초등학급경영의 이론과 실제. 파주: 교육과학사.

서준호(2016). 6학년 담임해도 괜찮아: 초등학교의 꽃, 평생 제자를 만나는 즐거움. 서울: 지식프레임.

손우정(2004). '배움의 공동체'를 기반으로 한 수업개혁에 관한 연구: 일본 '하마고노 소학교'의 실천을 중심으로. 교육학연구, 42(3), 375-396.

윤정 · 강에스더 · 조영하(2016). '학교 안 전문적 학습공동체' 운영과정에 대한 초등학교 교사들의 경험 분석: 미래초등학교 사례를 중심으로. 한국교육행정학회, 34(4).

이성우(2015). 교사가 교사에게. 서울: 우리교육.

이찬희 · 양효준(2024). 학생의 교육과정 경험에서 나타난 재미있는 수업에 관한 의미 연구. 통합교육과정연구, 18(1), 21-47.

장경원 · 고수일(2013). 액션러닝으로 수업하기. 서울: 학지사.

조남두 · 장옥선 · 구영회 · 문점애 · 이상복 · 김구진 · 백경원 · 곽주철(2011). (수업을 꿰뚫어 보는 힘!) 수업 분석. 상상채널.

최규식(2017). 2016학년도 초등학교 수업의 실천적 이해Ⅱ. 광주부설 수업연구자료집 제2호, 광주교육대학교광주부설초등학교.

허승환(2010). 수업 시작 5분을 잡아라. 서울: 테크빌교육.

Harry K. Wong & Rosemary T. Wong(2009). *The First Days of School: How to be an effective teacher*; 김기오 · 김경 엮음(2013). 좋은 교사 되기: 어떻게 유능한 교사가 될 것인가?. 서울: 글로벌콘텐츠.

Sugata Mitra & Vivek Rana(2001). Children and the Internet: experiments with minimally invasive education in India. *British Journal of Educational Technology. 32*(2), 221-232.

J. Nelsen, L. Lott, & H. S. Glenn(2014). *Possitive Dicipline in the Classroom*; 김성환 · 강소현 · 정유진 옮김. 친절하며 단호한 교사의 비법 학급긍정훈육법.

패들렛(Padlet), 수업에 200% 활용하는 방법 — 담벼락, 셸프, 캔버스, 타임라인, 세계 지도 | by CLASSUM | CLASSUM 클라썸 | Medium

에듀넷 티클리어. http://www.edunet.net

인디스쿨. http://www.indischool.com/

블로그: 평생 써먹는 놀이수업(긍정비타, 2023). https://blog.naver.com/jungmal97/223094265144

EBS애니키즈 - '두근두근 학교에 가면 - 공부시간' 검색.

10 교사와 학부모 관계

박상완(부산교육대학교)

학습목표

- 학급경영에서 교사와 학부모 관계의 의의와 중요성을 이해한다.
- 학부모 교육권, 교사와 학부모 관계의 성격 및 이에 영향을 미치는 요인을 이해한다.
- 학부모 참여의 역사, 참여 유형, 학부모 참여에 영향을 미치는 요인을 이해한다.
- 교사와 학부모 간 협력적 관계 형성을 위한 과제를 탐색한다.

학습 준비 활동

- 학부모에 대한 이해, 교사와 학부모 관계의 성격 및 바람직한 관계에 대한 선이해 확인
- 교사 또는 학부모가 경험한 교사와 학부모 간의 협력 사례와 갈등 사례 조사
- 학부모 지원 관련 주요 사이트 내용 리뷰
  - 국가평생교육진흥원 전국학부모지원센터 학부모On누리. http://www.parents.go.kr/index.do
  - 나이스 대국민서비스 학부모 서비스. https://www.neis.go.kr/nxuiPortal/index.html
  - 전국학부모단체연합. http://conpa.or.kr/index
  - 한국학부모학회. http://aspg.or.kr/
  - 함께학교. https://www.togetherschool.go.kr/

관련 사례 및 토의 주제

[공익광고협의회] 2010 부모와 학부모

부모는 멀리 보라고 하고, 학부모는 앞만 보라고 합니다.
부모는 함께 가라하고, 학부모는 앞서가라고 합니다.
부모는 꿈을 꾸라고 하고, 학부모는 꿈꿀 시간을 주지 않습니다.
당신은 부모입니까? 학부모입니까?
부모의 모습으로 돌아가는 길, 참된 교육의 시작입니다.

〈사례 토의를 위한 질문〉

- 공익광고에서 제시하는 부모와 학부모의 차이는 무엇인지, 나는 학부모를 어떻게 바라보고 있는지, 학부모에 대한 나의 선 이해는 무엇인지 정리해 봅시다.
- 이 캠페인은 많은 학부모의 공감을 얻기도 했고 학부모의 교육권에 대해 성찰하는 데 통찰을 주기도 하지만(유재봉, 2022), 학부모에 대한 사회적 낙인을 강하게 찍었다는 비판(이종각, 2014)도 제기되고 있다. 〈부모와 학부모〉 공익 광고가 교사로서 학부모를 이해하는 데 긍정적으로 작용하는 측면과 부정적으로 작용하는 측면이 무엇인지 함께 이야기해 봅시다.

1. 교사와 학부모 관계의 이해

가족 구조의 다원화(한부모 가정, 다문화 가정, 조손 가정 등), 학부모[1)] 조직의 활성화, 학부모의 학교 참여 확대 등으로 교사와 학부모의 관계를 형성·유지하는 데 있어 교사의 역할은 과거보다 더욱 복잡하고 다양해지고 있다. 교사들이 학교와 가정, 교사와 학부모 관계를 이해하기 위해서는 교사와 학부모 관계의 의의와 성격에 관한 다양한 관점, 지식, 기술을 갖출 필요가 있다. 이 장에서는 예비교사들이 학생교육과 학급경영에서 교사와 학부모 관계의 중요성과 학부모의 역할과 참여의 중요성과 성격을 소개한다.

1) 교사와 학부모 관계의 중요성

가정은 전통적으로 아동이 사회에서 적절한 역할을 수행할 수 있도록 안전한 환경을 제공해 왔다. 19세기 공교육제도의 발달 이후 학교가 아동에 대한 교육적 책임을 지고 있지만, 가정은 학생들에게 여전히 첫 번째이자 가장 중요한 교사의 역할을 수행하고 있다(Olsen & Fuller, 2003). 즉 가정(학부모)은 학생의 교육에

1) 이 장에서 학부모는 보호자, 양육자를 포함하는 넓은 의미로 사용함.

가장 큰 영향력을 발휘할 뿐 아니라 학교교육의 효과에도 영향을 미친다. 효과적인 학교교육이 이루어지기 위해서는 학교와 학교 외 교육환경 간의 협력과 조화가 필요하다. 특히 교사와 학부모 간의 상호 협력 관계는 학교교육의 질, 교사의 교직 만족도에 영향을 미친다(Jones & Jones, 2004). 효과적인 교육을 위해서는 가정, 학교 간의 교육적 협력 관계, 학급 담임교사와 학부모 관계가 매우 중요하다(박병량, 2003, 433).

학급담임으로서 교사는 무관심하거나 비협조적인 학부모들의 적극적인 지원과 협력을 이끌어 내야 할 뿐 아니라 과도하거나 부정적인 학부모의 교육열에 대해서는 적절한 교육적 지도력을 발휘할 수 있는 능력이 요구된다. 학부모의 자녀에 대한 태도 등 학부모를 이해하는 것은 학생을 더 많이 이해할 수 있도록 해 준다는 점에서 중요하다(Olsen & Fuller, 2003, 94). 또한 학부모와의 긍정적이고 교육적인 관계 정립은 학교 또는 교사의 주요한 책무이기도 하다. 학교(교사)와 가정(학부모)과의 관계는 본질적으로 학부모의 협력을 구하는 것이며, 이는 공공기관으로서 학교가 당연히 수행해야 할 책무이다(박병령, 2003, 433). 학부모에게 학교의 교육방침, 교육내용과 방법, 결과 등을 알려 이해를 공유하고 학부모들이 학교운영에 참여할 수 있는 기회를 제공하며, 가정의 지원과 협조를 구하는 일은 학교의 임무를 효과적으로 수행하는 방안이며, 학교의 책무라는 것이다.

교사와 학부모 간 상호 협력 관계의 필요성을 간략하게 정리해 보면 다음과 같다.[2)]

- 학교와 교사의 일에 학부모가 더 많은 관심을 가지고 잘 알 수 있다.
- 학교와 교사에 대한 학부모의 올바른 이해를 증진할 수 있다.
- 학부모들이 학교 운영에 보다 적극적으로 참여하게 할 수 있다.
- 학부모와 지역사회가 희망하는 다양한 교육 프로그램을 만들 수 있다.
- 교사와 학교에 대한 이미지를 제고할 수 있다.

---

2) Kindred 외(1976)를 인용한 박병량(2003, 433)에서 학부모 관계 관련 내용만 발췌하여 재정리함.

2) 교사와 학부모 관계의 성격

1990년대 중반 이후 학교중심경영제(school-based management), 학교재구조화, 수요자 중심 교육개혁이 추진되면서 학교교육의 다양한 측면에서 학부모의 지원과 참여가 강조되고 있다. 이에 따라 학교교육에서 학부모의 역할, 교사와 학부모 관계 등에 대한 이론적·실제적 관심도 높아지고 있다.

우리나라 교육기본법 제13조 제1항은 "부모 등 보호자는 그 보호하는 자녀 또는 아동이 바른 인성을 가지고 건강하게 성장하도록 교육할 권리와 책임을 가진다."고 규정하여 학부모의 자녀교육에 대한 권리와 책임을 규정하고 있다. 또한 제2항에서는 "부모 등 보호자는 보호하는 자녀 또는 아동의 교육에 관하여 학교에 의견을 제시할 수 있으며, 학교는 그 의견을 존중하여야 한다."고 규정하고 있는데, 이는 학부모의 학교 참여(의견제시)를 보장하는 것으로 해석할 수 있다.

교사와 학부모 관계의 성격은 김기태·조평호(2003, 256-258)의 연구에서 제시한 바 있는데, 이를 재정리해 보면 다음과 같다.

- 학생 교육을 매개로 인위적으로 형성된 관계이다.
- 학생이 학교를 졸업한 뒤에는 중단되는 비영구적 관계이다.
- 학생 교육에 관계되는 일에 한정되는 부분적인 관계이다.
- 교사와 학부모가 선택해서 맺어진 관계가 아닌 비선택적 결합 관계이다.
- 학생의 교육에 대한 권리와 의무에 기초한 합법적·공식적 결합 관계이다.

공교육 발달 과정에서 학부모의 역할은 대체로 부족한 학교 재정을 보충하는 '재정 지원자'로 한정되어 왔다. 그러나 이러한 재정 지원자, 후원자로서의 학부모 역할은 1990년대 중반 학교중심경영제(school-based management)가 발달하면서 학교 운영 자문·심의, 학교 의사결정 참여 등으로 확대되고 있다. 이에 따라 보다 효율적인 교사와 학부모 관계 정립과 교류를 위해서는 교사와 학부모 간의 관계는 파트너, 협력관계로 설정될 필요가 있다(박병량, 2003, 434).

학부모가 학교교육과 교사를 신뢰하고, 나아가 보다 적극적인 협력자, 지원자가 되도록 하기 위해서는 무엇보다 '교사'의 적극적이고 체계적인 노력이 필요하다. 이러한 교사의 노력은 우선 학부모의 특성, 교사와 학부모 관계의 성격에 대한 이해에서 시작되어야 할 것이다. 즉 학부모들은 학교교육, 교사에 대해 어떤 기대와 요구를 가지고 있으며, 학부모의 교육권과 교사의 교육권, 학생의 학습권과의 관계, 교사 스스로는 학부모 참여에 대해 어떤 태도와 인식을 가지고 있는가, 교사와 학부모 간 협력적 관계 정립에 영향을 미치는 요인들은 무엇인가 등에 대한 이해가 필요하다. 또한 교사는 학부모와 공유할 수 있는 정보의 내용과 수준 그리고 교류(상호 작용)의 형태에 대해서도 이해해야 한다. 학생과 관련된 모든 정보를 학부모에게 공개하거나 공유할 수 없기 때문에 취사선택이 필요하고, 이때 교사는 학부모와 신뢰, 협력적 관계를 형성, 유지하는 데 유용한 정보와 그렇지 않은 정보를 선별할 수 있어야 할 것이다. 이 점에서 교사와 학부모 관계에서 교사의 교육적 전문성이 요구된다.

2. 학부모의 교육권과 학부모에 대한 이해

1) 학부모의 교육권

(1) 학부모 교육권의 성격

교육은 인간으로서의 존엄과 가치를 실현하고 인간답게 생활하는 데 필수 조건이라 할 수 있다(김장중, 2022, 5). 이에 따라 우리 헌법 제31조 제1항("모든 국민은 능력에 따라 균등하게 교육을 받을 권리를 가진다")과 교육기본법 제3조("모든 국민은 평생에 걸쳐 학습하고 능력과 적성에 따라 교육받을 권리를 가진다")는 '교육받을 권리'를 천명하고 있다. 여기서 교육받을 권리는 개개인이 자신의 능력과 적성에 따라 교육을 받을 수 있는 수학권(修學權)뿐만 아니라 학부모가 그 자녀에게 적절한 교육의 기회를 제공하여 주도록 요구할 수 있는 권리를 포함한다(권영성, 2006). 즉 학부모는 자기 의사에 따라 자녀를 교육하고 자유롭게 결정할 권리가 있다.

공교육의 발달에 따라 학부모 교육권의 내용과 범위는 다소 변화되어 왔다. 학부모 교육권의 내용을 체계적으로 분석한 대표적인 연구로는 조석훈(2006)과 김장중(2022)을 들 수 있다. 조석훈(2006)은 헌법재판소의 판례를 근거로 학부모의 교육권의 주요 구성 요소를 형성권, 결정권, 이행권으로 정리하고(헌법재판소 2000. 04.27. 98헌가16등, 판례집 12-1, 446-448), 이러한 권리는 공교육 제도하에서 선택권, 참여권, 요구권으로 각각 변화한 것으로 제시하였다. 이를 정리해 보면 [그림 10-1]과 같다.

학부모 교육권		공교육 제도하의 학부모 교육권
(형성권) 자녀의 교육에 관하여 전반적인 계획을 세우고 자신의 인생관·사회관·교육관에 따라 자녀의 교육을 자유롭게 형성할 권리	⇒	(선택권) 자녀 교육과 관련된 교육기회, 교육내용 및 방법, 교육조건을 선택할 권리(예: 학교 선택, 대안교육 선택)
(결정권) 교육의 목표와 수단에 관하여 결정할 권리	⇒	(참여권) 자녀 교육과 관련된 교육기회, 교육내용 및 방법, 교육조건 결정에 참여할 권리(예: 학교경영 참여, 의견제시권)
(이행권) 형성하고 결정한 대로 이행할 권리, 자녀 교육에 대한 자신의 책임을 이행할 권리	⇒	(요구권) 자녀 교육과 관련된 교육기회, 교육내용 및 방법, 교육조건에 대해 요구할 권리(예: 교육정보 공개 요구, 학교 안전 요구)

[그림 10-1] 학부모 교육권의 성격 변화

김장중(2022, 10)은 학부모 관련 법 조항과 선행연구 등을 참고로 학부모의 권리를 참여권과 요구권, 알 권리, 의견제시권, 동의권, 의견진술권, 프라이버시권 등 7가지로 제시하였다.

- 의견제시권: 학부모 의견 제시, 학부모 의견을 청취, 수렴, 고려, 존중, 반영하는 것
- 참여권: 학부모가 학교, 국가, 지방의 공공기관 단체의 운영과 활동에 참여하는 것
- 요구권: 권리 실현과 조치를 바라는 학부모의 요청, 신청, 청구, 건의, 의뢰, 이의 제기
- 알 권리: 학부모가 자녀나 교육 관련 정보에 대해 열람 및 조회하거나 제공받는 것
- 동의권: 보호자로서 특정 행위를 인정 또는 허락하거나 거부하는 등 의사표시
- 의견진술권: 자녀의 권리 보호와 권익 증진을 위해 학부모가 자신의 의견을 밝히는 것
- 프라이버시권: 자녀의 개인정보 유출을 방지하고 학부모 자신의 사생활권 보호

이러한 학부모의 교육권은 상대적인 것으로, 교육받을 권리를 갖는 다른 주체의 교육권에 의해 제한을 받는다. 학부모와 교육권 갈등을 빚을 수 있는 교육당사자로는 학습자, 교원, 학교의 설립·경영자, 국가, 지방자치단체를 들 수 있다. 학부모 교육권은 국가의 교육권, 교원의 교육권이 존중되는 범위 내에서 허용될 수 있다.

(2) 학부모의 교육권과 교사의 교육권의 관계

헌법과 교육기본법에 근거를 두고 있는 학부모의 교육권이 교사의 교육권과 어떤 관계가 있는가를 이해하는 것은 교사와 학부모 관계 형성과 발전을 위해 중요하다. 교사의 교육권의 성격은 1990년대 초 헌법재판소에서 규정한 바 있다. 이에 의하면, 교원은 자연법적으로는 학부모의 자녀 교육권을 신탁받은 사람이고, 실정법상으로는 국가 교육권의 위임을 받은 사람이다. 이에 따라 교사의 교육권과 학부모의 교육권은 상호 협력 관계에 있다(김장중, 2022; 조석훈, 2006).

교사의 가르치는 권리를 수업권이라고 한다면 그것은 자연법적으로는 학부모에게 속하는 자녀에 대한 교육권을 신탁 받은 것이고, 실정법상으로는 공교육의 책임이 있는 국가의 위임에 의한 것이다. 그것은 교사의 지위에서 생기는 학생에 대한 일차적인 교육상의 직무권한(직권)이지만, 학생의 수학권의 실현을 위하여 인정되는 것으로서 양자는 상호 협력 관계에 있다고 하겠으나 · · · (헌법재판소 1992.11.12. 89헌마88, 판례집 4, 756)

또한 헌법재판소는 교사의 자율성을 인정함으로써 교사의 교육권이 학부모의 교육권에 종속되는 것은 아니며, 상호 독자적인 영역을 인정하고 상호 존중해야 하는 것으로 보고 있다. 즉 교사는 국가의 위임에 의해 교육권을 가지지만, 국가 및 학부모로부터 독립하여 상대적 자율성을 가진다. 교사는 교육의 본질적 속성에 비추어 볼 때, 미래지향적이고 가치 창조적인 입장에서 학생을 지도하는 능동적 지위를 가지고 있다. 교사는 수업 및 교육활동에 있어 종속된 행정집행자나 법규의 적용자가 아니며 부모의 지시에 단순히 복종하는 사람도 아니다.

교원은 그의 수업 및 교육활동에 있어서는 종속된 행정집행자나 법규의 적용자가 아니며, 국가나 지방자치단체 또는 사립학교의 설립·경영자나 학생들의 부모 및 그들에게 영향을 미칠 수 있는 제삼자들의 지시에 단순히 복종하는 사람도 아니다. 교원은 미래지향적, 가치창조적 입장에서 · · · 학생들이 사물에 대한 자기 나름의 견해를 가질 수 있도록 가치적인 문제들에 대하여 학생을 지도하는 사람인 것이다(헌법재판소 1991.07.22. 89헌가106, 판례집 3, 406).

종합하면, 학부모의 교육권과 교사의 교육권은 학생의 학습권 보장을 위해 상호 협력하는 관계라고 할 수 있다. 학부모는 보호자로서 자녀 교육에 대해 일차적인 권한과 책임을 가지지만, 교사는 학부모나 제3자의 지시에 단순히 복종하는 사람은 아니며, 교육의 본질적 속성에 비추어 가치 창조적 입장에서 학생을 지도하는 능동적 지위를 가지는 주체이다.

2) 학부모에 대한 이해

대다수 학부모는 학교(학급)의 정책 결정에 참여할 수 있는 능력과 열의를 가지고 있다. 그러나 학부모 중에는 교사를 만나는 것 자체를 두려워하거나, 학교에 적극 참여하는 것을 꺼리기도 한다. 학부모들이 담임교사 만나기를 두려워하는 이유, 신뢰하지 않는 이유는 무엇인가? 또 부모들이 학교나 교사들로부터 알고 싶어하는 정보는 어떤 것인가? 이러한 정보들은 학부모의 특성을 이해하는 중요한 단서가 된다.

(1) 학교와 교사에 대한 학부모의 인식

학부모들의 학교와 교사에 대한 인식과 태도는 학부모 자신의 과거 학교 경험에 많은 영향을 받는다(Olsen & Fuller, 2003). 학교나 교사에 대해 긍정적인 기억을 가지고 있는 학부모들이 있는 반면, 반대의 경우도 있다. 학부모들이 학교나 교사에 대해 부정적인 이미지를 가지고 있는 이유는 다양하다. 예를 들어, 과거 학교에서 학습에 어려움을 겪었다거나 학교 적응에 문제가 있었던 경우, 성적부진, 교사와의 갈등을 들 수 있다. 우리나라 학부모들의 경우, 한국교총(2013) 인식조사에 의하면, 교원에 대한 신뢰 정도는 긍정적이나 공교육에 대한 신뢰는 상대적으로 낮다(조석훈, 2016).

교사들이 학교나 교사에 대한 학부모의 태도나 감정을 이해한다면 학부모를 보다 잘 이해할 수 있으며, 학생들의 환경에 대해서도 더 잘 파악할 수 있을 것이다. 학부모의 학력 향상, 사회의 민주화 바람, 교직의 상대적 지위 하락, 학부모 단체의 결성을 통한 학부모의 세력화, 인터넷 발달 등 사회 변화는 교사와 학부모의 관계 정립을 어렵게 하면서도 긍정적인 관계 형성의 필요성을 증가시키고 있다(신상명 외, 2004, 248).

학생의 교육을 위해서는 교사와 학부모 간의 긍정적, 협력적 관계가 중요하다. 그러나 학부모가 교사를 만나는 데 갖는 두려움, 학교와 관련된 학부모의 부정적인 경험, 교사와의 나쁜 경험, 자녀의 학업성취 정도 빈약, 학교에 대한 부모의 부정적인 감정, 자녀 교육문제의 책임이 부모에게 있다는 교사의 입장(박병량, 2003) 등 다양한 요소들이 교사와 학부모 관계에 영향을 미치게 된다. 교사들은 이러한 요인들이 구체적으로 무엇이며, 교사와 학부모 간 관계 정립을 위해 이러한 문제를 어떻게 해소할 것인가에 대해 이해할 필요가 있다.

학교나 교사에 대한 학부모의 태도를 긍정적 관점과 부정적 관점으로 구분하여 보면 다음과 같다(Olsen & Fuller, 2003).

첫째, 학교에 대한 긍정적 관점을 가진 학부모의 태도와 특징

- 자녀를 지원하는 학부모: 학부모 스스로 교사와 빈번하게 접촉하려고 노력한다. 이러한 부모들은 자녀를 위해 가장 좋은 것이 무엇인가에 관심을 가지고 있다. 이러한 부모들은 자녀에게 장애가 있더라도 이를 부끄러워하지 않으며 학교나 교사가 자녀를 위해 무엇인가를 해줄 것이라는 긍정적인 관점을 가지고 있다.
- 학교를 편안하게 생각하는 학부모: 학교를 편안하게 느끼는 부모들은 자녀를 위해 학교를 활용하고자 한다. 자녀에게 문제가 있을 경우 이를 교사에게 알리는 것은 자녀의 문제를 이해하고 해결하는 데 중요하다고 보며, 자녀에 대해 자신이 아는 바를 교사와 공유하고자 한다.

둘째, 학교에 대한 부정적 관점을 가진 학부모의 태도와 특징

- 과거 학교나 교사에 대한 좋은 향수를 가진 학부모: 이 관점을 가진 학부모는 교사들이 과거만큼 헌신적이지 않다고 인식한다. 즉 교사들이 예전만큼 열심히 일하지 않으며, 교직 소명의식도 부족하고 교직에 들어오는 사람들의 자

질이나 능력도 떨어졌다고 본다. 이러한 신념을 가진 학부모들은 교사를 지원하지 않는 경향이 있다. 학부모의 이러한 태도는 자녀가 학교에서 긍정적인 경험을 할 때 변화될 수 있다.

- 과거 학교 생활을 좋아하지 않았던 학부모: 초중등학교 시절에 학교를 좋아하지 않았던 학부모들은 부모가 되어서도 그러한 부정적인 감정을 유지하는 경향이 있다. 부모 스스로가 좋은 학생이 아니었다면 자녀를 도와주기 어렵다. 그러나 학부모의 이와 같은 감정이나 태도는 자녀가 학교에서 잘 적응해 간다면 완화될 수 있다.
- 학교에 대한 불편한 감정과 불안을 가진 학부모: 학교에 대해 불편한 감정을 가지고 있고 학교를 부정적으로 인식하는 부모들이 있다. 부정적인 경험을 가진 학부모들은 학교나 교사에 대해 비판적이고 비협조적인 경향을 보인다. 이러한 부모의 태도는 자녀에게도 직간접적으로 전달되며, 결국 학생의 학교 적응, 만족도, 학업 성취도 등에 영향을 주게 된다. 자녀에게 장애나 문제가 있을 경우 이러한 감정은 더욱 강화되며, 문제해결을 위한 적절한 방법을 찾는 것도 어렵게 한다. 교사들이 학부모의 감정, 태도를 모두 다 파악할 수는 없다. 그러나 교사들이 부모의 이야기를 비판하거나 평가하지 않고 들어줌으로써 학교에 대한 불안이나 불편한 감정을 완화할 수 있을 것이다.

최근 학부모의 학력 향상, 학부모의 세력화, 가족 형태의 다양화 등으로 학부모를 이해하기 위해서는 보다 개방적인 관점을 가질 필요가 있다. 학부모의 학력 향상으로 자녀 교육에 있어 권리의식 발달, 부모의 교육관과 학교교육 방향의 차이로 인해 대안학교나 홈스쿨을 선택하는 가정이 늘어나고 있다. 또 참교육학부모회 등 학부모 단체들은 정부의 교육정책에 대해 적극적인 목소리를 내고 있다. 교사의 수업 결손에 대해 학부모들이 손해배상 소송을 제기하여 법원이 해당 교사에 대해 벌금을 부과한 사례, 부적격 교사 퇴출을 위한 교사평가제 시행 주장 등 학부모 단체의 영향력은 점차 커지고 있다.

이와 함께 전통적인 가족에 대해 새로운 가족 구조(한부모 가족, 이혼가족, 주말가족, 이산가족 등)가 늘어남에 따라 교사 역할에 대한 기대가 변화되고 있다는 점도 주목할 필요가 있다. 이혼가정이나 부모가 없거나 부모와 함께 살지 않는 학생들은 상대적으로 교사에 대한 심리적 의존도가 높으며, 교사들이 부모의 역할을 해줄 것을 기대하기도 한다. 또한 자녀에 대해 충분한 관심을 가지지 못하는 맞벌이 부부들은 자녀의 학교생활에 대해 잘 알지 못할 뿐 아니라 부모 역할에 대한 지식이 부족한 경우도 있다. 다양한 형태의 가족 구조가 존재한다는 것은 학부모들의 자녀에 대한 태도, 기대, 헌신 정도 등에 있어 상당한 격차가 있음을 시사한다. 자녀에 대한 과도한 관심과 참여 의지를 보이는 경우가 있는 반면, 경제적 어려움으로 자녀 교육에 무관심하거나 부모가 자녀를 방치하는 경우도 발견할 수 있다. 교사들은 다양한 유형의 학부모들을 만나게 된다는 점에서 보다 폭넓은 시각에서 학부모를 이해하기 위한 노력이 요구된다.

(2) 학부모의 교사에 대한 신뢰와 불신 요인

학부모가 교사를 신뢰하는 경우와 그 이유는 다양하다. 경기도 교육청 소속 초중등학교 교사를 대상으로 한 설문조사를 토대로 한 이전이 외(2022)의 연구에 의하면, 다음 각 항목에 대한 믿음이 높을수록 학부모가 교사를 신뢰한다.

- 내 아이에 관한 질문이나 문제가 있을 때 연락하면 흔쾌히 받아 준다.
- 친근하고 접근하기 쉽다.
- 학부모의 의견과 제안을 받아들인다.
- 내 아이가 친구와의 갈등을 해결하도록 잘 돕고 있다.
- 내 아이의 학교생활에 필요한 정보는 무엇이든 나에게 알려 준다.
- 문화적 차이에 대한 감수성이 높다.
- 내 아이가 규칙과 지침을 따르도록 잘 가르치고 있다.

학부모가 교사를 신뢰하는 이유에 대한 주제어 분석에서도 유사한 결과가 나왔는데, "자녀에 대한 교사의 관심과 애정", "자녀와의 대화에서 느껴지는 만족도", "교사의 친절한 상담" 등을 들 수 있다. 학교급에 따른 분석에서도 결과는 유사하게 나타났다. 또한 학부모의 교사에 대한 신뢰와 교사의 학부모에 대한 신뢰는 상호 밀접한 연관성이 있다. 즉 학부모가 교사를 신뢰할수록 교사의 학부모에 대한 신뢰도 높은 경향이 있다(이전이 외, 2022).

그러나 학부모 중에는 교사를 만나는 것을 편안하게 생각하지 않는 경우도 있다. 학부모들이 (담임)교사와의 만남을 꺼리는 이유, 신뢰하지 않는 이유는 다양하다. 교사가 학부모의 이러한 인식과 태도를 이해하고 이에 적절하게 대처할 수 있다면 교사와 학부모 간 관계는 보다 원활하게 유지될 수 있을 것이다. 학부모들이 교사와의 만남을 불편해하거나 교사를 신뢰하지 않는 이유는 다음과 같다(Bosch & Kersey, 1994; 박남기, 2005; 이전이 외, 2022).

- 아이에 대한 인상을 토대로 편견을 가지고 자신을 대할지도 모른다고 걱정한다.
- 자녀의 행동, 학습부진 등에 대한 책임을 자신에게 돌릴지 모른다고 걱정한다.
- 교사로부터 자신의 자녀가 문제가 있다는 평을 듣고 싶지 않은 마음이다.
- 자녀 관련 문제나, 학교폭력, 갈등 등의 문제 발생 시 교사의 대처를 신뢰하지 않는다.
- 자녀로부터 교사에 대한 부정적 피드백을 들었기 때문이다.
- 교사의 학급운영 및 학생 지도에 불만이 있거나 부족하다고 생각하기 때문이다.
- 학교나 교사가 자신과 자녀의 필요를 이해하지 못한다고 느낀다.
- 자신의 가정 사정이나 사적인 생활이 너무 많이 드러날지 모른다고 우려하기 때문이다.
- 교사가 학부모의 관심이나 의견을 들으려 하지 않는다고 생각한다.
- 교사가 학생에 대해 무관심하다고 생각한다.

(3) 학부모들이 필요로 하는 정보

학부모들은 자녀의 학교 생활에 필요한 정보를 알려주는 교사를 신뢰한다. 그렇다면, 학부모들이 알고 싶어 하는 정보는 무엇인가? 교사와 학부모의 효율적인 교류를 위해서 교사는 학부모들이 자녀의 학교생활에 대해 궁금해하는 것이 무엇이며, 또 알아두어야 할 사항이 무엇인가를 파악하고 예상되는 학부모의 질문에 답할 수 있어야 한다(박병량, 2003, 434-435). 학부모들은 대체로 자녀가 학교생활을 어떻게 하고 있는지, 공부를 잘하는지, 다른 아이들과는 잘 지내는지, 잘하는 일은 무엇이며, 못하는 혹은 취약한 부분은 무엇인지, 학부모로서 도울 수 있는 일은 무엇이며, 어떻게 도움을 줄 수 있는지 등을 궁금하게 여긴다.

그러나 현실적으로 학부모들이 그러한 정보를 얻을 수 있는 기회는 제한되어 있으며, 교사에게 직접적으로 물어보기를 주저하는 경향이 있다. 교사가 알려주지 않는 한 자녀에 관한 정보를 얻을 수 있는 기회는 제한적이다. 김승보(2015, 12-13)는 교육부의 2012년 학부모 실태조사 자료를 토대로 학부모가 학교로부터 제공받기를 원하는 정보를 정리한 바 있다. 이에 의하면, 1순위는 학업성취도(51.4%), 2순위는 수업 중 자녀의 행동(13.2%), 3순위 자녀의 교우관계(8.0%), 자녀의 과제물 제출 현황(6.7%) 등으로 나타나고 있다. 반면, 실제 학교가 학부모에게 제공하고 있는 정보는 1순위 학업성취도(63.4%), 2순위는 학사일정(55.4%), 3순위는 학부모 참여 및 교육안내(38.3%), 4순위는 수업 시간표 및 교육계획(36.9%) 등 학교 전체의 일정과 계획 등의 일반적인 정보 항목들이다. 1순위를 제외하고 학교가 학부모에게 제공하는 정보는 학부모가 기대하는 정보와는 상당한 차이가 있다.

국가교육과학기술자문회의(2011) 조사에 의하면 교사와의 대면 면담 여부에 대해 학부모의 절반이 넘는 50.5%는 교사와 아예 '만난 적 없음'이라고 응답하였으며, 단 한 번 면담한 경우가 29.9%였다. 2회 이상으로 응답한 학부모는 20.5%에 불과하여 학부모와 교사 간 면담은 미흡한 수준이었다. 학부모와의 소통을 활성화하기 위해 학교별로 상담 주간을 운영하도록 하였으나 절반 이상인 52.5%의 학부모가 '참여한 적 없음'으로 응답하였다. 참여한 경우는 35.2%였다. 또한 '가정-학교 간 대화가 잘 안 되는 이유'에 대해 학부모의 학교 방문을 학교가 부담스러워 한다(19.2%), 자녀가 싫어하거나(15.5%), 학교를 가도 문제가 해결되지 않는다(13.9%) 등의 응답이 상대적으로 높게 나타났다(김승보, 2015; 국가교육과학기술자문회의, 2011).

한편, 교사의 입장에서도 학생에 관한 정보를 학부모에게 알려주는 것이 교육적으로 올바른 것인지, 어떤 정보를 어느 정도 상세하게, 얼마나 자주 알려주어야 할 것인지 등을 판단하기 어려운 측면도 있다. 이러한 판단은 결국 교사와 학부모 간 협력적 관계를 형성하고 유지하고자 하는 교사의 전문적 판단과 경험에 의존하게 될 것이다.

일반적으로 교사가 학부모에게 알려주어야 할 사항, 교사와 학부모 간 정보 교류의 주된 내용은 교육활동, 학생에 대한 기대, 학생의 학교생활 등이다(박병량, 2003).

- 교육 활동: 학급에서 제공되는 교육활동을 알려주되 한꺼번에 전달하기보다 일정한 주기로 나누어 알려주는 것이 좋다. 수업 시간표보다 상세하게 교과에서 다루는 주요 내용, 준비물 등이 명시된 "주간·월간 학습 계획"을 들 수 있다.
- 학생에 대한 기대: 학급활동, 수업, 기타 교육활동에서 교사가 학생에게 기대하는 것을 알려준다.
- 학급운영 방법: 교사는 학생에 대한 기대를 어떻게 실현할 것인지, 학급 내 훈육방법, 문제행동지도 등을 학부모에게 알려준다.
- 학생의 학교생활: 학생이 학교에서 어떻게 생활하고 있는지를 일반적인 학교생활과 구체적인 교과활동 등을 알려준다.
- 협력방안: 학생의 발달을 위해 학부모가 도울 수 있는 것이 무엇인지를 알려준다.
- 학교행사: 학교가 계획하는 특별한 프로그램이나 행사에 관해 알려준다.

3. 학부모의 학교 참여

우리나라에서 학부모의 학교(교육) 참여는 긍정적인 차원에서 교육열로, 부정적인 차원에서는 치맛바람과 촌지로 대변되어 왔다.[3] 그러나 1990년대 중반 이후 각급 학교에 학교운영위원회가 설치되면서 학부모 참여는 재정 지원에서 학교 '운영'에의 참여로 확대되고 있다. 본 절에서는 학부모 참여의 개념, 유형, 학부모 참여의 긍정적인 측면과 부정적인 측면, 학부모 참여 방법 등에 대해서 살펴본다.

1) 학부모 참여의 개념

학부모 참여를 뜻하는 영어는 involvement와 participation으로 그 의미는 다소 차이가 있다. involvement는 학부모가 학교 의사결정 과정에 손님으로서 초청에 의해 참여하는 것이라면, participation은 경쟁자로서 당당한 권리를 가지고 참가하는 것을 의미한다(임연기, 2002, 261). 즉 학부모 참여는 그 성격상 '초청에 의한 참여'와 '권리에 기초한 참여'로 구분할 수 있다. 대다수 문헌에서 학부모 참여를 participation보다 involvement로 제시하고 있다. 학부모 참여의 개념을 정의한 연구를 몇 가지 제시해 보면 다음과 같다.

서울대학교 교육연구소(1994)에서 발간한 교육학 용어 사전에 의하면, 학부모 참여는 '학부모가 교육기관과 긴밀한 유대를 통해 자녀를 바르게 이해하고 학부모가 자녀의 학습현장에 직접 참여함으로써 효율적인 교육을 이루려는 것으로 학부모가 의사결정자, 지원자, 교사 보조자 등의 여러 가지 역할로서 교육 현장에 개입되는 것'을 말한다.

3) 이기봉(2007, 108)에 의하면, 치맛바람은 1960~90년대 학교에 직간접적으로 재정적 지원을 했던 학부모 특히 어머니의 행태를 상징하는 말로 통용되었다. 이러한 치맛바람은 학부모의 금전적인 위세만이 아니라 촌지 제공 등 자녀에게 유리한 영향력을 음성적으로 행사하는 것을 시사하는 말로도 사용된다(류방란 외, 2015, 23).

이강이 외(2012, 31)는 공교육의 파트너로서 학부모의 역할이 중요해지고 있음을 강조하고, 학부모의 학교 참여를 '학부모가 교육의 주체로서 제반 학교교육 및 학교운영에 대해 학교와 소통하고 협력하며, 교육을 지원함으로써 학생인 자녀의 건강한 성장과 발달을 도모하는 것'으로 정의하고 있다. 김승보(2015, 10)는 주민참여의 개념을 학부모 참여 개념에 적용하여, 학부모의 학교 참여를 '학교에서 이루어지고 있는 대의민주주의를 보완하는 성격으로서 학부모가 학교의 정책이나 집행과정에 개입해서 영향력을 행사하는 행위'로 정의한다.

류방란 외(2015)는 학부모의 학교 참여를 넓은 의미와 좁은 의미로 구분하여 정의하고 있다. 넓은 의미의 학교 참여는 "학부모가 학교교육의 질 향상과 자녀의 교육을 위해 학교, 가정, 정책적 수준에서 수행하는 의사결정, 교육, 지원, 소통 등의 행위"를 말한다(류방란 외, 2005, 34). 좁은 의미에서 학교 참여는 학부모가 가정을 기반으로 하는 자녀의 학교학습 지원과 관여 등을 제외한 것으로 "학부모가 학교교육의 질 향상과 자녀의 교육을 위해 학교를 기반으로 수행하는 의사결정, 교육, 지원, 소통 등의 활동"(류방란 외, 2005, 34)을 말한다.

진미정과 김봉제(2019)는 교육공동체의 일원으로서 학부모의 전반적인 참여 권리를 전제하면서 자녀교육을 위해 학교와 가정, 지역사회에서 이루어지는 모든 학부모 활동으로 포괄적으로 정의하고 있다. 엄문영 외(2022)는 학부모 학교(교육)참여와 학부모 (교육)참여 개념을 구분한다. 전자는 '학교'에서 이루어지는 학부모 활동을 대상으로 하는 반면, 후자는 학부모가 가정에서 자녀의 학습을 지원하는 활동까지 포함하는 것으로 본다. 이러한 구분을 기초로 엄문영 외(2022, 64)는 학부모 학교 참여를 "자녀교육을 위해 학부모가 교육공동체의 일원으로 참여 권리를 전제로 학교에서 수행하는 활동"으로 정의한다.

학부모 참여(parent involvement)는 가정-학교-지역사회 파트너십 또는 학부모 권리 등 다양한 맥락에서 다의적으로 사용되고 있다(Lim, 2003, 135). 학교 내에서 학부모 참여는 다양한 형태로 이루어지며, 학부모 참여 수준도 다양하다. 미국의 경우 목표 2000(GOAL 2000)[4] 발표 이후 학부모 참여를 보장하기 위한 기존의 교육정책, 학부모 참여 실태, 학부모 참여 프로그램 등을 재검토하고 학부모 참여를 보다 확대하기 위한 노력을 기울이고 있다(Lim, 2003, 135). 그러나 기본적으로 학부모 참여는 학생들의 교육을 위해 학교, 가정, 지역사회 간의 상호 연계, 공통된 비전의 개발, 다른 주체들의 역할 관계 속에서 개별 주체의 역할에 대한 이해 등 '협력'을 주요 특징으로 한다.

2) 학부모 참여의 의의

학부모 참여의 의의는 교사, 학부모, 학생, 학교 등 다양한 측면에서 찾아볼 수 있다. Henderson과 Berla(1994)는 광범위한 문헌 분석을 기초로 학부모 참여의 의의를 정리하였는데, 이를 교육 주체별로 정리하면 다음과 같다(Lim, 2003, 136-137 재인용).

첫째, 학생 측면에서 본 학부모 참여의 의의

- 학생들은 사회경제적 지위나 부모의 교육 수준에 관계없이 더 많이 성취하려고 한다.
- 학생들은 전반적으로 더 좋은 성적, 시험 점수, 출석률을 나타낸다.
- 학생들은 자신의 숙제를 완수한다.
- 학생들은 보다 나은 자아존중감을 가지고 있으며, 학교에 대해 더 높은 열망과 동기 수준을 보여준다.
- 학교 내에서의 학생 행동 개선과 성적으로 인한 출석 정지 학생 수를 감소시킨다.
- 특별 교육이나 보충 수업을 받는 학생 수를 점차 감소시킨다.

---

4) Goal 2000은 클린턴 행정부의 교육개혁 구상을 담은 것으로 1994년 3월 제정된 "목표 2000: 미국 교육법(Goal 2000: Educate America Act)"을 말한다. 이 법은 2000년까지 달성해야 할 8개의 국가 교육목표를 포함하여 이를 실천하기 위한 정책 수단 등을 담고 있다(김영철 · 이병식, 2002, 72).

- 다양한 문화적 배경을 가진 학생들은 가정과 학교 간의 문화적 차이를 메우기 위해 학부모와 교사가 공동으로 협력할 때 더 잘하는 경향을 보인다.
- 부모들이 학교에 참여하는 중학교와 고등학교 학생들은 학교 변화에 더 잘 적응하며 중도 탈락 학생도 더 적다.

둘째, 학부모 측면에서 본 학부모 참여의 의의

- 부모들은 자녀와 상호 작용과 토론을 더 많이 하고, 자녀의 사회적, 감정적, 지적인 발달 요구에 더 민감해진다.
- 부모들은 부모 역할과 의사결정에 더 자신감을 갖는다.
- 부모들은 자녀의 발달에 대해 더 많은 정보를 얻게 됨에 따라 애정이나 긍정적 강화를 더 많이 활용하고 처벌은 더 적게 사용한다.
- 부모들은 교사의 직무와 학교의 교육과정에 대해 더 잘 이해한다.
- 부모들은 자녀가 무엇을 배우는가를 알고 있으며 교사가 가정에서 자녀의 학습 지원을 요청할 때 더 잘 돕는다.
- 부모들은 학교에 대해 강한 유대와 헌신을 갖게 된다.
- 부모는 자녀 교육에 영향을 미치는 학교 정책에 대해 더 잘 알게 되며, 더 적극적이다.

셋째, 학교와 교육자 측면에서 본 학부모 참여의 의의

- 학교 내외에서 학부모의 참여가 높으면 교사와 교장의 사기도 높아진다.
- 교사와 교장은 학부모로부터 더 많은 존경을 얻게 된다.
- 지속적인 학부모 참여는 학부모, 교사, 행정가 간 의사소통과 관계 개선을 가져온다.
- 교사나 교장은 가정 문화의 다양성을 더 잘 이해하게 되며 학부모의 능력과 시간을 더 존중하게 된다.
- 교사와 교장의 직업 만족은 증가한다.
- 부모나 지역사회가 적극적으로 참여하는 학교는 더 좋은 평판을 얻게 된다.

• 학교는 지역사회의 더 많은 지원을 얻게 된다.
• 학부모를 참여시키는 학교 프로그램은 질적으로 더 우수하다.

3) 학부모 참여의 유형

학부모 참여의 유형은 적극적 참여와 소극적 참여, 직접적 참여와 간접적 참여, 집단적 참여와 개인적 참여 등 다양한 형태로 구분할 수 있다(임연기, 2002, 261-264). 여기서 적극적 참여와 소극적 참여는 학부모의 참여가 학교의 초청에 의해 동원형 형태로 이루어지는가, 또는 학부모의 권리에 기초하여 적극적으로 참여하는가에 따라 구분된다(임연기, 2002). 또한 공식적인 절차나 채널을 통해서 학교운영에 직접 참여할 경우는 직접적 참여로 비공식적 절차나 채널을 통한 참여, 상급 행정기관을 통한 학교운영 참여는 비공식적 참여로 구분된다(임연기, 2002).

참여 방식이 개인적인가 집단적인가에 따라 집단적 참여와 개인적 참여로 나뉜다. 집단적 참여는 제도적 차원에서 이루어지는 것으로 정책 결정 과정에 학부모 대표가 참여하는 경우를 들 수 있다. 교육부, 지방교육자치 단체, 학교, 학급 등의 관련 기구에 위원으로 참석하는 경우를 예로 들 수 있다. 개인적 참여는 개인적으로 학교운영에 관한 의견을 제시하는 것을 말하며, 비공식적 참여 형태를 띠는 경우가 많다(임연기, 2002). 개인적 참여는 제도적 차원의 참여와 달리 일대일 차원에서 이루어지는 참여를 의미하는데, 학교 혹은 학급 전체를 위한 활동에의 참여와 자기 자녀를 위한 참여로 나뉜다.

가정, 학교, 지역사회 간의 성공적인 파트너십을 형성하기 위한 단일한 공식은 없다. 다양한 형태로 이루어지는 학부모 참여 방식은 가정, 학교, 지역사회에 각기 다른 영향을 미치게 되며, 각 활동이 얼마나 잘 계획되고 실천되는가에 따라 긍정적인 또는 부정적인 효과를 가져오게 될 것이다(Lim, 2003).

Epstein(1992)은 학생의 학습과 발달은 가정, 학교, 지역사회의 세 가지 맥락에서 이루어진다는 기초하에 6가지 학부모 참여 유형을 개발하였다. 이를 토대로 Lim(2003, 138-150)은 각 유형별 주요 특징을 정리한 바 있는데, 이를 우리나라 맥락에 맞게 제시해 보면 다음과 같다.

(1) 유형 Ⅰ: 가정의 기본적인 책임, 의무

가장 기본적인 형태의 학부모 참여는 자녀를 양육하고 음식, 의복, 건강, 안전 등을 제공하는 것이다. 이는 부모로서의 역할과 책임을 다하는 것, 학부모 역할하기(parenting)로 명명할 수 있다. 부모들은 긍정적인 가정 환경을 제공·유지함으로써 자녀가 학교에서 성공할 수 있는 기초를 만들어 주어야 한다. 학교는 학부모들이 부모로서의 역할과 책임을 다하여 자녀를 양육하고, 자녀 발달을 이해하고, 자녀의 학습을 지원하는 가정환경을 만들도록 도움을 줄 필요가 있다. 이러한 학부모 참여를 지원하기 위해 학교(교사)가 할 수 있는 구체적인 활동을 예시하면 다음과 같다.

- 학교(교사)는 모든 학부모들에게 다양한 방법으로 계속적으로 정보를 제공한다. 학부모 워크샵, 학부모 교육, 학년별 미팅, 뉴스레터와 팜플릿, 비디오, 오디오, 학교 웹 사이트, 이메일, 자동 전화 메시지 등을 예로 들 수 있다.
- 학부모 자원실(parent resource room)을 만든다. 학교에 공간이 부족한 경우는 어렵겠지만, 유휴 교실이나 공간이 있을 경우 학부모 자원실을 마련함으로써 학부모의 참여를 높일 수 있다. 학부모 자원실은 학부모들이 함께 모여 부모 역할에 관한 쟁점을 토론하고 다양한 자원이나 자료를 대출할 수 있는 가정 친화적 센터가 될 수 있다.
- 학부모 지원 프로그램을 조직한다. 학부모들이 자발적인 그룹을 조직하도록 하며(예: 학부모 학습 공동체), 이러한 조직을 통해 각 가정이 연계되고 각자의 경험과 지식을 나눌 수 있다.

- 교사들이 가정에 대해 더 많이 알고, 또 각 가정은 학교의 기대를 이해할 수 있도록 필요한 경우 가정방문 기회를 갖는다.
- 무료 클리닉, 사회봉사 프로그램, 지역사회 활동 등 지역사회 서비스 정보를 제공한다.

이러한 활동이 성공적으로 이루어지기 위해서는 학부모들에게 의미 있는 주제를 선택해야 하며, 모든 학부모들에게 관련된 정보를 제공해야 한다. 또한 학부모가 참여할 필요가 있는 워크샵이나 모임 시에는 시간, 장소, 주제에 대한 간략한 소개, 발표자 등에 대해 충분한 정보를 제공한다. 이러한 정보는 간결하고 정확하며 이해하기 쉬운 것이어야 한다.

(2) 유형 Ⅱ: 의사소통

효과적인 의사소통(communicating)은 학교와 가정 간의 성공적인 파트너십을 형성하기 위한 필수 요소이다. 학교와 가정 간 양방향 소통이 없다면 학부모 참여를 유도하기는 어려울 것이다. 유형 Ⅱ에서는 학생들이 학교와 가정 간 메시지를 전달하는 중요한 역할을 한다.

학교의 기본적인 의무는 지속적으로 그리고 효과적으로 학교 프로그램과 학생의 발달에 대한 정보를 제공하는 것이다. 이러한 과정이 성공적이라면 가정과 학교간의 긴장과 갈등은 줄어들게 될 것이다. 많은 학교에서 활용되고 있는 보편적인 방법은 학교 홈페이지, 가정통신문, 성적표, 학부모 상담, 이메일, 전화 등이다. 정보통신 기술의 발달로 온라인 소통 방식도 다양해지고 있다. 학부모와의 의사소통을 활성화하는 활동을 예로 들면 다음과 같다.

- 학부모들이 교사, 행정가, 다른 학부모와 소통할 수 있는 뉴스레터나 게시판을 만든다.
- 학부모들이 자녀의 발달상황을 검토하고 의견을 제시할 수 있도록 학생의

작업 폴더를 만들어 주 단위나 월 단위로 가정에 보낸다.

- 학부모들이 질문하고 아이디어를 제안할 수 있도록 의견 제안함이나 온라인 의견 제시코너를 만든다.
- 교사와 학부모 협의회를 정기적으로 개최한다. 협의회에 오지 못하는 부모를 위해 온라인 협의회를 계획한다.
- 학교교육계획서를 통해 학교 교육목표, 학교 정책, 가정 및 지역사회의 역할, 교육과정 등에 대한 정보를 제공한다.
- 학교·학급 소식지(뉴스레터), 학사일정, 학교행사, 학부모 협의회 등 학교의 공지 사항을 배포 계획을 수립한다.

성공적인 의사소통을 위해서는 소통되는 정보가 분명하고 이해하기 쉽고 의미 있는 것이어야 한다. 또한 학부모들이 학교와 의사소통할 수 있는 다양한 방법을 제공한다. 의사소통 방법을 다양하게 하는 것은 근무 시간이 다양한 학부모들의 학교 참여에 융통성을 줄 수 있다는 점에서 중요하다.

(3) 유형 Ⅲ: 자원봉사

학부모가 참여하는 자원봉사(volunteering)의 전형적인 형태는 등하교 안전지도, 급식, 사서 도우미, 학교 행사 도우미 등으로 학교 활동을 지원하는 것이다. 학부모의 참여 수준은 최소한의 참여만 하는 '청중'이거나 참여 수준이 높은 '의사결정자' 등 다양할 수 있다. 대부분의 학교에서는 학부모 자원봉사자가 적어 어려움을 겪고 있다. 더구나 직장을 가진 학부모들이 늘어남에 따라 자원봉사 개념을 재정립해야 할 필요가 있다. 최근 학교에서는 과거 학부모가 자원봉사로 하던 일을 별도 인력을 고용하여 대체하고 있지만, 학부모의 자원봉사 활동은 학교와 학생 모두에게 교육적으로 의미가 있다.

학교는 많은 학부모들이 자원봉사자로 참여할 수 있도록 시간과 장소에 융통성을 기할 필요가 있다. 즉 학부모들이 가정, 학교, 지역사회에서 자원봉사를 할 뿐 아니라 저녁 시간, 주말, 방학 등 편리한 시간에 자원봉사자로 참여할 수 있도록 해야 한다. 자원봉사활동은 학급 내외로 구분할 수 있다.

- 학급에서의 자원봉사: 현장 학습, 학급 행사 등에서 봉사
- 학급 외에서의 자원봉사: 학급 웹 사이트 업데이트, 학교 활동을 위한 자원, 자료 수집

자원봉사 프로그램의 계획과 실행을 위해서 학교는 자원봉사자를 모집하고, 훈련·감독하며 이들의 참여를 인정해 주는 다양한 방안을 마련해야 한다. 자원봉사자 모집과 관련해서는 학부모뿐만 아니라 지역사회 인사 등 다양한 잠재적인 자원봉사자들을 찾기 위한 방법(예: 가정 통신문, 학교행사 등에서 안내)을 개발해야 한다. 자원봉사자 훈련과 감독을 위해서는 자원봉사자 오리엔테이션, 봉사활동에 대한 피드백 등이 필요하다. 봉사활동에 대한 인정은 봉사 시간이나 학교에 대한 기여도에 관계없이 모든 자원봉사자에 대해 그들의 헌신과 서비스를 인정해 주어야 한다.

(4) 유형 Ⅳ: 가정에서의 학습 지원

가정에서 부모들이 자녀의 학습을 도와주는 것(learning at home)도 학부모 참여·지원의 한 형태라 할 수 있다. 학부모들은 학생이 가정에서 무엇을 하는가, 즉 학생이 텔레비전을 보는 양과 시간, 비디오 게임을 하며 보내는 시간, 청취하는 음악의 종류, 공부나 숙제하는 시간 등에 영향을 미친다. 학생이 성장하면서 학교에서 보내는 시간은 점차 많아지기는 하지만, 가정을 포함하여 학교 밖에서 보내는 시간도 학생의 학습이나 교육에 긍정적인 태도를 형성하는 데 중요하다. 그러나 여건상 가정에서의 학습 지원이 어려운 학생이 있으므로 교사는 이러한 학생에 대해 더 세심한 주의를 기울일 필요가 있다.

가정에서의 학습은 학생의 학습 경험을 증진시킬 뿐 아니라 학교에서의 학습 경험을 강화하고 지원한다. 또 부모들은 숙제 내용, 숙제 방침, 자녀를 도와줄 방

법 등에 대해 더 많은 정보를 원한다. 대부분의 부모들은 가정에서 자녀의 숙제를 도와주는 역할을 하고 있지만, 자녀를 어떻게 도와주는 것이 좋은가에 대해 교사로부터 어떤 요구나 지침을 받는 경우는 거의 없다(Epstein, 1986). 학생의 가정 학습활동에 있어 학부모 참여의 예를 들면 다음과 같다.

- 책 대출(backpack reading): 학생이 학교에서 책을 대출하여 집으로 가져오면, 학부모가 빌려온 책을 읽어 주거나 자녀가 책을 읽는 것을 들어준다.
- 이동식 학습 센터(mobile learning center): 학습자료가 든 가방을 활용한다. 각 가방에는 학생의 발달 단계와 관련되는 2~3가지의 활동 자료들을 넣는다. 가방의 내용물은 학부모에게 주는 편지, 활동 지침, 학부모의 피드백을 기입할 수 있는 기록장, 활동 수행에 필요한 자료들로 구성되어 있다. 학생들은 각 활동 가방을 1~2주 동안 활용한 후에 반납하도록 한다. 교사는 가방의 자료를 다시 확인하고 정리한 후 다음 학생에게 대여해 준다.
- 가정에서 활용 가능한 자료를 이용한 학습(home learning enablers): 가정에서 사용되는 다양한 도구, 자료들이 어떻게 활용되는가를 보여줌으로써 자녀의 학습에 학부모가 참여하도록 하는 방법이다. 교사는 가정학습자료 활용을 위한 활동을 가정에 안내한다. 활동 카드에는 활동명, 활동 목적, 활용한 자료, 활동 방법, 활동 시간, 학부모 평가서 등을 제시한다.
- 상호작용형 숙제(interactive homework): 초등학교 고학년이나 중등학교 학생들을 위한 활동으로, 학교의 수업 목표와 직접적으로 연계되며 학생들이 가족 구성원이나 지역사회 구성원의 협력이나 의사소통을 통해 과제를 해결하는 것이다. 가족 구성원이나 지역사회 구성원 면담을 통해 과제를 해결하는 것을 예로 들 수 있다.

가정에서의 학습활동을 성공적으로 실행하기 위해서는 가정 학습활동의 구체적인 내용, 방법 등에 대해 충분한 정보를 제공하고 이러한 지원이 가정의 일상적인 활동에 통합될 수 있도록 한다. 즉 가정의 학습활동은 학생의 일상적인 일과 활동에서 함께 이루어질 수 있어야 하며 학부모들이 쉽게 구할 수 있는 자료나 자원을 활용한 것이어야 한다.

(5) 유형 V: 의사결정

의사결정(decision making) 측면에서 학부모의 참여는 다양한 형태로 이루어지는데 학교 선택, 학교 프로그램 평가, 예산 검토, 직원 인사(학교 인력 고용), 학교 내 각종 위원회에서의 심의·자문 역할 등이 포함된다. 학교의 의사결정과정에서 학부모 참여의 형태는 학교의 철학, 학부모 참여의 목표, 학교 정책 등에 따라 다르다. 의사결정은 학부모와 교육자들이 함께 모여 아이디어를 공유하고 문제를 해결하고 행동을 취하는 파트너십 과정이라 할 수 있다. 학부모들은 자신의 의견, 아이디어, 관심 등을 제시함으로써 다른 학부모의 리더 역할을 할 수도 있다. 학부모는 학교, 가정, 학생의 옹호자, 지원자로서 참여할 수도 있다. 사실상 대부분의 부모는 자기 자녀를 위해 행동한다. 또한 부모들은 주요 쟁점에 대해 집단으로 함께 모이기도 한다. 의사결정 면에서 학부모 참여에 관한 예를 들면 다음과 같다.

- 학부모 조직이나 자문 위원회: 위원회는 장기 또는 단기로 구성할 수 있다. 단기 위원회에서는 학교 이벤트, 학부모실에 소요되는 자원 선정 등 단기 프로젝트 작업을 수행한다. 장기 위원회는 학교 정책, 예산, 인사 등에 관련된 장기적 과제를 검토한다.
- 학부모를 위한 훈련(연수) 과정: 학부모들이 의사결정과 관련하여 다양한 책임을 효과적으로 실행할 수 있도록 학부모 연수 과정을 제공한다.
- 학급 위원회 구성: 학부모는 학교와 가정을 위한 학급 교육과정 관련 활동, 특별 학급 이벤트 등을 토론하고 계획하기 위해 위원회를 구성한다.

의사결정과정에서 학부모의 참여를 성공적으로 계획하고 실행하기 위해서는 학년, 연령, 성별 등 학부모의 다양성과 수가 보장되어야 한다. 또한 건전한 의사결정을 위해 충분한 정보가 제공되어야 하며, 학부모들이 자신의 역할을 효과적으로 수행할 수 있도록 계속적인 교육이 필요하다. 또 중요한 쟁점에 계속 관심을 가지도록 하기 위해서 정기적인 모임도 필요하다.

(6) 유형 VI: 지역사회 협력

학부모는 지역사회의 각종 프로그램 및 자원 정보를 제공하는 등 지역사회와 협력(collaborating with the community)한다. 학교와 교사는 지역사회를 보다 넓은 맥락에서 이해할 필요가 있다. 학교는 기업, 정부 조직, 문화 단체 등 다양한 지역사회 구성원들과 연계·합력할 수 있어야 한다. 우리나라에서 학교운영위원회 구성 시 지역사회 인사를 1인 이상 포함시키도록 한 것은 학교, 가정, 지역사회의 연계를 강화하고 지역사회의 자원을 학교 교육에 활용하기 위한 것이라 할 수 있다. 또 학교와 지역사회와의 협력을 위해 학부모나 학교 직원들이 이용 가능한 지역사회 자원과 서비스에 대한 다양한 정보(예: 프로그램의 내용, 주최 기관, 시간, 비용, 전화번호, 이메일)를 제공할 필요가 있다.

국내 연구에서 학부모의 참여 유형을 구분한 연구로는 이강이 외(2012), 이현아와 진미정(2012), 김소영과 진미정(2014), 류방란 외(2015), 박새롬과 이강이 (2021) 등을 들 수 있다. 이강이 외(2012)는 학부모 참여 유형을 그 내용에 따라 교육기부, 학부모-학교 소통, 학부모 교육으로 구분하고, 대체로 우리나라 부모들의 자녀교육 참여는 사교육으로 대표되는 가정에서의 학습지원 활동에 집중되어 있고 학교에서의 학부모 참여와 역할 수행은 활발하지 않은 것으로 평가하였다.

이현아와 진미정(2012)은 학부모 참여의 범주를 정기적·비정기적 상담, 학부모회, 학예회 및 발표회, 운동회, 녹색어머니회, 학교청소 봉사, 학교급식 도우미, 도서관 자원봉사, 기타 자원봉사, 아버지회, 학교운영위원회 등의 다양한 학교 행사와 회의를 포괄하는 것으로 규정하고 있다. 김소영과 진미정(2014, 37)은 학교에서의 학부모 참여와 역할 수행을 총 11가지로 구분하였다. 여기에는 교내외 안전 및 생활지도, 모니터링, 취약계층 지원을 위한 자원봉사, 학교 운영・행사 지원, 학부모 참여 지원, 각종 교육활동지원, 학생 상담, 교사와의 면대면 상담, 비면대면 상담(전화, 문자메시지, 이메일), 학부모 상담 주간, 학교 설명회 등이다.

류방란 외(2015, 31-33)는 선행연구를 토대로 학부모의 학교 참여 유형을 가정기반 참여, 단위학교 기반 참여, 정책 참여 등으로 보다 상세하게 구분하였다.

첫째, 가정 기반 참여: 자녀의 학교 학습 지원

가정에서 학부모가 자녀의 학교 학습에 관심을 가지고 살피며 지원하는 일을 말한다. 구체적으로 자녀를 학교에 지각하지 않도록 보내고, 학교에서 부과하는 숙제나 준비물을 챙기는 등 자녀가 학교 학습에 잘 적응할 수 있는 여건을 만드는 것이다. 부모가 학교에서 이루어지는 교육의 특성을 알고 학교에서 학생에게 요구하는 것들이 잘 이루어질 수 있도록 돕는 것이 자녀가 학교교육을 성공적으로 영위하는 데 절대적으로 중요하다(류방란 외, 2015, 31).

둘째, 학교 기반 참여

- 학교경영: 운영 기획과 평가 및 의사결정: 학부모는 학교운영위원회를 통해 학교교육 계획 등 제반 사항을 심의한다. 이외에도 학교교육 계획을 수립하는 데 의견을 반영할 수 있는 학교교육 만족도 조사, 교원 만족도 평가, 수업 참관이나 학교교육 설명회 참여 등도 학교경영 참여활동이라고 할 수 있다.
- 교육활동 및 지원활동: 학부모의 학교참여 활동을 일컬을 때 가장 우선적으로 제시되는 활동이라 할 수 있다. 교육지원 활동은 두 가지로 구분할 수 있다. 첫째, 학부모가 보조교사로 교실 수업을 지원하거나 학습 준비물을 제작・관리하는 일을 돕는 일, 학교 행사지원 활동으로 학교 밖 체험활동 인솔 지원, 학교에서 이루어지는 체육대회 등 행사 진행을 돕는 일 등이다. 둘째, 학생들의 안전과 보호에 관한 지원으로 등하굣길 교통지도, 스쿨 폴리스 활동 등이 이에 해당한다.
- 학부모회, 위원회 등 참여: 초・중등학교 조직된 다양한 학부모회, 녹색어머니

회, 스쿨 폴리스단 등을 통한 참여이다. 녹색 어머니회는 학생들의 등하교 교통지도를 목적으로, 스쿨 폴리스단은 학교 내외의 안전 점검을 목적으로 조직된 것이다.

셋째, 정책 기반 참여: 정책 입안 참여, 모니터링, 선택 등

학부모가 정책에 참여하는 방식은 다양하다. 교육정책의 입안과 결정 과정에 참여할 수 있고(예: 교육정책 공청회 참여), 교육정책의 집행에 대한 모니터링을 하여 그 결과를 교육부, 교육청에 제공할 수 있으며, 교육개혁 정책의 한 전략으로 허용된 학부모 선택권을 행사할 수 있다.

박새롬, 이강이(2021)는 서울대학교 학부모정책연구센터에서 조사한 2019년 학부모의 자녀교육 및 학교참여 실태조사 자료를 활용하여 초등학교 학부모의 학교참여 활동유형에 따른 참여 결정요인을 탐색하였다. 이 연구에서 학부모 학교참여 활동은 학교운영 및 자원 활동과 자녀교육 관련 활동으로 크게 구분된다. 세부 내용을 정리하면 〈표 10-1〉과 같다.

〈표 10-1〉 학부모 학교 참여 활동 구분

구분	세부 활동	활동 내용
학교 운영 및 자원 활동	자원봉사 (자녀 관련)	교내외 안전 및 생활지도(교통지도, 생활지도 등), 모니터링(수업, 방과후활동, 급식 모니터링 등)
	자원봉사 (학교 관련)	취약계층 지원을 위한 자원봉사, 학교운영 · 행사 지원(학습자료 준비, 환경정화, 운동회 등)
	교육기부	학부모 학교참여 지원(학부모리더), 각종 교육활동 지원(창의적 체험활동, 진로교육, 특강 등), 학생 상담(진로 상담, 멘토링 등)
	학부모회 활동	학부모회 활동 참여
자녀 교육 관련 활동	면대면 상담	교사와의 면대면 상담
	비대면 상담	교사와의 비대면 상담(전화, 문자, 이메일 등)
	오프라인 학부모 교육	오프라인 학부모교육(학교, 교육청, 학부모지원센터 등)
	온라인 학부모 교육	온라인 학부모교육(학부모On누리 등)

출처: 박새롬 · 이강이(2021). 172.

종합하면, 학부모 참여의 유형은 공간적으로 보면, 학교 기반 참여, 가정 기반 참여, 지역사회 기반 참여로 구분할 수 있다. 학부모 참여의 내용, 성격으로 보면, 학교 운영 지원, 자녀 교육 지원, 학부모 교육 참여로 구분할 수 있다. 국내 선행 연구에서 보듯이 학부모 참여 세부 활동은 다소 변화하고 있다. 예를 들어, 녹색 어머니회, 학교청소 봉사, 학교급식 도우미 등 학부모의 시간과 노동을 요하는 활동들은 학부모의 자원봉사를 기대하기보다 학교 인력을 고용하여 운영하고 있다. 박새롬과 이강이(2021)의 연구에서 보듯이 온·오프라인 학부모 교육이 학부모 참여 활동의 하나로 포함된 것은 미국의 학부모 참여 유형과 차이가 있는 부분이다.

4) 학부모 참여 요인 및 장애 요인

(1) 학부모 참여에 영향을 미치는 요인

최근 학부모의 참여가 공교육의 질적인 향상을 가져올 수 있다는 기대와 함께 학부모 참여의 중요성이 부각되고 있다. 교육부는 2009년부터 학부모의 학교 참여를 지원하는 다양한 정책을 개발 추진하고 있으며, 이를 통해 학부모의 학교 참여 기회도 점차 확대되고 있다(김소영·진미정, 2014). 학부모의 학교 참여에 영향을 미치는 요인은 다양하다. Hoover-Dempsey와 Sandler(1995)는 학부모들이 왜 자녀 교육에 참여하며, 학부모 참여가 자녀의 교육성과에 어떻게 영향을 주는가를 기술하는 이론적 모델을 개발하였으며, Walker 외(2005)는 이를 보다 단순화한 학부모 참여 요인을 설명하는 모델을 제안하였다. 학부모 참여 결정에 영향을 미치는 요인(1 수준)과 참여 형태 선택에 영향을 미치는 요인(2 수준)을 그림으로 제시하면 [그림 10-2]와 같다.

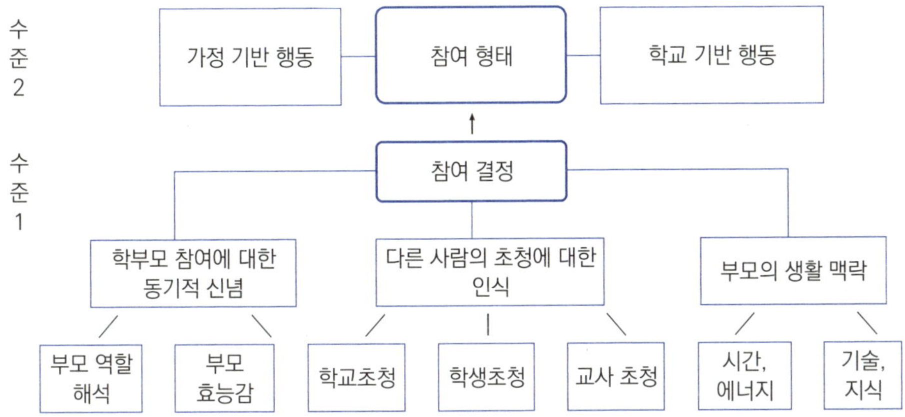

[그림 10-2] 학부모 참여 과정에 관한 모델

출처: 박상완(2019). 70.

- 학교 참여에 대한 학부모의 동기적 신념(motivational beliefs): 학부모 역할 구성(parental role construction for involvement)과 학교에서 자녀 성공을 돕는 데 대한 부모의 자기 효능감(parental self-efficacy)
- 다른 사람의 참여 요청(초청)에 대한 인식: 학교의 일반적인 참여 요청(초대), 학생과 교사의 구체적인 참여 요청(초대)으로 구분
- 학부모의 생활 맥락(life context): 참여를 위한 시간과 에너지가 가능한가 여부, 참여에 필요한 지식과 기술

학부모 참여 관련 요인을 종합해 보면 학부모의 사회·인구학적 요인, 자녀 요인, 학부모의 심리적 요인(학교 참여 동기·효능감), 학교 요인의 네 가지로 범주화할 수 있다(김소영·진미정, 2014; 박새롬·이강이, 2021; 엄문영·오범호·유지성, 2022).

① 사회·인구학적 요인

사회·인구학적 특성으로는 부모의 성별, 교육수준, 가구소득, 취업 여부, 맞벌이 여부, 학부모가 거주하는 지역의 규모 등이다. 대체로 부모의 교육수준 또는 가구소득과 학부모 참여는 정적 관련성이 있는 반면 어머니의 취업과 학교 참여는 부적 관련성을 보여준다(김소영 · 진미정, 2014, 33). 즉 부모의 교육수준이 높고, 소득이 높을수록, 어머니의 직업이 없을수록 학부모의 학교 참여가 더 활발한 편이다(엄문영 외, 2022). 우리나라의 경우, 부모가 똑같이 취업상태라 하더라도 아버지보다 어머니의 학교 참여 수준이 더 높게 나타나는데, 이는 어머니를 중심으로 학부모 역할이 이루어지고 있음을 보여준다(이현아 · 진미정, 2012).

② 자녀 요인

자녀 관련 요인으로는 자녀의 성별, 학년, 성적, 학교생활파악, 학교생활적응 등을 들 수 있다. 대체로 자녀의 성적과 부모의 학교 참여는 정적인 상관이 있는 것으로 보고되고 있다(심미옥, 2003; 엄문영 외, 2022; Zimmerman & Martinez-Pons, 1986; Keith et al., 1993; Feuerstein, 2000). 엄문영 외(2022)에 의하면, 여자 자녀를 가진 부모, 저학년의 자녀, 학업성취도가 높은 자녀를 둔 부모일수록 학교참여에 더 적극적이다. Zimmerman과 Martinez-Pons(1986)에 의하면, 학업성취 수준이 높은 자녀는 부모의 지원을 적극 요청하는 경향이 있다. 자녀의 성별과 부모의 학교 참여 간의 관계에 대해 상반된 연구 결과가 제시되기도 한다. 여자 자녀보다 남자 자녀일 때 부모가 학교 활동에 더 많이 참여한다는 연구 결과가 있는가 하면, 어머니는 여자 자녀의 교육에 더 참여적이라는 연구도 보고되고 있다(변수용 · 김경근, 2008; 김소영 · 진미정, 2014).

③ 학교 참여 동기나 부모 효능감 등 심리적 요인

학부모의 학교 참여 동기가 되는 심리적 특성(신념)으로는 부모 역할 구성, 자녀의 성공적인 학교생활에 도움을 줄 수 있다는 부모의 효능감을 들 수 있다. 여기서 부모 역할 구성은 자녀의 교육과 관련하여 해야 할 일에 대한 부모의 신념과 그에 따르는 행동 패턴을 말한다. 부모 효능감은 부모 자신이 자녀의 학교교육에 참여할 때 자녀의 학습과 학업성취에 긍정적인 영향을 미칠 것이라는 믿음으로 정의할 수 있다(김소영 · 진미정, 2014, 35). 김소영, 진미정(2014, 36)의 연구에서는 부모의 학교 참여의 동기가 되는 요인을 크게 여섯 가지로 구분하였다. ① 부모가 자녀의 학교생활 전반, 교사와의 관계, 친구와의 관계에 대해 얼마나 알고 있다고 생각하는지, ② 부모 효능감, ③ 학부모가 학교운영의 주체임을 인식하고 있는지, ④ 학부모의 학교 참여가 자녀의 인성발달, 학업성취, 교우관계, 교사와의 관계에 어느 정도 영향을 미칠 것으로 생각하는지, ⑤ 학부모의 학교 참여 활성화가 학교교육 발전에 기여할 수 있다고 생각하는지, ⑥ 학교가 제공하는 교육정보에 대해 만족하는 수준 등이다.

엄문영 외(2022)는 학부모의 학교 참여에 영향을 미치는 학부모 효능감 요인으로 자녀에 대한 기대 교육수준이 높고, 학교만족도와 교육만족도가 높은 부모일수록 학교참여가 더 활발한 것으로 보고하였다.

한편, 김소영과 진미정(2014, 47-50)은 우리나라 초 · 중 · 고등학교 학부모 1, 500명을 대상으로 학교 참여 실태를 조사하였다. 주요 결과를 정리해 보면 다음과 같다.

첫째, 학교급별로 보면 초등학생 자녀가 있는 학부모의 학교 참여 수준이 중학생이나 고등학생을 둔 학부모에 비해 높았다. 이는 자녀의 학령 또는 학교급이 높아질수록 부모의 학교 참여가 감소하는 경향을 보이며, 이는 초등학생 학부모에 비해 중고등학교 학부모의 부모 효능감이 낮은 데 기인한다고 볼 수 있다.

둘째, 학부모의 사회 · 인구학적 특성 중 부모의 학교 참여에 영향을 미치는 요인들로는 부모의 성별, 소득, 학력, 거주지, 맞벌이 여부 등이다. 즉 아버지보다는 어머니가 학교 활동에 더 많이 참여하였고, 학력과 월평균 가구소득이 높을수록 학교 참여가 더 활발하였다. 이는 우리나라에서 자녀 교육의 일차적인 책임이 어머니에게 부과되어 있고 학부모로서의 역할 또한 어머니를 중심으로 이루어지고 있음을 보여준다. 부모의 사회경제적 지위와 학교 참여 간 정적인 관련이 있으며, 거주지에서도 학부모의 학교 참여는 차이가 있는데, 대도시보다 중소도시나 읍면 지역에 거주하는 초 · 중 · 고등학생 학부모들이 학교 활동에 더 많이 참여하였다.

이는 거주지의 규모가 작을수록 학교를 자주 방문하고 학교에서 열리는 모임에 활발하게 참여한다는 것을 보여준다. 맞벌이인 학부모의 학교 참여가 외벌이인 학부모에 비해 적었다.

셋째, 자녀의 성별, 성적, 자녀와의 하루 평균 대화시간을 포함한 자녀 관련 변수 중에서 자녀의 성적은 초등학생 학부모의 학교 참여와만 관련이 있는 것으로 나타났다. 즉 자녀의 성적이 상위권이라고 응답한 초등 학부모가 중위권 성적이라 답한 학부모보다 학교활동에 더 참여한다. 그러나 자녀의 성적은 중·고등학교 학부모에게는 학교 참여에 영향을 미치는 요인이 되지 않는 것으로 나타났다. 김소영·진미정(2014)의 연구 결과는 학부모가 학교활동에 참여하는 동기가 되는 요인들이 학교급에 따라 달라진다는 점을 보여준다는 점에서 초등학교, 중학교, 고등학교에 맞춤화된 학부모 참여 활성화 전략이 필요하다는 것을 시사한다.

④ 학교 요인

학교 관련 요인으로는 교육정보 제공 만족도, 학부모 의견 반영 정도, 학교 참여 지원 만족도를 들 수 있다(박새롬·이강이, 2021). 박새롬·이강이(2021)의 연구에서 학부모가 평가한 학교가 제공하는 교육정보에 대한 만족도 평균은 4점 만점에 2.92점, 학교교육계획 수립, 시행 및 평가 시 학부모 의견 반영 정도에 대한 만족도 평균은 2.57점, 학교의 학부모 학교참여 지원 활동 만족도 평균은 2.68점으로 전반적으로 중간 이상의 만족도를 보였다. 이 연구에서 학교 관련 요인은 학부모의 자녀 교육 관련 활동 참여 여부에만 유의한 영향력을 미치는 것으로 나타났다. 즉 학교에서 제공하는 교육정보 만족도가 높을수록 면대면 상담에 참여할 가능성이 더 높고, 학교의 학부모 학교 참여지원 활동 만족도가 높을수록 오프라인 학부모 교육에 참여할 가능성이 더 높은 것으로 나타났다. 이는 학교에서 학부모에게 자녀교육에 도움이 되는 정보를 제공하고, 학부모의 학교 참여를 독려하고 지원하는 것이 자녀교육과 관련된 학부모의 참여 가능성을 증가시킬 수 있음을 의미한다(박새롬·이강이, 2021, 183).

(2) 학부모의 학교 참여 장애 요인

학부모 참여는 학생의 교육이나 교사의 교직 만족도 등에 긍정적인 영향을 미침에도 불구하고 교사나 학부모 모두 꺼리는 경향이 있다. 학부모의 학교 참여는 다양한 요인에 영향을 받는다. 교사와 학부모 간 협력적 관계 형성의 장애 요인과 그 해결책을 체계적으로 분석한 Lombana(1983)의 연구를 토대로 학부모의 학교 참여를 저해하는 요인을 정리해 보면 다음과 같다.

① 자녀 비판에 대한 두려움

우리 인간은 대부분 타인의 비판을 두려워한다. 비판을 피하는 가장 쉬운 방법은 접촉을 피하는 것이다. 학부모들 역시 교사의 비판에 예민하다. 부모들은 자녀가 문제행동을 한다는 지적을 듣게 될까 두려워하며, 자신의 양육 방식에 스스로 확신을 갖고 있지 못하면서도 교사나 다른 사람들로부터 비판받기를 싫어하기 때문에 교사와의 접촉을 두려워한다. 이에 따라 담임교사가 문제행동을 보이는 아동의 학부모에게 면담을 요청하면 학부모들은 이를 무시하고 학교에 오지 않으려는 경향이 있다. 교사는 학부모가 갖는 이러한 성향을 이해하고, 학부모의 두려움을 최소화시키기 위한 노력을 해야 할 것이다.

② 학부모의 부정적인 학교 경험

학부모 중에는 자신이 학생 시절에 가졌던 부정적인 기억 때문에 학부모가 된 이후에도 학교, 교사를 부정적으로 바라보는 경우가 있다. 또한 자녀 교육 과정에서 만난 다른 교사에 대한 부정적인 경험 때문에 현재의 교사에 대해서도 부정적으로 반응하기도 한다. 이러한 문제를 해결하기 위해 교사는 새로 대면하는 학부모와 라포르 형성을 위해 노력해야 한다. 한 번 찾아온 학부모가 두 번째 올 때부터는 어떠한 부담도 느끼지 않고 찾아올 수 있도록 만들 필요가 있다.

③ 불이익에 대한 두려움

학부모는 자기 자녀에게 돌아갈 불이익에 대한 우려 때문에 교사의 교육 방식이나 자신의 교육관 등에 대한 의견을 표현하기를 꺼려하는 경향이 있다. 동시에 자녀를 기르고 교육하는 데 있어 자신보다 더 나은 사람은 없다고 생각하는 '자녀 교육 경쟁자'적 심리도 있을 수 있다. 학부모를 교육 동반자로 유도하기 위해 교사는 학부모가 자녀 교육의 중심에 서 있음을 인정해 주고, 자유롭게 의견을 개진할 수 있도록 대화 · 소통의 기회를 확대할 필요가 있다.

④ 시간 제약

시간 제약 문제는 교사와 학부모 모두 가지고 있다. 그러나 시간 제약은 우리가 느끼는 중요성에 대한 우선순위의 문제이다. 생계를 꾸리는 데 바쁜 부모라 하더라도 학교에 참여하는 것이 자녀의 교육에 도움이 된다고 판단하게 되면, 부족한 시간을 쪼개서라도 참여하고자 하는 열의를 보이게 된다. 교사의 경우도 학부모 참여의 필요성을 절실히 느끼면 이를 유도하기 위해 시간을 할애하게 될 것이다. 따라서 시간이 부족하다는 사실을 현실적인 문제로 인식하면서 시간 제약을 극복하기 위한 절충안을 찾기 위한 노력을 기울여야 할 것이다.

⑤ 학부모의 개인적 문제

학부모 개인의 문제가 관계 정립에 있어 장애가 되기도 한다. 교사와 학부모 간담회를 개최하거나 면담을 하면 정작 와야 할 학부모들은 오지 않는 경우가 많다. 개인적으로 문제를 안고 있는 학부모는 학교에 참여하는 것을 꺼리는 경향이 있다. 따라서 교사는 이들을 무조건 비판하고 무시할 것이 아니라 지속적인 관심과 도움을 주는 것이 중요하다.

5) 우리나라 학부모의 학교 참여 역사

우리나라에서 학부모의 학교 참여는 학교 후원단체의 성격을 지닌 후원회, 사친회, 기성회, 육성회 등 학부모 단체를 통해 이루어져 왔다(안창선 외, 2001). 초기 학부모 단체의 학교 참여는 단순한 재정적 후원조직에 머물러 있었으나 최근에는 학교, 나아가 정부의 주요 정책 결정에 영향을 미치고 있다. 우리나라 학부모의 학교 참여의 역사는 학교에 구성된 학부모 단체의 성격 변화를 통해서 파악해볼 수 있다. 해방 이후 학교에 설치된 학부모 단체는 후원회, 사친회, 기성회, 학교육성회, 학교운영위원회로 변화되어 왔다(안창선 외, 2001, 289-308). 학교운영위원회는 순수한 학부모 단체는 아니지만 학부모 참여가 법적으로 보장된 최초의 공식적인 조직이라는 점에서 학부모 단체에 포함시켜 정리하였다.

(1) 후원회(1945~1953)

해방 후 학교교육제도 개편으로 각급 학교의 학생 수는 급격하게 증가하게 되었다. 특히 초등학교의 취학률은 의무교육 완성 6개년 계획 등이 발표되면서 급증하게 되었으며, 교육 인구의 양적 팽창으로 정부의 교육재정 부담이 큰 문제로 대두되었다. 이러한 정부의 교육재정 부담을 완화하기 위해 수익자 부담에 의존할 수밖에 없었고, 이에 따라 각급 학교의 산하기관으로 후원회가 발족되었다. 당시 후원회의 역할은 교사의 생활비 보조와 교육시설 확충 등 물질적 후원에 집중되었다. 그러나 한편으로 금전적 문제로 인한 학교와 후원회 간 마찰과 알력, 교원 인사나 학교 운영에 대한 후원회의 과도한 관여 등의 문제가 야기되면서 후원회의 월권과 부정부패를 방지하고 교권을 확립하고 교육을 정상화할 수 있는 새로운 학교 후원단체를 모색하게 되었다. 이에 따라 새로운 학부모 단체로 사친회 제도가 도입되었다.

(2) 사친회(1953~1962)

학교 후원회를 보다 '교육적인' 조직으로 개편하기 위해 도입된 사친회는 미국의 학부모 단체인 PTA(Parent Teacher Association) 개념에 기초한 것이다. 사친회는 종래의 재정적 후원 단체였던 후원회를 학부모와 교사가 아동의 교육과 행복을 위해 항상 협력할 수 있는 민주적 조직체로 개편하기 위해 도입되었다. 그러나 실제 운영 과정에서는 종래의 후원회와 유사하게 재정 지원 기능을 주로 담당하였는데, 이는 6.25 전쟁 직후 국가 재정으로는 학교경영이 불가능한 상태에서 불가피한 것이기도 하였다. 사친회가 부족한 교육재정을 보조하는 기능을 주로 담당함에 따라 당시 징수된 사친회비는 교원 후생비 보조, 교실 증축 및 복구 사업에 사용되었다. 이러한 과정에서 사친회가 정치적으로 이용되거나 학교 일에 과도하게 간섭하는 등의 문제가 야기되었다. 또 사친회비의 무리한 징수, 기타 각종 명목의 잡부금 징수와 사친회비의 대부분이 교직원 후생비로 충당되는 등의 문제가 부각되면서 사친회 제도가 폐지되고 기성회 제도가 새로이 도입되었다.

(3) 기성회(1963~1970)

기성회는 학교건축, 시설 지원을 목적으로 당시 문교부의 지시에 의해 전국적으로 조직되었다. 종래 학부모 단체의 재정 후원이 교원 후생비에 집중됨에 따라 많은 문제가 야기되었기 때문에 기성회비는 원칙적으로 학교 시설비 충당을 위해 활용되었다. 또한 기성회비 운영은 엄격한 정부의 통제와 감독을 받았기 때문에 지역적 특수성과 학교 실정을 반영하지 못한 한계도 있었다. 한편으로는 교사가 기성회비를 징수하도록 함으로써 교사와 학생 간 관계에 부정적인 영향을 미쳤을 뿐 아니라 영세층 자녀의 취학 거부, 중도 퇴학자 발생 등의 부작용도 초래되었다. 또한 학교 운영비 부족으로 기성회비 외에 다양한 잡부금은 여전히 존재하여 사실상 기성회비 제도는 유명무실하게 되었다. 이에 따라 학교 육성회가 새로이 도입되었다.

(4) 학교육성회(1970~1995)

학교육성회는 1970년대 들어 가정, 학교, 지역사회의 협력을 통해 교육풍토를 쇄신하고, 학교 육성 방안을 마련하자는 여론에 힘입어 조직되었다. 학교육성회는 종래 각급 학교에서 다양한 명목으로 징수되던 각종 부담금을 양성화하고, 교권을 확립함으로써 학교교육을 정상화하고, 교원의 처우개선, 학생 복지증진, 학교 운영비를 지원하기 위해 도입되었다. 이러한 육성회는 학교시설·설비 보완에 중점을 두었던 기성회와 달리 교원후생에 일차적인 중점을 두었으며, 운영 면에서도 교사가 육성회비를 징수하거나 납입 독촉을 하지 못하도록 함으로써 회비 징수과정에서 교사와 학생 간의 갈등 문제를 해소하고자 하였다. 그러나 학교육성회도 재정적인 후원기능이 강조되어 학교와 지역사회의 협동체로서 지녀야 할 교육적 기능을 발휘하지는 못했다. 이러한 과정에서 1996년 5.31 교육개혁방안에서 학교중심경영제를 기반으로 한 학교운영위원회 제도가 제안되었으며 종래 육성회의 기능과 역할은 학교 내 자생적 조직인 학부모회가 담당하게 되었다. 학교운영위원회의 학부모 위원과 학부모회 소속의 학부모들의 역할과 기능에 대해 일선 학교에서는 여전히 혼동과 역할 갈등이 존재하나, 학교운영위원회가 설치됨으로써 단위학교경영에 학부모들이 공식적으로 참여할 수 있는 통로가 마련되었으며 학부모의 학교 참여는 새로운 형태를 띠게 되었다고 할 수 있다.

(5) 학교운영위원회(1996~현재)

학교운영위원회제도는 1995년 교육개혁위원회의 '초·중등교육의 자율적 운영을 위한 학교공동체 구축' 방안의 하나로 제안되었다. 교육개혁위원회의 도입 취지에 의하면 학교운영위원회는 단위학교의 자율성 확대와 학부모·지역인사의 학교운영 참여를 통한 참여적 의사결정, 교육에 대한 주민자치 정신을 실현하고, 학교운영의 민주성 및 투명성과 책무성을 강화함으로써 학교공동체를 구축하며,

학교와 지역의 특성에 맞는 다양하고 창의적인 교육을 실시함으로써 학교교육의 질(효과)을 높이기 위한 제도라 할 수 있다(정수현 · 박상완, 2005). 특히 학교운영위원회제도는 기존의 학교재정 지원에 국한되었던 학부모의 학교 참여가 학교의 주요 의사결정과정에의 참여로 확대됨으로써 학교운영의 민주화를 실현할 수 있게 되었다는 점에서 의의가 있다. 그러나 학교운영위원회는 학부모뿐 아니라 교원, 지역사회 인사 등이 참여하고 있어 학부모들로만 구성된 순수한 학부모 단체는 아니다. 단위 학교에서는 학부모들로만 구성된 임의 단체로서 학부모가 학교운영위원회와 함께 자율적으로 운영되고 있다.

우리나라에서 학부모 단체는 다양한 이름으로 존재해 왔으며, 학부모의 학교 운영 및 교육정책 참여는 1980년대 후반 활성화된 시민사회 운동과 함께 활발하게 이루어지기 시작하였다(박소영 · 신하영, 2019). 1990년대 중반 학교운영위원회가 제도화된 것은 이러한 학부모 참여의 기반이 갖추어진 결과라 할 수 있다. 1980년대 후반부터 학부모 단체들은 학부모가 교육공동체의 주체로 인식하고 교육 권리 보장과 교육 문제 해결을 위해 조직적인 활동을 추진하였다. 이러한 학부모 단체의 활동은 '학부모 운동'의 성격을 띠었으며(박소영 · 신하영, 2019; 김장중, 2019), 학교교육에서 학부모의 역할과 위상을 강화하기 위해 노력하였다. 최근에는 '학부모의 질이 교육을 좌우한다'는 화두를 제기하고 교육의 원천주권자로서 학부모의 교육권, 한국교육에서 학부모담론을 재정립하고 '학부모학' 연구, 학부모학의 학문적 정체성을 정립하려는 노력도 이루어지고 있다(이종각, 2014; 김장중, 2016).

4. 교사와 학부모 간 협력적 관계 정립

교사와 학부모 간의 많은 문제는 의사소통 능력 결여에서 발생한다. 학부모와의 효율적인 의사소통을 위한 구체적인 방법은 교사 자신의 성향과 학급의 특징에 따라 달라질 수 있다. 또 교사는 매년 다른 의사소통 방법을 활용함으로써 자신만의 노하우를 개발할 수 있다. 이에 따라 본 절에서는 교사와 학부모 간 협력적 관계 정립을 위한 의사소통 방법을 검토한다.

의사소통 방법은 다양한 형태로 구분될 수 있다. 공식적 의사소통과 비공식적 의사소통, 언어적 의사소통과 비언어적 의사소통, 정기적 의사소통과 비정기적 의사소통, 서신이나 기록을 통한 비인격적 교류와 직접적인 대면에 의한 대면적·인격적 교류 등으로 구분할 수 있다. 교사와 학부모 간 의사소통 방법의 주요 특징, 활용 시 유의 사항 등을 정리해 보면 다음과 같다(박병량, 2003; 박병량·주철안, 2005; Olsen & Fuller, 2003).

1) 학부모 협의회(class conference)

학부모 협의회는 학교에서 학부모와 교사가 서로 만나 상호 이해를 도모하는 교류방법이다(박병량·주철안, 2005, 517). 학부모 협의회는 학부모 개별 면담 형식이나 학급 전체 학부모를 대상으로 한 회의 방식으로 이루어질 수 있다. 학부모 협의회는 비형식적이고 자연스러운 것이 좋다. 학부모 협의회가 성공적으로 이루어지기 위해서는 사전 계획과 준비가 필요하다.

(1) 개별 협의회(상담)

교사는 개별 협의 전에 학생 개인별 기록 자료를 준비한다. 이 기록 자료에는 학생의 학습활동상황, 행동발달상황, 또래 관계, 학생에 대한 교사의 평가를 뒷받침하는 검사나 자료 등이 포함된다. 학생의 행동과 학습발달을 알 수 있는 일화 등은 평시에 메모해 둔다. 학부모를 면담할 경우 준수해야 할 원칙들을 예시하면 다음과 같다(박병량, 2003).

- 학부모가 편안하게 학급을 방문하고 교사와 대화할 수 있도록 우호적이고 자연스러운 태도로 학부모를 반기는 것이 중요하다.

- 자녀에 대해 좋은 점, 긍정적인 점을 먼저 언급함으로써 학부모를 안심시킨다.
- 학부모가 주로 얘기하도록 유도하고 교사는 주의 깊게 듣도록 한다. 교사가 학부모보다 말을 더 많이 해서는 안 된다. 학부모의 의견에 대해 논쟁하거나 비판, 평가하지 않고 수용한다.
- 학부모는 자기 자녀에 대해 객관적일 수 없으며, 자녀에 대해 잘 모를 수도 있다는 점을 이해할 필요가 있다. 학생들은 학교와 가정에서 다른 행동을 보이기 때문에 교사와 학부모가 학생에 대해 서로 다른 정보를 가질 수 있다 (황기우 역, 2002).
- 학부모는 강력한 동반자가 될 수 있다는 점을 염두에 두고 학부모도 이를 알도록 한다. 부모와 마찬가지로 교사가 학생을 위해 최선을 다하고 있다는 인상을 주도록 한다.
- 학생 진로나 교육에 대한 교사의 계획을 설명한다. 교사의 노력을 지원해 줄 것을 요청하고 학생에 대해 얘기한 것에 대해 감사를 표시한다.

〈학부모 상담 관련 참고 영상〉

[3분노하우] 학부모상담, 아이 문제상황 이야기하기 (5:15)
https://www.youtube.com/watch?v=cWWARgdShxQ

[학급경영] 3월, 신뢰가 싹트는 학부모상담 (6:09)
https://www.youtube.com/watch?v=M_cosxthqfg&t=140s

(2) 학급 협의회(학부모 총회)

학급전체 협의회는 학급 전체 학부모를 대상으로 하는 회의 방식으로 진행된다. 대체로 학기초에 진행되는 학부모총회 전후로 학급 전체 협의회가 운영된다.

학급 전체 협의회를 준비하기 위해 교사는 학급 환경을 정비하고, 학급 전체 협의회의 목표 및 실행 방안, 학부모의 협조 사항 등에 대해 사전에 충분히 준비하도록 한다. 학교에 따라서는 학급 협의회에서 활용할 PPT 템플릿을 공유하기도 하므로 담임교사들은 자신의 학급 협의회에서 다룰 내용을 정리하면 된다.

효율적인 학급 전체 협의회를 진행하기 위해 고려해야 할 사항을 재정리하면 다음과 같다(박병량, 2003, 444-445).

- 협의회 시작 전에 장소(학급, 협의회실)가 적절한지 점검한다.
- 학부모를 모두 소개하고 환영 인사를 함으로써 협의회 분위기를 부드럽게 한다.
- 협의회 목적과 진행 절차, 소요 시간 등을 알려준다.
- 학생에 대한 긍정적인 언급으로 회의를 시작하고 끝내도록 한다. 부정적인 측면은 하나의 사례로 표현하도록 함으로써 부모들이 방어적으로 되지 않도록 주의한다.
- 학생들이 실제로 활동한 결과물(견본)을 보여준다.
- 부모들이 나타내는 의견, 비판 등을 주의 깊게 듣는다. 교사의 최종적인 판단이나 독단적인 언급은 피하고 학부모들이 여러 가지 제안을 하도록 유도한다.
- 평가적인 언급을 할 때는 구체적이고 학부모들이 알기 쉽고 명확하게 이야기한다.
- 협의회는 어려움이 있는 학생에게만 관심을 두는 것이 아니다. 학교생활을 잘 하고 있는 학생의 부모는 자녀가 무엇을 배우고 있는가를 알기를 원하고 자녀와 관련된 칭찬을 듣기를 원한다는 점에 유념할 필요가 있다.
- 협의회가 논쟁의 장이 되어서는 안 된다. 논쟁적 상황을 피하고 공동 이해를 확립하는 것이 중요하다. 학부모와 대립하는 교사가 되어서는 안 된다.
- 협의하는 동안 메모하는 데 많은 시간을 보내지 않도록 유의한다. 노트를 많이 하는 것은 토론의 흐름을 방해할 수 있으며 학부모의 의견을 충분히 듣지

못하게 된다.

- 협의회에 적합한 논의가 이루어지도록 하며 그러한 논의가 계속되는 한 협의를 계속 진행한다. 충분한 대화가 이루어지도록 한다.
- 협의회가 순조롭게 끝나도록 한다. 추가 협의나 사후 검토가 필요한 경우 이를 정하고 긍정적인 말로 협의회를 종결한다.

2) 수업 참관

수업참관은 학부모를 초청하여 실제 수업을 참관하도록 하는 것이다(박병량, 2003, 446). 최근에는 학부모총회와 연계하여 운영하고 있는데, 학부모 수업참관의 의미는 크게 세 가지로 정리할 수 있다.

- 보호자에게는 자녀가 단체 속에서 생활하는 모습을 봄으로써 자녀를 보다 잘 이해하는 기회가 되며, 교사에게는 아동의 특성을 확인할 수 있는 기회가 된다. 이를 위해서는 있는 그대로의 일상적인 수업 모습을 보여줄 필요가 있다.
- 학교교육의 목표와 학생지도의 초점, 교과의 목적과 지도내용 등 학교교육 전반에 대해 학부모들에게 알리고, 이해받는 기회가 된다. 학부모의 이해를 돕기 위해 학습목표나 지도안 등의 자료를 배포한다.
- 아동 집단의 실태를 정확하게 파악할 수 있는 기회가 된다. 교사는 학업과 관련하여 학생의 장단점, 분발할 점 등을 적은 카드를 평시에 작성해 두며, 학부모에게 이를 보여줌으로써 보완될 부분에 대한 조언을 구할 수 있다.

3) 가정방문

가정방문은 가정과 학급 사이에 연계를 갖게 하고, 학부모와 교사 간의 지속적이고 체계적인 관계를 형성하게 하는 본질적인 요소이다(박병량, 2003, 446). 그러나 최근 가정방문은 필요한 경우에 제한적으로 이루어진다. 교사의 가정방문이 필요하다는 의견도 있지만 교육청이나 학교 차원에서 이를 장려하기는 어려운 실정이다. 여러 사정으로 가정방문을 실시하지 않더라도 교사는 가정방문의 교육적 의미·목적을 이해할 필요가 있다(권기욱, 1996; 박병령, 2003).

- 교사는 가정방문을 통해 학생의 학습환경, 생활 환경을 직접 확인하고 특별한 배려가 필요한지, 학부모(보호자)의 교육 자세, 자녀 교육 지원 여건을 확인할 수 있다.
- 가정방문은 교사와 학부모 간 정보 교류의 기회가 된다. 교사는 가정방문을 통해 학생교육과 관련하여 학교에서 수행하고 있는 일을 부모에게 알려 주고, 부모는 가정에서 하고 있는 것을 교사에게 알려 줄 수 있다.
- 교사는 특정한 문제에 대하여 부모의 협력을 구할 수 있으며, 학생에게 최선의 교육을 제공할 수 있는 방법을 강구할 수 있다(박병량, 2003).
- 부모의 학교에 대한 부정적인 감정과 비협조적인 태도를 완화시킬 수 있다.
- 교사는 학생의 가정학습활동을 부모가 효과적으로 지도할 수 있도록 교육할 수 있고, 학생 개인의 진단적 지도가 가능하다

5. 교사와 학부모 관계에 대한 평가

1) 교사와 학부모 관계 평가

교사와 학부모 간 관계를 발전시키기 위해서는 교사와 학부모 간 관계 정립 활동을 평가해 보는 것이 중요하다. 교사와 학부모 관계에 대한 평가는 교사의 평가와 학부모의 평가로 구분될 수 있다. 학부모 평가는 교사와 학부모 관계에 대한 학부모의 반응을 얻기 위한 것이다. 학부모 평가는 모든 학부모를 대상으로 할 수도 있으며, 특정한 활동에 참여한 학부모들의 반응을 수집할 수도 있다. 교

사 평가는 교사 스스로 학부모와의 관계 정립을 위한 다양한 노력들을 평가하기 위한 것이다. 자기평가를 통해 교사는 교사와 학부모 관계에 대한 반성은 물론 새로운 아이디어를 얻을 수도 있을 것이다.

교사와 학부모 관계 평가에 포함될 항목은 연구자에 따라 다양하게 제시하고 있는데 이를 열거해 보면 다음과 같다(김종철 외, 1993; 박병량, 2003; 박남기, 2005). 교사는 이들 중 적절한 것을 선별하여 활용해볼 수 있을 것이다.

- 학년 · 학급목표를 부모에게 알리고 협력을 구하였는가?
- 학급간담회, 협의회, 면담 등의 내용은 사전에 계획적으로 준비하고 실행하였는가?
- 학급통신은 적절하게 활용되었으며, 내용에 대한 연구 · 개선이 이루어졌는가?
- 학생 지도에 있어 교사와 학부모 간 공통 이해가 이루어지고 협력이 이루어졌는가?
- 학급운영에 대한 학부모의 참여는 적절하였는가?
- 학부모 지원 활동은 충실하게 했는가?
- 학부모의 학교 방문을 부자연스럽게 하는 요인은 없었는가?
- 학부모와의 만남에서 교사로서 교육적 자세를 유지했는가?
- 학교 · 학급활동에서 학부모의 지원을 획득하였는가?
- 학부모의 학급 방문을 권장하였는가?
- 학부모에게 유익한 학부모 협의회를 운영하였는가?
- 학부모와의 관계에서 긍정적인 접근 · 참여를 강조하였는가?

2) 학부모 대상 설문조사 (예시)

학부모와 교사 간 상호 신뢰 향상 방안 연구(이전이 외, 2022, 96-100)에서 학부모 대상 설문조사를 시행한 바 있다(〈표 10-2〉 참고). 학기말 또는 학년도 말에 학부모 대상 설문조사를 실시하여 교사와 학부모 관계를 평가하고 학부모 특성을 이해하는 데 활용할 수 있을 것이다.

〈표 10-2〉 학부모 대상 설문지

	나는 ( )고 믿는다	①	②	③	④
1	교사의 도움이 필요하면 언제든지 교사에게 연락할 수 있다.				
2	교사에게 자녀의 상태에 대해 솔직하게 말할 수 있다.				
3	자녀 교육에 있어 교사와 학부모는 동등한 위치에 있다.				
	나는 우리학교 선생님들이 ( )고 믿는다.	①	②	③	④
4	아이들에게 교과학습지도를 잘 하고 있다.				
5	아이들이 규칙과 지침을 따르도록 가르치는 일을 잘하고 있다.				
6	아이들이 친구와의 갈등을 해결하도록 돕는 일을 잘하고 있다.				
7	아이의 발달 및 성장에 대해 학부모에게 잘 알려준다.				
8	학부모가 아이의 교육에 참여하도록 격려한다.				
9	아이들을 잘 훈육한다.				
10	아이들의 자존감을 북돋아주는 일을 잘하고 있다.				
11	아이들이 배움에 대해 긍정적인 태도를 갖도록 잘 격려한다.				
12	아이들이 도덕적, 윤리적 책임을 이해하도록 돕는 일을 잘하고 있다.				
13	문화적 차이에 대한 감수성이 높다.				
14	아이들에게 관심을 가지고 있다.				
15	아이들의 적성과 흥미를 잘 알고 있다.				
16	훌륭한 인격을 가지고 있다.				
17	교실에서 아이들을 위해 최선을 다한다.				
18	아이에 관한 질문이나 문제가 있을 때 연락하면 흔쾌히 받아줄 것으로 믿는다.				
19	아이의 학교 생활에 필요한 정보를 학부모에게 알려 준다.				
20	친근하고 접근하기 쉽다.				
21	학부모의 의견과 제안을 받아들인다.				
22	학부모를 존중한다.				

주: ① 전혀 그렇지 않다, ② 그렇지 않다, ③ 그렇다, ④ 매우 그렇다
일부 문항은 내용을 수정함

요약

학급경영에서 교사와 학부모의 협력 관계는 매우 중요하다. 가정의 협력과 지원이 있을 때 학생 교육의 질과 성과가 높아질 수 있고, 교사가 학생을 이해하기 위해서는 학생의 가정 환경에 대한 이해가 필수적으로 요구되기 때문이다. 이에 따라 본 장에서는 교사와 학부모 관계의 이해, 학부모의 교육권과 학부모에 대한 이해, 학부모의 학교 참여, 교사와 학부모 간 협력적 관계 정립을 위한 과제, 교사와 학부모 관계의 평가에 대해 살펴보았다.

주요 내용을 요약하면, 첫째, 교사와 학부모 관계 간 상호 협력 관계는 학부모의 학교 운영에 대한 이해와 참여, 학생교육의 질을 높인다는 점에서 의미가 있다. 이러한 교사와 학부모 관계는 학생교육을 매개로 인위적, 일시적으로 형성된 비영구적인 관계이며, 교사와 학부모의 비 선택적 결합 관계, 학생교육에 대한 권리와 의무에 기초한 합법적・공식적 결합 관계라는 특징이 있다. 둘째, 학부모의 교육권은 자녀 교육에 관한 형성권, 결정권, 이행권, 선택권, 참여권, 요구권 등 다원적인 성격을 가지고 있다. 이러한 학부모의 교육권은 교사의 교육권과 상호 보완적, 협력적 관계에 있으며, 교사는 교육의 본질적 속성에 비추어 가치 창조적인 입장에서 학생을 지도하는 능동적 지위를 갖는다. 교사는 학부모가 필요로 하는 정보, 학부모가 교사를 신뢰하거나 불신하는 이유가 무엇인가를 이해하고 긍정적인 교사와 학부모 관계 정립을 위해 노력해야 할 것이다. 셋째, 학부모의 학교 참여는 자녀 양육과 같은 기본적인 책임, 의사소통, 자원봉사, 가정에서의 학습 지원, 의사결정, 지역사회 협력 등 다양한 방식으로 이루어지고 있다. 학부모 참여에 영향을 미치는 요인으로는 학부모의 성별, 교육수준 등 사회・인구학적 요인, 자녀 요인, 학부모의 동기나 효능감 등 심리적 요인, 학교 요인으로 구분할 수 있다. 학부모 참여를 활성화하기 위해서는 이러한 학부모 참여에 영향을 미치는 요인, 장애 요인 등에 대한 심층적인 이해가 필요하다. 넷째, 교사와 학부모 간 협력적 관계 정립을 위해서는 학부모 협의회, 수업 참관, 가정방문 등 학교와 교사 개인 수준에서 다양한 방안을 모색할 필요가 있다. 다섯째, 교사와 학부모 관계 평가를 위해 학부모 설문조사나 교사와 학부모 관계에 대한 교사의 자기 평가 항목들을 활용해 볼 수 있다.

핵심용어

학부모, 학교 참여, 학부모 참여 요인, 학부모 교육권, 가정-학교-지역사회 파트너십, 신뢰, 의사소통, 자원봉사, 의사결정, 학부모 단체, 학교운영위원회

참고문헌

국가교육과학기술자문회의(2011). 가정 · 사회 · 학교가 함께하는 교육 선진화 방안.

권기욱(1996). 최신 학급경영. 서울: 원미사.

권영성(2006). 헌법학원론. 서울: 법문사.

김기수 · 곽상경 · 박재원 · 정유진 · 채희태(2021). 인간교육실현학부모연대. 현안보고 2021-14. 경기도교육연구원.

김기태, 조평호(2003). (미래지향적) 교사론. 서울: 교육과학사.

김소영 · 진미정(2014). 초중고 학교급별 학부모 학교 참여 관련 요인. 가족과 문화, 27(2), 27-60.

김승보(2015). 학부모의 교육 참여: 현실과 과제. 학부모연구, 2(1), 1-23.

김영철 · 이병식(2002). 교육규제 개혁의 국제 동향 분석. 서울: 한국교육개발원.

김장중(2016). 학부모학 기반 형성을 위한 학문적 정체성 찾기. 학부모연구, 3(1), 1-23.

김장중(2019). 한국 학부모운동 30년의 성과와 의의. 학부모연구, 6(1), 1-24.

김장중(2022). 학부모는 무엇을 할 수 있고, 또 해야 하는가?: 현행 법령에 나타난 학부모의 권리와 의무 분석. 학부모연구, 9(1), 1-29.

김종철 · 진동섭 · 허병기(1993). 학교학급경영론. 서울: 한국방송통신대학 출판부.

류방란 · 김경애 · 임후남 · 이성회 · 양희준 · 황지원(2015). 학부모의 학교 참여 실태 및 정책 방안. 연구보고 RR 2015-01. 서울: 한국교육개발원.

박남기(1997). 초등학교 교실에는 지금. 서울: 원미사.

박남기(2003). 학급경영 마이더스-인터넷 환경에서의 학급경영. 파주: 교육과학사.

박남기(2005). 21세기 학급경영 이론과 실제. 광주: 광주교육대학교 출판부.

박남기 · 김근영(2007). 학부모와 함께 하는 학급경영. 대구: 태일사.

박병량(2003). 학급경영. 서울: 학지사.

박병량 · 주철안(2005). 학교 · 학급경영. 서울: 학지사.

박상완(2013). 지방분권과 교육. 서울: 한국학술정보.

박상완(2015). 신자유주의 교육개혁에서 교직의 전문성. 교원교육, 31(1), 227-245.

박상완(2015). 역사적 제도주의 관점에서 교장공모제도 변화 분석. 교육행정학연구, 33(3), 323-350.

박상완(2016). 미국 중학교 제도의 발달과 중학교 교육의 성격 고찰. 한국교육, 43(1), 155-183.

박상완(2019). 동아리 활동을 통한 학부모의 학교 참여. 한국교육학연구, 25(2), 65-92.

박새롬 · 이강이(2021). 초등학교 학부모의 학교참여 활동유형에 따른 참여 결정요인 탐색. 인간발달연구, 28(3), 167-190.

박소영 · 신하영(2019). 학부모의 학교 운영 참여를 둘러싼 갈등과 쟁점. 교육정치학연구, 26(3), 401-421.

변수용 · 김경근(2008). 부모의 교육적 관여가 학업성취에 미치는 영향: 가정배경의 영향을 중심으로. 교육사회학연구, 18(1), 39-66.

서울대학교 교육연구소(1994). 교육학용어사전. 서울: 하우.

신상명 외(2004). 초등교사교육을 위한 교육학 기본과목(학급경영) 프로그램 개발. 교육인적자원부.

심미옥(2003). 초등학교 학부모의 자녀 교육지원 활동에 관한 연구. 초등교육연구, 16(2), 333-358.

안창선 · 남경현 · 이욱범(2001). 교사론. 서울: 교육과학사.

엄문영 · 오범호 · 유지성(2022). 학부모 학교참여 영향요인 분석. 학부모연구, 9(1), 61-81.

유재봉(2022). 학부모 교육권에 대한 철학적 논의: 학교 선택권을 중심으로. 교육철학연구, 44(1), 117-137.

이강이 · 최인숙 · 서현석(2012). 학교급별, 지역별, 학부모 특성별 학부모 학교 참여 실태 조사에 따른 시범학교 운영방안 연구. 서울대학교 학부모정책연구센터.

이기봉(2007). 장보기와 치맛바람-근대와 여성의 '가정적 이미지'. 대한지리학회 전국지리학대회 자료집, 107-109.

이전이 · 김종민 · 엄수정 · 홍혜영(2022). 학부모와 교사 간 상호신뢰 향상 방안. 현안보고 2022-01. 경기도교육연구원.

이종각(2014). 학부모학 연구의 필요성과 의의. 학부모연구, 1(1), 1-20.

이현아 · 진미정(2012). 취업 부모의 학교 참여 경험 및 학교 참여휴가제에 대한 요구. 대한가정학회지, 50(6), 119-130.

임연기(2002). 학부모의 학교운영 참여 논리 연구. 교육행정학연구, 20(1), 257-280.

정수현 · 박상완(2005). 학교운영위원회의 운영 실태 및 성과 분석. 교육행정학연구, 23(2), 303-328.

조석훈(2006). 학부모 교육권의 내용과 한계. 교육행정학연구, 24(3), 367-390.

조석훈(2016). 교원의 인식을 통해 본 교직의 현상과 향후 전망. 한국교원교육연구, 33(3), 1-26.

신미성 · 김봉제(2019). 학부모 교육참여 척도 개발 연구. 서울대학교 학부모정책연구센터.
한국교원단체총연합회(2013). 행복교육을 위한 교육공동체 인식 조사.
한국교육행정학회(1995). 학교 · 학급경영론. 서울: 하우.

Bosch, Karen A., & Kersey, Katharine C.(1994). The First-Year Teacher. Washington, DC: NEA Professinal Library.
Epstein, J. L.(1986). Parents' reactions to teacher practices of parent involvement. *Elementary School Journal, 86*, 277-294.
Epstein, J. L.(1992). School and family partnerships. In M. Alkin (Ed.). *Encyclopedia of educational research*(6th ed.) (1139-1512). NY: MacMillan.
Feuerstein, A.(2000). School characteristics and parent involvement: Influences on participation in children's schools. *The Journal of Educational Research, 94*, 29-38.
Green, C. L., Walker, J. M., Hoover-Dempsey, K. V., & Sandler, H. M.(2007). Parents' motivations for involvement in children's education: An empirical test of theoretical model of parental involvement. *Journal of Educational Psychology, 99*, 532-544.
Griffith, J.(1998). The relation of school structure and social environment to parent involvement in elementary schools. *Elementary School Journal, 99*, 53-80.
Grounlund, N., & Linn, R.(1990). *Measurement and Evaluation in Teaching*. Upper Saddle River, NJ: Meril Prentice Hall.
Heck, S. F., & Williams, C. R.(1984). *The Complex Roles of the Teacher: An Ecological Perspective*. Teachers College Press; 황기우 역(2002). 21세기 교사의 역할: 생태학적 관점. 서울: 원미사.
Henderson, A. T., & Berla, N.(1994). *A new generation of evidence: The family is critical to student achievement*. Washington, DC: National Committee for Citizens in Education.
Hoover-Dempsey, K. V., & Sandler, H. M.(1995). Parental involvement in children's education: Why does it make a difference?, *Teachers College Record, 97*, 310-331.

Jones, V., & Jones, L.(2004). *Comprehensive Classroom Management: Creating Communication of Support and Solving Problems*(7th ed.). Pearson Education, Inc.

Keith, T. Z., Keith, P. B., Troutman, P. G., Bickley, P. S., Trivette, P. S., & Singh, K.(1993). Does parental involvement affect eighth-grade student achievement? Structural analysis of national data. *School Psychology Review, 22*, 474-496.

Lim, Soo-Yin(2003). Parent Involvement in Education; Olsen, G. W., & Fuller, M. L.(Eds.)(2003). *Home-School Relations: Working Successfully with Parents and Families*(2nd ed.)(134-158). Boston: Allyn and Bacon.

Medows, B.(1993). Through the eyes of parents. *Educational Leadership, 51*(2), 31-34.

Olsen, G. W., & Fuller, M. L.(Eds.)(2003). Home-School Relations: Working Successfully with Parents and Families(2nd ed.). Boston: Allyn and Bacon.

Redfern, G. B.(1980). *Evaluating Teachers and Administrators*. Boulder, Colorado: Westview Press.

Walker, J. M. T., Wilkins, A. S., & Dallaire, J. R.(2005). Parental involvement: Model revision through scale development. *Elementary School Journal, 106*(2), 85-104.

Weinstein, C. S., & Mignano, A. J.(1993). *Elementary Classroom Management: Lessons from Research and Practice*(3rd ed.). McGraw-Hill.

Zimmerman, B. J., & Martinez-Pons, M. P.(1986). Development of a structure interview for assessing student use of self-regulated learning strategies. *American Educational Research Journal, 23*, 614-628.

〈주요 웹사이트〉

공교육살리기 학부모연합. http://cafe.daum.net/psup

국가평생교육진흥원 전국학부모지원센터 학부모On누리. http://www.parents.go.kr/index.do

나이스 대국민서비스 학부모 서비스. https://www.neis.go.kr/nxuiPortal/index.html

사교육 걱정 없는 세상. http://cafe.daum.net/no-worry

전국학부모단체연합. http://conpa.or.kr/index
참교육을 위한 전국 학부모회. http://www.hakbumo.or.kr
한국학부모학회. http://aspg.or.kr/
함께학교. https://www.togetherschool.go.kr/

11 학급 사무경영

오범호(서울교육대학교)

목표

- 학급 사무경영의 개념과 원리를 이해하고 설명할 수 있다.
- 공문서의 기능과 종류를 이해하고 처리 절차에 따라 관리할 수 있다.
- 주요 학급 공문서의 종류와 내용을 이해하고 작성・처리할 수 있다.
- 학급 사무경영을 위한 교육정보시스템의 구조와 내용을 이해할 수 있다.

학습 준비 활동

- 학급 담임교사들이 담당하는 업무 중 행정업무는 무엇인지 조사한다
- 학급 담임교사들이 학생과 관련한 내용을 기록하는 공문서의 종류와 내용을 조사한다.
- 학급 담임교사들이 행정업무를 처리하기 위해 활용하는 업무관리시스템을 조사한다.

관련 사례 및 토의 주제

- 교육부와 교육청은 교사의 행정업무를 경감시켜서 교사가 수업과 생활지도에 전념할 수 있는 여건을 만들기 위한 노력을 기울이고 있다. 교사 본연의 업무인 수업과 생활지도 등 학생을 위한 교육활동에 집중할 수 있도록 교사들의 불필요한 행정업무를 경감하고 필수불가결한 행정업무는 효율화하는 정책을 추진하고 있다. 학급 담임교사가 수행하는 행정업무 중 어떤 업무가 불필요한 업무인가? 학급 담임교사가 담당하는 업무 중 학생이나 교수학습활동과 직접적인 관련이 있는 행정업무는 무엇이며, 그렇지 않은 행정업무는 무엇이 있는지 이야기를 나누어 봅시다.
  "수업에만 집중할 수 있게 … 교사 행정업무 대폭 줄인다" (EBS뉴스 2024. 05.23.)
  https://www.youtube.com/watch?v=tbqDY9XIW8g
- "교사가 수업만 잘하면 되지, 왜 업무를 해야 하지?", "학교 업무 처리하느라 시간이 없어요." 학교 현장에서 교사들이 흔히 하는 이야기이다. 교사들이 처리해야 할 학교 업무가 많다는 문제도 있지만, 학교 업무를 처리하는 데에 미숙하여 시간을 많이 들이고 있다는 문제도 있다. 업무에 대해 정확히 알고 있고 빨리 처리할 수 있다면 소중한 시간을 효율적으로 활용할 수 있다. 교사들이 행정업무를 처리하는 데에 어려움을 겪는 이유는 무엇인지, 효율적으로 행정업무를 처리하기 위해서는 무엇이 필요한지 이야기를 나누어 봅시다.

1. 학급 사무경영의 개념과 원리

1) 학급 사무경영의 개념

학급사무는 교사의 기본적인 업무 중 하나이다. 담임교사는 교수-학습활동이나 생활지도와 같은 교육활동 외에도 상당히 많은 시간을 학급사무를 처리하거나 관리하는 데에 할애하게 된다. 학교 현장에서 소위 잡무를 일컬어지는 것 중의 상당 부분이 학급사무에 해당한다. 학급사무는 교사의 교육활동을 보다 효율적으로 수행할 수 있도록 도와 주고 촉진하는 보조 활동이라고 할 수 있다. 학급사무는 교육목표를 달성하기 위한 수단적 성격을 가지고 있지만 이러한 활동이 제대로 이루어져야만 본질적인 교육활동이 원활하게 이루어질 수 있다. 따라서 학급 사무경영은 학기초 교사들의 사전 협의와 계획에 의해 체계적으로 추진되어야 한다.

일반적으로 사무라는 용어는 행정 혹은 경영을 수행하는 과정에서 수반되는 기록과 장부의 작성 및 보관, 공문서와 제 보고의 처리, 회계 경리와 비용 활용 등 대체로 문서관리를 위주로 하는 업무를 말한다(김종철 · 이종재, 1994, 580). 한 학급을 경영하기 위해서는 교수활동, 경영활동을 문서로 처리하기 위한 사무가 뒤따르게 된다(김현진 외, 2014, 316). 이러한 점에서 학급사무는 학급경영과 직접 관련된 사무로서 담임교사가 기본적으로 수행해야 할 서류처리 업무를 의미한다. 교사 및 학생과 관련된 모든 일이 학급사무의 대상이 된다는 점에서 교사가 학급사무를 통해 관리해야 할 기록과 문서는 매우 다양하다. 각종 장부, 통계자료, 학습지도 · 생활지도 관련 서류, 조사 · 검사 · 관찰 서류, 일반 서류, 비품관리 서류, 교사 연구 서류 , 학교 사무분장 서류 등이 있으며, 가장 대표적인 것으로는 출석부, 학교생활기록부, 건강기록부 등의 관리 사무를 들 수 있다. 학급사무의 종류와 주요 내용을 제시하면 다음과 같다(박남기 외, 2017; 장이권 · 김용조, 2002; 정태범 외, 1995).

- 각종 장부에 관한 사무: 학교생활기록부, 출석부, 학생건강기록부, 가정환경조사서 등
- 통계처리 사무: 월별 출결 통계, 건강검사 통계, 기초학력진단자료 등
- 학습지도에 관한 사무: 교육과정계획, 학습평가 및 성적처리 등
- 생활지도에 관한 사무: 학생·학부모 상담일지, 진로희망 상담일지, 학교 부적응 학생 지도일지, 인성교육 자료, 학교폭력 신고·접수 대장 등
- 조사·검사·관찰에 관한 사무: 학생조사, 가정조사, 환경조사, 지역조사, 각종 표준화검사, 학생관찰기록, 사례연구 등
- 학급경영 일반에 관한 사무: 학급경영안, 학급일지, 가정통신, 학급조직, 학예활동, 학부모 관계, 동학년회 등
- 학급비품에 관한 사무: 학급문고, 학급 비품관리 등
- 교사 연구에 관한 사무: 학년별·교과별 연구, 학교 분장에 의한 교과연구 등
- 학교사무 분장에 의한 사무: 교무분장 업무, 지역사회발전 업무 등

이처럼 학급과 학급 구성원에 관한 유·무형의 정보와 제반 기록 및 장부의 작성과 보관, 공문서와 제 보고의 처리 등 담임교사의 학급경영 과정에서 발생·작성·처리하는 제반 문서들을 관리하는 활동을 학급 사무경영이라 한다(박남기 외, 2017, 433). 최근에는 대부분의 문서관리를 전자정보시스템에 의존하고 있기 때문에 학급 관련 전자정보의 관리도 학급 사무경영의 중요한 측면이라 할 수 있다.

학급 사무경영은 학교경영 사무의 일환으로 이루어진다는 점에서 단위학교 수준의 사무경영의 하위 개념이며, 단순히 규정에 따라 학급 문서를 수발·작성·보관하는 것을 넘어, 교육활동의 개선과 활성화를 위해 학급과 그 구성원에 관한 사실 및 정보 자료들을 수집·가공하는 일까지를 포함하고 있다. 이러한 점에서 주로 주어진 규정에 의하여 학급 담임교사가 기본적으로 수행해야 할 서류 처리

업무를 의미하는 학급 사무관리와 구분되며, 학급경영과 직접적인 관련이 없거나 일시적이고 임의적으로 수행되는 잡무 성격의 학급 관련 문서의 관리와도 구분된다. 다시 말해, 학급 사무경영은 학급경영 활동과 관련된 사실과 정보 자료를 창의적으로 발굴하고 가공하여 학급 구성원들의 교육 개선을 위해 적극적으로 활용한다는 점에서 차이가 있다. 따라서 학급 사무경영은 학교 사무 가운데 학급경영과 직접 관련된 사무로서 학급 담임교사가 학급경영 과정에서 작성·처리하는 각종 업무를 총칭하는 것으로, 학생의 교육을 포함한 학급경영 활동을 보다 체계적이고 효율적으로 수행할 수 있도록 해 주는 것이다.

학급 사무경영에서는 학급 관련 문서 외에도 학급 정보의 관리가 매우 중요하다. 대체로 학급 정보는 교사가 담임하는 학급과 그 구성원 및 관계자들에 대한 정보들을 총칭한다. 이는 교사활동 영역에 따라 교과교육 활동 정보, 생활지도 및 상담 정보, 대외 협력(학부모 관계 등) 정보 등으로 구분할 수도 있고, 관계자와 그 관계에 따라 학생 간 관계 정보, 학생과 학부모 관계 정보, 학부모 간 정보로도 구분할 수 있다. 정보의 성격에 따라서 객관화되고 수량화되어 표기 가능한 정량적 정보(성적, 지능지수, 체격 등)와 주관적이고 개인적 판단이 필요한 정성적 정보(학업성취도, 행동발달상황 및 행동 특성 등) 등으로도 구분할 수 있다.

이러한 학급 정보 중에서 가장 중요하고 핵심적인 정보는 학생의 학업성취도 및 인성 등을 종합적으로 관찰 평가한 정보들이며, 학생의 인적사항, 학적사항, 출결상황, 교과학습발달상황, 행동특성 및 종합의견 등이 이에 해당한다. 학급 정보는 대체로 학생의 학교생활기록부와 건강기록부로 문서화되고, 생활통지표라는 형태로 학부모에게 제공된다. 학급 정보 자료는 학급 담임교사의 자료 수집 방법과 기록 양식에 따라 달리 수집되고 정리되어 다양한 방식으로 활용될 수도 있다. 이러한 점에서 학급 정보와 학급 문서는 연계성을 가지나 모든 학급 정보가 문서화되는 것은 아니며, 문서화되지 않은 정보도 담임의 학급경영 활동의 자료로서 폭넓고 잠재적으로 활용된다. 따라서 학급 사무경영은 문서로만 이루어지는 것이 아니고 다양한 형태와 방식으로 이루어지는 것이다.

2) 학급 사무경영의 원리

학급 사무경영에서는 지켜야 할 원리들이 있다. 이는 학급경영과 관련된 다양한 문서와 정보들을 처리하는 데 있어서 지키고 따라야 할 기본적인 원리이기도 하지만, 한편으로는 학교 사무경영의 실태와 수준을 판단하는 준거로서 의미가 있다. 또한 학급 사무경영이 학급경영 업무의 하나이기는 하지만, 넓게 보면 학교경영이라는 큰 범주에 포함된다는 점에서 학급 사무경영의 원리는 학교 사무경영이나 교육경영의 원리로서도 중요한 의미를 갖는다. 최근에 학생 개인정보보호의 안전성 확보가 중요하게 대두됨에 따라 개인정보보호의 원리를 포함한 주요 원리들을 제시·설명하면 다음과 같다.

(1) 개인정보보호의 원리

교사가 담당하는 업무는 다양한 정보를 포함하고 있다. 특히, 학급 내에서 이루어지는 사무는 학생과 학부모와 관련한 중요한 개인정보가 많다. 따라서 교사는 학급 사무경영에서 학생과 학부모의 개인정보를 보호해야 한다. 교사는 학생들의 정보가 분실·도난·유출·변조 또는 훼손되지 않도록 안전성 확보를 위한 관리적 보호 조치를 취해야 할 의무가 있다(「개인정보 보호법」 제29조). 교사는 학교생활기록부와 건강기록부 관리에 필요한 최소한의 각종 정보를 학생과 학부모의 동의를 얻어 수집·이용하며(「개인정보 보호법」 제15조), 학생의 전출이나 상급학교 진학 시 제공이 가능하다. 그러나 개인정보 목적 외 이용 및 제3자 제공 시 정보의 주체 동의를 받는 것은 물론 다른 법률 규정 위반이나 부당한 이익에 악용되지 않도록 학생정보의 안전한 관리가 필요하다.

(2) 효율성의 원리

학급 사무경영의 효율성은 매우 중요하다. 효율성은 가장 능률적인 방법으로 최대의 목표를 달성하는 것을 말한다. 이는 효과성(effectiveness)과 능률성(efficiency)을 동시에 표현하는 용어로서, 능률성은 비용과 효과의 비교를 통해 추구되는 개념, 즉 경영활동에서 최소한의 비용으로 최대의 성과를 거두는 것을 말하고, 효과성은 비용과 효과를 따지지 않고 목표의 달성 여부와 그 요인이 중요한 기준이 되는 개념이다. 말하자면, 능률성은 양(量)과 관련된 수단과 방법에 관한 개념이라면, 효과성은 질(質)과 관련된 합목적적인 개념이라고 할 수 있는 것이다(윤정일 외, 2021, 26).

학급 사무경영에서 효율성을 추구한다는 것은 그 업무를 가장 능률적인 방법으로 수행하여 최대의 목표를 달성한다는 것이다. 그 능률적인 방법은 대체로 표준화, 간소화, 전문화라는 이른바 3S를 활용하는 것이다. 3S는 다음과 같다.

- 표준화(standardization): 학급 사무경영의 각 요소에 통일된 기준과 규격화된 모형을 적용하여 업무의 효율성을 증진한다.
- 간소화(simplification): 학급 사무경영의 분권화와 문서의 간소화를 통해 불필요한 업무를 제거하고 업무의 합리성과 효율성을 제고한다.
- 전문화(specialization): 개인적 · 집단적 · 기계적 · 기술적 전문화 방식을 활용하고 분업의 원리를 적용하여 효율성을 제고한다.

(3) 민주성의 원리

민주성의 원리는 의사결정과 집행 과정에서 구성원들의 적극적인 참여를 보장하는 것을 말한다. 따라서 학급 사무경영에 있어서 민주성이란 학급 구성원의 필요와 요구, 그리고 적극적인 참여를 바탕으로 학급 사무를 민주적으로 관리하는 것을 의미한다. 학급 담임교사가 학급경영 과정에서 효율성만을 추구하다 보면 일방적인 정보와 문서의 관리에만 치중하는 경우가 종종 발생한다. 따라서 담임교사는 그러한 일방적인 정보와 문서 관리가 되지 않도록 주의해야 하며, 수시로 학급 구성원의 필요와 요구를 확인하여 보다 다양하고 풍부한 정보들을 수집하고, 광범위하고 다양한 방식으로 그들을 분석 · 가공 · 활용해야 한다.

(4) 합리성의 원리

학급경영은 학교경영과 학년경영의 과정에서 이루어지기 때문에 그 과정에서 학교 내 구성원의 소통과 협력이 중요하다. 또한 학급경영은 담임교사의 일방적인 지시와 감독보다는 구성원인 학생과 학부모의 지원과 협력 속에서 이루어질 필요가 있다. 따라서 학생과 학부모의 역할과 책임을 합리적으로 배분하고 그들의 협력을 이끌어 내는 것이 매우 필요하다. 특히 학급 사무경영에 있어 규정과 절차를 따르는 것 못지않게 자율적 판단과 협력적 지원이 중요하기 때문에, 학생과 학부모들을 참여시키고 누가 보아도 타당하고, 객관적인 문서와 정보 관리를 통해 학급 사무경영을 합리화하는 것이 필요하다.

(5) 전문성의 원리

학급경영은 교육이라는 전문적 활동과 관련되어 있기 때문에 다른 어떤 부문의 경영보다도 전문성이 요구된다. 전문성은 과업의 특수성으로 인해 고도의 지식과 기술을 기반으로 한 탁월한 안목과 능력을 가지고, 체계적인 수단을 마련하여, 과업을 효과적으로 수행하는 것을 말한다. 따라서 학급 담임교사는 학급경영뿐만 아니라 사무경영에 대한 전문성을 갖추고 있어야 한다. 사무경영과 관련된 법규들을 숙지하여 적법한 절차와 방식으로 사무를 관리해야 하며, 학생 교육과 생활지도와 관련된 사무경영에서도 탁월한 지식과 안목, 그리고 정보처리능력을 가지고 효율적이고 체계적인 방식으로 관련된 정보들을 수집 · 가공 · 활용할 수 있어야 한다.

(6) 균형성의 원리

학급 내 정보와 문서관리 과정에서 관련된 사항이 법규에 근거한 것이라면, 일차적으로 이에 근거하여 사안을 조사·처리·보고·보관하는 것이 마땅하다. 그러나 학급사무는 이러한 법규보다 학교의 자치규범인 학칙이나 각종 학교 내규, 학급 구성원들이 정한 학급규칙과 절차 등에 의해 처리되는 경우도 적지 않다. 따라서 학급 사무경영에서는 엄정한 법 규정에 따라 사무관리를 해야 하는 측면과 자율적 판단과 규약에 의해 사무경영을 해야 하는 측면이 공존하고 있다. 이러한 점에서 균형적 판단이 매우 중요하다. 예컨대, 학급 사무경영에서는 성적처리와 같이 담임교사에게 엄정한 공정성이 요구되는 업무와, 학급어린이회의 운영과 같이 학급 아동의 자발적 참여나 자율성이 요구되는 활동이 공존한다. 따라서 사안들을 체계적으로 분별하여 효과적으로 사무들을 관리하는 것이 필요하며, 균형적 판단을 통해 학급의 발전과 구성원의 발달을 도모하는 방식으로 사무경영을 효율화하는 것이 필요한 것이다.

2. 공문서 관리

1) 공문서의 기능과 종류

학교에서 교육활동을 지원하기 위한 행정사무의 대부분은 문서로 이루어진다. 학교행정에서의 문서란 공문서를 의미한다. 일반적으로 공문서는 행정기관에서 공무상 작성하거나 시행하는 문서와 행정기관이 접수한 모든 문서를 말한다(「행정업무의 운영 및 혁신에 관한 규정」 제3조).

공문서는 학교나 교육행정기관에서 의사의 기록·구체화, 의사전달, 의사보존, 자료 제공, 업무의 연결·조정 등의 기능을 수행한다. 공문서는 사람이 가지고 있는 주관적인 의사를 문자·숫자·기호 등을 활용하여 기록함으로써 그 내용을 구체화하고, 학교나 교육행정기관의 의사를 조직 내·외부로 전달한다. 공문서는 학교나 교육행정기관의 의사표시 내용이나 업무처리 결과를 보존하여 증빙자료로 활용되며, 보존된 문서는 추후 행정활동을 위한 자료로 제공된다. 이외에도 문서의 기안·결재 및 협조 과정 등을 통해 조직 내외 업무의 연결·조정 기능을 수행한다.

학교와 학급의 과업을 효율적으로 수행하기 위해서는 학교와 학급 내에서 교직원 간, 교원과 학생 간, 교원과 학부모 간 원활한 의사소통이 필요하며, 대외적으로는 상급 행정기관이나 지역사회와의 성공적인 의사전달이 필수적 조건이다. 공문서는 이를 위한 주요 수단으로 활용된다. 따라서 공문서는 내용이 쉽고 명확해야 하며, 의미 전달이 잘 되도록 일정한 형식과 틀에 따라 작성해야 한다. 모든 공문서는 「행정업무의 운영 및 혁신에 관한 규정」(대통령령) 및 동 시행규칙에 따라 작성·관리된다.

공문서는 그 성질에 따라 법규문서, 지시문서, 공고문서, 비치문서, 민원문서, 일반문서 등으로 구분할 수 있으며, 그 내용은 다음과 같다(「행정업무의 운영 및 혁신에 관한 규정」 제4조). 이 중 학교나 교육행정기관에서 흔히 공문서라 할 때에는 일반문서를 지칭한다.

- 법규문서: 헌법·법률·대통령령·총리령·부령·조례·규칙 등에 관한 문서
- 지시문서: 훈령·지시·예규·일일명령 등 행정기관이 그 하급기관이나 소속 공무원에 대하여 일정한 사항을 지시하는 문서
- 공고문서: 고시·공고 등 행정기관이 일정한 사항을 일반에게 알리는 문서
- 비치문서: 행정기관이 일정한 사항을 기록하여 행정기관 내부에 비치하면서 업무에 활용하는 대장, 카드 등의 문서
- 민원문서: 민원인이 행정기관에 대하여 허가, 인가, 그 밖의 처분 등 특정한 행위를 요구하는 문서와 그에 대한 처리문서
- 일반문서: 그 외 위에 해당하지 아니하는 모든 문서

2) 공문서의 처리 절차

공문서는 일반적으로 기안・검토・협조・결재・등록・시행・분류・편철・보관・보존・이관・접수・배부・공람・검색・활용 등의 처리 절차를 거친다. 공문서의 처리 절차는 전자문서시스템 또는 업무관리시스템에서 전자적으로 처리해야 한다(「행정업무의 운영 및 혁신에 관한 규정」 제5조). 공문서 처리 절차와 관련된 주요 용어는 〈표 11-1〉과 같다.

〈표 11-1〉 공문처 처리절차 관련 주요 용어

용어	내용
기안	기관의 의사결정을 위해 문안을 작성함
검토	최종결재를 제외한 중간결재를 총칭함
협조	기안문의 내용이 행정기관 내의 다른 보조기관 또는 보좌기관의 업무와 관련이 있을 때, 상호 협력하여 해결함
결재	결정 권한을 가진 자가 그 의사를 결정하는 행위. 최종 결정행위
시행	내부적으로 성립한 행정기관의 의사를 외부에 표시하는 단계
분류	결재・접수일자 순에 따라 각 처리과별로 기록물대장에 전산등록 후 관리함
편철	문서처리가 끝난 문서를 기능・보존기간에 따라 분류하여 기록물철을 생성함
보관	문서를 처리 완결 후부터 보존되기 전까지 관리함
보존	보관이 끝난 문서를 소정의 보존기간에 따라 관리함
이관	관할을 옮김
공람	완결된 결재문서에 대하여 공람이 지정된 자가 보게 함

학교에서의 공문서 처리는 K-에듀파인의 업무관리시스템을 이용한다. K-에듀파인은 시・도교육청 및 학교의 행정업무와 재정업무를 전자적으로 처리・지원하는 지방교육행・재정통합시스템이다. 업무관리시스템은 단위 업무(과제)의 담당자・내용・추진실적 등을 기록・관리하기 위한 카드(과제관리카드)와 문서의

작성・검토・결재・등록・공개・공유 등 문서처리의 모든 과정을 기록・관리하는 카드(문서관리카드)등이 포함되어 있다(「행정업무의 운영 및 혁신에 관한 규정」 제22조). 교사는 K-에듀파인 업무관리시스템을 통해 문서를 작성하거나, 보고, 협조 등의 처리를 하고, 처리과정에서 제기된 의견이나 관련자료, 의사결정 내용 등을 기록・관리할 수 있다. 기안자는 각종 문서를 작성하기 위해 문서관리카드를 작성할 수 있다. K-에듀파인 업무관리시스템의 문서 관리는 기안・결재・공람・발송함・접수함・내문서함・문서함・문서현황・통계・개인설정 등으로 구분하여 효율적인 문서처리를 지원하고 있다. K-에듀파인의 문서관리 업무의 범위는 〈표 11-2〉와 같다.

〈표 11-2〉 K-에듀파인 문서관리 업무 범위

업무	내용
기안	공용서식, 임시저장, 나이스연계기안 등 메뉴에서 서식을 선택하여 문서를 기안
결재	본인에게 도착한 문서를 처리(검토, 협조, 결재, 반려, 중단 등)
공람	결재 경로에 미포함된 사용자가 문서를 확인할 필요가 있는 경우 공람 처리 및 공람 이력 확인
발송함	문서 시행을 위해 직인 날인 후 발송처리 또는 발송보류
접수함	학교 및 부서에 도착한 문서를 확인・접수, 업무담당자, 업무관리자 등을 지정
내문서함	본인이 기안한 문서, 결재한 문서, 접수한 문서 등을 확인
문서함	문서등록대장, 중단한 문서, 미완료 문서 등으로 권한에 따라 열람 및 활용
문서현황	기관별 문서생산현황, 기관별 접수현황, 감사담당자 열람이력 등 문서현황을 확인
통계	학교로 발송된 문서, 기관별 정보공개현황, 원문공개문서 등 문서 통계를 확인
개인설정	나의 결재선 관리, 개인문서환경설정 등 문서처리 관련 개인설정을 관리

문서는 기관의 의사를 기관 내외의 사람들에게 전달하고 소통하기 위해 기안된다. 기안이란 사업이나 활동 계획의 초안 혹은 그것을 작성하는 것을 말하는데, 문서의 기안은 정해진 기안문서에 의한 전자문서로 하는 것을 원칙으로 하고, 업

무의 성격이나 기타 특별한 사정이 있는 경우에는 그렇지 아니할 수 있다.

기안문은 결재권자의 결재를 받기 전에 보조기관 또는 보좌기관의 검토를 받아야 한다. 또한 기안문의 내용이 기관 내의 다른 보조기관 또는 보좌기관이나 다른 기관의 업무와 관련이 있는 때에는 그 기관의 협조를 받아야 한다. 이렇게 검토와 협조를 거친 기안문서는 당해 기관의 장의 결재를 받아 처리된다. 이때 기관의 장은 사무의 내용에 따라 그 보조기관・보좌기관 또는 당해 업무담당자를 지정하여 위임전결하게 할 수 있다.

결재를 받은 문서 중 발신을 하여야 할 문서는 시행문서로 작성되어 수신자별로 발송된다. 다만, 시행문에 갈음하여 관보에 게재・공포하도록 한 문서에 대해 그 시행문을 1부만 작성할 수 있으며, 전신・전신타자 또는 전화로 발신하는 문서에 대해서는 시행문을 작성하지 아니한다. 문서는 정보통신망을 이용하여 발신하는 것이 원칙이다. 다만, 업무의 성격이나 기타 특별한 사정이 있는 경우에는 인편・우편・모사 전송・전신・전신타자・전화 등의 방법으로 발신할 수 있으며, 내용이 중요한 문서는 인편・등기우편, 기타 발송 사실을 증명할 수 있는 특수한 방법으로 발송하여야 한다.

발신 문서는 수신기관의 처리 부서에서 접수한다. 접수된 문서에는 접수인을 찍고, 기록물등록대장에 접수등록번호와 접수일시를 기재하여야 하며, 전자문서인 경우는 그 접수등록번호와 접수일시가 자동으로 표시되도록 하여야 한다. 아울러 담당 부서에 배부하고, 공람이 필요한 경우 공람을 할 수 있도록 조치한 후 분류・편철하여 보관한다.

이러한 문서의 작성과 처리 절차를 요약하여 제시하면 [그림 11-1]과 같다.

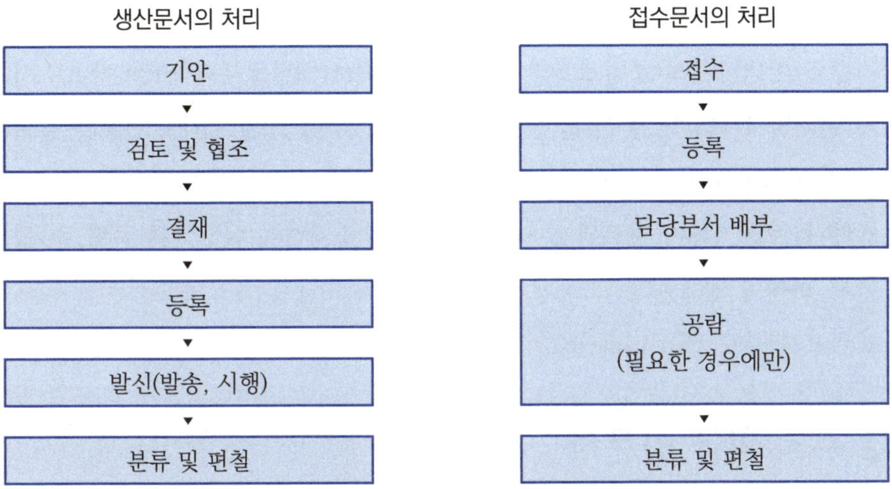

[그림 11-1] 공문서 처리절차

참고로 문서처리와 관련된 일반적인 개념과 내용을 살펴보면 다음과 같다.

- 문서의 성립: 당해 문서의 결재가 있음으로써 성립한다.
- 문서의 효력 발생: 상대자에게 시달됨으로써 효력을 발생한다.
- 문서의 접수: 문서대장 또는 문서대장에 기록하고 접수인을 찍어 처리한다.
- 기안: 의사전달과 소통을 위해 기안용지에 문서를 작성하는 것을 말한다.
- 결재: 기안한 문서는 해당 행정기관의 장의 결재를 받아야 한다. 사무내용에 따라 전결, 대결, 후결 등을 사용할 수 있다.
- 발신: 문서 발송대장에 기록한 후 발송인을 찍어 우편, 인편, 전송 등으로 행정조직상의 계통에 따라 발신함을 원칙으로 한다.
- 보관: 연도 내의 문서는 보관함에 해당 부서별로 보관한다.
- 보존: 연도 종료 후에는 연도별·분기번호별로 문서과에서 보존 비치한다.
- 보존 기간: 공문서 보존기간은 종별 책정기준에 관한 규칙에 따라 정한다. 대체로 일반문서는 영구보존, 준영구보존, 10년, 5년, 3년, 1년 등이며, 회계관련 문서는 5년 이상이다(표 1 참고).

- 보고 기일: 지정한 날까지 보고하고, 정기보고의 기일은 즉보(2일 이내), 일보(3일 이내), 주보(주말로부터 3일 이내), 월보(월말로부터 10일 이내), 기보(분기말로부터 15일 이내), 반년보(반년말로부터 20일 이내), 년보(연말로부터 30일 이내) 등이 있다.
- 폐기: 보존기간이 만료된 문서는 폐기하되, 소각하지 않고 재활용할 수 있도록 하여야 한다.

3. 주요 학급 공문서

학급 사무경영에서는 학급 정보의 관리가 매우 중요하다. 대체로 학급 정보는 교사가 담당하는 학급과 교사, 학생, 학부모 등 학급 구성원들에 대한 정보들을 의미한다. 이 중에서 가장 중요하고 핵심적인 정보는 학생과 관련한 정보이며, 학생의 학업성취 및 인성 등을 종합적으로 관찰한 내용을 바탕으로 작성된 출석부, 학생건강기록부, 학교생활기록부가 대표적이다.

1) 출석부

학생의 출결상황을 관리하는 것은 담임교사의 중요한 학급사무 중 하나이다. 출석부 관리는 나이스(교육행정정보시스템, NEIS)를 통해 이루어지고 있다. 출석부 관리 업무는 ① 학교에서 새 학기 시작 전 NEIS를 통해서 각 학급으로 학생을 배정, ② 담임교사 혹은 담당자가 학생의 명단 및 출결번호를 확인한 후 월별로 출결을 정리, ③ 매월 마감, 학년말 결재를 통해서 보관하는 과정으로 이루어진다. 출결 관리는 매년 반복되는 담임교사의 업무 중 하나이지만 다양한 상황에 따른 출결처리에 혼란을 겪기도 한다. 출결관리 자료는 학생의 소재를 파악하고 학생이 진급·진학을 하는 데 이용되는 자료이므로 정확한 처리가 요구된다. 따라서 「학교생활기록 작성 및 관리지침」이나 「학교생활기록부 기재요령」을 참고하여 출결상황에 대한 처리 기준을 숙지할 필요가 있다.

(1) 출결 처리

학생의 출결 상황을 처리할 때는 수업일수, 결석, 지각, 조퇴 및 특기사항을 확인해야 한다. 수업일수는 「초·중등교육법 시행령」 제45조에 따라 학교장이 정한 학년별 학생이 연간 총 출석해야 할 일수를 말한다. 초등학교의 수업일수는 매 학년 190일 이상으로 학교장이 학교운영위원회의 심의를 거쳐 정한다. 다만, 학교의 장은 천재지변, 연구학교의 운영 또는 「초·중등교육법 시행령」 제105조에 따른 자율학교의 운영 등 교육과정의 운영상 필요한 경우에는 10분의 1의 범위에서 수업일수를 줄일 수 있다. 같은 법 제50조에 따르면 학생의 각 학년과정의 수료에 필요한 출석일수는 수업일수의 3분의 2 이상으로 하고 있다. 예를 들어 수업일수가 190일인 경우, 127일 이상은 등교해야 해당 학년을 수료할 수 있는 것이다. 재입학·전입학·복학한 학생의 수업일수는 다른 학생의 수업일수와 같지 않을 수 있으나, 그 수업일수가 당해 학교 당해 학년 수업일수의 3분의 2 미만이 될 경우에는 각 학년 과정의 수료에 필요한 수업일수 부족으로 수료 또는 졸업 인정이 되지 않아 해당 학년도에 재입학·전입학·복학이 불가능하므로 수업일수를 잘 확인해야 한다.

출결상황을 처리할 때는 결석, 지각, 조퇴, 결과 등으로 구분하여 표시한다. 학칙에 의거하여 출석하여야 할 날짜에 출석하지 않았을 때에는 결석으로 처리한다. 다만, 천재지변이나 법정 감염병, 학교장이 허가한 대회 및 훈련 참가와 교외체험학습 또는 교환학습, 경조사 등의 경우 출석으로 인정할 수 있다. 이 밖에도 학업중단숙려제 프로그램 참여, 학교폭력 피해로 출석하지 못했음을 학교장이 인정한 경우, 학교폭력 가해학생의 사회봉사, 특별교육이수 기간, 경찰관서의 선도 프로그램 참여기간, 가정폭력 또는 아동학생 예방을 위해 보호분리된 경우, 여학생 중 생리통이 극심해 출석이 어려운 경우(월 1일) 등도 출석인정 결석으로 처리할 수 있다.

결석은 질병으로 인한 결석, 미인정 결석, 기타 결석 등으로 구분된다. 질병결석은 결석한 날부터 5일 이내에 의사의 진단서 또는 의견서(병명, 진료기간 등이 기록된 의사 소견서, 진료 확인서 등의 증빙자료)를 첨부한 결석 신고서를 제출하여 학교장의 승인을 받아야 한다. 다만, 상습적이지 않은 2일 이내의 결석은 질병으로 인한 결석임을 증명할 수 있는 자료(학부모 의견서, 처방전, 담임교사 확인서 등)가 첨부된 결석계를 5일 이내에 제출하여 처리할 수 있다. 미인정 결석은 학교폭력이나 교육활동 침해행위 등으로 출석정지나 가정학습의 징계를 받은 경우나 학원수강(예술・체육계 포함)으로 인한 결석, 학칙으로 정한 교외체험학습 기간을 초과한 결석, 해외 어학연수로 인한 결석 등과 같이 기타 합당하지 않은 사유로 결석한 경우에 해당한다. 기타 결석은 부모・가족 봉양, 가사 조력, 간병 등 부득이한 개인사정에 의한 결석임을 학교장이 인정하지 않는 경우가 많지 않은 편이다.

결석은 아니지만 수업에 일부 참여하지 못한 경우에는 상황에 따라 지각, 조퇴, 결과로 기록한다. 지각은 학교장이 정한 등교시각까지 출석하지 않은 경우이며, 조퇴는 학교장이 정한 등교시각과 하교시각 사이에 하교한 경우이다. 결과는 수업 시간의 일부 또는 전부에 불참한 경우에 해당한다. 지각, 조퇴, 결과의 사유는 각각 결석 사유와 동일하게 질병, 미인정, 기타로 처리한다. 같은 날짜에 지각・조퇴・결과가 발생한 경우에는 학교장이 판단하여 어느 한 가지 경우로 처리한다.

(2) 나이스(NEIS)에서의 출결관리

① 출석부의 정리 및 관리

출석부는 학교생활생활기록부, 건강기록부, 교육프로그램(학급경영록) 등의 제장부와 함께 학생 성명의 서열을 유지하여 일관성 있게 관리해야 한다. 남·여 혼성 학급일 경우는 남·여별로 페이지를 달리하고 통계도 남·여별로 내는 것이 좋다. 일련번호는 생년월일순, 이름순 등 학교에서 정한 방법에 따르고, 중도 전입자의 번호 부여는 학교별로 통일된 방법에 따르나 대부분 기존 번호의 맨 끝에 순서대로 부여한다.

② 월별 정리

출석부는 월별로 기록되나 학생의 출결 처리는 실시간으로 하는 것이 가장 좋다. 특히, 결석이나 교외체험학습, 조퇴 등의 사유가 발생하였을 때 바로 처리하지 않으면 잊어버릴 수 있으므로 바로 처리할 필요가 있다. 출결관리 업무는 NEIS의 [학적]-[출결관리]에서 할 수 있다. NEIS에서의 출결관리는 학생별로 해당 일자에 따른 결석, 지각, 조퇴, 결과를 선택하고 출결 사유에 따른 구분(질병, 미인정, 기타, 출석인정)을 선택하여 입력한다. 이때, 출결비고란에 출결사항에 대한 사유 및 세부정보를 입력해야 한다. 비고 내용은 출결 특기사항을 작성하는 데 필요하며, 출결 특기사항은 학교생활기록부에 반영이 되므로 반드시 확인이 필요하다.

월별로 기록된 출석부는 학급별로 마감하고, 담임교사가 출석부를 출력하여 해당 학교의 업무담당자에게 제출한 후, 업무담당자가 전체 출석부 결재를 얻는 과정으로 관리된다. 일요일과 공휴일, 방학, 학년말 휴가 등의 명칭과 표기는 학교의 통일된 방법으로 기재한다. 중도 입·퇴학자의 표시는 입학한 날부터 출석으로 하여 통계에 넣어서 계산하고, 퇴학(전출)한 날까지 수업일수에 넣어서 계산한다.

[그림 11-2] NEIS-생활기록부-출결관리

[그림 11-3] NEIS-생활기록부-출결 특기사항 등록

(3) 출석 통계와 결과 활용

출석부는 담임교사가 월별로 기록하며 관리한다. 이때, 수업일수는 해당 월의 일수에서 일요일과 공휴일수를 제하며, 월말 재적 아동수는 월초 재적수와 전입생수에서 퇴(전)학생 수를 제한 값으로 나타난다.

출석 통계의 결과 활용은 학급에서는 학생의 근태 상황 파악, 건강 관리, 가정환경 조사, 결석, 지각, 조퇴의 원인 분석, 학급 집단의 출결석 동향, 월별 출석

동향, 장기 결석과 무단 결석자의 원인 분석, 출석과 학습 생활과의 관계, 학부모와의 교육 상담 자료, 개근자와 장기 무단 결석자의 상벌 문제 등에 활용할 수 있다. 또한 학교에서는 학급별 월별 재적수 조정, 수업일수 및 출석할 일수 조정, 학급 학년별 집단의 출결상황, 전교생의 근태 파악, 일일 출석 상황 파악, 개근, 정근, 장기무단결석자의 상벌 문제, 법정 제장부의 적기 정비, 전교 월말 통계 산출, 전교 생활지도 계획 자료, 매월말 출석부 검열, 입·퇴학 처리부와의 통계 비교 등에 활용할 수 있다.

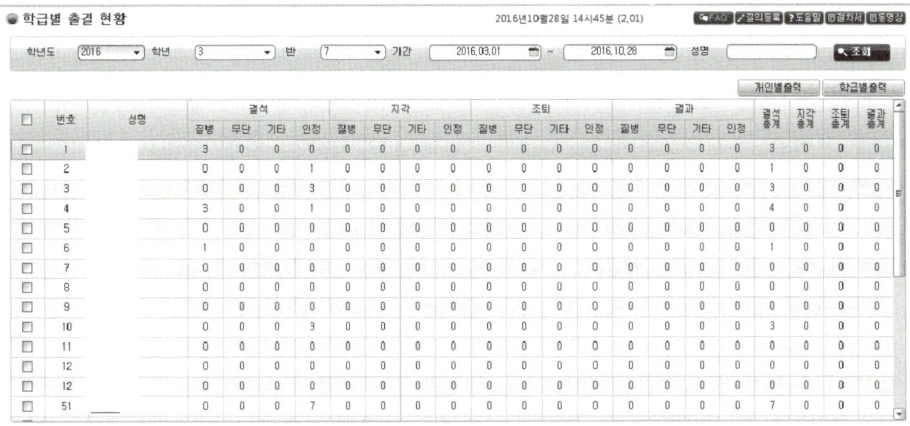

번호	성명	결석				지각				조퇴				결과				결석총계	지각총계	조퇴총계	결과총계
		질병	무단	기타	인정	질병	무단	기타	인정	질병	무단	기타	인정	질병	무단	기타	인정				
1		3	0	0	0	0	0	0	0	0	0	0	0	0	0	0	0	3	0	0	0
2		0	0	0	1	0	0	0	0	0	0	0	0	0	0	0	0	1	0	0	0
3		0	0	0	3	0	0	0	0	0	0	0	0	0	0	0	0	3	0	0	0
4		3	0	0	1	0	0	0	0	0	0	0	0	0	0	0	0	4	0	0	0
5		0	0	0	0	0	0	0	0	0	0	0	0	0	0	0	0	0	0	0	0
6		1	0	0	0	0	0	0	0	0	0	0	0	0	0	0	0	1	0	0	0
7		0	0	0	0	0	0	0	0	0	0	0	0	0	0	0	0	0	0	0	0
8		0	0	0	0	0	0	0	0	0	0	0	0	0	0	0	0	0	0	0	0
9		0	0	0	0	0	0	0	0	0	0	0	0	0	0	0	0	0	0	0	0
10		0	0	0	3	0	0	0	0	0	0	0	0	0	0	0	0	3	0	0	0
11		0	0	0	0	0	0	0	0	0	0	0	0	0	0	0	0	0	0	0	0
12		0	0	0	0	0	0	0	0	0	0	0	0	0	0	0	0	0	0	0	0
12		0	0	0	0	0	0	0	0	0	0	0	0	0	0	0	0	0	0	0	0
51		0	0	0	7	0	0	0	0	0	0	0	0	0	0	0	0	7	0	0	0

[그림 11-4] NEIS-생활기록부-학급별 출결 현황

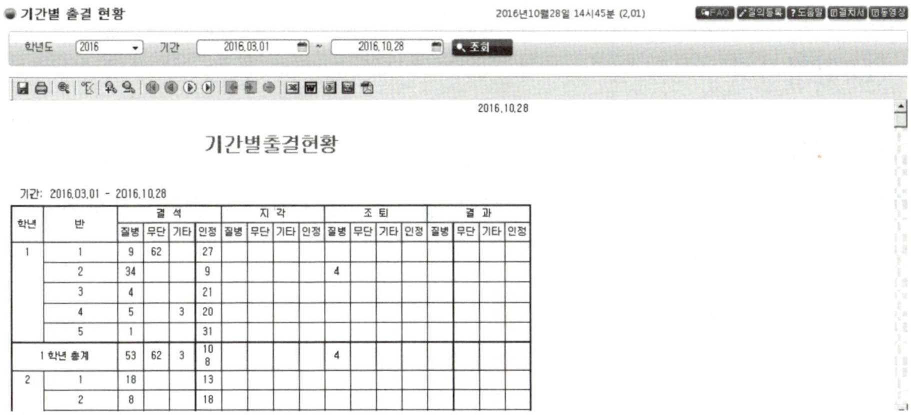

학년	반	결 석				지 각				조 퇴				결 과			
		질병	무단	기타	인정	질병	무단	기타	인정	질병	무단	기타	인정	질병	무단	기타	인정
1	1	9	62		27												
	2	34			9					4							
	3	4			21												
	4	5		3	20												
	5	1			31												
1 학년 총계		53	62	3	108					4							
2	1	18			13												
	2	8			18												

[그림 11-5] NEIS-생활기록부-기간별 출결 현황

(4) 출석부의 보관

출석부는 학년말에 출력 후 결석계, 법정전염병확인서, 개인현장체험학습 계획서와 보고서 등과 함께 보관한다. 이때, 보관은 학년별로 모아서 합철하여 보관하는 것이 좋다.

2) 학생건강기록부

학교에서는 「학교보건법」과 같은 법 시행령 및 시행규칙, 「학교건강검사규칙」, 「학교건강기록부 전산처리 및 관리지침」 등에 따라 학생들의 건강검사를 실시하고 그 결과를 작성·관리해야 한다. 건강검사는 신체의 발달상황, 신체의 능력, 건강조사, 정신건강 상태 검사 및 건강검진으로 구분한다. 건강검사는 해당 학교의 장이 실시하고, 건강검진은 「건강검진기본법」 제14조에 따라 지정된 검진기관에서 실시하는 것을 원칙으로 한다. 이때, 건강검사 관리는 「초·중등교육법」 제30조의4의 규정에 따라 나이스를 이용하여 처리하여야 한다. 이에 따라 NEIS에서 건강기록부 관리업무를 수행할 수 있다. 「학교건강검사규칙」에 근거한 학생건강기록부의 입력 내용 및 전산처리 요령을 살펴보면 다음과 같다.

(1) 인적사항

학생의 인적사항은 성명, 성별, 주민등록번호, 학교, 학년, 반, 번호, 담임 성명, 특기사항 등을 포함한다. 학생 인적사항 정보는 NEIS의 학교생활기록부에서 자동으로 연계가 된다. 전출, 전입 등 학적변동 학생 발생 시 인적사항의 수정이 필요하므로 학생을 검색하여 수정한다.

(2) 감염병 예방접종

감염병 예방접종은 표준예방접종지침(보건복지가족부, 예방접종심의위원회)에 의한 소아표준예방접종 대상감염병에 한하여 예방접종 관련 정보를 입력한다. 예방접종은 취학 전과 취학 후로 구분되는데, 취학 전은 1학년 때 조사하여 '접종'과 '미접종'으로 입력하고, 취학 후는 학교, 학년, 접종일을 입력한다.

2. 감염병 예방접종

가. 취학 전 예방접종

대상 감염병	접종여부					비고
	1차	2차	3차	4차	5차	
디프테리아						
백일해						
파상풍						
홍역						
유행성이하선염						
풍진						
회색질척수염(polio)						
결핵						
일본뇌염						
수두						
B형 간염						

나. 취학 후 예방접종

대상 감염병	학교 / 학년	접종일	대상 감염병	학교 / 학년	접종일
일본뇌염					
디프테리아					
파상풍					
사람유두종바이러스					

[그림 11-6] NEIS-생활기록부-감염병 예방접종

(3) 건강검사 실시 현황

검강검사 실시 현황은 신체의 발달상황, 신체의 능력, 검강검진 현황, 별도검사 현황 등 4가지 항목으로 구성되어 있다. 우선, 신체 발달상황은 키, 몸무게를 아라비아 숫자로 소수 첫째 자리까지 입력하며, 비만도는 체질량지수(BMI)를 이용한 산출방식에 따라 '비만', '과체중', '정상', '저체중'으로 입력한다.

3. 건강검사 실시 현황

가. 신체의 발달상황

구분	초등학교						중학교			고등학교		
	1	2	3	4	5	6	1	2	3	1	2	3
키(㎝)												
몸무게(㎏)												
비만도												

[그림 11-7] NEIS-생활기록부-신체의 발달상황

신체의 능력에는 초등학교 4학년 학생 이상을 대상으로 하는 건강체력평가(PAPS)에 따른 각 항목별 검사 결과를 입력한다. 이때 건강체력평가 결과는 직접 입력하는 방법 외에도 기존에 입력되어 있던 정시측정회차 자료가 있을 경우 불러올 수도 있다. 건강체력평가 결과는 초등학생은 왕복오래달리기, 오래달리기-걷기(1,000m), 스텝검사, 앉아윗몸앞으로굽히기, 종합유연성, 윗몸말아올리기, 악력, 50m 달리기, 제자리멀리뛰기 등을 실시하고 체지방률 산출 결과를 종합하여 신체능력점수와 신체능력등급을 판정한다. 이때, 오래달리기-걷기(1,000m), 스텝검사, 앉아윗몸앞으로굽히기는 초등학교 5~6학년 학생만을 대상으로 한다.

나. 신체의 능력

구분		단위	초등학교			중학교			고등학교		
			4	5	6	1	2	3	1	2	3
왕복오래달리기		회									
오래 달리기-걷기 (초5~고3)	1,000m(초)	분: 초	공란								
	1,600m(중 · 고 / 남)	분: 초	공란								
	1,200m(중 · 고 / 여)	분: 초	공란								
스텝검사		PEI	공란								
앉아윗몸앞으로굽히기		cm	공란								
종합유연성		점									
(무릎대고)팔굽혀펴기(중 · 고)		회	공란								
윗몸말아올리기		회									
악력		kg									
50m 달리기		초									
제자리멀리뛰기		cm									
체지방률		%									
신체의 능력점수		점									
신체의 능력등급		등급									

[그림 11-8] NEIS-생활기록부-신체의 능력

건강검진 및 별도검사 현황은 건강검진 현황과 별도검진 현황으로 구분된다. 건강검진은 초등학교 1학년과 4학년에 실시되며, 구강검진은 매년 실시된다. 건강검진 현황에는 검진일자와 검진기관을 입력하고, 별도검사 현황에는 이외에도 소변검사, 결핵검사, 구강검사, 시력검사 등의 검사와 검사결과를 입력한다.

다. 건강검진 현황

구분		초등학교						중학교	고등학교
		1학년	2학년	3학년	4학년	5학년	6학년	1학년	1학년
건강 검진	검진일		공란			공란			
	검진기관		공란			공란			
구강 검진	검진일								
	검진기관								

라. 별도검사 현황

검사일												
검사명												
검사기관												

학년도 말에는 담임교사가 학급별로 학생건강기록부를 마감하고, 담임교사가 해당 학교의 학년부장교사나 업무담당자에게 승인요청한 후, 업무담당자가 전체 결재를 얻는 과정으로 관리된다.

3) 학교생활기록부

교사가 학급에서 처리하는 가장 중요한 공문서는 학교생활기록부라 할 수 있다. 학교생활기록부는 학생을 총체적으로 이해하는 자료로서 학생의 학교 생활태도 및 학습 성장·변화를 담아내는 학생 종합 성장보고서이다. 학교생활기록부는 「초·중등교육법」, 「초·중등교육법 시행규칙」, 「학교생활기록 작성 및 관리지침」 등 관련 법령에 따라 작성·관리되는 법정 장부이다. 학교생활기록부는 학생의 학업성취도 및 인성 등을 종합적으로 관찰·평가하여 학생지도 및 상급학교의 학생선발을 위한 자료로 활용되는 한편, 학교로부터 가정으로 가는 유일한 교육성과에 관한 종합보고서라는 점에서 그 중요성은 매우 높다.

「초·중등교육법」 제25조에 따르면 학교의 장은 학생의 인적사항, 학적사항, 출결상황, 자격증 및 인증 취득상황, 교과학습발달상황, 행동특성 및 종합의견, 학교정보, 학생의 수상경력, 창의적 체험활동 상황, 독서활동 상황, 자유학기활동 상황, 학교폭력 조치상황 관리 등 그 밖에 교육목적에 필요한 범위에서 교육부령(「초·중등교육법 시행규칙」)으로 정하는 사항 등을 교육정보시스템으로 작성·관리해야 한다. 학교생활기록부의 자료 입력은 업무를 담당하는 사용자가 수행한다. 학교생활기록부 작성에 필요한 보조부는 각 학교의 실정에 알맞게 계획을 수립하여 작성·활용하되, 전산 입력 후 그 출력물로 대신할 수 있다. 학교생활기록부는 크게 학교생활기록부(학교생활기록부 I)와 학교생활 세부사항기록부(학교생활기록부 II)로 구분되나, 자료입력항목과 전산처리 기본서식은 동일하다. 학교생활기록부는 「공공기록물 관리에 관한 법률」 및 같은 법 시행령에 따라 준영구보존해야 한다. 「학교생활기록 작성 및 관리지침」에 근거한 학교생활기록부의 입력 내용을 구체적으로 살펴보면 다음과 같다.

(1) 인적 · 학적사항

인적 · 학적사항에는 학생정보와 학적사항, 특기사항을 기재한다. '학생정보'란에는 성명, 성별, 주민등록번호와 입학 당시의 주소(재학 중 주소가 변경된 경우는 변경된 주소)를 입력한다. 재학 중 학적변동이 발생한 경우에는 '학적사항'란에 전출교와 전입교에서 각각 학적변동이 발생한 일자, 학교와 학년, 학적변동 내용을 입력한다. '특기사항'란에는 유예 · 면제 · 재취학 · 유급 · 조기진급 등 중요한 학적변동인 경우 그 사유를 입력한다. 학교의 통폐합 등으로 교명이 변경된 경우에는 교명 변경 내용을 입력한다. 특기사항 중 학교폭력대책심의위원회에서 결정한 「학교폭력 예방 및 대책에 관한 법률」 제17조에 따른 가해학생에 대한 조치사항(전학)은 조치결정일자와 함께 결정 즉시 입력한다.

1. 인적 · 학적사항

학생정보	성명: 성별: 주민등록번호: 주소:
학적사항	년 월 일 □□초등학교 제1학년 입학(년 월 일 전출) 년 월 일 ○○초등학교 제2학년 전입
특기사항	

[그림 11-9] NEIS-학교생활기록부-인적 · 학적사항

(2) 출결상황

출결상황에는 수업일수, 결석 · 지각 · 조퇴일수 등을 입력한다. '수업일수'는 「초 · 중등교육법 시행령」 제45조의 규정에 따라 학교장이 정한 학생이 연간 총 출석해야 할 일수를 입력한다. '결석일수', '지각', '조퇴', '결과'는 사유에 따라 질

병·미인정·기타로 구분하여 연간 총일수 또는 횟수를 각각 입력한다. 재취학 등 학적이 변동된 학생의 동학년의 수업일수 및 출결상황은 학적변동 전(원적교)의 것과 학적변동 이후의 것을 합산하여 입력한다. '특기사항'란에 결석사유 또는 개근 등 교육부장관이 별도로 정하는 내용을 학급 담임교사가 입력한다. 특기사항 중 학교폭력과 관련된 사항은 「학교폭력 예방 및 대책에 관한 법률」 제17조에 따른 가해학생에 대한 조치사항을 입력한다. 이때, 같은 법 제17조 제1항 제4호(사회봉사), 제5호(학내외 전문가, 교육감이 정한 기관에 의한 특별 교육이수 또는 심리치료), 제6호(출석정지)에 따른 조치사항은 학교폭력대책심의위원회에서 결정한 조치결정 일자와 함께 즉시 입력하여야 한다.

2. 출결상황

학년	수업일수	결석일수			지각			조퇴			결과		
		질병	미인정	기타	질병	미인정	기타	질병	미인정	기타	질병	미인정	기타
1													
2													
3													
4													
5													
6													

[그림 11-10] NEIS-학교생활기록부-출결상황

3. 학교폭력 조치상황 관리

학년	조치결정 일자	조치사항
1		
2		
3		
4		
5		
6		

[그림 11-11] NEIS-학교생활기록부-학교폭력 조치상황 관리

(3) 창의적 체험활동상황

창의적 체험활동은 교과와의 상호 보완적인 관계 속에서 학생의 전인적인 성장을 위하여 학교가 자율적으로 설계·운영할 수 있는 경험과 실천 중심의 교육과정 영역이다. 창의적 체험활동은 학생들이 자신의 삶과 연계된 다양한 활동에 참여함으로써 개인의 소질과 잠재력을 계발할 뿐만 아니라 창의성과 포용성을 지닌 민주시민으로서의 삶의 태도를 기르치는 것을 목표로 한다. 2022 개정 교육과정에서 창의적 체험활동의 하위 영역은 자율·자치활동, 동아리활동, 진로활동 등 3개 영역이다. 영역별 활동내용, 평가방법 및 기준은 교육과정을 근거로 학교별로 정하며, 자율·자치활동, 동아리활동, 진로활동은 영역별 이수시간 및 특기사항을 입력하고, 봉사활동은 실적을 입력한다. 다만, 초등학교는 창의적 체험활동의 이수시간을 입력하지 않으며, '자율·자치활동', '동아리활동' 2개 영역의 특기사항은 통합하여 종합적으로 입력하되, '진로활동' 영역은 별도로 구분하여 기록한다.

봉사활동 영역의 실적은 학교교육계획에 의한 봉사활동과 학생 개인계획에 따른 봉사활동의 구체적인 내용을 별도의 '봉사활동실적'란에 연간 실시한 봉사활동의 일자 또는 기간, 장소 또는 주관기관명, 활동내용, 시간을 실시일자 순으로 모두 입력한다. '진로활동'의 특기사항에 진로희망분야와 각종 진로검사 및 진로상담 결과, 관심분야 및 진로희망과 관련된 학생의 활동내용 등 학생의 진로 특성이 드러나는 사항을 담임교사가 입력한다. 단, 초등학교는 진로희망분야를 입력하지 않을 수 있다. '동아리활동' 중 학교스포츠클럽 활동 내용은 학교장이 인정한 기간 동안 수행한 것으로 한정하며, 클럽명, 활동시간, 개별적 특성이 드러나는 특기사항을 입력하되, 활동시간은 동아리활동 이수시간에 합산한다. 이때, 정규교육과정에 포함되지 않은 학교스포츠클럽활동은 특기사항을 입력하지 않는다. 동아리활동 중 정규교육과정에는 포함되어 있지 않으나 학교교육계획에 따라 구성한 청소년단체 활동은 단체명은 입력하되 특기사항은 입력하지 않는다.

자율·자치활동의 특기사항은 담임교사가, 동아리활동의 특기사항은 해당 동아리 담당교사가 입력한다.

4. 창의적 체험활동상황

학년	창의적 체험활동상황	
	영역	특기사항
1	자율 · 자치활동	
	동아리활동	
	진로활동	
2	자율 · 자치활동	
	동아리활동	
	진로활동	
3	자율 · 자치활동	
	동아리활동	
	진로활동	
4	자율 · 자치활동	
	동아리활동	
	진로활동	
5	자율 · 자치활동	
	동아리활동	
	진로활동	
6	자율 · 자치활동	
	동아리활동	
	진로활동	

학년	봉사활동실적				
	일자 또는 기간	장소 또는 주관기관명	활동내용	시간	누계시간
1					
2					
3					
4					
5					
6					

[그림 11-12] NEIS-학교생활기록부-창의적 체험활동상황

(4) 교과학습발달상황

교과학습발달상황은 학생평가결과의 입력을 의미하며, '교과학습발달상황 평가 및 관리' 양식에 따라 시행한다. 초등학교의 교과학습발달상황은 각 교과별 성취기준에 따른 성취수준의 특성 및 학습활동 참여도 등을 '세부능력 및 특기사항'란에 교과별로 문장으로 입력한다. 학생들의 교과특성은 교사가 교과학습 평가 및 수업 과정에서 수시·상시로 기록한 내용을 중심으로 전 영역을 고려하여 종합적으로 기술하여야 한다. 1·2학년 '바른 생활', '슬기로운 생활', '즐거운 생활' 교과는 세 교과의 성취기준을 바탕으로 학생의 성취수준에 따른 특성을 통합하여 기록하며, 특정 교과가 누락되지 않도록 유의해야 한다.

5. 교과학습발달상황

학년	교과	세부능력 및 특기사항
1		
2		
3		
4		
5		
6		

[그림 11-13] NEIS-학교생활기록부-교과학습발달상황

(5) 행동특성 및 종합의견

행동특성 및 종합의견은 수시로 관찰하여 누가 기록된 행동특성을 바탕으로 총체적으로 학생을 이해할 수 있는 종합의견을 담임교사가 문장으로 입력한다. 장점과 단점은 누가 기록된 사실에 근거하여 입력하되, 단점을 입력하는 경우에는 변화 가능성을 함께 입력해야 한다. 행동특성 중 학교폭력과 관련된 사항은 「학교폭력 예방 및 대책에 관한 법률」 제17조에 규정된 가해학생에 대한 조치사항을 조치결정일자와 함께 결정 즉시 입력한다. 이때, 같은 법 제17조 제1항 제1

호(서면사과)·제2호(접촉, 협박 및 보복행위 금지)·제3호(학교에서의 봉사)의 조치사항은 학생의 졸업과 동시에 삭제하여야 한다.

학년	행동특성 및 종합의견
1	
2	
3	
4	
5	
6	

[그림 11-14] NEIS-학교생활기록부-행동특성 및 종합의견

(6) 기타 사항

기타 사항에는 졸업대장의 번호, 학생의 반, 번호, 담임성명을 입력하되, 변경 사항이 있을 경우에는 변경 전·후의 내용을 함께 입력한다. 사진은 졸업 시 입학년도에 촬영한 천연색 상반신 사진(3.5×4.5㎝)을 입력하며, 졸업학년도에 촬영한 사진으로 교체 입력한다.

(7) 자료의 정정

학교생활기록부의 입력내용에 대한 책임은 자료 입력 당시의 사용자에게 있으며, 매 학년이 종료된 이후에는 당해 학년도 이전의 학교생활기록부 입력 자료에 대한 정정은 원칙적으로 금지된다. 자료의 정정은 객관적인 증빙자료가 있는 경우에만 가능하며, 정정 시에는 반드시 정정내용에 관한 증빙자료를 첨부하여 증빙자료의 객관성 여부, 정정의 사유, 정정내용 등에 대하여 학교 학업성적관리위원회의 심의 절차를 거친 후 학교생활기록부 정정대장의 결재 절차에 따라 정정사항의 발견 학년도 담임교사가 정정 처리해야 한다. 학교생활기록부 정정대장은

교육정보시스템에서 제공하는 결재 절차를 거쳐 학기중에는 전자문서로 관리하다가 매 학년말 처리가 종료되면 출력하여 증빙서류와 함께 준영구보관한다.

일련번호	정정 연월일	정정 대상자		정정 사항				결재 및 입력확인			
		학년도 · 학년 · 반 · 번호 (졸업대장번호)	성명	항목	오류 내용 (정정 전)	정정 내용 (정정 후)	정정 사유	담임 (담당)	담당 부장	교감	교장

[그림 11-15] NEIS-학교생활기록부-학교생활기록부 정정대장

(8) 학교생활통지표 작성

학교생활통지표는 모든 학생이 교육목표를 성공적으로 달성하였는지를 종합적으로 평가하는 것인 동시에 교사가 평소 학생에 대한 의견을 서술해서 학부모에게 학교생활 전반을 알려주는 방법이다(조동섭 외, 2009, 408). 학교생활통지표의 구성과 형식에 대한 법적인 양식은 없으며, 학교의 학업성적관리위원회에서 통지표의 형식 및 내용을 결정해 운영한다. 나이스(NEIS)에서는 학교생활기록부에 입력된 자료를 통지표로 변환할 수 있는 기능을 제공하고 있다. 그러나 최근에는 학교별로 특색 있는 통지표를 만들어 활용하는 학교도 늘고 있다.

4. 학급 사무경영을 위한 교육정보시스템

1) 업무포털

업무포털은 교사들이 하나의 아이디로 학교 현장에서 수행하는 대부분의 교육

행정업무와 관련된 모든 시스템을 이용할 수 있도록 여러 시스템에 산재되어 있는 정보를 통합 제공하는 시스템이다. 교사는 업무포털 내에 있는 교육과정과 관련된 나이스(NEIS)와 학교 행정업무 및 재정업무를 위한 지방교육행·재정통합시스템(K-Edufine) 등과 같은 다양한 시스템을 통해 학급사무를 처리할 수 있다.

업무포털은 시·도교육청별로 운영하며, 교사는 본인이 소속된 시·도교육청의 업무포털만 사용이 가능하다. 업무포털에 로그인하기 위해서는 교육부에서 제공하는 공인인증서가 필요하다. 공인인증서는 교육부 전자서명인증센터(www.epki.go.kr)에서 신청서를 다운로드받아 작성한 후, 교육지원청 담당자에게 제출하면 발급받을 수 있다.

[그림 11-16] 업무포털 메인페이지

2) 나이스(NEIS)

나이스(교육행정정보시스템, National Education Information System)는 교육부와 17개 시·도교육청, 유·초·중등학교 및 특수학교가 모든 교육행정 정보를 전자적으로 연계 처리하여 이용하는 종합 교육행정정보시스템이다. 「초·중등교육법」 제30조의4(교육정보시스템의 구축·운영 등), 제30조의5(정보시스템을 이용한 업무처리)를 근거로 「학교생활기록 작성 및 관리지침」에 따라 교육부와 17개의 시·도교육청이 함께 운영하는 교육정보시스템인 나이스를 사용하고 있다.

[그림 11-17] 나이스 메인페이지

나이스 운영 대상 업무는 초·중등 분야, 학교수업지원 분야, 유치원 분야 등 3개 분야가 있으며, 121개 단위업무, 591개 세부업무로 구성되어 있다. 교사는 나이스를 통해 학적관리, 교육과정관리, 선적관리, 출결 및 학생생활관리, 학교생활기록부 관리 등의 교무업무와 함께 복무관리, 급여, 연말정산, 인사기록 등 각종 업무처리를 할 수 있다. 초등학교 교사가 사용하는 나이스는 크게 두 가지 메뉴로 구성된다. 하나는 교사 본인과 관련된 기본메뉴이고, 다른 하나는 학생과 관련된 업무메뉴이다. 나이스를 활용하여 수행하는 주요 행정업무는 다음과 같다.

- 교육과정: 교과편제관리, 학급담임 편성 및교과개설, 학사일정관리, 시간표관

리, 진도표관리, 주간학습안내관리, 결보강관리, 학교일지관리 등

- 학적: 기본학적관리, 전출・입 관리, 면제・유예 및 장기결석에 따른 정원 외 관리, 진급자반편성관리, 출결관리, 위탁학생관리, 타교수강생관리, 명예졸업관리, 졸업처리, 졸업생자료관리, 대외기관자료제공관리, 미인정결석학생관리 등
- 학생생활: 창의적체험활동, 수상경력, 진로정보관리, 행동특성및종합의견, 학교폭력조치사항관리, 학부모승인관리 등
- 성적: 평가계획, 학생평가, 성적조회, 관찰기록관리, 학교생활기록부, 정정대장관리, 생활통지표 등
- 개별화교육계획: 인적사항관리, 개별화교육계획 영역관리, 개별화교육 조회, 전입생 개별화교육 추가, 개별화교육계획 전송관리 등
- 보건: 학생건강검사관리, 예방접종연계관리, 건강기록부관리, 감염병환자관리 등
- 입(진)학: 취학관리, 진학관리
- 일반행정: 학생배치(학급편성, 시설현황, 예비소집현황, 특수학생배치현황), 복무(근무상황, 초과근무, 출장, 연가, 유연근무 등 관리), 급여, 연말정산, 감사, 학교운영위원회, 민원, 정보공시, 교육통계 등
- 학교행정: 교과용도서, 급식, 교육설문(교원능력개발평가, 학교폭력실태조사 등, 학생정서행동특성검사, 특수교육대상자 인권실태조사, 교육활동신청관리 등), 방과후학교, 학교운동부・학교스포츠클럽관리, 학생건강체력평가(PAPS), 초등돌봄교실, 학교폭력 사안처리, 교육복지, 상담관리, 학업중단, 학교환경 등

3) K-에듀파인(K-Edufine)

K-에듀파인은 시・도교육청과 유・초・중등학교에 재직하는 교직원의 행정업

무와 재정업무를 전자적으로 처리·지원하는 차세대 지방교육행·재정통합시스템으로 2020년 개통하였다. 교사들은 2008년부터 운영되었던 지방교육행·재정통합시스템인 에듀파인(Edufine)을 통해 학교예산 관련 업무를 수행하였고, 2011년부터 운영된 시·도교육청 업무관리시스템을 통해 공문서 생산·접수 업무를 수행하였다. 교육부는 에듀파인과 업무관리시스템의 노후화 및 추가되는 업무 수용력의 한계를 극복하는 한편, 이원화된 시스템으로 인해 발생하는 행정의 비효율성 문제를 해소하기 위해 2018년부터 3년간에 걸쳐 차세대 지방교육행·재정통합시스템인 K-에듀파인을 구축하였다.

초등학교 교사는 K-에듀파인에서 업무관리, 지식관리, 학교회계, 서비스공통 등 총 4가지의 서비스를 이용할 수 있다. 이 중 대표적인 서비스는 업무관리와 학교회계이다.

(1) 업무관리

업무관리 메뉴에서는 문서관리, 메모관리, 업무인계인수, 업무지원, 내부메일, 기능분류, 자료집계 등이 가능하다. 업무관리의 주요 내용은 다음과 같다.

- 문서관리: 문서의 작성, 처리, 통제, 시행, 보관 및 보존 등을 관리하는 업무이며, 보고서를 작성하거나 협조, 검토 등을 처리하고 처리과정에서 제기된 의견이나 관련자료, 의사결정내용 등을 기록 관리한다.
- 메모관리: 관리자에게 구두나 수기로 보고했던 사항을 전자적으로 처리하고, 정보 공유를 통한 협업과 보고내용을 기록물로 관리하는 것이 가능하다. 문서의 정식적인 결재보다는 편하게 사용할 때 많이 이용한다.
- 업무인계인수: 조직개편, 인사발령, 업무분장 등의 사유로 업무를 인계·인수하고, 부서 내 업무인계인수 현황을 관리할 수 있다.
- 업무지원: 공문게시, 공유설비예약, 내부메일 등 효율적인 업무처리를 지원하며, 지시사항이나 훈시사항 등 업무추진의 핵심기능을 제공한다.

- 자료집계: 자료 집계가 필요한 비정형 서식을 생성하여 부서나 학교에 제출을 요청하고, 요청받은 부서나 학교에서 자료를 작성하여 제출할 수 있다.
- 과제관리: 기관과 학교의 기능분류체계에 따른 일의 최소 단위(단위과제)를 기반으로 업무담당자들의 모든 업무 수행을 전자적으로 기록·관리한다.

(2) 학교회계

학교회계 메뉴에서는 사업관리, 예산관리, 보조금관리, 수입관리, 지출관리, 계약관리 등이 가능하다.

- 사업관리: 학교에서 필요한 부서 정보를 관리하고, 학교의 예산편성 업무를 위한 세부항목을 등록하여 품의권한을 관리한다. 사업관리카드를 통해 담당 사업 및 전체 사업에 대한 예산과 집행실적을 조회할 수 있으며, 학교에서 사용하는 계좌를 등록·관리한다.
- 예산관리: 예산편성을 위한 업무지침 등 기준정보를 관리하고, 본예산 및 추가경정예산을 위한 세입·세출예산 요구내역을 작성한다. 예산안을 확정하고 학교운영위원회의 심의결과를 반영하여 예산을 확정한다. 성립전예산 요구내역, 예산변경 내역, 명시이월 및 계속비 내역 등을 작성·관리한다.
- 보조금관리: 국고보조금 내역사업을 관리하고, 교부 신청 및 교부결정내역을 관리한다.
- 수입관리: 학생 및 기타(교사 등) 수납자에 대한 기본정보를 등록·관리하고, 징수결의, 수납처리, 일계처리 등을 수행한다.
- 지출관리: 단위학교의 실제 예산집행 활동으로 예산의 사용결정에서부터 지출원인행위에 의한 부담 채무를 이행하기 위하여 현금을 지급할 때까지의 지출처리, 지출지원, 지출장부, 기타관리 등 각종 업무를 처리한다.

요약

학급 사무경영은 교사가 학급을 경영하는 과정에서 수반되는 학급과 학급 구성원에 관한 유·무형의 정보와 제반 기록, 장부의 작성과 처리 등 제반 문서를 기록·관리하는 활동이다. 교사는 관련 법규를 충분히 숙지하고 정적한 형식과 절차를 통해 학급경영과 관련된 각종 문서와 정보를 효율적으로 작성·관리하여야 한다. 또한 문서와 정보를 단순히 관리하는 차원을 넘어 필요한 자료와 정보를 창의적으로 발굴·가공하여 학급 구성원들의 성장과 발달을 위해 적극적으로 활용할 수 있어야 한다.

담임교사에게 요구되는 학급 사무경영을 수행하기 위해서는 이 장에서 제시한 학급 사무경영의 개념과 원리를 이해하고, 출석부, 학생건강기록부, 학교생활기록부 등 주요 학급 공문서의 작성·관리 방법을 이해하고 준수할 필요가 있다. 또한 효율적으로 업무를 처리하기 위해 업무포털, 나이스(NEIS), K-에듀파인 등 학급 사무경영을 위한 교육정보시스템을 이해하고 활용 방법을 익힐 필요가 있다.

핵심용어

학급 사무경영, 공문서, 출석부, 학생건강기록부, 학생생활기록부, 업무포털, 나이스(NEIS), K-에듀파인, 학교회계

참고문헌

강대일 외(2020). 교사 365: 내 마음이 편안해지는 초등교사 업무노트. 서울: 에듀니티.

교육부(2024). 2024학년도 학교생활기록부 기재요령(초등학교).

교육부 · 경상남도교육청 · 한국교육학술정보원(2021). 차세대 지방교육행 · 재정통합시스템 K-에듀파인 학교회계 매뉴얼(Ⅰ)(Ⅱ). 대구: 한국교육학술정보원.

김종철 · 이종재(1994). 교육행정의 이론과 실제. 서울: 교육과학사.

김현진 · 신중식 · 강영삼(2014). 교육행정학의 이론과 실제. 서울: 학지사.

박남기 외(2017). 초등 학급경영의 이론과 실제(제2판). 파주: 교육과학사.

박수정 외(2024). 예비교사와 신임교사에게 필요한 교사론과 교직실무. 서울: 박영스토리.

서울특별시교육청(2019). 나이스 활용 가이드(신규임용자 안내용).

윤정일 · 송기창 · 김병주 · 남수경(2021). 교육행정학원론(제7판). 서울: 학지사.

장이권 · 김용조(2002). 학교 · 학급경영론. 서울: 형설출판사.

전문적 학습공동체 신 · 명 · 나(2022). 처음 시작하는 초등 교사 학교생활 가이드북. 서울: 더블북.

정태범 · 문낙진 · 박병량 · 박종렬 · 이순형(1995). 학교 · 학급경영론(교육행정학 전문서 9). 서울: 도서출판 하우.

조동섭 외(2009). 초등 교직실무. 서울: 학지사.

조동섭 외(2014). 한 손에 잡히는 학급경영과 교직실무. 서울: 학지사.

주철안 외(2021). 교직실무(제2판). 서울: 학지사.

〈관련 법령〉

「개인정보보호법」

「건강검진기본법」

「공공기록물 관리에 관한 법률」 및 같은 법 시행령

「초 · 중등교육법」 및 같은 법 시행령, 시행규칙

「학교건강검사규칙」

「학교건강기록부 전산처리 및 관리지침」

「학교보건법」

「학교생활기록 작성 및 관리지침」

「학교폭력 예방 및 대책에 관한 법률」

「행정업무의 운영 및 혁신에 관한 규정」

〈주요 웹사이트〉

나이스 대국민서비스. https://www.neis.go.kr/nxuiPortal/index.html
시·도교육청 4세대 나이스(각 시·도교육청 홈페이지 참고).
시·도교육청 업무포털(각 시·도교육청 홈페이지 참고).
시·도교육청 K-에듀파인(각 시·도교육청 홈페이지 참고).
학교생활기록부 종합지원포털. https://star.moe.go.kr/

12 시기별 학급경영1)

서자영(월곡초등학교(광주) 교사)

학습목표

- 일 년의 학급경영을 학기초, 학기중, 학기말, 방학 전, 방학 중, 방학 후로 나누어 이해한다.
- 하루 중 학급경영을 아침 시간, 수업 시간, 쉬는 시간, 중간놀이 시간, 점심시간, 하교 시간으로 나누어 이해한다.
- 행사에 의한 월별 학급경영의 특징을 알 수 있다.
- 시기별 학급경영의 의의와 필요성 및 각 시기별로 나타나는 학급경영 특징을 알 수 있다.
- 자신만의 시기별 학급경영 계획을 세울 수 있다.

학습 준비 활동

- 각 학교에서 실천하고 있는 학급경영 사례를 조사하여 본다.
- 초등학교 교실의 하루 학급경영 루틴을 알아본다.
- 학창시절 월별, 계절별, 학기별 학급경영의 특징을 떠올린다.

관련 사례 및 토의 주제

〈매달 변화가 있는 학급경영〉

일 년의 학급경영은 시기별로 차이가 있다. 3월에는 학생과 교사가 만나서 학급의 약속을 세우고 학급의 문화를 정착시킨다. 4월은 4월 21일 과학의 날이 있기 때문에 과학행사 준비(대회 및 체험)와 행사진행으로 분주하다. 5월은 가정의달(어린이날, 어버이날, 스승의 날)로 감사하는 마음을 가짐과 동시에 따뜻한 날씨로 현장체험학습을 많이 가는 달이다. 6월은 6월 6일 현충일과 더불어 우리나라를 위해 희생하신 분들을 기억하고 생각하는 교육을 하는 호국 보훈의 달이기도 하다. 7월은 방학을 앞두고 물놀이 안전교육, 학기말 안전교육, 즐겁고 보람 있는 방학을 준비하는 달이며 8월은 방학이지만 담임교사와 학생들은 학급소통망을 통해 방학의 생활을 공유하거나 방학 중 과제를 부여하고 해결하면서 쉼과 성장이 있는 방학을 보내기도 한다. 이처럼 일 년의 학급경영은 교육과정을 운영하는 동시에 시기별로 특색과 중점을 두어 운영하는 점도 있다.

---

1) 이 장은 박남기 외 8인(2008). 초등 학급경영의 이론과 실제. 파주: 교육과학사의 '시기별 학급경영'을 수정 · 보완하였다.

- 월별로 (3월~2월) 진행되었던 행사와 학급경영의 특징을 생각해 보자.
- 방학 중 담임 선생님 또는 학생들과 공적인 연락을 한 적이 있는가? 이와 관련된 경험을 이야기해 보자.
- 3월에 학생들과 꼭 해야 할 약속, 첫 만남에서 학생들에게 담임교사로서 해 주고 싶은 말을 A4 1장으로 써 보시오.
- 방학과제는 개학 직전에 미루었다가 한꺼번에 하기도 하고, 2학기에는 겨울방학 후에 3월 개학으로 과제 점검이 잘 이루어지지 않기도 한다. 이때 방학 중 과제가 꼭 필요할까? 방학 중의 과제가 필요하다면 양과 종류는 어느 정도로 하며, 이에 대한 환류(피드백)는 어떤 방법으로 이루어져야 할까?

〈참고자료〉

https://www.youtube.com/watch?v=5D8QIhvP3H0

시간대별 학급 루틴 | 안정적이고 체계적인 학급 만들기 | 기본 생활 습관 형성 | 성실한 생활태도 | 학급경영 | 쏭쌤TV - YouTube

- 영상을 보고 아침 시간부터 하교 시간까지 시간대별로 중점적으로 지도해야 할 부분을 이야기 나누어 봅시다.

1. 시기별 학급경영의 의의와 필요성

1) 시기별 학급경영의 의의

학급경영은 봄, 여름, 가을, 겨울 시기적인 특성과 맞물려서 지역적인 특성 및 학교의 규모와 특색에 맞게 운영할 수 있다. 학생들은 봄, 가을처럼 날씨가 좋을 때는 집중적으로 학업에 매진하기도 하고 야외로 나가기 좋은 날씨인 4월과 10월에는 학생들 전체가 현장체험학습을 떠나기도 한다. 학급경영의 영역을 목표 및 계획수립, 학급조직, 교실환경, 규칙과 행동수칙, 행동경영, 수업경영, 학부모 관계, 스마트학급경영, 학급 사무경영으로 구분하였을 때 그 안에 속하지 못하는 영역이 있었다. 그건 바로 일 년의 흐름에 따른 학급경영의 변화이다. 계절별, 월별, 방학과 학기중, 학교 특색을 나타내는 행사 등에 따른 학급경영이 시기별 학급경영이라고 할 수 있다. 시기별로 구상할 수 있는 학급경영은 학교의 위치, 지역적 상황, 학교의 규모, 담임교사의 재량, 교육과정 재구성 능력에 따라 달라질 수 있겠다.

김춘복(2007)은 시기별 학급경영을 '학급의 교육목적을 효율적으로 달성하기 위하여 인적·물적 자원을 활용하여 학급경영상 시기적으로 필요한 활동을 계획하고 실행하며 그 성과를 평가하여 피드백하는 일련의 활동'으로 정의하였다. 시기별 학급경영은 학기의 초기, 중기, 말기에 따른 학급경영과 월별 특색이 드러난 학급경영, 각 요일별 학급경영, 하루 중 시간에 따른 학급경영으로 나눌 수 있다. 학기초 담임교사의 철학이 드러나게 학생들과의 학급문화는 어떻게 형성해 나갈 것인가, 교육과정 목표를 달성하기 위해 학생들을 독려하고 능력을 끌어올리기 위한 체제는 어떻게 구축할 것인가, 과학의 달, 가정의 달, 호국보훈의 달에 알아야 할 내용과 의미를 체험하고 실천하기 위해 무엇을 계획하고 교육과정과 연계지어 적용할 것인가, 아침 시간과 쉬는 시간 및 점심시간은 어떻게 보낼 것인가 등에 대해 담임교사는 고민하고 학급 학생들의 실태를 파악하여 계획하고 운영할 수 있다.

시기별 학급경영은 학생들의 지적·정의적·심미적 능력 개발을 위한 학급 내에서의 활동이므로 교사의 자율성이 강조되고 학생들의 자발성을 유도해야 그 효과가 극대화될 수 있다. 여기에는 체계적이고 계획적인 담임교사의 철저한 준비가 필요하고, 학생들의 주도성을 이끌어 내는 가운데 활동이 이루어져야 한다. 또한 시기별 학급경영은 교육과정 내용과 밀접한 관련을 맺고 있으며 학생들의 발달 단계도 고려해야 한다. 이를 추진하는 교사는 학생들의 내적·외적 여건을 고려하여 시기별 학급경영 계획을 작성하고, 그에 따라 적극적인 실천 활동이 이루어져야 한다. 또한 담임교사의 교육철학이 녹아 있어야 하며, 교육과정에서 추구하는 인간상이 구현되어야 한다. 그러나 시기별 학급경영은 교육과정이 그렇듯이 사회적으로 인정되는 교육철학을 담고 있어야 하며, 학생들의 실제 활동을 중심으로 편성하여야 한다(강원근, 2005).

2) 시기별 학급경영 계획의 필요성

학급에서 일 년 동안 학급을 운영하다보면 농사를 짓듯이 시기별로 학생들과 해야 하는 활동과 교사와의 관계 맺기, 마무리 하기 등 학급경영에서 중점을 두어야 할 부분이 다르다. 그러나 시기별 학급경영은 '학교행사' 등 단편적으로 제시되어 있어서 구체적이고 세부적인 시기별 학급경영에 대한 이론적 체계가 필요하다.

김춘복(2007)은 시기별 학급경영 운영 실태에 대해 연구하면서 학교교육과정과 학급경영 계획서 작성 시 시기별 학급경영의 내용이 최대한 반영되어야 하며 이는 문서화되고 조직화되어야 함을 제안하였다. 그는 학급경영 활동을 통해 나타난 문제점들 중에 담임교사의 의지 부족이 가장 큰 요인이라고 지적하고 있으며 시기별 학급경영의 연중, 계절별, 월별, 주별, 시간별 활동 내용을 선별하여 활용한다면 훨씬 질 높은 학급경영을 할 수 있을 것으로 제안하였다.

매일의 교육활동이 모여 일 년 동안 학생들의 학교에서의 삶을 결정하고 이는 학급담임의 밈(Meme: 문화유전자)이 전파되어 학생들은 담임교사를 따르고 닮고 싶어하거나 또는 그 반대가 될 수 있다. 나무 한 그루를 위한 교육활동을 계획하기 이전에 숲을 바라보고 일 년 간의 학급경영 활동을 계획하고 학생들의 수준과 실태에 맞는 활동을 전개한다면 교사와 학생들 사이의 관계가 밀접해지고 학생들은 교사의 언어, 행동을 따라하고 교사가 원하는 학생이 되고 싶어 할 것이다. 이를 위해 시기별로 구체적인 활동을 정하고 매일, 요일별로, 월별로, 학기별로 점검이 필요하다. 이를 실천하기 위해 무엇보다 중요한 것은 교사의 계획성과 실천력이다. 그리고 매일매일 상황을 점검하고 학급경영에 대한 기록과 반성이 성장하는 학급경영 능력을 길러줄 수 있다.

2. 시기별 학급경영의 영역

학교 현장에서의 시기별 학급경영은 학교 행사에 따라 주로 실천되고 있는 실정이다. 학기초 3월에는 시업식과 입학식, 학급임원선거, 학교교육나눔의 날, 학생 상담주간, 학부모 상담주간이 이루어지고 4월의 과학행사, 장애인의 날 행사, 친구사랑 주간 등의 행사가 있다. 5월은 어울림한마당(운동회 또는 체육대회), 현장체험학습(소풍, 4~5월) 등이 계획되어 있다. 학교 전체적으로 이루어지는 행사를 할 때에도 학생들과 함께 하는 이는 담임교사이고 행사 이외에 학생들은 담임교사와 달걀 꾸러미(과거에 달걀을 짚으로 묶어 놓았을 때를 비유함. 모든 학급이 함께 있지만 독립적인 학급을 비유) 같은 교실 안에서 담임교사의 지도성과 운영에 의해 학급경영이 이루어지기 때문에 담임교사의 자율성과 재량권 및 시기별 학급경영 능력은 중요하다고 보겠다.

시기별 학급경영에서 다루어져야 할 별도의 교육과정은 따로 없다고 할 수 있으나, 교육과정 운영의 전반을 시기별로(학기별, 월별, 요일별, 시간별) 어떻게 체계 있게 단계적으로 운영해 나가느냐의 문제가 있다. 시기별 학급경영은 현장 중심의 실천적 성격을 갖고 있기 때문에 '창의적 체험활동'의 영역으로 사용되어 왔다. 교육과정 재구성을 기반으로 교과 및 창의적 체험활동 운영 전반을 학기별로, 계절별로, 월별로, 요일별로, 시간별 등으로 어떻게 효과적이고, 체계적으로 지도해야 할 것인가의 문제가 '시기별 학급경영'에서 다루어져야 할 과제이다.

시기별 학급경영 계획을 수립하기 위해서는 〈표 12-1〉, 〈표 12-2〉와 같이 각 학년별 교육과정을 전반적으로 검토하여 관련 요소를 추출하고, 이를 중심으로 교사의 준비와 학생 활동 내용이 학년 특성과 계절 특성을 고려하여 학기별, 월별, 주별, 시간별 등의 순으로 시기별 학급경영 내용을 구체화하여 재구성해야 한다(강원근 외, 2005).

〈표 12-1〉 시기별 학급경영 영역 도출 과정

연간 교육과정 개괄적 요목 정리	학기별(방학) 교사 및 아동 활동	월별 교사 및 아동 활동	주별 및 시간별 교사 및 아동 활동
(첫째 단계)	(둘째 단계)	(셋째 단계)	(넷째 단계)

특히 본 장에서는 학년초(3월), 1학기말, 방학 중, 2학기초, 학년말, 그리고 계절별 및 시간별 등 특정 시기별 학급경영을 중심으로 기술한다.

〈표 12-2〉 시기별 학급경영 영역 (예시)

<table>
<tr><th>학기별</th><th colspan="2">활동요소</th></tr>
<tr><td>1. 학년초
학급경영
(3월 학기초)</td><td colspan="2">① 첫 만남의 의미 만들기
② 3월 첫날의 할 일
③ 학년초 담임교사와 학생들 관계 맺기
④ 학급규칙 및 급훈 정하기
⑤ 그 밖의 학년초의 학급경영</td></tr>
<tr><td>2. 1학기말
학급경영</td><td colspan="2">① 1학기 반성, 시상 및 마무리 잔치하기
② 여름방학 계획 수립하기</td></tr>
<tr><td rowspan="3">3. 방학 동안의
학급경영</td><td>① 방학 전
학급경영</td><td>• 방학 계획 수립하기
• 방학 과제 선정하기
• 계절에 맞는 안전교육 실시하기</td></tr>
<tr><td>② 방학 동안
학급경영</td><td>• SNS를 통한 방학 생활 공유하기
• 비상연락망 구축하기
• 학생들의 안부를 묻고 의미 있는 방학 생활 독려하기</td></tr>
<tr><td>③ 방학 후
학급경영</td><td>• 방학 동안 있었던 일 공유하기
• 방학 과제 점검하기
• 새로운 학기 시작 다지기</td></tr>
<tr><td>4. 2학기초
학급경영</td><td colspan="2">① 방학 되돌아보기 및 2학기 생활 계획 다짐하기
② 학급 체제 정비하기</td></tr>
<tr><td>5. 학년말
학급경영</td><td colspan="2">① 학년말 학급경영의 유의점: 교육과정 이수실적 점검 철저
② 학년말에 해야 할 일: 학교 내・외 안전생활 철저 주지 및 학년말 재정비</td></tr>
</table>

학기별	활동요소
6. 계절별 학급경영	① 봄: 봄철에 맞는 교육과정 재편성 및 수정 보완, 생활지도철저
	② 여름: 자연 친화적인 활동을 통해 생태교육을 강화하는 시기, 안전교육, 여름철 교육활동
	③ 가을: 각종 야외 활동, 체력 단련, 독서 활동을 강화하는 시기
	④ 겨울: 계절 관련 안전교육 및 활동과 부족한 부분을 보충하는 시기
7. 시간별 학급경영	① 아침자습 시간: 학급특색에 맞는 과제 해결 모색 ② 점심시간: 편식 않고 즐겁게 식사하기 ③ 중간놀이 시간: 실내체조, 놀이하기, 독서하기 ④ 청소시간: 1인 1역 수행하기(개인별, 모둠별) ⑤ 방과 후 학급경영: 담임교사 지도 후 하교, 곧장 집이나 돌봄교실 및 학원으로 가기, 일정이 바뀔 때는 부모님께 연락하기, 낯선 사람 주의하기, 안전에 유의하며 하교하기

자료: 유길한 등, 2005, 120에서 수정 보완.

3. 시기별 학급경영 계획 수립

학급경영의 내용과 영역은 교사의 철학과 학생들의 실태, 학교의 문화, 지역사회의 특징에 따라 달라진다. 다양한 활동들 중에서 취사・선택되는 활동들은 교사의 역량과 철학, 학생들의 선호 및 다중지능이론에서 제시되는 능력과도 관련이 있다.

교사는 자신의 철학을 가지고 학생들과 함께 스토리 있는 자신만의 학급문화를 형성해야 한다. 옆 반, 다른 학교에서 한 내용을 무조건 따라하는 것보다 교사가 자신이 좋아하는 것, 자신 있는 것, 아이들에게 바라는 점 등을 큰 스토리로 만들고 나머지 세부적인 내용들은 아이들과 함께 꾸며 나갈 수 있다(김성효, 2011).

시기별 학급경영의 운영 절차는 대체로 계획→시행→평가의 3단계로 구분해 볼 수 있다. 계획단계는 시기별 학급경영 운영을 어떻게 진행시켜야 할 것인가를 계획하는 단계를 말하며, 시행단계는 계획을 실천하는 단계를 말하고, 평가단계는 평가를 통하여 반성하고 보충하는 단계를 말한다.

1) 시기별 학급경영의 운영계획

교육과정 전반을 시기별 학급경영과 관련하여 검토하고 학급경영의 제반 조건을 정리한다. 학부모와 학생의 요구를 반영한 프로그램을 개발하기 위하여, 학교경영 계획 및 학년경영 계획에 근거하여 학급담임의 학급경영관이 담긴 시기별 학급경영(교육과정) 계획을 작성한다. 다음과 같은 단계를 거쳐 계획을 수립한다.

① 연간 교육과정의 개괄적 요목 정리: 학년별 연간 교육과정 내용을 세분화하여 학생들이 학습할 내용과 연계하여 주요 활동 내용의 요목을 정리한다.

② 학기별 학급경영: 연간 교육과정에서 추출된 주요 요목을 교육과정 운영에 맞게 교육 목표를 정하고 적당한 시기에 배치한다. 운영하면서 나타날 수 있는 문제점과 해결 방안도 함께 기술하면 더욱 좋으며, 학생들의 향상 정도를 알아보기 쉽게 학습 결과물은 포트폴리오 형식으로 누적한다.

③ 월별 학급경영: 학교행사와 특별활동 내용을 분석하여 월 계획을 세우고, 교사가 학급에서 자율적으로 운영하고자 하는 교사의 교육철학을 담은 자체 활동을 계획한다. 내용은 학교행사의 내용과 계절과 관련된 프로그램, 의식행사, 특기 신장 프로그램, 환경 프로그램, 글쓰기, 독서활동 등의 다양한 내용을 담는다.

④ 주별(요일별) 학급경영: 학기별, 월별 교육내용을 추진할 수 있는 세부적인 계획이 필요하다. 추진하고자 하는 활동 내용에 뚜렷한 목표가 있어야 하고, 활동 과정에 나타나는 새로운 성과와 문제점을 분석할 수 있는 준비가 필요하다.

⑤ 방학 중 학급경영: 봄, 여름, 겨울방학이 시작되기 전, 방학 중, 방학이 끝난 후 아동들의 활동, 과제 등에 대하여 사전에 충분한 준비가 필요하다.

⑥ 시간별 학급경영: 하루의 생활을 학생들 스스로 운영할 수 있도록 교사와 학생들 간의 활발한 의사소통이 필요하고, 학생들 스스로 책임의식을 가질 수 있도록 자발성을 유지하는 것이 가장 중요하다.

2) 시기별 학급경영의 시행 방침

시행단계는 계획단계에서 수립된 연간, 월별, 주별 계획의 단계를 실행에 옮기는 단계를 말한다. 본 단계에서 교사는 학생들과 별도로 준비과정을 명시한 구체적 활동계획을 수립할 필요가 있다. 실행단계에서 시기별 학급경영의 기본방향, 학기별 학급경영, 계절별 학급경영, 월별 학급경영, 요일별 학급경영, 시간별 학급경영의 기본방향을 설정한다. 이를 준거로 각 단계별로 시기별 학급경영의 실제적 활동내용에 대하여 고찰한다.

시기별 학급경영을 효율적으로 운영하기 위해서는 담임교사의 확고한 교육적 신념과 학급경영관이 필요하다. 또한 사회변화에 민감하고, 특별히 아동과 학부모의 기대와 요구사항도 파악해야 한다. 시기별 학급경영의 활동 내용 및 방향은 다음과 같다.

(1) 기본 방향

- 계절별, 월별, 요일별, 시간별, 학기별, 특정 시기별로 학급경영이 이루어지도록 한다.
- 교과 및 생활지도, 창의적 체험활동 영역과 연계하여 운영한다.
- 교사가 전반적인 그림은 그리되 학생들의 요구나 바람을 반영하여 함께 결정하도록 한다.

(2) 학기별 학급경영

- 학년초: 원하는 학급 그림 그리기, 학생들 환영하기, 서로에 관해 알아가기, 관계 맺기, 기초학습 및 생활 훈련, 학부모 면담, 생활규칙 정하기, 학급회(학급 어린이회) 조직 등 1년간의 학급운영 계획 수립

- 1학기말: 1학기를 반성 평가하고, 방학 전(중) 생활계획 수립
- 여름방학: 방학 동안에 지켜야 할 생활 수칙 및 방학 중 학습과제 실천 여부 점검, 안전한 방학 보내는지 연락 취하기 .
- 2학기초: 방학 과제물을 점검하고, 2학기 생활수칙 및 학습활동 계획 재점검, 독서교육, 학급 분위기 재조성하기
- 2학기말: 한 학기를 반성하고, 겨울방학 생활 수칙 및 방학 중 학습과제 계획 실천
- 겨울방학: 방학 동안 지켜야 할 생활 수칙 및 방학 중 학습과제 실천 및 안부 전하기
- 학년말: 학급 문집 또는 앨범 만들기, 학급 마무리 잔치하기, 1년간 활동 반성 및 새 학년 준비

(3) 계절별 학급경영

- 봄: 알고 싶어요-학급 구성원 간의 상호 이해 및 기본 학습과 생활지도 시기
- 여름: 자연과 친구해요-자연 친화적인 활동을 통해 생태교육을 강화하는 시기
- 가을: 몸 건강, 마음 건강-각종 야외 활동, 체력 단련, 독서 활동을 강화하는 시기
- 겨울: 나누고, 더하고-추위에 힘든 이웃을 생각하고 각종 학업면에서 부족한 부분을 보충하는 시기

(4) 월별 학급경영

- 3월: 첫 만남, 관계맺기, 학급규칙 정하기, 학급조직, 학급환경 구성하기, 진단평가, 학부모 상담, 학부모 만남
- 4월: 현장체험학습(소풍), 식목일, 과학의 달 행사, 독서 주간(광주: 빛고을독

서마라톤), 장애인의 날, 세월호 계기교육

- 5월: 어울림한마당(운동회), 어린이날, 어버이날, 스승의 날, 가족사랑에 대해 생각하고 실천하기, 5.18 민주화운동
- 6월: 현충일, 6.25 전쟁, 호국보훈의 달, 통일교육, 나라 사랑하는 마음 갖기
- 7월: 한 학기 돌아보고 방학 계획 세우기, 안전교육
- 8월: 방학생활, 가족 체험 활동, 규칙적이고 의미 있는 방학 보내기
- 9월: 방학생활 점검, 학급 규칙 재정비, 학급조직, 학급환경 구성하기, 추석
- 10월: 한글날, 현장학습 및 소풍, 독서 주간 행사
- 11월: 학예회 또는 축제
- 12월: 어려운 이웃 돕기, 겨울 체험활동, 겨울놀이, 겨울철 안전교육
- 1월: 방학생활, 가족 체험 활동, 독서교실 참가, 방학 중 특기·적성 교육
- 2월: 한 학년을 마치며, 학급문집 만들기, 새 학년을 준비하며

(5) 요일별 학급경영

요일별 학급경영은 아침 시간 활용, 중간놀이 시간 활용, 점심시간 활용을 요일별로 교사의 재량껏 다르게 할 수 있다. 이는 학교의 방침과 세부적인 규칙과 일치하는지를 살펴야 한다. 예를 들어 학생 등교시간에 따라 아침 시간 활용 여부, 중간놀이[2) 시간에 학교 전체적인 실내체조가 있는지 여부, 이때 운동장 놀이가 허가되는지 교실놀이를 해야 하는지, 그리고 점심시간에 운동장 사용 시간이 학년별로 나누어져 있는 경우 시간을 지켜 운동장을 활용해야 하는지 등을 살펴야 한다. 아침활동을 하는 시간이 있다면 요일별로 학년 수준에 따라 그림 그리기, 셈하기, 한자 쓰기, 짧은 글쓰기, 독서하기 등의 활동을 중심으로 운영할 수 있다.

2) 광주광역시와 전남교육청의 초등학교들은 2교시 후 쉬는 시간이 20분으로, 중간놀이 시간을 갖고 있다. 학교에 따라 블록타임 수업을 운영하고 30분의 중간놀이 시간을 가져 학생들에게 재량껏 할 수 있는 활동을 계획하고 운영하는 경우도 있다.

(6) 시간별 학급경영

- 아침 자습 시간: 주제별 자습 활동-특기 · 적성 활동, 아침 협의회
- 교과 학습 시간: 시간표에 의한 교육과정 운영
- 점심시간: 급식 지도, 놀이 지도, 독서 활동 지도, 청소 지도
- 수업 종료 후: 종례, 알림장 쓰기, 훈화 지도
- 방과 후: 방과 후 하교 지도, 안전 지도, 수업준비와 업무 처리

위와 같이 시기별 학급경영은 학기별, 계절별, 월별, 요일별, 시간별 등 특정 시기별로 구분하여 운영할 수 있다.

4. 시기별 학급경영의 운영 실제

앞에서 시기별 학급경영의 운영절차와 영역 및 기본방향에 대하여 고찰하였다. 본 절에서는 실제적 운영에 대하여 영역별로 사례를 중심으로 기술하고자 한다. 일반적으로 월별 및 주별 학급경영 계획은 다른 영역에서도 중복되기 때문에 부록으로 참고자료로 수록한다.

시기별 학급경영을, 1) 학년초(3월)의 학급경영, 2) 1학기말 학급경영, 3) 방학중 학급경영, 4) 2학기초 학급경영, 5) 학년말 학급경영, 6) 계절별, 시간별 학급경영으로 구분하여 전개한다(박남기, 2003, 204-228; 정기원, 2004, 59-86; 장원규, 2006; 김춘복, 2007).

1) 학년초(3월)의 학급경영

학기 첫날에 교사가 무엇을 하는가에 따라 이후 1년 동안 교사 생활의 성공과

실패가 좌우된다. 오하이오 대학의 더글라스 브룩스 교수의 '학교에서의 첫날' 연구는 첫날 교사가 어떻게 계획하고 보내느냐에 따라 일년의 모습이 달라진다는 점을 발견하였다. 흥미위주의 활동을 하면서 시작한 교사는 일년 내내 학생들을 쫓아가며 가르치는 데 시간을 보내고, 유능한 교사는 전체적인 수업 계획과 구조에 대해 설명하며 수업을 성공적으로 진행하기 위해 해야 할 것들을 알게 해 주었다(Harry K. Wong & Rosemary T. Wong, 2013).

허승환(2020)은 아이들에게 가장 중요한 시기는 3월 한 달이라고 이야기하며 이 기간 동안 한 해의 80%가 결정되어버린다고 하였다. 미국 오하이오 마이애대학의 연구 결과 새내기 교사들은 첫 날부터 진도를 나갔고, 노련한 교사들은 앞으로 친구들과 어떻게 보내야 하며, 어떤 약속들이 선행되어야 하는지 이야기를 나누고, 어떤 공부를 하게 되는지에 시간을 보냈다고 한다. 보통의 새내기 교사들은 아이들과 친해지고 싶은 생각에 요구를 들어주고 장난을 받아주는데, 이는 곧 교사와 학생 간의 거리감, 어려움의 상실이 오며 결국 '지시가 통하지 않는 교실'과 시끄러운 교실의 모습으로 나타나게 된다고 하였다(허승환, 2020). 허승환 선생님은 자신의 첫만남 프로젝트를 소개하면서 무조건 따라하기보다는 교사들의 개성에 맞으면서, 나에게 맞는 옷을 찾아가는 것이 중요하다고 강조하였다. 이 내용을 소개하면 다음과 같다.

〈표 12-3〉 허쌤의 첫만남 프로젝트

날짜	시간	중요한 프로그램
1일	1교시	종이 뭉치 던지기로 소개하고 첫인사 나누기
	2교시	자리 바꾸기, 타임캡슐 학습지 작성하기
	3교시	명패 만들기, 아이들 개인 사진 촬영하기
	4교시	학급 세우기: 개미술래, 감전게임, 첫날 생각과 느낌 나누기
2일	1교시	하루 일과 안내, 두 줄 쓰기 공책 지도
	2교시	학급 공동의 목표 세우기
	3교시	학급 세우기: 손님 모셔오기, 점이 생겼어요.

날짜	시간	중요한 프로그램
3일	1교시	의미 있는 역할(1인 1역) 정하기
	2교시	학급 규칙 정하기
	3~4교시	사회 배움 지도 만들기
	5교시	학급 세우기: 협력 저글링 놀이
4일	1교시	공동의 목표 교실에 게시하기
	2교시	체육 '위기 탈출 넘버원: 안전 지도'
	3교시	올베우스 4대 규칙 평화교육 1
	4교시	학교폭력지수 지도
	5교시	사회 텔레폰 퀴즈로 친구 가르치기
	6교시	학급 세우기: 까꿍놀이
5일	1교시	국어 배움 지도 만들기
	2교시	올베우스 4대 규칙 평화교육 2
	3교시	학급 세우기: 우정의 거미줄 놀이
	4교시	도덕: 학급 평화 회의
6일	1교시	배움덕목 만들기
	2교시	'인사약'으로 사과하기
7일	1교시	올베우스 4대 규칙 평화교육 3
	2교시	고자질 vs 알리기 지도 올베우스 4대 규칙 평화교육 4

출처: 허승환(2020). 명불허전 학급경영. 꿀잼교육연구소. 위 프로젝트는 고학년 중심의 프로젝트이기 때문에 비어 있는 시간은 교과전담 시간이다. 위 내용을 바탕으로 학년과 교사, 학생의 상황에 따라 적절히 수정하여 활용할 것을 권장한다.

학기초 프로젝트를 실시할 때 유의할 점은 다음과 같다(허승환, 2015).

① 선입견을 가지고 아이를 대하지 않는다.

② 처음 만나 부담스러운 아이들 마음을 배려한다.

③ 학습 진도보다 '예방'이 중요하다는 점을 인식한다.

④ 3월 첫 주에 확립해야 할 가장 중요한 것은 '일관성'

⑤ 일체감을 느끼게 하기 위해서 '청유형' 언어를 쓴다.

⑥ 시범과 행동 나레이션을 통해 지도한다.

학생들과 만나는 첫 날, 신규 교사들이 가장 궁금해 하는 것은 카리스마를 가지고 일 년이 편하기 위해 아이들을 꽉 잡느냐 그렇지 않으면 수용적이고 민주적인 학급을 위해 학생들의 목소리를 들어주느냐를 결정하는 것이다. 민주적인 학급 분위기를 만들고는 싶지만, 학생들은 교사가 무섭게 하지 않으면, 교사를 바라보지 않고, 교사가 무섭게 첫 날 분위기를 만들게 되면, 관계 맺기가 어렵거나 억압적인 분위기에서 문제가 생길 것만 같다. 민주적이고 자율적인 분위기에서 학생들이 자기 일을 스스로 하는 학급을 만드는 것은 마음처럼 그리 쉽지 않다. 이와 관련하여 Harry K. Wong & Rosemary T. Wong(2013)은 교사들에게 학생의 친구가 되지 말라고 당부한다.

> 학생들에게 다정하고, 사랑으로 잘 보살펴주고 그리고 학생이 무슨 일이 있으면 언제든지 같이 옆에 있어줄 수 있는 선생이 되라고 얘기하고 싶다. 하지만 학생들과 친구는 되지 말라. 학생은 이미 기쁨과 슬픔을 항상 같이 할 수 있는 친구가 충분히 있다.
>
> 교사는 학생에게 어른으로서의 본보기가 되어야 한다. 학생은 그 교사를 존경하고 자랑스러워해야 한다. 교사가 학생의 친구가 된다면 학생은 교사에게 다른 친구에게 하듯이 대수롭지 않게 부탁할 것이고 그리고 그 부탁한 일이 잘 되지 않았을 때 학생은 교사에게 실망할 것이다. 그리고 학생은 교사들에게 이렇게 말할 수 있다. "선생님은 내 친구인 줄 알았어요. 나 이제 선생님이 싫어요." 교사가 학생의 친구가 되기보다는 귀감이 되는 것이 좋다. Harry K. Wong & Rosemary T. Wong(2013, 18)

그렇다고 첫 만남에서 인상 쓰며 학생들에게 명령하고 강압적인 학급 분위기를 만들어서도 안 된다. 첫 날, 교사는 학생들을 환영할 준비를 해야 한다. 미리 학생 명부를 확인해서 이름을 외워두고 환영의 메시지를 준비하여 따뜻하고 편안한 분위기를 만든다. 학생들을 만나면 이름을 다정하게 부르며 얼굴을 대조하고 최대한 빠르게 외운다. 이름과 얼굴을 빨리 외워 불러 주면 아이들은 담임 선생님에 대한 호감을 갖게 된다(김성효, 2013).

아이들과의 첫 만남에 대한 인사말이나 글을 준비한다. 허승환(2015)은 학생들을 땅콩에 비유하며 비록 울퉁불퉁한 모습이지만, 그 안에는 맛있고 영양가 높은 땅콩이 멋진 학생들의 내면이라고 이야기하며 서로를 소개하는 시간을 갖는다. 김성효(2013)는 평소에 교사가 좋아하는 어린이와 싫어하는 어린이를 이야기하며 지금까지의 모습은 모두 잊고 지금부터 새롭게 잘하면 이해하고 사랑해 주겠다고 하여 학생들과 약속을 한다. 또 민주적인 교사란 할 수 있는 일과 하지 말아야 할 일에 대해 분명하게 선을 그어, 교사의 지나치게 허용적이거나 지나치게 강압적으로 통제하는 권위적인 면을 경계한다.

교사와 학생과의 만남이 이루어진 후 학급의 규칙을 정하고 학급번호와 자리를 정하며 서로 친해질 수 있는 놀이경영이나 1인 1역 정하기, 학급의 문화 함께 만들어 가기 등이 있다. 이 밖에 학부모와의 관계 형성, 학부모에게 교사 소개, 학부모 총회(교육계획 설명회), 학부모 상담이 이루어진다.

2) 학기중 학급경영

학기중 학급경영은 학생들과 함께 그린 학급문화와 풍토를 만들기 위해 함께 정한 규칙을 일관성 있고 지속적이며 반복적으로 실천할 수 있게 점검하고 운영해 나가야 한다. 이와 함께 월별로 특색 있는 학급경영을 추가할 수 있다.

일 년 동안 수시로 학기중에 해야 할 일은 학부모와의 신뢰를 쌓기 위해 메시지를 보내는 것이다. 이때 주의할 점은 갑작스레 문제가 생겼을 때 학부모에게 메시지를 보내기보다는 먼저 학생에 대한 긍정적인 메시지를 보내는 것이 좋다. 김성효(2013)는 학부모와의 긍정적인 관계를 맺기 위해 1:1:1(하루에 칭찬 문자

1명, 일주일에 칭찬 통화 1명, 한 달에 칭찬 편지 1명) 법칙을 소개하였다. 학부모의 전화를 저장할 때에도 '번호-학생이름-어머니(아버지)' 순으로 저장해 놓으면 전화가 왔을 때 전화를 건 상대가 누구인지 알 수 있으므로 긍정적인 효과를 거둘 수 있다. 전화나 SNS(밴드, 클래스팅)을 통해 사소한 학생 안내 및 부탁하여 가정과 연계하여 지도를 할 수 있다. 2024년부터는 개인 휴대폰 번호를 제공하지 않고 앱을 이용하여 학부모와 소통하는 경우가 많다.

학기중 학급운영 시 최대한 학생들의 자료를 많이 모아 정리하는 것도 중요하다. 수업 시간 활동 결과물을 학생별 파일 보관함에 보관하며, 수행평가 자료나 시험지 또는 생활지도 자료 등은 교사 파일보관함을 이용한다. 이 밖에 고학년들은 교과전담 수업 상황을 점검하여 학급 내에서뿐만 아니라 교과전담 선생님과의 관계를 잘 맺어 교과활동이 잘 이루어질 수 있도록 한다. 학급 홈페이지나 SNS 관리, 모둠바구니 정리 상태 관리, 청소함 관리 및 점검이 필요하다.

매월 담임교사가 신경써야 할 학급경영은 신발장 사용교육, 사물함 청소 상태 점검, 교과서와 학습장 정리, 책상 속 정리, 1인 1역 바꾸기, 자리 바꾸기(2~3주)를 해 주어야 하며 이 밖에 수업 준비, 생활지도, 학생 상담, 학부모 상담, 학교 업무, 동학년 간의 관계 맺기 등의 일로 어느새 학기말이 찾아온다(정지현, 2015).

3) 학기말 학급경영

누구나 학년초가 되면 크고 야무진 꿈을 새긴다. 아이들을 맞아들이는 교사는 각별한 설렘으로 충만하고, 아이들은 아이들대로 글자 한 획이라도 정성을 기울이는 단단한 다짐으로 책상머리를 지킨다. 그러나 3월에 탐색기를 지나, 4, 5월에 학부모총회, 체험학습, 체육대회 등 눈코 뜰 새 없이 바쁘게 지내면서, 방학이 코앞으로 다가오면 그제서야 손톱만한 여유가 생긴다(김윤용, 2006, 296).

이렇게 학기말이 다가오면 1학기 동안의 교육활동을 반성하고, 미진했던 것은 보충하여 마무리하고, 여름방학에 해야 할 일들도 준비한다. 1학기말에 해야 할 일들을 정리해 보면 다음과 같다(김춘복, 2007; 장원규, 2006).

(1) 1학기 마무리 잔치

- 한 학기 동안의 생활을 반성하고 2학기의 생활 다짐할 수 있도록 운영함.
- 우리 반 10대 뉴스라는 활동을 통해 한 학기를 돌아보고 정리함.
- 책거리와 연계하여 진행하는 것도 하나의 방법임.
- 단순한 잔치가 아닌 진지한 고민을 할 수 있는 장면을 제고해야 함.

(2) 담임 상장 수여하기

- 한 학기 동안의 생활을 돌아보고 잘 한 점, 더 노력해야 할 점을 담은 담임 상장을 수여함.
- 1학기 동안 가장 많은 칭찬 스티커를 획득한 모둠과 개인에게 상장과 부상 수여함.
- 칭찬 통장 한 학기 총 정리하여 상장 수여

(3) 나의 변신

- 한 학기 동안 내가 변화한 모든 것을 글과 그림으로 표현하도록 하여 그것을 친구들에게 설명하고 앞으로 변화될 모습도 이야기하도록 함.

(4) 방학 계획 세우기

- 방학 때 달성할 목표를 한 가지씩 정해 실천할 수 있도록 방학숙제를 지도
- 방학 과제 지도-매일 운동과 독서하기, 규칙적인 생활하기, 특기나 취미 신

장하기, 안전하고 즐거운 여행하기 등

- 방학 계획서 가정 통신문 보내기
- 스스로 방학 계획과 방학과제를 작성하도록 하여 책임감을 갖고 방학생활을 할 수 있도록 유도

4) 방학 동안 학급경영

방학 동안에 학급경영은 아이들이 잘 지내고 있는지, 아이들과 부모님께 안부 전화나 메일 보내기가 주된 활동이다. 교사는 전화 또는 학급 홈페이지를 통하여 아동들에게 수시로 연락을 주고받으며, 1학기 활동을 반성하고, 2학기 학급경영 계획을 세워야 한다.

아동들과 더불어 교사도 기대하던 방학을 맞이하는 것은 신나고 즐거운 것이다. 교사가 방학을 어떻게 맞이할 것인가에 대한 안내를 들어 보자(김윤용, 2006, 230-254). 교사부터 방학 계획을 세우자. 교사의 역량을 높이는 계기로 삼자. 방학이라고 너무 욕심내지 말자. 한 번 더 아이들을 챙기자. 여름방학은 2학기 준비를, 겨울방학은 헤어짐을 준비하자.

방학 동안 학급경영은 몸은 떨어져 있지만, 비상 시에 연락할 방법을 취하고 각자의 자리에서 역량을 키우는 방향으로 계획한다. 방학은 학교에서 가정으로 모든 학생들의 생활이 전환되었다고 믿고, 또 방학 동안 각종의 교사 연수들이 준비되어 있다. 우리 반 아동들에 대한 관심을 잠시 접어두고, 교사 개인의 연구와 연수활동에 충실 하는 것도 중요하지만, 학생들과의 연계나 지도의 단절을 초래해서는 안 된다. 방학이라고는 하지만 학급경영 활동은 지속되어야 한다. 방학 동안 학급경영은 크게 세 단계로 구분할 수 있다. 방학 전 학급경영, 방학 동안 학급경영, 그리고 방학 후 학급경영 활동으로 볼 수 있다.

(1) 방학 전 학급경영

방학 전 학급경영계획에는 방학 동안 학생들이 지켜야 할 생활수칙과 생활계획표를 작성하고, 특별한 여행 등에 대한 계획서를 제출하도록 한다. 여기에는 ㉮ 방학생활의 목표를 분명히 밝힌다, ㉯ 방학의 방침을 전한다(여름방학은 물놀이 안전, 겨울방학은 겨울철 놀이 안전을 당부), ㉰ 방학 동안 학습과제를 구체적으로 제시한다, ㉱ 인성교육에 도움을 주는 기회를 제공 한다(자연보호나 봉사활동, 친지를 찾아갈 수 있는 기회를 가지도록 권유한다), ㉲ 규칙적인 생활이 되도록 건강지도를 철저히 한다.

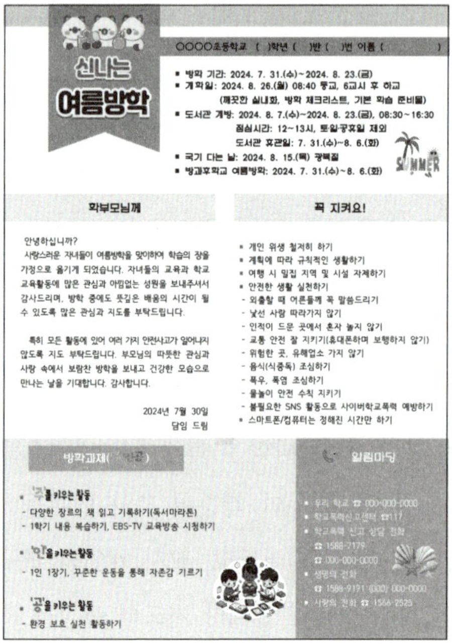

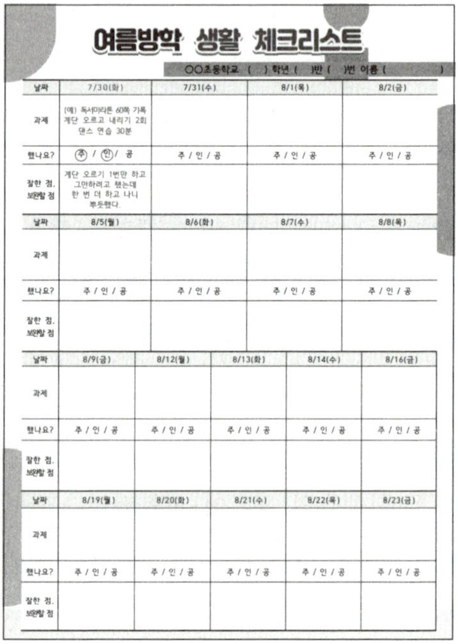

여름방학 생활 체크리스트

○○초등학교 ( ) 학년 ( )반 ( )번 이름 ( )

날짜	7/30(화)	7/31(수)	8/1(목)	8/2(금)
과제	(예) 독서마라톤 60쪽 기록 계단 오르고 내리기 2회 댄스 연습 30분			
했나요?	㊟ / ㉑ / 공	주 / 인 / 공	주 / 인 / 공	주 / 인 / 공
잘한 점, 보완할 점	계단 오르기 1번만 하고 그만하려고 했는데 한 번 더 하고 나니 뿌듯했다.			

날짜	8/5(월)	8/6(화)	8/7(수)	8/8(목)
과제				
했나요?	주 / 인 / 공	주 / 인 / 공	주 / 인 / 공	주 / 인 / 공
잘한 점, 보완할 점				

날짜	8/9(금)	8/12(월)	8/13(화)	8/14(수)	8/16(금)
과제					
했나요?	주 / 인 / 공	주 / 인 / 공	주 / 인 / 공	주 / 인 / 공	주 / 인 / 공
잘한 점, 보완할 점					

날짜	8/19(월)	8/20(화)	8/21(수)	8/22(목)	8/23(금)
과제					
했나요?	주 / 인 / 공	주 / 인 / 공	주 / 인 / 공	주 / 인 / 공	주 / 인 / 공
잘한 점, 보완할 점					

[그림 12-1] ○○초등학교 여름방학 계획표

'참 삶의 주인공이 되는 행복배움터'라는 비전을 공유하고 실천하는 학교의 방학 계획표이다. 방학과제도 비전과 연관지어 제시하고 많은 결과물을 가져오기보다는 방학 동안 휴식과 함께 주도성을 키우는 활동(학습), 개성을 키우는 활동(운동이나 취미), 사회공헌활동(환경보호 등 봉사활동)의 영역으로 제시하고 성찰할 수 있는 체크표를 작성하게 한다. 방학 전 안전교육은 학급에서도 실시하지만 방학 계획표에도 제시하여 방학 중에 꾸준히 지킬 수 있도록 한다.

(2) 방학 동안 학급경영

초등학교에서는 방학 중에 학교에는 나오지 않지만, 생활계획을 수립하여 학생들이 알차게 방학을 보내도록 안내하고 지도하고 있다. 방학 중 생활계획에는 기본 방향, 방학기간, 개학일, 방학 중 도서관 운영 안내, 방과후학교와 돌봄교실 운영 안내 및 방학기간 안내, 교직원 복무, 학생지도(안전교육 및 방학 프로그램 안내 등), 기타 방학 프로그램 안내(영어캠프, SWAI 캠프 등)가 포함되어 있다(대촌중앙초등학교, 2024). 유주영(2007)이 안내한 방학과제 안내를 보면,

- "여름방학 중 가족 동반 체험학습 권장"을 위하여, ㉮ 교과 내용과 연계한 체험학습, ㉯ 가족동반 고향방문 체험활동을 통한 전통문화의식 함양, ㉰ 흙사랑 체험학습, ㉱ 도시와 농촌 간의 교류 체험활동, ㉲ 효도방문 체험학습 보고서 쓰기(가족캠프, 가족 여행, 친척집 방문 등) 등으로 구체적 안내를 하고 있다.
- "방학과제 제시 시 고려할 상항"으로는 ㉮ 학생의 요구와 능력에 맞는 적절한 과제 제시, ㉯ 공동체의식을 함양할 수 있는 과제 제시, ㉰ 자연 속에서 스스로 깨닫는 탐구형 과제제시, ㉱ 방학 중 독서 교육의 강화, ㉲ 교과서 외의 주제해결 과제, ㉳ 관찰 탐구, 조사, 견학 등 적절한 체험에 의한 학습활동 과제 제시, ㉴ 학부모의 심리적·경제적 부담이 가지 않는 과제 제시, ㉵ 1인 1 봉사활동 과제 제시, ㉶ 교육방송 시청과 관련된 과제 제시 등 개성을 살리고, 창의력을 신장시키며, 취미와 특기를 신장시킬 수 있는 과제를 내도록 지도하고 있다.

이영근(2016) 선생님은 이색적인 방학과제를 내준다. '머슴처럼 집안일하기, 봉숭아 물들이기, 얼굴과 몸 새까맣게 태우기'다. 개학날 아이들 손을 모아 사진만 찍어줘도 참 예쁘다고 한다.

- 방학 동안 학급경영은 교사나 학생들의 개별적 행위나 생활에 편중되어 있다. 그러나 비상연락망을 통해 학생들의 생활을 한 번씩 점검하는 것도 좋다. 문자 메시지를 주고받거나 학급 게시판에 방학생활을 글을 한 편씩 올릴 수도 있다. 학생들 가정에 좋지 않는 불상사나 불의의 사고가 있을 때 교사에게 즉각 연락할 수 있도록 연락체계를 구축해야 한다.
- 방학이 끝나기 전에 교사는 등교일을 정해 새 학기나 방학 후 생활들에 대해 준비하는 시간을 가질 수도 있다. 교실을 깨끗이 청소하고 학생들을 맞을 준비를 한다. 바로 개학 후 학습할 수 있도록 학습준비나 자료를 먼저 갖추 개학식날 학생들과 함께 할 활동을 준비한다.

요즈음은 SNS의 발달로 클래스팅이나 하이클래스, 밴드를 통해 서로 안부를 묻고 답할 수 있다. 그러므로 충분히 여건이 갖추어진다면 방학 동안의 학급경영은 웹상에서 이루어지면 좀 더 알찬 방학을 보낼 수 있다. 이처럼 방학 동안 비상연락망을 통한 안부 전화하기, 특정한 날에 선생님께 전화하기, 게시판을 이용하여 방학 중 있었던 일 이야기하기, 학급 홈페이지를 통해 대화하기 등의 다양한 활동을 할 수 있다.

(3) 방학 후 학급경영

방학 동안 자유 분망하게 생활하던 학생들이 다시 학급 안에 들어와 빨리 적응할 수 있도록 한다. '바쁜 꿀벌은 슬퍼할 겨를이 없다'는 말처럼 어떻게 하면 재미있게 학교에 올 수 있을까? 생활지도, 학습지도, 놀이 등 모든 활동이 아동들 위주로 짜여 신나게 생활할 수 있도록 만든다. 개학이 되면 먼저 방학 동안 과제를 점검한다. 학생들의 방학과제 중 잘 된 작품들은 친구들에게 공유하거나 전시회를 열기도 한다. 방학이 끝나고 방학 중 있었던 일을 진진가를 활용하여 친구들과 나눈다. 그리고 개인의 준비물을 새로이 준비하고, 새 학기 맞이 청소, 자리 정하기, 1인 1역 정하기, 규칙 세우기 등을 통해 2학기를 시작해 나가도록 한다.

본격적으로 학급활동이 이루어지도록 학습에 친숙한 학습 분위기를 조성하고, 친교활동 및 놀이를 통해 흥미를 유발하도록 한다. 이처럼 학생들이 다시 학급 안에 들어올 수 있도록 돕는 활동이 필요하다.

5) 2학기초 학급경영

긴 여름방학을 지나는 동안 등교 일을 기다리게 된다. 아이들의 방학에 대한 경험은 다양하다. 2학기초 국어시간에는 방학 동안 있었던 일을 발표하는 자리를 마련한다. 아이들은 방학 동안에 체험했던 것, 여행한 것, 특이한 경험 등을 친구들에게 자랑하려고 한다. 이때 주제를 정해 말하기를 하면 방학생활을 보다 생생하게 들여다 볼 수 있다. 교사가 즐거웠던 방학, 행복했던 방학, 슬펐던 방학 등 주제를 주면 아이들은 즐겁고 특이한 경험을 생생하게 들려준다(김윤용, 2006, 239).

여름방학을 마치고 새로 맞는 2학기초의 학급경영에 대하여 고찰하면 다음과 같다.

(1) 여름방학 생활 반성

- 방학기간 동안 내가 한 일과 느낌, 내가 만든 방학과제를 나는 어떻게 수행했는지 발표하기
- 방학 과제물: 일기쓰기, 독후활동, EBS방송듣기 등의 필수과제와 선택과제 점검하고 우수작품 전시하기

(2) 새로운 미래 찾기

- 1학기 반성을 토대로 2학기 생활 계획을 작성하고 친구들에게 발표하도록 하며 거창한 계획보다는 내가 꼭 이루고 싶은 내용으로 기술함.

(3) 나의 독서 창고

- 주별 목표 독서량을 명시하고 읽고 싶은 책을 찾아 목록을 작성하게 한다. 그 목록에 의해 독서활동을 할 수 있도록 한다.

(4) 2학기 학급활동 계획 세우기

- 흐트러진 마음을 가다듬고 아이들과 함께 새로운 마음으로 2학기를 지내기 위해서는 다시 한번 1학기 때의 경험을 바탕으로 계획을 수정하고 보완한다.
- 1학기에 진행했던 학급활동의 연장선상에서 학급활동을 진행하고, 새롭게 진행되는 월별 활동을 안내하고 토론을 통해 할 수 있는 활동을 추가한다.
- 전지를 준비하여 방학 동안에 있었던 일 중에 기억에 남는 일, 2학기 때 내가 하고 싶은 일 적는다.
- 모둠을 재조직한다.

(5) 나의 하루 일과

- 복잡한 하루 일과를 일목요연하게 정리하게 하여 생활을 조직화할 수 있도록 한다.

6) 학년말 학급경영

학급의 목표나 경영계획은 실제 교사와 학생의 활동을 통해 달성되거나 이루어진다. 학급경영은 본래 학습지도나 생활지도에 있어서 모든 교육활동을 통한 학생의 인간형성에 근본 목표가 있기 때문이다. 이런 교사들의 학급경영 활동은 학기말이나 학년말에 가서 그 성과가 나타난다. 따라서 학기말의 학급경영은 학생들이 못 다한 수업내용이나 교육과정들을 보완하는 데 초점을 두고 이루어져야 한다.

허승환 · 나승빈(2016)은 학기말에 격려놀이를 통해 아이를 신뢰하고 존중하며 실수나 실패를 해도 자존심을 훼손하지 않는다는 것을 보여주어야 한다고 했다. 이를 위해 학기말에 할 수 있는 격려놀이 3종 세트를 소개하였다. 첫 번째는 '격려샤워활동'으로 자투리 시간에 한 명의 학생을 칠판 앞 의자에 앉게 한다. 한 해 동안 그 친구와 지내며 알게 된 좋은 점을 다른 친구들은 칠판에 적고 앉은 친구는 어떤 이야기를 적었을지 이야기해 보라고 한다. 자신의 장점을 퀴즈로 맞추어보고 맞추지 못한 부분은 무엇이 있는지 확인하고 미처 몰랐던 장점을 통해 더욱 긍정적인 마음을 갖게 한다. 두 번째는 '격려 애벌레 활동'이다. A4 라벨지를 친구의 등에 붙이고 서로 고마웠던 점을 등에 써 준다. 자신을 가장 기쁘게 한 글을 발표하고 교사는 친구들이 잘 써 주지 않는 학생을 찾아가 장점을 써 준다. 친구의 마음을 배려하여 더 많은 글을 써 주는 친구를 따로 칭찬해 주도록 한다. 세 번째는 '격려 스티커 활동'이다. 일 년 동안 가장 강조하는 4가지 말 '미.인.종.책.' (미안해, 고마워 말하기 / 인사하기 / 종치면 자리에 앉기 / 책상위, 사물함 정리하기)을 A4 용지에 적고 아이들 등에 붙여준 다음 개인당 4가지 색깔의 스티커 20개씩 나누어 준다. 그런 후 한 해 동안 가장 잘 한 친구에게 3개까지 스티커를 붙여 준다. 이때 친한 친구에게 몰아주거나 교환하는 방식은 안 됨을 사전에 이야기해야 한다.

이러한 마무리 활동에서 담아야 할 중요한 알맹이는 반성과 격려, 서로에 대한 신뢰와 함께 나누었던 생활을 감동으로 재구성해 보는 것이다(김춘복, 2007; 장원규, 2006). 아름다운 학년말 마감을 위하여 ① 아이들과 아이들의 만남, 교사와 아이들의 만남을 정리한다. ② 교과 내용을 다시 두드려 본다. ③ 아이들의 성장 과정을 담아야 한다. ④ 학급 공동체를 평가하고 정리한다. ⑤ 학부모와도 공유한다.

7) 계절별, 주별, 시간별, 행사활동별 학급경영

(1) 계절별 학급경영

우리나라처럼 봄, 여름, 가을, 겨울 4계절의 뚜렷한 자연환경 변화의 아름다움과 기후를 즐길 수 있는 나라들이 많지 않다. 초등학교 교육과정은 특별히 자연환경 변화와 밀접하게 관계되어 있다. 따라서 계절별 학급경영 계획도 중요하다.

실천연구에 의하면 계획한 시기별 학급경영의 내용 중에서 계절별 학급경영의 내용은 학교 교육과정의 수준에서 크게 벗어나지 않았으며, 교과활동과 연계하여 교육하는 단계에 머물렀다. 교과활동과 창의적 체험활동을 연계한 다양한 프로그램의 개발이 필요하다 하겠다(김춘복, 2006).

봄에는 나무와 새싹을 관찰하고 학교에 있는 텃밭(상자텃밭)에 식물을 심는다. 봄 분위기가 나게 게시판을 꾸미기도 하며 봄꽃을 알아보고 관련된 미술작품을 만들기도 한다. 두터운 겨울옷을 정리하고 얇은 봄옷을 챙겨입듯 새로운 기분으로 새 학기를 시작한다. 봄에는 자연이 생동하듯 활기차게 체육대회를 하거나 봄을 느낄 수 있는 곳으로 체험학습을 간다.

여름에는 계절별 놀이를 한다. 물총 놀이를 하거나 빙상장이나 수영장으로 체험학습을 가기도 한다. 장마가 시작되기 때문에 호우, 태풍, 장마와 관련되거나 물놀이를 가족단위로 많이 가기 때문에 물놀이 안전교육을 실시하기도 한다.

가을은 낙엽이 지고 서늘해지는 날씨에 집중해서 독서를 할 수 있는 계절이다.

가을 분위기가 나게 낙엽과 추수를 활용한 교실의 게시판을 바꿔줄 수도 있고, 독서를 장려하여 독서행사를 실시하거나(독후감쓰기 대회 참여 및 독서골든벨 행사) 학생들에게 독서과제를 부여할 수도 있다. 계절별 특징을 살려 나뭇잎과 솔방울을 이용한 미술활동을 하거나 가까운 공원에 나가 산책을 하고 주제별 사진을 찍어 공유할 수도 있다. 그리고 가을에는 학교에서 축제를 열거나 재능발표회(학예회)를 개최하기도 한다. 이때 학생회 주관으로 축제를 진행하며 부스를 운영하거나 학생들은 각자 가진 끼와 재능을 학생들 앞에서 마음껏 뽐내고 보람을 느끼는 경험을 갖게 된다.

겨울은 날씨가 추워지고 눈이 내리면서 설날과 크리스마스가 있어 학기를 마무리하면서 겨울과 관련된 학급경영을 운영할 수 있다. 겨울철 놀이와 관련된 안전교육, 눈이 내리는 날 운동장에 나가 즐거운 눈놀이(눈싸움과 눈사람, 눈오리 만들기, 친구들과 사진찍기 등), 설날의 유래와 새해를 맞이하는 마음가짐(감사하는 마음과 한 해를 마무리하고 새해를 다짐하는 마음), 크리스마스를 맞이하여 카드 쓰기 및 트리 꾸미기를 활용한 겨울철 환경구성을 한다.

(2) 주별 학급경영

교실에서 요일별로 특징적인 학급경영을 할 수 있다. 1~4주에 한 번씩 자리를 바꾸거나 1인 1역을 바꾸기도 한다. 아침에 하는 활동의 변화나 중간놀이 시간에 체조를 하는 요일을 정하거나 노래를 듣는 요일을 정하기도 한다.

주에 하루, 짧은 시간이라도 아이들의 마음을 설레게 하는 활동들은 학생들의 학교생활을 즐겁게 할 것이다. 놀이, 이야기, 춤, 운동장에서 줄넘기하기, 점심시간 나들이, 시로 여는 아침(시를 적고 이야기 나누기), 음악 듣기 등 어느 것도 괜찮다.

많은 학급에서 하고 있는 것은 월요일 아침에 주말 이야기 나누기이다. 주말에 있었던 일을 짝과 이야기, 발표하기, 퀴즈를 내어 누구인지 맞추기 활동을 하면 학생들은 자신의 이야기를 재미있게 발표하고 친구들의 이야기에 관심을 갖게 된다. 주말 이야기를 나눌 때 색으로 표현해 보라고도 한다. 금요일마다 학급회의를 하는데, 회의를 하지 못할 때에는 '이번 주 이야기' 시간을 두어 이번 주에 우리 학급에서 있었던 이야기를 나누거나 글로 써도 좋다(이영근, 2016).

이 밖에 1주에 1번은 급식 남김없이 먹기 약속을 하거나 '모두가 도전하는 날'을 정하여 모든 학생이 과제와 준비물을 챙겨오면, 자유시간 10분 같은 작은 보상을 주는 것도 즐거운 활동이다. 동아리 시간을 정하여 매주 운영하기, 주 1회 반티 입기(체육 수업이 있는 날 또는 학교 행사가 있는 날, 반티가 없으면 같은 색깔 옷 입기) 등을 할 수도 있다. 담임교사도 주말에 이번 주에 있었던 일을 간단한 사진과 글로 부모님께 안내드릴 수 있다. 모든 활동은 강제적이기보다는 즐겁고 자율적으로 하면 좋다(이영근, 2016).

(3) 시간별 학급경영(하루 학급경영)

시간별 학급경영은 하루를 축으로 하여 아침 등교 후부터 하교에 이르기까지 하루 동안의 학급운영을 계획하고 실천하는 영역이다. 학교에서의 하루 생활에서 수업 외에 반복적으로 실시되는 생활에 대하여도 체계적으로 지도 계획을 수립하고 지속적으로 실천하면 학급경영의 효율성이 제고되고 이로써 교육 효과의 극대화를 도모할 수 있을 것이다.

① 아침 시간

학교에 들어서면 선생님과 학생은 서로 인사를 한다. 학생들은 선생님에게 가까이 가 눈을 마주치며 바른 자세로 인사하고 선생님도 학생들과 인사한 후 학생들의 표정을 살피거나 안부를 묻는다. 이영근(2016) 선생님은 아침에 교실에 들어서며 3초 동안 인사를 한다고 한다. 인사를 하며 '오늘도 아이들과 잘 살아 보자. 사랑하자.'를 되새긴다고 한다. 그 후 학생들이 오면 아침맞이 인사를 하고 아침활동을 시작한다고 한다. 그 후 아침독서시간, 아침마다 학생들에게 노래를 불러 주는 '희망의 노래' 시간을 갖거나 '아침 기분 판'을 운영하여 감정카드나 색깔로 자신의 감정을 학생들이 나타내고 한 줄 글쓰기를 한다고 한다.

시간별 학급경영은 지역에 따라 학교에 따라, 담임교사에 따라 재량권을 발휘할 수 있는 영역이며, 시대의 변화에 따라 선호하는 방향이나 실천 사항이 달라져가고 있다. 아침 시간 운영은 주로 독서교육을 많이 했었다. 그러나 담임교사의 특기나 철학, 교육관에 따라 조금씩 달라지기도 한다. 수학 문제 풀기를 하거나 칠판에 있는 감정 자석을 옮기고 오늘의 감정을 친구와 나누기, 감사일기 3줄 쓰기, 친구들과 어제 오늘 있었던 일에 대해 대화 나누기, 종이접기, 오늘 하루를 위한 책상정리하기, 도서관 다녀오기, 리코더 연습하기, 체육관련 동아리 참여하기 등 얼마든지 교사의 재량에 따라 아침 시간을 활용할 수 있다. 어떤 활동을 하느냐에 따라 학생들이 좋아하는 것과 잘 하는 것이 달라지고 학급 분위기에도 영향을 미칠 것이다.

아침 시간 학생 활동 후에는 학급별로 간단한 담임교사의 안내사항이나 하루 일과에 대한 소식 안내 등 간단한 조회를 할 수도 있고, 학생들 중심으로 아침협의회를 실시하면서 오늘 실천할 사항이나 좋은 의견을 나눌 수 있다. 그 밖에 숙제점검, 시간표 점검 후 수업 준비, 우유 마시기(1교시 쉬는 시간이나 2교시 쉬는 시간), 1인 1역을 실천할 수도 있다.

② 쉬는 시간

2교시 쉬는 시간은 학교에 따라 20분, 30분(1~2교시와 3~4교시 블록타임 운영하는 경우)을 두어 학교마다 차이가 있다. 20분을 두는 경우에는 우유를 마시거나 자유롭게 학생들이 쉴 수 있는 시간을 갖는다. 30분인 경우에는 학교 곳곳에 놀이코너를 만들어 전통놀이나 보드게임 등 학생들끼리 친해질 수 있는 놀이를 할 수 있다. 운동장을 요일별로 학년을 정하여 자유롭게 이용할 수 있다.

이 밖에 전남의 소규모 학교 중에는 이색적인 중간놀이 시간을 운영했었는데,

한 시간의 중간놀이 시간을 확보하여 고학년 중심으로 동아리를 구성하고 고학년 학생은 교사, 중학년과 저학년 학생이 고학년 학생들에게 배우는 동아리 활동이 전개되는 경우도 있었다. 전교생이 강당에 모여 학생회에서 운영하는 애국주회를 실시하기도 하고 기타 전통놀이, 악기 연주 연습, 인문학 모임에서는 책 모여 읽기 활동을 하기도 하였다. 학생들의 학교생활에서 가장 큰 스트레스는 교우관계, 그 다음이 학습이라고 한다. 학교폭력 예방도 물론이거니와 두루두루 친구들을 사귀고 사회성을 기르기 위해 많은 놀이 활동을 계획하고 서로 협력해서 즐거운 시간을 보내게 해 주는 것이 학교와 교사의 몫이라 생각한다.

쉬는 시간의 학급경영은 복도 사용지도와 특별실 이동, 다음 수업 시간 준비 후 화장실 다녀오기 등 화장실 사용지도와 손씻기 지도 등이 이루어져야 한다. 이때 담임교사는 동학년 선생님들과 함께 협의하여 복도 통행지도와 화장실 사용지도, 교사가 교실에 없는 경우에도 서로 배려하고 존중하는 교육이 이루어져야 할 것이다.

③ 점심시간

점심시간의 학급경영은 학생들이 손을 씻고 질서를 지켜 급식실로 이동한다. 이때, 번호대로 줄을 설 것인지 모둠별로 줄을 설 것인지, 다른 방법으로 설 것인지 정한다. 급식실 내에서 식사할 때의 예절, 맛있게 먹고 잔반 남기지 않는 것에 대한 지도, 식사 후 양치질 하기, 1인 1역하기, 친구들과 함께 하고 싶은 활동하기 등을 지도하여 서로 예의를 지키되 자율성이 존중되는 시간을 만들어야 할 것이다. 이영근(2016)은 매일 학생들이 스스로 자신이 밥을 잘 먹었는지 확인하고, 선생님이 밥친구 한 명을 불러 함께 밥을 먹고 밥친구와 가끔 나들이도 가고, 도서관에 가서 책도 같이 본다고 한다.

④ 교과전담 시간

교과전담 시간이나 외부강사 수업 시 학급경영도 어느 정도 필요하다. 특별실

이동할 때 우측통행하기, 조용히 이동하기, 수업 집중해서 참여하기, 과제 관리하기 등 교과전담 교사와 함께 협력하여 학생들 생활지도 및 학습에 관해서 공동으로 지도한다. 외부강사 수업 때에도 학생들이 집중해서 수업에 임할 수 있도록 담임교사의 임장지도가 이루어져야 한다. 학생의 입장에서 교담교사나 외부강사의 권한이 담임교사보다 적다고 느끼고 자유롭게 행동할 경우, 수업이 잘 이루어지지 않을 수 있기 때문에 수업에 대한 학생지도로 단위 시간의 수업이 잘 이루어질 수 있도록 한다.

⑤ 하교지도

마지막으로 시간별 학급경영 중 소홀히 할 수 있지만 가장 신경써야 할 부분이 하교지도이다. 하교지도 시 해야 할 일은 교실청소, 알림장 쓰기, 안전지도 등이 있다. 교실 청소는 스스로 자기 자리를 청소하고 점검한다. 알림장 쓰기는 공책에 쓰기도 하지만 요즘에는 SNS 알림장 게시판에 바로 올리기도 한다. 그리고 다음날 준비할 사항이나 숙제, 안전지도를 하고 인사를 한다. 인사를 할 때에는 학생들과 함께 인사말을 정한다. "선생님, 안녕히 계세요. 친구들아 안녕, 차조심, 길조심, 사람조심, 곧장 집으로 가기." 또는 "○○반 사랑합니다. 선생님 사랑해요." 등의 인사를 주고받기도 한다.

방과 후에 학생들은 방과후학교에 참여하거나 학원을 가거나 돌봄교실에 가거나 각자의 일정에 참여한다. 학교에서도 국어, 수학 기초학생지도 등 다양한 프로그램을 운영하기도 하는데, 이때 부모의 동의를 얻고 사전에 운영 요일과 시각을 알려주어 학생의 일정에 참고할 수 있도록 한다. 안전지도 역시 휴대폰 보며 걷지 않기, 곧장 집으로 가기, 친구들과 놀 때는 부모님께 정확한 귀가 시각과 장소 알려드리기, 사전 허락 받기, 뛰지 않고 교통안전 지키기 등을 지도한다. 등교 시간도 너무 일찍 오지 않고 정해진 시각, 8시 30분 이후에 올 수 있도록 한다. 간혹 아침 시간을 이용하여 동아리 수업이 있는 경우에는 제외이다. 교사가 먼저 출근하고 학생들이 등교할 수 있도록 해야 한다.

시간별 학급경영이 담임교사들마다 매일 해야 하고 점검해야 하는 부분일 것이다. 3월 한 달 동안은 계속적으로 바르게 앉기, 연필 바르게 잡고 글씨 쓰기, 의자 넣고 나가기, 옷 바르게 걸기, 교과전담실로 안전하게 이동하기, 급식 잘 먹기, 자기 자리 청소하기 등을 매일 점검한다. 그러다 보면 어느새 습관이 되고 스스로 학생들은 자기 할 일을 챙기게 된다(이영근, 2016). 시간별 학급경영이 규칙과 행동수칙과 잘 맞물려 운영이 되면 학생들이 자율적으로 실천하면서 교사와 약속한 선을 지키는 기본생활습관을 잘 기를 수 있는 기제가 될 수 있다. 이 부분을 소홀히 하게 되면 계속적인 생활지도가 필요하고 안전사고에 노출될 수 있기 때문에 학기가 시작되기 이전에 시간별 학급경영에 대한 고민과 각자 교사에게 맞는 활동 구상이 필요할 것이다.

⑥ 방과 후 교사의 일과

학생들이 하교한 후의 교실은 한적하고 고요하며 평화롭다. 이때 교사의 하루가 끝난 것이 아니며 하루의 학급경영 역시 마무리 단계에 접어든다. 오후 시간에 교사들은 회의에 참석하거나 학교에서 맡게 된 업무를 수행하거나, 수업을 준비하거나, 학생들의 작품을 게시하거나, 필요시 학부모 상담을 하거나, 그날 있었던 일을 성찰하기 위한 기록을 한다. 또는 학년 선생님들과 이야기를 나누며 고민을 공유하기도 하고 수업 아이디어를 얻기도 한다. 관심사가 비슷한 교사들과 동아리를 운영하기도 하고 연구회에 참여하여 관심 주제에 대한 연구를 진행하기도 한다.

이 시간 동안 재충전이 되기도 하고 부족한 부분을 보완하기도 하며, 다음 날의 수업을 위한 멋진 계획을 구상하고 준비하며 기대를 갖기도 한다. 이 과정을 통해 교육과정 재구성을 하고 학급경영 전문가로 거듭나며 하루 하루 학급경영이 쌓여 일년의 학생과 교사의 성장이 이루어진다.

(4) 행사활동별 학급경영

행사활동별 학급경영이란 학교 및 학급 행사활동을 중심으로 한 학급경영을 말한다. 시기별 학급경영은 연간 학교 및 학급경영 영역과 관계가 깊다. 초등학교에서 이루어지는 학교행사는 교육과정 전 영역과 밀접하게 연계되어 있고, 교육과정이 체험학습을 통하여 통합적으로 이루어지는 활동이라고 생각할 수 있다. 예를 들면 학예발표회는 전 교과와 관련된 종합 예술발표회 및 축제가 되고, 가을 운동회는 주로 체육활동이지만 타 교과와도 관계되고 이러한 활동을 통하여 아동들이 가지고 있는 소질과 끼가 발견되고 진로지도에도 큰 도움이 된다.

이처럼 초등학교에서 이루어지는 교육활동은 교실에서 이루어지는 교과학습지도 외에는 모든 활동이 학교(학급)행사활동이라고 해도 과언이 아니다. 학교 형편에 따라 약간의 차이는 있겠으나, 학교(학급)행사활동을 각 월별로 정리해 보면 〈표 12-4〉와 같다.

〈표 12-4〉 월별 시기별 학급경영 (예시)

월	월별 학급경영 내용	
3월	새 학년 첫 시간 운영(담임소개 및 아이들 인사) • 급훈 및 학급 규칙 정하기 • 학생 기초 조사(학생용/학부모용) • 학급 어린이회 조직(임원 선출) • 학부모 상담 • 학교교육 나눔의 날(학부모 총회)	• 자리배정 • 환경정리: 교실 꾸미기 • 아침 활동 계획 • 1인 1역 조직
4월	• 장애인의 날 • 과학의 달 행사	• 현장체험학습
5월	• 어울림 한마당(운동회) • 어버이날: 가족행사(부모님께 편지쓰기, 효도쿠폰 만들기 등) • 스승의 날	
6월	• 6월 6일 현충일 • 호국보훈의 달	• 6.25 전쟁 계기교육

월	월별 학급경영 내용	
7월	• 여름 물놀이 안전교육 • 여름방학 안내 및 학습과제 안내	• 1학기말 정리 및 반성 • 진로탐색 주간
8월	• 방학생활 중 연락 취하기 • 교실관리	• 방학생활 나누기(발표, 토의)
9월	• 새 학기 시작	• 추석에 대해 알기
10월	• 국군의 날 • 현장체험학습	• 한글날 행사 • 독서행사
11월	• 재능발표회(축제) • 진로탐색주간	• 학부모 공개수업
12월	• 겨울방학 계획 • 겨울철 놀이	• 건강한 겨울을 나기 위한 안전교육
1월	• 건강하고 안전한 방학 안내 및 점검 • 방학생활 나누기(발표, 토의) • 2학기말 정리	• SNS를 통한 연락취하기 • 학급경영 평가 • 학년말 종업식
2월	• 학년 마무리 시간 운영 • 교실관리	• 새 학년 준비

출처: 장원규(2006). 초등학교 시기별 학급경영 사례. 전라북도 교육청을 수정함.

교사마다 학교행사와 학급행사를 받아들이는 생각이 다르다. 학급운영과 교과가 분리될 수 없듯이, 교과와 동떨어진 학급행사 역시 있을 수 없다. 학급행사는 교사의 교육관에 따라 언제든지 바꿀 수 있다. 학급행사를 할 때, 왜 이 행사가 필요하며, 학급운영에 이 행사가 갖는 의미가 무엇인지, 행사를 통해 얻고자 하는 목적이 무엇인지에 대해 교사 스스로 답할 수 있어야 한다. 모든 학급행사가 행사 자체보다는 행사를 준비하는 과정이 중요하며, 아이들의 자발적인 동기를 끌어내 즐겁게 참여하도록 하는 것이 좋다. 또한 학부모와 아이들에게 학급행사가 교과활동의 일부분이라는 것을 이해시켜야 한다(김윤용, 2006, 144-145).

5. 시기별 학급경영의 평가

하나의 개별 프로그램이 종료되면 학생들 스스로 평가하도록 하고, 평가 내용이 부족하면 교사가 그에 대한 평가를 덧붙이는 형식으로 진행한다. 가급적 단점을 들추어내기보다는 앞으로의 발전 방향과 칭찬을 위주로 평가한다. 학기 단위나 월별 단위의 활동은 학기, 월별로 평가회를 갖고, 다양한 의견을 개진하도록 유도한다. 교육활동 결과물을 포토폴리오로 구성하여 제출하고, 이를 근거로 상호 평가 반성한다. 학생들 스스로 학급활동의 주인으로서 자발성을 극대화하는 방향으로 정리한다.

1) 시기별 학급경영의 평가 분류

시기별 학급경영에 관한 평가는 대체로 학교 및 학급 행사, 학기 및 월 단위 활동, 개별 프로그램에 대한 평가와 계획 및 실천의 전 과정에 관한 평가로 구분해 볼 수 있다. 그리고 평가 주체는 교사, 학생, 경우에 따라서는 학부모의 의견을 반영할 수 있다. 관찰한 내용을 기록하는 평가, 체크리스트를 만들어 기준 달성도를 체크하는 평가, 학생들과 서로 이야기를 나누어 지금까지 운영 방안을 다시 점검하고 계획을 세우는 평가 등의 방법을 이용할 수 있다.

(1) 학교행사의 평가

행사 종료 후 다양한 형태로 평가(일기, 소감록, 그림으로 표현하기, 글과 그림으로 표현하기 등)

(2) 월별 시기별학급경영의 평가

월 단위로 자신의 변화 과정을 스스로 느낄 수 있도록 자기평가의 시간을 갖고, 자기평가의 결과를 발표하여 다른 친구의 좋은 점은 배우도록 유도한다.

① 학기초 3월의 학급경영 평가

수업운영 방식보다는 학년초 기본학습 훈련 및 기본생활 습관 형성에 바탕을 둔 학급경영평가 및 학년초 기초 사항을 점검하는 방향에서 평가가 이루어지도록 한다.

② 4월의 학급경영 평가

학기초 3월 한 달 동안 실시해 본 학급경영 방침들이 잘 추진되고 있는지, 문제점은 없는지 평가하고 바로 개선할 수 있도록 한다.

③ 5~6월의 학급경영 평가

학기 중간이라 많이 바쁜 시기이므로 자칫 평가에 소홀해지기 쉬운 달이다. 이때 교사는 자기평가를 실시하고 스스로 문제를 발견하고 개선하도록 노력한다. 또 타 교사들의 학급경영 방법들을 살펴보고 도입하는 것도 좋을 것이다.

④ 7~8월의 학급경영 평가

1학기를 마무리하는 달이므로, 교사에 대한 아동의 평가를 실시하도록 한다. 온라인을 이용하거나, 1학기 때 좋았던 점 또는 아쉬웠던 점, 개선점 등을 이야기해 보는 시간을 갖도록 한다.

⑤ 9월의 학급경영 평가

새로운 학기가 새로 시작되는 달이므로 아이들은 많이 어수선하고 기존의 학급규칙 등에 대해 많이 잊어버리고 있는 경우가 많을 것이다. 따라서 이 시기에 교사는 학생들의 행동을 보고 새로운 학급경영 방안을 구안하고 그에 맞는 평가 계획도 함께 수립한다.

⑥ 10월의 학급경영 평가

학기초에 계획한 학급 교육목표가 어느 정도 성취되고 있는가에 대한 점검평가를 실시하고, 이달은 특히 독서와 학습에 관한 영역의 평가에 중점을 두도록 한다.

⑦ 11월의 학급경영 평가

학급경영의 행동수칙이나 규칙들이 일반화되어 교사와 학생 간의 일치감, 학생들의 자기 규율적인 모습이 나타나므로 교육목표 달성에 초점을 맞춰 평가를 실시한다.

⑧ 학년말 12월의 학급경영 평가

1년 동안 학급경영이 어떻게 이루어졌는지를 평가해 보도록 하고, 평가 내용은 다음 해에 학생들을 지도하는 데 자료로 활용하도록 한다.

(3) 학기 단위활동의 평가

학기별로 학급잔치를 겸한 평가회를 학생들 스스로 준비하게 하고, 자기 평가서를 작성하고 발표하는 시간을 갖는다.

(4) 개별 프로그램의 평가

개별 프로그램도 학교행사와 마찬가지로 다양한 형태로 평가를 하도록 하되, 좋았던 점, 아쉬웠던 점, 바라는 점 등을 말하거나 글로 표현하도록 한다.

요약

3월 첫날 학생들과의 만남은 일년을 좌우할 정도로 중요하다. 담임교사가 되었을 때 첫 만남을 어떻게 준비할지와 더불어 학기초, 학기중, 학기말, 방학 중 학급경영은 시기별로 조금씩 다르게 운영할 수 있다. 이 장에서는 한 학기를 시기별로 나누고 계절의 특성이 뚜렷하게 드러나는 우리나라의 상황과 더불어 학교행사에 따른 월별 학급경영을 어떻게 운영할지 논의한다. 더욱이 학교에서 생활하는 하루의 주기를 아침 시간, 쉬는 시간, 점심시간, 중간놀이 시간, 하교지도로 나누어 이와 관련된 학급경영의 사례를 알아본다. 이 장을 통해 담임교사가 되었을 때 시기별로 계획하고 수행해야 하는 학급경영을 파악할 수 있고, 각 시기에 맞는 학급경영을 효과적으로 계획할 수 있을 것이다.

핵심용어

시기별 학급경영, 계절별 학급경영, 학기별 학급경영, 월별 학급경영, 학교행사, 시간별 학급경영

참고문헌

강원근(2005). “시기별 학급경영”, 초등교사 교육을 위한 교육학기본과목(학급경영) 확산 연구(114-152). 교육인적자원부 보고서.

강원근 · 장원규 · 오효열(2005). “주5일 수업제 도입에 따른 초등교육의 환경변화와 전통문화 지도를 위한 교사의 역할”, 전통문화교육의 현황과 과제, 산학협력공동연구보고서, 93-160. 전주교육대학교 전통문화교사양성사업단.

박남기 · 강원근 · 고전 · 김용 · 박상완 · 성병창 · 유길한 · 윤홍주 · 정수현 · 조동섭(2008). 초등학급경영의 이론과 실제. 파주: 교육과학사.

김윤용(2006). 초등학급운영 3. 서울: 우리교육.

김춘복(2007). 초등학교 시기별 학급경영 실태분석. 석사학위논문. 전주교육대학교 교육대학원.

박남기 등(2017). 초등학급경영의 이론과 실제. 광주: 광주교육대학교 출판부.

유길한 등(2005). 초등교사 교육을 위한 교육학기본과목(학급경영) 확산연구. 서울: 교육인적자원부.

유주영(2007). 2007학년도 여름방학 중 교직 수행계획. 전북 김제원평초등학교.

이영근(2016). 초등학급운영 어떻게 할까?. 파주: 도서출판 보리.

장원규(2006). 초등학교 시기별 학급경영 사례. 전라북도남원교육청.

정기원 등 5인(2004). 새내기 초등교사를 위한 학급경영 길라잡이. 파주: 양서원.

허승환(2015). 허쌤의 학급경영 코칭-황금의 2주일을 잡아라!. 서울: 테크빌닷컴.

허승환(2020). 명불허전 학급경영. 꿀잼교육연구소.

허승환 · 나승빈(2018). 승승장구 학급경영. I-scream.

[관련 웹 사이트]

송쌤의 시간대별 학급루틴. https://www.youtube.com/watch?v=5D8QlhvP3H0

2024학년도 여름방학 계획서 및 4,5,6학년 여름방학 계획서. https://www.hiclass.net/main/schools/0060d0a5-d43a-11e9-86da-98be94437cd2

13 학급경영 평가

전제상(공주교육대학교)

학습목표

- 학급경영 평가의 개념과 의의를 이해할 수 있다.
- 학급경영 평가의 유형에 대해 이해할 수 있다.
- 학급경영 평가의 과정과 세부 내용에 대해 알 수 있다.
- 학급경영 평가의 실제를 이해하고 실행할 수 있다.

학습 준비 활동

- 시기별 학급경영 중점 주요 활동과 그에 따른 평가 사례를 수집한다.
- 학급경영 평가 결과 활용 사례를 수집한다.
- 교사들의 학급경영 평가에서 문제가 되었던 사례를 수집한다.

관련 사례 및 토의 주제

- 다음 글을 읽고 학급경영 평가를 위한 나의 철학은 무엇인지 이야기 나누어 봅시다.

정: 한번 생각해 보세요. 홍 샘의 학급운영 방식은 어떤 스타일을 향해 달려가고 있을까요?

홍: 저의 학급운영 방식은 DIM(Do It Myself)도 아니고 DIY(Do It Yourself)도 아닌 DIO(Do It Oureselves)에요. 교사 혼자 하긴 너무 벅차고 학생들에게만 맡기면 무법지대나 난장판이 될 수도 있으니, 서로 합의하며 같이 만들어 나가는 거죠. 모든 것을 집어삼키는 태풍이 되기 전에 학생들의 날갯짓을 시원한 바람으로 바꾸는 힘, 저는 우리 안에 그런 힘이 있다고 믿습니다.

정: DIO 학급운영 방식? 마음에 드는데요. 특히 태풍을 시원한 바람으로 만들다니 정말 대단합니다. DIO학급운영을 통해 모두가 함께 한 방향으로 나아가는 교실이라니 생각만 해도 정말 멋집니다. 교실의 도덕적 신념을 분별하는 수단으로 도덕적 추론을 실천했네요. 그것도 교실공동체라는 이름으로요. 갑자기 마이클 샌델의 「정의란 무엇인가」라는 책이 떠오르네요.

새로운 상황에 직면하도록 만들어 자신을 판단에 비추어 원칙을 재조정해 보고, 또한 원칙에 비추어 판단을 재조정하도록 잘 이끌어주신 것 같아요. 그런 과정을 거쳐 아이들도 도덕적 사고의 근간을 형성하고, 궁극적으로 샌델이 추구했던 공동체적 연대의식을 조금씩 배워 갈 수 있겠지요.』

출처: 나는 선생님이 처음입니다. 정민수 · 홍근아. 행복한 미래. 2021

[참고자료] 너도나도 행복한 우리반 만들기 PDC학급회의
너도나도 행복한 우리반 만들기(4/6) 언어생활을 돌아보는 말과 거리 활동(youtube.com)

〈토의주제〉

학급경영 평가를 위한 나의 철학은 무엇인가?

- 지난 한 해의 마무리는 새로운 한 해 계획을 위한 근거가 된다. 학급경영 평가 시 꼭 고려되어야 할 사항에 대해 생각하고 서로 이야기 나누어 봅시다.

[참고자료] 너도나도 행복한 우리반 만들기 한 해를 마무리하는 토닥토닥 격려활동
너도나도 행복한 우리반 만들기(5/6) 한해를 마무리하는 토닥토닥 격려활동(youtube.com)

1. 학급경영 평가의 개념과 의의

1) 개념

일반적으로 평가는 특정 현상에 대한 가치판단의 행위로 평가는 인간 삶의 보편적 현상의 하나이다. 인간은 누구든지 무언가를 매일같이 평가할 뿐만 아니라 누군가로부터 평가받으며 살아가게 된다. 평가의 사전적 의미는 물건값을 헤아려 매기거나 또는 그 값을 말하며, 사물의 가치나 수준 따위를 평하는 것으로 그 가치나 수준을 의미한다. 이와 같이 평가(評價)를 어원적으로 분석하면, 평(評)은 '좋고 나쁨을 평한다'는 것을 의미하며, 가(價)는 '값어치나 가치'를 뜻한다. 또한 평가(evaluation)의 영어적 어원도 마찬가지로 'e + value'의 형태로서 'e'는 행위를 나타내는 접두어로 가치(value)를 결정한다는 것을 의미한다. 이처럼 동서양

을 막론하고 평가는 특정 행위에 대한 산출물이나 그 가치를 판단한다는 것을 내포하고 있다. 이와 같은 평가의 본질적 개념에 비춰보면, 평가는 대체로 의도한 목표나 요구한 바를 달성했는가를 검토하는 활동, 경험과 과정의 가치를 판단하는 데 초점을 두는 활동, 의사결정에 도움이 될 수 있는 정보를 제공하는 활동 등이 포함된다(전제상, 2016).

마찬가지로 학급경영은 학급의 목적을 효율적으로 달성하기 위하여 인적·비인적 자원을 활용하여 계획, 조직, 지도, 통제하는 일련의 활동 과정이다(박병량·주철안, 2005, 425). 학급경영 평가는 학급경영의 가치를 체계적으로 판단하는 활동이다. 학급경영의 가치를 판단하는 활동은 기본적으로 학급경영이 잘 되었는지 또는 무엇이 잘못되었는지를 판단하여 학급경영 활동을 유지, 보완, 개선시키는 것을 목적으로 한다(박남기 외, 2008).

학급경영 평가는 평가의 목적, 대상, 절차에 대해 어떤 입장을 취하느냐에 따라 다양하게 정의된다. 즉 '무엇 때문에 학급경영을 평가하고자 하는가', '어떤 종류의 정보를 수집하여 분석하는가', '어떤 평가의 절차를 거치는가' 등으로 나타낼 수 있는데, 이는 다음과 같이 도식화할 수 있다.

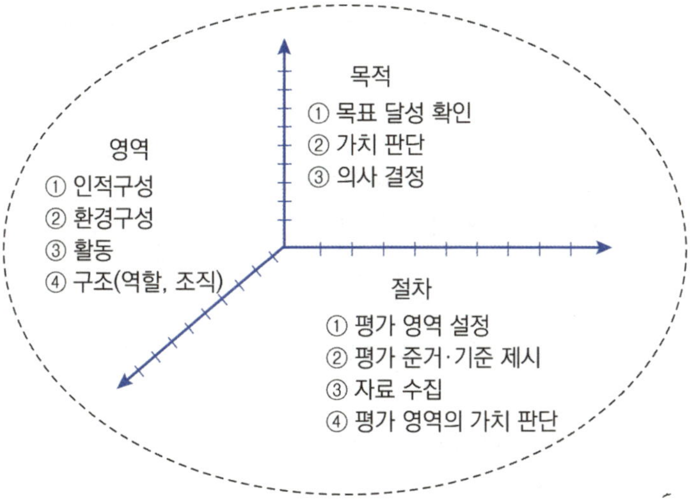

[그림 13-1] 학급경영 평가의 다양한 접근

이를 바탕으로 학급경영평가의 다양한 접근을 구체적으로 살펴보면 다음과 같다(박남기 외, 2008, 412-417).

2) 학급경영 평가의 다양한 접근

학급경영 평가를 위해 다음과 같은 학급체제에 대한 이해가 우선되어야 한다. 이러한 체제를 고려할 때 학급경영 평가는 입체적으로 진행되어 학급경영을 하는 교사에게 도움을 제공하는 방향으로 이루어져야 한다.

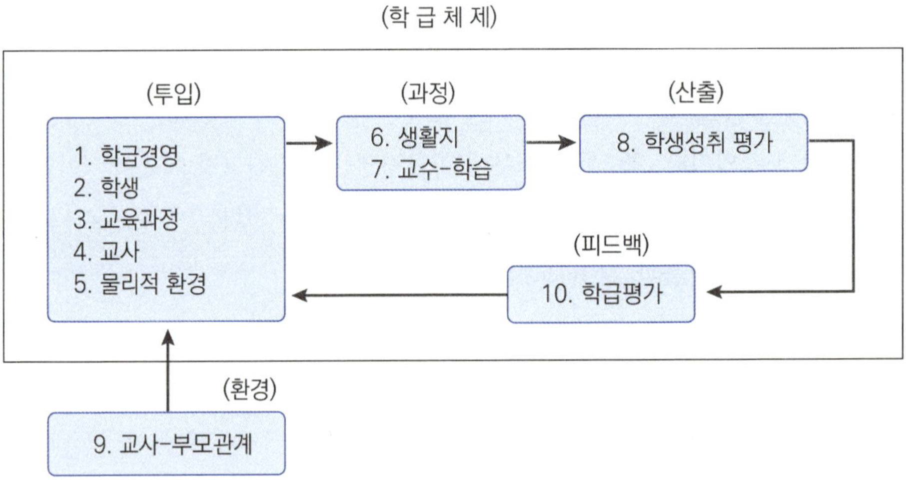

[그림 13-2] 학급경영의 내용구조

출처: 권기욱(2003). 최신 학급경영. 서울: 원미사

(1) 평가 목적에 따른 학급경영 평가

학급경영 평가에 대한 개념은 평가의 목적, 즉 학급경영 평가를 통해 얻고자 하는 결과가 무엇인지에 따라 달라진다. 학급경영을 평가하는 목적은 크게 목표

달성 확인, 가치 판단, 의사결정에 필요한 자료 획득으로 구분한다.

첫 번째, 학급경영 평가의 목적이 학급경영에서 정해진 목표를 어느 정도 달성되었는지를 확인하여 그 프로그램의 결과 내지 효과를 판정하고자 하는 데 있다. 이는 학급경영 평가를 학급경영 목표 달성을 확인하는 과정이라고 규정한다. 두 번째, 학급경영 평가의 목적이 학급경영과 관련된 프로그램들의 가치를 체계적으로 판단하는 데에 있다. 이는 학급경영 평가를 학급경영의 가치를 체계적으로 조사・판단하는 활동이라고 규정하고 있다. 세 번째, 학급경영 평가의 목적이 학급경영 의사결정자의 합리적인 의사결정을 돕는 데 있다고 보는 것이다. 이는 학급경영 평가를 학급경영 의사결정자에게 유용한 정보를 제공함으로써 의사결정을 촉진시키는 활동으로 규정한다. 이는 다시 두 가지로 나뉜다. 하나는 학급경영에서 의사결정을 하는 데 도움이 되는 정보제공 기능으로 파악하는 측면이고, 다른 하나는 학급경영 평가를 학급경영과 관련된 의사결정과정으로 보는 측면이다.

(2) 평가 영역에 따른 학급경영 평가

학급경영 평가에 대한 개념은 평가 영역인 학급경영의 영역 및 활동을 어떻게 규정하느냐에 따라 달라질 수 있다. 학급경영 평가 영역은 학급경영 전체 활동을 포함한 학급경영체가 되며 학급경영체를 어떻게 보느냐에 따라 학급경영 평가의 개념이 달라진다. 학급경영체를 체계적으로 평가하기 위해 하위 구성요소로 나누어 평가하는데, 일반적으로 사람(학생, 교사), 구조(역할 규정, 학생조직 등), 활동(교과지도, 생활지도, 창의적 체험활동 등), 물리적 환경(학급시설, 설비 및 기자재 등) 등의 하위 영역으로 구분하여 평가 대상으로 삼을 수 있다.

예를 들어 학급경영체 내의 인적구성원 평가를 할 경우 교사평가 또는 학생평가가 학급경영 평가의 주요 영역이 되며, 활동을 대상으로 평가를 할 경우 교과평가, 생활지도평가, 창의적 체험활동평가가 학급경영 평가의 주요 영역이 된다. 또한 학급경영 활동 순서와 관련지어 학급경영 평가의 개념이 규정될 경우 계획,

조직, 지도, 통제 각각의 과정에서 요구하고 바라는 활동이 적절하게 이루어졌는가를 판단하는 활동이 바로 학급경영 평가라 할 수 있다.

(3) 평가 절차에 따른 학급경영 평가

학급경영 평가에 대한 개념은 평가의 절차 또는 과정을 어떻게 분류하느냐에 따라 달라진다. 평가의 일반적인 절차에 따라 학급경영 평가가 이루어지지만 평가목적에 따라 학급경영 평가의 절차 또는 과정이 달라질 수도 있다.

평가의 목적이 목표 성취를 확인하는 일로 규정될 경우, 학급경영 평가의 개념은 학급경영 목표를 확인하고, 목표달성을 측정할 수 있는 지표를 설정하고, 지표에 대한 자료를 수집하고, 목표달성 자료를 분석하는 과정으로 규정된다.

평가의 목적이 대상의 가치를 판단하는 것으로 규정하는 경우 평가 절차 또는 과정이 바로 대상의 가치를 판단하는 과정이 된다. 이 입장에서는 학급경영 평가의 개념을 학급경영에서의 평가 대상 및 평가 질문을 결정하고, 평가의 준거와 기준을 설정하고, 준거관련 자료를 수집하고, 수집된 자료를 기준에 비교하여 가치를 판정하는 과정이라고 한다.

평가의 목적을 합리적인 의사결정을 돕는 것이라고 규정할 경우에는 평가 절차를 의사결정의 대안들을 판단하는 데 유용한 정보를 기술하고, 획득하고, 제공하는 과정으로 본다. 이 입장에서 학급경영 평가의 개념은 학급경영 평가 정보가 필요한 의사결정 영역을 확인하고, 대안을 평가하는 준거를 선택하고, 자료를 수집, 분석 및 조직하고, 평가 정보를 보고하는 과정이라고 한다.

이와 같이 학급경영 평가의 개념은 평가의 목적, 대상, 절차에 따라 그 개념이 달리 규정되고 있음을 알 수 있다. 즉 이 요소들을 어떻게 조합하느냐에 따라 학급경영 평가의 개념을 달리 규정된다. 이에 따라 포괄적인 의미로 학급경영 평가의 개념을 규정하면, 학급경영체의 가치를 판단하기 위해 평가 준거와 기준을 설정하고 준거자료를 수집하여 이를 기준에 비교하여 학급경영체의 가치를 판정하는 활동이라 할 수 있다.

3) 학급경영 평가의 의의

학급경영 평가의 목적은 학급경영 활동의 목표 달성도, 결과를 확인하고 문제점을 진단해봄으로써 다음 학기 또는 다음 해의 학급경영을 보다 효율적이고 바람직하게 하기 위한 것이다(신상명 외, 2004). 학급경영에 대한 체계적인 평가는 학급이 목적을 성취하고 있는 정도나 어떤 성취 기준이 유지되어야 하는지 등을 결정하는 데 유용한 정보를 제공하며, 학급에서 개선이 요구되는 부문을 확인하고, 재정 지원에 대해 책임을 질 수 있도록 해 준다(Mabry, 1988). 이러한 학급경영 평가의 목적을 간략하게 정리해 보면 다음과 같다(박병량·주철안, 2005, 501).

- 학급경영 평가는 학급경영 활동의 성취도를 확인해 준다.
- 학급경영의 문제점을 진단할 수 있다.
- 교사를 포함하여 학급 구성원의 동기를 유발시킨다.
- 학급경영의 개선을 위한 정보를 제공해 준다.
- 학급경영의 책무성, 특히 학급경영에 참여한 사람들의 책임을 확인해 준다.
- 학급경영에 대한 제반 의사결정을 하는 데 도움을 준다.

2. 학급경영 평가의 유형

학급경영 평가의 유형은 학급경영의 목적, 학급경영의 효과 등에 따라 다양한 관점에서 설정될 수 있다(권기욱, 2003, 408). 형성평가와 총괄평가, 체제모형을 적용한 투입-과정-산출-총합평가 모형을 간략하게 살펴보면 다음과 같다.

1) 학급경영 평가 시기에 따른 평가안

학급경영 평가 유형은 평가의 시점에 근거하여 학급경영 진행 중의 형성평가와 학급경영 종료 시의 총괄평가로 구분된다(권기욱, 2003, 408-410).

(1) 형성평가

형성평가는 학급경영과정, 학년도 종료 이전의 전 과정에 걸쳐 실시되는 학급경영 평가를 말한다. 형성평가로서 학급경영 평가는 학급경영의 목적이 성취되고 있는 상태 및 활동을 조사하여 문제점을 확인하고 개선하는 데 초점을 두며, 비교적 자주 이루어진다. 형성평가에서는 학급경영이 계획대로 이루어지고 있는가, 장·단기적 관점에서 학급경영체제의 주요 문제점은 무엇인가 등을 판단하고, 학급경영의 설계·실천·운영 과정 등을 조사하고, 자료를 수집·분석·보고한다.

형성평가는 학급경영 중에 학생과 교사로부터 학급경영 자체에 대한 정보를 얻는 것으로 대체로 구조화된 질문지를 활용하거나 학생 성취도 평가결과를 활용할 수도 있다. 또한 질문지나 성취도 평가를 실시한 결과에 대해 토론하고, 피드백을 통해서 필요한 부분을 개선하고 보완하는 데 활용한다.

(2) 총괄평가

총괄평가는 학급경영이 완료되는 시점에 실시되는 평가로 학급경영 목표의 성취 정도나 결과에 대해 평가한다. 총괄평가에서는 학급경영체제 전반의 효과성을 측정하기 위해 학급경영의 목적을 달성한 정도에 초점을 둔다. 총괄평가의 산출은 학급경영의 구체적인 활동과 구성 요소에 적절한 것이어야 하며, 학생의 출석, 교육프로그램의 효과, 프로그램 실시 이전과 이후의 표준화검사 등을 통해 측정된다.

형성평가와 총괄평가는 평가의 주목적에 따라 교사가 적절하게 활용할 수 있다. 총괄평가는 학급경영 종료 시점에서 일회적으로 이루어지나 형성평가는 필요에 따라 여러 차례 실시할 수도 있다. 대체로 학급경영 과정을 진단·개선하기 위해서는 형성평가를 활용하고, 학기 및 학년도 종료 시점에서 학급경영의 목적을 얼마나 성취하였는가를 사정하기 위해서는 총괄평가를 실시한다.

2) 학급경영 평가 체제에 따른 평가안

학급경영 평가는 학급경영의 전 활동을 체계적으로 평가하기 위한 것이다. 학급경영 평가에서는 투입-과정-산출의 학급경영체제 모형을 사용하는 것이 일반적 접근 방법이다(박병량·주철안, 2005, 502). 학급경영의 전반적인 구조와 내용, 기타 관련 요인을 종합적으로 평가할 수 있기 때문이다. 학급경영 평가 체제를 투입평가, 과정평가, 산출평가, 총합평가로 구분하여 주요 특징을 살펴보면 다음과 같다(박병량·주철안, 2003, 538-539; 박병량·주철안, 2005, 502-503).

(1) 투입평가(input evaluation)

투입평가에서는 학급경영 활동에 투입된 요소들의 질과 양이 평가된다. 학급에 투입된 요소는 교사(학력, 경력, 학급경영능력 등), 학생(선수학습능력, 학습태도, 가정환경 등), 학급 시설과 설비, 교육과정, 시간과 노력, 학부모의 지원 등이 포함된다. 이들 요소는 절대평가나 상대평가에 의하여 그 질과 양이 평가된다.

(2) 과정평가(process evaluation)

과정평가에서는 학급경영 계획을 실천하는 활동이 평가된다. 학급경영안 작성, 학급의 물리적 환경, 학습지도, 생활지도, 창의적 체험활동지도, 지역사회와의 관계 등 영역별 활동이 평가되고 분석된다. 각 영역별 과정은 세분화되어 평가되는데, 이에 대한 주요 평가 질문으로는 학급경영의 각 영역은 유기적인 연관성을 가지고 있는가, 각종 지도방안은 이론적인 타당성이 있는가, 또 계획대로 운영되었는가, 각종 지도방안을 실행하는 과정에서 문제는 없었는가, 각종 지도방안을 실시할 수 있는 기술적·행정적 조건을 학급 또는 학교는 갖추고 있는가 등을 예로 들 수 있다.

(3) 산출평가(output evaluation)

산출평가는 학급경영의 목표가 어느 정도 달성되었는가를 판단하여 학급경영의 효과를 측정하는 평가이다. 전통적으로 산출평가에서는 학생의 행동변화를 측정하여 학급의 목표 달성도를 판단한다. 기타 학년 진급률, 중퇴율, 문제 학생 수, 교사나 학생, 학부모의 만족도, 참여도 등이 주요 산출 지표로 활용될 수 있다.

(4) 종합평가

종합평가는 투입, 과정, 산출 평가의 결과를 결합시키거나 종합하여 학급경영을 총괄적으로 평가하는 것이다. 여기에서는 학급경영 평가의 다양한 준거에 비추어 학급경영을 전반적으로 종합적으로 평가한다. 이때 가장 중요한 평가자는 교사 자신이 되며, 필요에 따라 학부모나 학생의 반응을 확인하기 위한 평가를 병행할 수 있을 것이다.

학급경영 평가의 궁극적인 목적은 학급경영체제를 개선하여 발전시키는 데 있다. 학급교사는 학급경영의 투입, 과정, 산출 및 총괄적 결과에 대한 다각적인 평가와 분석을 통해서 학급경영체제를 발전시키는 위해 노력해야 할 것이다(박병량·주철안, 2005, 503). 체제모형을 적용한 학급경영 평가 모형을 그림으로 요약하면 다음과 같다.

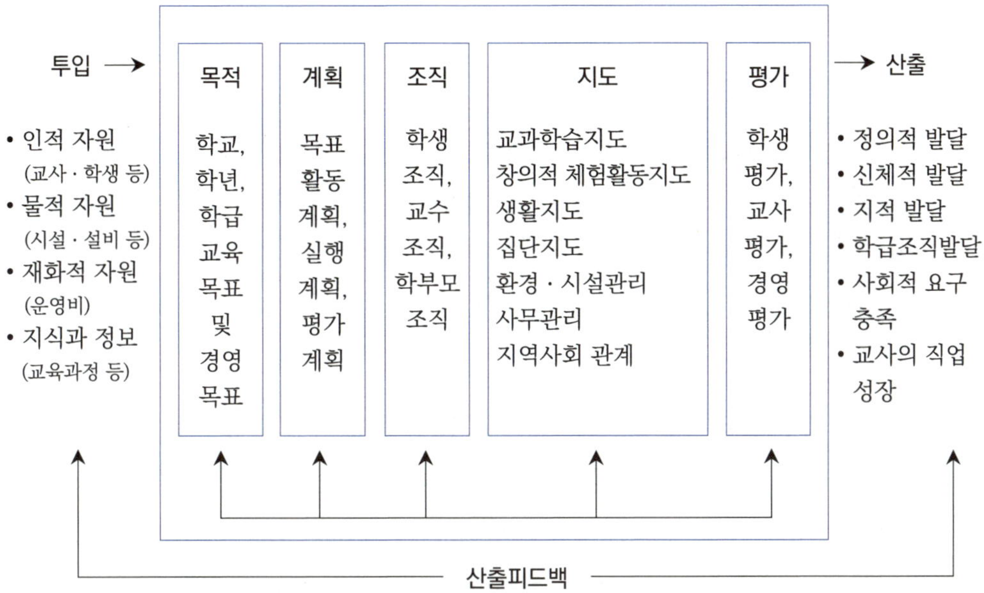

[그림 13-3] 학급경영체제 모형

출처: 한국교육행정학회(1995). 522를 일부 수정 · 보완.

3) 학급경영 평가 주체에 따른 평가안

학급경영체제를 구성하는 주요 인적 자원을 기준으로 할 때, 학급경영 평가는 학생평가와 교사평가를 포함한다. 학생 및 교사평가는 투입평가의 한 요소로 포함시킬 수도 있으며, 별도의 평가대상영역으로 다룰 수도 있다. 학생평가와 교사평가의 주요 내용을 간략하게 정리하면 다음과 같다.

(1) 학생평가

학급경영 평가의 한 대상, 영역으로 학생평가는 일정기간의 교육 종료 후에 학생의 지적, 정의적, 신체적 발달 면에서 행동 변화를 측정하여 교육목표 달성도를 판단하는 것이다. 이러한 학생평가가 필요한 이유를 박병량 · 주철안(2003, 442-

443)은 다음과 같이 정리하고 있다.

> 학습성취도 판단, 학습자의 동기 유발, 개인의 잠재력 예견, 학생의 장단점 진단, 학생의 진보 점검, 학습 진단, 교수 진단, 성적 등급 결정, 수업의 효과성 결정, 다른 학생과의 비교, 분류, 자격부여, 학교의 공공적 책무성 확인, 교사평가의 일부로 활용

이러한 학생평가는 전통적으로 준비도 평가, 진단평가, 형성평가, 총괄평가 등으로 구분하여 이루어진다. 여기서 준비도 평가는 학습자가 새로운 학습을 하는데 필요한 지식, 능력, 기술을 갖추고 있는가를 평가하는 것이다. 또한 학생의 성공적인 학습을 위해 필요한 지식, 기술이 무엇인지를 결정하는 진단적 목적으로 사용된다. 진단평가는 학습이 시작되기 전에 학생이 가지고 있는 특성을 체계적으로 관찰, 측정하여 진단하는 평가로 사전 학습 정도, 적성, 흥미, 동기, 지능 등을 분석하는 것이다. 진단평가의 주요한 목적은 적절한 수업전략을 투입하기 위한 것이다. 형성평가는 교수, 학습이 진행되는 도중에 학생에게 피드백을 주고 교육과정 및 수업방법을 개선시키기 위한 평가이다. 형성평가는 학습을 곤란을 진단하고 학생의 장단점이 무엇인지를 파악하게 하며, 학습동기를 유발하기 위한 것이다. 총괄평가는 교수, 학습의 효과에 대해 학습이 끝난 후에 교육목표의 달성 여부를 종합적으로 평가하는 것이다. 총괄평가의 목적은 서열을 매기고, 자격을 부여하며, 집단 간 비교, 특정 프로그램의 시행 여부를 결정하기 위한 것이다.

특히, 2022 개정 교육과정에서 학생평가는 수행 과정과 성취기준 도달 여부 확인을 위한 결과 모두를 다양한 방법으로 평가하고, 평가 결과 분석을 통한 시기적절한 피드백이 이루어지도록 한다. 이는 학생이 자신의 학습을 지속적으로 성찰·개선할 수 있도록 지원하며, 인지적·정의적 측면에 대한 균형 있는 평가가 이루어질 수 있도록 강조한다. 또한 교사는 교과와 학습자 특성에 적합한 맞춤형

교육활동이 이루어질 수 있도록 학생평가를 활용한다. 이에 교사는 학생평가지원 포털(KICE 학생평가지원포털(moe.go.kr))을 활용하거나 교육부 및 각 시·도교육청에서 발간하는 학생평가 자료집을 활용할 수 있다.

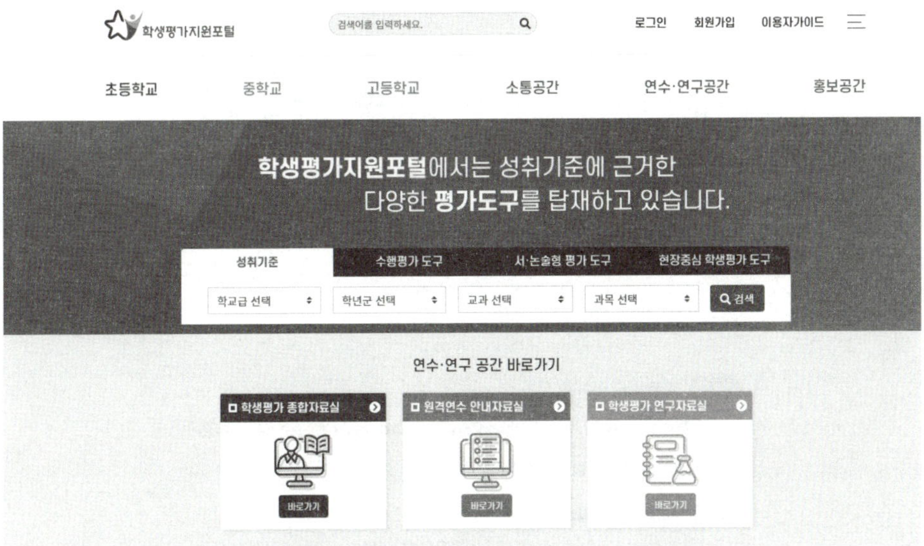

[그림 13-4] KICE 학생평가지원포털(moe.go.kr)

〈표 13-1〉 교육부 학생평가 관련 자료집

학생평가 톺아보기 (2022)	과정중심 평가 실천 사례집(2021)	과정중심 평가 교사의 피드백 역량 강화 프로그램(2021)

또한 학급경영의 수요자이면서 대상자인 학생의 의견은 매우 중요하다. 학생은 온·오프라인 자기평가를 통해 본인의 학습 정도는 파악하고 개선점을 찾아보고, 교사는 평가 결과에 어울리는 피드백을 제공하고 학급경영에 자료로 활용할 수 있다.

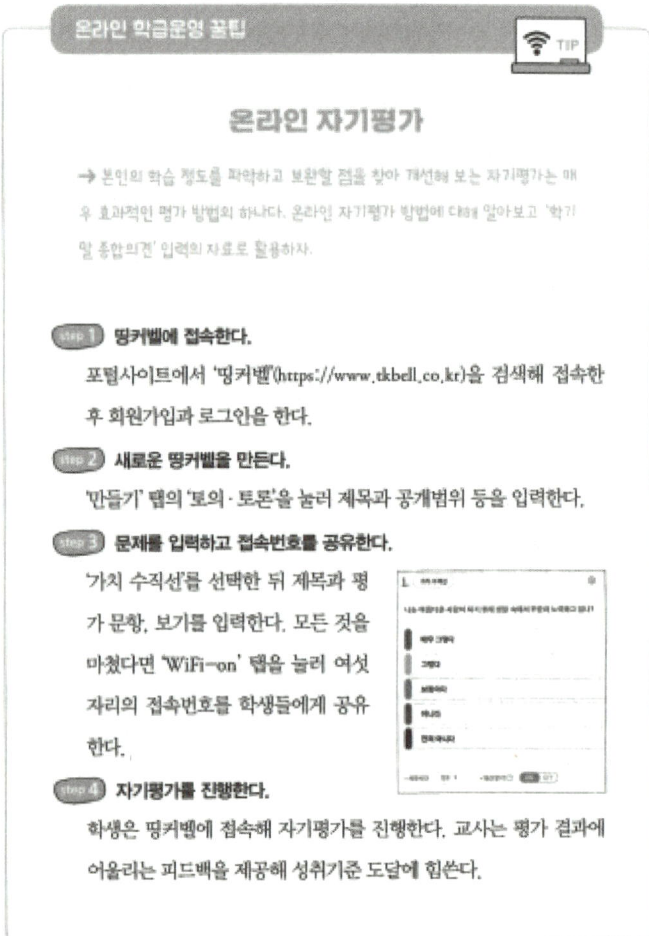

온라인 학급운영 꿀팁

TIP

온라인 자기평가

→ 본인의 학습 정도를 파악하고 보완할 점을 찾아 개선해 보는 자기평가는 매우 효과적인 평가 방법의 하나다. 온라인 자기평가 방법에 대해 알아보고 '학기말 종합의견' 입력의 자료로 활용하자.

step 1 **띵커벨에 접속한다.**

포털사이트에서 '띵커벨'(https://www.tkbell.co.kr)을 검색해 접속한 후 회원가입과 로그인을 한다.

step 2 **새로운 띵커벨을 만든다.**

'만들기' 탭의 '토의·토론'을 눌러 제목과 공개범위 등을 입력한다.

step 3 **문제를 입력하고 접속번호를 공유한다.**

'가치 수직선'를 선택한 뒤 제목과 평가 문항, 보기를 입력한다. 모든 것을 마쳤다면 'WiFi-on' 탭을 눌러 여섯 자리의 접속번호를 학생들에게 공유한다.

step 4 **자기평가를 진행한다.**

학생은 띵커벨에 접속해 자기평가를 진행한다. 교사는 평가 결과에 어울리는 피드백을 제공해 성취기준 도달에 힘쓴다.

[그림 13-5] 열두달 학급경영과 교사의 마음돌보기

출처: 이진영(2023).

(2) 교사평가

교사평가는 교사의 직무수행을 평가하는 것이다. 교사평가의 목적은 매우 다양한데, 대체로 다음의 요소를 포함한다(박병량 · 주철안, 2003, 444-446).

- 수업 개선
- 학생과 교사에게 긍정적인 학습 경험 제공
- 학습과정에서 교사의 창의와 실험 정신 고무
- 교사가 자신의 전문가적 장단점을 분석하고 평가하는 수단 제공
- 평가자와 피평가자가 협동하여 교사의 장단점을 확인함으로써 장점을 강화하고 약점을 극복하는 수단 제공
- 교사의 평가정보를 교원인사(임용, 승진, 봉급, 계약, 추천 등)에 사용

이러한 기본 목적을 지닌 교사평가는 구체적으로는 다음과 같은 원리에 의해 이루어진다.

- 기본적으로 모든 평가는 교사의 직무수행을 평가하는 과정에서 평가자와 평가대상자의 우호적인 관계를 바탕으로 협력적 과정의 결과이어야 한다.
- 평가자와 평가대상자는 교사평가 과정의 기초가 되는 준거를 협동적으로 개발한다.
- 교사가 자신을 평가하는 사람이 누구이며, 자신이 평가받고 있는 과정을 알 수 있도록 한다.
- 교사의 책무가 포괄적으로 정의되어야 하고, 이는 교사평가의 준거가 되어야 한다.
- 자기평가는 평가과정의 한 부분이며, 자기평가의 기회가 긍정적이고 건설적인 방식으로 교사에게 주어져야 한다.

학교 현장에서 실시되고 있는 교원능력개발평가의 경우 「교원능력개발평가 실시에 관한 훈령」에 의거 일반교사에 대해서는 다음과 같은 평가영역, 요소, 지표

를 나타내고 있다.

〈표 13-2〉 초중등학교 교원능력개발평가 영역, 요소, 지표(제8조 관련)

평가영역	평가요소	평가(조사) 지표	
학습 지도 (3요소, 8개 지표)	수업 준비	• 교과내용 분석	• 수업계획 수립
	수업 실행	• 학습환경 조성 • 교사 · 학생 상호 작용	• 교사 발문 • 학습자료 및 매체 활용
	평가 및 활용	• 평가내용 및 방법	• 평가결과의 활용
생활 지도 (3요소, 7개 지표)	상담 및 정보 제공	• 개별학생 특성 파악 • 진로 · 진학 지도	• 심리상담
	문제행동 예방 및 지도	• 학교생활적응 지도	• 건강 · 안전 지도
	생활습관 및 인성 지도	• 기본생활습관 지도	• 인성 지도
■ 용어의 위계: 평가영역 > 평가요소 > 평가지표 > 평가문항			

〈표 13-3〉 교사 자기실적평가서 예시자료

교사 자기실적평가서 예시자료
1. 평가 지침 근무성적평정의 신뢰성과 타당성이 보장되도록 객관적 근거에 따라 종합적으로 평가하여야 한다.
2. 평가 기간: 20○○년 ○○월 ○○일부터 20○○년 ○○월 ○○일까지
3. 평가자 인적사항 • 소속: • 직위: • 성명:
4. 평가자 기초 자료 • 담당 학년 및 학급: • 주당 수업 시간 수: • 담당 과목: • 연간 수업공개 실적: • 담임 여부: • 연간 학생 상담 실적: • 담당 업무: • 연간 학부모 상담 실적: • 보직교사 여부: • 그 밖의 실적사항:

교사 자기실적평가서 예시자료

5. 자기실적 평가

① 학습지도
- 학습지도 추진 목표(학년초에 계획되었던 학습지도 목표)
- 학습지도 추진 실적(학년초에 목표한 내용과 대비하여 추진 실적을 구체적으로 작성)

② 생활지도
- 생활지도 추진 목표
- 생활지도 추진 실적

③ 전문성개발
- 전문성개발 추진 목표
- 전문성개발 추진 실적

④ 담당 업무
- 담당 업무 추진 목표
- 담당 업무 추진 실적
- 창의적 업무개선 사항

※ 자기 평가 종합 상황

자기 평가	목표달성도	설정한 목표에 대한 달성 정도	만족	보통	미흡
	창의성	학습지도, 생활지도, 전문성개발, 담당 업무 등의 창의적인 수행 정도	만족	보통	미흡
	적시성	학습지도, 생활지도, 전문성개발, 담당 업무 등을 기한 내에 효과적으로 처리한 정도	만족	보통	미흡
	노력도	목표 달성을 위한 노력, 공헌도	만족	보통	미흡

20○○년 ○○월 ○○일

작성자(본인) 성명 서명(인)

(3) 학부모 평가

학부모는 학급경영에 조력자로 학생의 교육활동을 위해 학생·교사와 함께하는 교육공동체이다. 이에 교사는 다양한 방법으로 학부모와 소통하여 학생 개개인의 성장을 지원할 수 있는 학급경영을 하여야 한다. 학생 상담 주간 운영, 온·오프라인 학부모 의견 수렴 운영을 통해 학부모 평가를 위한 자료를 수집할 수 있다.

학부모가 참여하는 학급경영 평가는 『교원능력개발평가 실시에 관한 훈령』에 의해 이루어지는 교원능력개발평가이다. 학부모는 교장(원장을 포함), 담임교사 외 1인 이상, 총 3인 이상의 교원에 대한 만족도조사를 실시하도록 한다. 다만 2개월 미만 재학 학생의 학부모는 참여에서 제외한다. 학부모 만족도조사는 '매우 그렇다', '그렇다', '보통이다', '그렇지 않다', '매우 그렇지 않다'의 5단 척도의 평어로 구분하여 정의적·주관적으로 응답하며, 그 위계와 학부모 만족도 조사의 예시자료는 다음과 같다.

〈표 13-4〉 평어 척도

척도	평어	판단 기준
5	'매우 그렇다' (매우 우수)	해당 평가지표에 대해 탁월한 능력 및 지식이 있으며, 수행 수준이 매우 높고 전문적이어서 타의 모범이 된다.
4	'그렇다' (우수)	해당 평가지표에 대해 자신감이 있으며, 수행 수준이 높다.
3	'보통이다' (보통)	해당 평가지표의 능력, 지식, 수행 수준 등이 보통이다.
2	'그렇지 않다' (미흡)	해당 평가지표에 대해 자신감이 부족하거나 수행 수준이 미흡하다.
1	'매우 그렇지 않다' (매우 미흡)	해당 평가지표에 대해 자신감과 수행 수준이 매우 미흡하다.

〈표 13-5〉 학부모만족도 조사지(담임교사용 예시)

평가 영역	평가 요소	평가(조사) 지표	평가 문항	만족도				
				매우 그렇다	그렇다	보통 이다	그렇지 않다	매우 그렇지 않다
학습 지도	배움 활동	배움에 대한 흥미와 호기심	선생님은 학습에 흥미와 호기심을 가질 수 있도록 가르쳐 주십니다.					
	교수 활동	창의적인 수업설계	선생님은 학습내용을 휩게 이해할 수 있도록 가르쳐 주십니다.					
	소통과 배려	학생·교사 상호 작용	선생님은 학습활동에서 우리의 생각을 존중하고 칭찬해 주십니다.					
생활 지도	학생 이해활동	학생 인권 이해	선생님은 우리를 인격적으로 대해 주십니다.					
	상담 활동	상담지도	선생님은 우리에게 관심을 갖고 상담해 주십니다.					

출처: https://if-blog.tistory.com/6641 [교육부 공식 블로그: 티스토리]

3. 학급경영 평가의 과정과 세부 내용

학급경영 평가의 과정에서는 학급경영 평가의 과정 및 절차, 평가과정의 주요 요소인 평가목적, 평가준거, 평가내용, 평가방법, 평가자료 수집방법 등에 대해 학습한다. 이를 통해서 학생들은 학급경영 평가의 구체적인 내용 및 절차, 실제 평가단계에서 유의해야 할 점을 이해하고, 학급경영 평가에 관련되는 주요 쟁점에 대해 생각하는 기회를 갖도록 한다.

1) 학급경영 평가의 과정

일반적으로 평가를 계획하여 실시하고 평가결과를 해석·활용하는 데 있어 평가과정에 대한 이해가 필요하다. 학급경영 평가의 과정도 일반적인 평가의 과정을 따르게 된다. 진동섭 외(2011, 472)는 학급경영 평가의 과정을 ① 평가의 목적 설정, ② 평가의 준거와 기준 설정, ③ 자료 수집, ④ 사정 및 평가 대상의 가치 판정의 단계로 이루어진다고 하였고, 박병량·주철안(2005, 501)은 ① 평가의 대상과 목적을 정하고, ② 평가의 준거와 기준을 설정하고, ③ 준거와 기준에 관련된 자료를 수집하고, ④ 준거 관련 자료를 기준에 비추어 사정하고, ⑤ 평가 대상의 가치, 평가 결과에 대해 판단하는 과정, 단계로 이루어진다(박병량·주철안, 2005, 501)고 하였다.

학급경영 평가를 위해서는 가장 먼저 평가 대상 및 평가 목적을 정해야 한다. 프로그램 평가의 목적에 따라 학급경영의 목적을 살펴보면 기획 및 개발, 개선 및 변화, 목표 달성도 파악, 효과 및 영향의 사정, 장점과 가치 파악, 점검 및 통제 등으로 나눌 수 있다.

다음으로는 평가의 준거와 기준을 설정해야 한다. 학급경영 평가에서 타당한 준거의 설정은 타당한 평가를 보장할 수 있는 전제 조건이 된다. 학급경영 평가에서 준거 설정의 방법은 평가 대상이 마땅히 지녀야 할 특성 혹은 준거를 이론적으로 도출할 수 있고, 평가 대상의 특성이나 준거에 대한 기술적인 자료를 수집하여 이를 어떤 방식으로 묶어 준거를 설정하는 방법이 있다. 학급경영 평가의 준거가 도출된 후에는 평가 기준을 만들어야 한다. 평가의 기준(standard)은 가치의 수준을 결정하는 척도이다. 평가의 기준은 평가 준거로 확인된 속성 또는 질이 어느 수준인가를 사정하는 데 사용된다.

학급경영 평가의 준거와 기준이 설정된 후에는 준거와 기준에 관련되는 양적, 질적 자료들을 수집한다. 평가과정의 마지막 단계는 수집한 자료를 토대로 평가 대상의 가치를 판정하는 단계이다. 학급경영에서 가치의 판정은 준거와 기준에 비추어서 최종적으로 학급경영이 효과적으로 '잘 수행되고 있다', '잘못 수행되고 있다'는 등의 형식으로 이루어진다. 학급경영의 가치 판정 단계에서는 일반적으로 구체적인 준거항목별로 기준에 따라 판정이 이루어지게 된다. 그리고 이 단계에서는 총체적으로 학급경영에서의 전체적인 문제점과 취약점을 파악하는 동시에 장점과 특성을 명료화해야 한다. 또한 이 단계에서의 판정은 평가 과정에서 환류의 성격을 가지며, 새로운 학급경영 평가 대상의 선정과 목적을 찾게 하는 역할을 한다.

평가과정에서 유의해야 할 점은 학급경영의 목표, 학급경영에서 교사가 가장 역점을 두었던 점이 무엇인가를 중심으로 평가가 이루어져야 한다는 것이다. 학기초에 수립한 학급경영 계획에 따라 평가의 목표, 대상 영역을 설정하고 그에 적합한 평가 방법을 적용해야 할 것이다. 이러한 과정은 학급경영 계획 자체, 즉 학급경영 계획이 적절하게 수립되었는가, 무리한 계획은 없었는가, 계획과 실천이 상응했는가 등에 대한 정보도 확인할 수 있다.

〈표 13-6〉 학급경영평가 과정

과정	세부내용 예시
① 평가영역 및 목적 설정	• 평가 영역 설정과 목표 설정 • 장점과 가치 파악 등
↓	
② 평가 준거 설정	• 평가의 객관성, 정확성 확보를 위한 근거 • 평가 영역별 준거 설명 필요
↓	
③ 평가 기준 제시	• 가치의 수준을 결정하는 척도 • 평가영역별 가치판단 기준 제시
↓	
④ 양적 · 질적 자료 수집	• 관찰, 질문지, 면접 등 다양한 방법 활용 • 에듀테크 활용 정보수집
↓	
⑤ 평가영역의 가치 판단	• 긍정적인 측면, 부정적인 측면 • 강점, 약점, 우수사례, 취약점
	↓
향후 학급경영 계획 수립을 위한 근거 자료	

2) 학급경영 평가의 세부 내용

학급경영 평가는 학급경영의 질을 개선하거나 학급을 성공적으로 운영하는 데 필요한 정보를 제공하는 등 명확한 목적을 갖고 시행되어야 한다. 이러한 학급경영 평가의 주요 세부 내용은 평가목적, 평가준거, 평가기준, 평가자료의 수집, 평가자 등으로 구분할 수 있다.

(1) 평가 목적

학급경영 평가를 위해서는 평가목적이 명확하게 설정되어야 하며, 이러한 목적은 평가가 실시되기 전에 마련되어야 한다. 학급평가는 그 자체가 목적은 아니며, 그 결과를 어떻게 활용하는가가 관건이 된다. 학급경영 평가의 목적은 학급경영에 대한 다양한 의사결정에 유용한 정보를 제공하기 위한 것이다(Beswick, 1990). 즉 학급경영 평가는 학급체제의 강점과 약점을 확인하고, 개선을 위한 과제를 명료하게 하기 위함이다.

이러한 학급경영 평가는 학급경영의 주요 목표에 근거하여 이루어져야 하며, 이러한 목표가 학급경영의 전 과정과 영역에 적절하게 반영되었는가, 학급경영의 주요 목표가 실현되었는가, 어떤 문제와 과제가 있는가 등을 파악하는 데 초점을 두어야 할 것이다. 이와 같이 학급체제를 통하여 성취하고자 하는 것이 무엇인가라는 산출에 초점을 둔 학급경영 평가는 학급체제의 전반적인 효과성과 참여자 개인의 목적이 성취된 정도를 측정하는 데 초점을 두게 된다(권기욱, 2003, 412).

(2) 평가준거와 기준

일반적으로 평가란 대상의 가치를 판단하는 활동이며, 평가를 함에 있어서는 평가의 객관성, 정확성을 확보하기 위하여 어떤 규칙이나 기준을 정해 두고 있어야 한다. 이러한 규칙, 기준을 평가 준거라고 한다. 이러한 평가 준거를 설정하는 일은 무엇을 평가할 것인가, 무엇에 초점을 두고 평가할 것인가, 어떤 점을 강조하여 평가할 것인가 등을 구체화하여 체계적으로 정리하는 일이라고 할 수 있다. 이에 따라 평가준거는 평가의 근거, 범위, 영역, 초점을 결정하는 기준이 되며, 평가지표 및 기준의 기초가 된다(이미숙, 2006).

학급경영 평가에서도 평가준거는 학급경영 목표에 따라 무엇을 평가할 것인가를 구체화한다. 학급경영 평가준거는 모든 학급경영 영역에 적용되는 일반적인 준거와 학급경영 영역별로 적용 가능한 준거가 있을 수 있다. 일반적으로 적용 가능한 평가 준거는 노력, 효과성 등 평가의 원칙, 원리로 다음의 8가지를 들 수 있다(한국교육행정학회, 1995). 각 준거는 평가의 주요 목적에 따라 활용될 수 있으며, 상대적인 비중도 달라질 것이다.

〈표 13-7〉 학급경영 평가 준거

노력	효과성	만족도	적합성	능률성	질	결과	과정
↑	↑	↑	↑	↑	↑	↑	↑
투입된 요소의 양과 질	목표 달성도	대상 집단의 심리적 만족도	대상 집단의 필요 충족도	투입의 경제성	활동에 대한 전문가의 판단	장단기 파급 효과	성공과 실패에 관련된 요소의 분석

이화은(2001)은 학급경영전문가들의 의견 수렴에 근거하여 초등학교 담임교사가 자신의 학급경영을 체계적으로 평가할 수 있는 준거를 투입-과정-산출 등 체제모형을 적용하여 개발하였다. 이중 산출단계의 평가요소와 평가준거를 예시하면 다음 〈표 13-8〉과 같다.

〈표 13-8〉 학급경영 평가의 준거

평가 영역	평가요소	평가준거
학생	• 학습능력의 향상 • 수업에 대한 열의 • 예 · 복습 수행 정도 • 자율적 참여 • 학교생활만족도 • 신체능력	• 학생들의 학습능력이 향상되었다. • 학생들은 능동적이고 적극적으로 수업에 참여한다. • 예습, 복습 및 과제물을 제때 수행하는 정도가 높아졌다. • 학급활동에 보다 많은 학생들이 자율적으로 참여하고 있다. • 학생들은 학급에서의 생활이 즐겁고 만족스럽다. • 학생들은 발달수준에 맞는 신체조작능력을 갖추고 있으며 이전의 단계에 비해 진보하였다.
교사	• 경영능력의 신장 • 자기성장을 위한 노력 • 자기만족감	• 학급경영 전반에 걸친 경영능력이 신장되었다. • 자신의 자질연마를 위해 계속 노력하고 있다. • 학급경영에 대한 노력과 결과가 만족스럽다.
학급 경영 체제	• 체제발달 • 평가의 구체성과 계속성 • 평가결과의 반영	• 학급경영의 각 영역과 단계는 보다 유기적으로 관련을 맺으며 효과적으로 기능한다. • 학급경영 계획의 달성도가 구체적이고 계속적으로 평가되었다. • 평가결과를 토대로 한 개선계획의 수립 · 반영이 적극적으로 이루어졌다.

권기욱(2003, 413-414)은 학급경영 평가의 준거는 대체로 학급체제의 목적, 교육과정, 교수-학습, 학생지원, 학습자원, 성취도평가, 성취수준, 환경과 관계, 학급의 질 관리체제 등의 요소를 포함한다고 지적한다. 구체적인 내용을 요약 · 정리하면 다음과 같다.

- 학급목적: 학급목적의 적절성을 확인한다. 구체적인 평가준거는 학급목적의 적절성, 구성원의 학급목적 이해 정도 등이다.
- 교육과정: 교육과정의 내용과 설계 등이 교육목적을 성취하는 데 효과적인지를 사정한다. 교육과정에서 학문적 진보와 반영정도, 교육과정 내용의 적절성 등이 평가준거가 된다.
- 교수-학습: 교육과정의 내용과 교수-학습활동의 효과성을 사정한다. 구체적으로 교수방법의 다양성 및 적절성, 교수의 효과성, 학습자료의 질, 학생의

학업 부담 등이 평가준거가 된다.

- 학생지원: 학급을 통한 학생의 발전, 전반적 성취 등을 평가한다. 학생 발전에 대한 피드백, 학생 능력을 고려한 정도, 특수한 교육적 요구의 확인과 그에 대한 대응의 적절성 등이 평가준거가 된다.
- 학습지원: 학습에 필요한 자원의 이용가능한 정도와 활용정도를 평가한다. 구체적으로 시설, 설비의 활용 등 물리적 자원뿐 아니라 교사의 경험, 전문성, 자질 등 인적 자원의 효율적 활용도 평가준거가 된다.
- 성취수준: 학급목적이 성취된 정도를 평가한다. 학급목표의 성취 정도는 질적인 것이어서 객관적으로 측정하기 어려우나 다양한 자료에 근거하여 평가한다. 학생의 학업성취도, 학부모나 학생의 만족도 등이 평가 준거가 된다.
- 환경과의 관계(학부모 및 지역사회의 지원): 학급체제의 환경은 학교, 부모, 지역사회로 구성된다. 외부 환경과의 연계, 지원 정도 등이 평가준거가 된다.
- 학급체제의 질 관리체제: 학급체제의 질을 유지하고 제고하기 위한 전략의 적절성, 효과성 등이 평가준거가 된다.

학급경영 평가를 위한 평가준거는 개별 학급의 특성을 반영할 수 있어야 하며, 이를 위해서는 본 절에서 제시한 일반적인 평가준거와 구체적인 평가준거를 선별적으로 활용하고, 교사 스스로 적절한 평가 준거를 개발할 수 있어야 할 것이다.

(3) 평가 자료 수집

학급경영 평가를 위해서는 양적 자료와 질적 자료를 균형적으로 활용할 필요가 있다(권기욱, 2003, 416). 학급경영 평가를 위해 어떤 평가방법을 활용할 것인가는 평가의 목적과 내용에 따라 달라진다. 또한 이러한 평가도구, 방법은 일정한 기준을 충족해야 한다. 평가 자료의 요건, 평가자료 수집 방법 등을 구체적으로 살펴보면 다음과 같다.

① 평가 자료(도구)의 요건

일반적으로 평가 자료가 갖추어야 할 조건은 타당도, 신뢰도, 객관도, 실용도이다.

〈표 13-9〉 학급경영 평가 자료의 요건

조건	내용
타당도(validity)	측정도구가 측정하고자 하는 속성 또는 현상을 얼마나 충실하게 측정하고 있는가 하는 정도를 나타낸다.
신뢰도(reliability)	측정하고자 하는 내용을 얼마나 정밀하게 측정하고 있는가를 말한다.
객관도(objectivity)	검사 결과를 확인할 때 여러 평가자들이 어느 정도 일치된 판단을 하느냐의 정도라 할 수 있다.
실용도(usability)	측정도구를 사용하는 데 있어 시간, 노력, 경비 등을 적게 들이고 사용할 수 있는가를 말한다.

② 자료 수집 방법

자료 수집 방법은 자료의 적합성, 자료 수집, 분석, 해석 방법 등을 포함하는 개념이다. 학급경영 영역별로 평가자료, 평가방법이 상이함에 따라 적절한 자료 수집 방법을 활용해야 할 것이다. 박병량·주철안(2005, 505-506)과 박남기 외(2008)는 학급경영 평가를 위한 다양한 자료 수집 방법을 소개하고 있다. 이를 정리하면 다음과 같다.

- 수행평가: 개개인이나 집단에게 어떤 활동이나 과제를 수행하도록 하고 그 수행의 질을 측정하는 것을 말한다. 수행검사의 예는 개인으로 하여금 타이핑을 하도록 한 다음 정해진 일정시간 동안 올바르게 친 글자 수를 계산하는 것을 말한다. 또한 교사의 수업을 전문가 집단이 관찰한 다음 특별히 고안한 평정척도를 사용해서 교사의 수업능력을 평정하는 것을 말한다. 수행평가의 주요 장점은 학생의 수행 능력을 실생활 연계 활동과 밀접한 과제를 다룬다는 점이다.

- 평정과 순위 척도: 평정과 순위 척도는 자신을 측정하거나 다른 사람, 사건, 산출물을 측정하기 위해 사용될 수 있다. 평가되고 있는 각각에 대해 양적 점수가 부여된다. 예를 들어 학생의 주의집중 정도는 1(매우 집중적이지 못함)에서부터 5(매우 집중적임)까지 5점 척도로 평정할 수 있다. 평정과 순위 척도의 장점은 만드는 데 비교적 비용이 많이 들지 않고 쉽게 이해될 뿐 아니라 척도가 제공하는 정보를 쉽게 분석할 수 있다는 점이다. 단점은 여러 종류의 편견에 빠지기 쉽다는 것이다.
- 기록물 검토: 기록물 검토는 프로그램 관련 문서로부터 평가정보를 수집하는 것을 뜻한다. 예를 들어, 학급에서 어떤 프로그램의 사용을 통해 학생들의 출석이 어떻게 바뀌었는가를 알아보고자 하는 경우, 프로그램 시작에서부터 학생들의 출석기록을 검토한다면 출석부는 기록물이 된다. 학급에서는 다양한 문서들이 존재하는데, 이들을 평가 자료로 활용한다면 그것이 바로 기록물 검토의 방법이 된다. 이 방법의 장점은 평가되는 프로그램을 간섭하지 않는다는 점과 비교적 비용이 들지 않는다는 점이다. 단점은 기록을 얻거나 사용하는 것과 관련된 법적인 문제를 지닐 수 있다는 점과 문서가 조직적이거나 유용하지 않을 수 있다는 점이다. 이러한 단점을 보완하기 위해 다양한 에듀테크를 활용하여 누가 기록과 실시간 기록이 이루어질 수 있도록 한다.
- 관찰: 관찰은 보수적인 자료 수집 방법이다. 교사는 학생을 가르치면서 계속적으로 교실을 관찰하고 자신의 수업에 대한 정보를 얻으며, 이를 수업 진행에 활용한다. 관찰을 통해 유용한 정보를 얻기 위해서는 관찰의 대상이 분명해야 하고, 관찰이 계획적으로 이루어져야 하며, 관찰 결과가 충실하게 기록되어야 한다. 관찰은 다른 평가방법과 함께 사용하면 보다 유용하고 강력한 자료 수집 방법이 될 것이다. 관찰은 관찰 상황의 통제 여부에 따라 자연적 관찰과 통제적 관찰로 구분되며, 관찰자의 참여 정도에 따라 참여적 관찰과 비참여적 관찰로 구분된다. 특히 관찰 일정, 관찰 대상, 관찰 및 기록 방법 등을 미리 정해 두고 관찰하는 구조화된 관찰에서는 관찰한 바를 특별한 제

한 없이 자유스럽게 기술하는 현장기록, 일정한 형식으로 미리 작성된 관찰 기록표, 오디오와 비디오 기록 등이 활용된다.

- 면담(상담): 면담(상담)은 한 사람이 다른 사람과 대화함으로써 평가 자료 및 정보를 얻는 기법이다. 면담(상담)은 개인 간 또는 개인과 초점 집단 간에 이루어질 수 있으며, 집단토의의 방식으로도 이루어질 수 있다. 면담(상담)에는 구조화된 면담(상담), 부분 구조화된 면담(상담), 비구조화된 면담(상담)으로 구분된다. 구조화된 면담(상담)은 면담자가 구체적인 질문을 미리 계획하여 응답자에게 묻는 양식이다. 부분 구조화된 면담(상담)은 구조화된 면담(상담)보다 응답자에게 보다 많은 자유와 보다 넓은 반응의 범위가 허용되는 방식이다. 비구조화된 면담(상담)은 일정한 지시 없이 자유롭고 가능한 한 자연스럽게 실시된다.
- 설문: 설문은 일련의 질문으로 구성된 자기 보고식 조사이다. 평정과 순위척도는 자주 설문에 사용된다. 설문 문항의 답들은 크게 개방형과 폐쇄형으로 구분된다. 개방형은 응답자가 주어진 질문에 대해 비교적 자유로운 반응을 할 수 있고 이유나 근거를 파악할 수 있도록 질문을 제시하는 방식이고, 폐쇄형은 반응의 선택지를 제한하고 그중에서 선택하도록 하는 방식이다. 설문의 주요 장점은 대부분의 다른 척도보다 만드는 데 비교적 비용이 적게 든다는 점과 얻어진 정보가 비교적 분석하기 쉽다는 점이다. 주요 단점은 질문과 반응 목록들이 이미 작성되어 얻어진 정보에 한계가 있을 수 있다는 점이다. 카카오톡 설문조사, 패들렛, 구글폼 등 학급경영을 위해 다양한 설문관련 에듀테크를 활용하고 있다.
- 성취도 평가: 성취도 평가는 주어진 과목에서의 능력을 지필로 측정하는 것을 말한다. 주로 학생들의 학업을 평가하기 위해 가장 널리 사용되는 기법이다. 성취도 평가는 외부의 평가기관에서 개발될 수 있고, 단위 학교 등에서 교사 자작으로 자율적으로 개발·시행될 수 있다.
- 기타 자료: 편지, 계획서 등 학급경영에서 활용되는 각종 자료도 평가를 위한

자료의 원천이 된다. 교사가 학부모나 학생에게 전달하는 쪽지, 알림장, 학부모의 전화 등은 교사가 학급경영을 평가할 때 활용될 수 있다. 교사는 이러한 자료들이 평가 자료가 된다는 점을 인식하고 이를 적절하게 활용할 수 있는 능력을 갖추어야 할 것이다. 다음은 온라인으로 자료를 수집할 수 있는 학급경영 지원 플랫폼이다. 이러한 플랫폼 또한 교육환경의 변화와 수요자 요구에 따라 변화되고 개선된다.

〈표 13-10〉 학급운영 평가 활용 가능한 에듀테크

활용 플랫폼	내용
구글 클래스룸	과제, 퀴즈, 평가, 의견 수렴 등이 가능한 플랫폼
Notion	문서 작성, 업무 계획, 업무 협업 등을 할 수 있는 플랫폼
클래스팅	온라인 학급관리 플랫폼으로 공지사항, 출석부, 앨범, 과제지시, 상담 등 다양한 도구를 활용해 학급을 관리할 수 있는 플랫폼
Socrative	교사가 설문문항을 만들어 즉시 묻고 답하는 기능이 있어 학생들 각자 개인의 의견을 파악할 때 유용하게 활용 가능할 수 있는 플랫폼
학교종이	가정통신문, 알림장, 사진첩, 설문 등을 앱으로 전송할 수 있는 플랫폼
패들렛	학생(학부모)와 콘텐츠를 만들고 의견을 수렴하고 소통할 수 있는 플랫폼

출처: 한국교육학술정보원(2022). 에듀테크 수업 활용 가이드 자료 활용.

(4) 평가자

학급경영 평가는 대체로 자기평가나 동료평가 형태로 수행되는 경향이 있다. 권기욱(2003, 418-419)은 학급경영 평가의 평가자에 따른 평가유형을 다음과 같이 정리하였다.

- 자기평가: 교사가 자신의 학급경영에 대한 강점과 약점을 확인하며, 약점에 대한 개선 방안을 검토하는 등 반성적 성격을 띤다. 교사가 자신의 학급에 대한 평가를 수행하기 위해서는 학급경영 평가에 관한 기본 개념, 자료 수집 및 평가방법, 결과 해석 및 활용 등에 관한 적절한 능력을 갖추어야 한다. 또한 교사는 자기 성찰을 통해 교육활동 전반에 대해 반성적으로 탐구하고 문제를 해결하며, 학급경영 및 모든 교육활동을 개선하고 성장한다. 다음은 학급경영 중 교육과정 운영 영역에서 교사가 실천할 수 있는 자기성찰의 예시를 보여준다.

〈표 13-11〉 교사의 자기성찰 예시

연번		고려사항	자기성찰
설계	1	교육과정에 기반하여 교사 수준 교육과정을 설계하였는가?	
	2	학생, 환경, 교사 상황을 진단하고 분석하여 교육과정을 설계하였는가?	
	3	교사의 철학과 가치를 반영하여 교사 교육과정 계획을 수립하였는가?	
	4	학생들의 삶과 관련된 학생참여 중심의 수업을 계획하였는가?	
	5	핵심질문을 탐구하고 수행과제를 해결하는 과정에서 성취기준에 도달하도록 설계하였는가?	
실행	6	학생들의 배움과 성장을 돕는 평가를 계획하였는가?	
	7	교사 교육과정 설계와 일관성을 가지고 배움중심수업을 설행하였는가?	
	8	수업활동이 학생들에게 도전적이었으며 사고력을 자극할 수 있는 내용으로 구성되었는가?	

연번		고려사항	자기성찰
	9	실제로 실천된 교육과정이 학생의 삶에 적용할 수 있는 내용이었는가?	
	10	수업 내용 및 핵심질문을 탐구하는 과정이 성취기준 도달에 적합하였는가?	
평가	11	분석된 내용 요소에 기반하여 성취기준을 선정하고 재구조화하였는가?	
	12	학생의 성장을 도울 수 있는 과정중심평가를 실행하고 기록하였는가?	
	13	학습자의 참여를 높이고 성장을 지원하기 위한 피드백을 제공하였는가?	
	14	교사 스스로 매 차시의 수업 내용, 수업 방법, 평가를 객관적으로 평가하고 있는가?	
	15	나만의 교사 교육과정의 의미 있는 실천으로 남은 결과물들은 무엇인가?	

출처: 대전광역시교육청 장학자료(2023) 수업. 나만의 시선갖기 성찰하는 교사.

- 동료평가: 동료에 의한 학급평가는 학급의 과업성취, 교수-학습과정 등 관련 학급에 대해 잘 알고 있는 사람이 학급을 가장 잘 평가할 수 있는 가정에 근거하고 있다. 동료평가자로서 학급경영 평가자가 갖추어야 할 자질, 능력은 다양하다. 구체적으로는 자료 분석 능력, 판단력, 평가활동을 효과적으로 수행할 수 있는 능력, 복잡한 학급 상황을 적절하게 판단할 수 있는 능력, 학급경영 경험, 의사소통 능력, 학급 실태에 대한 충분한 이해, 학급목적의 이해, 학급담당 교사와 면담 및 회의를 수행할 수 있는 능력 등이다. 또한 학급경영 평가자는 평가 대상이 되는 학급을 담당하는 담임으로부터 존경, 신뢰를 받을 수 있는 사람이어야 한다.
- 외부평가: 학급경영 평가는 학급경영, 교육전문가에 의해서 이루어질 수도 있다. 외부인에 의한 평가에서 외부 평가자는 개별학급에서 제출한 평가보고서를 분석하고, 추가로 필요한 자료, 증거를 수집하여 평가한다.

학급경영 평가자는 공통적으로 평가에 대한 훈련을 통해 평가목적, 평가준거, 평가자료 수집 및 분석 등에 대해 정확하게 이해하고 평가할 수 있는 전문성을 갖추어야 할 것이다.

4. 학급경영 평가의 실제

학급경영 평가를 위해 활용할 수 있는 다양한 평가문항들이 개발되어 왔다. 이러한 학급경영 평가 실제 사례는 몇 가지 범주로 구분할 수 있는데, 여기서는 교사, 학생, 학부모 등 평가자별 학급경영 평가 사례, 시기별 학급경영 평가사례, 체제모형을 적용한 학급경영 평가 사례를 제시하였다.

1) 교사, 학생, 학부모에 의한 학급경영 평가의 실제

학급경영 평가는 교사 스스로 객관적으로 체계적으로 평가할 때 가장 정확한 결과를 얻을 수 있다(김종식, 2004). 그러나 학급경영 영역에 따라서는 학생이나 학부모의 평가도 유용한 정보로 활용할 수 있다. 예를 들어 학생평가는 교과지도, 생활지도, 창의적 체험활동지도 등의 영역에서 활용될 수 있다. 교사의 부담감을 줄이고 학생들의 솔직하고 다양한 반응을 얻기 위해 창의적이고 재미있는 평가도구를 개발할 수 있다.

학부모의 다양한 관점과 요구도 교사의 학급경영을 평가하는 데 중요한 자료가 된다. 학급경영 계획을 수립할 때뿐만 아니라 학급경영 평가활동에 있어서도 학부모의 솔직한 의견을 수용할 필요가 있다. 이는 교사-학부모 관계의 개선뿐 아니라 학급경영의 질을 높이는 데에도 도움이 될 것이다.

교사, 학생, 학부모를 대상으로 한 학급경영 평가 설문지의 예를 들면, 다음 표와 같다.

〈표 13-12〉 학급경영 영역별 교사 자기평가

영역	내용
학급경영 목표 및 계획	1. 학급의 목표는 학교목표 및 학년의 목표를 근거로 제시하였다.
	2. 학급경영 목표는 구체적이고 명료하게 진술하였다.
	3. 학급의 목표는 학급활동의 모든 분야와 학급실태를 고려하여 실현 가능한 목표를 진술하였다.
	4. 학급의 목표는 담임교사의 경영관이 나타나도록 독자적으로 제시하였다.
	5. 학생과 학부모 및 지역사회의 요구를 반영하여 학급경영 목표를 제시하였다.
	6. 교육과정 목표에 적합한 교육계획과 개개인의 아동에 맞는 지도계획을 작성하였다.
	7. 학급경영은 구체적인 실시계획에 기초를 두고 수시 점검 및 보안을 할 수 있도록 작성하였다.
교수학습 지도	8. 교과별 학습지도 계획을 구체적이고 명료하게 작성하였다.
	9. 과목과 학생수준에 맞도록 학습지도안을 작성하고 활용한다.
	10. 다양한 평가 방법과 적절한 평가시기를 제시하였다.
	11. 적절한 형태의 학습조직 구성과 교수모형을 적용한다.
	12. 교사와 학생 간의 상호 작용이 빈번하게 이루어진다.
	13. 학습부진아, 학습장애가 있는 학생에게 개별적인 지도를 적절하게 한다.
	14. 교재, 교구를 충분히 구비하였으며 활용을 극대화한다.
	15. 평가 결과는 적절하게 피드백하여 활용한다.
창의적 체험 활동 지도	16. 창의적 체험활동 지도 계획은 영역별로 안배하여 제시한다.
	17. 학급의 활동은 학생들의 자발적인 계획과 활동으로 경영된다.
	18. 학생의 흥미와 적성을 고려한 다양한 활동을 제공한다.
	19. 활동 집단의 조직과 활동내용을 구체적으로 안내한다.
	20. 각종 행사시 학생의 건강과 안전을 위한 지도가 이루어진다.
	21. 동아리활동은 학생들의 관심과 흥미, 희망, 능력 등을 고려한다.
	22. 학급의 봉사활동은 자율적으로 이루어진다.
생활지도	23. 기본생활습관 형성을 위해 계획적이며 지속적으로 지도한다.
	24. 학생들과의 상담시간을 확보하고, 학생들과의 상담을 자주한다.
	25. 생활지도를 위해 개개인의 특성을 이해하고 개성을 받아들인다.
	26. 실천위주의 인성지도 프로그램을 경영한다.
	27. 학생 개개인의 특기와 적성을 고려하여 진로지도를 한다.

	28. 담당학년의 수준에 알맞은 성교육을 한다.
	29. 건강과 위생, 안전생활을 위한 지도를 꾸준히 한다.
	30. 학생 행동의 계속적 관찰과 지도내용을 누가 기록하여 지도한다.
시설 및 환경관리	31. 교실의 통풍, 환기, 보온 및 채광 등이 적절하여 쾌적하다.
	32. 아동들이 안정된 생활을 할 수 있도록 환경을 구성한다.
	33. 아동의 신체발달정도를 고려하여 좌석을 배치하며 주기적으로 변경한다.
	34. 교실의 시설 정비에 관심을 가지며 수시로 점검한다.
	35. 아동의 수준과 계절에 맞도록 교실환경을 자주 새롭게 정비한다.
사무관리	36. 학급의 여러 사무를 수행하기 위한 업무 파악을 충분히 한다.
	37. 학급경영상 필요한 여러 가지 서류와 기록물들을 기록하고 효율적으로 활용한다.
	38. 학교생활기록부를 합리적으로 관리하고 활용한다.
	39. 공문서 등 각종 문서를 취급요령에 따라 처리하고 관리한다.
	40. 수행평가 기록과 각종 통계처리를 정확하게 처리한다.
대외관계	41. 학급담임의 지도방침과 교육활동을 학부모에게 홍보한다.
	42. 가정과 긴밀한 유대를 가지고 학습과 학교활동에 정보교환 및 협력을 얻고 있다.
	43. 가정과 지역사회의 지원과 협조를 구하고 학급경영에 참여한다.
	44. 동료교사들과의 원만한 관계를 유지하며 학급경영에 대한 논의 및 조언을 구한다.
	45. 학부모를 초청하여 참관수업을 하도록 하고 교육에 대하여 같이 논의한다.

출처: 우성숙(2011). 73-75.

2) 체제 모형에 의한 학급경영 평가

체제 모형을 적용한 학급경영 평가는 학급경영 평가의 과정을 투입, 과정, 산출로 구분하고 각 평가단계에서 적용할 수 있는 평가지표를 보여준다. 구체적인 평가 준거와 지표를 소개하면 다음과 같다.

〈표 13-13〉 학급경영 평가 준거와 지표

<table>
<tr><th>평가
단계</th><th>평가
영역</th><th>평가
요소</th><th>평가
준거</th><th>평가 지표</th></tr>
<tr><td rowspan="8">투입</td><td rowspan="3">인적
자원</td><td>학생</td><td rowspan="3">효과성
·
전문성</td><td>• 학생의 구성 특성을 파악하는가?
• 학생의 선수학습 정도를 파악하는가?
• 학생 개인의 특성, 소질, 신체적 조건, 가정환경 등을 파악하고 있는가?</td></tr>
<tr><td>교사</td><td>• 교사의 학급경영을 위한 정신적 · 신체적 준비는 적절한가?
• 학생을 객관적 발달적으로 이해하고 사랑할 준비가 되어 있는가?</td></tr>
<tr><td>학부모</td><td>• 학부모의 지원이 필요한 학급운영의 부분을 파악하고 있는가?</td></tr>
<tr><td rowspan="2">물적
자원</td><td>학급시설</td><td rowspan="2">능률성
·
효과성</td><td>• 책걸상은 학생의 키높이에 알맞게 준비되었는가?
• 학급경영에 필요한 비품은 양질의 제품이 적절히 마련되었는가?
• 채광 조건은 학습에 적절하게 갖추어져 있는가?
• 학급의 교육활동에 필요한 수만큼 학습공간이 마련되었는가?
• 학급의 각종 시설과 설비는 환경관리, 이용, 안전, 분위기에 적합한가?</td></tr>
<tr><td>학급환경</td><td>• 학급환경은 교수-학습활동이 촉진될 수 있도록 정비되었는가?
• 학급환경은 아름답고 명랑한 생활공간이 되도록 정비되었는가?
• 학급환경은 학생의 보건과 위생 및 안전에 적합하도록 정비되었는가?</td></tr>
<tr><td rowspan="2">재화
자원</td><td>학습
준비물비</td><td rowspan="2">능률성</td><td>• 학생의 학습준비물 구입을 위한 예산은 적절하게 마련되었는가?</td></tr>
<tr><td>학급
경영비</td><td>• 학급경영에 필요한 비용은 적절하게 마련되었는가?</td></tr>
<tr><td rowspan="2">과정</td><td rowspan="2">목적</td><td rowspan="2">학급경영
목표 및
방침</td><td>참여</td><td>• 목표와 방침을 정하는 데 학급 구성원과 학부모의 의견이 반영되었는가?</td></tr>
<tr><td>효과성</td><td>• 설정된 목표는 상위목표(학교 · 학년 목표)와 연계성을 유지하는가?
• 설정된 목표는 학급의 실태와 자원을 고려하여 실현 가능한 것인가?</td></tr>
</table>

평가 단계	평가 영역	평가 요소	평가 준거	평가 지표
			전문성	• 설정된 목표는 담임교사의 경영관이 명확히 반영되었는가?
			혁신성	• 학급경영을 개선하고자 하는 의도적 · 계획적인 의지가 반영되었는가?
	계획	학급 경영안	합법성 효과성	• 교육과정목표에 적합한 교과지도계획을 수립하였는가? • 교육과정목표에 적합하고 창의적인 재량활동 지도계획을 수립하였는가? • 교육과정목표에 적합하고 창의적인 창의적 체험활동 지도계획이 수립되었는가?
			참여	• 학급 구성원의 특성(인지적 · 신체적 · 환경적)과 의견이 교육과정지도계획에 반영되었는가? • 학부모의 의견이 경영계획에 반영되었는가?
과정	계획	학급 경영안	효과성 능률성	• 활동계획은 경영방침을 실천하기 위한 세부 실천계획으로 상세하게 기술되었는가? • 학급경영 평가를 위한 계획이 구체적이며 효율적으로 수립되었는가? • 효율적인 사무 관리를 위한 계획이 수립되었는가? • 학급경영 평가를 위한 계획이 구체적이고 효율적으로 수립되어 있는가?
			역동적 안정성	• 학급담임의 지도방침(경영방침 · 내용)을 명확히 보여주는가? • 학급경영안은 항상 개방되어있는가? • 학급경영안이 교사로서 스스로의 교육책임의 소재를 공적으로 표명하는가?
		학급풍토 조성	효과성 역동적 안정성	• 효과적인 학급풍토의 특징(개방성, 자신감, 수용감, 소속감, 신뢰감, 높은 기대, 질서, 통제감)이 나타나는 환경이 조성되었는가?
	조직	학습조직	전문성 참여	• 교사가 학생들의 개인차를 보살피는 데 적합한 인원수로 학급이 편성되었는가? • 학급 사회에 안정감을 줄 수 있는 데 적합한 인원수로 학급이 편성되었는가? • 학생들의 활발한 학습의욕을 야기할 수 있고 상호 협력하여 공동학습할 수 있는 학습조직을 구성하였는가? • 학습조직이 문제해결이나 과업활동에 능동적으로 참여하여 자율성을 신장시키는 데 기여하였는가?

평가 단계	평가 영역	평가 요소	평가 준거	평가 지표
		창의적 체험활동 조직	전문성 참여	• 합리적이고 실천 가능한 구체적인 계획을 수립하였는가? • 구조적으로 조직되어 학생들의 상호 작용과 과업 수행에 용이하도록 구성되었는가? • 학생의 자발적이고 자율적인 활동이 가능하도록 조직되었나?
		생활지도 조직	역동적 안정성 참여	• 학생들이 당면하고 있는 문제점과 기대를 반영하였는가? • 학부모들이 당면하고 있는 자녀지도상의 문제점과 학급경영에 대한 기대를 반영하였는가? • 학생의 자주적이고 적극적인 의욕에 기반을 두었는가?
		교수조직	전문성	• 학생의 실태와 요구 등이 교육과정에서 제시된 교육목적에 연관되어 조직되었는가?
		학부모 조직	전문성	• 바람직한 교사-학부모의 협력관계를 위해 학부모와 교사 상호 간의 올바른 태도가 형성되었는가?
	지도	학급 경영안 작성	전문성 참여	• 교과별 학습지도계획은 구체적이고 성취도의 측정이 가능하도록 명료하게 작성되어 있는가? • 학습지도안은 과목과 학생수준에 맞도록 작성하여 활용하는가?
		물리적 환경정비	능률성 참여	• 학생들의 욕구와 교육적 효과 등에 적합한가? • 학생 스스로 정리 · 정돈하는 생활태도가 함양되고 질서 있는 생활의식을 체득하는 데 적합한가?
		수업지도	전문성 책무성 규범성 공정성 참여	• 학급의 모든 학생에게 적합한 수준의 수업을 계획하는가? • 학생들에게 정보를 제공하고 지시를 내릴 때 분명하게 하는가? • 학생 개개인의 지도에 있어서 공통이해가 깊이 이루어지고 협력이 구해졌는가? • 학생들이 그들의 과업에 책임을 지도록 하는 절차를 개발하였는가?
		창의적 체험 활동	전문성	• 개개인의 원만한 인간관계의 형성, 개성과 소질의 개발에 중점을 두었는가?
과정	지도	생활지도	규범성 책무성 적응성 전문성	• 학급이 효과적으로 기능하기 위한 규칙과 절차를 체계적으로 가르치고 있는가? • 학급을 혼란시킬 수 있는 잠재적 문제를 예상하여 이런 문제를 다루는 전략을 개발하고 있는가? • 학생에 밀착하여 행동을 점검하고 있는가?

<table>
<tr><th>평가 단계</th><th>평가 영역</th><th>평가 요소</th><th>평가 준거</th><th>평가 지표</th></tr>
<tr><td></td><td></td><td></td><td></td><td>• 학생의 부적절하고 혼란을 일으키는 행동을 신속하고 일관성 있게 처리하는가?
• 학생의 바람직한 행동을 격려하고 지원하는 긍정적 훈육으로 학생들을 인도하는 데 충실하였는가?</td></tr>
<tr><td></td><td></td><td>가정지역 사회관계</td><td>전문성 참여</td><td>• 학부모에게 학급의 교육방침, 교육내용과 방법, 결과 등을 알려서 이해를 공유하려고 노력하였는가?
• 학급운영에 가정과 지역사회로부터의 지원과 협조를 구하여 학급담임의 임무를 효과적으로 수행하였는가?</td></tr>
<tr><td></td><td></td><td>학급사무</td><td>효과성 공정성</td><td>• 학급경영 활동을 체계적이고 효율적으로 수행할 수 있게 학급 사무관리를 효율적으로 수행하는가?
• 모든 기록은 정확하게 작성하고 계속적으로 누가 기록하는가?</td></tr>
<tr><td></td><td rowspan="3">평가</td><td>학생평가</td><td>책무성 공정성 효과성</td><td>• 학생의 학습능력이 향상되었는가?
• 학생은 능동적이고 적극적으로 수업에 참여하였는가?
• 학급활동에 보다 자율적이고 적극적으로 참여하고 있는가?
• 학생들의 학급에서의 생활이 만족스럽고 즐거운가?
• 학생들은 발달수준에 맞는 신체조작능력을 갖추고 있으며 이전의 단계에 비해 진보되었는가?</td></tr>
<tr><td></td><td>교사평가</td><td>전문성 적응성 혁신성</td><td>• 자기 자신의 인격과 식견을 높이고 항상 연수에 힘써 왔는가?
• 학급경영 전반에 걸친 경영능력이 향상되었는가?
• 학급경영에 대한 노력과 결과에 스스로 만족하는가?</td></tr>
<tr><td></td><td>경영평가</td><td>효과성 역동적 안정성 혁신성</td><td>• 학급경영의 각 영역과 단계는 보다 유기적으로 관련을 갖고 효과적으로 기능하였는가?
• 학급경영 계획의 달성도가 구체적이고 계속적으로 평가되었는가?
• 평가결과를 토대로 한 개선계획의 수립 · 반영이 적극적으로 이루어졌는가?</td></tr>
<tr><td rowspan="2">산출</td><td>학생</td><td>인지적 정의적 신체적 발달</td><td>효과성 발전성</td><td>• 학생의 학습능력이 향상되었는가?
• 학생 개인의 잠재능력 개발에 기여하였는가?
• 학생들은 상호 존중하고 우호적인 관계를 형성하는가?
• 학생은 학급규칙을 이해하고 준수하는 데 충실한가?
• 학생은 신체적 운동기능이 향상되었는가?</td></tr>
<tr><td>교사</td><td>직업성장</td><td>효과성 발전성</td><td>• 교사의 전문적 능력이 향상되었는가?
• 교직원과 효과적이고 즐겁게 협력하여 업무를 처리하였는가?
• 교수 기술의 새로운 방법과 자료의 적용을 시도하였는가?
• 학생의 성장형태와 행위를 이해하고 적절히 대응하였는가?</td></tr>
</table>

평가 단계	평가 영역	평가 요소	평가 준거	평가 지표
	학급	학급조직 발달	효과성 발전성	• 교육목적을 성취하는 데 학급자원을 효율적으로 활용하였는가? • 교육과정의 내용과 설계 등이 교육목적을 성취하는 데 효과적이었나? • 학급경영의 효율성을 외부기관이나 자원인사 활용 등을 통한 관계성을 유지하였는가?

출처: 이미숙(2006). 65-69.

3) 시기별 학급경영 평가

일 년 단위로 학급경영을 고려할 때 월별 중점 주요 학급경영 활동을 살펴보면 다음과 같다.

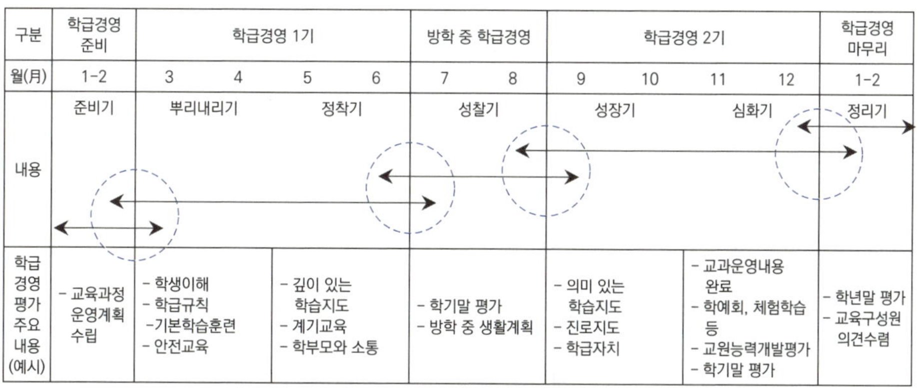

◌ 교육과정 운영에 따른 중점 경영 내용의 변화가 필요한 시기

[그림 13-6] 월별 중점 주요 학급경영 활동 내용

월별 학급경영 내용을 고려하여 영역별 학급경영 평가 요소를 제시하면 다음과 같다.

〈표 13-14〉 학급경영 평가

평가 영역	평가 항목	○월	○주
학급 경영 목표	1. 학교경영 방침을 파악하고, 학생실태를 파악하여 목표를 설정하였는가? 2. 교사의 학급경영 철학은 잘 정립되었는가? 3. 학급목표가 구체화 되고, 달성하기 위한 방안, 실시계획이 마련되어 있는가? 4. 계획에 따라 실시되고, 반성적 기록을 행하였는가?		
학생 이해	1. 학생 개인의 장·단점이나 학업성취도, 관심영역 등을 파악하고 있는가? 2. 학생 개인의 주변 환경에 대해 파악하고 있는가? 3. 학생 개인의 특성과 요구사항 등을 파악하고 있는가? 4. 학생 이해를 위한 자료를 수집·정리하고 있는가?		
교과 지도	1. 교재연구나 교구준비가 사전에 이루어졌는가? 2. 학습동기 제고를 위해 노력하는가? 3. 학생들의 깊이 있는 학습을 위한 교수·학습 방법을 위해 노력하는가? 4. 자기주도학습 역량 함양을 위해 노력하는가?		
인성 지도	1. 인성교육을 위한 다양한 활동이 시도되고 실천되고 있는가? 2. 도덕적 실천력의 육성에 노력하는가? 3. 교육과정 전반에서 인성교육을 위한 요소가 실천되고 있는가?		
창의적 체험활동 지도	1. 교육과정재구성 등을 통해 창의적 체험활동 등이 계획되었는가? 2. 학생의 흥미와 요구를 반영하였는가? 3. 학생은 창의적 체험활동을 이해하고 적극적으로 참가하고 있는가?		
건강·안전지도	1. 학생 자신의 신체나 주위 청결·정리정돈에 대한 지도가 충분히 이루어지는가? 2. 놀이나 체력관리를 공부와 아울러 실천하고 있는가? 3. 학교안전사고방지를 위해 사전교육을 실시하는가? 4. 생활 속 안전 실천을 하도록 충실히 지도하는가?		
사회성 지도	1. 더불어 사는 생활을 위해 기본생활습관 형성에 노력하는가? 2. 좋은 관계 형성에 노력하고 있는가? 3. 상황에 따른 적절한 판단력을 육성하도록 학생지도가 행해지고 있는가?		
가정과의 연계	1. 교육활동에 대한 정보를 충분히 제공하는가? 2. 학급 안내 등은 사전에 계획적으로 준비되고 공지되었는가? 3. 학부모와 소통을 위한 다양한 방법을 마련하였는가? 4. 학생지도에 있어 학부모의 이해와 협력을 획득하였는가?		

평가 영역	평가 항목	○월	○주
학급 사무	1. 각종 조사 · 사무 · 제 기록이 정확히 기록 · 정리되고 있는가? 2. 학업성취도 결과, 학습소산물 등에 대한 처리는 적정히 이루어지고 있는가? 3. 예산 관리는 신속하고 정확하게 이루어지고 있는가?		
과정 중심 평가	1. 학생 개개인의 성장을 지원하기 위한 과정중심 평가가 이루어지고 있는가? 2. 평가결과에 따른 피드백은 잘 이루어지고 있는가?		

각 시기별로 학급경영 평가에서 중점적으로 다루어야 할 질문들을 예시하면 다음과 같다. 다음의 각 평가 항목은 시기별 학급경영에서 평가내용으로 활용할 수도 있다.

(1) 3월 학기초 평가

학기초의 학급경영 평가는 구체적이면서도 전반적인 사항을 모두 고려해야 한다. 특히 학생들의 생활지도와 학습훈련 지도에 대해 늘 스스로 평가하고 개선의 변화를 거듭해야 한다. 그리고 일 년을 계획하는 시기인 만큼 보다 신중을 기해야 한다. 구체적인 평가항목을 나열하면 다음과 같다.

- 학급 학생들의 이름과 특성을 얼마나 잘 파악하고 있는가?
- 학생들의 생활기록부나 건강기록부는 확인했는가?
- 학부모에게 교사 소개서나 교육철학이 담긴 가정 통신문을 발송했는가?
- 학생이나 학교의 실태와 실정에 맞게 학급경영 목표는 잘 계획되었는가?
- 중점적으로 지도해야 할 학급경영 목표나 경영방침이 구체화되었는가?
- 학급경영 계획수립을 위한 기초 조사는 잘 이루어졌는가?
- 학생들의 기초학력평가와 그 분석은 잘 되었는가?
- 학습에 필요한 교재나 학습자료는 잘 갖추어져 있는가?
- 교육과정운영계획은 충실하고 체계적으로 계획되었는가?

• 평가계획은 구체적으로 잘 짜여 있는가?
• 기본학습, 생활지도 계획 등은 잘 짜여 있는가?
• 학급 임원의 선출방식, 학급 구성원의 역할분담은 잘 되었는가?
• 학생 안전교육 계획은 잘 되어 있는가?

(2) 4월 평가

4월은 안정된 분위기 속에서 학기초에 세운 계획들이 전개될 수 있도록 해야 된다. 이 시기의 학급경영 평가는 학기초 계획과 과정에 맞추어 이루어져야 한다. 구체적인 항목들은 다음과 같다.

• 학생에 대한 기본 학습훈련은 적절하게 이루어졌는가?
• 깊이 있는 학습을 위한 수업준비는 잘 이루어졌는가?
• 학교폭력예방교육은 잘 이루어졌는가?
• 교실환경은 계절에 맞게 구성되어 있는가?
• 관찰실습물 설치는 잘 되어 있는가?
• 학급의 인성교육, 생활지도 프로그램은 잘 시행되고 있는가?
• 현장학습계획은 잘 짜여졌으며 사후 지도는 잘 이루어졌는가?
• 학생 이해를 위한 다양한 상담과 소통 방법이 갖춰져있는가?

(3) 5월 평가

5월의 학급경영에서는 가정의 의미를 새기고 학생들이 가족 구성원으로서 각자의 역할을 수행할 수 있도록 지도가 이루어져야 한다. 구체적인 학급경영 평가의 예는 다음과 같다.

• 가정의 달을 맞아 가정의 소중함을 지도하고 있는가?
• 어린이날을 맞아 어린이의 올바른 행동이나 마음가짐에 대해 교육하였는가?

- 다양한 행사의 시상은 공정한 원칙에 의해 시행되고 있는가?
- 감사편지쓰기, 인사하기 등 인성교육은 구체적으로 실천하였는가?
- 체육대회, 현장체험학습 등 계획은 아동의 의사를 충분히 반영하여 계획되었는가?
- 체육대회, 현장체험학습 등 행사에 학급 구성원 모두가 적극적으로 참여했는가?
- 학부모, 지역주민의 학교 교육활동에 대한 안내를 잘 실천하였는가?

(4) 6월 평가

6월은 국가 보훈의 달이기 때문에 6월의 학급경영 평가는 학생들이 국가에 대한 고마움을 알고 이를 얼마나 실천에 옮길 수 있는가를 강조한다. 또한 정착된 학급운영이 잘 실천되고 있는지를 살펴본다.

- 보훈의 달을 맞이하여 국가의 고마움에 대한 지도가 이루어지고 있는가?
- 국기 바르게 달기 지도가 이루어지고 있는가?
- 우리나라를 빛낸 위인 알아보기를 통해 애국심 함양 지도가 이루어졌는가?
- 계절에 맞는 옷차림 지도가 이루어지고 있는가?
- 온·오프라인 학생, 학부모와 소통할 수 있는 방법은 잘 정착되었는가?

(5) 7월 평가

다수 학교의 교육과정에서 7월은 방학이 시작되는 달이므로 7월의 학급경영 평가는 1학기를 정리하고 방학 동안의 학생 생활지도에 초점을 둔다. 구체적인 사항은 다음과 같다.

- 한 학기 동안 학생 개개인의 학업성취 목표는 얼마나 달성되었는가?
- 한 학기 동안 시청각 기자재 관리는 잘 되었는가?
- 교실 비품은 잘 정돈되고 관리되었는가?

- 개인별 생활통지표는 충실하게 작성, 배부되었는가?
- 방학 동안 안전·위생·건강지도는 이루어졌는가?
- 방학 동안의 생활계획에 대한 지도가 이루어졌는가?
- 한 학기 동안 학급경영의 장단점에 대한 검토가 이루어졌는가?

(6) 8월 평가

방학 기간에도 학급경영은 계속적으로 이루어진다. 8월의 학급경영 평가에는 방학 중 학급경영 측면과 2학기 학급경영 계획 수립이 이루어진다. 또한 교사의 자기개발에 대한 반성도 포함된다.

- 학생들의 안전, 방학 중 생활을 파악하기 위해 노력하고 있는가?
- 방학 중 학생들이 규칙적인 생활을 할 수 있도록 학부모의 지원을 잘 안내하였는가?
- 방학 중 교실관리는 잘 되고 있는가?
- 방학 중 교사 연수에 적극 참여하고 있는가?
- 방학 중 교재 연구나 자기 장학은 잘 되고 있는가?
- 2학기 학급경영을 위한 계획은 수립되었는가?

(7) 9월 평가

9월의 학급경영 평가는 2학기 학급경영을 위한 기본 생활습관 형성과 학습습관을 갖도록 지도하는 데 중점을 둔다. 또한 내실 있는 교수·학습 실천과 학생 진로지도에 집중한다.

- 교실환경이 계절에 맞게 재구성되어 있는가?
- 2학기 교육과정운영계획은 충실히 짜여져 있는가?
- 2학기 학급 자치를 위한 조직 구성이 공정하고 합리적이었는가?

- 생활과 연계된 의미 있는 학습을 위한 수업준비는 잘 이루어졌는가?
- 학생 성장 지원을 위한 진로지도는 이루어졌는가?
- 환절기 건강지도가 잘 이루어지고 있는가?
- 전통 의식 향상과 문화 행사 관련 지도가 이루어졌는가?

(8) 10월 평가

10월의 학급경영 평가는 학급 행동수칙이 내면화되고 일반화되어 학급생활의 안정감을 가져오고 학년초에 계획한 학급 교육목표가 성취되고 있는가를 확인하는데 초점을 둔다. 구체적인 평가항목은 다음과 같다.

- 개천절, 한글날 등 유익한 계기교육이 이루어지고 있는가?
- 현장견학 계획은 민주적으로 잘 수립되었는가?
- 학예회는 교육과정 운영상 가르쳤던 것이나 가르칠 것을 살펴보도록 구성되어 있는가?

(9) 11월 평가

11월의 학급경영 평가는 학급경영의 행동수칙이나 규칙들이 일반화되어 교사와 학생 간의 유대감, 학생들의 자기통제성 및 자기규율적인 모습이 나타난다. 11월은 연간 학급운영의 막바지를 향하므로 과제를 해결하는 마음가짐으로 학급운영한다.11월의 학급경영 평가에 대한 구체적인 항목은 다음과 같다.

- 교과 교육과정 운영은 착실하게 이루어졌는가?
- 수행평가, 과정평가 등은 잘 진행되었는가?
- 학생들은 학급규칙을 스스로 잘 지키고 있는가?
- 학급운영을 위한 예산은 적절하게 사용되었는가?
- 학생들의 다양한 성취감을 위해 많은 기회를 제공하였는가?

(10) 12월 평가

12월은 겨울방학을 앞둔 시기이므로 방학 동안 학습과제를 비롯하여 일상적인 생활들이 규칙적으로 이루어질 수 있도록 지도되어야 한다. 그 구체적인 평가항목은 다음과 같다.

- 학생들의 학년말 평가를 위한 다양한 자료는 수집되었는가?
- 학급경영에 대한 학생과 학부모의 의견은 수렴하였는가?
- 학생들의 건강기록부와 생활기록부는 잘 정리하고 있는가?
- 방학 중 안전지도는 잘 계획되었는가?
- 학기말·학년말 성적처리는 충실하게 이루어졌는가?

(11) 1월 평가

방학 중인 1월의 학급경영은 가정과의 긴밀한 연계 속에 이루어져야 할 것이다. 구체적인 평가항목은 다음과 같다.

- 학생들의 건강, 안전, 위생 여부를 수시로 확인하고 있는가?
- 규칙적인 방학 생활이 되도록 학부모의 도움을 구하고 협력하고 있는가?
- 방학 중 교실관리는 잘 되고 있는가?
- 방학 중 교사 연수에 적극 참여하고 있는가?
- 방학 중 교재 연구나 자기 장학은 잘 이루어지고 있는가?
- 학생들의 생활기록부나 건강기록부 등 장부는 정리가 다 되었는가?
- 학생들의 생활통지표는 잘 정리되었는가?

(12) 2월 학년말 평가

2월은 학년의 마지막 달로서 학급경영의 결실을 거두는 달이다. 따라서 학급경영 계획에 따른 실천이 얼마나 잘 이루어졌는가에 대한 교사의 자기반성을 바탕으로 다음 학년도 계획을 수립하는 시기이다. 구체적인 평가항목은 다음과 같다.

- 신학기를 위한 새로운 학급 반 편성은 합리적이고 적절하게 이루어졌는가?
- 학부모에게 학급경영결과에 대한 소견서를 보냈는가?
- 학급경영 목표는 어느 정도로 달성되었는가?
- 학생의 학업성취는 향상되었는가?
- 학급경영 관련 보조장부는 잘 정리되었는가?
- 교육과정운영은 충실하게 이루어졌는가?
- 기본학습훈련이나 생활훈련은 잘 되었는가?
- 학급의 행동수칙의 미비점, 개선점은 파악하였는가?
- 교실 비품은 안전하게 관리되었는가?
- 학생들의 좌석배치는 효율적인가?
- 학생들의 개성을 살리는 활동이나 지도는 적절하게 이루어졌는가?
- 학급활동에 있어 학생들의 참여는 활발하였는가?
- 학급경영을 위해 학생과 학부모와의 소통은 잘 이루어졌는가?
- 학급경영에 대한 평가는 수시로 수정·보완되었는가?

요약

학급경영평가는 교사가 교육활동을 실시한 학급을 대상으로 의도한 목표나 요구한 바를 달성했는가를 검토하는 활동, 경험과 과정의 가치를 판단하는 데 초점을 두는 활동, 의사결정에 도움이 될 수 있는 정보를 제공하는 활동 등이 포함된다. 학급경영 평가의 개념은 평가의 목적, 대상, 절차에 따라 그 개념이 달리 규정되고 있는데, 포괄적인 의미로 학급경영 평가의 개념을 규정하면 학급경영의 가치를 판단하기 위해 평가 준거와 기준을 설정하고 준거자료를 수집하여 이를 기준에 비교하여 학급경영의 가치를 판정하는 활동이라 할 수 있다. 학급경영평가의 유형은 평가 시기에 따라, 평가 체제에 따라, 평가 주체에 따라 다양한 유형으로 실시한다. 특히 시기별 학급경영 평가의 실제는 다음과 같다.

구분	학급경영 준비	학급경영 1기				방학 중 학급경영		학급경영 2기				학급경영 마무리
월(月)	1-2	3	4	5	6	7	8	9	10	11	12	1-2
내용	준비기	뿌리내리기		정착기		성찰기		성장기		심화기		정리기
학급경영 평가 주요 내용 (예시)	- 교육과정 운영계획 수립	- 학생이해 - 학급규칙 -기본학습훈련 - 안전교육		- 깊이 있는 학습지도 - 계기교육 - 학부모와 소통		- 학기말 평가 - 방학 중 생활계획		- 의미 있는 학습지도 - 진로지도 - 학급자치		- 교과운영내용 완료 - 학예회, 체험학습 등 - 교원능력개발평가 - 학기말 평가		- 학년말 평가 - 교육구성원 의견수렴

◌ 교육과정 운영에 따른 중점 경영 내용의 변화가 필요한 시기

[그림 13-7] 월별 중점 주요 학급경영 활동 내용

핵심용어

학급경영 평가 시기에 따른 평가안, 학급경영 평가 체제에 따른 평가안, 학급경영 평가 주체에 따른 평가안, 교사의 자기 성찰, 교원능력개발평가

참고문헌

권기욱(2003). 최신 학급경영. 서울: 원미사.

권윤경(2022). 코로나19 상황에서 초등학교 담임교사의 학급경영 변화 연구, 석사학위논문. 서울교육대학교 교육전문대학원.

김미영(2004). 초등학교 교사의 학급경영 평가에 관한 연구, 석사학위논문. 전주교육대학교 교육대학원.

김종식(2004). 학급경영의 이론 · 연구 · 실제. 초등학급경영연구회. 서울: 교육과학사.

김현수(2023). 학급경영 지식의 변천 양상에 대한 비판적 고찰. 교육사회학연구 33, 한국교육사회학회.

대전광역시교육청(2023). 수업, 나만의 시선갖기 성찰하는 교사.

박남기 · 강원근 · 고전 · 김용 · 박상완 · 성병창 · 유길한 · 윤홍주 · 정수현 · 조동섭(2008). 초등학급경영의 이론과 실제. 파주: 교육과학사.

박명선(2006). 초등학교 학급경영평가 개선방안 연구. 석사학위논문. 서울교육대학교 교육대학원.

박병량 · 주철안(2003). 학교 · 학급경영. 서울: 학지사.

박병량 · 주철안(2005). 학교 · 학급경영. 서울: 학지사.

신나라(2017). 학급경영에 대한 국내 연구 동향 분석. 석사학위논문. 충남대학교 교육대학원.

신상명 · 고전 · 김용 · 박주영(2004). 초등교사교육을 위한 교육학 기본과목(학급경영) 프로그램 개발. 서울: 교육인적자원부.

우성숙(2010). 초등학교 교사의 학급경영 자기평가 분석. 석사학위논문. 한국교육대학교 대학원.

이미숙(2006). 초등학교 학급경영 평가 준거체제 개발. 석사학위논문. 부산교육대학교 교육대학원.

이화은(2001). 초등학교 학급경영 평가의 준거 개발. 석사학위논문. 서울교육대학교 교육대학원.

이명주 · 전제상 · 최경섭 · 주도연 · 전병두 · 정일화(2015). 초등교직실무. 서울: 학지사.

유영식(2021). 수업 잘하는 교사는 루틴이 있다. 서울: 테크빌교육.

이진영(2023). 열두달 학급경영과 교사의 마음돌보기. 서울: 테크빌교육.

전제상(2016). "학교자체평가 내용은 무엇으로 할 것인가". 학교자체평가론. 미간행 자료.

정민수 · 홍근아(2021). 나는 선생님이 처음입니다. 행복한미래.

진동섭 · 이윤식 · 김재웅(2011). 교육행정 및 학교경영의 이해. 파주: 교육과학사.
최용하(2001). 초등학교 담임교사의 학급경영에 대한 아동의 기대와 지각에 관한 연구. 석사학위논문. 인천대학교 교육대학원.
한국교육학술정보원(2022). 에듀테크 수업 활용 가이드.
한국교육행정학회(1995). 학교 · 학급경영론. 서울: 도서출판 하우.

Bestwick, R.(1990). *Evaluating Educational Programs.* ERIC clearinghouse on Educational Measure-ment. OR: Eugene. ED324766.
Mabry, T. N.(1988). *Program Review.* ERIC clearinghouse for junior colleges. ED 291441.

찾아보기

▎인명 ▎

▎내용 ▎

❐ 저자약력 ❐

박남기

- 학력: 서울대학교 사범대학 국어교육과 졸업(교육학 복수전공)
  서울대학교 대학원 교육학과 석사 졸업(교육행정 전공)
  University of Pittsburgh 교육행정정책학과 박사 졸업(Ph.D.)
- 저서: 학부모와 함께 하는 학급경영, 실력의 배신, 최고의 교수법,
  생성 AI시대의 최고의 교수법 외 20여 권
- 논문: 이혼가정 학부모와 자녀 이해 및 지원을 위한 초등 학급 경영,
  초등학급경영의 개념과 범위 그리고 영역 분석 외 100여 편
- 현재: 광주교육대학교 교수(전 총장)

임수진

- 학력: 광주교육대학교 영어교육과 졸업(초등교육학 전공)
  고려대학교 대학원 교육학과 석사 졸업(교육행정학 전공)
  University of Texas at Austin 교육행정학과 박사 졸업(Ph.D.)
- 저서: 비교교육학, 접근과 방법(공저), 초등학급경영의 이론과 실제(공저) 외
- 논문: 초등 임용2차시험제도 개선을 통한 교원양성 현장성 강화 방안 탐색
  지능정보혁명 시대에 학급경영자로서 초등교사가 직면한 도전과 대응 연구
  교육대 교직과목의 학교현장성 개념과 방향 탐색 외 다수
- 현재: 광주교육대학교 교수

주현준

- 학력: 경희대학교 국어국문학과 졸업
  서울대학교 대학원 교육학과(교육학 박사)
- 저서: 초등교육행정의 이론과 실제(공저), 교육리더십 외 다수
- 논문: 우수 학교장의 지도성 역량 외 다수
- 현재: 대구교육대학교 교수

박병진

- 학력: 광주교육대학교 과학교육과 졸업
  광주교육대학교교육대학원 석사 졸업(교육행정정책전공)
  목포대학교 대학원 교육학과 박사 졸업
- 저서: 혁신학교의 성공과 실패(2023, 도서출판 북트리) 외 다수
- 논문: 학교문화혁신 정책에 대한 교원들의 인식과 개선방안 연구(2019) 외 다수
- 현재: 금구초등학교 교장

유길한

- 학력: 성균관대학교 교육학과(학사, 석사)
  University of Pittsburgh 교육행정정책학과 박사(Ph. D.)
- 저서: 초등교육행정론(공저) / 교육의 미래와 학교혁신(공역) 외 다수
- 논문: 교육대학의 지속가능 발전가능성 탐색 / 초등교사 팔로워십의 매개효과 분석: 변혁적 지도성과 권위적 지도성이 학교효과성에 주는 차이 외 다수
- 현재: 진주교육대학교 교수(전 총장)

박종필

- 학력: 공주교육대학교 초등교육과 졸업
  고려대학교 대학원 교육학과 석사 졸업
  University of Texas at Austin 교육행정학과 박사 졸업(Ph.D.)
- 저서: 학교단위책임경영제(2003. 원미사)
  교육행정: 이론, 연구, 실제(2013. 아카데미프레스)
  학교와 미래(2008. 원미사)
  초등교사를 위한 학급꾸리기(2010. 아카데미프레스) 외 다수
- 현재 전주교육대학교 교수

김민조

• 학력: 이화여자대학교 초등교육과
서울대학교 대학원 교육학과(교육학 박사)
• 저 · 역서: 초등교육행정의 이론과 실제, 북유럽의 교사와 교직, 비난받는 교사, 교사교육의 딜레마 등
• 논문: 랜덤포레스트 및 회귀분석을 활용한 한국과 핀란드 중학교 교사의 교사효능감 관련 요인 비교 분석, 초등 예비교사역량 진단도구 개발 및 타당화, 의미네트워크 분석을 활용한 연구학교에 대한 초등학교 교사들의 인식 탐색, The Effect of Professional Learning Communities and Contextual Factors on Teacher Leadership in the Korean High School Context 등
• 현재: 청주교육대학교 교수

서자영

• 학력: 광주교육대학교 교육학과
전남대학교 대학원 교육학과(교육학 박사)
• 저서: 초등학급경영의 이론과 실제(공저)
• 논문: 초등학교 교사 평가모형탐색, 최근 교육재정 경제학의 연구 동향
• 현재: 월곡초등학교(광주) 교사

박상완

• 학력: 이화여자대학교 교육학과
서울대학교 대학원 교육학과(교육학 박사)
• 저서: 지방분권과 교육, 학교장론, 교사와 교사교육, 90년대생 교사가 되다
• 논문: 법학교육 사례방법의 발달과 주요 특징, 취약계층 학생 지원을 위한 교사의 역할과 과제 탐색, 교육전문대학원 도입 논의에 대한 비판적 분석, 학부모 참여에 관한 국내 연구 동향 분석 외 다수
• 현재: 부산교육대학교 교수

오범호

- 학력: 서울대학교 교육학과
  서울대학교 대학원 교육학과 교육행정전공(교육학 박사)
- 저서: 초등교육행정의 이론과 실제(공저) / 교직실무(공저) 외 다수
- 논문: 초등학교 교사의 예산 운용 경험에 관한 질적 연구 / 초등학교 교사의 학교재정 자율성에 대한 영향 요인 분석 / 초등학교 신규교사의 동학년조직 적응 전략에 대한 질적 연구 외 다수
- 현재: 서울교육대학교 교수

전제상

- 학력: 충북대학교 교육학과
  홍익대학교 대학원 교육학과(교육학 박사)
- 저서: 교육인사행정론(공저), 초등교육행정의 이론과 실제(공저), 초등교직실무(공저) 외 다수
- 논문: 윤석열 정부의 교원정책 방향 탐색: 교육의 자주성, 전문성, 정치적 중립성을 중심으로, 교원 전문성 개발을 위한 교원연수 경험적 일화 탐색, 통합운영학교 운영 실태 및 정책적 지원 방안 연구, 미래교육체제 전환을 위한 소규모학교 운영의 개선방향 탐색: 동일 학교급 간 연계를 중심으로, 체계적 문헌고찰을 통한 교원 갈등 유형과 해결방안 탐색, 고교체제 개편방안 연구 외 다수
- 현재: 공주교육대학교 교수

제3판

초등학급경영의 이론과 실제

2008년 3월 1일 제1판 1쇄 발행
2009년 2월 25일 제1판 2쇄 발행
2017년 8월 28일 제2판 1쇄 발행
2025년 1월 25일 제3판 1쇄 인쇄
2025년 1월 31일 제3판 1쇄 발행

저 자 : 박남기 · 임수진 · 주현준 · 박병진
유길한 · 박종필 · 김민조 · 서자영
박상완 · 오범호 · 전제상
발행인 : 한 정 주
발행처 : 교 육 과 학 사

저자와의 협의하에 인지생략

경기도 파주시 광인사길 71
전화 (031)955-6956~8 / 팩스 (031)955-6037
Home-page : www.kyoyookbook.co.kr
E-mail : kyoyookbook@daum.net
등록 : 1970년 5월 18일 제2-73호

낙장·파본은 교환해 드립니다.
Printed in Korea.

정가 30,000원
ISBN 978-89-254-2006-6